Les impôts sur les salaires 2020

2018-2019

OCDE
DES POLITIQUES MEILLEURES
POUR UNE VIE MEILLEURE

Cet ouvrage est publié sous la responsabilité du Secrétaire général de l'OCDE. Les opinions et les arguments exprimés ici ne reflètent pas nécessairement les vues officielles des pays membres de l'OCDE.

Ce document, ainsi que les données et cartes qu'il peut comprendre, sont sans préjudice du statut de tout territoire, de la souveraineté s'exerçant sur ce dernier, du tracé des frontières et limites internationales, et du nom de tout territoire, ville ou région.

Les données statistiques concernant Israël sont fournies par et sous la responsabilité des autorités israéliennes compétentes. L'utilisation de ces données par l'OCDE est sans préjudice du statut des hauteurs du Golan, de Jérusalem-Est et des colonies de peuplement israéliennes en Cisjordanie aux termes du droit international.

Merci de citer cet ouvrage comme suit :
OCDE (2020), *Les impôts sur les salaires 2020*, Éditions OCDE, Paris, *https://doi.org/10.1787/44e00867-fr*.

ISBN 978-92-64-74914-6 (imprimé)
ISBN 978-92-64-65928-5 (pdf)

Les impôts sur les salaires
ISSN 1995-3852 (imprimé)
ISSN 2072-5132 (en ligne)

Crédits photo : Couverture © Baseline Arts avec des éléments de Shutterstock.

Les corrigenda des publications sont disponibles sur : *www.oecd.org/about/publishing/corrigenda.htm*.

Avant-propos

Cette publication annuelle, *Les impôts sur les salaires*[1], fournit des informations détaillées sur la situation des salariés au regard de l'impôt et des transferts sociaux dans l'ensemble des 36 pays membres de l'OCDE[2]. Les informations contenues dans ce rapport couvrent l'impôt sur le revenu des personnes physiques et les cotisations de sécurité sociale payés par les salariés, les cotisations de sécurité sociale et les taxes sur les salaires payées par les employeurs ainsi que les allocations reçues par les familles. L'objectif de ce rapport est de montrer comment sont calculés les impôts sur le revenu des personnes physiques, les cotisations de sécurité sociale et les taxes sur les salaires, et d'examiner l'impact de ces prélèvements et des allocations familiales sur les revenus nets des foyers. Les résultats permettent également des comparaisons quantitatives entre pays sur les niveaux des coûts du travail et la situation globale des salariés célibataires et des familles au regard de l'impôt et des transferts sociaux.

Le rapport montre les montants des impôts, des cotisations de sécurité sociale, des taxes sur les salaires et des prestations en espèces pour huit catégories de foyers qui diffèrent selon le niveau des revenus et la composition familiale. Il présente également les taux d'imposition moyens et marginaux qui en résultent. Les taux moyens d'imposition indiquent la part des salaires bruts ou des coûts totaux de main-d'œuvre qui est prélevée sous forme d'impôts sur le revenu des personnes physiques (avant et après les prestations), de cotisations de sécurité sociale et de taxes sur les salaires. Les taux marginaux indiquent la part de l'augmentation des salaires bruts ou des coûts totaux de main-d'œuvre qui fait l'objet de ces prélèvements.

Le rapport met l'accent sur la présentation de nouvelles données relatives à la situation des salariés au regard de l'impôt et des prestations sociales pour 2019. De plus, ces nouvelles données sont comparées aux données correspondantes pour l'année 2018. Il importe de noter que le salarié moyen est un salarié employé à plein temps (en tant que travailleur manuel ou non manuel) dans l'un des secteurs B-N de la classification internationale type, par industrie, de toutes les branches d'activité économique, Révision 4 (CITI, Rév.4) ou des secteurs C K de la classification internationale type, par industrie, de toutes les branches d'activité économique, Révision 3 (CITI, Rév. 3).

Le rapport est structuré de la manière suivante :

- La Partie I (Comparaisons et évolution de la charge fiscale) comprend 6 chapitres :
  - Le Chapitre 1 contient une synthèse des principaux résultats pour 2019.
  - Le Chapitre 2 contient une étude spéciale intitulée « L'influence des systèmes fiscaux sur le choix de la forme d'emploi ».
  - Le Chapitre 3 examine les principaux résultats pour 2019, qui sont résumés dans des tableaux et graphiques comparatifs (qui figurent à la fin de cette section).
  - Le Chapitre 4 présente une explication graphique de la charge fiscale estimée pesant sur les revenus du travail en 2019 pour les gains salariaux bruts compris entre 50 % et 250 % des salaires moyens.
  - Le Chapitre 5 passe en revue les principaux résultats pour 2018, synthétisés dans des tableaux comparatifs présentés à la fin du chapitre, et les compare avec les résultats de 2019.

  - Le Chapitre 6 met l'accent sur l'évolution chronologique de la charge fiscale pendant la période 2000 à 2019.
- La Partie II contient des tableaux par pays indiquant les niveaux de salaires considérés et les charges fiscales correspondantes pour huit types de familles, ainsi qu'une description de chaque système d'imposition/de prestations.
- L'annexe examine les méthodes et limites de l'étude.

Cette étude a été préparée par le Centre de politique et d'administration fiscales (CTPA) de l'OCDE, sous l'égide du Groupe de travail n° 2 sur l'analyse des politiques et les statistiques fiscales du Comité des affaires fiscales. L'étude a été réalisée sous la direction de Dominique Paturot sous la supervision de Michelle Harding, Chef de l'Unité d'analyse des données et des statistiques fiscales et rédigée conjointement avec Anna Milanez, l'auteure de l'Étude Spéciale. Les auteures souhaitent remercier Michael Sharratt pour la gestion et la diffusion des données et Marie-Aurélie Elkurd pour la mise en page de la publication ainsi que d'autres collègues du CTPA : Leonie Beisemann, David Bradbury, Bert Brys, Karena Garnier, Natalie Lagorce, Pascal Saint-Amans, Hannah Simon et Carrie Tyler pour leur soutien et leurs précieux commentaires. Les auteurs remercient également les délégués auprès du Groupe de travail n° 2 sur l'analyse des politiques et les statistiques fiscales du Comité des affaires fiscales pour leurs contributions. Cette étude a bénéficié d'un soutien financier accordé par l'Union européenne. Les vues exprimées ne sauraient refléter l'opinion officielle de l'Union européenne.

Notes

[1] Les éditions antérieures de ce rapport étaient publiées sous les titres La situation des salariés au regard de l'impôt et des transferts sociaux (éditions 1996 à 1998) et La situation des ouvriers au regard de l'impôt et des transferts sociaux (éditions antérieures à 1996).

[2] Le 25 mai 2018, le Conseil de l'OCDE a invité la Colombie à devenir Membre. Au moment de la publication, le dépôt de l'instrument d'adhésion de la Colombie à la Convention de l'OCDE était en instance/en cours et dès lors la Colombie n'apparaît pas dans la liste des Membres de l'OCDE et n'est pas incluse dans les agrégats de la zone OCDE.

Table des matières

Tableaux

Graphiques

Résumé

En 2019, le coin fiscal moyen dans les pays de l'OCDE pour les travailleurs célibataires rémunérés au niveau du salaire moyen était de 36.0 %, soit une baisse de 0.11 point de pourcentage par rapport à 2018 signant la sixième année consécutive de repli. Le coin fiscal mesure la différence entre les coûts de main d'œuvre pour l'employeur et la rémunération nette correspondante du salarié. Il correspond à la somme de l'impôt sur le revenu des personnes physiques (IRPP) et des cotisations de sécurité sociale (CSS) payés par les salariés et par les employeurs, diminuée des prestations en espèces perçues, en proportion des coûts totaux de main d'œuvre pour les employeurs.

Le coin fiscal moyen pour les travailleurs célibataires dans la zone OCDE a reculé en 2019 bien que la charge fiscale ne se soit allégée que dans 17 des 36 pays de l'OCDE. De façon générale, si l'on excepte le cas de la Lituanie, les mouvements à la baisse du coin fiscal ont été de faible amplitude, de l'ordre de moins d'un point de pourcentage. Le fléchissement le plus marqué a été observé en Lituanie (3.43 points de pourcentage) où la mise en œuvre d'une réforme majeure s'est traduite par une réduction notable des CSS patronales, en grande partie compensée par une augmentation de la charge fiscale pesant sur les salariés et une hausse équivalente des salaires bruts.

En dépit du fléchissement constaté au niveau de la moyenne de l'OCDE, 19 pays ont enregistré en 2019 une progression du coin fiscal pour les célibataires rémunérés au niveau du salaire moyen. Les augmentations ont cependant été plus faibles que les mouvements de repli observés et elles n'ont dépassé dans aucun pays un demi-point de pourcentage, si ce n'est en Estonie (1.08 point de pourcentage). Dans ce pays en effet, on a assisté à la diminution d'un allègement fiscal lié aux revenus due à l'orientation ascendante du salaire moyen d'une année sur l'autre.

Le coin fiscal moyen de la zone OCDE pour les couples avec un seul apporteur de revenu a également poursuivi sur la pente descendante, pour la cinquième année consécutive. Il a baissé de 0.07 point de pourcentage pour être ramené à 26.4 % en 2019. Il a reculé dans 17 pays de l'OCDE, le mouvement le plus marqué ayant été constaté en Lituanie (4.24 points de pourcentage), en Autriche (3.67 points de pourcentage) et en France (2.34 points de pourcentage). Pour cette catégorie de ménages, le coin fiscal est resté stable au Chili et a progressé dans les 18 autres pays de l'OCDE. Des hausses de plus d'un point de pourcentage ont été enregistrées en Slovénie (3.32 points de pourcentage), en Pologne (2.62 points de pourcentage), en Nouvelle-Zélande (1.55 point de pourcentage), en Estonie (1.37 point de pourcentage) et en République tchèque (1.03 point de pourcentage).

Le rapport contient également une étude spéciale qui a pour objet de s'appuyer sur le cadre offert par la publication *Les impôts sur les salaires* pour étudier – à partir d'un groupe de pays choisis – si les différences de traitement fiscal selon les profils de travailleurs ouvrent des possibilités d'arbitrage fiscal. Les systèmes fiscaux peuvent offrir des possibilités d'arbitrage soit aux entreprises, en termes de choix du type de contrat de travail proposé aux travailleurs (contrats de travail à temps plein versus contrats de services), ou aux individus, en termes de choix de modes d'organisation (emploi classique versus travail indépendant). Dans la mesure où ces possibilités d'arbitrage sont vastes, les systèmes fiscaux peuvent encourager l'adoption de certaines formes d'emploi avantageuses sur le plan fiscal, ce qui peut être préjudiciable à l'équité du système fiscal et représenter en même temps une menace pour les recettes publiques.

Principales conclusions

Le coin fiscal moyen des pays de l'OCDE a reculé en 2019 par rapport à 2018

- Dans les pays de l'OCDE, le taux moyen de l'IRPP et des CSS payées par les salariés et les employeurs sur les revenus du travail était de 36.0 % en 2019, soit une baisse de 0.11 point de pourcentage.
- En 2019, c'est en Belgique (52.2 %), en Allemagne (49.4 %), en Italie (48.0 %), en Autriche (47.9 %) et en France (46.7 %)%) que l'on a observé les coins fiscaux moyens les plus élevés pour les travailleurs célibataires sans enfant rémunérés au salaire moyen dans leur pays. Les coins fiscaux les plus faibles ont été enregistrés au Chili (7.0 %) et en Nouvelle-Zélande (18.8 %).
- Entre 2018 et 2019, le coin fiscal s'est accru dans 19 pays sur 36 et a diminué dans 17 pays. Il n'a baissé de plus d'un point de pourcentage qu'en Lituanie (voir le détail ci-dessus), et de plus de 0.5 point de pourcentage qu'en Australie (0.94 point de pourcentage), aux Pays-Bas (0.56 point de pourcentage) et en Finlande (0.52 point de pourcentage). L'Estonie a été le seul pays à enregistrer une hausse de plus d'un point de pourcentage. En dehors de ce pays, on n'a relevé aucune augmentation du coin fiscal excédant 0.5 point de pourcentage pour les travailleurs célibataires, et les hausses les plus marquées ont été enregistrées au Mexique (0.39 point de pourcentage), en Slovénie (0.38 point de pourcentage) et en Nouvelle-Zélande (0.34 point de pourcentage).

Le coin fiscal moyen pour les familles avec enfants était égal à 26.4 % en 2019

- En 2019, c'est l'Italie qui a affiché le coin fiscal le plus élevé pour les familles comptant deux enfants et un seul apporteur de revenu rémunéré au niveau du salaire moyen (39.2 %). En Finlande, en Grèce, en Suède et en Turquie, les coins fiscaux se situaient entre 37 % et 38 %. La Nouvelle-Zélande a enregistré le coin fiscal le plus faible (3.5 %), suivie du Chili (7.0 %) et de la Suisse (9.9 %).
- Entre 2018 et 2019, la plus forte progression du coin fiscal pour cette catégorie de foyer a été observée en Slovénie (3.32 points de pourcentage), en Pologne (2.62 points de pourcentage), en Nouvelle-Zélande (1.55 point de pourcentage), en Estonie (1.37 point de pourcentage) et en République tchèque (1.03 point de pourcentage). Les plus fortes contractions du coin fiscal ont été constatées en Lituanie (4.24 points de pourcentage), en Autriche (3.67 points de pourcentage) et en France (2.34 points de pourcentage).
- Dans tous les pays de l'OCDE, le coin fiscal est plus faible pour les foyers avec enfants comptant un seul apporteur de revenu que pour les célibataires sans enfant, hormis au Mexique où les taux sont identiques pour ces deux types de foyer. Les écarts mesurés représentent plus de 15 % des coûts de main d'œuvre en Allemagne, en Belgique, au Canada, en Hongrie, en Irlande, au Luxembourg, en Nouvelle-Zélande, en Pologne, en République tchèque et en Slovénie.

Comment les systèmes fiscaux influencent-ils le choix des formes d'emploi (Étude spéciale) ?

- Dans tous les pays de l'OCDE, une proportion croissante de travailleurs tire des revenus d'activités n'entrant pas dans le champ des relations classiques entre employeurs et salariés. Si cette tendance est perceptible depuis quelque temps déjà, portée par un grand nombre de facteurs (au nombre desquels l'évolution démographique, la réglementation du marché du travail, etc.), les responsables de l'action publique devraient étudier dans quelle mesure les différences de traitement fiscal selon le type d'emploi peuvent également l'alimenter.

- Il est indispensable d'évaluer et de réévaluer les systèmes fiscaux afin de s'assurer que la politique fiscale est en phase avec les évolutions survenant sur le marché du travail.
- Il se peut qu'il faille reformer les systèmes de prélèvements et de prestations pour faire en sorte qu'ils n'incitent pas indûment les entreprises à embaucher des travailleurs ayant le statut de travailleurs indépendants. Néanmoins, cette réflexion doit être menée en tenant compte du fait que, si les principes qui gouvernent l'architecture de la fiscalité donnent à penser que les systèmes fiscaux devraient être strictement neutres au regard des formes d'emploi, des différences entre les travailleurs, notamment des différences quant aux droits à prestations, peuvent justifier un traitement fiscal différencié.

Partie I. Comparaisons et évolution de la charge fiscale

1 Synthèse

Ce chapitre présente les principaux résultats de l'analyse de l'imposition des revenus du travail dans les pays membres de l'OCDE en 2019. Il met surtout l'accent sur le coin fiscal — indicateur de la différence entre les coûts de main-d'œuvre pour l'employeur et la part correspondante de la rémunération nette après impôt du salarié — qui est calculé en faisant le total de l'impôt sur le revenu des personnes physiques, des cotisations de sécurité sociale à la charge des salariés et des employeurs et des taxes éventuelles sur les salaires, et en retranchant les prestations en pourcentage des coûts de main-d'œuvre. Les calculs s'intéressent aussi au taux moyen d'imposition net des personnes physiques. Il s'agit de la terminologie utilisée lorsque l'impôt sur le revenu des personnes physiques et les cotisations salariales de sécurité sociale, après déduction des prestations en espèces, sont exprimés en pourcentage du salaire brut. L'analyse compare un célibataire sans enfant rémunéré au salaire moyen à un couple marié avec deux enfants, disposant d'un seul salaire de niveau identique. Une analyse complémentaire concerne un couple avec deux enfants disposant de deux salaires, dont l'un des conjoints perçoit le salaire moyen et l'autre 67 % du salaire moyen.

Cette publication fournit, pour chacun des 36 pays de l'OCDE, des informations détaillées sur les impôts sur le revenu versés par les salariés, leurs cotisations de sécurité sociale, les transferts qu'ils perçoivent sous forme de prestations en espèces, ainsi que les cotisations de sécurité sociale et taxes sur les salaires versées par leurs employeurs. Les résultats communiqués prennent en compte la charge fiscale marginale et moyenne pour les ménages disposant d'un seul et de deux salaires[1] et les coûts totaux de main-d'œuvre qui en résultent pour les employeurs. Ces données sont largement utilisées dans le cadre de travaux de recherches universitaires ainsi que dans la formulation et l'évaluation des politiques sociales et économiques. Les données spécifiques sur les contribuables figurant dans cette étude permettent de compléter les renseignements compilés chaque année dans les *Statistiques des recettes publiques*, publication qui contient des données comparatives internationales sur les niveaux d'imposition et les structures fiscales dans les pays de l'OCDE. La méthodologie utilisée dans cette étude est décrite brièvement dans la section d'introduction ci-dessous et plus en détail dans l'Annexe.

Les tableaux et graphiques présentent des estimations de la charge fiscale et du « coin fiscal » entre les coûts de main-d'œuvre et le revenu net disponible pour huit catégories de foyer ayant des niveaux de revenus comparables. La section 2 ci-après fait la synthèse des principaux résultats pour l'année 2019. La Partie I du rapport fournit des résultats plus détaillés pour 2019, ainsi que des résultats comparables pour 2018, et examine les changements intervenus entre les deux années. Elle retrace également l'évolution chronologique de la charge fiscale entre 2000 et 2019.

Le chapitre 1 commence par une introduction à la méthodologie utilisée dans cette publication, suivie d'un examen des résultats relatifs aux indicateurs de la charge fiscale en 2019. L'examen porte sur le coin fiscal et les taux moyens de l'impôt sur le revenu des personnes physiques pour un célibataire sans enfant rémunéré au salaire moyen, ainsi que sur les indicateurs correspondants pour un couple disposant d'un seul salaire équivalent au salaire moyen, et pour un couple disposant de deux salaires dont un conjoint est rémunéré au salaire moyen et l'autre à 67 % du salaire moyen, et suppose que ces deux couples ont deux enfants. La dernière section décrit l'évolution des niveaux de salaire moyen par pays et précise la classification par branche d'activité utilisée pour effectuer le calcul.

Introduction

Cette section expose brièvement la méthodologie utilisée dans la publication *Les impôts sur les salaires*, consacrée exclusivement aux salariés à plein temps. Par hypothèse, leur revenu annuel d'activité est égal à un pourcentage donné du salaire brut moyen des travailleurs adultes travaillant à temps plein, pour chaque économie de l'OCDE, désigné sous le nom de salaire moyen (SM). Cela couvre les travailleurs manuels et non manuels, soit dans les secteurs C à K inclus, conformément à la classification internationale type par industrie de toutes les branches d'activité, Révision 3 (CITI Rév. 3), soit dans les secteurs B à N inclus, conformément à la classification internationale type par industrie de toutes les branches d'activité, Révision 4 (CITI Rév. 4)[2]. Des précisions figurent dans le Tableau 1.8 et dans l'Annexe à cette étude. Des hypothèses complémentaires sont formulées concernant d'autres éléments de la situation personnelle de ces salariés, afin de pouvoir déterminer leur positionnement au regard du système de prélèvements et de prestations.

Dans la publication *Les impôts sur les salaires*, le terme impôt recouvre l'impôt sur le revenu des personnes physiques, les cotisations de sécurité sociale et les taxes sur les salaires (regroupées avec les cotisations patronales de sécurité sociale pour le calcul des taux d'imposition) payables sur le salaire brut. Par conséquent, aucun impôt sur le revenu pouvant être dû au titre de revenus non salariaux, de même qu'aucun autre type d'impôt — par exemple, l'impôt sur les bénéfices, l'impôt sur le patrimoine net et les impôts sur la consommation — n'est pris en compte. Les transferts inclus sont ceux versés par les administrations publiques sous la forme de prestations en espèces, généralement au titre des enfants à charge.

Pour la plupart des pays de l'OCDE, l'année fiscale correspond à l'année civile. Toutefois, l'Australie, la Nouvelle-Zélande et le Royaume-Uni font exception. Dans le cas de la Nouvelle-Zélande et du Royaume-Uni, où l'année fiscale débute en avril, une approche « prospective » a été suivie pour les calculs. De ce fait, par exemple, les taux d'imposition indiqués pour 2019 sont ceux de l'année fiscale 2019-2020. Toutefois, en Australie, où l'année fiscale débute en juillet, il a été décidé d'adopter une approche « rétrospective » afin d'obtenir des résultats plus fiables. Par conséquent, pour l'Australie, l'année 2019 a été considérée comme correspondant à l'année fiscale 2018-2019.

La publication *Les impôts sur les salaires* contient divers indicateurs relatifs à l'imposition de la main-d'œuvre. Il met surtout l'accent sur le coin fiscal — indicateur de la différence entre les coûts de main-d'œuvre pour l'employeur et la part correspondante de la rémunération nette après impôt du salarié — qui est calculé en faisant le total de l'impôt sur le revenu des personnes physiques, des cotisations de sécurité sociale à la charge des salariés et des employeurs et des taxes éventuelles sur les salaires, et en retranchant les prestations en pourcentage des coûts de main-d'œuvre. Les cotisations patronales de sécurité sociale et, dans certains pays, les taxes sur les salaires sont ajoutées au salaire brut des salariés pour obtenir un indicateur des coûts totaux de main-d'œuvre. Le coin fiscal moyen indique la part des coûts totaux de main-d'œuvre qui est prélevée sous forme d'impôts et de cotisations de sécurité sociale après déduction des prestations versées en espèces. Au contraire, le coin fiscal marginal indique la part de l'augmentation des coûts totaux de main-d'œuvre qui est ainsi prélevée. Néanmoins, il convient de noter que cet indicateur prend uniquement en compte les paiements qui sont considérés comme des impôts. Les salariés et les employeurs peuvent aussi devoir procéder à des paiements obligatoires non fiscaux (PONF)[3], qui peuvent augmenter le niveau des indicateurs présentés dans la publication *Les impôts sur les salaires.* Un document d'accompagnement disponible dans la *Base de données fiscales de l'OCDE* présente les indicateurs de prélèvements obligatoires, qui combinent la charge fiscale et celle des PONF : http://www.oecd.org/tax/tax-policy/non-tax-compulsory-payments.pdf.

Les calculs s'intéressent aussi au taux moyen d'imposition des personnes physiques et au taux moyen net d'imposition des personnes physiques. Le taux moyen d'imposition des personnes physiques est la terminologie utilisée lorsque l'impôt sur le revenu des personnes physiques plus les cotisations salariales de sécurité sociale sont exprimés en pourcentage du salaire brut. Le taux moyen net d'imposition des personnes physiques est obtenu en retranchant les prestations en espèces. Le taux marginal net d'imposition des personnes physiques fait ressortir la part d'une augmentation du salaire brut qui est reversée sous forme d'impôt sur le revenu des personnes physiques et de cotisations de sécurité sociale, après déduction des prestations en espèces.

Examen des résultats pour 2019

Coin fiscal

Le Tableau 1.1 montre que le coin fiscal entre les coûts de main-d'œuvre à la charge de l'employeur et la rémunération nette disponible correspondante des salariés célibataires sans enfant, rémunérés au salaire moyen, différait fortement selon les pays de l'OCDE en 2019 (voir colonne 1). Si en Allemagne, en Autriche, en Belgique, en France, en Hongrie et en Italie, le coin fiscal s'élevait à 45 % ou plus, il était inférieur à 20 % au Chili et en Nouvelle-Zélande. C'est en Belgique que l'on observe le coin fiscal le plus élevé (52.2 %) et au Chili qu'il est le plus bas (7.0 %). Le Tableau 1.1 indique que le coin fiscal moyen dans les pays de l'OCDE était de 36.0 % en 2019.

Les variations du coin fiscal entre 2018 et 2019 pour un salarié moyen sans enfant sont indiquées à la colonne 2 du Tableau 1.1. Le coin fiscal moyen dans la zone OCDE a diminué de 0.11 point de pourcentage. Parmi les pays membres de l'OCDE, le coin fiscal a augmenté dans 19 pays et a baissé dans 17 autres. Les hausses et les baisses ont été relativement faibles dans la plupart des cas : une baisse de plus d'un point de pourcentage a été observée en Lituanie (-3.43 points), et seule l'Estonie a enregistré une hausse supérieure à un point de pourcentage (+1.08 point).

En général, les augmentations du coin fiscal étaient induites par le relèvement des impôts sur le revenu (voir colonne 3). C'est le principal facteur à l'œuvre dans la majorité des pays qui ont enregistré une augmentation globale, les deux exceptions étant la Corée et le Japon. Au sein du groupe des pays où le coin fiscal a augmenté en 2019, l'augmentation la plus forte des impôts sur le revenu des personnes physiques en pourcentage des coûts de main-d'œuvre a été observée en Estonie (+1.08 point), sous l'effet d'une baisse de l'abattement fiscal de base soumis à un critère de revenu, cependant que le salaire brut a augmenté entre 2018 et 2019. En Corée et au Japon, l'impôt sur le revenu des personnes physiques et le total des cotisations de sécurité sociale ont augmenté de façon similaire en pourcentage des coûts de main-d'œuvre.

Les diminutions du coin fiscal proviennent essentiellement d'une baisse des impôts sur le revenu dans neuf pays de l'OCDE (Australie, Belgique, Lettonie, Norvège, Pays-Bas, Pologne, Royaume-Uni, Suède et Turquie). Dans sept autres pays (Allemagne, Canada, Finlande, France, Grèce, Hongrie et Lituanie), la réduction du coin fiscal s'explique principalement par la baisse des cotisations de sécurité sociale. Les cotisations patronales de sécurité sociale en pourcentage des coûts de main-d'œuvre ont baissé au Canada (-0.53 point), en Finlande (-0.62 point), en Hongrie (-0.69 point) et en Lituanie (-22.02 points). En Lituanie, une réforme de la fiscalité du travail est entrée en vigueur en 2019, et a consisté en une baisse importante des cotisations patronales de sécurité sociale, compensée en grande partie par une hausse de la part salariale et une augmentation des salaires bruts. Le taux global des cotisations patronales de sécurité sociale, en ce compris le taux des taxes sur les salaires, est passé de 31.2 % en 2018 à 1.79 % en 2019, cependant que le taux global des cotisations salariales de sécurité sociale a augmenté de 9 % à 19.5 %. En outre, un plafond de revenu de l'ordre de 9.5 fois le salaire moyen a été instauré au titre des cotisations de sécurité sociale des salariés et des employeurs. Pour compenser la hausse des cotisations salariales de sécurité sociale, la réforme a aussi imposé aux employeurs d'augmenter les salaires bruts de 28.9 %. En France et en Allemagne, les cotisations salariales de sécurité sociale en pourcentage des coûts de main d'oeuvre ont diminué de respectivement 0.45 et 0.52 point de pourcentage. En Grèce, la baisse des cotisations de sécurité sociale à la charge des salariés comme des employeurs (-0.19 point de pourcentage au total) a plus que contrebalancé la hausse de l'impôt sur le revenu (+0.08 point). Dans le cas de l'Islande, la diminution du coin fiscal résulte d'une baisse presque aussi importante de l'impôt sur le revenu (-0.09 point) et des cotisations patronales de sécurité sociale (-0.13 point).

Le Tableau 1.2 et le Graphique 1.1 renseignent sur les éléments constitutifs du coin fiscal en 2019, c'est-à-dire l'impôt sur le revenu ainsi que les cotisations salariales et patronales de sécurité sociale (y compris les taxes sur les salaires lorsqu'elles sont applicables), en pourcentage des coûts de main-d'œuvre pour un salarié moyen sans enfant. Les coûts de main-d'œuvre indiqués dans le Tableau 1.2 sont exprimés en dollars US à parité de pouvoir d'achat.

Le pourcentage des coûts de main-d'œuvre payés en impôt sur le revenu varie considérablement dans les pays de l'OCDE. Les chiffres les plus bas s'observent au Chili (0.05 %), la Corée, la Grèce, Israël, le Japon, le Mexique, la Pologne et la République slovaque se situant également sous la barre des 10 %. Les plus hauts sont au Danemark (35.6 %), l'Australie et l'Islande dépassant 20 %. La part que représentent les cotisations salariales de sécurité sociale varie beaucoup également, de 0 % en Australie, au Danemark et en Nouvelle-Zélande, à 19.0 % en Slovénie et 19.2 % en Lituanie. Les employeurs en France paient 26.6 % des coûts de main-d'œuvre sous forme de cotisations de sécurité sociale, soit le niveau le plus élevé parmi les pays de l'OCDE. Les chiffres correspondants atteignent ou dépassent également 20 % dans huit autres pays — l'Autriche, la Belgique, l'Espagne, l'Estonie, l'Italie, la République slovaque, la République tchèque et la Suède.

En pourcentage des coûts de main-d'œuvre, la somme des cotisations salariales et patronales de sécurité sociale dépasse 20 % dans plus de la moitié des pays de l'OCDE, et représente au moins un tiers des coûts de main-d'œuvre dans cinq d'entre eux : l'Allemagne, l'Autriche, la France, la République slovaque et la République tchèque.

Tableau 1.1. Comparaison du coin fiscal total

En % des coûts de main-d'œuvre, 2019

Pays[1]	Variation annuelle, 2019/18 (en points de pourcentage)[2]				
	Coin fiscal total 2019 (1)	Coin fiscal (2)	Impôts sur le revenu (3)	CSS salariés (4)	CSS employeur[3] (5)
Belgique	52.2	-0.48	-0.47	0.00	-0.01
Allemagne	49.4	-0.18	0.03	-0.52	0.31
Italie	48.0	0.24	0.24	0.00	0.00
Autriche	47.9	0.29	0.34	0.01	-0.06
France	46.7	-0.33	0.03	-0.45	0.09
Hongrie	44.6	-0.46	0.10	0.13	-0.69
République tchèque	43.9	0.18	0.28	0.01	-0.11
Slovénie	43.6	0.38	0.38	0.00	0.00
Suède	42.7	-0.32	-0.32	0.00	0.00
Lettonie	42.6	-0.04	-0.03	0.00	0.00
Finlande	41.9	-0.52	0.02	0.07	-0.62
République slovaque	41.9	0.07	0.20	0.02	-0.15
Portugal	41.0	0.20	0.20	0.00	0.00
Grèce	40.8	-0.12	0.08	-0.10	-0.09
Espagne	39.5	0.10	0.10	0.00	0.00
Turquie	39.1	-0.12	-0.12	0.00	0.00
Luxembourg	38.4	0.20	0.33	0.02	-0.15
Pays-Bas	37.3	-0.56	-1.02	0.12	0.34
Estonie	37.2	1.08	1.08	0.00	0.00
Lituanie	37.2	-3.43	6.29	12.30	-22.02
Norvège	35.7	-0.14	-0.14	0.00	0.00
Pologne	35.6	-0.17	-0.18	0.00	0.01
Danemark	35.4	0.06	0.01	0.00	0.00
Irlande	33.2	0.30	0.22	0.00	0.08
Islande	33.1	-0.22	-0.09	0.00	-0.13
Japon	32.7	0.05	0.02	-0.01	0.04
Royaume-Uni	30.9	-0.09	-0.12	0.02	0.02
Canada	30.5	-0.35	0.06	0.12	-0.53
États-Unis	29.8	0.16	0.21	0.00	-0.06
Australie	27.9	-0.94	-0.94	0.00	0.00
Corée	23.3	0.31	0.17	0.14	0.00
Israël	22.7	0.20	0.18	-0.02	0.04
Suisse	22.3	0.07	0.07	0.00	0.00
Mexique	20.1	0.39	0.42	0.00	-0.03
Nouvelle-Zélande	18.8	0.34	0.34	0.00	0.00
Chili	7.0	0.04	0.04	0.00	0.00
Moyenne non pondérée					
OCDE Moyenne	36.0	-0.11	0.22	0.33	-0.66

Notes: Célibataire sans enfant ayant un salaire égal à celui d'un salarié moyen.

1. Les pays sont classés par ordre décroissant du coin fiscal total.
2. À cause des arrondis, les variations du coin fiscal colonne (2) peuvent être différentes d'un centième de point de pourcentage de la somme des colonnes (3) à (5). Pour le Danemark, le « Chèque Vert » (prestation en espèces) contribue à la différence car il n'est pas inclus dans les colonnes (3) à (5).
3. Les taxes sur les salaires sont incluses si elles s'appliquent.

Sources : Contributions des pays et Perspectives économiques de l'OCDE, volume 2019, numéro 2.

StatLink https://doi.org/10.1787/888934107446

Tableau 1.2. Impôt sur le revenu et cotisations de sécurité sociale des salariés et des employeurs

En % des coûts de main-d'œuvre, 2019

Pays[1]	Coin fiscal total[2] (1)	Impôt sur le revenu (2)	Cotisations de sécurité sociale: Salarié (3)	Cotisations de sécurité sociale: Employeur[3] (4)	Coûts de main-d'oeuvre4 (5)
Allemagne	49.4	16.1	16.8	16.5	84 303
Suisse	22.3	10.5	5.9	5.9	83 958
Belgique	52.2	19.9	11.0	21.3	82 002
Autriche	47.9	11.9	14.0	22.0	81 034
Luxembourg	38.4	15.5	10.8	12.1	80 921
Pays-Bas	37.3	14.8	11.7	10.7	75 638
Islande	33.1	26.7	0.3	6.2	72 961
Norvège	35.7	16.9	7.3	11.5	72 394
Irlande	33.2	19.7	3.6	9.9	69 266
Suède	42.7	13.4	5.3	23.9	68 056
France	46.7	11.7	8.3	26.6	66 048
Royaume-Uni	30.9	12.5	8.5	9.8	65 654
Corée	23.3	6.0	7.8	9.4	64 602
Danemark	35.4	35.6	0.0	0.0	63 426
Finlande	41.9	16.8	8.1	17.0	63 396
Australie	27.9	22.3	0.0	5.6	63 242
États-Unis	29.8	15.1	7.1	7.6	61 723
Italie	48.0	16.8	7.2	24.0	61 635
Japon	32.7	6.9	12.5	13.3	58 341
Espagne	39.5	11.6	4.9	23.0	56 495
Canada	30.5	14.3	6.7	9.5	50 615
Grèce	40.8	8.2	12.7	19.9	47 575
Israël	22.7	9.7	7.6	5.4	44 991
République tchèque	43.9	10.5	8.2	25.3	43 528
Nouvelle-Zélande	18.8	18.8	0.0	0.0	42 757
Estonie	37.2	10.8	1.2	25.3	41 627
Slovénie	43.6	10.7	19.0	13.9	41 598
Portugal	41.0	12.9	8.9	19.2	40 469
Pologne	35.6	6.2	15.3	14.1	38 942
Hongrie	44.6	12.5	15.4	16.7	37 687
Turquie	39.1	11.5	12.8	14.9	37 600
République slovaque	41.9	8.3	10.3	23.3	33 818
Lettonie	42.6	14.3	8.9	19.4	32 518
Lituanie	37.2	16.3	19.2	1.8	32 304
Chili	7.0	0.0	7.0	0.0	24 160
Mexique	20.1	8.5	1.2	10.4	15 839
Moyenne non pondérée					
OCDEMoyenne	36.0	13.7	8.5	13.8	55 587

Notes : Célibataire sans enfant ayant un salaire égal à celui d'un salarié moyen.

1. Les pays sont classés par ordre décroissant des coûts de main d'œuvre.
2. À cause des arrondis, le total de la colonne (1) peut être différent d'un dixième de point de pourcentage de la somme des colonnes (2) à (4). Pour le Danemark, le « Chèque Vert » (prestation en espèces) contribue à la différence car il n'est pas inclus dans les colonnes (2) à (4).
3. Les taxes sur les salaires sont incluses si elles s'appliquent.
4. Exprimés en dollars US convertis à l'aide de PPA.

Sources : Contributions des pays et Perspectives économiques de l'OCDE, volume 2019, numéro 2.

StatLink https://doi.org/10.1787/888934107484

Graphique 1.1 Impôt sur le revenu et cotisations de sécurité sociale des salariés et des employeurs, 2019

En % des coûts de main-d'œuvre

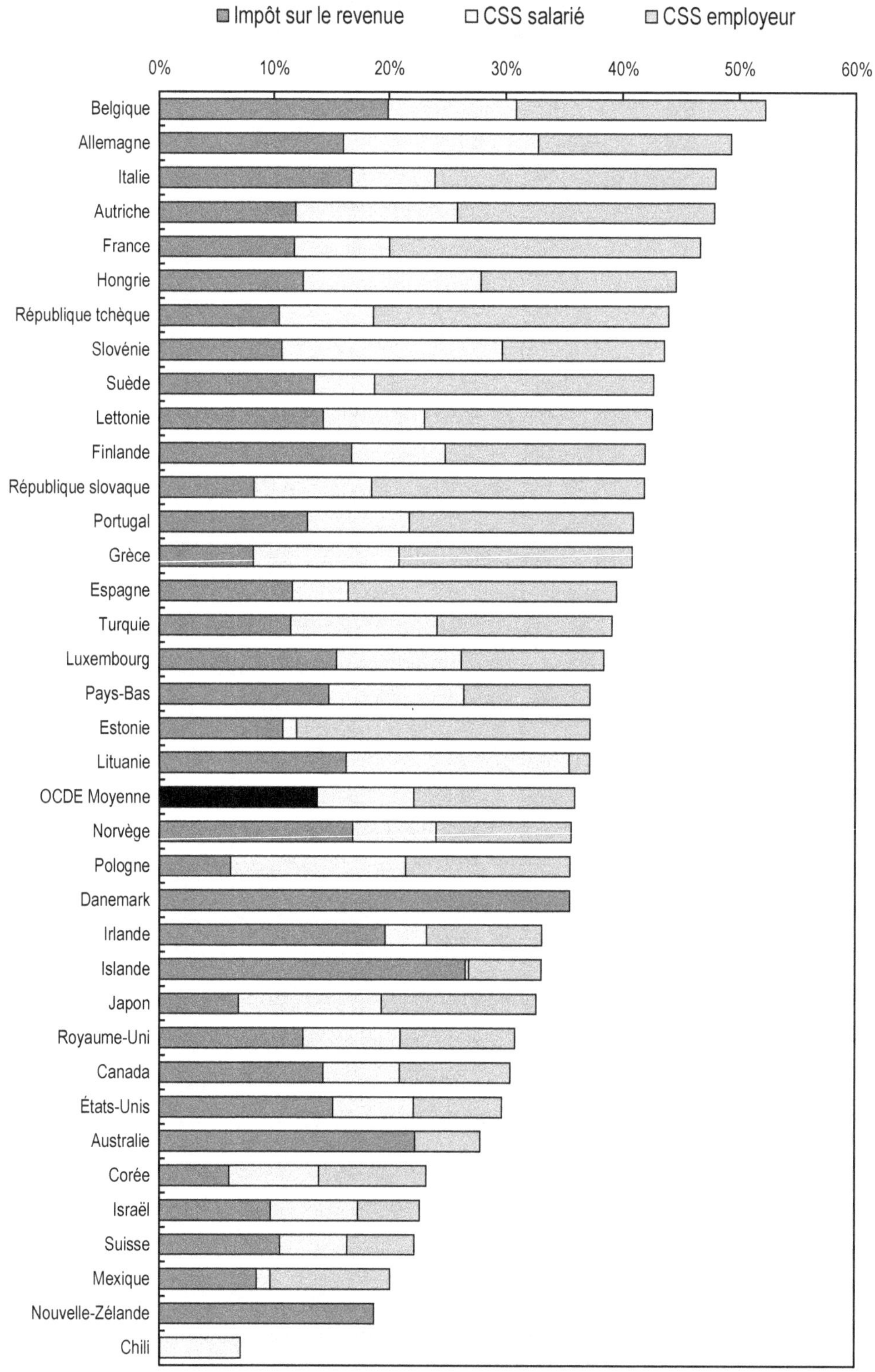

Notes : Célibataire sans enfant ayant un salaire égal à celui d'un salarié moyen.
Les taxes sur les salaires sont incluses si elles s'appliquent.

StatLink https://doi.org/10.1787/888934107427

Taux moyens d'imposition des personnes physiques

Le taux moyen d'imposition des personnes physiques correspond à l'impôt sur le revenu plus les cotisations salariales de sécurité sociale en pourcentage du salaire brut. Le Tableau 1.3 et le Graphique 1.2 indiquent les taux moyens d'imposition en 2019 pour un salarié célibataire sans enfant rémunéré au salaire moyen. Les chiffres correspondant au salaire brut du salarié moyen présentés dans le Tableau 1.3 sont exprimés en dollars US à parité de pouvoir d'achat. Le Graphique 1.2 donne une représentation graphique du taux moyen d'imposition des personnes physiques décomposé entre l'impôt sur le revenu et les cotisations salariales de sécurité sociale.

Le Tableau 1.3 et le Graphique 1.2 indiquent qu'en moyenne, le taux moyen d'imposition des personnes physiques applicable à un célibataire rémunéré au salaire moyen dans les pays de l'OCDE était de 25.9 % en 2019. L'Allemagne et la Belgique affichent le taux le plus élevé, 39.3 % des revenus bruts tandis que le Danemark et la Lituanie sont les seuls autres pays où les taux étaient supérieurs à 35 %. C'est au Chili et au Mexique que les taux moyens d'imposition des personnes physiques étaient les plus bas, 7.0 % et 10.8 % des rémunérations brutes respectivement.

Il est clair que l'incidence de l'impôt et des prestations sociales sur le revenu net disponible d'un salarié varie beaucoup d'un pays à l'autre de l'OCDE. Ces fortes variations dans le montant et la composition du coin fiscal traduisent en partie les différences que l'on observe en ce qui concerne :

- le rapport global entre le total des recettes fiscales et le produit intérieur brut ; et
- la part de l'impôt sur le revenu des personnes physiques et des cotisations de sécurité sociale dans l'ensemble des prélèvements nationaux.

La composition de l'impôt sur le revenu et des cotisations de sécurité sociale payées sur le salaire brut varie fortement entre les pays, comme le montre le Graphique 1.2.

En 2019, la part de l'impôt sur le revenu dans le taux moyen d'imposition des personnes physiques était supérieure à celle des cotisations salariales de sécurité sociale dans 24 des 36 pays membres de l'OCDE. Aucune cotisation salariale de sécurité sociale n'est prélevée en Australie, au Danemark ni en Nouvelle-Zélande, et les taux applicables représentent au plus 4 % des revenus bruts en Estonie, en Irlande, en Islande et au Mexique. En revanche, pour un salarié célibataire rémunéré au salaire moyen, le montant des cotisations salariales de sécurité sociale est sensiblement plus élevé que celui de l'impôt sur le revenu des personnes physiques (avec un écart de plus de six points de pourcentage) dans quatre pays — Chili, Japon, Pologne et Slovénie. Au Chili, le salarié moyen payait en 2019 un impôt minime sur le revenu des personnes physiques (0.05 % des revenus bruts). Dans huit pays — Allemagne, Autriche, Corée, Israël, Lituanie, République slovaque, République tchèque et Turquie, le montant de l'impôt sur le revenu des personnes physiques et celui des cotisations salariales de sécurité sociale, en pourcentage des revenus bruts, sont très proches (les écarts étant inférieurs de 3 points de pourcentage au plus).

Tableau 1.3. Impôt sur le revenu et cotisations salariales de sécurité sociale, 2019

En % du salaire brut

Pays1	Paiement total2 (1)	Impôt sur le revenu (2)	Cotisations de sécurité sociale de l'employé (3)	Salaires bruts3 (4)
Suisse	17.4	11.2	6.2	79 038
Luxembourg	29.9	17.6	12.3	71 102
Allemagne	39.3	19.2	20.1	70 355
Islande	28.7	28.4	0.3	68 443
Pays-Bas	29.7	16.5	13.2	67 518
Belgique	39.3	25.3	14.0	64 505
Norvège	27.3	19.1	8.2	64 066
Danemark	35.6	35.6	0.0	63 426
Autriche	33.2	15.2	18.0	63 204
Irlande	25.9	21.9	4.0	62 430
Australie	23.6	23.6	0.0	59 680
Royaume-Uni	23.3	13.9	9.5	59 211
Corée	15.3	6.7	8.7	58 514
États-Unis	24.0	16.4	7.7	57 055
Finlande	30.0	20.2	9.8	52 615
Suède	24.7	17.7	7.0	51 785
Japon	22.4	7.9	14.5	50 582
France	27.3	16.0	11.3	48 465
Italie	31.6	22.1	9.5	46 842
Canada	23.2	15.8	7.4	45 813
Espagne	21.4	15.0	6.4	43 491
Nouvelle-Zélande	18.8	18.8	0.0	42 757
Israël	18.3	10.3	8.0	42 577
Grèce	26.1	10.2	15.9	38 086
Slovénie	34.5	12.4	22.1	35 830
Pologne	25.0	7.2	17.8	33 447
Portugal	26.9	15.9	11.0	32 702
République tchèque	25.0	14.0	11.0	32 532
Turquie	28.5	13.5	15.0	32 000
Lituanie	36.1	16.6	19.5	31 736
Hongrie	33.5	15.0	18.5	31 406
Estonie	16.0	14.4	1.6	31 111
Lettonie	28.7	17.7	11.0	26 198
République slovaque	24.2	10.8	13.4	25 924
Chili	7.0	0.0	7.0	24 160
Mexique	10.8	9.5	1.4	14 187
Moyenne non pondérée				
OCDE Moyenne	25.9	15.9	10.0	47 855

Notes : Célibataire sans enfant ayant un salaire égal à celui d'un salarié moyen.

1. Les pays sont classés par ordre décroissant des salaires bruts.
2. À cause des arrondis, le total peut être différent d'un dixième de point de pourcentage de la somme des colonnes de l'impôt sur le revenu et des cotisations de sécurité sociale.
3. Exprimés en dollars US convertis à l'aide de la PPA.

Sources : Contributions des pays et Perspective économiques de l'OCDE, volume 2019, numéro 2.

StatLink https://doi.org/10.1787/888934107522

Graphique 1.2 Pourcentages des salaires bruts payés en impôts sur le revenu et en cotisations salariales de sécurité sociale, 2019

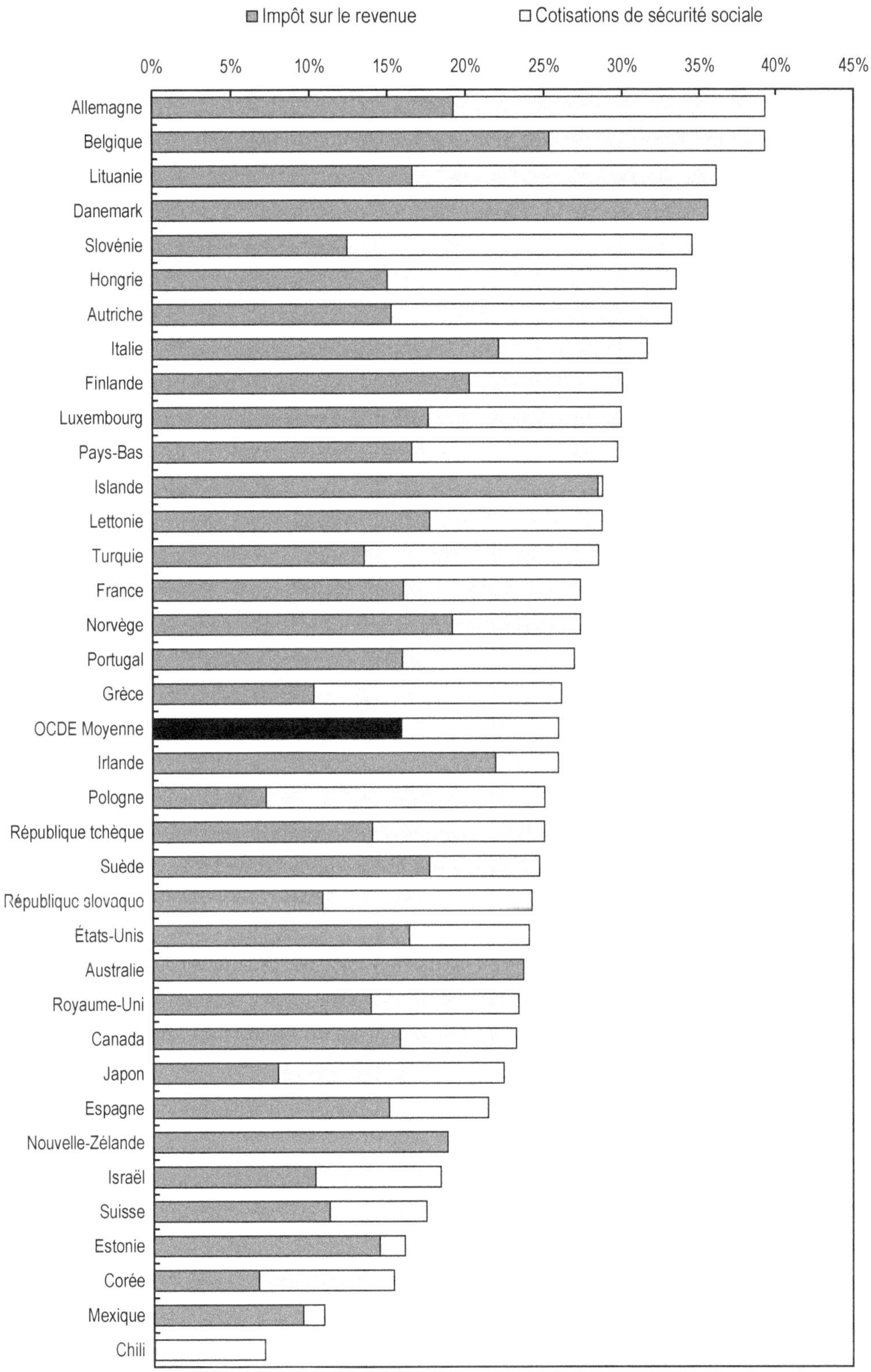

Notes : Les pays sont classés par ordre décroissant des charges fiscales.
Célibataire sans enfant ayant un salaire égal à celui d'un salarié moyen.

StatLink https://doi.org/10.1787/888934107465

Comparaison de la situation d'un célibataire et d'un couple disposant d'un seul salaire

Le Tableau 1.4 compare le coin fiscal d'un couple marié avec deux enfants disposant d'un seul salaire avec celui d'un célibataire sans enfant, ces deux catégories de foyer étant rémunérées au salaire moyen. Ces coins fiscaux ont fortement varié selon les pays de l'OCDE en 2019 (voir colonnes 1 et 2). Le montant du coin fiscal pour un couple avec enfants est généralement inférieur à celui observé pour un célibataire sans enfant, dans la mesure où de nombreux pays de l'OCDE accordent des avantages aux ménages ayant des enfants à charge par un régime fiscal avantageux et/ou des prestations en espèces. Aussi, le coin fiscal moyen dans la zone OCDE pour un couple avec deux enfants disposant d'un seul salaire s'établissait à 26.4 %, contre 36.0 % pour un salarié moyen célibataire. L'écart s'est légèrement réduit (de 0.03 point) depuis 2018.

Les économies d'impôt réalisées par un couple marié avec deux enfants et disposant d'un seul salaire, par comparaison avec la situation d'un célibataire sans enfant sont supérieures à 20 % des coûts de main-d'œuvre au Luxembourg, et de 15 % ou plus dans neuf autres pays — Allemagne, Belgique, Canada, Hongrie, Irlande, Nouvelle-Zélande, Pologne, République tchèque et Slovénie. Les charges fiscales d'un couple marié disposant d'un seul salaire et d'un célibataire, rémunérés au salaire moyen dans les deux cas, sont les mêmes au Mexique, et diffèrent de trois points ou moins au Chili, en Corée, en Grèce, en Israël et en Turquie (voir colonnes 1 et 2).

Dans 27 des 36 pays de l'OCDE, la variation du coin fiscal d'un couple marié avec deux enfants disposant d'un seul salaire de niveau moyen est restée limitée entre 2018 et 2019 (inférieure à un point de baisse ou de hausse, voir colonne 3). On n'observe aucune variation au Chili. L'augmentation est supérieure à un point de pourcentage en Slovénie (3.32 points), en Pologne (2.62 points), en Nouvelle-Zélande (1.55 point), en Estonie (1.37 point) et en République tchèque (1.03 point). À l'inverse, le coin fiscal des familles a reculé de plus d'un point de pourcentage dans trois pays : en Lituanie (4.24 points), en Autriche (3.67 points) et en France (2.34 points). Ces variations du coin fiscal s'expliquent dans la plupart de ces pays par la mise en place, ou l'ajustement, de dispositions fiscales ou de prestations en espèces au titre des enfants à charge. Dans le cas de la Lituanie, la diminution du coin fiscal pour un couple marié avec deux enfants disposant d'un seul salaire est due essentiellement à la baisse des cotisations patronales de sécurité sociale résultant de l'introduction de la réforme de la fiscalité du travail. En comparaison, la diminution du coin fiscal pour un contribuable célibataire sans enfant rémunéré au salaire moyen était également supérieure à un point. On trouvera des précisions sur cette réforme dans la section ci-dessus consacrée au coin fiscal ainsi que dans la Partie II de cette étude qui contient des informations détaillées sur les pays.

Une comparaison des variations des coins fiscaux pour des couples mariés disposant d'un seul revenu et ayant deux enfants et des célibataires sans enfant rémunérés au salaire moyen entre 2018 et 2019 figure à la colonne 5 du Tableau 1.4. Les dispositions préférentielles en faveur des familles ont été renforcées dans treize pays membres de l'OCDE : Autriche, Belgique, Canada, Chili, Corée, France, Hongrie, Irlande, Islande, Lettonie, Lituanie, Norvège et Turquie. En outre, les effets des modifications des dispositions fiscales sur le coin fiscal étaient du même ordre de grandeur pour les deux catégories de foyer uniquement au Mexique. Dans sept pays, à savoir en Finlande, en Grèce, au Japon, au Luxembourg, aux Pays-Bas, en Suède et en Suisse, les dispositions préférentielles en faveur des familles ont varié à la baisse de moins de 0.05 point.

Tableau 1.4. Comparaison du coin fiscal total pour les célibataires et les couples ayant un seul salaire, 2019

En % des coûts de main-d'œuvre

Pays[1]	Famille[2] Coin fiscal total 2019 (1)	Célibataire[3] Coin fiscal total 2019 (2)	Variation annuelle, 2019/18 (en points de pourcentage)		
			Famille Coin fiscal (3)	Célibataire Coin fiscal (4)	Différence entre célibataire et famille (4)-(3) (5)
Italie	39.2	48.0	0.58	0.24	-0.34
Grèce	37.8	40.8	-0.11	-0.12	-0.01
Finlande	37.5	41.9	-0.48	-0.52	-0.04
Turquie	37.5	39.1	-0.21	-0.12	0.09
Suède	37.4	42.7	-0.29	-0.32	-0.03
France	36.8	46.7	-2.34	-0.33	2.01
Belgique	36.5	52.2	-0.96	-0.48	0.48
Allemagne	34.3	49.4	-0.09	-0.18	-0.08
Espagne	34.2	39.5	0.26	0.10	-0.16
Autriche	33.7	47.9	-3.67	0.29	3.96
Lettonie	32.4	42.6	-0.20	-0.04	0.17
Pays-Bas	32.3	37.3	-0.52	-0.56	-0.04
Norvège	32.1	35.7	-0.27	-0.14	0.14
République slovaque	31.1	41.9	0.51	0.07	-0.44
Hongrie	29.6	44.6	-0.59	-0.46	0.13
Portugal	29.4	41.0	0.34	0.20	-0.14
Lituanie	29.0	37.2	-4.24	-3.43	0.81
Slovénie	28.5	43.6	3.32	0.38	-2.94
Japon	27.5	32.7	0.07	0.05	-0.02
Estonie	27.5	37.2	1.37	1.08	-0.29
République tchèque	26.6	43.9	1.03	0.18	-0.85
Royaume-Uni	26.3	30.9	0.02	-0.09	-0.11
Danemark	25.2	35.4	0.22	0.06	-0.16
Islande	21.6	33.1	-0.59	-0.22	0.36
Australie	20.8	27.9	-0.78	-0.94	-0.16
Corée	20.6	23.3	-0.36	0.31	0.67
Israël	20.3	22.7	0.24	0.20	-0.05
Mexique	20.1	20.1	0.39	0.39	0.00
États-Unis	18.8	29.8	0.33	0.16	-0.17
Irlande	17.9	33.2	0.25	0.30	0.05
Pologne	17.7	35.6	2.62	-0.17	-2.79
Luxembourg	17.3	38.4	0.23	0.20	-0.03
Canada	11.6	30.5	-0.45	-0.35	0.10
Suisse	9.9	22.3	0.12	0.07	-0.04
Chili	7.0	7.0	0.00	0.04	0.04
Nouvelle-Zélande	3.5	18.8	1.55	0.34	-1.22
Moyenne non pondérée					
OCDE Moyenne	26.4	36.0	-0.07	-0.11	-0.03

Notes :

1. Les pays sont classés par ordre décroissant du coin fiscal de la famille.
2. Couple marié avec un seul salaire égal à celui d'un salarié moyen et ayant deux enfants.
3. Célibataire sans enfant ayant un salaire égal à celui d'un salarié moyen.

Sources : Contributions des pays et Perspectives économiques de l'OCDE, volume 2019, numéro 2.

StatLink https://doi.org/10.1787/888934107560

Graphique 1.3 Impôt sur le revenu et cotisations salariales de sécurité sociale diminués des prestations en espèces, 2019

En % du salaire brut, pour les célibataires et les couples ayant un seul salaire

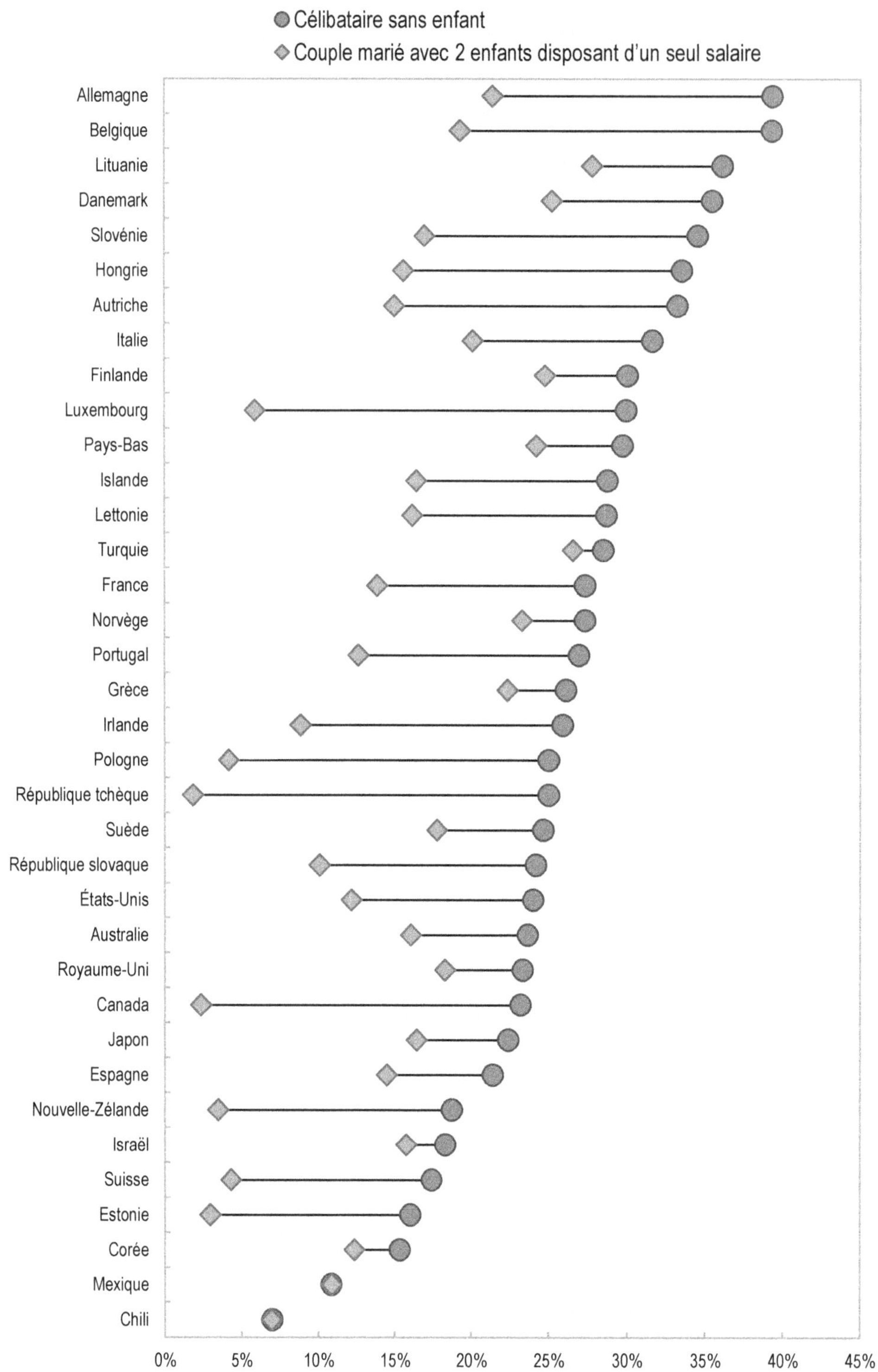

Notes : Les pays sont classés par ordre décroissant des charges fiscales d'un célibataire sans enfant.
Types de famille : célibataire sans enfant ayant un salaire égal à celui d'un salarié moyen et couple marié avec un seul salaire égal à celui d'un salarié moyen et ayant deux enfants.

StatLink https://doi.org/10.1787/888934107503

Le Graphique 1.3 compare le taux moyen net de l'impôt sur le revenu des personnes physiques pour un travailleur moyen, entre un célibataire et un couple marié avec deux enfants et disposant d'un seul revenu, au même niveau de revenu. Ces résultats font apparaître les mêmes caractéristiques que pour le coin fiscal. Cela s'explique par le fait que les cotisations patronales de sécurité sociale qui ne sont pas prises en compte dans le premier cas, mais qui le sont dans le second, sont indépendantes de la catégorie de foyer. En raison des allégements d'impôt et des prestations en espèces en faveur des familles avec enfants, le revenu disponible d'un couple marié disposant d'un seul revenu dépassait de plus de 20 % le revenu d'un célibataire dans cinq pays — le Luxembourg (24.0 %), la République tchèque (23.2 %), le Canada et la Pologne (20.8 %) et la Belgique (20.1 %). À l'autre extrémité, le revenu disponible d'un couple marié disposant d'un seul revenu dépasse de moins de 10 % la rémunération d'un célibataire dans 14 pays — la Lituanie (8.4 %), l'Australie (7.6 %), l'Espagne et la Suède (6.9 %), le Japon (6.0 %), les Pays-Bas (5.5 %), la Finlande (5.3 %), le Royaume-Uni (5.0 %), la Norvège (4.1 %), la Grèce (3.8 %), la Corée (3.0 %), Israël (2.6 %), la Turquie (2.0 %) et le Chili (0.05 %). La charge était la même pour les deux catégories de foyer au Mexique.

Impôt sur le revenu du travail pour un couple disposant de deux salaires

L'analyse précédente portait sur deux ménages ayant des niveaux de revenu comparables : un célibataire percevant un salaire égal à 100 % du salaire moyen, et un couple marié avec deux enfants, disposant d'un seul salaire égal à 100 % du salaire moyen. Cette section étend l'analyse à une troisième catégorie de foyer : un couple marié avec deux enfants, disposant de deux salaires, l'un égal à 100 % et l'autre à 67 % du salaire moyen.

Pour cette catégorie de foyer, le coin fiscal moyen dans les pays de l'OCDE en pourcentage des coûts de main-d'œuvre était de 30.5 % en 2019 (Graphique. 1. 4 et Tableau 1.5). La Belgique enregistrait un coin fiscal de 44.5 %, soit le plus élevé parmi les pays de l'OCDE. Les autres pays où le coin fiscal dépasse 40 % étaient l'Italie (41.9 %) et l'Allemagne (42.5 %). À l'autre extrémité, le coin fiscal le plus bas était observé au Chili (6.7 %). Les autres pays où le coin fiscal était inférieur à 20 % sont la Suisse (16.1 %), Israël (16.3 %), la Nouvelle-Zélande (17.3 %) et le Mexique (18.6 %).

Le Graphique. 1. 4 illustre le coin fiscal moyen et ses éléments constitutifs en pourcentage des coûts de main-d'œuvre pour un couple disposant de deux salaires en 2019. En moyenne, dans les pays de l'OCDE, l'impôt sur le revenu représentait 10.7 % des coûts de main-d'œuvre, et la somme des cotisations salariales et patronales de sécurité sociale s'élevait à 22.1 % de ce chiffre. Le coin fiscal est exprimé après déduction des prestations en espèces, qui représentaient 2.3 % des coûts de main-d'œuvre en 2019.

Les prestations en espèces examinées dans la publication *Les impôts sur les salaires* sont celles versées de manière universelle aux travailleurs ayant des enfants à charge âgés de six à onze ans inclus. Les prestations liées à l'exercice d'un emploi qui sont versées aux travailleurs indépendamment de leur situation de famille sont également prises en compte dans les calculs. Pour le couple considéré ayant deux salaires, le Danemark verse une prestation en espèces sous condition de ressources (le Chèque Vert) à laquelle les célibataires sans enfant ont également droit.

Par rapport à 2018, le coin fiscal moyen dans la zone OCDE pour un couple ayant deux salaires a baissé de 0.27 point en 2019, comme l'indique le Tableau 1.5 (colonne 2), bien qu'il ait augmenté dans 17 des 36 pays de l'OCDE et diminué dans 18 autres pays. Le coin fiscal pour les couples ayant deux salaires n'a subi aucun changement au Chili. Les hausses n'ont jamais été supérieures à un point de pourcentage. Dans six des pays ayant enregistré une augmentation globale, celle-ci était inférieure à 0.20 point (Danemark, Espagne, États-Unis, Israël, Japon et Suisse). À l'inverse, une diminution supérieure à un point de pourcentage a été observée dans quatre pays : en Lituanie (5.24 points), en Pologne (2.11 points), en Autriche (2.00 points) et en Australie (1.11 point). En Australie, chaque conjoint a vu le montant de son impôt sur le revenu diminuer du fait de l'introduction du crédit d'impôt en faveur des ménages à bas salaires et à salaires intermédiaires en 2019. En Autriche, la baisse résulte de la mise en place d'un crédit d'impôt au titre des enfants à charge, et en Pologne, elle s'explique par une augmentation des prestations en espèces pour enfants à charge. Dans le cas de la Lituanie, la diminution du coin fiscal est due à la réforme de la fiscalité du travail expliquée dans la section consacrée au coin fiscal.

Dans la plupart des pays où le coin fiscal a progressé, la hausse s'explique principalement par un relèvement des impôts sur le revenu, à l'origine de l'intégralité de l'augmentation du coin fiscal dans 14 pays, avant prise en compte de l'incidence des prestations en espèces : Espagne, Estonie, États-Unis, Irlande, Israël, Italie, Luxembourg, Mexique, Nouvelle-Zélande, Portugal, République slovaque, République tchèque, Slovénie et Suisse. À l'inverse, l'augmentation des cotisations patronales de sécurité sociale était la principale cause de cette hausse au Japon et en Turquie. Néanmoins, ces hausses ont la plupart du temps été amplifiées ou atténuées par les variations des prestations en espèces. Au Danemark, la baisse de ces prestations, exprimée en pourcentage des coûts de main-d'œuvre, explique l'essentiel de la hausse du coin fiscal.

Graphique. 1. 4 Impôt sur le revenu et cotisations salariales et patronales de sécurité sociale diminués des prestations en espèces, 2019

Couples disposant de deux salaires et ayant deux enfants, en pourcentage des coûts de main d'œuvre

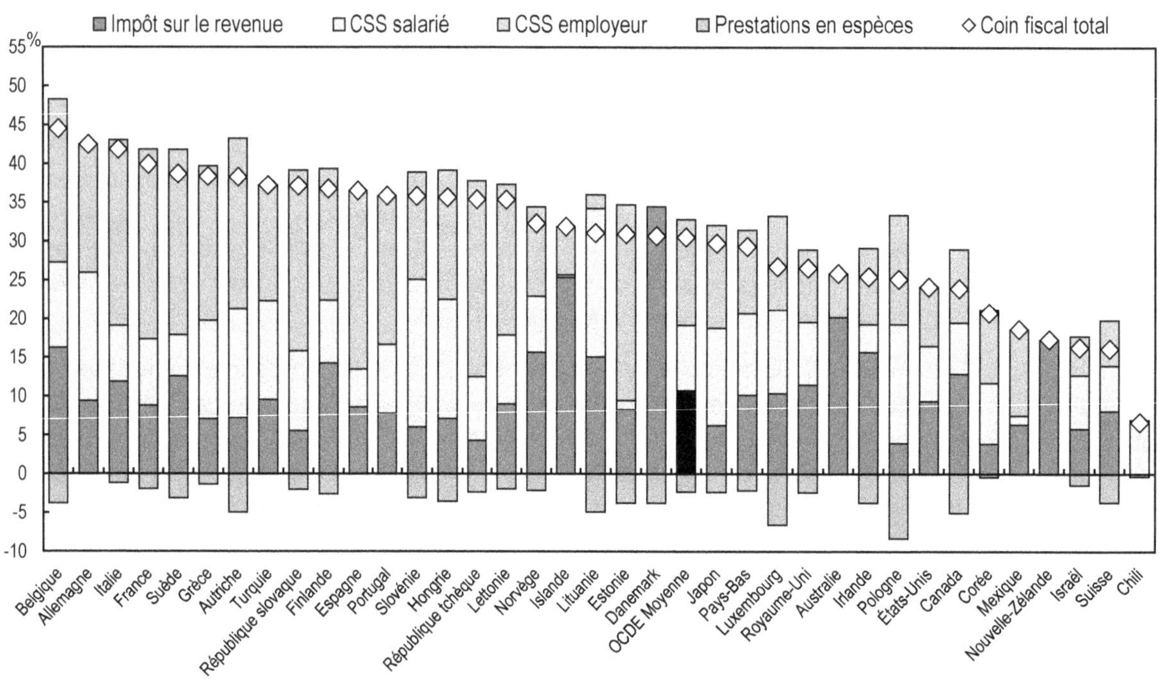

Notes : Couple marié disposant de deux salaires égaux à 100 % et 67 % du salaire moyen, et ayant deux enfants.
Les taxes sur les salaires sont incluses si elles s'appliquent.

StatLink https://doi.org/10.1787/888934107541

Tableau 1.5. Comparaison du coin fiscal total de couples disposant de deux salaires et ayant des enfants, 2019

En % des coûts de main d'œuvre

Pays[1]	Coin fiscal total 2019 (1)	Variation annuelle, 2019/18 (en points de pourcentage)[2]				
		Coin fiscal (2)	Impôts sur le revenu (3)	CSS salariés (4)	CSS employeur[3] (5)	Prestations en espèces (6)
Belgique	44.5	-0.63	-0.62	-0.01	-0.03	-0.02
Allemagne	42.5	-0.16	0.05	-0.52	0.31	0.00
Italie	41.9	0.34	0.29	0.00	0.00	-0.05
France	39.9	-0.48	0.06	-0.44	-0.09	0.00
Suède	38.7	-0.35	-0.37	0.00	0.00	-0.02
Grèce	38.3	-0.11	0.08	-0.10	-0.09	-0.01
Autriche	38.3	-2.00	-2.09	0.01	-0.06	-0.14
Turquie	37.2	0.37	-0.31	-0.12	0.80	0.00
République slovaque	37.1	0.27	0.31	0.02	-0.15	-0.08
Finlande	36.8	-0.56	-0.04	0.07	-0.62	-0.03
Espagne	36.5	0.16	0.16	0.00	0.00	0.00
Portugal	35.9	0.30	0.30	0.00	0.00	0.00
Slovénie	35.8	0.53	0.37	0.00	0.00	-0.16
Hongrie	35.6	-0.54	-0.23	0.13	-0.69	-0.26
République tchèque	35.4	0.58	0.53	0.01	-0.11	-0.15
Lettonie	35.4	-0.12	-0.21	0.00	0.00	-0.10
Norvège	32.3	-0.23	-0.15	0.00	0.00	0.08
Islande	31.9	-0.25	-0.12	0.00	-0.13	0.00
Lituanie	31.1	-5.24	6.46	12.30	-22.02	1.98
Estonie	30.9	0.99	1.00	0.00	0.00	0.01
Danemark	30.7	0.11	0.00	0.00	0.00	-0.10
Japon	29.7	0.05	0.01	-0.01	0.04	-0.01
Pays-Bas	29.3	-0.79	-0.98	-0.03	0.34	0.13
Luxembourg	26.7	0.32	0.36	0.02	-0.15	-0.10
Royaume-Uni	26.6	-0.03	-0.14	0.02	0.02	-0.07
Australie	25.8	-1.11	-1.11	0.00	0.00	0.00
Irlande	25.5	0.52	0.32	0.00	0.08	-0.13
Pologne	25.1	-2.11	-0.01	0.00	0.01	2.10
États-Unis	24.1	0.17	0.24	0.01	-0.07	0.00
Canada	23.9	-0.34	0.06	0.17	-0.53	0.03
Corée	20.7	-0.08	0.22	0.14	0.00	0.44
Mexique	18.6	0.36	0.39	0.00	-0.04	0.00
Nouvelle-Zélande	17.3	0.23	0.23	0.00	0.00	0.00
Israël	16.3	0.14	0.11	-0.03	0.03	-0.03
Suisse	16.1	0.09	0.06	0.00	0.00	-0.03
Chili	6.7	0.00	0.00	0.00	0.00	0.00
Moyenne non pondérée						
OCDE Moyenne	30.5	-0.27	0.14	0.32	-0.64	0.09

Notes : Couple marié disposant de deux salaires égaux à 100 % et 67 % du salaire moyen, et ayant deux enfants.

1. Les pays sont classés par ordre décroissant du coin fiscal total.
2. À cause des arrondis, les variations du coin fiscal colonne (2) peuvent être différentes d'un centième de point de pourcentage de la somme des colonnes (3) à (6).
3. Les taxes sur les salaires sont incluses si elles s'appliquent.

Sources : Contributions des pays et Perspectives économiques de l'OCDE, volume 2019, numéro 2.

StatLink https://doi.org/10.1787/888934107579

Tableau 1.6. Impôt sur le revenu et cotisations salariales de sécurité sociale diminués des prestations en espèces, 2019

Couples disposant de deux salaires et ayant deux enfants, en % du salaire brut

Pays[1]	Paiement total[2] (1)	Impôt sur le revenu (2)	Cotisations de sécurité sociale de l'employé (3)	Prestations en espèces (4)	Salaires bruts[3] (5)
Suisse	10.9	8.6	6.2	3.9	131 994
Luxembourg	16.6	11.8	12.3	7.5	118 740
Allemagne	31.1	11.3	19.8	0.0	117 493
Islande	27.4	27.0	0.4	0.0	114 301
Pays-Bas	20.8	11.4	11.8	2.4	112 755
Belgique	29.7	20.6	14.0	4.8	107 724
Norvège	23.5	17.7	8.2	2.4	106 990
Danemark	30.7	34.5	0.0	3.8	105 921
Autriche	20.9	9.3	18.0	6.4	105 551
Irlande	17.3	17.4	4.0	4.1	104 258
Australie	21.4	21.4	0.0	0.0	99 666
Royaume-Uni	19.0	12.7	9.0	2.6	98 882
Corée	12.5	4.3	8.7	0.5	97 718
États-Unis	17.8	10.2	7.7	0.0	95 282
Finlande	23.8	17.2	9.8	3.2	87 868
Suède	19.4	16.5	7.0	4.1	86 481
Japon	18.9	7.2	14.5	2.7	84 471
France	20.4	11.7	11.3	2.6	80 936
Italie	23.5	15.6	9.5	1.6	78 227
Canada	16.0	14.2	7.3	5.6	76 507
Espagne	17.5	11.2	6.4	0.0	72 630
Nouvelle-Zélande	17.3	17.3	0.0	0.0	71 404
Israël	11.9	6.2	7.3	1.6	71 104
Grèce	23.0	8.8	15.9	1.7	69 964
Slovénie	25.5	7.0	22.1	3.6	59 836
Pologne	12.8	4.7	17.8	9.7	55 856
Portugal	20.6	9.6	11.0	0.0	54 613
République tchèque	13.6	5.8	11.0	3.2	54 328
Turquie	26.2	11.2	15.0	0.0	53 440
Lituanie	29.8	15.3	19.5	5.0	52 999
Hongrie	22.7	8.5	18.5	4.3	52 448
Estonie	7.6	11.0	1.6	5.0	51 955
Lettonie	19.8	11.2	11.0	2.4	43 751
République slovaque	18.0	7.3	13.4	2.7	43 293
Chili	6.7	0.0	7.0	0.3	40 348
Mexique	8.5	7.2	1.3	0.0	23 692
Moyenne non pondérée					
OCDE Moyenne	19.5	12.3	9.9	2.7	80 095

Notes : Couple marié disposant de deux salaires égaux à 100 % et 67 % du salaire moyen, et ayant deux enfants.

1. Les pays sont classés par ordre décroissant des salaires bruts.
2. À cause des arrondis, le total peut être différent d'un dixième de point de pourcentage de la somme des colonnes de l'impôt sur le revenu, des cotisations de sécurité sociale et des prestations en espèces.
3. Exprimés en dollars US convertis à l'aide de la PPA.

Sources : Contributions des pays et Perspectives économiques de l'OCDE, volume 2018, numéro 2.

StatLink https://doi.org/10.1787/888934107598

S'agissant du taux moyen net d'imposition des personnes physiques en pourcentage des revenus bruts, la moyenne de l'OCDE s'établissait à 19.5 % en 2019 pour un couple avec deux enfants disposant de deux salaires, dont un conjoint est rémunéré au salaire moyen et l'autre à 67 % du salaire moyen. Le Tableau 1.6 montre les taux moyens nets d'imposition des personnes physiques dans les pays de l'OCDE et leurs éléments constitutifs, en pourcentage du revenu brut. Les chiffres correspondant au salaire brut du ménage dans la colonne 5 sont exprimés en dollars US à parité de pouvoir d'achat. À la différence des résultats figurant dans le Tableau 1.3, dans le Tableau 1.6, les prestations en espèces sont prises en compte et atténuent l'incidence de l'impôt sur le revenu et des cotisations de sécurité sociale à la charge des salariés (colonne 2 plus 3 moins colonne 4).

Le taux moyen net d'imposition des personnes physiques pour un couple disposant de deux salaires affichait de grandes disparités entre pays de l'OCDE en 2019, allant de 6.7 % au Chili à 31.1 % en Allemagne. En d'autres termes, le revenu disponible du ménage après impôt représentait 93.3 % du salaire brut du couple au Chili, contre 68.9 % en Allemagne. Le Danemark était le seul autre pays affichant un taux moyen net d'imposition des personnes physiques supérieur à 30 %. À l'autre extrémité, le taux moyen net d'imposition des personnes physiques était inférieur à 10 % au Mexique (8.5 %) et en Estonie (7.6 %), ainsi qu'au Chili.

Les indicateurs utilisés dans *Les impôts sur les salaires* s'intéressent à la structure des systèmes de l'impôt sur le revenu en fonction du revenu disponible. Pour évaluer l'impact global du secteur public sur le bien-être des citoyens, d'autres facteurs tels que les impôts indirects (la TVA, par exemple) doivent aussi être pris en compte, tout comme d'autres formes de revenu (revenu du capital, par exemple). En outre, les paiements obligatoires non fiscaux qui grèvent le revenu disponible des ménages ne sont pas intégrés dans les calculs présentés dans cette publication, mais l'étude en ligne contient une analyse plus poussée de ces paiements : http://www.oecd.org/tax/tax-policy/non-tax-compuslory-payments.pdf.

Salaires

Le Tableau 1.7 indique le salaire brut en monnaie nationale du travailleur moyen dans chaque pays membre de l'OCDE pour les années 2018 et 2019. Les chiffres pour 2019 sont estimés par le Secrétariat de l'OCDE en appliquant la variation de la rémunération par salarié dans l'ensemble de l'économie telle qu'elle est présentée dans la base de données des *Perspectives économiques de l'OCDE* (volume 2019, numéro 2) aux valeurs finales du salaire moyen indiquées par les pays membres de l'OCDE. On trouvera plus d'informations sur les valeurs relatives au salaire moyen et la méthodologie utilisée pour les estimations dans l'Annexe de cette étude.

La variation annuelle en 2019 — indiquée à la colonne 3 — allait de 0.4 % au Japon à 28.9 % en Lituanie. En Lituanie, l'estimation du salaire moyen pour 2019 tient compte de la hausse des salaires bruts de 28.9 % fixée par la loi dans le cadre de la réforme de la fiscalité du travail. Cette augmentation du salaire brut au niveau national est destinée à compenser les effets de la réforme introduite en 2019. Le chapitre consacré à la Lituanie (voir la Partie II. Informations détaillées par pays pour 2019) présente les détails de cette réforme. Dans une large mesure, les variations des niveaux de salaire dans les pays de l'OCDE traduisent les différences de taux d'inflation entre les pays — voir la colonne 4 du Tableau 1.7. La variation annuelle des niveaux de salaires réels (avant impôt sur le revenu des personnes physiques et cotisations salariales de sécurité sociale) se situe dans un intervalle compris entre -1 % et +2 % dans 23 pays (voir la colonne 5 du Tableau 1.7). Dans les treize autres pays, la variation dépasse 2 % : Lituanie (26.0 %), Estonie (6.4 %), Lettonie et Pologne (6.2 %), Hongrie (4.6 %), République slovaque (4.2 %), République tchèque (3.5 %), Turquie (3.3 %), Slovénie (3.2 %), Corée (2.5 %), Irlande (2.4 %) et Israël et Mexique (2.2 %). Dans aucun des pays, la variation n'est inférieure à -1 %.

Dans 27 des 36 pays de l'OCDE, les contribuables ont vu leur revenu réel après impôt augmenter entre 2018 et 2019, parce que les salaires réels avant impôt ont augmenté plus vite ou ont diminué plus lentement que les taux moyens d'imposition des personnes physiques ; ou du fait que les taux moyens d'imposition des personnes physiques ont diminué alors que les salaires réels avant impôt ont augmenté ; ou encore parce que les salaires réels avant impôt ont augmenté alors que les taux moyens d'imposition des personnes physiques sont restés inchangés ; ou encore du fait que les salaires réels avant impôt sont restés inchangés alors que les taux moyens d'imposition des personnes physiques ont diminué (voir la colonne 6).

À l'inverse, les contribuables ont vu leur revenu réel après impôt diminuer entre 2019 et 2018 en Estonie, au Japon, en Lituanie, au Luxembourg, au Mexique, en Nouvelle-Zélande et en Suisse.

- Au Japon, le salaire réel avant impôt a diminué, tandis que le taux moyen d'imposition des personnes physiques a augmenté.
- Le taux moyen d'imposition des personnes physiques a augmenté plus vite que le salaire réel avant impôt en Estonie, en Lituanie au Mexique, en Nouvelle-Zélande et en Suisse. En Lituanie, le taux moyen d'imposition des personnes physiques a augmenté de 63.0 % en 2019 du fait de la mise en place de la réforme de la fiscalité du travail qui a eu pour effet de faire supporter par les salariés la majeure partie des cotisations patronales de sécurité sociale (voir la section précédente consacrée au coin fiscal). Les salaires bruts ont augmenté de 28.9 % en contrepartie.
- Au Luxembourg, le salaire réel avant impôt n'a pas évolué, tandis que le taux moyen d'imposition des personnes physiques a augmenté.

En Autriche et au Canada enfin, le revenu réel après impôt des contribuables est resté stable en 2019 par rapport à 2018, tandis que les salaires réels avant impôt et les taux moyens d'imposition des personnes physiques ont eux varié dans les mêmes proportions.

Lorsque l'on compare les niveaux de salaires, il est important de souligner que la définition du salaire moyen peut varier d'un pays à l'autre en raison de limitations tenant aux données disponibles. Par exemple, certains pays n'incluent pas les salaires perçus par les dirigeants et les superviseurs ou n'excluent pas les salaires perçus par les travailleurs à temps partiel (voir le Tableau A.4 en Annexe).

Le Tableau 1.8 donne davantage de précisions sur la question de savoir si les salaires moyens pour les années 2000 à 2019 sont basés sur les secteurs C à K inclus, par référence à la classification internationale type par industrie de toutes les branches d'activité économique, Révision 3 (CITI Rév. 3) ou sur les secteurs B à N inclus, par référence à la classification internationale type par industrie de toutes les branches d'activité économique, Révision 4 (CITI Rév. 4).

La plupart des pays de l'OCDE calculent les salaires moyens sur la base des secteurs B à N de la classification par industrie (CITI Rév. 4) au moins depuis 2008. Certains pays ont révisé les valeurs du salaire moyen pour les années précédentes. Les valeurs du salaire moyen calculées à partir de la classification CITI Rév. 4 ou l'une de ses variantes sont disponibles à partir de 2000 pour l'Australie, le Canada, l'Estonie, l'Espagne, la Finlande, la Grèce, la Hongrie, l'Islande, l'Italie, le Japon, la Lettonie, la Lituanie, la République slovaque, la République tchèque, la Slovénie et la Suisse.

L'Australie (pour toutes les années) et la Nouvelle-Zélande (à partir de 2004) ont communiqué des valeurs fondées sur les divisions B à N de la classification type par industrie ANZSIC de 2006, qui recoupe sensiblement les secteurs B à N de la CITI Rév. 4. En ce qui concerne la Nouvelle-Zélande, les années antérieures à 2004 continuent d'être fondées sur les secteurs C à K de la classification ANZSIC. La Turquie a fourni des valeurs fondées sur les secteurs B à N de la Nomenclature NACE Rév. 2 à partir de l'année 2007. Pour les années antérieures à 2007, les valeurs sont basées sur le salaire de l'ouvrier moyen de l'industrie manufacturière (CITI Rév. 3.1, secteur D). Les salaires moyens ne sont pas basés sur les secteurs B à N de la classification par industrie (CITI Rév. 4) pour les Pays-Bas (à partir de 2012) et le Mexique (toutes les années).

Tableau 1.7. Comparaison des niveaux de salaires

Pays	Salaire brut en monnaie nationale		Variation annuelle, 2019/18 (pourcentage)			
	2018 (1)	2019 (2)	Salaire brut (3)	Inflation[1] (4)	Salaire réel avant impôt (5)	Variation du taux moyen d'imposition des personnes physiques[2] (6)
Allemagne	50 700	52 185	2.9	1.3	1.6	-1.1
Australie	85 778	87 827	2.4	1.6	0.8	-4.1
Autriche	47 078	48 412	2.8	1.5	1.3	1.3
Belgique	48 645	49 565	1.9	1.3	0.6	-1.5
Canada	53 857	55 092	2.3	1.9	0.3	0.3
Chili	9 669 328	10 043 045	3.9	2.4	1.4	0.5
Corée	48 394 860	49 754 252	2.8	0.3	2.5	2.3
Danemark	421 100	427 901	1.6	0.7	0.9	0.2
Espagne	26 922	27 537	2.3	0.8	1.4	0.6
Estonie	15 734	17 118	8.8	2.2	6.4	9.9
États-Unis	55 058	57 055	3.6	1.8	1.8	0.9
Finlande	44 481	45 271	1.8	1.2	0.6	-0.4
France	36 319	36 547	0.6	1.3	-0.7	-1.9
Grèce	21 279	21 382	0.5	0.4	0.1	-0.2
Hongrie	4 117 728	4 450 146	8.1	3.3	4.6	0.0
Irlande	47 227	48 806	3.3	0.9	2.4	1.0
Islande	9 372 544	9 626 994	2.7	3.0	-0.3	-0.5
Israël	154 200	158 975	3.1	0.9	2.2	1.0
Italie	31 050	31 602	1.8	0.6	1.2	1.0
Japon	5 206 931	5 228 474	0.4	0.6	-0.2	0.1
Lettonie	11 892	13 001	9.3	2.9	6.2	-0.1
Lituanie	11 164	14 390	28.9	2.3	26.0	63.0
Luxembourg	59 733	60 770	1.7	1.7	0.0	1.2
Mexique	124 433	131 626	5.8	3.5	2.2	4.5
Norvège	596 066	614 712	3.1	2.3	0.8	-0.6
Nouvelle-Zélande	60 360	62 181	3.0	1.5	1.4	1.8
Pays-Bas	51 792	53 198	2.7	2.7	0.0	-2.9
Pologne	54 609	59 342	8.7	2.3	6.2	-0.8
Portugal	18 429	18 787	1.9	0.3	1.6	0.9
République slovaque	12 314	13 199	7.2	2.8	4.2	1.0
République tchèque	384 314	408 760	6.4	2.8	3.5	1.4
Royaume-Uni	39 519	40 803	3.2	1.9	1.3	-0.5
Slovénie	19 569	20 576	5.1	1.8	3.2	1.3
Suède	447 557	461 817	3.2	1.8	1.4	-1.7
Suisse	90 592	91 326	0.8	0.4	0.4	0.5
Turquie	49 007	58 622	19.6	15.8	3.3	-0.5

Notes :

1. Estimation du pourcentage de variation de l'indice total des prix à la consommation.
2. Différence de taux moyen d'imposition d'un salarié moyen, célibataire sans enfant, entre 2018 et 2019.

Sources : Contributions des pays et Perspectives économiques de l'OCDE, volume 2019, numéro 2.

StatLink https://doi.org/10.1787/888934107617

Tableau 1.8. Classification du salaire moyen par secteur

	Les années pour lesquelles la CITI REV. 3.1 ou une classification équivalente (Secteurs C-K) a été utilisée pour calculer le salaire moyen	Les années pour lesquelles la CITI REV. 4 ou une classification équivalente (Secteurs B-N) a été utilisée pour calculer le salaire moyen
Allemagne	2000-2005	2006-2019
Australie[1]		2000-2019
Autriche[2]	2004-2007	2008-2019
Belgique	2000-2007	2008-2019
Canada		2000-2019
Chili[3]		2008-2019
Corée[4]	2000-2007	2008-2019
Danemark[5]	2000-2007	2008-2019
Espagne		2000-2019
Estonie		2000-2019
États-Unis	2000-2006	2007-2019
Finlande		2000-2019
France	2000-2007	2008-2019
Grèce[6]		2000-2019
Hongrie		2000-2019
Irlande[7]		2000-2019
Islande[8]		2000-2019
Israël[9]	2000-2012	2013-2019
Italie		2000-2019
Lettonie[10]		2000-2019
Japon		2000-2019
Luxembourg	2000-2004	2005-2019
Mexique[11]		
Norvège	2000-2008	2009-2019
Nouvelle-Zélande[12]	2000-2003	2004-2019
Pays-Bas[13]	2000-2007	2008-2011
Pologne	2000-2006	2007-2019
Portugal	2000-2005	2006-2019
République slovaque[14]		2000-2019
République tchèque		2000-2019
Royaume-Uni	2000-2006	2008-2019
Slovénie		2000-2019
Suède	2000-2007	2008-2019
Suisse		2000-2019
Turquie[15]		2007-2019

Notes:

1. Australie : données basées sur la classification ANZSIC06 de sorte que les catégories correspondent dans l'ensemble aux secteurs B-N de la CITI Rév. 4.
2. Autriche : les valeurs du salaire moyen pour 2000-2003 ne sont pas basées sur la classification NACE (CITI).
3. Chili : les valeurs pour 2000 à 2008 sont des estimations provenant des variations annuelles des salaires moyens basées sur la « CIIU Rév. 3 » (2009=100) entre 2000 et 2008, et du salaire moyen pour 2009 basées sur la « CIIU Rév. 4 » (2016=100). À partir de 2009, les valeurs sont basées sur les secteurs B à R de la CITI Rév. 4, à l'exclusion de O (8422) « Activités de défense » et de O (8423) « Activités de maintien de l'ordre et de la sécurité publics ».
4. Corée : les valeurs du salaire moyen sont basées sur la 6e version de la Classification sectorielle standard de Corée (KSIC), secteurs C à K pour 2000 et 2001, 8e version de KSIC pour 2002 à 2007 et 9e version de KSIC secteurs B à N (E exclu) à partir de 2008.
5. Danemark : les valeurs du SM sont basées sur les secteurs B-N et R-S (NACE Rév. 2).
6. Grèce : les gains annuels moyens correspondent aux salariés à temps plein des secteurs B à N de la NACE Rév. 2, incluant la Division 95 et excluant les Divisions 37, 39 et 75 à partir de 2008.

7. Irlande : les valeurs à ce 2008 sont basées sur le tableau EHA05 de l'Office central des statistiques pour le système NACE Rév. 2 ; les valeurs pour les années antérieures sont des estimations du Secrétariat, à partir des taux de croissance des salaires moyens pour les secteurs C à E, en référence au système NACE.
8. Islande : utilisation du système national de classification qui correspond au système NACE Rév. 2.
9. Israël : informations sur les données statistiques concernant Israël : http://oe.cd/israel-disclaimer.
10. Lettonie : les valeurs sont basées sur la classification NACE Rév. 2 et couvrent le secteur privé qui inclut les entreprises commerciales dans lesquelles l'État ou les collectivités locales détiennent jusqu'à 50 % du capital, les entreprises commerciales de tout type sans participation au capital de l'État ou des collectivités locales, les commerçants et les exploitants agricoles ou piscicoles qui comptent 50 salariés ou plus.
11. Mexique : les valeurs du salaire moyen pour 2000-2019 sont basées sur la Classification des Activités Économiques du Mexique (CMAE) qui correspond à l'une des premières versions de la CITI.
12. Nouvelle-Zélande : voir la note relative à l'Australie qui s'applique à compter de 2004.
13. Pays-Bas : les salaires moyens à partir de 2012 incluent toutes les activités économiques (secteurs A à U de SBI 2008). On ne dispose pas de valeurs pour le seul secteur privé (secteurs B à N).
14. République slovaque : les valeurs du salaire moyen sont basées sur la classification de la CITI Rév. 4 (B à N) et comprennent toujours les données sur le travail indépendant.
15. Turquie : le salaire moyen est basé sur le salaire de l'ouvrier moyen CITI Rév. 3.1, secteur D pour les années 2000 à 2006.

Notes

[1] À compter de l'édition 2020 des *Impôts sur les salaires*, la catégorie de foyer dans laquelle les conjoints perçoivent 33 % du salaire moyen sera remplacée par deux catégories, à savoir celle dans laquelle les deux conjoints perçoivent le salaire moyen, et celle où l'un des conjoints gagne le salaire moyen et l'autre 67 % du salaire moyen.

[2] Tous les organismes statistiques nationaux n'utilisent pas la CITI Rév. 3 ou Rév. 4 pour classer leurs secteurs d'activité. Toutefois, la Nomenclature générale des activités économiques dans les Communautés européennes (NACE Rév. 1 ou Rév. 2), le Système de classification des industries de l'Amérique du Nord (SCIAN 2012), la classification type par industrie de l'Australie et de la Nouvelle-Zélande (ANZSIC 2006) et la classification sectorielle type de la Corée (6e à 9e KISC) comportent une classification qui est conforme pour l'essentiel à celle des secteurs C à K de la CITI Rév. 3 ou des secteurs B à N de la CITI Rév. 4.

[3] Les prélèvements obligatoires non fiscaux désignent les prélèvements obligatoires avec et sans contrepartie au profit de fonds à gestion privée, d'organismes d'aide sociale ou de dispositifs d'assurance sociale en dehors des administrations publiques ainsi que d'entreprises publiques (http://www.oecd.org/tax/tax-policy/tax-database.htm#NTCP).

2 L'influence des systèmes fiscaux sur le choix de la forme d'emploi

Introduction

Dans un certain nombre de pays de l'OCDE, de plus en plus de travailleurs perçoivent un revenu sans nouer de relation classique de type salarié-employeur. De nombreux facteurs expliquent ce phénomène, mais d'aucuns s'inquiètent que le développement de formes atypiques d'emploi dans certains pays puisse être indûment favorisé par des incitations liées aux systèmes fiscaux. Les différences de traitement fiscal des travailleurs atypiques (tels que les entrepreneurs indépendants) par rapport aux salariés traditionnels peuvent créer des opportunités d'arbitrage, à la fois pour les entreprises dans leur sélection des contrats de travail proposés aux travailleurs (ex. contrat de travail à temps complet ou contrat de prestation de services) et pour les individus dans leur choix d'une forme d'organisation (ex. salariat ou activité indépendante).

Lorsqu'elles existent, les opportunités d'arbitrage fiscal entre formes d'emploi réduisent l'efficacité des systèmes fiscaux. Dès lors, des entreprises et des individus qui exercent des activités similaires peuvent être soumis à des niveaux d'imposition différents, ce qui a d'importantes répercussions sur l'équité des systèmes fiscaux et sur la génération des recettes fiscales. Un récent document de travail de l'OCDE sur la politique fiscale (Milanez et Bratta, 2019) examinait l'ampleur de ces opportunités d'arbitrage fiscal en évaluant dans quelle mesure l'imposition du travail indépendant diffère de celle des formes d'emploi standard. Cette étude spéciale décrit et résume la méthodologie utilisée par ce document de travail et les résultats obtenus, qui revêtent un intérêt particulier du fait qu'il prenait comme point de départ le cadre d'analyse établi par les *Impôts sur les salaires*, en l'étendant aux travailleurs atypiques.

Ainsi, pour un ensemble de sept pays – Australie, États-Unis, Hongrie, Italie, Pays-Bas, Royaume-Uni et Suède – cette étude spéciale examine la modélisation de l'imposition des revenus du travail, y compris des cotisations sociales[1], des salariés standard, en se fondant sur les règles fiscales en vigueur en 2017, ainsi que celle de l'imposition des revenus du travail issus de formes atypiques d'emploi et, en particulier, des travailleurs indépendants. L'objectif est de modéliser la charge fiscale qui grève le travail des salariés standard et des travailleurs indépendants, afin de déterminer si les systèmes fiscaux des pays concernés traitent différemment ces formes d'emploi.

Méthodologie

La publication *Les impôts sur les salaires* contient des informations détaillées sur les impôts payés sur les salaires dans les pays de l'OCDE pour huit catégories de ménage distinctes. Bien que le cadre d'analyse utilisé par *Les impôts sur les salaires* varie en fonction de la composition du ménage (célibataires, parents isolés, couples disposant d'un seul ou de deux salaires, avec ou sans enfants), il part de l'hypothèse que les salariés ont conclu un contrat de travail standard. Par conséquent, cette publication n'étudie pas le traitement fiscal des travailleurs atypiques. Néanmoins, elle offre un cadre qui peut être étendu aux travailleurs atypiques et ainsi permettre de réaliser des comparaisons avec les salariés standards couverts dans *Les impôts sur les salaires*. Cette étude spéciale conserve le même type de ménage – l'individu considéré est toujours un célibataire sans enfant –, mais le décline entre diverses formes d'emploi (ex. salarié standard, entrepreneur indépendant, etc.). Il est ainsi possible de comparer un travailleur célibataire sans enfant et titulaire d'un contrat de travail standard à temps complet avec un travailleur dont la situation personnelle est similaire mais dont le contrat de travail diffère. Cette étude spéciale s'attache à analyser les travailleurs indépendants qui ne sont pas constitués en société.

L'analyse empirique réalisée dans cette étude spéciale modélise le traitement fiscal du revenu des travailleurs pour chacune des formes d'emploi qui existent dans un pays donné, sachant que la gamme des formes d'emploi examinées englobe le salariat classique ainsi que les différentes variantes de l'emploi atypique indépendant. L'analyse est alors reproduite dans plusieurs pays.

Cette section décrit les formes de travail analysées, les informations requises pour modéliser le traitement fiscal du travail atypique, les hypothèses de modélisation retenues et l'éventail des indicateurs utilisés pour mesurer la charge fiscale associée à chaque forme d'emploi.

Formes d'emploi étudiées : les travailleurs indépendants non constitués en société

L'expression générique « emploi typique » recouvre certaines caractéristiques de contrats de travail qui sont désormais communs à de nombreux pays de l'OCDE : emploi salarié à temps complet et à durée indéterminée. À l'inverse, le terme « atypique » qualifie les relations de travail en fonction de ce qu'elles ne sont pas : pas nécessairement à temps complet, d'une durée qui n'est pas déterminée et ne faisant pas intervenir un employeur unique. Selon la définition de l'OCDE (2015), le travail atypique inclut l'activité indépendante (travailleurs pour leur propre compte), les contrats temporaires ou à durée déterminée et le travail à temps partiel. Étant donné que cette étude spéciale met l'accent sur le traitement fiscal des travailleurs indépendants, elle analyse les catégories de travailleurs indépendants non constitués en société établies par les ministères des Finances des pays de l'OCDE. Ces formes d'emploi sont résumées dans le Tableau 2.1[2].

Tableau 2.1. Catégories de travailleurs indépendants non constitués en société

Ce tableau résume les catégories de travailleurs indépendants non constitués en société qui existent dans les pays couverts.

	Travailleurs indépendants non constitués en société		
	Professionnels indépendants	Artisans, commerçants, exploitants agricoles	Autres
Australie	Prestataires, entrepreneurs individuels		
Hongrie	Entrepreneurs individuels		Quasi-indépendants : catégorie créée pour officialiser le statut de personnes considérées à tort comme des travailleurs indépendants avant 2006
Italie	Prestataires, entrepreneurs individuels	Certains professionnels indépendants peuvent être assimilés à des artisans ou à des commerçants	Collaborateurs coordonnés et continus Commerçants admissibles au régime du forfait
Pays-Bas	Prestataires, entrepreneurs individuels		
Suède	Prestataires, entrepreneurs individuels		
Royaume-Uni	Entrepreneurs individuels		Ouvriers
États-Unis	Entreprise individuelle ; société de personnes (S corporation)		

Source : Milanez et Bratta (2019).

Informations sur le traitement fiscal des travailleurs indépendants non constitués en société

Modéliser le traitement fiscal des travailleurs indépendants non constitués en société nécessitait de réunir des informations en sus de celles disponibles dans la publication *Les impôts sur les salaires*, à savoir des données détaillées sur les impôts payés par ces travailleurs, ainsi que sur l'impôt et les cotisations sociales dus par les entreprises qui choisissent de faire appel à des travailleurs indépendants non constitués en société. Ces informations ont été obtenues des ministères des Finances des pays de l'OCDE et diffusées par Milanez et Bratta (2019)

Les informations sur le traitement fiscal des entreprises au titre de différentes formes d'emploi recouvrent les catégories suivantes : cotisations patronales de sécurité sociale, prélèvements obligatoires non fiscaux (PONF) à la charge des employeurs[3], impôts sur les salaires, allègements et crédits d'impôt en faveur des entreprises (tableau 6, Milanez et Bratta, 2019). Ces informations révèlent que les employeurs sont généralement redevables de cotisations sociales et de PONF pour le compte de leurs salariés. Il s'agit le plus souvent de cotisations de retraite, d'assurance maladie, chômage et accident. Toutefois, la responsabilité des employeurs au titre de l'assurance sociale ne s'étend généralement pas aux travailleurs indépendants. Aux États-Unis, en Hongrie, en Italie et au Royaume-Uni, les employeurs ne sont pas tenus de cotiser pour le compte des travailleurs indépendants[4, 5].

Les informations relatives au traitement fiscal des individus au titre de différentes formes d'emploi englobent les catégories suivantes : impôts sur le revenu des personnes physiques, cotisations salariales de sécurité sociale, allègements et crédits d'impôt en faveur des particuliers, transferts en espèces, autres allègements d'impôt non standard ou traitement fiscal préférentiel (tableau 8, Milanez et Bratta, 2019). Elles comprennent également les PONF. Bien que les cotisations de sécurité sociale et les PONF à la charge des salariés varient entre formes d'emploi pour ces sept pays, salariés et travailleurs indépendants sont généralement redevables d'un certain montant. Dans certains pays, les travailleurs indépendants supportent des cotisations sociales plus élevées que les salariés[6].

Hypothèses de modélisation

Concernant le travailleur individuel analysé

L'individu étudié est supposé être un célibataire sans enfant. L'analyse ne formule pas d'hypothèse s'agissant de l'activité professionnelle exercée par le travailleur. Lorsque le traitement fiscal diffère en fonction de caractéristiques individuelles, l'analyse est menée pour chacun des cas susceptibles de se produire. Par exemple, les cotisations sociales minimales en Hongrie dépendent du salaire minimum, qui lui-même varie en fonction du niveau de qualifications du travailleur. Aussi, pour la Hongrie, les résultats sont calculés pour les entrepreneurs individuels peu qualifiés et très qualifiés.

Concernant l'emplacement géographique en cas d'imposition infranationale

Dans les pays où un impôt infranational est prélevé, les impôts municipaux et régionaux sont modélisés selon les hypothèses retenues dans *Les impôts sur les salaires*. Trois des sept pays étudiés sont concernés : en Australie, un individu réside en Nouvelle-Galles du Sud ; en Italie, un individu réside à Rome (Latium) ; et aux États-Unis, un individu réside à Detroit, dans le Michigan.

Concernant les niveaux de salaires

Pour chaque pays, les résultats de base sont calculés selon l'hypothèse qu'un salarié standard perçoit un salaire brut annuel moyen conforme à celui retenu dans l'édition 2018 des *Impôts sur les salaires* (OCDE, 2018a). En se concentrant sur les résultats obtenus à un seul niveau de salaire, il est plus facile de ventiler en différentes catégories les recettes totales dégagées par l'imposition des revenus du travail (ex. impôt sur le revenu des personnes physiques, cotisations salariales de sécurité sociale).

Toutefois, il est important d'examiner aussi les résultats pour différents niveaux de salaires parce que la forme d'emploi qui représente le coût d'emploi total le plus faible n'est pas forcément la même aux deux extrémités de l'échelle des salaires. Ces différences peuvent à leur tour jouer sur la forme d'emploi jugée préférable de point de vue de l'entreprise ou de l'individu. Bien que ce niveau de détail n'apparaisse pas dans cette étude spéciale, les résultats sont calculés pour des niveaux de salaire compris entre 10 et 250 % du salaire moyen dans Milanez et Bratta (2019), qui se basent sur les salaires moyens de 2017 extraits de l'édition 2020 des *Impôts sur les salaires* (OCDE, 2020a).

Modélisation du traitement fiscal de différentes formes d'emploi

À partir des informations relatives au traitement fiscal de différentes formes d'emploi et des hypothèses de modélisation décrites ci-avant, le principal exercice analytique de cette étude spéciale consiste à modéliser le traitement fiscal des différentes formes d'emploi. Ce faisant, ce chapitre suit étroitement le cadre retenu par *Les impôts sur les salaires*.

Pour chaque pays, chaque modèle part du salaire moyen supposé d'un salarié. Comme dans *Les impôts sur les salaires*, le salaire moyen sert à calculer l'ensemble des impôts et des cotisations sociales, y compris l'impôt sur le revenu des personnes physiques, les cotisations salariales et patronales de sécurité sociale, les impôts sur les salaires et l'ensemble des dispositions fiscales applicables, dont les allègements et crédits d'impôt[7]. Ces calculs sont résumés par le coût d'emploi total. Le coût d'emploi total est la somme de la rémunération nette du salarié, de l'impôt sur le revenu des personnes physiques, des cotisations salariales et patronales de sécurité sociale et des impôts sur les salaires, diminués des transferts en espèces.

Le coût d'emploi total d'un salarié peut à son tour être considéré comme deux composantes distinctes : la rémunération nette du salarié et le coût fiscal de l'employeur, également appelé coin fiscal moyen (le « coin fiscal »), défini ci-dessous. Du point de vue de l'individu, la rémunération nette du salarié correspond au salaire brut diminué de l'impôt sur le revenu et des cotisations salariales de sécurité sociale.

Pour modéliser les formes atypiques d'emploi, deux approches peuvent être suivies. La première consiste à se placer du point de vue de l'entreprise (parmi un éventail de formes d'emploi possibles, quelle est la plus avantageuse pour l'entreprise ?) et la seconde du point de vue de l'individu (parmi un éventail de formes d'emploi possibles, quelle est la plus avantageuse pour l'individu ?). Ces deux points de vue sont importants, car les individus sont confrontés à une série d'incitations à choisir parmi différentes formes d'emploi, tandis que les entreprises peuvent avoir d'autres incitations à proposer différents types de contrat.

Le point de vue de l'entreprise est modélisé en égalisant la rémunération nette d'un individu, toutes formes d'emploi confondues. Si toutes les formes d'emploi offrent la même rémunération nette, le critère fiscal n'interviendra pas dans le choix de l'individu. Cela nous permet de nous concentrer sur la forme d'emploi la plus fiscalement avantageuse pour l'entreprise, ce qui met en lumière les incitations liées au système fiscal pour les entreprises[8]. Bien que le choix du contrat proposé dépende de facteurs autres que fiscaux[9], si l'on se borne à considérer le système fiscal de manière isolée, une entreprise choisira la forme d'emploi qui minimise son coût d'emploi total.

À l'inverse, le point de vue de l'individu est modélisé en égalisant le coût d'emploi total pour une entreprise, toutes formes d'emploi confondues. Si toutes les formes d'emploi induisent le même coût total, une entreprise ne sera pas fiscalement incitée à choisir un type de contrat plutôt qu'un autre. Cela nous permet de nous concentrer sur la forme d'emploi la plus fiscalement avantageuse pour un individu, et de mettre en évidence les incitations fiscales qui s'offrent aux individus. Un individu optera pour la forme d'emploi qui maximise sa rémunération nette.

Ces deux exercices peuvent être considérés comme des simulations qui correspondent à deux facettes différentes de l'incidence fiscale. Lorsqu'on égalise le coût d'emploi total pour une entreprise, on suppose que l'incidence fiscale est entièrement supportée par le travailleur ; lorsqu'on égalise la rémunération nette, on suppose qu'elle est entièrement supportée par l'entreprise. En réalité, l'incidence se situe probablement quelque part entre les deux et dépendra de la structure concurrentielle du marché du travail. Observons que, par souci de concision, seuls les résultats exprimant le point de vue des entreprises sont présentés dans cette étude spéciale. Voir Milanez et Bratta (2019) pour connaître le point de vue des individus.

Indicateurs de la charge fiscale

Les résultats sont résumés selon deux indicateurs de la charge fiscale : le coin fiscal, déjà mentionné, et le coin moyen des prélèvements obligatoires (le « coin des prélèvements obligatoires »). Ces indicateurs sont décrits plus en détail ci-dessous. Les résultats sont également exprimés par un indicateur de la différence en pourcentage entre le coût d'emploi total représenté par des travailleurs indépendants non constitués en société et celui des salariés classiques.

Le coin fiscal

Le coin fiscal désigne le montant net que l'État perçoit grâce à l'imposition des revenus du travail. Il correspond à la somme de l'impôt sur le revenu des personnes physiques, des cotisations sociales payées par les salariés et les employeurs et des taxes sur les salaires, minorés des transferts en espèces éventuels, exprimés en pourcentage du coût d'emploi total du salarié. Cette expression est très utile parce qu'elle révèle comment le coin fiscal peut être décomposé en différentes catégories d'impôt. Le coin fiscal est l'une des principales mesures de la charge fiscale utilisées dans *Les impôts sur les salaires*.

Le coin des prélèvements obligatoires

Le coin des prélèvements obligatoires est similaire au coin fiscal, à ceci près qu'il inclut les PONF à la charge des salariés et des employeurs dans le numérateur et dans le calcul du coût d'emploi total. Le coin des prélèvements obligatoires correspond à la somme de l'impôt sur le revenu des personnes physiques, des cotisations sociales et des PONF à la charge des salariés, des cotisations sociales, des PONF et des taxes sur les salaires à la charge des employeurs, diminués des transferts en espèces éventuels, exprimés en pourcentage du coût d'emploi total du salarié. Il comprend également les PONF versés à des parties autres que des organisations non gouvernementales, comme les paiements obligatoires à des compagnies d'assurance privées ou à des fonds de pension privés (ex. cotisations de retraite obligatoires versées à des fonds de pension en Australie). Le calcul des coins des prélèvements obligatoires n'entre pas dans le champ de la méthodologie des *Impôts sur les salaires*, qui porte sur les coins fiscaux. Toutefois, on trouvera des informations supplémentaires sur les PONF dans OCDE (2018b).

Indicateur de la différence en pourcentage du coût d'emploi total

Après avoir calculé des indicateurs de l'imposition du travail pour les différentes formes d'emploi dans un pays donné, il est utile de revenir à la question initiale posée : dans quelle mesure les systèmes fiscaux traitent-ils l'emploi atypique différemment de l'emploi standard ? Pour y répondre, on peut examiner un indicateur simple qui correspond à la différence en pourcentage entre le coût d'emploi total d'un travailleur atypique et le coût d'emploi total d'un salarié standard, en intégrant les PONF. Lorsque le coût d'emploi total d'un travailleur atypique est inférieur à celui d'un salarié standard, cet indicateur révèle dans quelle mesure le système fiscal permet à une entreprise de réduire ses coûts de main-d'œuvre en choisissant un travailleur atypique plutôt qu'un salarié classique.

Résultats

Cette section décrit les résultats de l'analyse empirique. La première sous-section présente les résultats d'un seul pays – les Pays-Bas – afin d'examiner en détail les politiques fiscales qui les sous-tendent. La deuxième sous-section présente les résultats obtenus pour l'ensemble des pays sur la base des indicateurs évoqués précédemment.

Étude de cas : Pays-Bas

L'analyse empirique réalisée pour les Pays-Bas examine deux formes d'emploi : le salariat standard et l'exercice d'une activité en tant que travailleur indépendant non constitué en société. L'analyse de l'imposition des revenus du travail d'un salarié aux Pays-Bas retient comme hypothèse un salaire brut annuel de 50 850 EUR en 2017, un montant conforme à celui retenu dans l'édition 2020 des *Impôts sur les salaires* (OCDE, 2020a). Dans le cas du salarié, ce salaire brut est utilisé pour calculer l'ensemble des impôts dus, y compris l'impôt sur le revenu des personnes physiques et les cotisations salariales et patronales de sécurité sociale[10]. Le Graphique 2.1 présente ces montants pour deux formes d'emploi (après égalisation de la rémunération nette du travailleur indépendant non constitué en société et du salarié afin de mettre l'accent sur le point de vue de l'entreprise).

Les résultats révèlent que la charge fiscale peut varier fortement selon les formes d'emploi. Aux Pays-Bas, la différence tient à deux caractéristiques du système fiscal. Premièrement, une entreprise qui fait appel à un travailleur indépendant non constitué en société n'est pas redevable des cotisations de sécurité sociale pour le compte de ce travailleur, ce qui réduit le coût d'emploi total pour l'entreprise. Le Graphique 2.1 illustre ce constat par le fait que la part patronale des cotisations de sécurité sociale (5 743 EUR) concerne le salarié, mais pas le travailleur indépendant non constitué en société[11].

Graphique 2.1. Décomposition du coin fiscal dans le cas des Pays-Bas

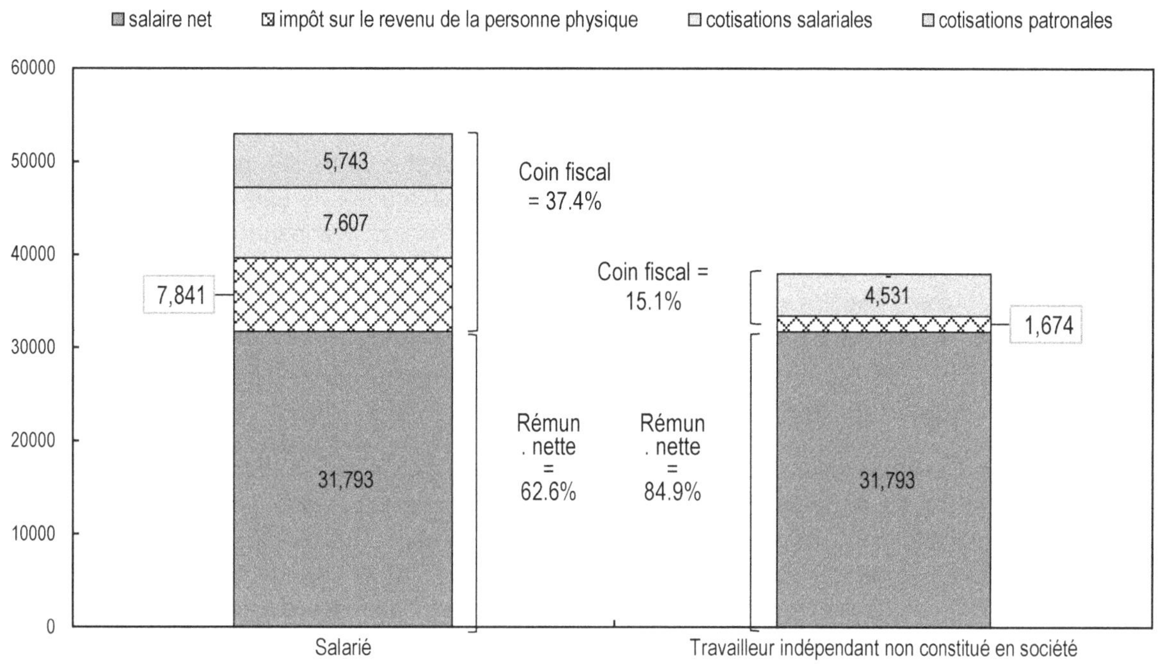

Note : dans cet exercice, le salaire brut est égal au salaire moyen perçu en 2017 par un salarié (50 850 EUR) (OCDE, 2020a). La rémunération nette après impôt du travailleur indépendant non constitué en société a été alignée sur celle du salarié pour faire en sorte qu'elle n'ait pas d'incidence sur le choix de l'individu quant à la forme d'emploi. L'objectif est d'examiner les incitations qui s'offrent à une entreprise à arbitrer entre les deux formes d'emploi. Il convient de noter que le montant de l'impôt sur le revenu des personnes physiques et le montant des cotisations salariales de sécurité sociale sont légèrement différents des montants retenus dans l'édition 2018 des Impôts sur les salaires (OCDE, 2018a). Cela tient à la mise à jour du salaire moyen (OCDE, 2020a) et une pondération quelque peu différente du crédit d'impôt au titre de l'impôt sur le revenu des personnes physiques et de la part salariale des cotisations de sécurité sociale. Cette analyse repose sur l'hypothèse que le crédit d'impôt s'applique à l'impôt sur le revenu des personnes physiques avec une pondération égale à (impôt sur le revenu des personnes physiques/(impôt sur le revenu des personnes physiques + cotisations sociales à la charge des salariés). Cette différence n'a toutefois aucune incidence sur le coin fiscal, dans la mesure où les versements obligatoires aux administrations publiques sont équivalents (15 448 EUR dans les deux analyses).
Source : calculs de l'auteur.

StatLink https://doi.org/10.1787/888934107636

Deuxièmement, aux Pays-Bas, les travailleurs indépendants non constitués en société ont droit à deux déductions au titre de l'impôt sur le revenu des personnes physiques : une somme forfaitaire de 7 280 EUR, et une déduction accordée aux petites entreprises qui leur permet de bénéficier d'une exonération d'impôt sur les bénéfices à hauteur de 14 %. Ces déductions ont pour effet de réduire l'impôt sur le revenu des personnes physiques dû par les travailleurs indépendants non constitués en société, ce qui se traduit par une baisse du coût d'emploi total pour l'entreprise par rapport au coût des salariés standard. Le Graphique 2.1 illustre ce constat par le fait que le montant de l'impôt sur le revenu des personnes physiques dû par le salarié (7 841 EUR) est supérieur à celui dû par le travailleur indépendant non constitué en société (1 674 EUR) [12].

Il découle de ces deux différences de traitement fiscal entre un salarié standard et un travailleur indépendant non constitué en société que du fait des abattements d'impôt, le coût d'un travailleur indépendant sera inférieur pour l'entreprise. Le coin fiscal — 15.1 % pour un travailleur indépendant, contre 37.4 % pour un salarié — illustre le fait que le coût fiscal d'un travailleur indépendant non constitué en société est inférieur. L'écart entre le coût d'emploi total permet également de confirmer un tel constat :

une entreprise qui décide de faire appel à un travailleur indépendant supporterait un coût d'emploi total de 40 905 EUR, contre 56 593 EUR pour un salarié standard. L'entreprise réaliserait une économie de 28 % sur le coût de main d'œuvre[13].

Il convient toutefois de noter, pour interpréter ces résultats, que les travailleurs indépendants peuvent choisir de souscrire une assurance privée. Dans ce cas, le différentiel de coin fiscal par rapport aux salariés standard sera moins important. Cette décision tient aussi au pouvoir de négociation dont dispose le travailleur, et sera donc différente en fonction du segment du marché du travail, de la profession et du niveau de compétences. Par exemple, dans un pays tel que l'Allemagne, la catégorie des travailleurs indépendants se compose en grande partie de médecins, d'avocats, d'artisans et de professionnels qualifiés. C'est pourquoi les assurances privées y sont très répandues. Dans cette analyse, il se peut par conséquent que les coins fiscaux soient quelque peu sous-évalués. Une autre analyse pourrait aussi modéliser le niveau moyen des assurances privées, par exemple, si des données étaient disponibles.

Résultats dans l'ensemble des pays étudiés

Cette sous-section présente les résultats pour tous les pays étudiés en se fondant sur le principal indicateur utilisé dans cette étude spéciale, à savoir le coin fiscal. Le Graphique 2.2 illustre le coin fiscal de chaque forme d'emploi dans un pays donné, pour chacun des sept pays examinés. Les coins fiscaux des salariés standard ont été calculés au niveau du salaire moyen dans chaque pays (OCDE, 2018a), tandis que les coins fiscaux des autres formes d'emploi ont été calculés en égalisant la rémunération nette (ce qui revient à mettre l'accent sur les incitations qui s'offrent aux entreprises).

Deux observations principales peuvent être formulées. En premier lieu, dans certains pays, les coins fiscaux des différentes formes d'emploi sont assez concentrés. C'est notamment le cas pour les États-Unis, la Hongrie et la Suède. Dans chacun de ces pays, l'écart entre le coin fiscal maximum et le coin fiscal minimum est inférieur à quatre points de pourcentage. À l'inverse, les coins fiscaux correspondant aux différentes formes d'emploi sont étonnamment dispersés aux Pays-Bas, où l'écart entre les coins fiscaux maximum et minimum est de 22.3 points de pourcentage. On constate un degré modéré de dispersion en Australie et au Royaume-Uni, ainsi qu'en Italie pour les formes d'emploi autres que les commerçants admissibles au régime du forfait. Le différentiel de coin fiscal entre un salarié sous contrat à durée indéterminée (47.7 %) et un commerçant soumis au régime du forfait (14.4 %) atteint 33.3 points de pourcentage.

Le degré de dispersion entre les coins fiscaux des différentes formes d'emploi au sein d'un pays donné est important parce qu'il reflète l'incitation – en l'espèce, des entreprises – à changer de forme d'emploi pour des raisons fiscales. Des coins fiscaux concentrés traduisent une faible incitation à passer d'une forme d'emploi à une autre, tandis que des coins fiscaux très dispersés reflètent une plus forte incitation à arbitrer entre formes d'emploi.

La deuxième observation principale est que, dans la mesure où un coin fiscal plus faible pour une forme d'emploi donnée révèle une incitation des travailleurs à opter pour cette forme d'emploi, les systèmes fiscaux semblent pénaliser l'emploi standard. C'est ce que montre le Graphique 2.2, qui indique que dans de nombreux pays, le salariat est la forme d'emploi associée au coin fiscal le plus élevé (ex. Australie, Hongrie, Pays-Bas, Royaume-Uni et Suède). Aussi, dans ces pays, les entreprises peuvent réduire leurs coûts de main-d'œuvre d'origine fiscale en choisissant une forme d'emploi autre que le salariat. Bien évidemment, ces contre-incitations doivent être appréhendées dans un contexte global, car des facteurs non fiscaux influent également sur le choix d'un contrat de travail par une entreprise.

Graphique 2.2. Coins fiscaux des différentes formes d'emploi dans l'ensemble des pays

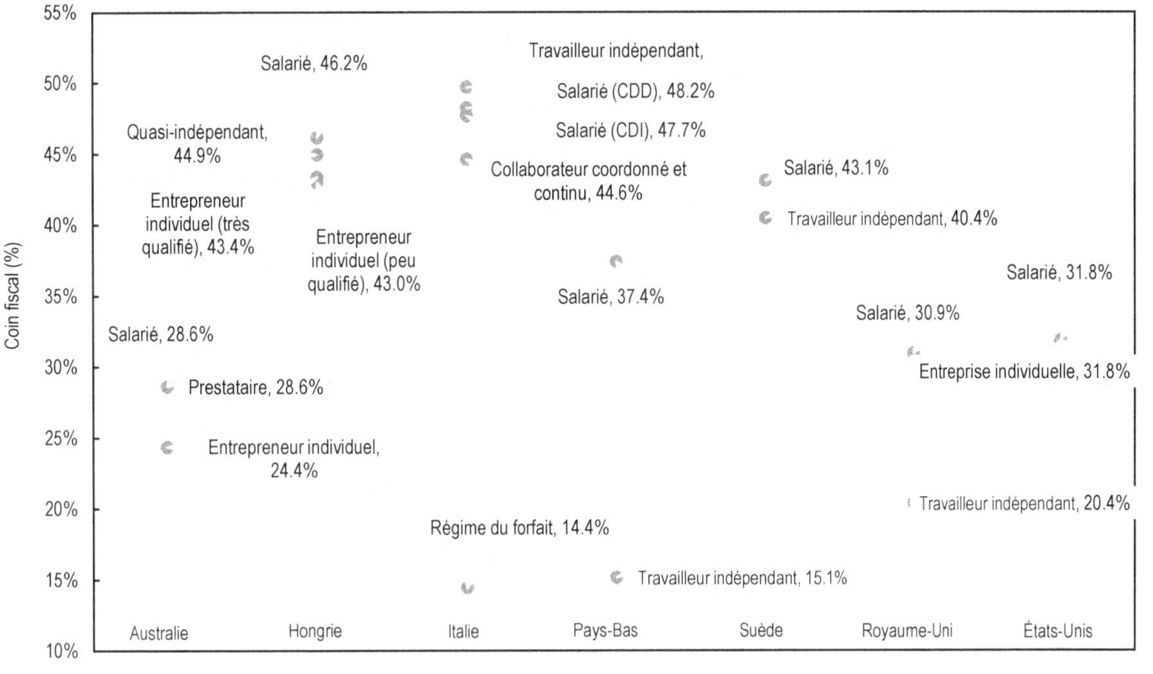

Note : Ce graphique présente le coin fiscal correspondant à chaque forme d'emploi dans un pays, pour les sept pays étudiés. L'axe vertical illustre le coin fiscal en pourcentage. Les coins fiscaux des salariés ont été calculés au niveau du salaire moyen dans chaque pays, tandis que les coins fiscaux des autres formes d'emploi ont été calculés en égalisant la rémunération nette.
Source : calculs de l'auteur.

StatLink https://doi.org/10.1787/888934107655

Comme nous l'avons vu, le coin fiscal est l'un des principaux indicateurs de la charge fiscale utilisés dans la publication *Les impôts sur les salaires*. Toutefois, dans certains pays, on peut penser que le coin fiscal ne reflète pas tous les coûts de main-d'œuvre véritablement supportés par les employeurs parce qu'il n'englobe pas les prélèvements obligatoires non fiscaux (PONF). Dans ces pays, le coin des prélèvements obligatoires représente un indicateur plus juste, car il inclut ces PONF[14]. Dans les sept pays étudiés, des PONF s'appliquent en Australie et aux Pays-Bas et, dans une moindre mesure, en Suède[15]. Le Tableau 2.2 résume la différence entre les coins fiscaux et les coins des prélèvements obligatoires pour ces trois pays.

La prise en compte des PONF dans l'analyse entraîne une augmentation significative de la charge fiscale pour certaines formes d'emploi. Par exemple, les salariés aux Pays-Bas enregistrent un coin fiscal de 37.4 % mais un coin des prélèvements obligatoires de 50.9 %, soit une hausse de 13.5 %. La charge fiscale relative aux travailleurs indépendants non constitués en société aux Pays-Bas augmente également quand on tient compte des PONF et du coin des prélèvements obligatoires, quoique dans une moindre mesure, ce qui contribue aussi au différentiel de traitement fiscal entre salariés et travailleurs indépendants.

Tableau 2.2. Comparaisons du coin fiscal et du coin des prélèvements obligatoires pour l'Australie, les Pays-Bas et la Suède

		Coin fiscal (%)	Coin des prélèvements obligatoires (%)	Différence (%)
Australie	Salarié	28.6	35.2	6.6
	Prestataire non constitué en société	28.6	35.2	6.6
	Entrepreneur individuel	24.4	24.4	0.0
Pays-Bas	Salarié	37.4	50.9	13.5
	Travailleur indépendant non constitué en société	15.1	22.3	7.2
Suède	Salarié	42.9	43.1	0.2
	Travailleur indépendant non constitué en société	40.4	40.6	0.2

Source : calculs de l'auteur.

Il est également important de savoir que l'utilisation d'un indicateur de la charge fiscale plutôt qu'un autre peut aboutir à des conclusions différentes concernant la forme d'emploi qui induit le plus faible coût fiscal pour une entreprise. Si par exemple on choisit d'utiliser le coin fiscal, les salariés représentent un coût fiscal plus faible aux États-Unis par rapport aux travailleurs organisés en entreprise individuelle ; si par contre on utilise le coin des prélèvements obligatoires, le coût fiscal des salariés dépasse celui des entrepreneurs individuels. En effet, aux États-Unis, les entreprises sont redevables de PONF au titre de l'assurance accident et maladie (assurance contre les accidents du travail) au niveau de l'État pour le compte des salariés, mais pas pour le compte des travailleurs relevant d'une autre forme d'emploi. En l'espèce, la différence entre le coin fiscal et le coin des prélèvements obligatoires est minime, mais ce n'est pas forcément toujours le cas.

Les résultats relatifs aux coins fiscaux et aux coins des prélèvements obligatoires montrent que les entreprises qui font appel à des travailleurs indépendants au lieu d'embaucher des salariés supportent généralement une charge fiscale plus faible par travailleur. Pour s'en convaincre, on peut aussi examiner l'indicateur, décrit précédemment, exprimant la différence en pourcentage de coût d'emploi total entre les travailleurs indépendants et les salariés. Le Graphique 2.3 illustre les économies de coût d'emploi total réalisées par une entreprise qui choisit de faire appel à un travailleur atypique plutôt qu'à un salarié classique.

Lorsque les valeurs indiquées dans le Graphique 2.3 sont négatives, elles révèlent que les formes atypiques d'emploi génèrent une économie de coût. Par exemple, une entreprise qui embauche un travailleur indépendant non constitué en société plutôt qu'un salarié standard aux Pays-Bas réalise une économie sur le coût d'emploi total de 37 %. Pour prendre un autre exemple, en Italie, une entreprise qui recrute un travailleur soumis au régime du forfait plutôt qu'un salarié classique réalise une économie sur le coût d'emploi total de 39 %[16].

Dans les pays où le différentiel de traitement fiscal entre les salariés standard et les travailleurs indépendants est marqué (l'économie de coût d'emploi total est importante), les entreprises sont fortement incitées à recruter des travailleurs atypiques. En pareils cas, les systèmes fiscaux peuvent contribuer au développement du travail atypique. À l'inverse, lorsque le différentiel de traitement fiscal est minime, les entreprises sont peu incitées à embaucher des travailleurs atypiques plutôt que des salariés, et on peut s'attendre à ce que la part des salariés classiques dans ces pays reste plus stable.

Bien que cette étude spéciale s'intéresse aux facteurs qui incitent les entreprises à proposer aux travailleurs un contrat de travail plutôt qu'un autre (ex. un contrat à temps complet plutôt qu'un contrat de prestation de services), les incitations qui s'exercent au niveau des individus sont tout aussi importantes. En effet, les individus auront leurs propres raison d'opter pour une forme d'emploi en particulier. Par exemple, pour un travailleur à haut revenu, souscrire un contrat d'assurance privé peut coûter moins cher qu'adhérer à un régime d'assurance collective. Voir Milanez et Bratta (2019) pour un examen exhaustif de cet aspect.

Graphique 2.3. Économie sur le coût d'emploi total générées par une forme atypique d'emploi par rapport au salariat classique (exprimée en différence de pourcentage)

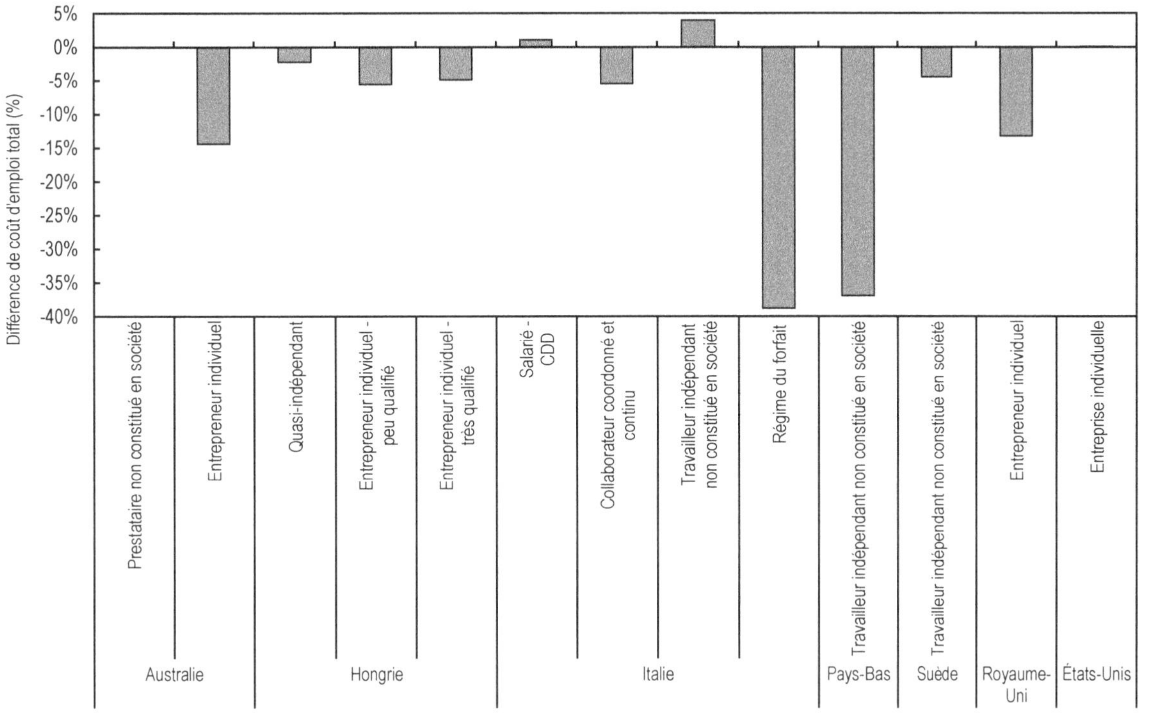

Note : Dans ce graphique, les PONF sont intégrés dans les calculs du coût d'emploi total, ce qui est pertinent pour l'Australie, les Pays-Bas et les États-Unis.
Source : calculs de l'auteur.

StatLink https://doi.org/10.1787/888934107674

Considérations intéressant l'action des pouvoirs publics

La réflexion portant sur les éléments relatifs à l'imposition des salariés standard par rapport à celle des travailleurs atypiques conduit à formuler plusieurs considérations à l'intention des pouvoirs publics. En premier lieu, il est nécessaire d'évaluer et de réévaluer les systèmes fiscaux pour s'assurer qu'ils restent en phase avec les transformations sur le marché du travail. Bien que le phénomène des travailleurs atypiques ne soit en rien nouveau, la transformation numérique de l'économie a favorisé l'émergence de divers modèles d'affaires reposant sur l'intermédiation entre consommateurs et prestataires. En second lieu, les systèmes de prélèvements et de prestations devraient être réformés afin d'empêcher qu'ils n'incitent indûment les entreprises à faire appel à des travailleurs indépendants. Les entreprises ont naturellement intérêt à réduire leurs coûts de main-d'œuvre d'origine fiscale, mais cette dynamique menace les recettes publiques et peut conduire à un monde dans lequel les individus en situation économique précaire se retrouvent privés d'une protection sociale digne de ce nom. Dans le même temps, les systèmes fiscaux devraient encourager le travail indépendant légitime.

Bien que cette étude spéciale s'intéresse aux résultats du point de vue des entreprises, on peut aussi affirmer que le système de prélèvements et de prestations ne devrait pas non plus inciter indûment les individus à devenir travailleurs indépendants dans le but de minorer le montant de leur impôt. Cette dynamique menacerait elle aussi les recettes publiques. Ce risque d'évasion fiscale est majoritairement associé aux formes de travail indépendant constitué en société, examinées plus en détail dans Milanez et Bratta (2019).

Enfin, le traitement fiscal de différentes formes d'emploi ne devrait pas être nécessairement identique. Même si les principes de conception de l'impôt consacrent la neutralité entre formes d'emploi, des différences entre travailleurs peuvent justifier un traitement fiscal différencié (ex. des droits à prestations différents peuvent justifier un traitement fiscal différent). Lorsque des différences de traitement fiscal existent, elles doivent être justifiées par de solides raisons politiques.

Bibliographie

Milanez, A. et B. Bratta (2019), « Taxation and the future of work: How tax systems influence choice of employment form », *Documents de travail de l'OCDE sur la fiscalité*, n° 41, Éditions OCDE, Paris, https://doi.org/10.1787/20f7164a-en.

OCDE (2018a), *Les impôts sur les salaires 2019*, Éditions OCDE, Paris, https://doi.org/10.1787/tax_wages-2019-fr.

OCDE (2018b), *Non-tax compulsory payments (NTCPs) as an additional burden on labour income in 2018*, Éditions OCDE, Paris, http://www.oecd.org/tax/tax-policy/tax-database/non-tax-compulsory-payments.pdf.

OCDE (2015), *Tous concernés : Pourquoi moins d'inégalité profite à tous*, Éditions OCDE, Paris, https://doi.org/10.1787/9789264235519-fr.

Notes

[1] L'analyse modélise les impôts sur le revenu des personnes physiques, les cotisations sociales payées par les salariés et par les employeurs, les impôts sur les salaires, les allègements ou crédits d'impôt applicables (au niveau de l'entreprise et/ou de l'individu), ainsi que les éventuels impôts sur les plus-values dus par les travailleurs indépendants. Par souci de simplicité, elle pose également l'hypothèse que l'individu étudié est un travailleur célibataire sans enfant.

[2] Les délégués de certains pays auprès de l'OCDE ont également communiqué des informations sur divers types de travailleurs indépendants constitués en société. Toutefois, ces formes d'emploi ne sont pas traitées ici, par souci de concision, car la modélisation des travailleurs indépendants constitués en société implique une série de considérations et d'hypothèses supplémentaires, telles que la fraction du revenu issue du capital par rapport à celle issue du travail. Ces informations détaillées et l'analyse correspondante sont présentées dans Milanez et Bratta (2019).

[3] Les PONF désignent les prélèvements obligatoires avec et sans contrepartie au profit de fonds à gestion privée, d'organismes d'aide sociale ou de dispositifs d'assurance sociale en dehors des administrations publiques ainsi que d'entreprises publiques. Pour plus d'informations, voir le lien suivant : http://www.oecd.org/tax/tax-policy/tax-database/non-tax-compulsory-payments.pdf.

[4] En Allemagne, seuls les salariés sont redevables des cotisations sociales. Les travailleurs atypiques peuvent choisir de cotiser à des régimes d'assurance maladie privés ou d'épargner pour leur retraite. Étant

donné que ces paiements proviendraient de leur bénéfice après impôt, le coin fiscal des travailleurs atypiques est systématiquement inférieur à celui des salariés (à un niveau donné de revenu).

[5] Aux États-Unis, la *Tax Cuts and Jobs Act* (TCJA) a pris effet le 1er janvier 2018. Les modifications qu'elle entraîne, comme la disposition autorisant les propriétaires d'entités intermédiaires à déduire jusqu'à 20 % de leur bénéfice commercial net de leur impôt sur le revenu, aboutiraient à des résultats pour 2018 différents des résultats obtenus sur la base des données fiscales de 2017.

[6] Par exemple, aux États-Unis, les entreprises individuelles supportent des taux de cotisation majorés : le taux de l'assurance retraite, réversion et invalidité est deux fois plus élevé pour les entreprises individuelles (11.45 %) que pour les salariés, ce qui aboutit à un taux total combiné de 14.13 % pour les entreprises individuelles contre 7.65 % pour les salariés.

[7] Les calculs englobent également les PONF lorsque le coin des prélèvements obligatoires est examiné.

[8] L'approche consistant à égaliser la rémunération nette d'un individu quelle que soit la forme d'emploi vise à résoudre quelques-uns des problèmes qui se posent quand on compare le revenu salarial et le revenu du travail indépendant. Le revenu du travail indépendant correspond à un bénéfice qui dépend de plusieurs facteurs, y compris le degré de concurrence et la situation sur le marché. En ce sens, il peut ne pas être strictement comparable au revenu d'un salarié.

[9] Ces autres facteurs incluent les caractéristiques du marché du travail telles que les règles de protection des travailleurs et les obligations de salaire minimum. En outre, les évolutions démographiques telles que le vieillissement auront aussi un impact.

[10] Les résultats de l'étude de cas ne tiennent pas compte des PONF et sont présentés en utilisant la mesure du coin fiscal. Les PONF aux Pays-Bas sont néanmoins examinés dans la section suivante, laquelle traite aussi de la question du coin des prélèvements obligatoires.

[11] D'une manière générale, dans les autres pays, la responsabilité des employeurs au titre de l'assurance sociale ne s'étend généralement pas aux travailleurs indépendants. C'est notamment le cas aux États-Unis, en Hongrie, en Italie et au Royaume-Uni. Bien que les travailleurs indépendants soient redevables des cotisations de sécurité sociale pour leur propre compte, les montants sont souvent inférieurs à la somme des parts salariales et patronales des cotisations de sécurité sociale pour les salariés standard. Il peut aussi en résulter des droits à prestations différents.

[12] Les abattements accordés aux travailleurs indépendants sont une caractéristique du système fiscal néerlandais qu'on ne retrouve pas en général dans les autres pays analysés.

[13] Ce calcul est légèrement différent lorsque les PONF sont pris en compte, comme le montre l'indicateur présenté dans le graphique 3. Lorsque les PONF sont inclus dans le calcul, les économies de coûts de main-d'œuvre qui sont associées à la fiscalité atteignent 37 %, comme décrit ci-après.

[14] Les résultats obtenus en utilisant le coin des prélèvements obligatoires sont publiés dans un document distinct qui accompagne la publication annuelle *Les impôts sur les salaires*. Voir OCDE (2018b).

[15] Les prélèvements obligatoires non fiscaux n'existent pas dans tous les pays. Sur les sept pays examinés dans cette étude spéciale, quatre en sont dépourvus : Hongrie, Italie et Royaume-Uni. Dans ce cas, le coin fiscal est égal au coin des prélèvements obligatoires.

[16] Le faible coin fiscal associé au régime du forfait en Italie pour les petites entreprises résulte du taux réduit d'imposition et des CSS plus faibles (calculées en multipliant le salaire brut par un taux de rentabilité

standard). Aussi, bien que le taux d'imposition et les CSS soient supérieurs à 15 %, le coin fiscal ressort à un niveau moins élevé parce que le revenu imposable est inférieur au revenu brut utilisé pour le calcul du coin fiscal. Étant donné que cette méthodologie ne prend pas en compte les coûts déductibles dans le calcul de l'IRPP et des CSS, le coin fiscal associé au régime du forfait est probablement sous-estimé. Voir Milanez et Bratta (2019) pour un complément d'information.

3 Charges fiscales, 2019

Les résultats de la charge fiscale pour 2019 basés sur les huit catégories de foyer sont présentés dans les tableaux 3.1 à 3.13 et les graphiques 3.1 à 3.7. Les catégories de foyer varient selon la situation de famille, le nombre d'enfants et le statut économique : un célibataire, sans enfant, gagnant 67 %, 100 % et 167 % du salaire moyen (SM) ; un parent isolé gagnant 67% du SM, avec deux enfants ; un couple avec deux enfants et un seul apporteur de revenu gagnant le SM ; un couple avec deux enfants et deux salaires gagnant au total 167 % et 200 % du SM ; un couple sans enfant et avec deux salaires gagnant au total 167 % du SM.
Ce chapitre présente différentes mesures de la charge fiscale moyenne (coin fiscal, taux d'imposition des personnes physiques, taux net d'imposition des personnes physique, taux de l'impôt sur le revenu des personnes physiques et taux des cotisations salariales de sécurité sociale) et marginale (coin fiscal et taux net d'imposition des personnes physiques). Les résultats de deux indicateurs de la progressivité de l'impôt sont également examinés : mesures de l'élasticité de l'impôt basée sur le salaire brut et les coûts de main-d'œuvre.

Charges fiscales moyennes

Le Tableau 3.1[1] et le Graphique 3.1 font apparaître le coin fiscal moyen (charge combinée de l'impôt sur le revenu et des cotisations salariales et patronales de sécurité sociale) en tenant compte du montant des prestations en espèces auquel a droit chaque catégorie de foyer spécifique en 2019. Le montant total des impôts à verser diminués des transferts reçus est exprimé en pourcentage des coûts de main-d'œuvre, définis comme le salaire brut plus les cotisations patronales de sécurité sociale (y compris les taxes sur les salaires). Dans le cas d'un célibataire disposant d'un salaire moyen, le coin fiscal allait de 7.0 % au Chili et 18.8 % en Nouvelle-Zélande à 49.4 % en Allemagne et 52.2 % en Belgique. Pour un couple marié disposant d'un seul revenu du même niveau, et ayant deux enfants, le coin fiscal était le plus faible en Nouvelle-Zélande (3.5 %) et au Chili (7.0 %) et le plus élevé en Italie (39.2 %) et en Grèce (37.8 %). Comme l'explique le chapitre 1, le coin fiscal est généralement plus faible pour les couples mariés, ayant deux enfants, et disposant de ce niveau de salaire que pour les célibataires sans enfant en raison de la perception de prestations en espèces et/ou d'un traitement fiscal plus avantageux. Il est également intéressant de noter que le coin fiscal pour un parent isolé, ayant deux enfants, et gagnant 67 % du salaire moyen était négatif en Nouvelle-Zélande (-19.4 %), au Canada (-15.3 %), et en Pologne (-3.4 %). Ce résultat est dû au fait que la somme des transferts en espèces reçus par ces familles et des crédits d'impôt récupérables éventuels excède la somme de l'impôt dû et de l'ensemble des cotisations de sécurité sociale.

Le Tableau 3.2 et le Graphique 3.2 indiquent la charge combinée de l'impôt sur le revenu des personnes physiques et des cotisations salariales de sécurité sociale exprimée en pourcentage du salaire brut en 2019 (les indicateurs correspondants faisant apparaître séparément l'impôt sur le revenu et les cotisations salariales de sécurité sociale figurent dans les Tableaux 3.4 et 3.5). Un célibataire sans enfant percevant le salaire moyen supporte la charge moyenne au titre de l'impôt et des cotisations sociales la plus élevée en Belgique et en Allemagne (39.3 % dans les deux pays). On observe les taux moyens les plus bas au Chili (7.0 %), au Mexique (10.8 %), en Corée (15.3 %), en Estonie (16.0 %), en Suisse (17.4 %), en Israël (18.3 %) et en Nouvelle Zélande (18.8 %).

Le Tableau 3.3 indique la charge combinée de l'impôt sur le revenu et des cotisations salariales de sécurité sociale, déduction faite des droits aux prestations en espèces, pour chaque catégorie de foyer en 2019. Le Graphique 3.3 fait apparaître cette charge pour les célibataires sans enfant et les couples mariés disposant d'un seul salaire ayant deux enfants, ces deux catégories de famille étant rémunérées au salaire moyen. Si l'on compare les Tableaux 3.2 et 3.3, on observe que les taux moyens d'imposition pour les familles avec enfants (colonnes 4 à 7) sont moindres dans le Tableau 3.3 car la plupart des pays de l'OCDE aident les familles ayant des enfants à charge au moyen de prestations en espèces.

On observe également une charge plus faible pour les célibataires, sans enfant, et rémunérés à 67 % du salaire moyen au Canada, du fait qu'une prestation en espèces est versée pour atténuer la charge imposée par l'impôt fédéral sur la consommation (à savoir le crédit de la taxe sur les produits et services : on trouvera plus de précisions sur ce point dans le chapitre par pays qui se trouve dans la deuxième Partie de cette étude). Il en va de même au Danemark pour les célibataires rémunérés à 67 % et 100 % du salaire moyen et les couples mariés, sans enfant, disposant de deux revenus équivalents à 167 % du salaire moyen, qui perçoivent un chèque « vert » pour compenser la hausse des taxes environnementales. On observe également une charge plus faible en France pour un célibataire sans enfant rémunéré à 67 % du salaire moyen, qui perçoit une prestation en espèces subordonnée à l'exercice d'un emploi (la *Prime d'activité*).

Si l'on compare les Tableau 3.2 et le Tableau 3.3, dans le cas des parents isolés ayant deux enfants et gagnant 67 % du salaire moyen, on observe que 31 pays accordaient des prestations en espèces en 2019. Ces prestations représentaient respectivement 43.3 %, 38.3 % et 34.5 % du revenu en Pologne, au Canada et en Nouvelle-Zélande, et au moins 25 % au Danemark (26.9 %) et en France (28.9 %). Trente pays accordaient des prestations en espèces à un couple marié, ayant deux enfants, et disposant d'un seul revenu égal au salaire moyen, bien que ces prestations soient moins généreuses par rapport au revenu, atteignant jusqu'à 16.3 % (Canada). Le niveau plus faible des prestations en espèces pour les couples mariés peut être imputé à trois raisons : les parents isolés peuvent avoir droit à un régime plus avantageux ; les prestations elles-mêmes peuvent être fixées en montant absolu ; ou l'octroi des prestations peut dépendre d'un critère de revenu.

Le Tableau 3.4 indique le montant de l'impôt sur le revenu des personnes physiques dû en pourcentage du salaire brut en 2019. Pour les célibataires, sans enfant, percevant le salaire moyen (colonne 2 du tableau), la charge de l'impôt sur le revenu varie entre 0.05 % (Chili) et 35.6 % (Danemark). Dans la plupart des pays membres de l'OCDE, pour un niveau de salaire moyen, la charge de l'impôt sur le revenu qui pèse sur un couple marié disposant d'un seul revenu et ayant deux enfants est moindre que celle supportée par un célibataire (comparer les colonnes 2 et 5). Le Graphique 3.4 fait apparaître clairement ces différences. Dans 9 pays de l'OCDE, l'impôt sur le revenu à la charge d'un couple marié disposant d'un seul salaire et ayant deux enfants est inférieur de plus de la moitié à celle supportée par un célibataire (Allemagne, États-Unis, Hongrie, Luxembourg, Pologne, Portugal, République slovaque, Slovénie et Suisse). En revanche, on ne relevait aucune différence dans huit pays : Australie, Finlande, Israël, Lituanie, Mexique, Norvège, Nouvelle-Zélande et Suède. Au Chili, le couple marié disposant d'un seul salaire au niveau du salaire moyen avec deux enfants ne payait pas d'impôt sur le revenu des personnes physiques.

Un travailleur percevant un salaire moyen marié avec deux enfants supportait une charge d'impôt sur le revenu négative dans un pays membre de l'OCDE seulement. Ce résultat est dû à l'existence de crédits d'impôt récupérables en vertu desquels des crédits dépassent le montant d'impôts dus. Cette situation aboutit à une charge fiscale de -3.8 % en République tchèque. De même, les parents isolés ayant deux enfants et gagnant 67 % du salaire moyen avaient une charge d'impôt négative dans six pays – Allemagne, Autriche, Espagne, États-Unis, Israël et République tchèque. Dans deux autres pays – Chili et Hongrie –, cette catégorie de foyer ne payait pas d'impôt sur le revenu.

Une comparaison des colonnes 5 et 6 du Tableau 3.4 montre que si le conjoint trouve un emploi rémunéré à 67 % du salaire moyen, la charge d'impôt sur le revenu de la famille (désormais exprimée à 167 % du salaire moyen) est légèrement plus élevée dans 22 pays, les différences les plus fortes concernant la République tchèque (9.6 points) et l'Allemagne (9.7 points). Toutefois, la charge d'impôt sur le revenu est inférieure dans 13 pays, les différences les plus marquées concernant les Pays-Bas (-4.8 points) et Israël (-4.1 points). Il n'y a aucun impact sur la charge fiscale au Chili.

Un élément important à prendre en compte dans la conception de l'impôt sur le revenu est sa progressivité — rythme auquel la charge de l'impôt s'accroît avec le revenu. Une comparaison des colonnes 1 à 3 du Tableau 3.4 donne un aperçu des niveaux de progressivité des systèmes d'impôt sur le revenu des pays de l'OCDE. Si l'on compare la charge d'impôt sur le revenu de célibataires rémunérés au salaire moyen à celle de célibataires gagnant 167 % du salaire moyen (colonnes 2 et 3), en 2019, le salarié le moins rémunéré supportait une charge fiscale moindre dans tous les pays sauf en Hongrie, où un taux forfaitaire s'applique aux revenus du travail et où tous les ménages sans enfant payaient le même pourcentage d'impôt sur le revenu. Lorsqu'on compare les célibataires qui gagnent 67 % du salaire moyen et les célibataires rémunérés au salaire moyen (colonnes 1 et 2), le travailleur le moins bien payé supportait également une charge fiscale plus faible dans tous les pays de l'OCDE, sauf en Hongrie pour les raisons susmentionnées. Enfin, la charge à laquelle doivent faire face les célibataires gagnant 67 % du salaire moyen représentait moins de 25 % de celle supportée par leurs homologues gagnant 167 % de ce salaire dans deux pays de l'OCDE : au Chili (0.0 %) et aux Pays-Bas (20.9 %).

L'ajout des cotisations de sécurité sociale au taux moyen d'imposition réduit cette progressivité ainsi que l'économie d'impôt proportionnelle (c'est-à-dire l'économie d'impôt dont bénéficient les travailleurs à bas salaire par rapport aux travailleurs à haut revenu). Si l'on compare le Tableau 3.2 et le Tableau 3.4, la charge fiscale moyenne (cotisations de sécurité sociale comprises) des célibataires gagnant 67 % du salaire moyen n'était inférieure que de 31.6 % à celle de leurs homologues gagnant 167 % de ce salaire, alors que l'économie d'impôt moyenne pour les seuls impôts sur le revenu des personnes physiques est de 47.1 % pour l'ensemble des pays de l'OCDE en 2019. L'économie d'impôt moyenne observée dans la zone OCDE pour les couples mariés disposant d'un seul revenu égal au salaire moyen et ayant deux enfants par rapport à celle des travailleurs célibataires disposant d'un revenu moyen a baissé de 34.0 % pour l'impôt sur le revenu des personnes physiques à 20.9 % pour la charge fiscale moyenne intégrant les cotisations de sécurité sociale. Ces diminutions reflètent la faible variation entre les taux des cotisations de sécurité sociale entre les catégories de foyer, comme le montre le Tableau 3.5.

Le Tableau 3.5 illustre les cotisations salariales de sécurité sociale en pourcentage des salaires bruts en 2019. Pour un célibataire sans enfant disposant du salaire moyen (colonne 2), le taux de cotisation varie entre zéro (Australie, Danemark et Nouvelle-Zélande) et 22.1 % (Slovénie). L'Australie, le Danemark et la Nouvelle-Zélande ne prélevaient aucune cotisation salariale de sécurité sociale en faveur des administrations publiques, et trois autres pays appliquaient des taux très faibles - Islande (0.3 %), Mexique (1.4 %) et Estonie (1.6 %). Ces cotisations de sécurité sociale sont généralement prélevées à un taux uniforme sur la totalité du salaire, c'est à dire sans seuil d'exonération. Dans un certain nombre de pays membres de l'OCDE, un plafond s'applique. Toutefois, ce plafonnement concerne généralement les niveaux de salaire supérieurs à 167 % du salaire moyen. Ces taux uniformes se traduisent par une charge moyenne des cotisations salariales de sécurité sociale constante dans la plupart des pays sur toute la fourchette des rémunérations comprises entre 67 % et 167 % du salaire moyen. Une charge proportionnelle constante des cotisations salariales de sécurité sociale pour les huit catégories de foyer est observée dans les pays suivants (par ordre décroissant de taux) : Slovénie (22.1 %), Lituanie (19.5 %), Pologne (17.8 %), Grèce (15.9 %), Turquie (15.0 %), République slovaque (13.4 %), République tchèque, Lettonie et Portugal (11.0 % dans les trois cas), Finlande (9.8 %), Norvège (8.2 %), États-Unis (7.7 %), Chili (7.0 %), Espagne (6.4 %), Suisse (6.2 %), Irlande (4.0 %) et Estonie (1.6 %).

Par ailleurs, seuls l'Allemagne et les Pays-Bas appliquaient au niveau du salaire moyen des cotisations de sécurité sociale différentes aux salariés en fonction de leur situation de famille (voir Graphique 3.5).

Charges fiscales marginales

Le Tableau 3.6 et le Graphique 3.6 indiquent le pourcentage d'augmentation marginale des coûts de main-d'œuvre qui est absorbé par l'effet conjugué de la hausse de l'impôt sur le revenu des personnes physiques et des cotisations salariales et patronales de sécurité sociale (y compris les taxes sur les salaires) et de la diminution des transferts en espèces en 2019. On suppose que le revenu brut principal du ménage augmente d'une unité monétaire. Il s'agit du coin fiscal marginal. Le plus souvent, celui-ci absorbe 25 % à 55 % d'une augmentation des coûts de main-d'œuvre pour les célibataires sans enfant rémunérés au niveau du salaire moyen. Cependant, dans six pays de l'OCDE, ces contribuables étaient soumis à des coins fiscaux marginaux supérieurs à 55 % en 2019 – Belgique (65.1 %), Italie (61.7 %), Allemagne (60.0 %), Autriche (59.6 %), Luxembourg (57.0 %) et Finlande (55.1 %). À l'inverse, le Chili (10.2 %) avait le coin fiscal marginal le plus bas en 2019.

Dans 26 pays membres de l'OCDE, le coin fiscal marginal pour les couples mariés avec deux enfants disposant d'un seul revenu égal au salaire moyen était le même que pour les célibataires sans enfant rémunérés au salaire moyen, ou la différence était inférieure à 5 points. Le coin fiscal marginal était inférieur de plus de 5 points pour les couples mariés disposant d'un seul revenu dans cinq pays : Luxembourg (15.9 points), États-Unis (9.3 points), Allemagne (8.0 points), Slovénie et Suisse (7.4 points dans les deux cas). En revanche, le coin fiscal marginal pour les couples mariés avec deux enfants et disposant d'un seul revenu était supérieur de plus de 5 points à celui des célibataires sans enfant au Canada (36.2 points), en Nouvelle-Zélande (25.0 points), en France (15.0 points), en Islande (9.0 points) et aux Pays-Bas (5.7 points). Ces taux marginaux plus élevés sont dus à la suppression progressive des allégements fiscaux et/ou prestations en espèces accordés sous condition de ressources. Lorsqu'une disposition assortie d'un plafond de ressources est supprimée, la réduction de l'allégement fiscal ou de la prestation s'ajoute à l'accroissement de l'impôt dû. Ces programmes sont décrits de manière plus détaillée dans les chapitres par pays qui figurent dans la deuxième Partie du rapport.

Le Tableau 3.7 et le Graphique 3.7 illustrent la variation progressive de l'impôt sur le revenu des personnes physiques et des cotisations salariales de sécurité sociale diminués des prestations en espèces en cas d'augmentation marginale du salaire brut en 2019 (on suppose que le revenu brut principal du ménage augmente d'une unité monétaire). Comme pour le coin fiscal, dans la plupart des cas, l'impôt sur le revenu des personnes physiques et les cotisations salariales de sécurité sociale absorbent 25 % à 55 % de l'augmentation du salaire pour les célibataires sans enfant rémunérés au salaire moyen. Le taux marginal d'imposition du travailleur moyen était supérieur à 55 % en Belgique seulement (55.6 %) et inférieur à 25 % au Chili (10.2 %), au Mexique (19.5 %) et en Corée (22.9 %).

Dans 25 pays membres de l'OCDE, le taux marginal net d'imposition applicable aux couples mariés avec deux enfants disposant d'un seul revenu égal au salaire moyen était le même que pour les célibataires sans enfant, ou la différence était inférieure à 5 points. Le taux marginal était inférieur de plus de 5 points pour les couples mariés disposant d'un seul salaire dans six pays : Luxembourg (18.1 points), États-Unis (10.0 points), Allemagne (9.6 points), Slovénie (8.6 points), Suisse (7.9 points) et Portugal (5.5 points). En revanche, le taux marginal applicable aux couples mariés disposant d'un seul revenu et ayant deux enfants était supérieur de plus de 5 points à celui qui s'appliquait aux célibataires sans enfant au Canada (39.3 points), en Nouvelle Zélande (25.0 points), en France (20.4 points), en Islande (9.6 points) et aux Pays-Bas (6.4 points). De même que pour le coin fiscal marginal, ces taux marginaux plus élevés sont dus à la suppression progressive des allégements fiscaux et/ou prestations en espèces accordés sous condition de ressources

Le Tableau 3.8 indique l'augmentation en pourcentage du revenu net par rapport au pourcentage d'augmentation du salaire brut lorsque ce dernier augmente d'une unité monétaire, c'est à dire l'élasticité du revenu après impôt, en 2019.[2] Dans un système fiscal proportionnel, le revenu net augmenterait du même pourcentage que l'augmentation du salaire brut, auquel cas l'élasticité serait égale à 1. Plus le système est progressif – au niveau de revenu considéré – plus cette élasticité est faible. Dans le cas d'un couple marié avec deux enfants disposant d'un seul revenu égal au salaire moyen, la colonne 5 du tableau 3.8 montre que le Canada (0.28), la Nouvelle-Zélande (0.47), la Belgique (0.55), la France (0.56) et l'Irlande (0.57) avaient, selon cet indicateur, le système le plus progressif d'impôt sur le revenu et de cotisations salariales de sécurité sociale en tenant compte des dispositions fiscales et des prestations en espèces pour les enfants, à ce niveau de revenu, en 2019. En revanche, le Chili (1.00) et le Mexique (0.90) appliquaient ou se rapprochaient d'un système proportionnel d'impôt sur le revenu et de cotisations salariales de sécurité sociale – du moins pour ce type de famille.

Il est également intéressant de noter que l'élasticité était supérieure à 1 pour un célibataire dont le salaire est égal à 167 % du salaire moyen en Autriche (1.02), ce qui indique que le système d'impôt sur le revenu était régressif à ce point de l'échelle des revenus. En d'autres termes, une augmentation en pourcentage de la rémunération brute se traduisait par un accroissement du revenu net supérieur à cette hausse du salaire brut.

Le Tableau 3.9 propose une autre mesure de l'élasticité du revenu après impôt : le pourcentage d'augmentation du revenu net par rapport au pourcentage de hausse des coûts de main-d'œuvre (salaire brut, plus cotisations patronales de sécurité sociale et taxes sur les salaires) lorsque ces derniers augmentent d'une unité monétaire, en 2019.[3] Dans ce cas, les taxes et les cotisations patronales de sécurité sociale sont compris dans l'analyse. Dans vingt pays membres de l'OCDE, l'élasticité se situait entre 0.50 et 0.97 pour les huit catégories de foyer. Cette élasticité était inférieure à 0.50 pour les célibataires gagnant le salaire moyen en France (0.30), pour les parents isolés gagnant l'équivalent de 67 % du salaire moyen en Belgique (0.46), aux Pays-Bas (0.45), en Australie (0.42), au Canada (0.37), en

France (0.31), en Irlande et au Royaume-Uni (0.27 dans les deux cas) et en Pologne (0.03), et pour les couples mariés avec deux enfants disposant d'un seul salaire égal au salaire moyen en Nouvelle-Zélande (0.47) et au Canada (0.28). Elle était en revanche comprise entre 0.98 et 1.0 pour la plupart des catégories de foyer au Chili, et pour certaines catégories d'entre eux en Hongrie, au Mexique et en Pologne, et pour une catégorie de foyer en Estonie et au Japon pour un célibataire dont le salaire est égal à 167 % du salaire moyen (1.00 dans les deux pays). Avec cette mesure de l'élasticité, le système d'impôt sur le revenu était régressif pour un célibataire dont le salaire est égal à 167 % du salaire moyen en Allemagne (1.14) et en Autriche (1.20).

Les Tableau 3.10 et Tableau 3.11 renseignent sur le salaire brut et le revenu net pour les huit catégories de foyer en 2019, après conversion de tous les montants en dollars des États-Unis à parité de pouvoir d'achat. Les travailleurs célibataires rémunérés au salaire moyen avaient un salaire net disponible (voir Tableau 3.10, colonne 4) supérieur à 40 000 USD dans 13 pays : Suisse (65 261 USD), Luxembourg (49 823 USD), Corée (49 547 USD), Islande (48 777 USD), Pays-Bas (47 462 USD), Norvège (46 569 USD), Irlande (46 269 USD), Australie (45 569 USD), Royaume-Uni (45 395 USD), États-Unis (43 356 USD), Allemagne (42 698 USD), Autriche (USD 42 212) et Danemark (40 952 USD). Les niveaux correspondants les plus bas (moins de 20 000 USD) concernaient le Mexique (12 648 USD), la Lettonie (18 681 USD) et la République slovaque (19 654 USD). Dans le cas d'un couple marié avec deux enfants disposant d'un seul salaire égal au salaire moyen (voir Tableau 3.11), son revenu net était supérieur à 50 000 USD en Allemagne, en Australie, en Autriche, en Belgique, en Corée, aux États-Unis, en Irlande, en Islande, au Luxembourg, aux Pays-Bas et en Suisse, tandis que c'est de nouveau au Mexique qu'on enregistrait le niveau le plus bas. Sauf dans le cas du Mexique, le revenu net disponible du couple marié disposant d'un seul salaire dans les pays de l'OCDE était supérieur à celui du célibataire (ces deux catégories de famille étant rémunérées au salaire moyen). Cela s'explique par le régime fiscal favorable applicable à cette catégorie de foyer et/ou par les prestations en espèces auxquelles elle avait droit.

Les Tableau 3.12 et Tableau 3.13 contiennent les mêmes chiffres que les Tableau 3.10 et Tableau 3.11 pour les coûts de main-d'œuvre et le revenu net en 2019. Les colonnes « net » des Tableaux 3.10 et 3.11 sont par conséquent identiques à celles figurant dans les Tableaux 3.12 et 3.13 respectivement. Généralement, les coûts de main-d'œuvre sont bien supérieurs aux salaires bruts, parce que les cotisations patronales de sécurité sociale (y compris les taxes sur les salaires) sont prises en compte. En dollars à parité de pouvoir d'achat (voir Tableau 3.12) les coûts de main-d'œuvre pour un célibataire percevant le salaire moyen étaient les plus élevés (plus de 80 000 USD) en Allemagne (84 303 USD), en Suisse (83 958 USD), en Belgique (82 002 USD), en Autriche (81 034 USD) et au Luxembourg (80 921 USD), et les plus faibles (moins de 30 000 USD) au Mexique (15 839 USD) et au Chili (24 160 USD). Les coûts annuels de main-d'œuvre sont égaux au salaire annuel brut au Chili, au Danemark et en Nouvelle-Zélande. Ces pays ne prélèvent aucune des cotisations patronales de sécurité sociale obligatoire et taxes versées aux administrations publiques sur les salaires. Cependant, les employeurs du Chili et du Danemark sont soumis à des prélèvements obligatoires non fiscaux.

Tableau 3.1. Impôt sur le revenu et cotisations sociales des salariés et employeurs diminués des prestations versées, 2019

En % des coûts de main-d'oeuvre, par catégorie de foyer et niveau de salaire

	Célibataire sans enf 67 (% SM)	Célibataire sans enf 100 (% SM)	Célibataire sans enf 167 (% SM)	Célibataire 2 enf 67 (% SM)	Couple marié 2 enf 100-0 (% SM)	Couple marié 2 enf 100-67 (% SM)[2]	Couple marié 2 enf 100-100 (% SM)[2]	Couple marié sans enf 100-67 (% SM)[2]
Allemagne	45.2	49.4	51.0	31.5	34.3	42.5	44.8	47.5
Australie	22.7	27.9	34.4	1.2	20.8	25.8	27.9	25.8
Autriche	43.6	47.9	51.0	22.3	33.7	38.3	41.3	46.2
Belgique	45.4	52.2	58.6	31.2	36.5	44.5	47.9	49.5
Canada	25.2	30.5	31.7	-15.3	11.6	23.9	27.1	29.0
Chili	7.0	7.0	8.3	6.2	7.0	6.7	7.0	7.0
Corée	20.2	23.3	26.0	16.8	20.6	20.7	22.2	22.1
Danemark	32.6	35.4	41.1	4.1	25.2	30.7	32.4	34.3
Espagne	36.0	39.5	44.0	24.9	34.2	36.5	38.2	38.1
Estonie	33.3	37.2	41.2	18.6	27.5	30.9	33.3	35.7
États-Unis	27.6	29.8	34.2	10.5	18.8	24.1	26.2	28.4
Finlande	35.6	41.9	48.3	25.5	37.5	36.8	39.7	39.4
France	38.9	46.7	53.1	14.7	36.8	39.9	43.7	44.6
Grèce	36.8	40.8	46.5	30.7	37.8	38.3	41.2	40.1
Hongrie	44.6	44.6	44.6	21.2	29.6	35.6	37.1	44.6
Irlande	24.6	33.2	41.8	5.3	17.9	25.5	30.1	29.2
Islande	30.0	33.1	38.0	20.0	21.6	31.9	33.1	31.9
Israël[1]	15.7	22.7	32.3	3.0	20.3	16.3	19.5	19.5
Italie	41.1	48.0	54.1	26.1	39.2	41.9	45.6	45.2
Japon	31.2	32.7	35.1	25.3	27.5	29.7	30.7	32.1
Lettonie	39.8	42.6	42.8	24.6	32.4	35.4	37.5	41.4
Lituanie	34.1	37.2	39.8	16.9	29.0	31.1	33.1	36.0
Luxembourg	30.7	38.4	45.6	8.2	17.3	26.7	31.6	33.3
Mexique	16.4	20.1	23.2	16.4	20.1	18.6	20.1	18.6
Norvège	32.6	35.7	41.5	22.1	32.1	32.3	33.9	34.4
Nouvelle-Zélande	13.9	18.8	24.3	-19.4	3.5	17.3	18.8	16.8
Pays-Bas	30.0	37.3	42.5	6.5	32.3	29.3	33.1	34.3
Pologne	35.0	35.6	36.1	-3.4	17.7	25.1	27.0	35.3
Portugal	36.7	41.0	46.3	22.6	29.4	35.9	38.4	38.9
République slovaque	39.7	41.9	43.6	30.1	31.1	37.1	38.6	41.0
République tchèque	41.7	43.9	45.8	22.7	26.6	35.4	39.6	43.0
Royaume-Uni	26.0	30.9	37.1	12.3	26.3	26.6	28.9	28.9
Slovénie	40.3	43.6	47.1	15.2	28.5	35.8	39.1	42.3
Suède	40.5	42.7	51.0	32.7	37.4	38.7	40.1	41.8
Suisse	19.5	22.3	26.9	4.8	9.9	16.1	18.6	22.0
Turquie	35.8	39.1	42.6	34.3	37.5	37.2	38.6	37.8
Moyenne non pondérée								
OCDE-Moyenne	**32.0**	**36.0**	**40.3**	**15.8**	**26.4**	**30.5**	**32.9**	**34.3**
OCDE-UE 23	**37.1**	**41.4**	**45.8**	**19.3**	**30.4**	**34.7**	**37.5**	**39.6**

Note : enf = enfant

1. Informations sur les données concernant Israël : http://oe.cd/israel-disclaimer.

2. Famille disposant de deux revenus.

StatLink https://doi.org/10.1787/888934107693

Graphique 3.1. Impôt sur le revenu et cotisations de sécurité sociale des salariés et des employeurs diminués des prestations versées, 2019

En % des coûts de main-d'oeuvre, par catégorie de famille

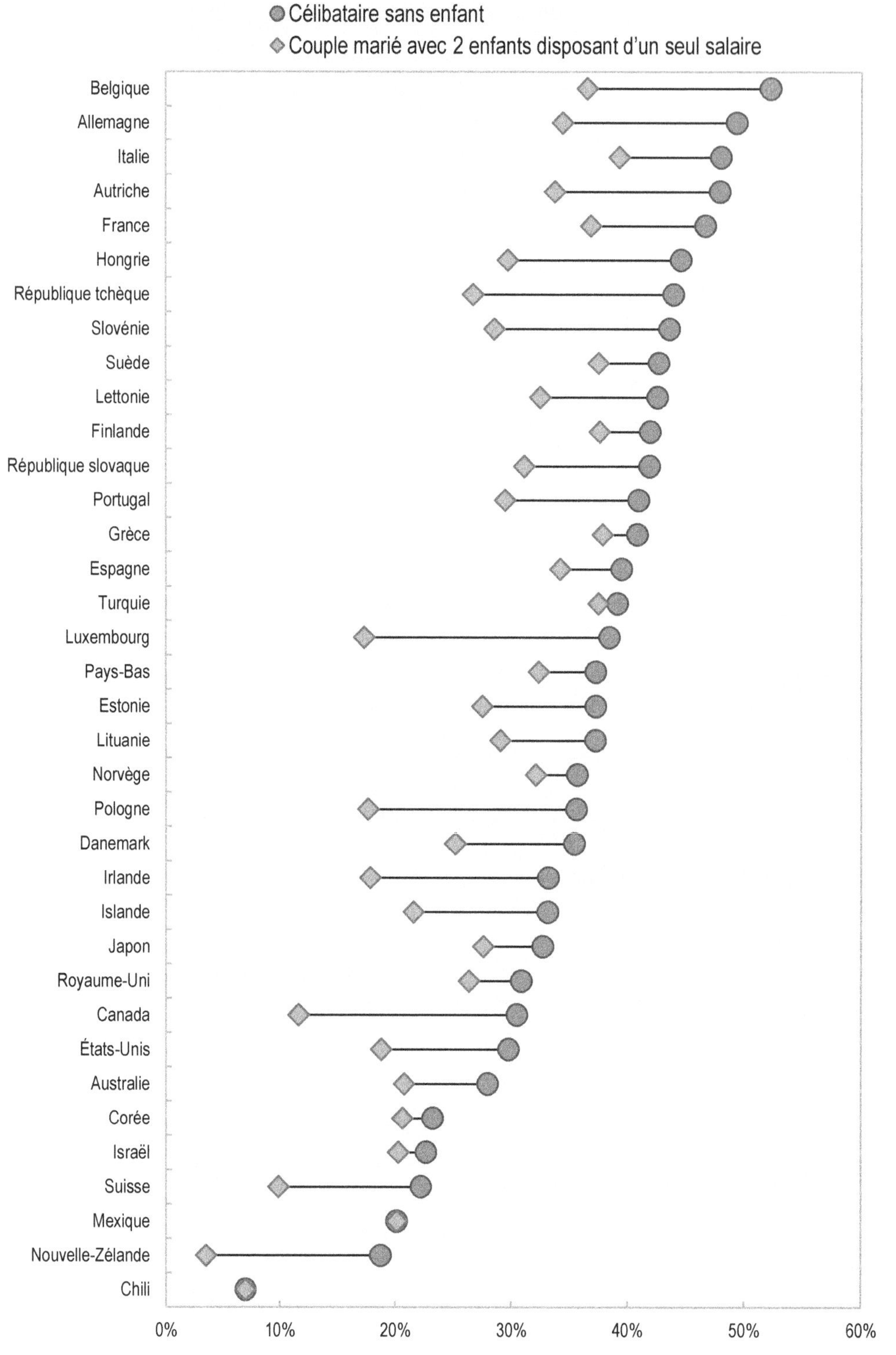

Note: Le type de famille «Célibataire sans enfant »correspond à un niveau de salaire à 100% du salaire moyen. Le type de famille « Couple marié avec 2 enfants disposant d'un seul salaire» correspond à un niveau de salaire agrégé de 100% -0% du salaire moyen.

Sources : Soumissions nationales et OCDE, Perspectives économiques de l'OCDE no 2, volume 2019.

StatLink https://doi.org/10.1787/888934107712

Tableau 3.2. Impôt sur le revenu et cotisations sociales des salariés, 2019

En % du salaire brut, par catégorie de foyer et niveau de salaire

	Célibataire sans enf 67 (% SM)	Célibataire sans enf 100 (% SM)	Célibataire sans enf 167 (% SM)	Célibataire 2 enf 67 (% SM)	Couple marié 2 enf 100-0 (% SM)	Couple marié 2 enf 100-67 (% SM)[2]	Couple marié 2 enf 100-100 (% SM)[2]	Couple marié sans enf 100-67 (% SM)[2]
Allemagne	34.4	39.3	43.4	18.0	21.3	31.1	33.8	37.1
Australie	18.1	23.6	30.5	18.1	23.6	21.4	23.6	21.4
Autriche	27.7	33.2	38.1	16.4	25.6	27.3	30.1	31.0
Belgique	31.2	39.3	47.4	25.4	27.3	34.5	37.8	36.1
Canada	18.7	23.2	26.4	10.9	18.7	21.6	23.2	21.6
Chili	7.0	7.0	8.3	7.0	7.0	7.0	7.0	7.0
Corée	11.9	15.3	19.3	9.3	13.2	13.0	14.5	14.0
Danemark	32.8	35.6	41.1	31.1	31.6	34.5	35.6	34.5
Espagne	16.8	21.4	27.2	2.5	14.5	17.5	19.7	19.6
Estonie	10.8	16.0	21.3	7.6	11.4	12.6	15.0	13.9
États-Unis	21.5	24.0	28.9	2.9	12.2	17.8	20.2	22.4
Finlande	22.4	30.0	37.7	22.4	30.0	27.0	30.0	27.0
France	23.3	27.3	33.2	20.8	20.8	23.0	25.4	26.6
Grèce	21.1	26.1	33.2	20.4	26.6	24.7	26.6	25.2
Hongrie	33.5	33.5	33.5	17.4	22.7	27.0	28.1	33.5
Irlande	16.3	25.9	35.5	11.3	15.7	21.4	25.9	21.4
Islande	25.4	28.7	33.9	25.4	21.7	27.4	28.7	27.4
Israël[1]	11.7	18.3	27.9	4.2	18.3	13.4	16.3	15.2
Italie	22.4	31.6	39.5	15.0	25.0	25.1	29.4	27.9
Japon	20.6	22.4	26.1	20.6	21.0	21.7	22.4	21.7
Lettonie	25.2	28.7	29.0	12.5	20.2	22.2	24.4	27.3
Lituanie	33.0	36.1	38.7	33.0	36.1	34.8	36.1	34.8
Luxembourg	21.1	29.9	38.1	14.2	18.4	24.1	28.4	24.1
Mexique	5.0	10.8	15.4	5.0	10.8	8.5	10.8	8.5
Norvège	23.8	27.3	33.9	21.1	27.3	25.9	27.3	25.9
Nouvelle-Zélande	13.9	18.8	24.3	15.1	18.8	17.3	18.8	16.8
Pays-Bas	21.5	29.7	37.9	13.5	28.5	23.2	27.0	26.4
Pologne	24.3	25.0	25.6	22.9	20.3	22.5	23.1	24.7
Portugal	21.7	26.9	33.6	12.2	16.2	20.6	23.7	24.5
République slovaque	21.4	24.2	26.5	15.4	14.5	20.7	22.2	23.1
République tchèque	22.0	25.0	27.4	4.5	7.2	16.8	19.1	23.8
Royaume-Uni	19.1	23.3	29.5	10.6	22.7	21.6	23.3	21.6
Slovénie	30.7	34.5	38.6	24.8	26.1	29.1	31.3	33.0
Suède	21.8	24.7	35.6	21.8	24.7	23.5	24.7	23.5
Suisse	14.5	17.4	22.4	8.7	10.9	14.8	16.8	17.2
Turquie	24.6	28.5	32.6	22.8	26.5	26.2	27.9	26.9
Moyenne non pondérée								
OCDE-Moyenne	**21.4**	**25.9**	**31.2**	**15.7**	**20.5**	**22.2**	**24.4**	**24.1**
OCDE-UE 23	**24.1**	**29.0**	**34.4**	**17.1**	**22.1**	**24.6**	**27.0**	**27.0**

Note : enf = enfant

1. Informations sur les données concernant Israël : http://oe.cd/israel-disclaimer.

2. Famille disposant de deux revenus.

StatLink https://doi.org/10.1787/888934107731

Graphique 3.2. Impôt sur le revenu et cotisations de sécurité sociale des salariés, 2019

En % du salaire brut, par catégorie de famille

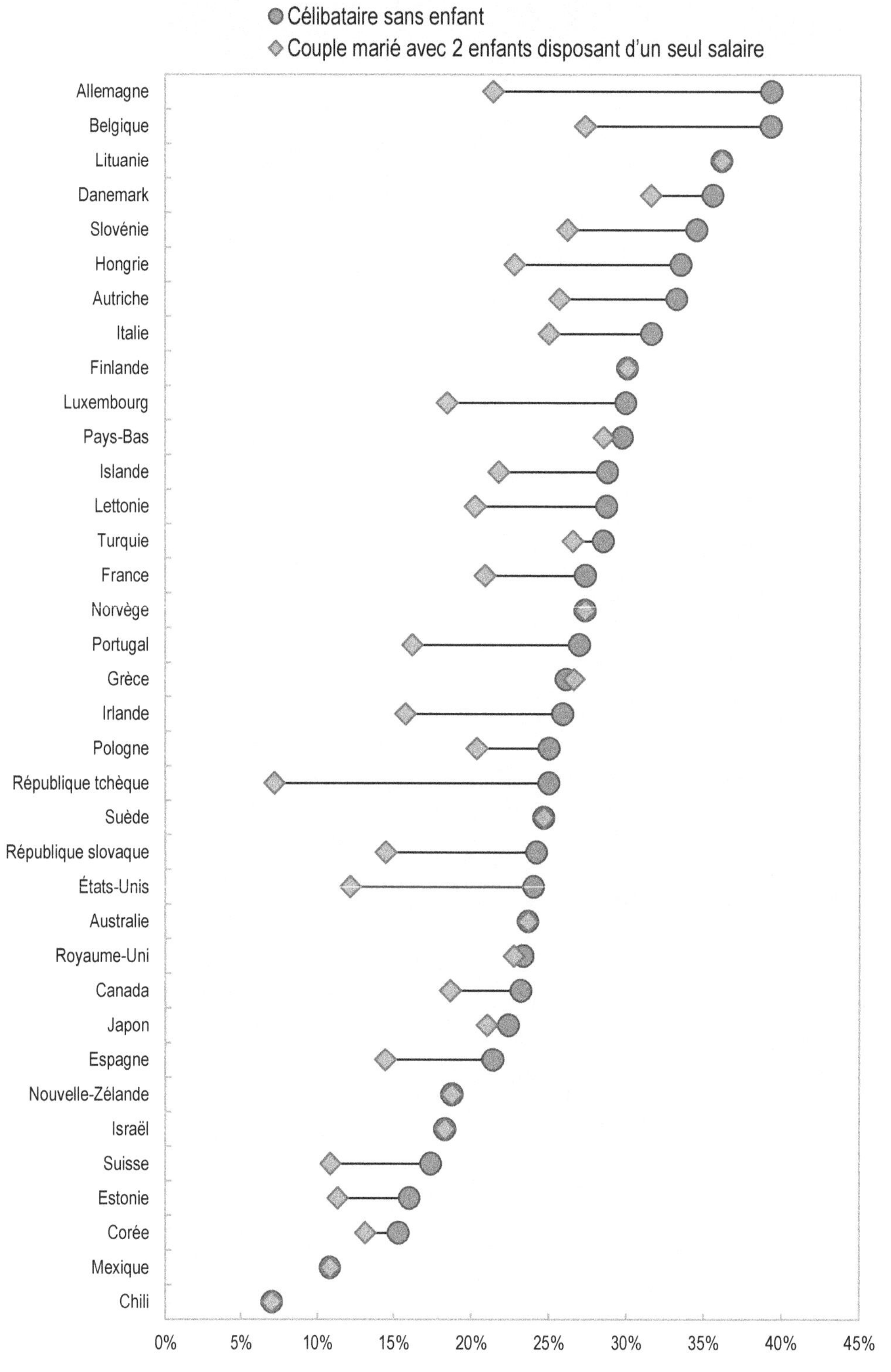

Note: Le type de famille «Célibataire sans enfant »correspond à un niveau de salaire à 100% du salaire moyen. Le type de famille « Couple marié avec 2 enfants disposant d'un seul salaire» correspond à un niveau de salaire agrégé de 100% -0% du salaire moyen.
Sources : Soumissions nationales et OCDE, Perspectives économiques de l'OCDE no 92, volume 201.

StatLink https://doi.org/10.1787/888934107750

Tableau 3.3. Impôt sur le revenu et cotisations sociales des salariés diminués des prestations versées, 2019

En % du salaire brut, par catégorie de foyer et niveau de salaire

	Célibataire sans enf 67 (% SM)	Célibataire sans enf 100 (% SM)	Célibataire sans enf 167 (% SM)	Célibataire 2 enf 67 (% SM)	Couple marié 2 enf 100-0 (% SM)	Couple marié 2 enf 100-67 (% SM)[2]	Couple marié 2 enf 100-100 (% SM)[2]	Couple marié sans enf 100-67 (% SM)[2]
Allemagne	34.4	39.3	43.4	18.0	21.3	31.1	33.8	37.1
Australie	18.1	23.6	30.5	-4.7	16.0	21.4	23.6	21.4
Autriche	27.7	33.2	38.1	0.4	15.0	20.9	24.8	31.0
Belgique	31.2	39.3	47.4	13.4	19.2	29.7	33.8	36.1
Canada	17.5	23.2	26.4	-27.3	2.4	16.0	19.5	21.6
Chili	7.0	7.0	8.3	6.2	7.0	6.7	7.0	7.0
Corée	11.9	15.3	19.3	8.1	12.4	12.5	14.1	14.0
Danemark	32.6	35.4	41.1	4.1	25.2	30.7	32.4	34.3
Espagne	16.8	21.4	27.2	2.5	14.5	17.5	19.7	19.6
Estonie	10.8	16.0	21.3	-9.0	2.9	7.6	10.7	13.9
États-Unis	21.5	24.0	28.9	2.9	12.2	17.8	20.2	22.4
Finlande	22.4	30.0	37.7	10.3	24.7	23.8	27.4	27.0
France	22.5	27.3	33.2	-8.1	13.8	20.4	23.2	26.6
Grèce	21.1	26.1	33.2	13.4	22.3	23.0	26.6	25.2
Hongrie	33.5	33.5	33.5	5.5	15.5	22.7	24.5	33.5
Irlande	16.3	25.9	35.5	-5.1	8.9	17.3	22.4	21.4
Islande	25.4	28.7	33.9	14.7	16.4	27.4	28.7	27.4
Israël[1]	11.7	18.3	27.9	-1.6	15.7	11.9	15.0	15.2
Italie	22.4	31.6	39.5	2.7	20.0	23.5	28.4	27.9
Japon	20.6	22.4	26.1	13.8	16.4	18.9	20.1	21.7
Lettonie	25.2	28.7	29.0	6.5	16.1	19.8	22.4	27.3
Lituanie	33.0	36.1	38.7	15.5	27.7	29.8	31.9	34.8
Luxembourg	21.1	29.9	38.1	-4.5	5.9	16.6	22.1	24.1
Mexique	5.0	10.8	15.4	5.0	10.8	8.5	10.8	8.5
Norvège	23.8	27.3	33.9	12.0	23.2	23.5	25.3	25.9
Nouvelle-Zélande	13.9	18.8	24.3	-19.4	3.5	17.3	18.8	16.8
Pays-Bas	21.5	29.7	37.9	-4.8	24.2	20.8	25.0	26.4
Pologne	24.3	25.0	25.6	-20.4	4.2	12.8	15.0	24.7
Portugal	21.7	26.9	33.6	4.3	12.6	20.6	23.7	24.5
République slovaque	21.4	24.2	26.5	8.8	10.1	18.0	20.0	23.1
République tchèque	22.0	25.0	27.4	-3.5	1.8	13.6	19.1	23.8
Royaume-Uni	19.1	23.3	29.5	4.0	18.3	19.0	21.1	21.6
Slovénie	30.7	34.5	38.6	1.5	16.9	25.5	29.3	33.0
Suède	21.8	24.7	35.6	11.6	17.8	19.4	21.2	23.5
Suisse	14.5	17.4	22.4	-1.1	4.3	10.9	13.6	17.2
Turquie	24.6	28.5	32.6	22.8	26.5	26.2	27.9	26.9
Moyenne non pondérée								
OCDE-Moyenne	**21.4**	**25.9**	**31.2**	**2.7**	**14.6**	**19.5**	**22.3**	**24.1**
OCDE-UE 23	**24.1**	**29.0**	**34.4**	**2.9**	**15.6**	**21.0**	**24.3**	**27.0**

Note : enf = enfant

1. Informations sur les données concernant Israël : http://oe.cd/israel-disclaimer.

2. Famille disposant de deux revenus.

StatLink https://doi.org/10.1787/888934107769

Graphique 3.3. Impôt sur le revenu et cotisations de sécurité sociale des salariés diminués des prestations versées, 2019

En % du salaire brut, par catégorie de famille et niveau de salaire

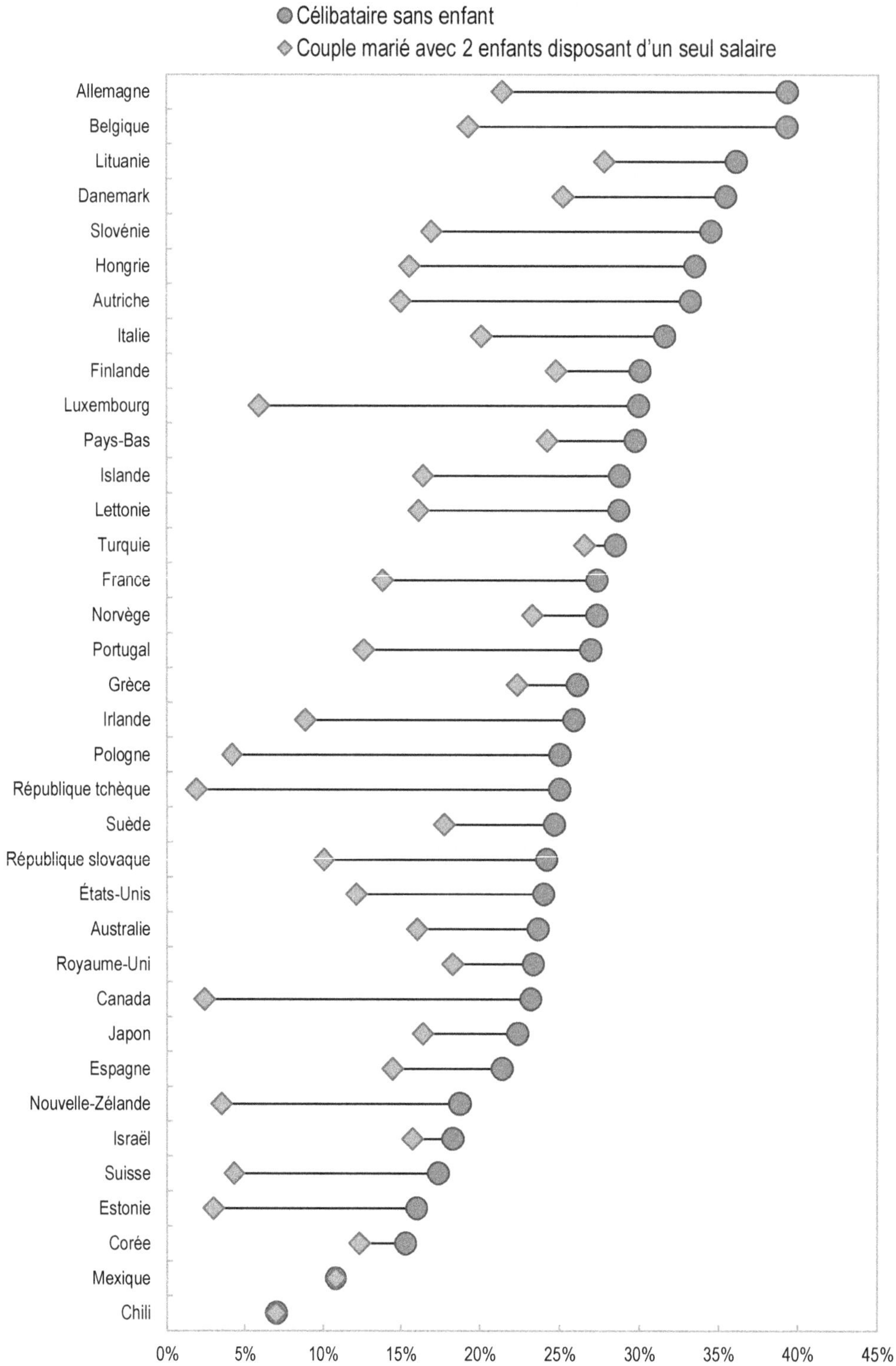

Note: Le type de famille «Célibataire sans enfant »correspond à un niveau de salaire à 100% du salaire moyen. Le type de famille « Couple marié avec 2 enfants disposant d'un seul salaire» correspond à un niveau de salaire agrégé de 100% -0% du salaire moyen.
Sources : Soumissions nationales et OCDE, Perspectives économiques de l'OCDE no 100, volume 2016.

StatLink https://doi.org/10.1787/888934107788

Tableau 3.4. Impôt sur le revenu, 2019

En % du salaire brut, par catégorie de foyer et niveau de salaire

	Célibataire sans enf 67 (% SM)	Célibataire sans enf 100 (% SM)	Célibataire sans enf 167 (% SM)	Célibataire 2 enf 67 (% SM)	Couple marié 2 enf 100-0 (% SM)	Couple marié 2 enf 100-67 (% SM)[2]	Couple marié 2 enf 100-100 (% SM)[2]	Couple marié sans enf 100-67 (% SM)[2]
Allemagne	14.3	19.2	27.7	-1.9	1.5	11.3	14.0	17.0
Australie	18.1	23.6	30.5	18.1	23.6	21.4	23.6	21.4
Autriche	9.7	15.2	21.9	-1.6	7.7	9.3	12.1	13.0
Belgique	17.4	25.3	33.5	11.5	13.3	20.6	24.0	22.1
Canada	11.5	15.8	21.7	3.8	11.2	14.2	15.8	14.2
Chili	0.0	0.0	1.3	0.0	0.0	0.0	0.0	0.0
Corée	3.3	6.7	12.0	0.7	4.5	4.3	5.8	5.3
Danemark	32.8	35.6	41.1	31.1	31.6	34.5	35.6	34.5
Espagne	10.5	15.0	20.9	-3.8	8.1	11.2	13.3	13.2
Estonie	9.2	14.4	19.7	6.0	9.8	11.0	13.4	12.3
États-Unis	13.8	16.4	21.3	-4.7	4.5	10.2	12.5	14.8
Finlande	12.6	20.2	27.9	12.6	20.2	17.2	20.2	17.2
France	12.0	16.0	22.1	9.5	9.5	11.7	14.1	15.2
Grèce	5.3	10.2	17.4	4.6	10.7	8.8	10.7	9.3
Hongrie	15.0	15.0	15.0	0.0	4.2	8.5	9.6	15.0
Irlande	12.3	21.9	31.5	7.3	11.7	17.4	21.9	17.4
Islande	25.0	28.4	33.7	25.0	21.4	27.0	28.4	27.0
Israël[1]	5.6	10.3	18.3	-1.9	10.3	6.2	8.2	7.9
Italie	12.9	22.1	30.0	5.5	15.5	15.6	19.9	18.4
Japon	6.2	7.9	13.0	6.2	6.6	7.2	7.9	7.2
Lettonie	14.2	17.7	18.0	1.5	9.2	11.2	13.4	16.3
Lituanie	13.5	16.6	19.2	13.5	16.6	15.3	16.6	15.3
Luxembourg	8.8	17.6	25.7	2.0	6.1	11.8	16.1	11.8
Mexique	3.7	9.5	14.0	3.7	9.5	7.2	9.5	7.2
Norvège	15.6	19.1	25.7	12.9	19.1	17.7	19.1	17.7
Nouvelle-Zélande	13.9	18.8	24.3	15.1	18.8	17.3	18.8	16.8
Pays-Bas	5.7	16.5	27.6	3.8	16.2	11.4	15.9	12.2
Pologne	6.5	7.2	7.8	5.1	2.5	4.7	5.3	6.9
Portugal	10.7	15.9	22.6	1.2	5.2	9.6	12.7	13.5
République slovaque	8.0	10.8	13.1	2.0	1.1	7.3	8.8	9.7
République tchèque	11.0	14.0	16.4	-6.5	-3.8	5.8	8.1	12.8
Royaume-Uni	10.9	13.9	21.7	2.4	13.3	12.7	13.9	12.7
Slovénie	8.6	12.4	16.5	2.7	4.0	7.0	9.2	10.9
Suède	14.8	17.7	30.9	14.8	17.7	16.5	17.7	16.5
Suisse	8.2	11.2	16.2	2.4	4.6	8.6	10.6	10.9
Turquie	9.6	13.5	17.6	7.8	11.5	11.2	12.9	11.9
Moyenne non pondérée								
OCDE-Moyenne	**11.4**	**15.9**	**21.6**	**5.9**	**10.5**	**12.3**	**14.4**	**14.1**
OCDE-UE 23	**12.0**	**17.0**	**23.0**	**5.4**	**10.1**	**12.6**	**15.1**	**14.9**

Note : enf = enfant

1. Informations sur les données concernant Israël : http://oe.cd/israel-disclaimer.

2. Famille disposant de deux revenus.

StatLink https://doi.org/10.1787/888934107807

Graphique 3.4. Impôt sur le revenu, par catégorie de famille, 2019

En % du salaire brut

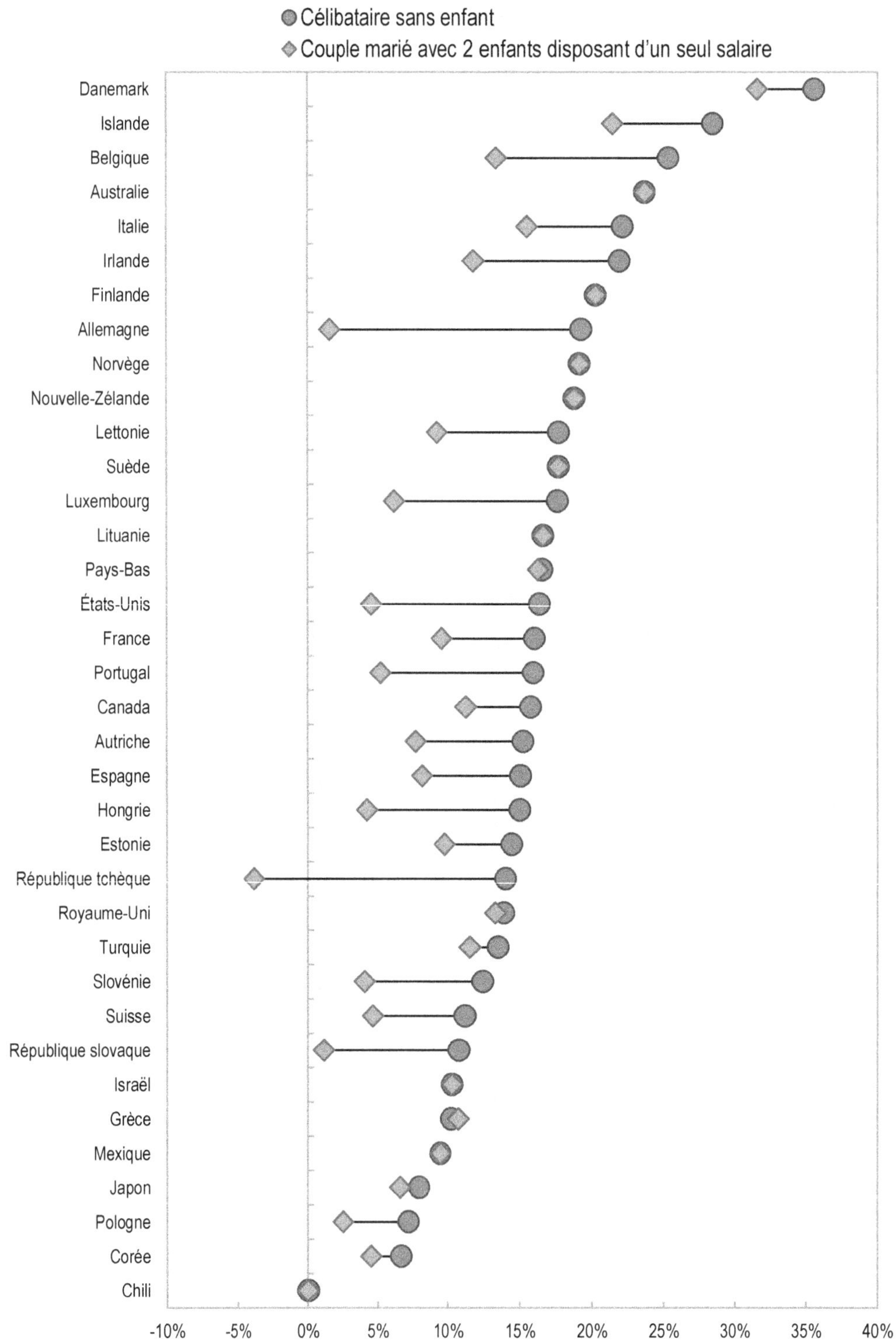

Note: Le type de famille «Célibataire sans enfant »correspond à un niveau de salaire à 100% du salaire moyen. Le type de famille « Couple marié avec 2 enfants disposant d'un seul salaire» correspond à un niveau de salaire agrégé de 100% -0% du salaire moyen.

Sources : Soumissions nationales et OCDE, Perspectives économiques de l'OCDE no 2, volume 2019.

StatLink https://doi.org/10.1787/888934107826

Tableau 3.5. cotisations sociales des salariés, 2019

En % du salaire brut, par catégorie de foyer et niveau de salaire

	Célibataire sans enf 67 (% SM)	Célibataire sans enf 100 (% SM)	Célibataire sans enf 167 (% SM)	Célibataire 2 enf 67 (% SM)	Couple marié 2 enf 100-0 (% SM)	Couple marié 2 enf 100-67 (% SM)[2]	Couple marié 2 enf 100-100 (% SM)[2]	Couple marié sans enf 100-67 (% SM)[2]
Allemagne	20.1	20.1	15.7	19.8	19.8	19.8	19.8	20.1
Australie	0.0	0.0	0.0	0.0	0.0	0.0	0.0	0.0
Autriche	18.0	18.0	16.2	18.0	18.0	18.0	18.0	18.0
Belgique	13.9	14.0	14.0	13.9	14.0	14.0	13.8	14.0
Canada	7.2	7.4	4.7	7.2	7.4	7.3	7.4	7.3
Chili	7.0	7.0	7.0	7.0	7.0	7.0	7.0	7.0
Corée	8.7	8.7	7.3	8.7	8.7	8.7	8.7	8.7
Danemark	0.0	0.0	0.0	0.0	0.0	0.0	0.0	0.0
Espagne	6.4	6.4	6.4	6.4	6.4	6.4	6.4	6.4
Estonie	1.6	1.6	1.6	1.6	1.6	1.6	1.6	1.6
États-Unis	7.7	7.7	7.7	7.7	7.7	7.7	7.7	7.7
Finlande	9.8	9.8	9.8	9.8	9.8	9.8	9.8	9.8
France	11.3	11.3	11.0	11.3	11.3	11.3	11.3	11.3
Grèce	15.9	15.9	15.9	15.9	15.9	15.9	15.9	15.9
Hongrie	18.5	18.5	18.5	17.4	18.5	18.5	18.5	18.5
Irlande	4.0	4.0	4.0	4.0	4.0	4.0	4.0	4.0
Islande	0.5	0.3	0.2	0.5	0.3	0.4	0.3	0.4
Israël[1]	6.1	8.0	9.6	6.1	8.0	7.3	8.0	7.3
Italie	9.5	9.5	9.6	9.5	9.5	9.5	9.5	9.5
Japon	14.5	14.5	13.1	14.5	14.5	14.5	14.5	14.5
Lettonie	11.0	11.0	11.0	11.0	11.0	11.0	11.0	11.0
Lituanie	19.5	19.5	19.5	19.5	19.5	19.5	19.5	19.5
Luxembourg	12.2	12.3	12.4	12.2	12.3	12.3	12.3	12.3
Mexique	1.3	1.4	1.5	1.3	1.4	1.3	1.4	1.3
Norvège	8.2	8.2	8.2	8.2	8.2	8.2	8.2	8.2
Nouvelle-Zélande	0.0	0.0	0.0	0.0	0.0	0.0	0.0	0.0
Pays-Bas	15.7	13.2	10.4	9.8	12.2	11.8	11.1	14.2
Pologne	17.8	17.8	17.8	17.8	17.8	17.8	17.8	17.8
Portugal	11.0	11.0	11.0	11.0	11.0	11.0	11.0	11.0
République slovaque	13.4	13.4	13.4	13.4	13.4	13.4	13.4	13.4
République tchèque	11.0	11.0	11.0	11.0	11.0	11.0	11.0	11.0
Royaume-Uni	8.2	9.5	7.8	8.2	9.5	9.0	9.5	9.0
Slovénie	22.1	22.1	22.1	22.1	22.1	22.1	22.1	22.1
Suède	7.0	7.0	4.7	7.0	7.0	7.0	7.0	7.0
Suisse	6.2	6.2	6.2	6.2	6.2	6.2	6.2	6.2
Turquie	15.0	15.0	15.0	15.0	15.0	15.0	15.0	15.0
Moyenne non pondérée								
OCDE-Moyenne	**10.0**	**10.0**	**9.6**	**9.8**	**10.0**	**9.9**	**10.0**	**10.0**
OCDE-UE 23	**12.1**	**12.0**	**11.5**	**11.8**	**12.0**	**11.9**	**11.9**	**12.1**

Note : enf = enfant

1. Informations sur les données concernant Israël : http://oe.cd/israel-disclaimer.

2. Famille disposant de deux revenus.

StatLink https://doi.org/10.1787/888934107845

Graphique 3.5. Cotisations de sécurité sociale des salariés, 2019

En % du salaire brut, par catégorie de famille

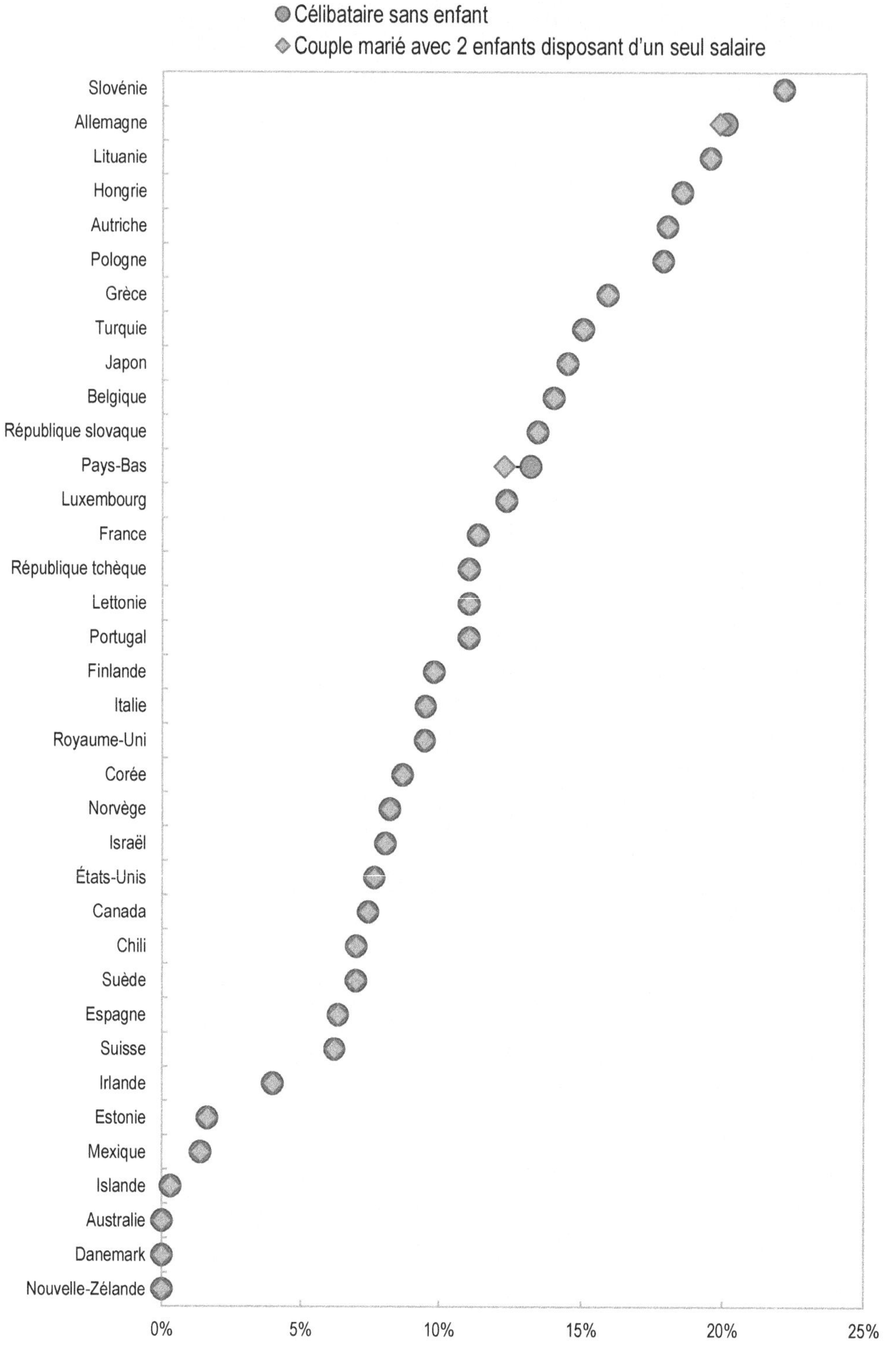

Note: Le type de famille «Célibataire sans enfant »correspond à un niveau de salaire à 100% du salaire moyen. Le type de famille « Couple marié avec 2 enfants disposant d'un seul salaire» correspond à un niveau de salaire agrégé de 100% -0% du salaire moyen.

Sources : Soumissions nationales et OCDE, Perspectives économiques de l'OCDE no 2, volume 2019.

StatLink https://doi.org/10.1787/888934107864

Tableau 3.6. Taux marginal applicable à l'impôt sur le revenu et aux cotisations sociales des salariés et employeurs diminués des prestations versées, 2019

En % des coûts de main-d'oeuvre, par catégorie de foyer et niveau de salaire

	Célibataire sans enf 67 (% SM)	Célibataire sans enf 100 (% SM)	Célibataire sans enf 167 (% SM)	Célibataire 2 enf 67 (% SM)	Couple marié 2 enf 100-0 (% SM)	Couple marié 2 enf 100-67 (% SM)[2]	Couple marié 2 enf 100-100 (% SM)[2]	Couple marié sans enf 100-67 (% SM)[2]
Allemagne	55.4	60.0	44.3	53.5	52.0	55.2	57.5	57.7
Australie	39.6	38.2	42.4	58.5	38.2	38.2	38.2	38.2
Autriche	55.7	59.6	40.9	55.7	59.6	59.6	59.6	59.6
Belgique	68.5	65.1	67.8	68.5	65.1	64.2	64.2	64.2
Canada	47.2	39.0	36.1	56.9	75.2	44.2	44.2	39.0
Chili	7.0	10.2	10.2	7.0	7.0	7.0	7.0	10.2
Corée	29.5	30.2	32.1	22.4	30.2	30.2	30.2	30.2
Danemark	39.0	41.9	55.6	37.2	41.9	41.9	41.9	41.9
Espagne	44.6	48.3	54.1	44.6	48.3	48.3	48.3	48.3
Estonie	41.2	49.5	41.2	41.2	49.5	49.5	49.5	49.5
États-Unis	31.5	40.8	40.8	52.3	31.5	31.5	40.8	31.5
Finlande	53.7	55.1	58.1	53.7	55.1	55.1	55.1	55.1
France	81.7	49.5	59.4	73.9	64.5	52.5	49.5	49.5
Grèce	48.9	48.9	62.6	48.9	48.9	48.9	48.9	48.9
Hongrie	44.6	44.6	44.6	44.6	44.6	44.6	44.6	44.6
Irlande	35.6	53.6	56.7	74.2	53.6	53.6	53.6	53.6
Islande	39.5	39.5	47.8	49.8	48.5	39.5	39.5	39.5
Israël[1]	31.2	36.8	50.7	34.4	36.8	36.8	36.8	36.8
Italie	54.7	61.7	62.9	55.9	62.8	62.2	62.2	61.7
Japon	33.1	37.3	35.1	33.1	37.3	37.3	37.3	37.3
Lettonie	48.2	48.2	45.0	48.2	48.2	48.2	48.2	48.2
Lituanie	43.5	43.5	43.5	43.5	43.5	43.5	43.5	43.5
Luxembourg	47.8	57.0	55.7	52.9	41.1	52.8	57.0	52.8
Mexique	17.5	25.2	28.4	17.5	25.2	25.2	25.2	25.2
Norvège	41.9	41.9	52.6	41.9	41.9	41.9	41.9	41.9
Nouvelle-Zélande	17.5	30.0	33.0	17.5	55.0	30.0	30.0	30.0
Pays-Bas	52.1	52.1	54.4	57.8	57.8	52.1	52.1	52.1
Pologne	36.8	36.8	36.8	96.9	36.8	36.8	36.8	36.8
Portugal	46.7	51.1	58.0	46.7	46.7	51.1	51.1	51.1
République slovaque	46.2	46.2	46.2	46.2	46.2	46.2	46.2	46.2
République tchèque	48.5	48.5	48.5	48.5	48.5	48.5	48.5	48.5
Royaume-Uni	40.2	40.2	49.0	76.3	40.2	40.2	40.2	40.2
Slovénie	43.6	51.0	55.7	43.6	43.6	43.6	43.6	51.0
Suède	45.3	48.4	69.7	45.3	48.4	48.4	48.4	48.4
Suisse	26.2	31.8	35.8	18.8	24.3	29.3	33.4	30.1
Turquie	42.8	47.8	47.8	42.8	47.8	47.8	47.8	47.8
Moyenne non pondérée								
OCDE-Moyenne	**42.4**	**44.7**	**47.3**	**47.5**	**45.7**	**44.1**	**44.5**	**44.2**
OCDE-UE 23	**48.8**	**50.5**	**52.7**	**54.7**	**49.9**	**49.9**	**50.0**	**50.1**

Note : enf = enfant

On suppose que le revenu brut principal du ménage augmente. Le résultat peut être différent si le salaire du conjoint augmente, surtout si les deux conjoints sont imposés séparément.

1. Informations sur les données concernant Israël : http://oe.cd/israel-disclaimer.

2. Famille disposant de deux revenus

StatLink https://doi.org/10.1787/888934107883

Graphique 3.6. Taux marginal applicable à l'impôt sur le revenu et aux cotisations de sécurité sociale des salariés et des employeurs diminués des prestations versées, 2019

En % des coûts de main-d'oeuvre, par catégorie de famille

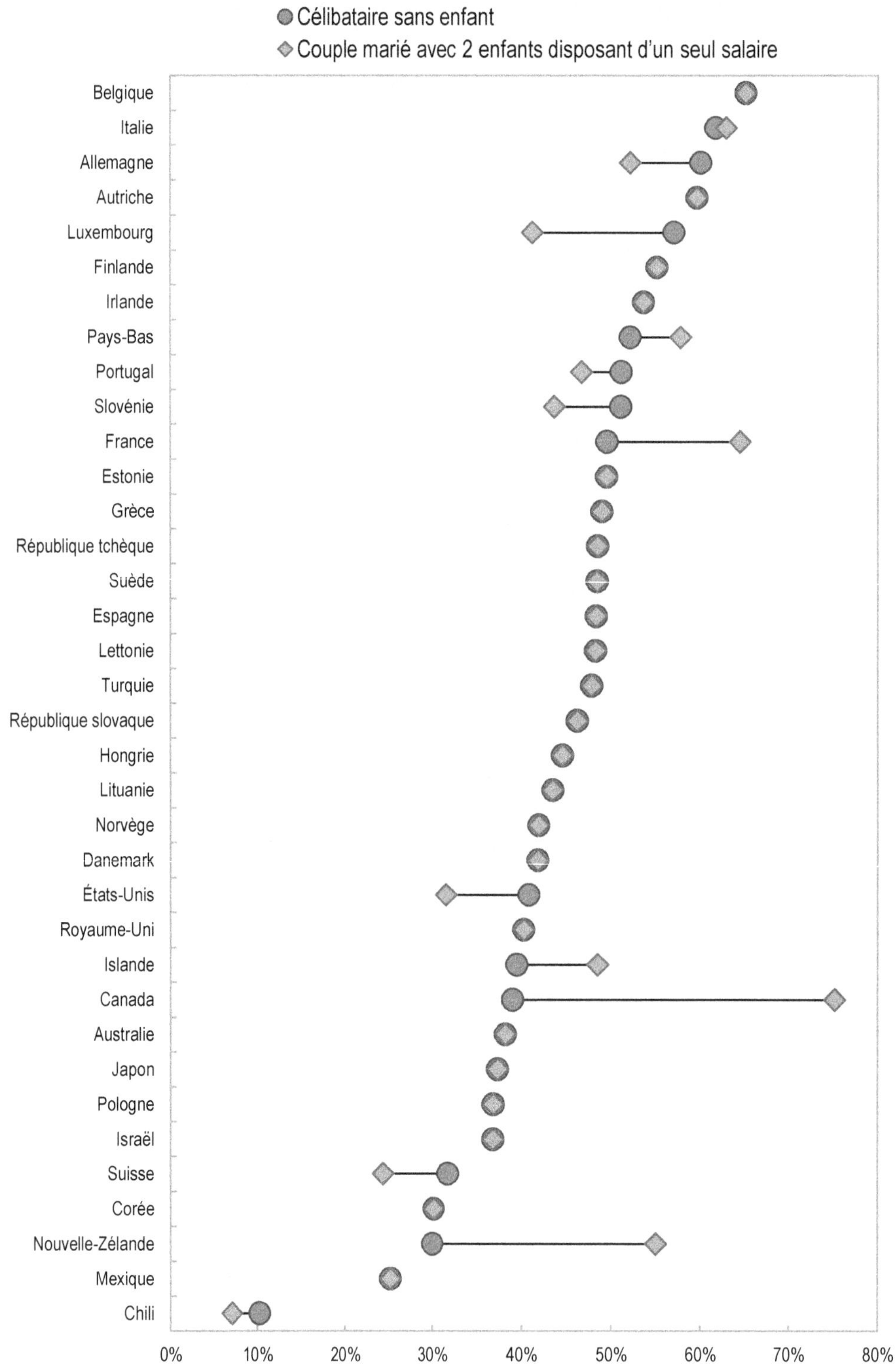

Note: Le type de famille «Célibataire sans enfant »correspond à un niveau de salaire à 100% du salaire moyen. Le type de famille « Couple marié avec 2 enfants disposant d'un seul salaire» correspond à un niveau de salaire agrégé de 100% -0% du salaire moyen.
Sources : Soumissions nationales et OCDE, Perspectives économiques de l'OCDE no 2, volume 2019.

StatLink https://doi.org/10.1787/888934107902

Tableau 3.7. Taux marginal applicable à l'impôt sur le revenu et aux cotisations sociales des salariés diminués des prestations versées, 2019

En % du salaire brut, par catégorie de foyer et niveau de salaire

	Célibataire sans enf 67 (% SM)	Célibataire sans enf 100 (% SM)	Célibataire sans enf 167 (% SM)	Célibataire 2 enf 67 (% SM)	Couple marié 2 enf 100-0 (% SM)	Couple marié 2 enf 100-67 (% SM)[2]	Couple marié 2 enf 100-100 (% SM)[2]	Couple marié sans enf 100-67 (% SM)[2]
Allemagne	46.6	52.1	44.3	44.3	42.5	46.3	49.1	49.3
Australie	36.0	34.5	39.0	56.0	34.5	34.5	34.5	34.5
Autriche	43.3	48.2	36.9	43.3	48.2	48.2	48.2	48.2
Belgique	55.6	55.6	59.1	55.6	55.6	54.5	54.5	54.5
Canada	41.4	33.7	33.9	52.2	73.1	39.4	39.4	33.7
Chili	7.0	10.2	10.2	7.0	7.0	7.0	7.0	10.2
Corée	22.1	22.9	28.1	14.3	22.9	22.9	22.9	22.9
Danemark	39.0	41.9	55.6	37.2	41.9	41.9	41.9	41.9
Espagne	28.1	32.9	40.4	28.1	32.9	32.9	32.9	32.9
Estonie	21.3	32.4	21.3	21.3	32.4	32.4	32.4	32.4
États-Unis	26.3	36.3	36.3	48.6	26.3	26.3	36.3	26.3
Finlande	44.2	45.9	49.5	44.2	45.9	45.9	45.9	45.9
France	66.0	31.2	42.2	51.6	51.6	35.3	31.2	31.2
Grèce	36.2	36.2	53.3	36.2	36.2	36.2	36.2	36.2
Hongrie	33.5	33.5	33.5	33.5	33.5	33.5	33.5	33.5
Irlande	28.5	48.5	52.0	71.4	48.5	48.5	48.5	48.5
Islande	35.5	35.5	44.4	46.5	45.1	35.5	35.5	35.5
Israël[1]	26.0	32.0	47.0	29.4	32.0	32.0	32.0	32.0
Italie	40.4	49.5	51.2	42.0	51.1	50.3	50.3	49.5
Japon	22.8	27.7	31.1	22.8	27.7	27.7	27.7	27.7
Lettonie	35.8	35.8	31.8	35.8	35.8	35.8	35.8	35.8
Lituanie	42.5	42.5	42.5	42.5	42.5	42.5	42.5	42.5
Luxembourg	40.6	51.1	49.6	46.4	33.0	46.3	51.1	46.3
Mexique	12.1	19.5	22.9	12.1	19.5	19.5	19.5	19.5
Norvège	34.4	34.4	46.4	34.4	34.4	34.4	34.4	34.4
Nouvelle-Zélande	17.5	30.0	33.0	17.5	55.0	30.0	30.0	30.0
Pays-Bas	46.4	46.4	54.4	52.8	52.8	46.4	46.4	46.4
Pologne	26.5	26.5	26.5	96.3	26.5	26.5	26.5	26.5
Portugal	34.0	39.5	48.0	34.0	34.0	39.5	39.5	39.5
République slovaque	29.9	29.9	29.9	29.9	29.9	29.9	29.9	29.9
République tchèque	31.1	31.1	31.1	31.1	31.1	31.1	31.1	31.1
Royaume-Uni	32.0	32.0	42.0	73.0	32.0	32.0	32.0	32.0
Slovénie	34.6	43.1	48.6	34.6	34.6	34.6	34.6	43.1
Suède	28.1	32.2	60.2	28.1	32.2	32.2	32.2	32.2
Suisse	21.7	27.5	32.2	13.7	19.6	24.9	29.2	25.8
Turquie	32.8	38.7	38.7	32.8	38.7	38.7	38.7	38.7
Moyenne non pondérée								
OCDE-Moyenne	**33.3**	**36.1**	**40.2**	**38.9**	**37.2**	**35.4**	**35.9**	**35.6**
OCDE-UE 23	**37.6**	**39.9**	**43.6**	**44.0**	**39.3**	**39.2**	**39.4**	**39.5**

Note : enf = enfant

On suppose que le revenu brut principal du ménage augmente. Le résultat peut être différent si le salaire du conjoint augmente, surtout si les deux conjoints sont imposés séparément.

1. Informations sur les données concernant Israël : http://oe.cd/israel-disclaimer.

2. Famille disposant de deux revenus.

StatLink https://doi.org/10.1787/888934107921

Graphique 3.7. Taux marginal applicable à l'impôt sur le revenu et aux cotisations de sécurité sociale des salariés diminués des prestations versées, 2019

En % du salaire brut, par catégorie de famille

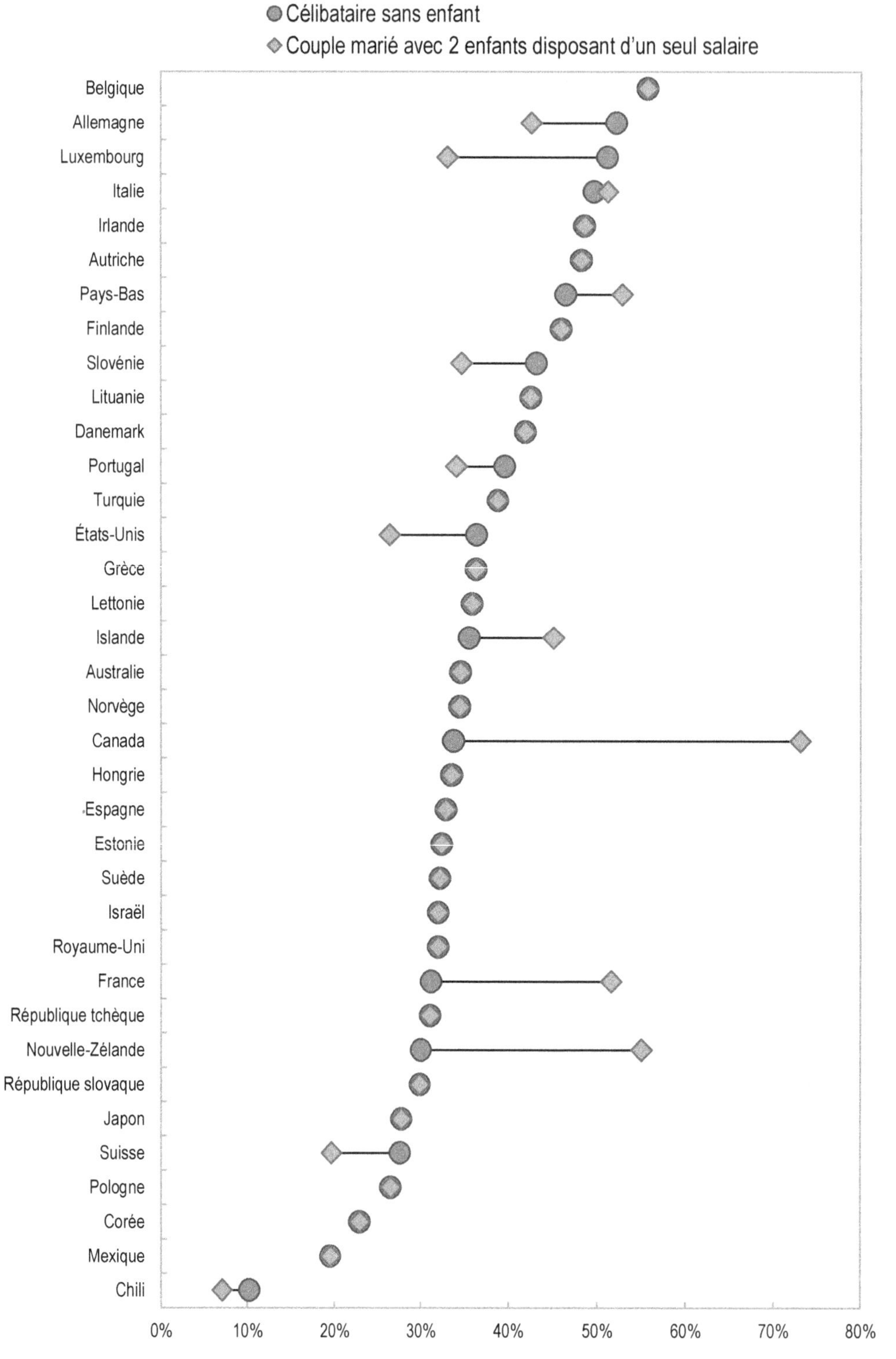

Note: Le type de famille «Célibataire sans enfant »correspond à un niveau de salaire à 100% du salaire moyen. Le type de famille « Couple marié avec 2 enfants disposant d'un seul salaire» correspond à un niveau de salaire agrégé de 100% -0% du salaire moyen.

Sources : Soumissions nationales et OCDE, Perspectives économiques de l'OCDE no 2, volume 2019.

StatLink https://doi.org/10.1787/888934107940

Tableau 3.8. Augmentation en pourcentage du revenu net selon l'augmentation en pourcentage du salaire brut, 2019

Après une augmentation d'une unité monétaire du salaire brut, par catégorie de foyer et niveau de salaire

	Célibataire sans enf 67 (% SM)	Célibataire sans enf 100 (% SM)	Célibataire sans enf 167 (% SM)	Célibataire 2 enf 67 (% SM)	Couple marié 2 enf 100-0 (% SM)	Couple marié 2 enf 100-67 (% SM)[2]	Couple marié 2 enf 100-100 (% SM)[2]	Couple marié sans enf 100-67 (% SM)[2]
Allemagne	0.81	0.79	0.98	0.68	0.73	0.78	0.77	0.80
Australie	0.78	0.86	0.88	0.42	0.78	0.83	0.86	0.83
Autriche	0.78	0.78	1.02	0.57	0.61	0.66	0.69	0.75
Belgique	0.65	0.73	0.78	0.51	0.55	0.65	0.69	0.71
Canada	0.71	0.86	0.90	0.38	0.28	0.72	0.75	0.85
Chili	1.00	0.97	0.98	0.99	1.00	1.00	1.00	0.97
Corée	0.88	0.91	0.89	0.93	0.88	0.88	0.90	0.90
Danemark	0.91	0.90	0.75	0.65	0.78	0.84	0.86	0.89
Espagne	0.86	0.85	0.82	0.74	0.79	0.81	0.84	0.83
Estonie	0.88	0.81	1.00	0.72	0.70	0.73	0.76	0.79
États-Unis	0.94	0.84	0.90	0.53	0.84	0.90	0.80	0.95
Finlande	0.72	0.77	0.81	0.62	0.72	0.71	0.74	0.74
France	0.44	0.95	0.87	0.45	0.56	0.81	0.90	0.94
Grèce	0.81	0.86	0.70	0.74	0.82	0.83	0.87	0.85
Hongrie	1.00	1.00	1.00	0.70	0.79	0.86	0.88	1.00
Irlande	0.85	0.69	0.74	0.27	0.57	0.62	0.66	0.66
Islande	0.87	0.91	0.84	0.63	0.66	0.89	0.91	0.89
Israël[1]	0.84	0.83	0.74	0.70	0.81	0.77	0.80	0.80
Italie	0.77	0.74	0.81	0.60	0.61	0.65	0.69	0.70
Japon	0.97	0.93	0.93	0.90	0.87	0.89	0.90	0.92
Lettonie	0.86	0.90	0.96	0.69	0.77	0.80	0.83	0.88
Lituanie	0.86	0.90	0.94	0.68	0.80	0.82	0.84	0.88
Luxembourg	0.75	0.70	0.81	0.51	0.71	0.64	0.63	0.71
Mexique	0.93	0.90	0.91	0.93	0.90	0.88	0.90	0.88
Norvège	0.86	0.90	0.81	0.75	0.85	0.86	0.88	0.89
Nouvelle-Zélande	0.96	0.86	0.88	0.69	0.47	0.85	0.86	0.84
Pays-Bas	0.68	0.76	0.73	0.45	0.62	0.68	0.71	0.73
Pologne	0.97	0.98	0.99	0.03	0.77	0.84	0.87	0.98
Portugal	0.84	0.83	0.78	0.69	0.76	0.76	0.79	0.80
République slovaque	0.89	0.93	0.95	0.77	0.78	0.86	0.88	0.91
République tchèque	0.88	0.92	0.95	0.67	0.70	0.80	0.85	0.90
Royaume-Uni	0.84	0.89	0.82	0.28	0.83	0.84	0.86	0.87
Slovénie	0.94	0.87	0.84	0.66	0.79	0.88	0.93	0.85
Suède	0.92	0.90	0.62	0.81	0.82	0.84	0.86	0.89
Suisse	0.92	0.88	0.87	0.85	0.84	0.84	0.82	0.90
Turquie	0.89	0.86	0.91	0.87	0.83	0.83	0.85	0.84
Moyenne non pondérée								
OCDE-Moyenne	**0.85**	**0.86**	**0.86**	**0.64**	**0.74**	**0.80**	**0.82**	**0.85**
OCDE-UE 23	**0.82**	**0.85**	**0.86**	**0.59**	**0.72**	**0.77**	**0.80**	**0.83**

Note : enf = enfant

Le revenu net est calculé à partir des revenus bruts diminués de l'impôt sur le revenu des personnes physiques, des cotisations sociales et augmentés des prestations versées aux familles. L'augmentation qui est rapportée dans le tableau représente une sorte d'élasticité. Dans un système fiscal proportionnel, l'élasticité est égale à 1. À ce niveau de revenu, plus le système est progressif plus l'élasticité est faible. Les élasticités indiquées dans le tableau 3.8 sont calculées de la manière suivante : (100 – METR) / (100 – AETR), où METR désigne le taux marginal de l'impôt sur le revenu, augmenté des cotisations salariales de sécurité sociale et diminué des transferts en espèces, figurant dans le tableau 3.7, et AETR désigne le taux moyen augmenté des cotisations salariales de sécurité sociale et diminué des transferts en espèces, figurant dans le tableau 3.3.

1. Informations sur les données concernant Israël : http://oe.cd/israel-disclaimer.

2. Famille disposant de deux revenus. On fait l'hypothèse que le revenu brut principal du ménage augmente.

StatLink https://doi.org/10.1787/888934107959

Tableau 3.9. Augmentation en pourcentage du revenu net selon l'augmentation en pourcentage des coûts bruts de main d'œuvre, 2019

Après une augmentation d'une unité monétaire des coûts bruts de main d'œuvre, par catégorie de foyer et niveau de salaire

	Célibataire sans enf 67 (% SM)	Célibataire sans enf 100 (% SM)	Célibataire sans enf 167 (% SM)	Célibataire 2 enf 67 (% SM)	Couple marié 2 enf 100-0 (% SM)	Couple marié 2 enf 100-67 (% SM)[2]	Couple marié 2 enf 100-100 (% SM)[2]	Couple marié sans enf 100-67 (% SM)[2]
Allemagne	0.81	0.79	1.14	0.68	0.73	0.78	0.77	0.80
Australie	0.78	0.86	0.88	0.42	0.78	0.83	0.86	0.83
Autriche	0.78	0.78	1.20	0.57	0.61	0.66	0.69	0.75
Belgique	0.58	0.73	0.78	0.46	0.55	0.65	0.69	0.71
Canada	0.71	0.88	0.94	0.37	0.28	0.73	0.77	0.86
Chili	1.00	0.97	0.98	0.99	1.00	1.00	1.00	0.97
Corée	0.88	0.91	0.92	0.93	0.88	0.88	0.90	0.90
Danemark	0.91	0.90	0.75	0.65	0.78	0.84	0.86	0.89
Espagne	0.86	0.85	0.82	0.74	0.79	0.81	0.84	0.83
Estonie	0.88	0.81	1.00	0.72	0.70	0.73	0.76	0.79
États-Unis	0.95	0.84	0.90	0.53	0.84	0.90	0.80	0.96
Finlande	0.72	0.77	0.81	0.62	0.72	0.71	0.74	0.74
France	0.30	0.95	0.86	0.31	0.56	0.79	0.90	0.91
Grèce	0.81	0.86	0.70	0.74	0.82	0.83	0.87	0.85
Hongrie	1.00	1.00	1.00	0.70	0.79	0.86	0.88	1.00
Irlande	0.85	0.69	0.74	0.27	0.57	0.62	0.66	0.66
Islande	0.87	0.91	0.84	0.63	0.66	0.89	0.91	0.89
Israël[1]	0.82	0.82	0.73	0.68	0.79	0.76	0.79	0.78
Italie	0.77	0.74	0.81	0.60	0.61	0.65	0.69	0.70
Japon	0.97	0.93	1.00	0.90	0.87	0.89	0.90	0.92
Lettonie	0.86	0.90	0.96	0.69	0.77	0.80	0.83	0.88
Lituanie	0.86	0.90	0.94	0.68	0.80	0.82	0.84	0.88
Luxembourg	0.75	0.70	0.81	0.51	0.71	0.64	0.63	0.71
Mexique	0.99	0.94	0.93	0.99	0.94	0.92	0.94	0.92
Norvège	0.86	0.90	0.81	0.75	0.85	0.86	0.88	0.89
Nouvelle-Zélande	0.96	0.86	0.88	0.69	0.47	0.85	0.86	0.84
Pays-Bas	0.68	0.76	0.79	0.45	0.62	0.68	0.72	0.73
Pologne	0.97	0.98	0.99	0.03	0.77	0.84	0.87	0.98
Portugal	0.84	0.83	0.78	0.69	0.76	0.76	0.79	0.80
République slovaque	0.89	0.93	0.95	0.77	0.78	0.86	0.88	0.91
République tchèque	0.88	0.92	0.95	0.67	0.70	0.80	0.85	0.90
Royaume-Uni	0.81	0.86	0.81	0.27	0.81	0.81	0.84	0.84
Slovénie	0.94	0.87	0.84	0.66	0.79	0.88	0.93	0.85
Suède	0.92	0.90	0.62	0.81	0.82	0.84	0.86	0.89
Suisse	0.92	0.88	0.88	0.85	0.84	0.84	0.82	0.90
Turquie	0.89	0.86	0.91	0.87	0.83	0.83	0.85	0.84
Moyenne non pondérée								
OCDE-Moyenne	**0.84**	**0.86**	**0.88**	**0.64**	**0.74**	**0.80**	**0.82**	**0.85**
OCDE-UE 23	**0.81**	**0.84**	**0.87**	**0.58**	**0.72**	**0.77**	**0.80**	**0.83**

Note : enf = enfant

Le revenu net est calculé à partir des revenus bruts diminués de l'impôt sur le revenu des personnes physiques, des cotisations sociales et augmentés des prestations versées aux familles. L'augmentation qui est rapportée dans le tableau représente une sorte d'élasticité. Dans un système fiscal proportionnel, l'élasticité est égale à 1. À ce niveau de revenu, plus le système est progressif plus l'élasticité est faible. Les élasticités indiquées dans le tableau 3.9 sont calculées de la manière suivante : (100 – METR) / (100 – AETR), où METR désigne le taux marginal de l'impôt sur le revenu, augmenté des cotisations salariales et patronales de sécurité sociale et diminué des transferts en espèces, figurant dans le tableau 3.6, et AETR désigne le taux moyen augmenté des cotisations salariales et patronales de sécurité sociale et diminué des transferts en espèces, figurant dans le tableau 3.1.

1. Informations sur les données concernant Israël : http://oe.cd/israel-disclaimer.

2. Famille disposant de deux revenus. On fait l'hypothèse que le revenu brut principal du ménage augmente.

StatLink https://doi.org/10.1787/888934107978

Tableau 3.10. Salaire brut annuel et revenu net, célibataire, 2019

En dollars US convertis sur la base des PPA, par catégorie de foyer et niveau de salaire

	Célibataire sans enf 67 (% SM)		Célibataire sans enf 100 (% SM)		Célibataire sans enf 167 (% SM)		Célibataire 2 enf 67 (% SM)	
	Total des revenus bruts avant impôts	Revenus nets après impôts	Total des revenus bruts avant impôts	Revenus nets après impôts	Total des revenus bruts avant impôts	Revenus nets après impôts	Total des revenus bruts avant impôts	Revenus nets après impôts
Allemagne	47 138	30 936	70 355	42 698	117 493	66 506	47 138	38 665
Australie	39 986	32 748	59 680	45 569	99 666	69 293	39 986	41 885
Autriche	42 347	30 630	63 204	42 212	105 551	65 309	42 347	42 167
Belgique	43 219	29 714	64 505	39 163	107 724	56 627	43 219	37 440
Canada	30 694	25 332	45 813	35 193	76 507	56 308	30 694	39 075
Chili	16 187	15 054	24 160	22 458	40 348	36 987	16 187	15 188
Corée	39 204	34 533	58 514	49 547	97 718	78 843	39 204	36 015
Danemark	42 495	28 622	63 426	40 952	105 921	62 391	42 495	40 746
Espagne	29 139	24 236	43 491	34 187	72 630	52 843	29 139	28 409
Estonie	20 844	18 590	31 111	26 123	51 955	40 899	20 844	22 715
États-Unis	38 227	30 018	57 055	43 356	95 282	67 707	38 227	37 104
Finlande	35 252	27 355	52 615	36 817	87 868	54 775	35 252	31 627
France	32 471	25 155	48 465	35 225	80 936	54 067	32 471	35 104
Grèce	25 518	20 130	38 086	28 147	63 604	42 482	25 518	22 104
Hongrie	21 042	13 993	31 406	20 885	52 448	34 878	21 042	19 887
Irlande	41 828	34 994	62 430	46 269	104 258	67 297	41 828	43 963
Islande	45 857	34 200	68 443	48 777	114 301	75 523	45 857	39 119
Israël[1]	28 527	25 181	42 577	34 769	71 104	51 236	28 527	28 975
Italie	31 384	24 342	46 842	32 043	78 227	47 289	31 384	30 531
Japon	33 890	26 895	50 582	39 261	84 471	62 447	33 890	29 217
Lettonie	17 553	13 128	26 198	18 681	43 751	31 048	17 553	16 420
Lituanie	21 263	14 255	31 736	20 277	52 999	32 503	21 263	17 976
Luxembourg	47 638	37 598	71 102	49 823	118 740	73 494	47 638	49 769
Mexique	9 505	9 032	14 187	12 648	23 692	20 032	9 505	9 032
Norvège	42 924	32 700	64 066	46 569	106 990	70 697	42 924	37 790
Nouvelle-Zélande	28 647	24 665	42 757	34 729	71 404	54 084	28 647	34 204
Pays-Bas	45 237	35 520	67 518	47 462	112 755	69 985	45 237	47 414
Pologne	22 409	16 965	33 447	25 083	55 856	41 564	22 409	26 984
Portugal	21 911	17 153	32 702	23 895	54 613	36 278	21 911	20 973
République slovaque	17 369	13 653	25 924	19 654	43 293	31 838	17 369	15 846
République tchèque	21 796	17 001	32 532	24 401	54 328	39 426	21 796	22 556
Royaume-Uni	39 671	32 108	59 211	45 395	98 882	69 739	39 671	38 084
Slovénie	24 006	16 629	35 830	23 464	59 836	36 742	24 006	23 635
Suède	34 696	27 120	51 785	39 015	86 481	55 701	34 696	30 685
Suisse	52 955	45 293	79 038	65 261	131 994	102 475	52 955	53 555
Turquie	21 440	16 165	32 000	22 890	53 440	36 030	21 440	16 542
Moyenne non pondérée								
OCDE-Moyenne	**32 063**	**25 046**	**47 855**	**35 080**	**79 918**	**54 037**	**32 063**	**31 150**
OCDE-UE 23	**31 575**	**23 906**	**47 127**	**33 125**	**78 702**	**50 595**	**31 575**	**30 596**

1. Informations sur les données concernant Israël : http://oe.cd/israel-disclaimer.

StatLink https://doi.org/10.1787/888934107997

Tableau 3.11. Salaire brut annuel et revenu net, couple marié, 2019

En dollars US convertis sur la base des PPA, par catégorie de foyer et niveau de salaire

	Couple marié 2 enf 100-0 (% SM)		Couple marié 2 enf 100-67 (% SM)[2]		Couple marié 2 enf 100-100 (% SM)[2]		Couple marié sans enf 100-67(% SM)[2]	
	Total des revenus bruts avant impôts	Revenus nets après impôts	Total des revenus bruts avant impôts	Revenus nets après impôts	Total des revenus bruts avant impôts	Revenus nets après impôts	Total des revenus bruts avant impôts	Revenus nets après impôts
Allemagne	70 355	55 347	117 493	80 978	140 710	93 126	117 493	73 953
Australie	59 680	50 108	99 666	78 317	119 361	91 137	99 666	78 317
Autriche	63 204	53 749	105 551	83 505	126 409	95 087	105 551	72 842
Belgique	64 505	52 101	107 724	75 719	129 011	85 408	107 724	68 847
Canada	45 813	44 732	76 507	64 280	91 625	73 792	76 507	60 012
Chili	24 160	22 469	40 348	37 657	48 321	44 938	40 348	37 513
Corée	58 514	51 279	97 718	85 521	117 028	100 535	97 718	84 081
Danemark	63 426	47 469	105 921	73 432	126 852	85 761	105 921	69 574
Espagne	43 491	37 197	72 630	59 913	86 982	69 864	72 630	58 423
Estonie	31 111	30 197	51 955	48 001	62 222	55 534	51 955	44 712
États-Unis	57 055	50 112	95 282	78 285	114 110	91 085	95 282	73 912
Finlande	52 615	39 602	87 868	66 957	105 231	76 419	87 868	64 171
France	48 465	41 763	80 936	64 410	96 929	74 410	80 936	59 442
Grèce	41 895	32 550	69 964	53 887	83 790	61 509	69 964	52 334
Hongrie	31 406	26 525	52 448	40 518	62 812	47 410	52 448	34 878
Irlande	62 430	56 899	104 258	86 226	124 859	96 836	104 258	81 929
Islande	68 443	57 215	114 301	82 977	136 887	97 553	114 301	82 977
Israël[1]	42 577	35 872	71 104	62 659	85 155	72 393	71 104	60 301
Italie	46 842	37 452	78 227	59 827	93 685	67 040	78 227	56 385
Japon	50 582	42 277	84 471	68 477	101 163	80 844	84 471	66 156
Lettonie	26 198	21 973	43 751	35 102	52 397	40 654	43 751	31 809
Lituanie	31 736	22 932	52 999	37 186	63 472	43 208	52 999	34 531
Luxembourg	71 102	66 896	118 740	99 037	142 204	110 727	118 740	90 129
Mexique	14 187	12 648	23 692	21 680	28 374	25 297	23 692	21 680
Norvège	64 066	49 171	106 990	81 871	128 132	95 740	106 990	79 270
Nouvelle-Zélande	42 757	41 277	71 404	59 037	85 513	69 458	71 404	59 394
Pays-Bas	67 518	51 196	112 755	89 306	135 036	101 249	112 755	82 982
Pologne	33 447	32 056	55 856	48 712	66 894	56 830	55 856	42 048
Portugal	32 702	28 572	54 613	43 349	65 405	49 878	54 613	41 260
République slovaque	25 924	23 316	43 293	35 500	51 848	41 501	43 293	33 307
République tchèque	32 532	31 933	54 328	46 958	65 064	52 619	54 328	41 403
Royaume-Uni	59 211	48 367	98 882	80 112	118 422	93 399	98 882	77 502
Slovénie	35 830	29 758	59 836	44 587	71 659	50 679	59 836	40 093
Suède	51 785	42 581	86 481	69 700	103 570	81 596	86 481	66 135
Suisse	79 038	75 650	131 994	117 597	158 076	136 640	131 994	109 329
Turquie	32 000	23 518	53 440	39 431	63 999	46 156	53 440	39 054
Moyenne non pondérée								
OCDE-Moyenne	**47 961**	**40 743**	**80 095**	**63 909**	**95 922**	**73 787**	**80 095**	**60 297**
OCDE-UE 23	**47 293**	**39 584**	**78 979**	**61 866**	**94 585**	**70 902**	**78 979**	**57 334**

1. Informations sur les données concernant Israël : http://oe.cd/israel-disclaimer.
2. Famille disposant de deux revenus.

StatLink https://doi.org/10.1787/888934108016

Tableau 3.12. Coûts annuels de main-d'œuvre et revenu net, célibataire, 2019

En dollars US convertis sur la base des PPA, par catégorie de foyer et niveau de salaire

	Célibataire sans enf 67 (% SM)		Célibataire sans enf 100 (% SM)		Célibataire sans enf 167 (% SM)		Célibataire 2 enf 67 (% SM)	
	Coûts bruts de main d'oeuvre avant impôts	Revenus nets après impôts	Coûts bruts de main d'oeuvre avant impôts	Revenus nets après impôts	Coûts bruts de main d'oeuvre avant impôts	Revenus nets après impôts	Coûts bruts de main d'oeuvre avant impôts	Revenus nets après impôts
Allemagne	56 483	30 936	84 303	42 698	135 737	66 506	56 483	38 665
Australie	42 372	32 748	63 242	45 569	105 614	69 293	42 372	41 885
Autriche	54 292	30 630	81 034	42 212	133 165	65 309	54 292	42 167
Belgique	54 408	29 714	82 002	39 163	136 944	56 627	54 408	37 440
Canada	33 888	25 332	50 615	35 193	82 487	56 308	33 888	39 075
Chili	16 187	15 054	24 160	22 458	40 348	36 987	16 187	15 188
Corée	43 283	34 533	64 602	49 547	106 575	78 843	43 283	36 015
Danemark	42 495	28 622	63 426	40 952	105 921	62 391	42 495	40 746
Espagne	37 852	24 236	56 495	34 187	94 346	52 843	37 852	28 409
Estonie	27 890	18 590	41 627	26 123	69 516	40 899	27 890	22 715
États-Unis	41 454	30 018	61 723	43 356	102 874	67 707	41 454	37 104
Finlande	42 476	27 355	63 396	36 817	105 872	54 775	42 476	31 627
France	41 174	25 155	66 048	35 225	115 328	54 067	41 174	35 104
Grèce	31 875	20 130	47 575	28 147	79 450	42 482	31 875	22 104
Hongrie	25 251	13 993	37 687	20 885	62 938	34 878	25 251	19 887
Irlande	46 408	34 994	69 266	46 269	115 674	67 297	46 408	43 963
Islande	48 884	34 200	72 961	48 777	121 844	75 523	48 884	39 119
Israël[1]	29 873	25 181	44 991	34 769	75 686	51 236	29 873	28 975
Italie	41 296	24 342	61 635	32 043	102 931	47 289	41 296	30 531
Japon	39 088	26 895	58 341	39 261	96 286	62 447	39 088	29 217
Lettonie	21 790	13 128	32 518	18 681	54 299	31 048	21 790	16 420
Lituanie	21 644	14 255	32 304	20 277	53 947	32 503	21 644	17 976
Luxembourg	54 217	37 598	80 921	49 823	135 138	73 494	54 217	49 769
Mexique	10 805	9 032	15 839	12 648	26 070	20 032	10 805	9 032
Norvège	48 504	32 700	72 394	46 569	120 898	70 697	48 504	37 790
Nouvelle-Zélande	28 647	24 665	42 757	34 729	71 404	54 084	28 647	34 204
Pays-Bas	50 718	35 520	75 638	47 462	121 677	69 985	50 718	47 414
Pologne	26 091	16 965	38 942	25 083	65 033	41 564	26 091	26 984
Portugal	27 114	17 153	40 469	23 895	67 584	36 278	27 114	20 973
République slovaque	22 658	13 653	33 818	19 654	56 476	31 838	22 658	15 846
République tchèque	29 164	17 001	43 528	24 401	72 692	39 426	29 164	22 556
Royaume-Uni	43 417	32 108	65 654	45 395	110 800	69 739	43 417	38 084
Slovénie	27 871	16 629	41 598	23 464	69 469	36 742	27 871	23 635
Suède	45 597	27 120	68 056	39 015	113 653	55 701	45 597	30 685
Suisse	56 252	45 293	83 958	65 261	140 188	102 475	56 252	53 555
Turquie	25 192	16 165	37 600	22 890	62 791	36 030	25 192	16 542
Moyenne non pondérée								
OCDE-Moyenne	**37 128**	**25 046**	**55 587**	**35 080**	**92 546**	**54 037**	**37 128**	**31 150**
OCDE-UE 23	**37 921**	**23 906**	**56 867**	**33 125**	**94 721**	**50 595**	**37 921**	**30 596**

1. Informations sur les données concernant Israël : http://oe.cd/israel-disclaimer.

StatLink https://doi.org/10.1787/888934108035

Tableau 3.13. Coûts annuels de main-d'œuvre et revenu net, couple marié, 2019

En dollars US convertis sur la base des PPA, par catégorie de foyer et niveau de salaire

	Couple marié 2 enf 100-0 (% SM)		Couple marié 2 enf 100-67 (% SM)[2]		Couple marié 2 enf 100-100 (% SM)[2]		Couple marié sans enf 100-67 (% SM)[2]	
	Coûts bruts de main d'oeuvre avant impôts	Revenus nets après impôts	Coûts bruts de main d'oeuvre avant impôts	Revenus nets après impôts	Coûts bruts de main d'oeuvre avant impôts	Revenus nets après impôts	Coûts bruts de main d'oeuvre avant impôts	Revenus nets après impôts
Allemagne	84 303	55 347	140 786	80 978	168 606	93 126	140 786	73 953
Australie	63 242	50 108	105 614	78 317	126 484	91 137	105 614	78 317
Autriche	81 034	53 749	135 326	83 505	162 067	95 087	135 326	72 842
Belgique	82 002	52 101	136 410	75 719	164 005	85 408	136 410	68 847
Canada	50 615	44 732	84 503	64 280	101 229	73 792	84 503	60 012
Chili	24 160	22 469	40 348	37 657	48 321	44 938	40 348	37 513
Corée	64 602	51 279	107 885	85 521	129 204	100 535	107 885	84 081
Danemark	63 426	47 469	105 921	73 432	126 852	85 761	105 921	69 574
Espagne	56 495	37 197	94 346	59 913	112 990	69 864	94 346	58 423
Estonie	41 627	30 197	69 516	48 001	83 253	55 534	69 516	44 712
États-Unis	61 723	50 112	103 177	78 285	123 446	91 085	103 177	73 912
Finlande	63 396	39 602	105 872	66 957	126 793	76 419	105 872	64 171
France	66 048	41 763	107 221	64 410	132 095	74 410	107 221	59 442
Grèce	52 333	32 550	87 395	53 887	104 665	61 509	87 395	52 334
Hongrie	37 687	26 525	62 938	40 518	75 375	47 410	62 938	34 878
Irlande	69 266	56 899	115 674	86 226	138 531	96 836	115 674	81 929
Islande	72 961	57 215	121 844	82 977	145 921	97 553	121 844	82 977
Israël[1]	44 991	35 872	74 864	62 659	89 982	72 393	74 864	60 301
Italie	61 635	37 452	102 931	59 827	123 271	67 040	102 931	56 385
Japon	58 341	42 277	97 429	68 477	116 682	80 844	97 429	66 156
Lettonie	32 518	21 973	54 308	35 102	65 036	40 654	54 308	31 809
Lituanie	32 304	22 932	53 947	37 186	64 608	43 208	53 947	34 531
Luxembourg	80 921	66 896	135 138	99 037	161 842	110 727	135 138	90 129
Mexique	15 839	12 648	26 643	21 680	31 677	25 297	26 643	21 680
Norvège	72 394	49 171	120 898	81 871	144 789	95 740	120 898	79 270
Nouvelle-Zélande	42 757	41 277	71 404	59 037	85 513	69 458	71 404	59 394
Pays-Bas	75 638	51 196	126 357	89 306	151 276	101 249	126 357	82 982
Pologne	38 942	32 056	65 033	48 712	77 884	56 830	65 033	42 048
Portugal	40 469	28 572	67 584	43 349	80 939	49 878	67 584	41 260
République slovaque	33 818	23 316	56 476	35 500	67 636	41 501	56 476	33 307
République tchèque	43 528	31 933	72 692	46 958	87 056	52 619	72 692	41 403
Royaume-Uni	65 654	48 367	109 071	80 112	131 307	93 399	109 071	77 502
Slovénie	41 598	29 758	69 469	44 587	83 197	50 679	69 469	40 093
Suède	68 056	42 581	113 653	69 700	136 111	81 596	113 653	66 135
Suisse	83 958	75 650	140 210	117 597	167 916	136 640	140 210	109 329
Turquie	37 600	23 518	62 791	39 431	75 199	46 156	62 791	39 054
Moyenne non pondérée								
OCDE-Moyenne	**55 719**	**40 743**	**92 935**	**63 909**	**111 438**	**73 787**	**92 935**	**60 297**
OCDE-UE 23	**57 074**	**39 584**	**95 133**	**61 866**	**114 148**	**70 902**	**95 133**	**57 334**

1. Informations sur les données concernant Israël : http://oe.cd/israel-disclaimer.

2. Famille disposant de deux revenus.

StatLink https://doi.org/10.1787/888934108054

Notes

[1] Les tableaux 3.1 à 3.7 présentent des chiffres arrondis à la première décimale. En raison de l'arrondissement, les modifications des points de pourcentage présentées dans le texte peuvent différer d'un dixième de point de pourcentage par rapport à celles des tableaux.

[2] Les élasticités indiquées dans le tableau 3.8 sont calculées de la manière suivante : (100 – METR) / (100 – AETR), où METR désigne le taux marginal de l'impôt sur le revenu, augmenté des cotisations salariales de sécurité sociale et diminué des prestations en espèces, figurant dans le tableau 3.7, et AETR désigne le taux moyen de l'impôt sur le revenu augmenté des cotisations salariales de sécurité sociale et diminué des prestations en espèces, figurant dans le tableau 3.3.

[3] Les élasticités indiquées dans le tableau 3.9 sont calculées de la manière suivante : (100 – METR) / (100 – AETR), où METR désigne le taux marginal de l'impôt sur le revenu, augmenté des cotisations salariales et patronales de sécurité sociale et diminué des prestations en espèces, figurant dans le tableau 3.6, et AETR désigne le taux moyen de l'impôt sur le revenu augmenté des cotisations salariales et patronales de sécurité sociale et diminué des prestations en espèces, figurant dans le tableau 3.1.

4 Illustration graphique de la charge fiscale pour 2019

Ce chapitre présente les données relatives à la pression fiscale sur les revenus d'activité en 2019 pour des salaires bruts compris entre 50 % et 250 % du salaire moyen. Elles sont illustrées dans des graphiques séparés pour chacune des quatre catégories de foyers et pour chaque pays membre de l'OCDE. Les catégories de foyers sont les suivantes : contribuables célibataires sans enfant ; parents isolés avec deux enfants ; couples mariés sans enfant disposant d'un seul salaire ; couples mariés avec deux enfants disposant d'un seul salaire.
Les graphiques se divisent en deux séries qui indiquent la décomposition du coin fiscal moyen et marginal en pourcentage des coûts totaux de main-d'œuvre (les impôts sur le revenu centraux et locaux ; les cotisations de sécurité sociale salariales et patronales et les prestations en espèces). Les graphiques montrent également les taux moyens et marginaux nets de l'impôt sur le revenu des personnes physiques.

Les graphiques présentés dans cette section indiquent la pression fiscale sur les revenus d'activité en 2019 pour des salaires bruts compris entre 50 % et 250 % du salaire moyen (SM). Pour chaque pays membre de l'OCDE, des graphiques séparés portent sur quatre catégories de foyers : célibataires sans enfant, parents isolés avec deux enfants, couples mariés sans enfant disposant d'un seul salaire et couples mariés avec deux enfants disposant d'un seul salaire. En outre, le taux moyen et le taux marginal net d'imposition des personnes physiques [(la variation de) l'impôt sur le revenu des personnes physiques et des cotisations salariales de sécurité sociale nets des prestations en espèces en pourcentage des (de la variation des) salaires bruts] figurent dans les graphiques montrant respectivement le coin fiscal moyen et marginal.[1]

Les graphiques illustrent l'importance relative des divers éléments constitutifs des coins fiscaux : impôts nationaux sur le revenu, impôts locaux sur le revenu, cotisations salariales de sécurité sociale, cotisations patronales de sécurité sociale (y compris les taxes sur les salaires éventuellement applicables) et prestations en espèces en pourcentage des coûts totaux de main-d'œuvre. Il y a lieu de noter que si leur part des coûts totaux de main-d'œuvre diminue, cela signifie que la valeur des prélèvements diminués des prestations n'augmente pas aussi vite que le total des coûts de main-d'œuvre correspondants. Cela n'implique pas nécessairement que la valeur des prélèvements diminués des prestations baisse en valeur nominale.

Le système de prélèvements et de prestations est favorable aux ménages à faibles revenus dans de nombreux pays de l'OCDE. Les impôts sur le revenu prélevés par les administrations centrales sont négatifs en Belgique, en raison des crédits d'impôt récupérables pour les travailleurs à faibles revenus et les enfants à charge ; au Canada[2], en raison de la prestation fiscale récupérable pour le revenu du travail ; en Allemagne, en Autriche, en République slovaque, en République tchèque et au Royaume-Uni, en raison des crédits d'impôt récupérables pour enfant à charge ; en Israël, du fait du crédit d'impôt récupérable au titre des revenus du travail pour les familles avec enfants (depuis 2016, la fourchette des revenus ouvrant droit au bénéfice de ce crédit d'impôt pour les parents isolés a été étendue) ; en Italie, sous l'effet de la prime fiscale en faveur des travailleurs à bas salaire ; au Luxembourg, en raison d'un crédit d'impôt mis en place en 2019 pour les salariés qui perçoivent le salaire minimum social; en Pologne, du fait du crédit d'impôt pour enfants à charge remboursable sous conditions appliqué depuis 2015 ; en Espagne du fait de crédits d'impôts récupérables pour les parents isolés ; et aux États-Unis du fait du crédit d'impôt récupérable au titre des revenus du travail et du crédit d'impôt pour enfant à charge. S'agissant de la Suède, les graphiques montrent que les impôts sur le revenu prélevés par les administrations centrales sont négatifs pour les quatre types de foyers, du fait du crédit d'impôt au titre des revenus du travail. Le crédit d'impôt n'est toutefois pas récupérable en Suède dans la mesure où il ne permet pas de ramener le total des impôts sur le revenu du contribuable à moins de zéro. En fait, ce crédit d'impôt est également déduit des impôts locaux sur le revenu.

Lorsque les prestations versées en espèces sont prises en compte, les parents isolés et/ou les couples mariés ayant deux enfants qui disposent d'un seul salaire ne paient pas d'impôt sur le revenu et de cotisations salariales de sécurité sociale lorsque leur niveau de rémunération se situe entre 50 % et 100 % du SM dans 21 pays de l'OCDE. À titre d'exemple, le taux moyen net d'imposition des personnes physique devient positif à partir d'un revenu équivalent ou supérieur à 90 % du SM au Canada (à 97 % du SM pour les parents isolés et pour les couples disposant d'un seul salaire avec enfants) ; en Estonie (à 92 % du SM pour les parents isolés et à les couples disposant d'un seul salaire avec enfants) ; en Nouvelle-Zélande (à 94 % du SM pour les parents isolés et les couples disposant d'un seul salaire avec deux enfants) ; et en Pologne (à 90 % du SM pour les couples avec enfants disposant d'un seul salaire). En Israël, en République slovaque, en République tchèque et au Royaume-Uni, les taux négatifs nets moyens d'imposition des personnes physiques sont le résultat conjugué des crédits d'impôts récupérables et des prestations en espèces ; Ils sont en revanche essentiellement imputables aux crédits d'impôts récupérables pour les parents isolés ou les couples avec enfants disposant d'un seul salaire en Espagne (jusqu'à 62 % du SM pour les parents isolés), ainsi qu'aux États-Unis (jusqu'à 62 % du SM pour les parents isolés et 70 % du SM pour les couples avec enfants et un seul salaire).

On observe des écarts marqués entre les pays de l'OCDE en ce qui concerne le niveau des prestations en espèces. Elles représentent environ un quart ou plus des coûts totaux de main-d'œuvre pour les parents isolés à faibles revenus et/ou les couples mariés avec deux enfants et un seul salaire en Australie, au Canada, au Danemark, en France, en Irlande, en Nouvelle-Zélande, en Pologne et en Slovénie.

Le coin fiscal marginal est relativement uniforme sur toute l'échelle des revenus dans certains pays en raison de l'uniformité des taux des cotisations de sécurité sociale et de l'impôt sur le revenu des personnes physiques. Les célibataires sans enfant sont soumis à un coin fiscal marginal uniforme dans tout l'intervalle de revenu compris entre 50 % et 250 % du SM en République tchèque (48.5 %), et en Hongrie (44.6 %). Le coin fiscal marginal est aussi relativement constant en Islande et en Lituanie. En Islande, le coin fiscal marginal est de 39.5 % sur les gains inférieurs à 120 % du SM, puis de 47.8 % sur les gains compris entre 121 % et 250 % du SM. En Lituanie, il est de 43.5 % sur les gains inférieurs à 213 % du SM et de 40.6 % pour les gains compris entre 214 % et 250 % du SM.

Les cotisations de sécurité sociale sont prélevées à des taux forfaitaires dans de nombreux pays de l'OCDE. Certains d'entre eux appliquent un plafond de rémunération au-dessus duquel les cotisations de sécurité sociale n'augmentent pas. Les écarts de cotisations marginales de sécurité sociale sont généralement identiques pour les quatre catégories de ménages, puisque les taux de cotisation ou les plafonds de revenu ne varient pas selon la situation maritale ou le nombre d'enfants à charge. Néanmoins, en Hongrie, les cotisations marginales de sécurité sociale sont plus élevées pour les ménages avec enfant à bas revenus, en raison de l'impact de la suppression des déductions fiscales pour enfant à charge lorsque les revenus augmentent. Les familles dont l'assiette globale de l'impôt sur le revenu des personnes physiques est insuffisante pour leur permettre de prétendre au montant maximal des déductions fiscales accordées pour enfant à charge peuvent déduire la somme non imputée de leurs cotisations de retraite et d'assurance maladie.

Dans l'intervalle de revenu de 50 % à 250 % du SM, les taux marginaux des cotisations patronales de sécurité sociale deviennent nuls en raison du plafond de rémunération en Allemagne (à 155% du SM), en Espagne (à 178 % du SM), au Luxembourg (à 205 % du SM) et aux Pays-Bas (à 111 % du SM). Les taux marginaux des cotisations salariales de sécurité sociale deviennent nuls en Allemagne à 155 % du SM, en Autriche à 151 % du SM, en Espagne à 178 % du SM, aux Pays-Bas à 180 % du SM, et en Suède à 113 % du SM. Au Canada, le taux marginal des cotisations patronales de sécurité sociale devient nul à 105 % du salaire moyen. On observe néanmoins des variations brutales à 130 % et 131 % du SM. De fait, la contribution-santé de l'Ontario, dont le calcul se fonde sur un barème de revenu, est un montant fixe qui varie lorsque le contribuable change de tranche de revenu.

En outre, les taux marginaux des cotisations patronales et/ou salariales de sécurité sociale diminuent en pourcentage des coûts totaux de main-d'œuvre à certains niveaux de l'échelle des salaires à mesure que le revenu augmente. C'est le cas en Allemagne, en Autriche, en Belgique, au Canada, en Corée, aux États-Unis, en France, au Japon, au Luxembourg, aux Pays-Bas, en Pologne, au Royaume-Uni et en Suisse. Cette diminution est marquée au Luxembourg, où les taux marginaux des cotisations salariales de sécurité sociale passent de 10.94 % à 1.40 % pour les gains supérieurs à 204 % du SM ; au Royaume-Uni où les taux marginaux des cotisations salariales de sécurité sociale passent de 10.54 % à 1.76 % pour les gains supérieurs à 122 % du SM ; et aux États-Unis, où les taux marginaux des cotisations patronales et salariales de sécurité sociale passent de 7.11 % à 1.43 % pour les gains supérieurs à 232 % du SM.

Les contribuables supportent des taux d'imposition et des coins fiscaux marginaux d'environ 70 % ou plus dans plusieurs pays de l'OCDE à certains niveaux de revenu. Tel est le cas des contribuables sans enfant en Australie, en Autriche, en Belgique, en France, en Italie, au Japon, au Mexique, au Portugal, au Royaume-Uni et en Turquie. Ces taux s'appliquent aussi aux familles avec enfants en Australie, en Autriche, en Belgique, au Canada, au Chili, en Espagne, en France, en Grèce, en Irlande, en Italie, au

Japon, en Lituanie, au Luxembourg, au Mexique, en Pologne, au Portugal, en République tchèque, au Royaume-Uni, en Slovénie et en Turquie. Dans de nombreux pays, ces taux d'imposition marginaux élevés résultent en partie d'une réduction, à mesure que le revenu augmente, des prestations, abattements ou crédits d'impôt ciblant les contribuables à bas revenu.

Le mouvement de zigzag des pressions fiscales marginales qui transparaît de certains graphiques se produit lorsque les modifications des impôts, des cotisations de sécurité sociale et/ou des prestations consécutives à de faibles augmentations du revenu varient de manière discontinue sur l'échelle des revenus. Tel est le cas en Allemagne, au Luxembourg, en Suède et en Suisse à cause des règles d'arrondi ; et en raison des caractéristiques discrètes du crédit d'impôt dans le cadre du système PAYE (prélèvement à la source), du crédit d'impôt pour conjoint à charge et des allocations familiales en Italie.

Australie 2019: décomposition du coin fiscal moyen

en fonction du salaire brut exprimé en % du salaire moyen

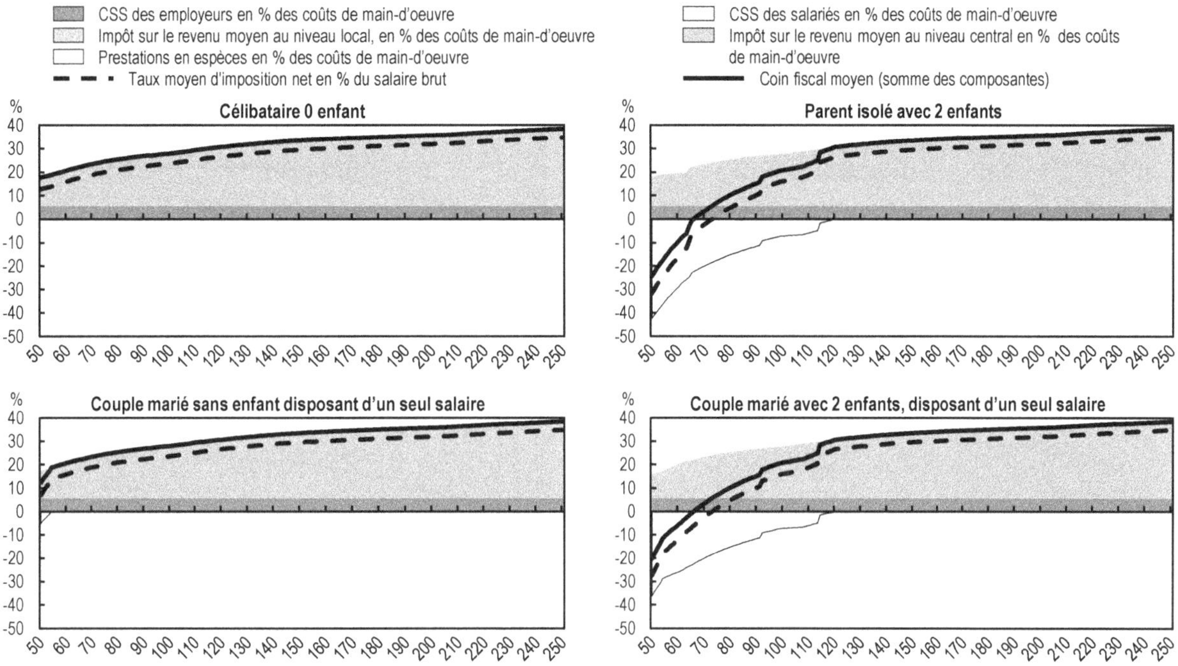

StatLink https://doi.org/10.1787/888934108073

Australie 2019: décomposition du coin fiscal marginal

en fonction du salaire brut exprimé en % du salaire moyen

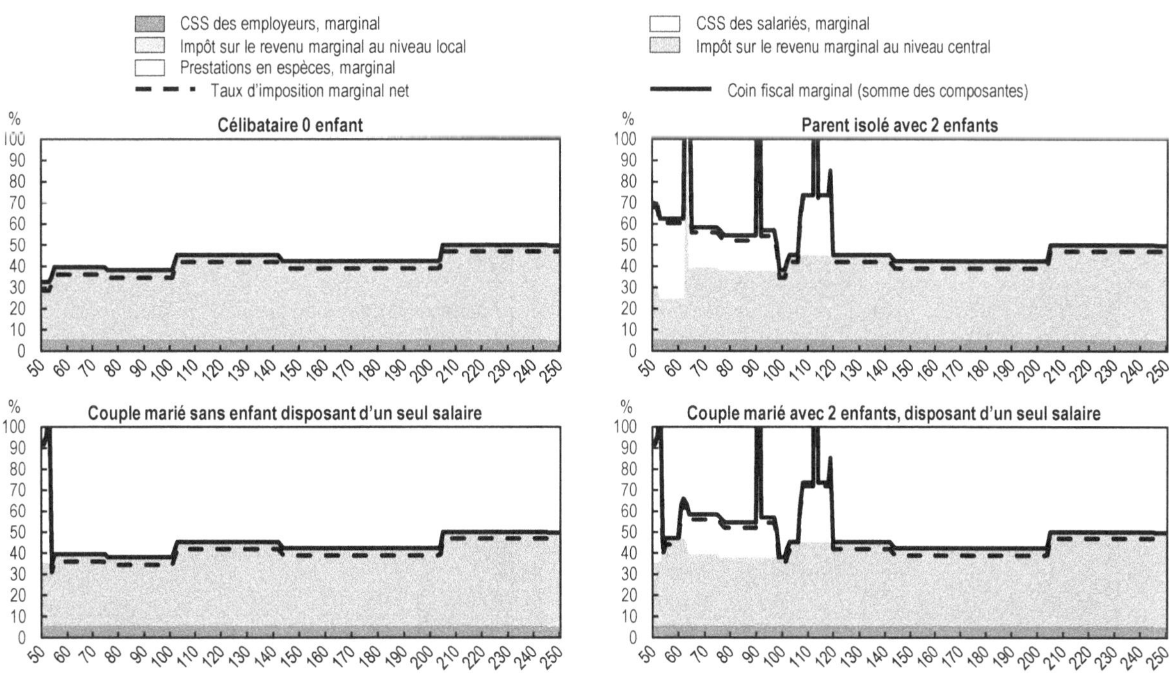

StatLink https://doi.org/10.1787/888934108092

Autriche 2019: décomposition du coin fiscal moyen

en fonction du salaire brut exprimé en % du salaire moyen

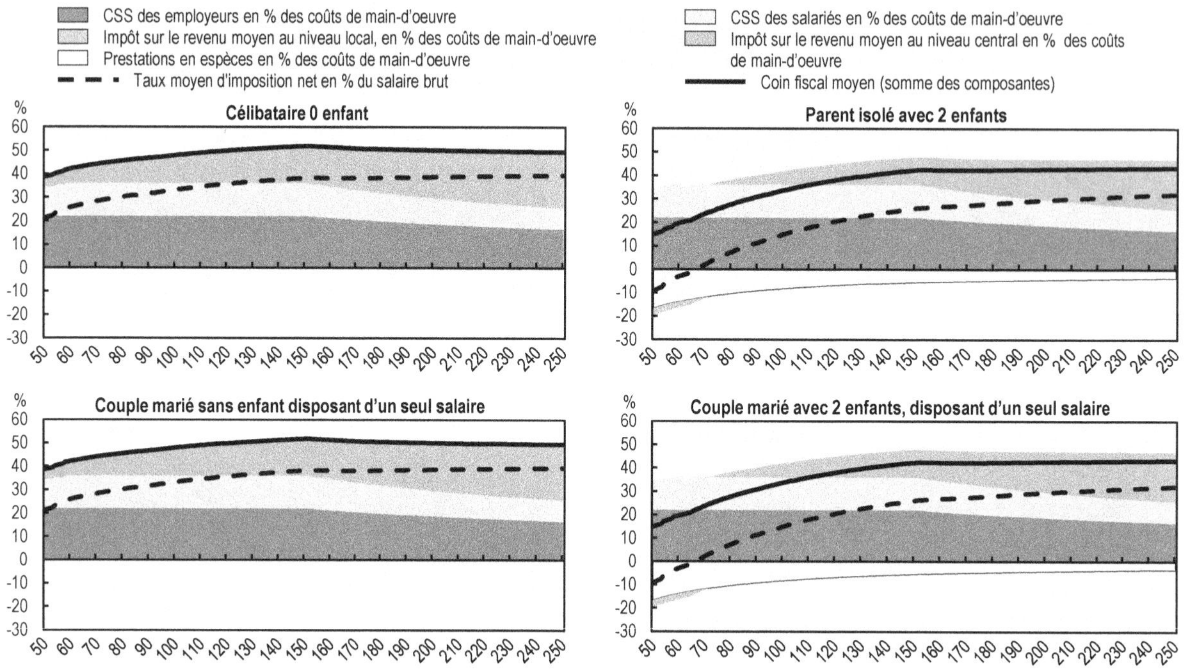

StatLink https://doi.org/10.1787/888934108111

Autriche 2019: décomposition du coin fiscal marginal

en fonction du salaire brut exprimé en % du salaire moyen

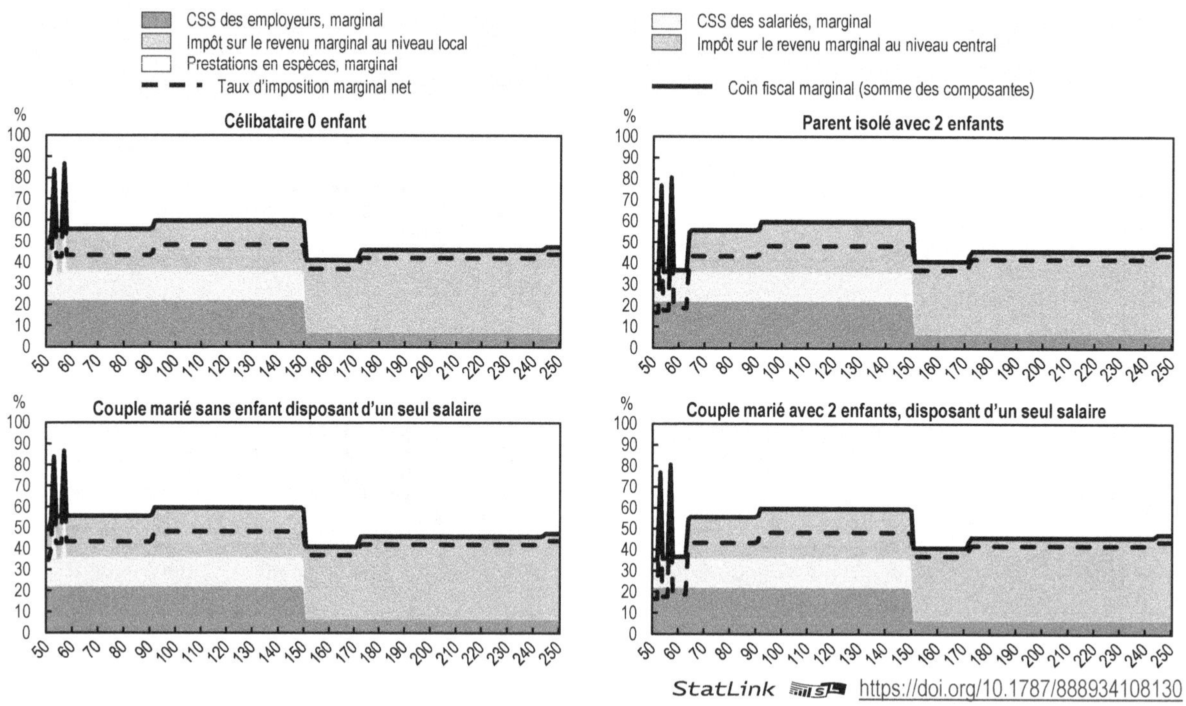

StatLink https://doi.org/10.1787/888934108130

Belgique 2019: décomposition du coin fiscal moyen

en fonction du salaire brut exprimé en % du salaire moyen

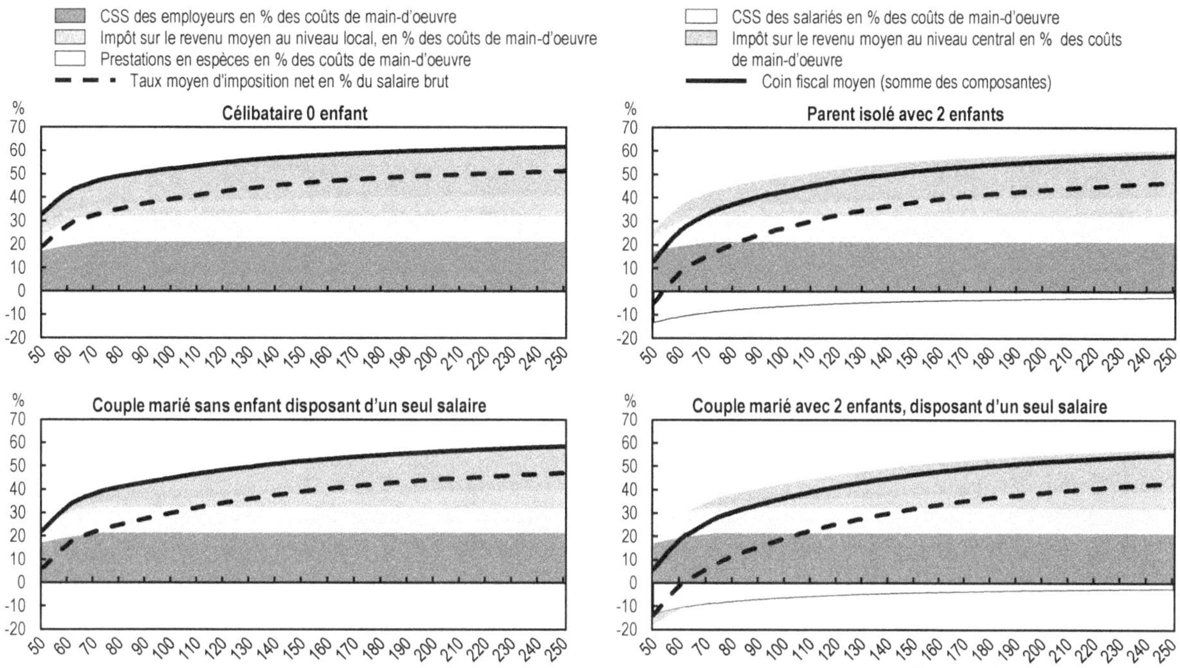

StatLink https://doi.org/10.1787/888934108149

Belgique 2019: décomposition du coin fiscal marginal

en fonction du salaire brut exprimé en % du salaire moyen

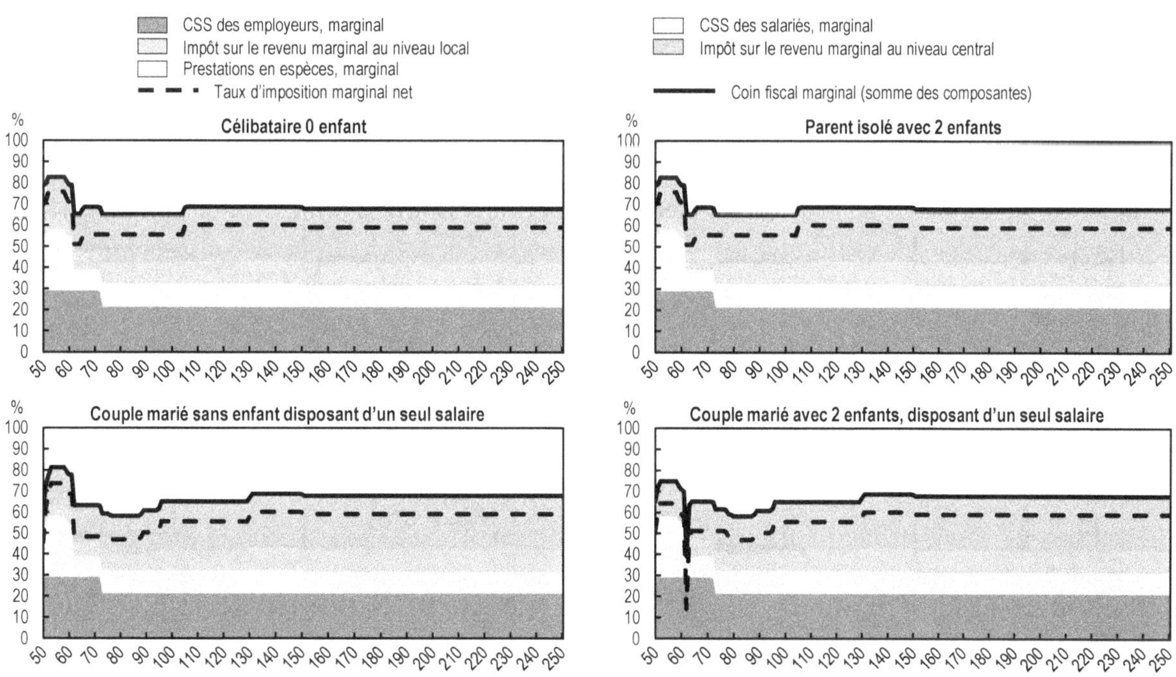

StatLink https://doi.org/10.1787/888934108168

Canada 2019: décomposition du coin fiscal moyen

en fonction du salaire brut exprimé en % du salaire moyen

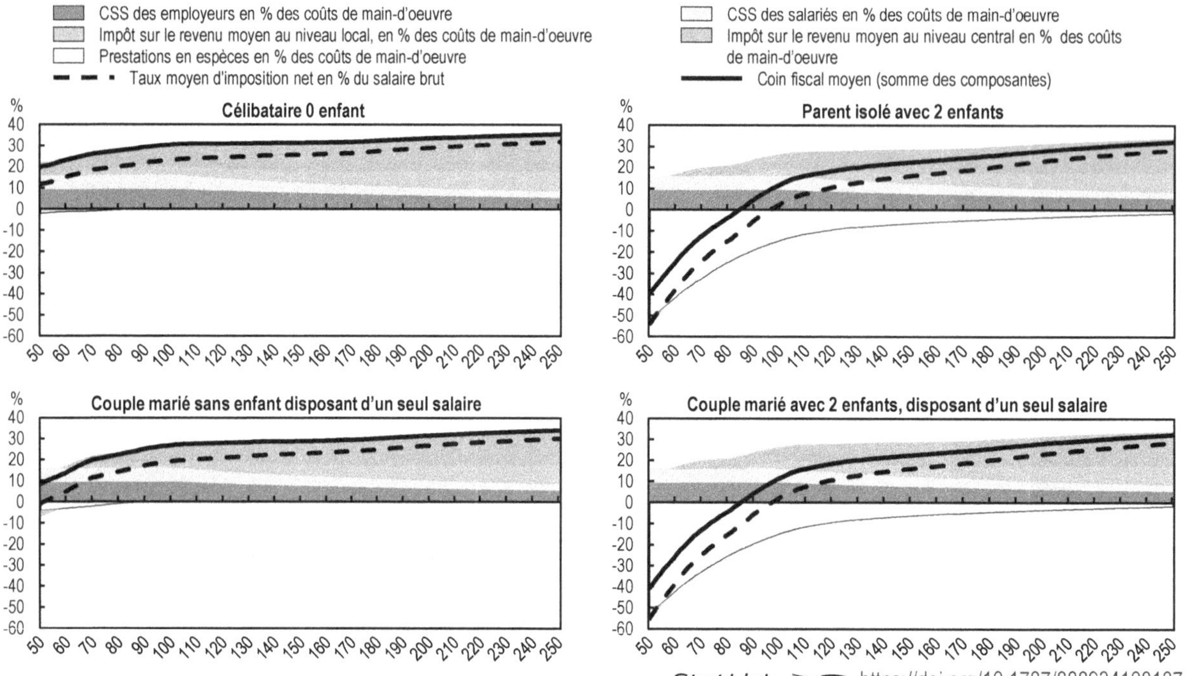

StatLink https://doi.org/10.1787/888934108187

Canada 2019: décomposition du coin fiscal marginal

en fonction du salaire brut exprimé en % du salaire moyen

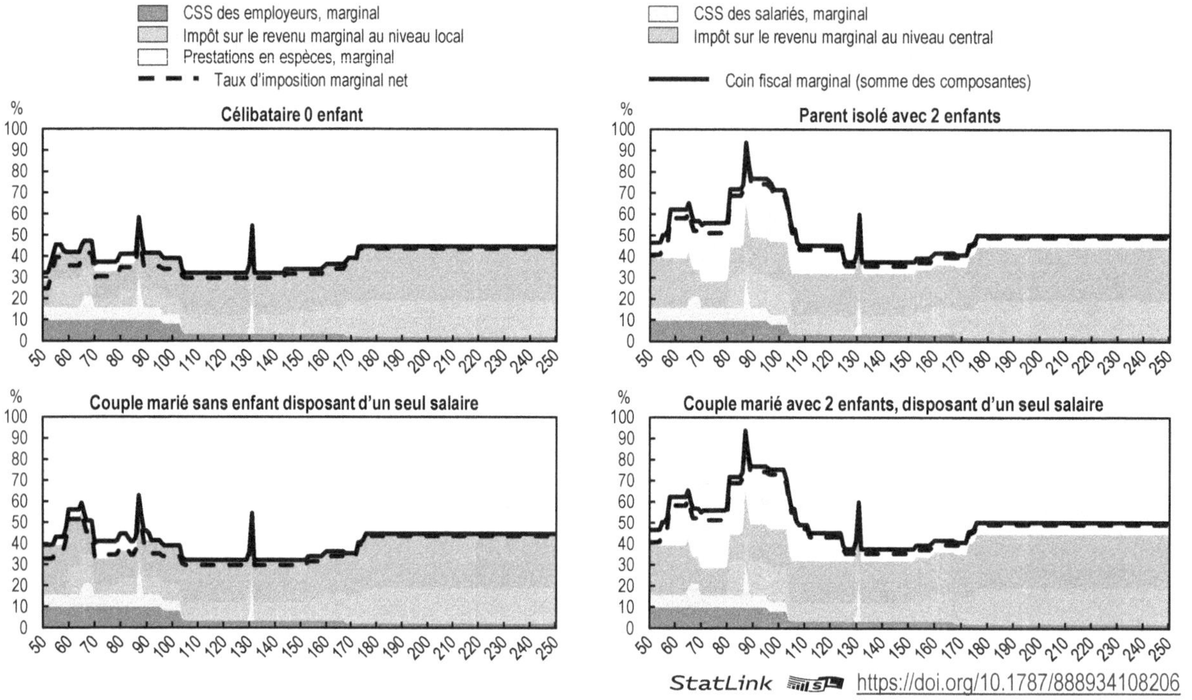

StatLink https://doi.org/10.1787/888934108206

Chili 2019: décomposition du coin fiscal moyen

en fonction du salaire brut exprimé en % du salaire moyen

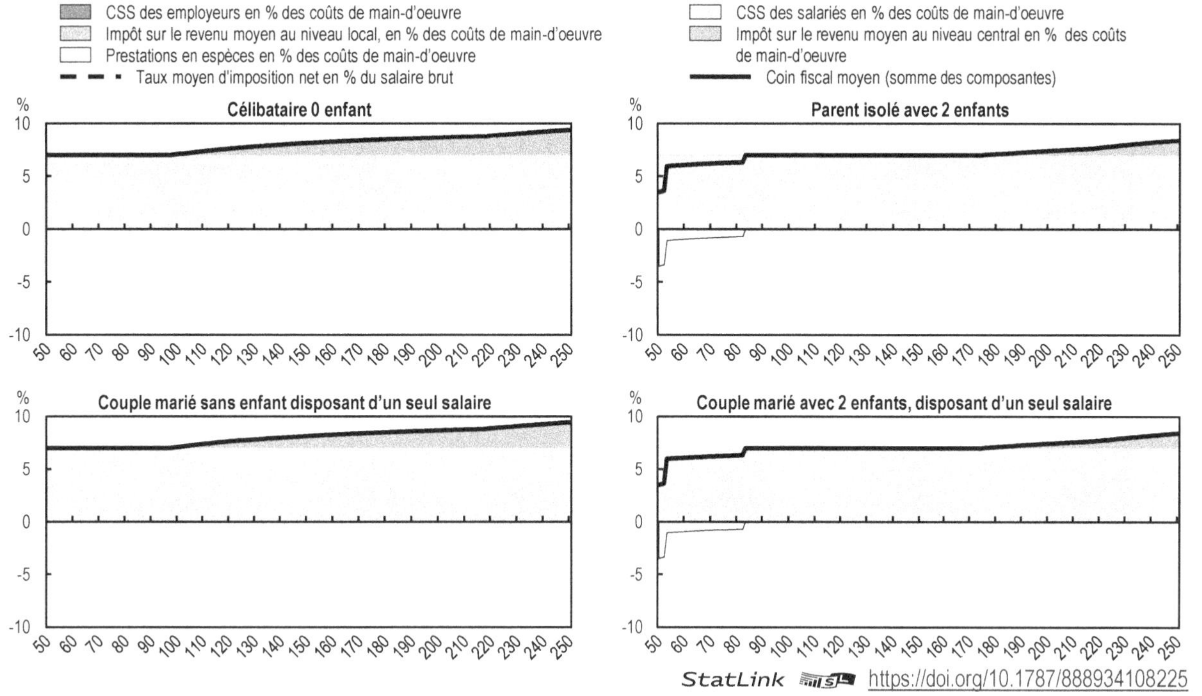

StatLink https://doi.org/10.1787/888934108225

Chili 2019: décomposition du coin fiscal marginal

en fonction du salaire brut exprimé en % du salaire moyen

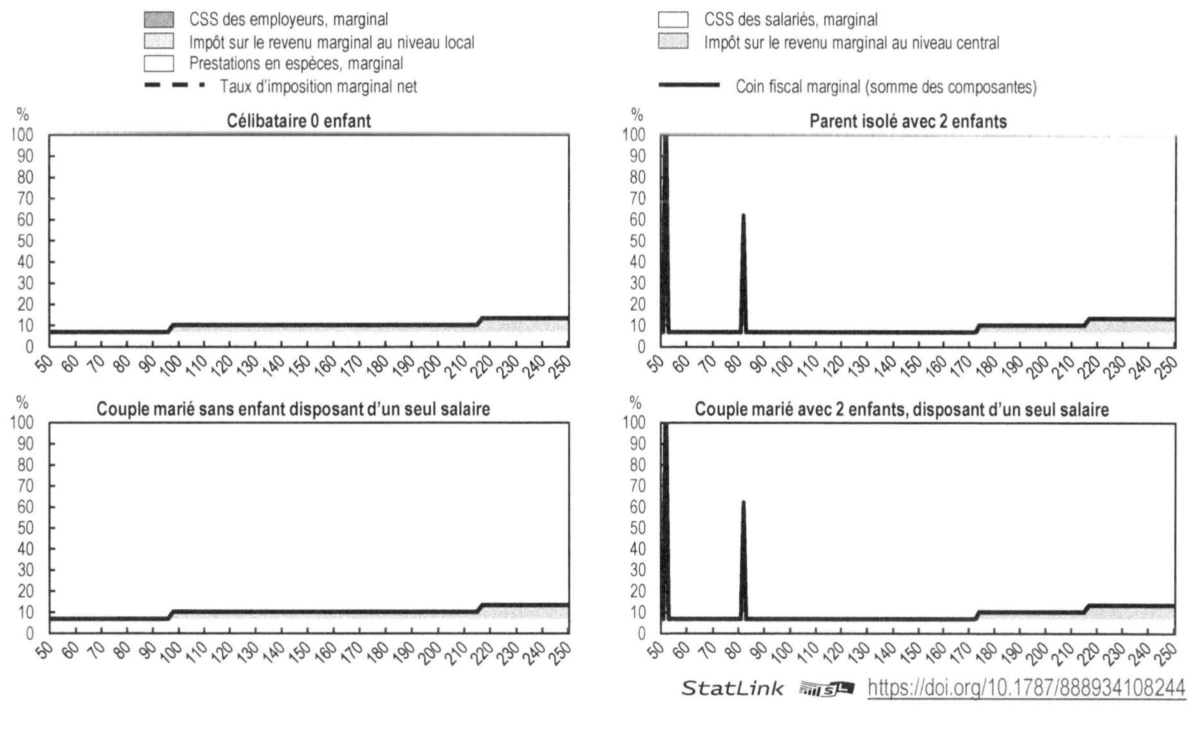

StatLink https://doi.org/10.1787/888934108244

République tchèque 2019: décomposition du coin fiscal moyen

en fonction du salaire brut exprimé en % du salaire moyen

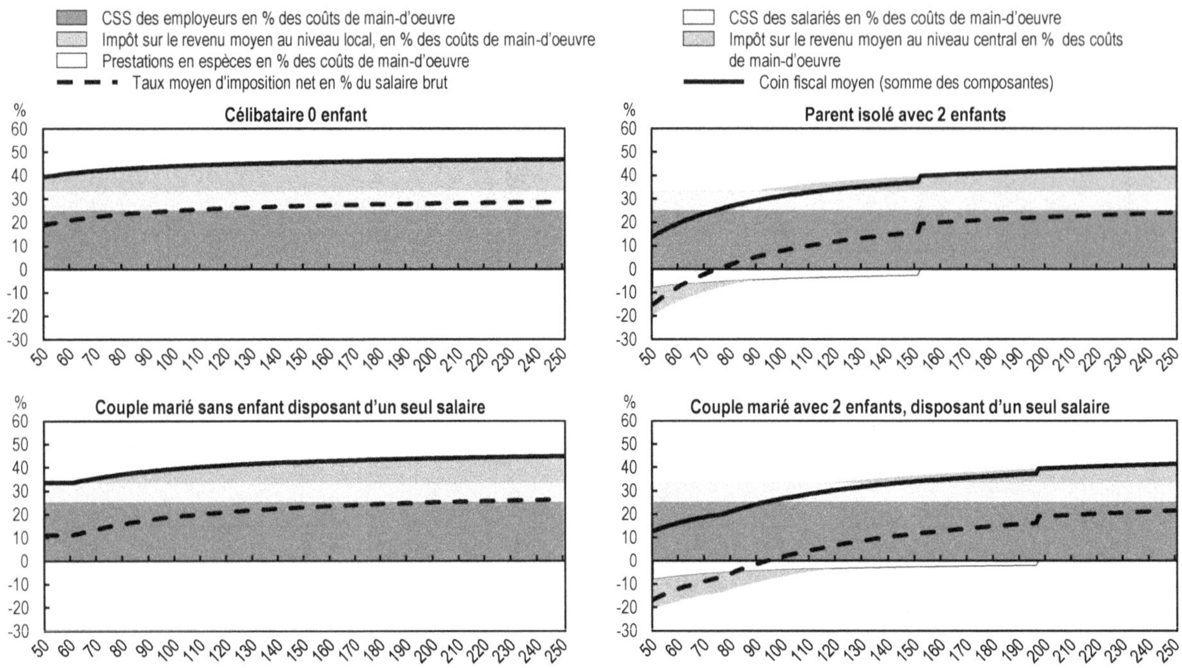

StatLink https://doi.org/10.1787/888934108263

République tchèque 2019: décomposition du coin fiscal marginal

en fonction du salaire brut exprimé en % du salaire moyen

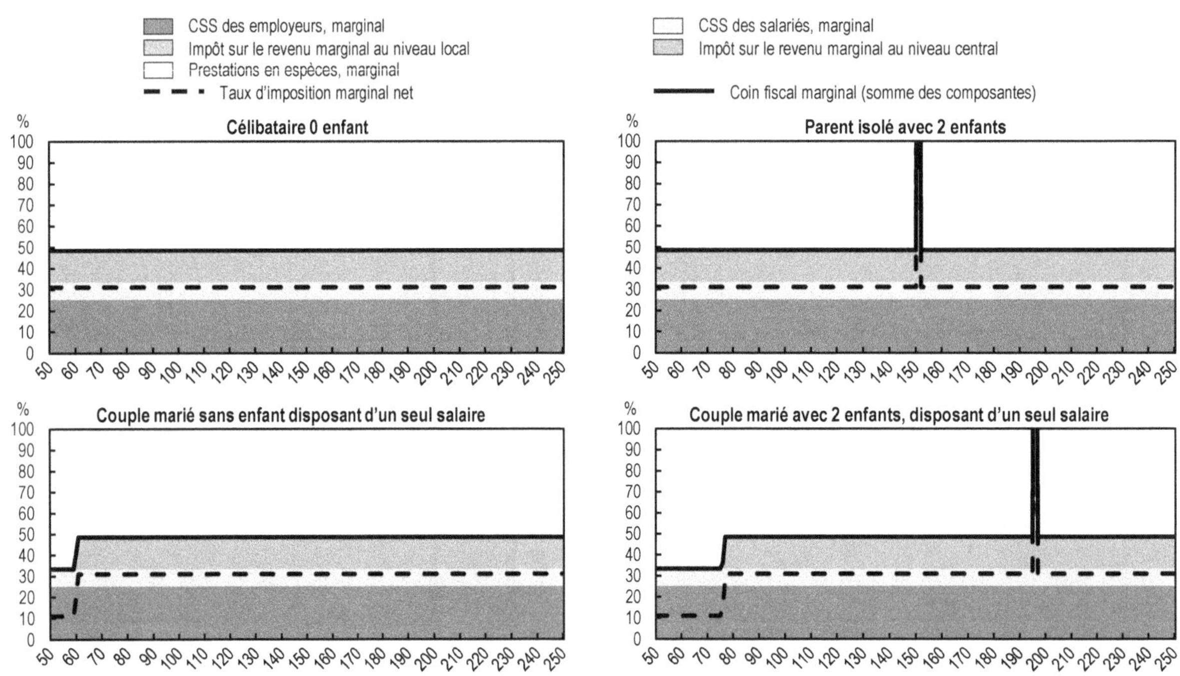

StatLink https://doi.org/10.1787/888934108282

Danemark 2019: décomposition du coin fiscal moyen

en fonction du salaire brut exprimé en % du salaire moyen

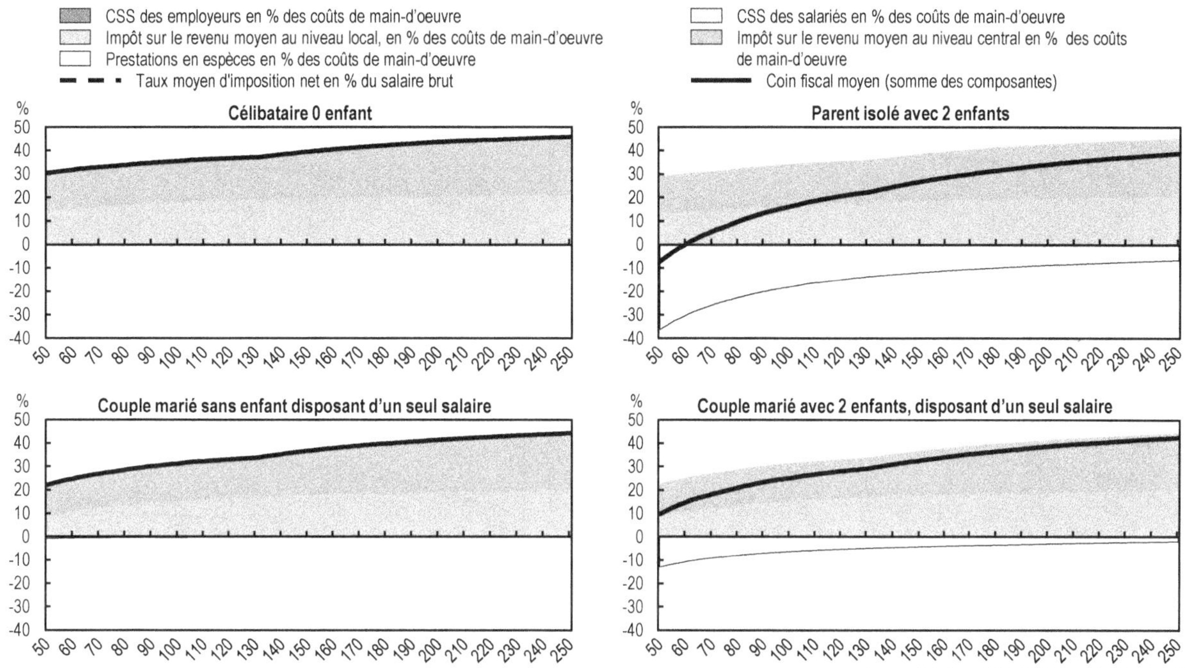

StatLink https://doi.org/10.1787/888934108320

Danemark 2019: décomposition du coin fiscal marginal

en fonction du salaire brut exprimé en % du salaire moyen

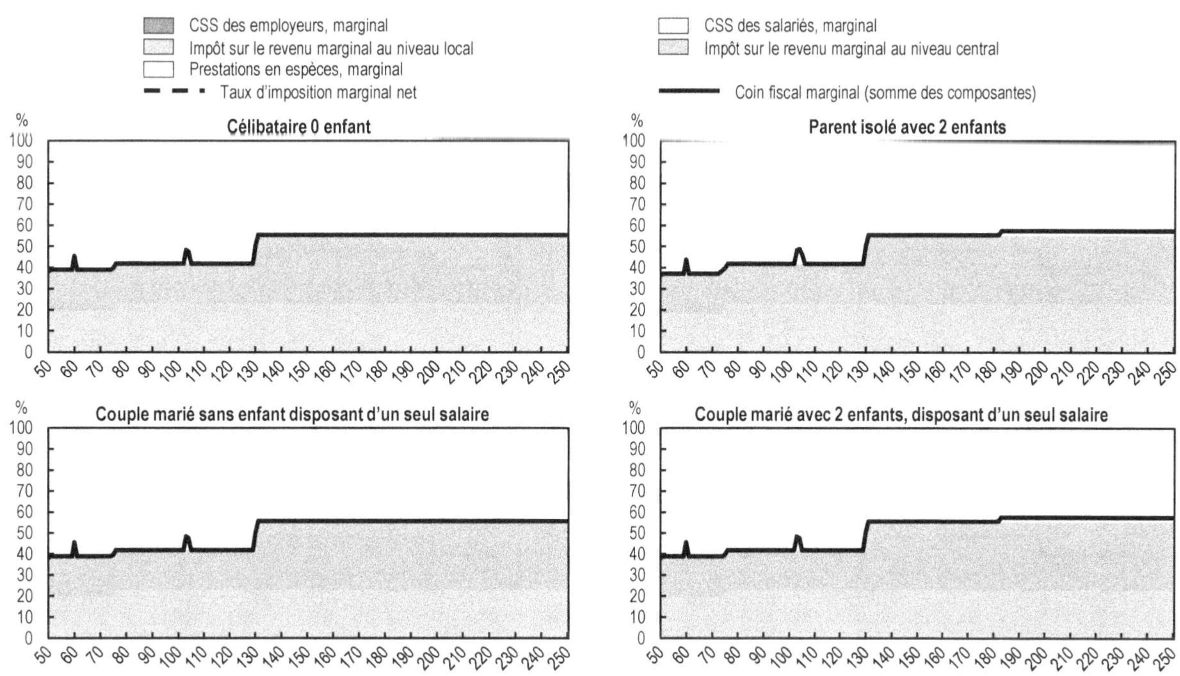

StatLink https://doi.org/10.1787/888934108301

Estonie 2019: décomposition du coin fiscal moyen

en fonction du salaire brut exprimé en % du salaire moyen

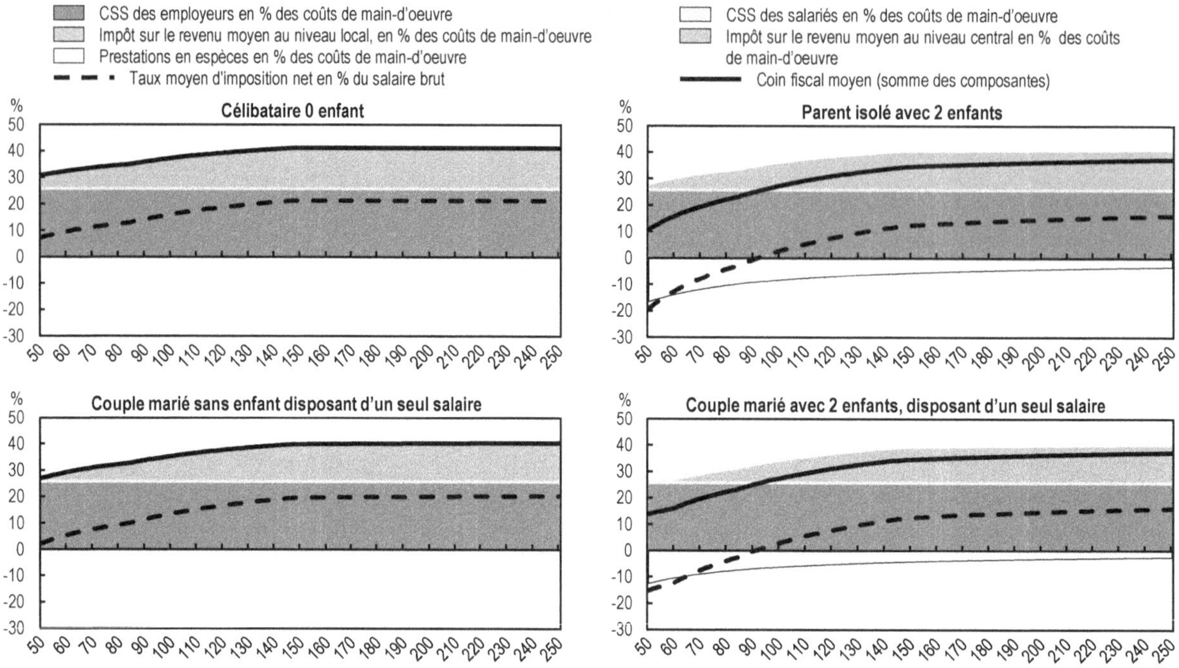

StatLink https://doi.org/10.1787/888934108339

Estonie 2019: décomposition du coin fiscal marginal

en fonction du salaire brut exprimé en % du salaire moyen

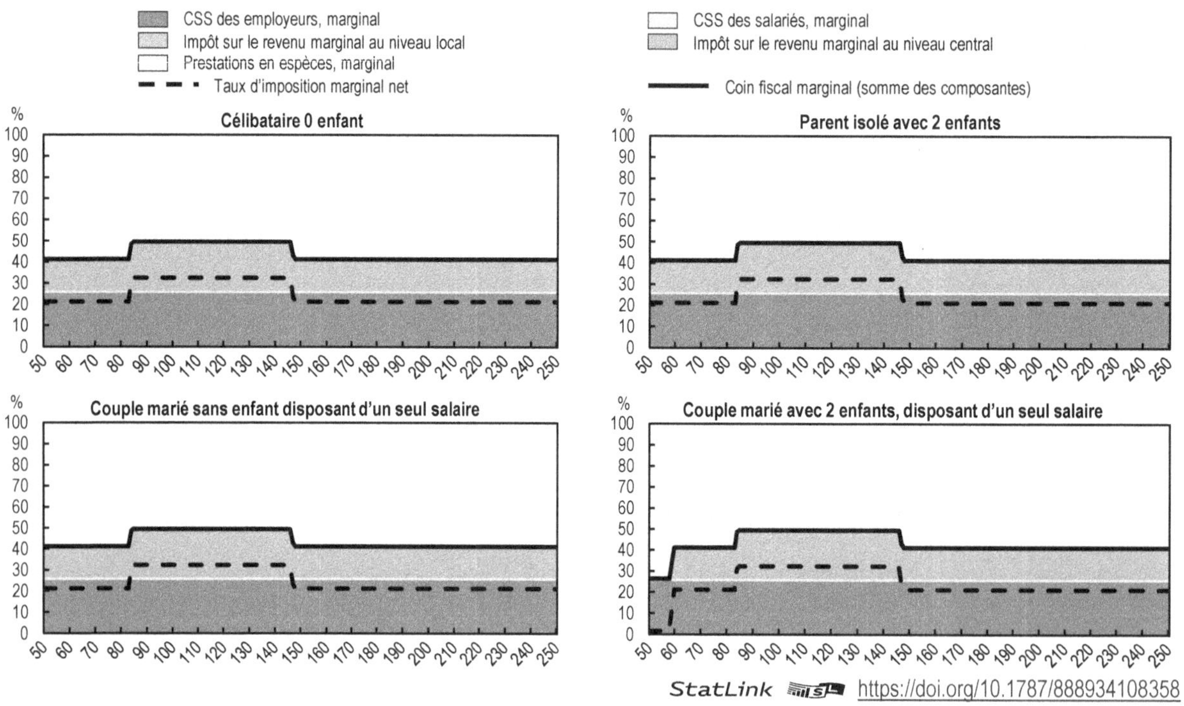

StatLink https://doi.org/10.1787/888934108358

Finlande 2019: décomposition du coin fiscal moyen

en fonction du salaire brut exprimé en % du salaire moyen

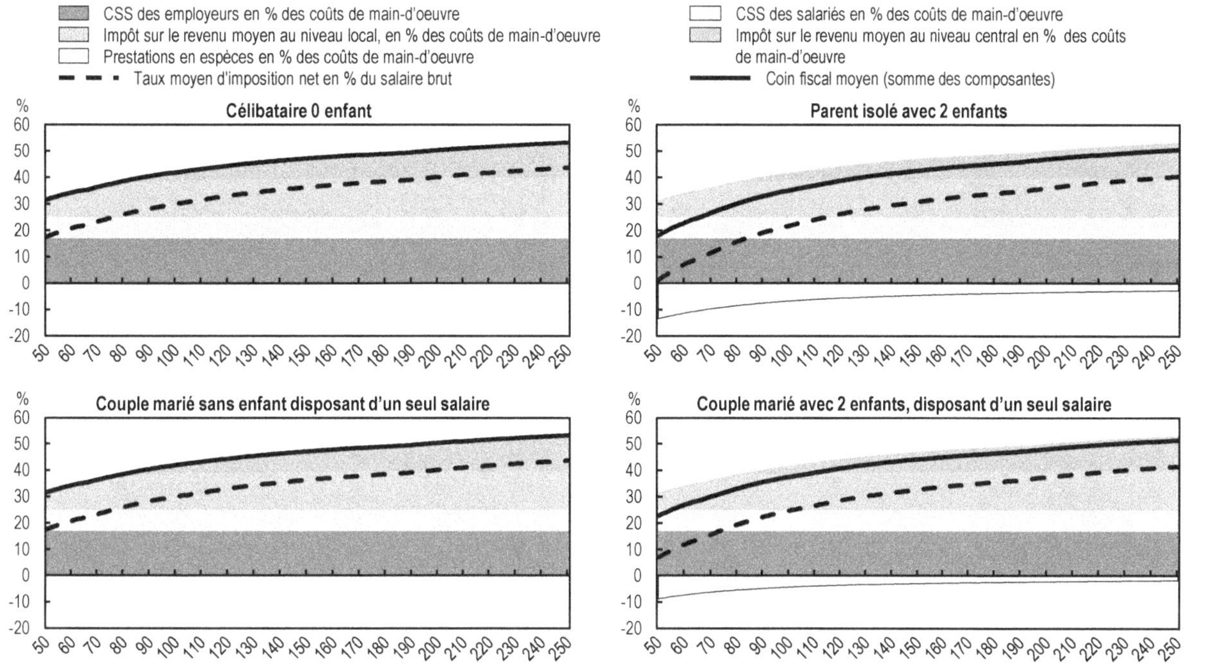

StatLink https://doi.org/10.1787/888934108377

Finlande 2019: décomposition du coin fiscal marginal

en fonction du salaire brut exprimé en % du salaire moyen

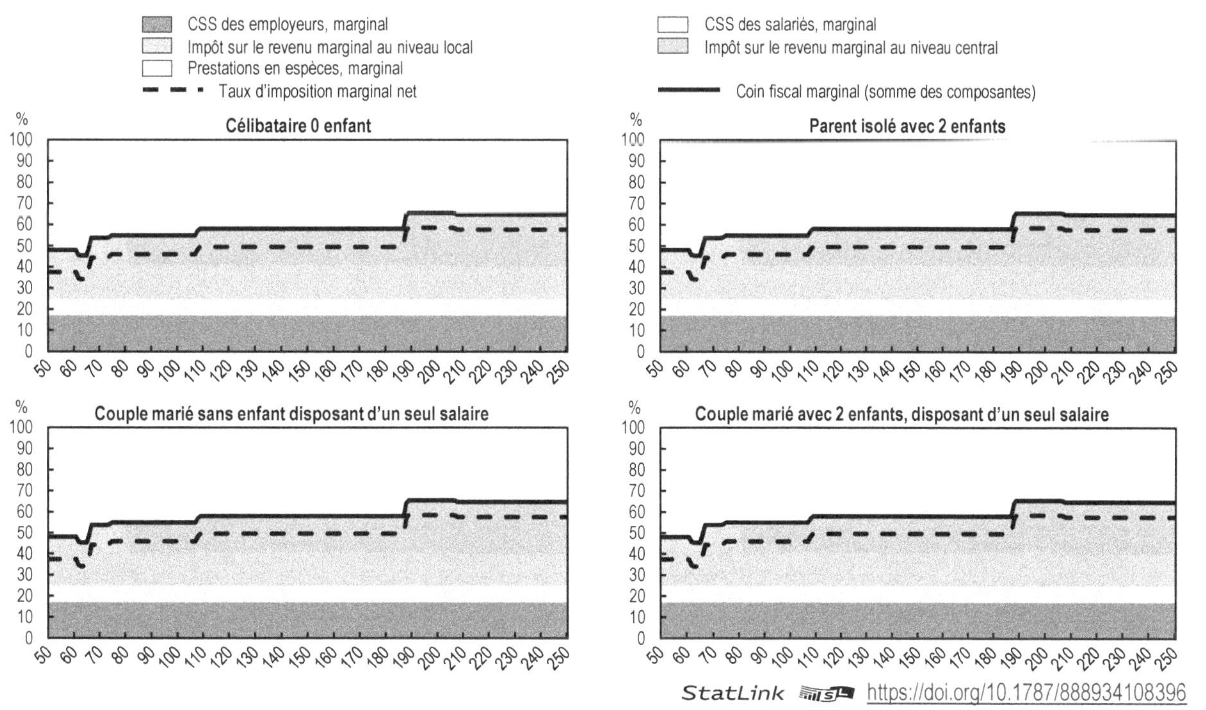

StatLink https://doi.org/10.1787/888934108396

France 2019: décomposition du coin fiscal moyen

en fonction du salaire brut exprimé en % du salaire moyen

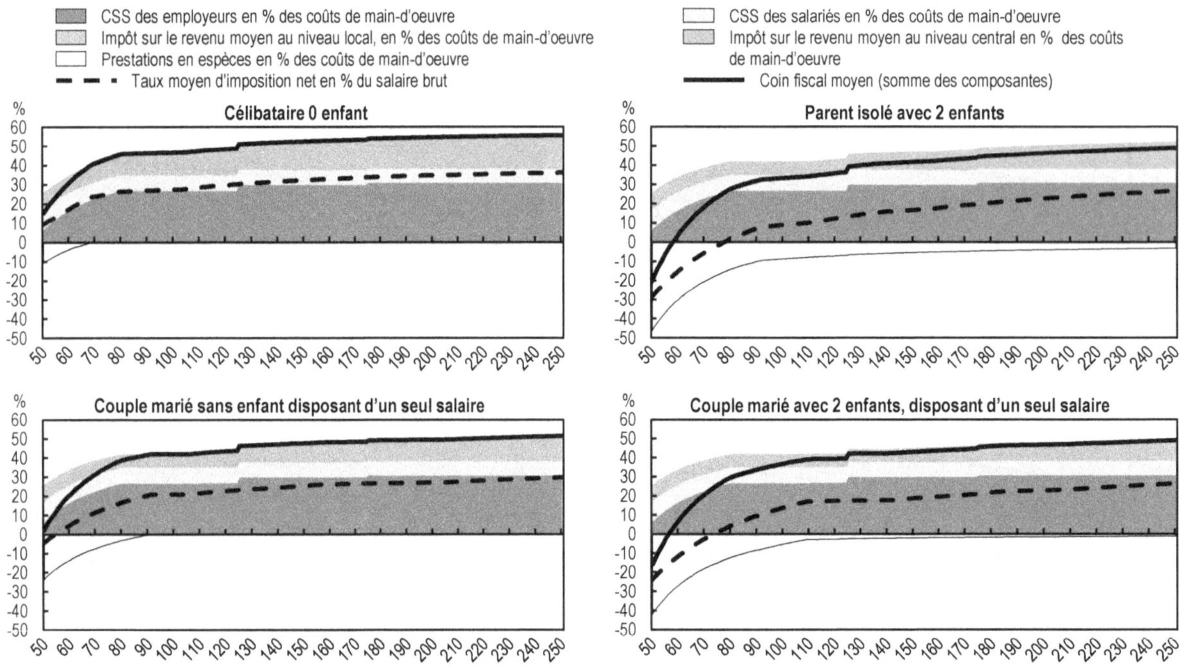

StatLink https://doi.org/10.1787/888934108415

France 2019: décomposition du coin fiscal marginal

en fonction du salaire brut exprimé en % du salaire moyen

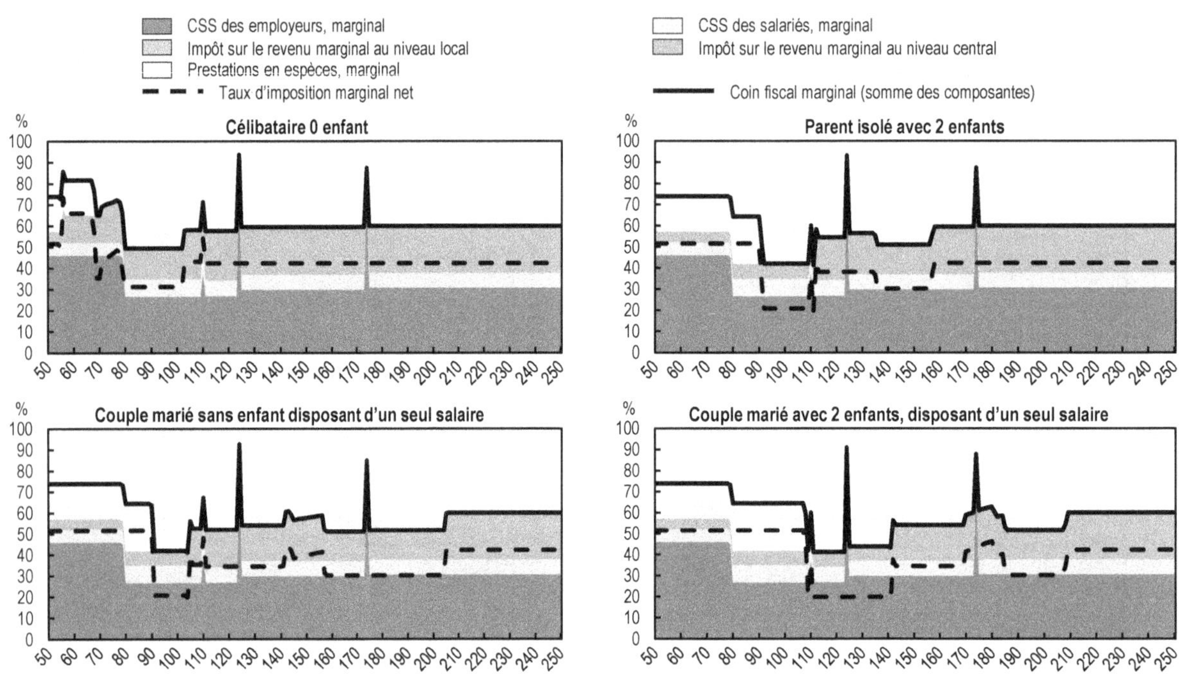

StatLink https://doi.org/10.1787/888934108434

Allemagne 2019: décomposition du coin fiscal moyen

en fonction du salaire brut exprimé en % du salaire moyen

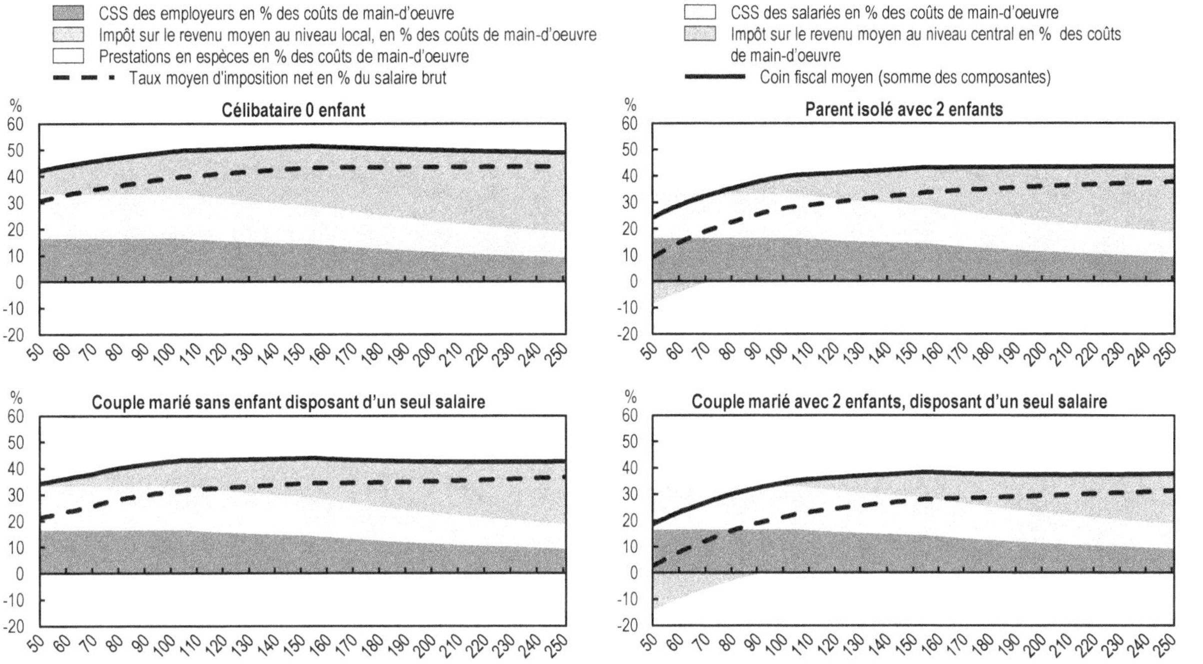

StatLink https://doi.org/10.1787/888934108453

Allemagne 2019: décomposition du coin fiscal marginal

en fonction du salaire brut exprimé en % du salaire moyen

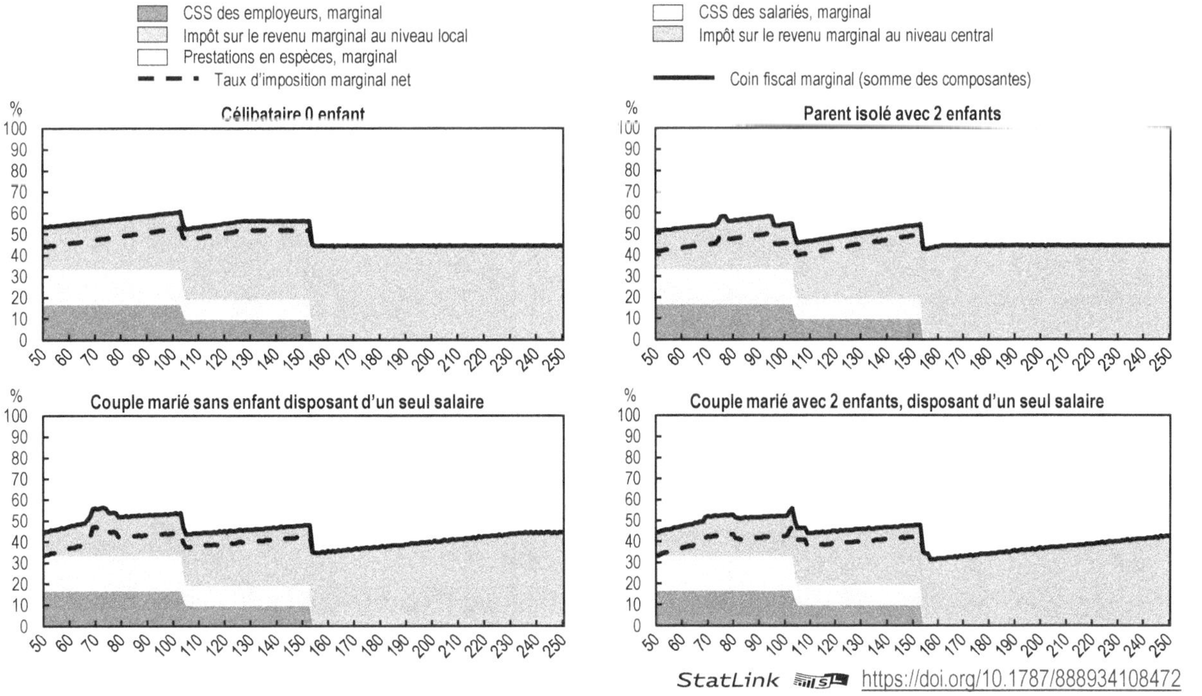

StatLink https://doi.org/10.1787/888934108472

Grèce 2019: décomposition du coin fiscal moyen

en fonction du salaire brut exprimé en % du salaire moyen

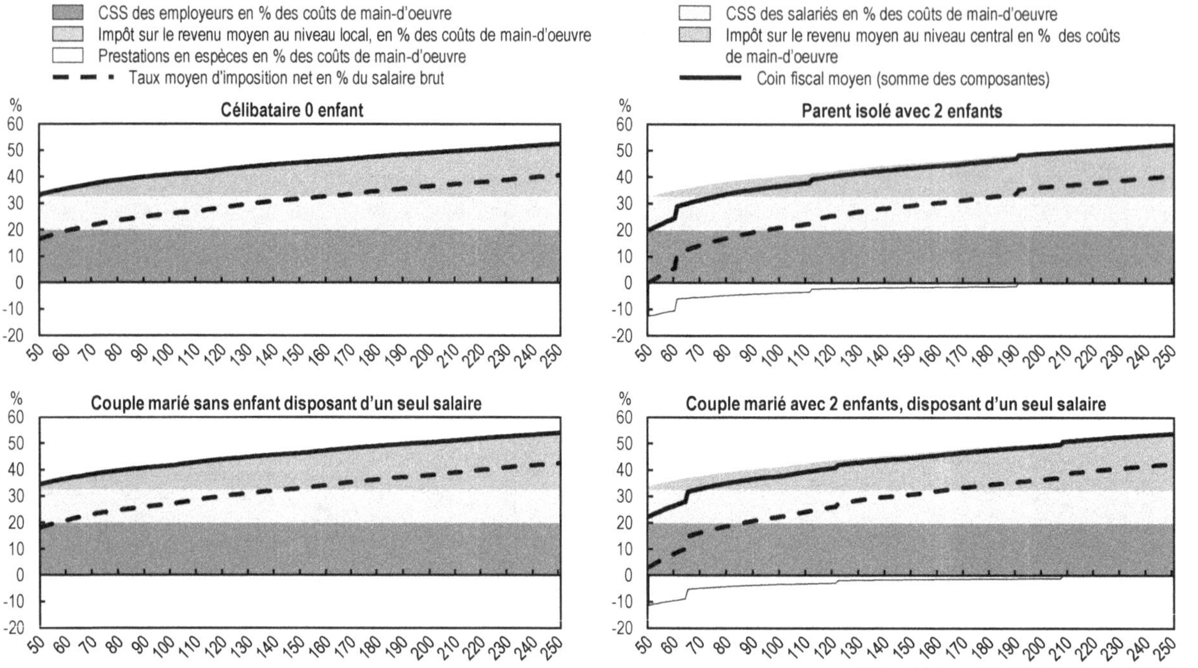

StatLink https://doi.org/10.1787/888934108510

Grèce 2019: décomposition du coin fiscal marginal

en fonction du salaire brut exprimé en % du salaire moyen

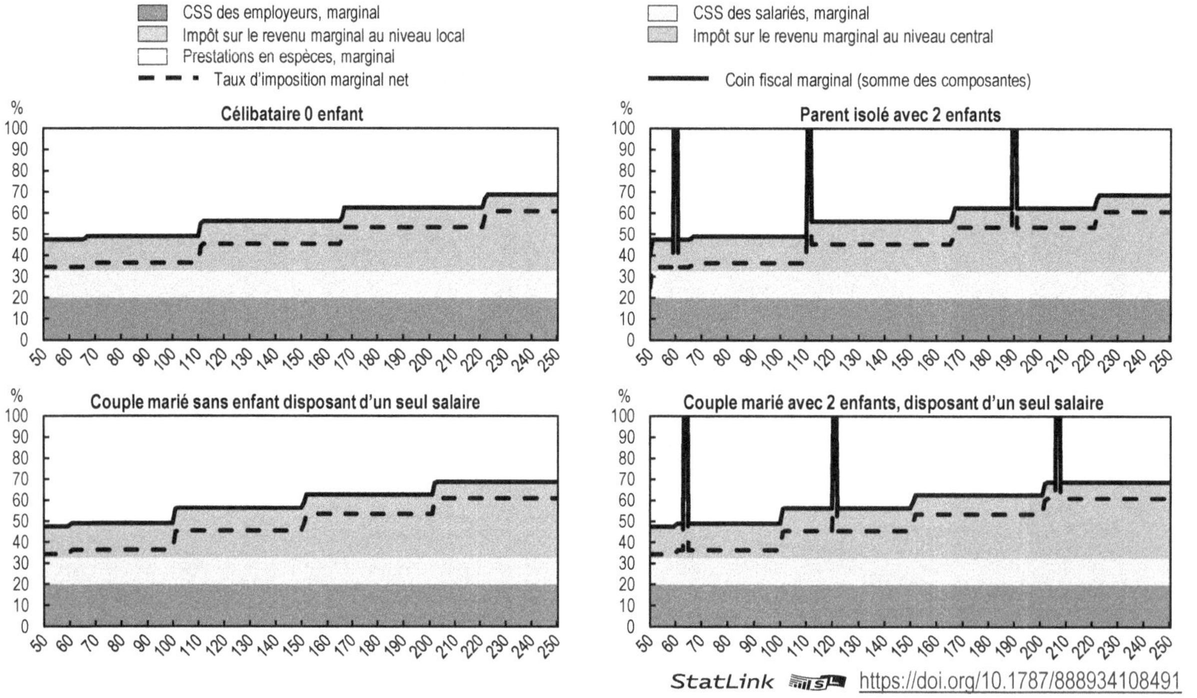

StatLink https://doi.org/10.1787/888934108491

Hongrie 2019: décomposition du coin fiscal moyen

en fonction du salaire brut exprimé en % du salaire moyen

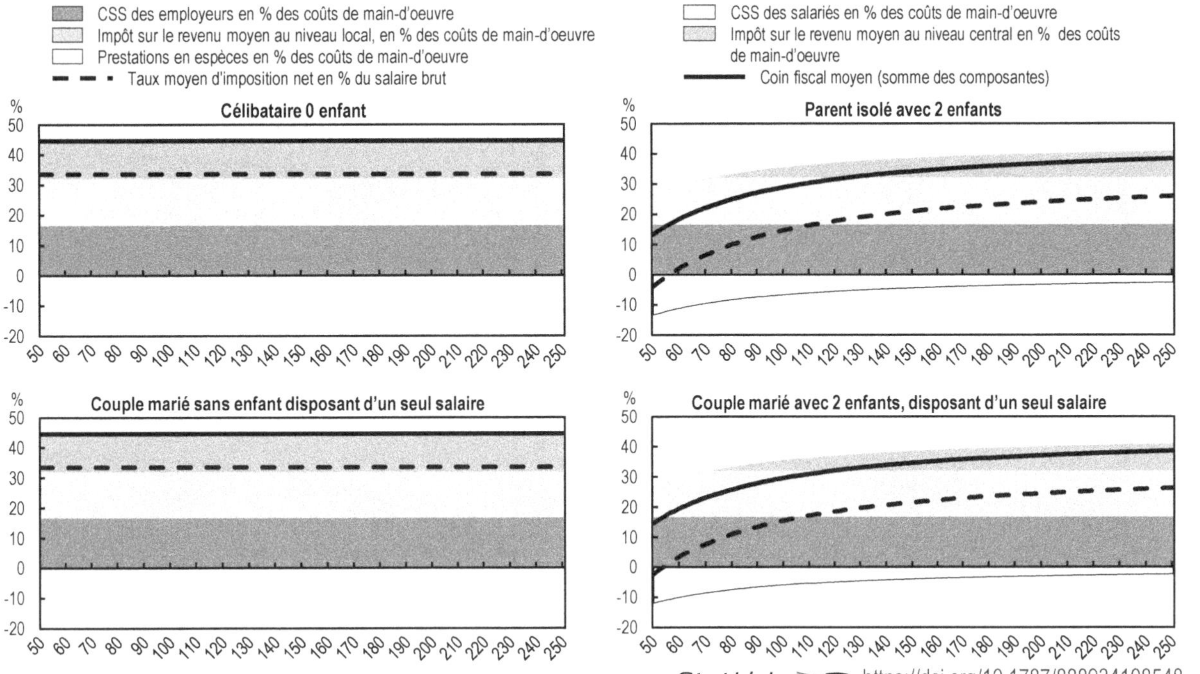

StatLink https://doi.org/10.1787/888934108548

Hongrie 2019: décomposition du coin fiscal marginal

en fonction du salaire brut exprimé en % du salaire moyen

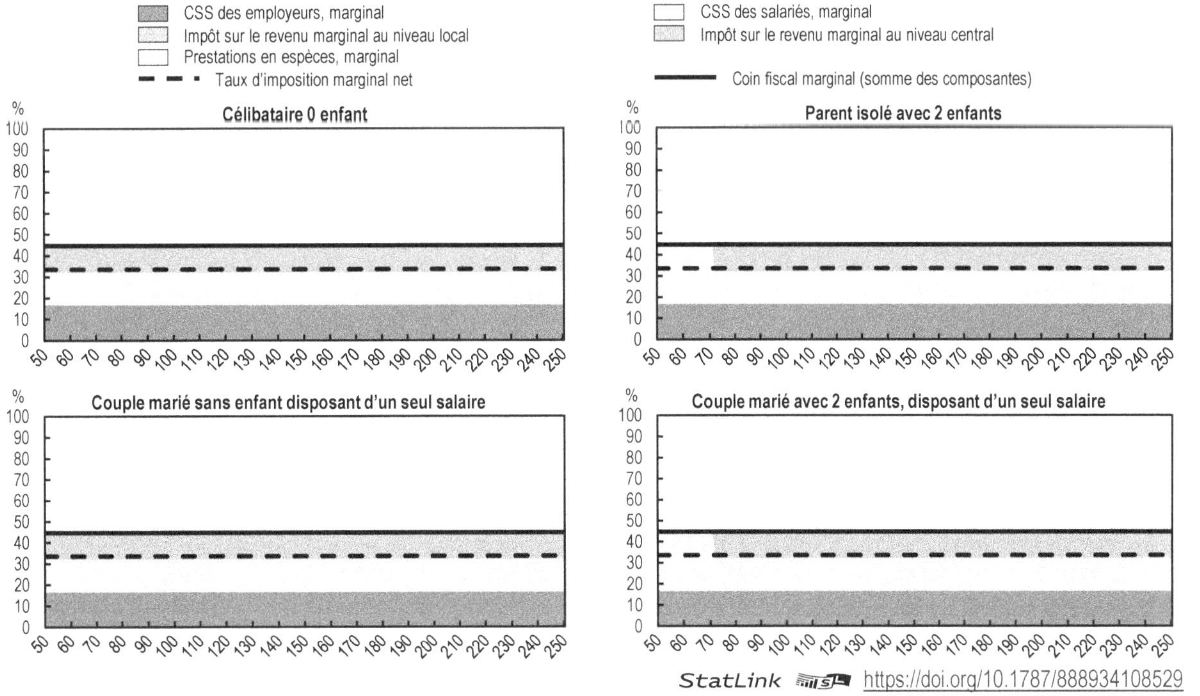

StatLink https://doi.org/10.1787/888934108529

Islande 2019: décomposition du coin fiscal moyen

en fonction du salaire brut exprimé en % du salaire moyen

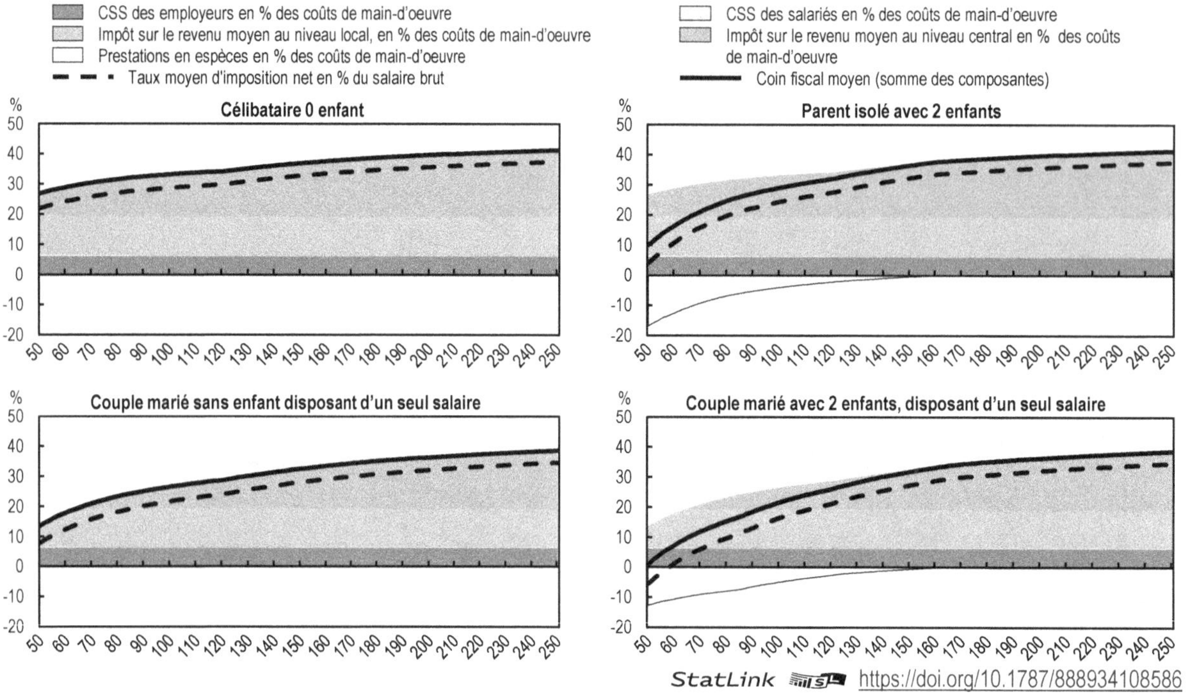

StatLink https://doi.org/10.1787/888934108586

Islande 2019: décomposition du coin fiscal marginal

en fonction du salaire brut exprimé en % du salaire moyen

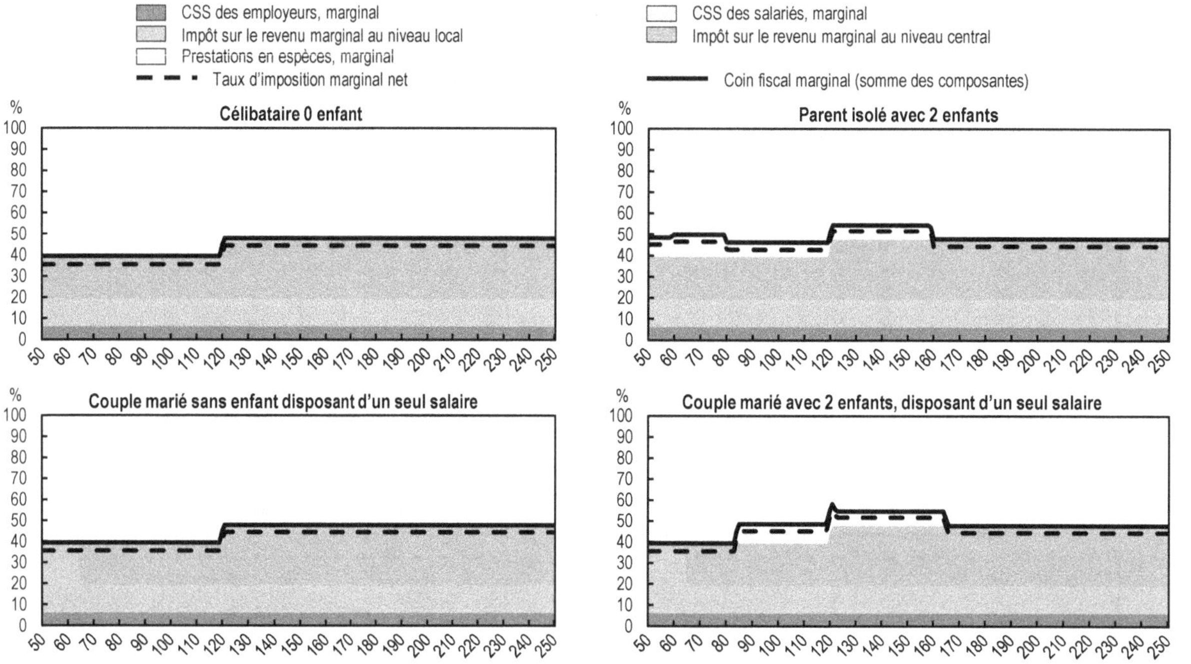

StatLink https://doi.org/10.1787/888934108567

Irlande 2019: décomposition du coin fiscal moyen

en fonction du salaire brut exprimé en % du salaire moyen

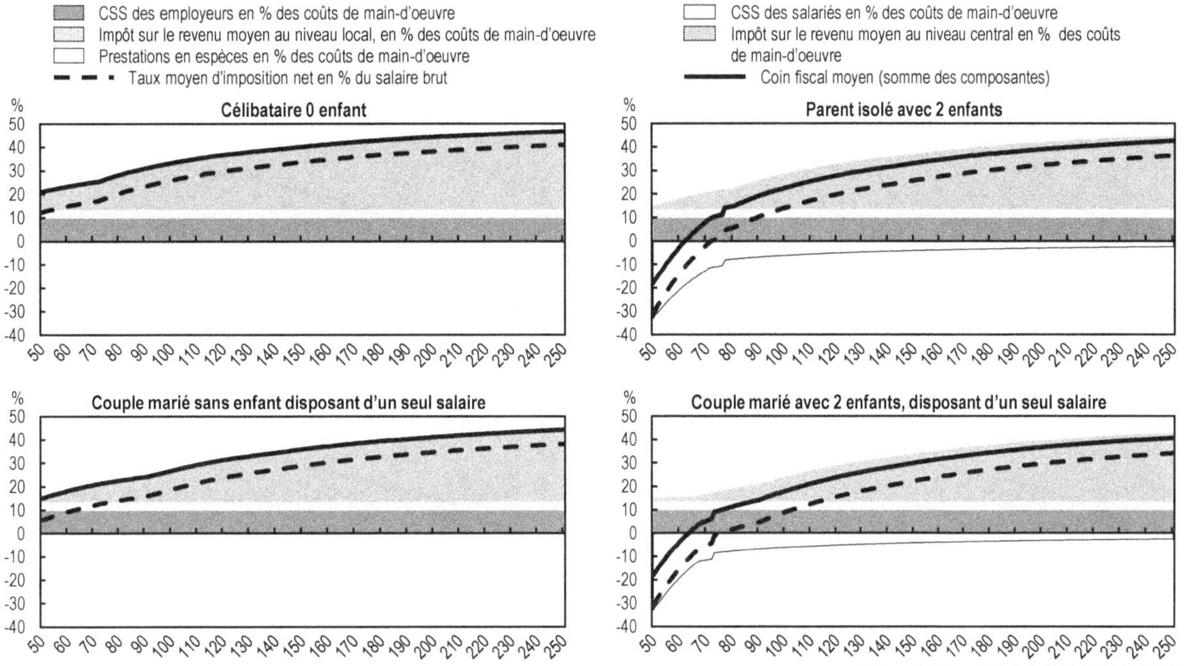

StatLink https://doi.org/10.1787/888934108605

Irlande 2019: décomposition du coin fiscal marginal

en fonction du salaire brut exprimé en % du salaire moyen

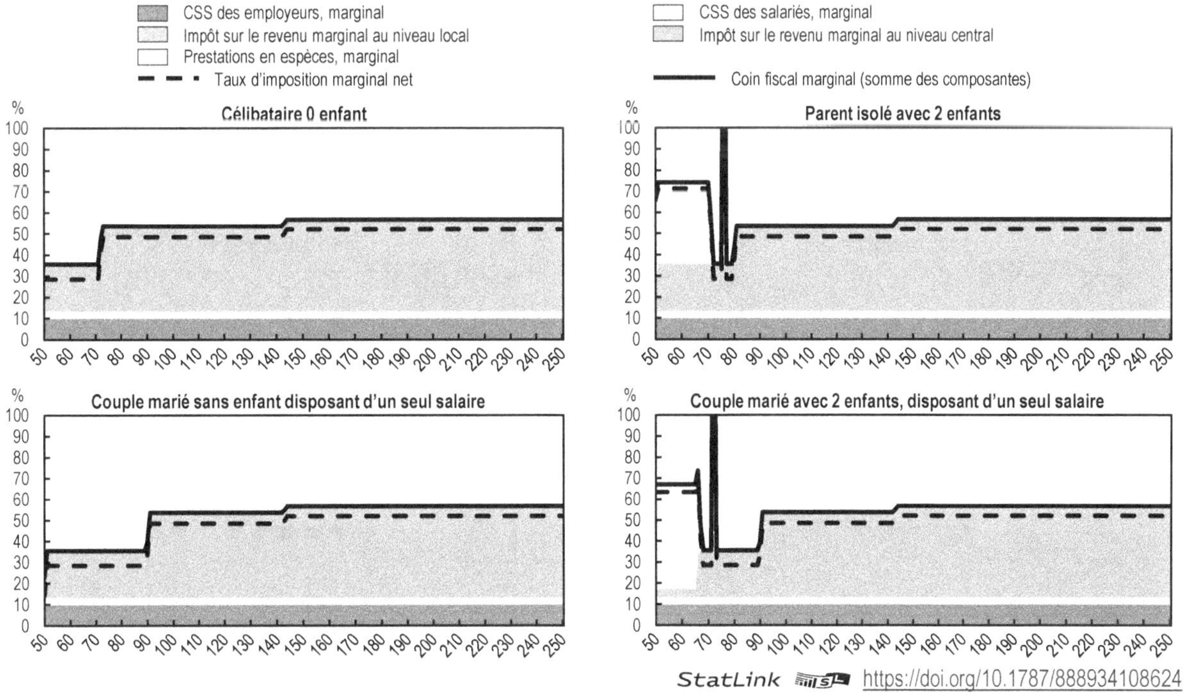

StatLink https://doi.org/10.1787/888934108624

Israël 2019: décomposition du coin fiscal moyen

en fonction du salaire brut exprimé en % du salaire moyen

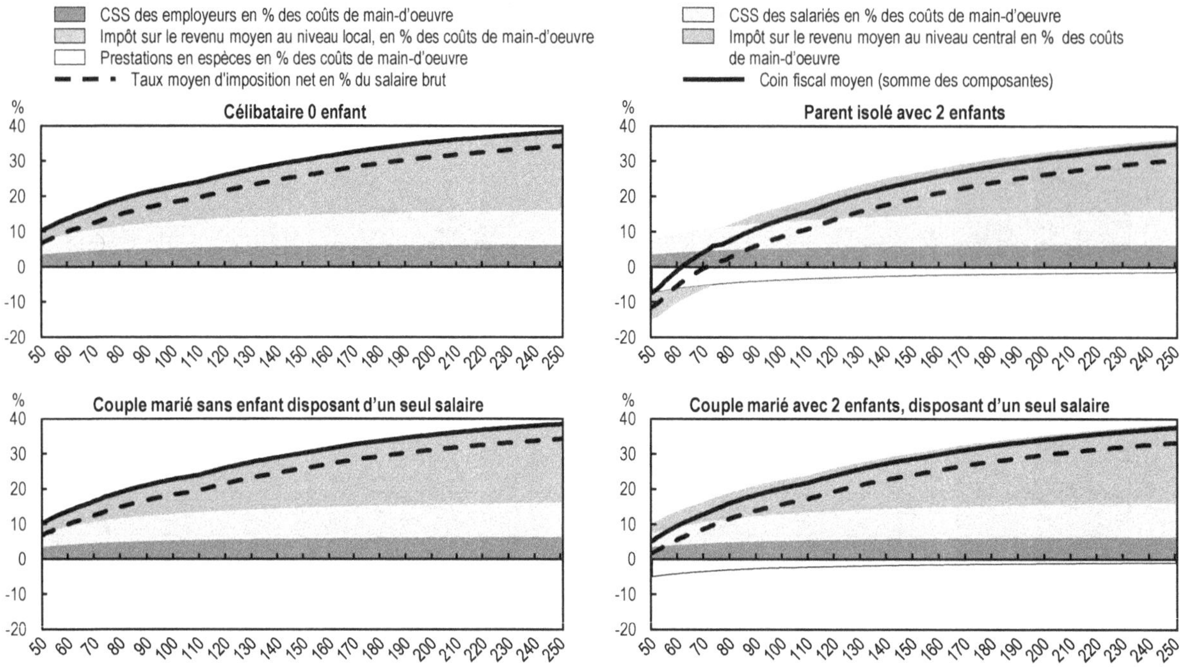

StatLink https://doi.org/10.1787/888934108643

Israël 2019: décomposition du coin fiscal marginal

en fonction du salaire brut exprimé en % du salaire moyen

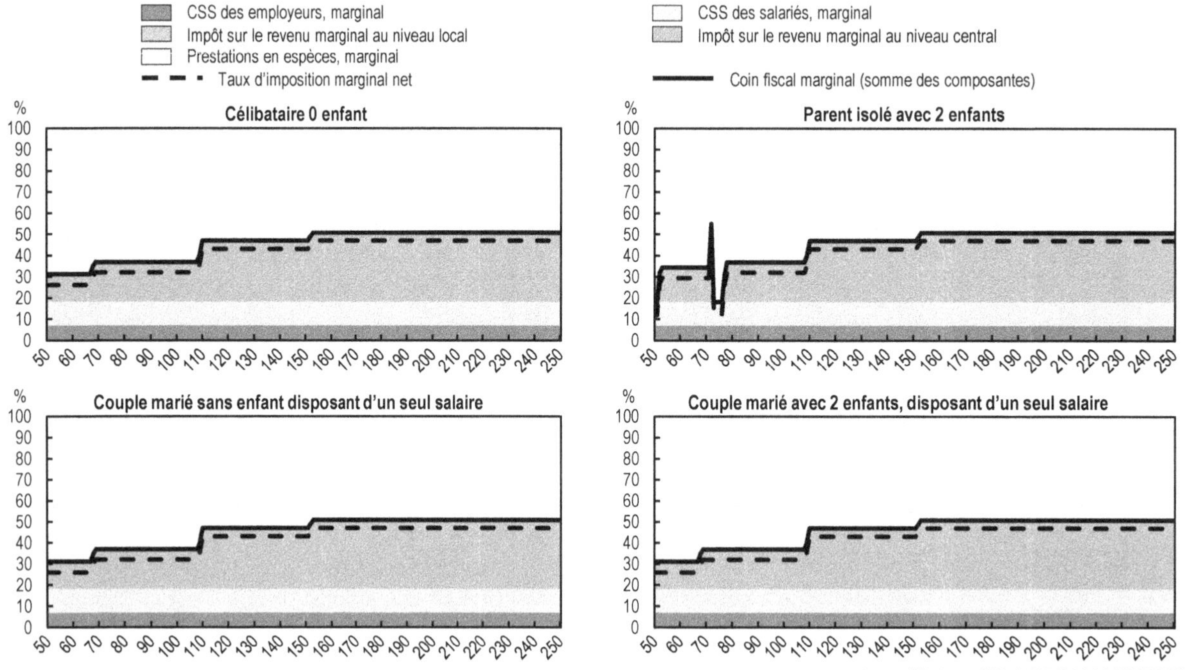

StatLink https://doi.org/10.1787/888934108662

Italie 2019: décomposition du coin fiscal moyen

en fonction du salaire brut exprimé en % du salaire moyen

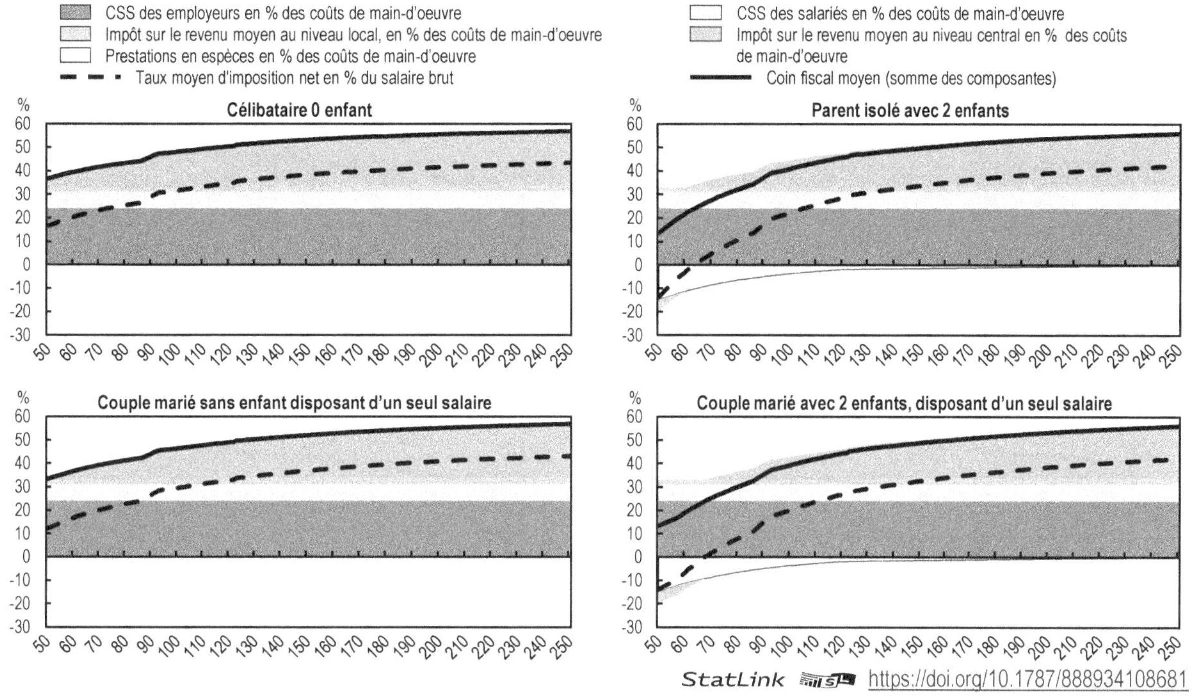

StatLink https://doi.org/10.1787/888934108681

Italie 2019: décomposition du coin fiscal marginal

en fonction du salaire brut exprimé en % du salaire moyen

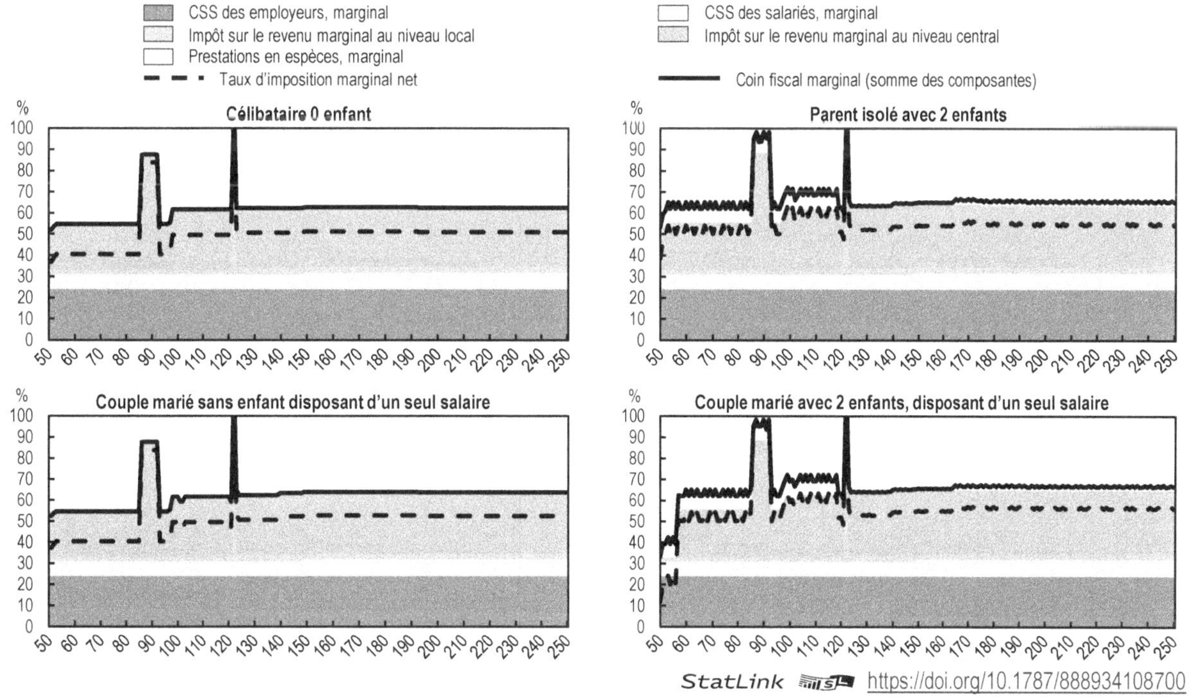

StatLink https://doi.org/10.1787/888934108700

Japon 2019: décomposition du coin fiscal moyen

en fonction du salaire brut exprimé en % du salaire moyen

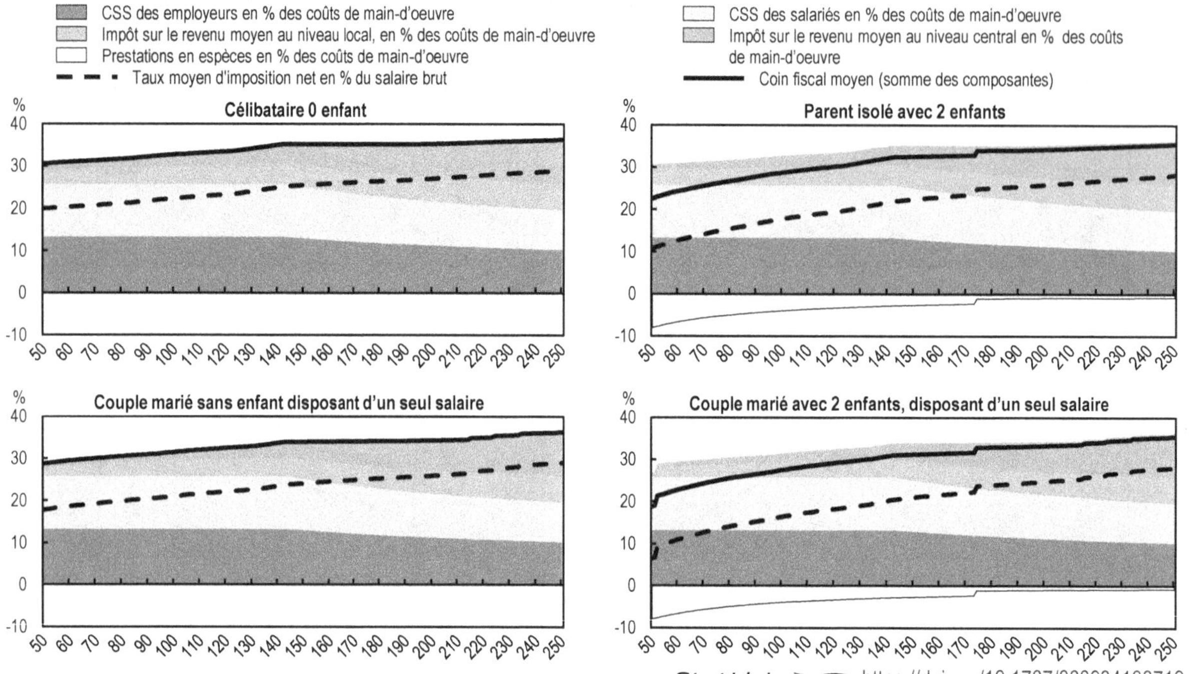

StatLink https://doi.org/10.1787/888934108719

Japon 2019: décomposition du coin fiscal marginal

en fonction du salaire brut exprimé en % du salaire moyen

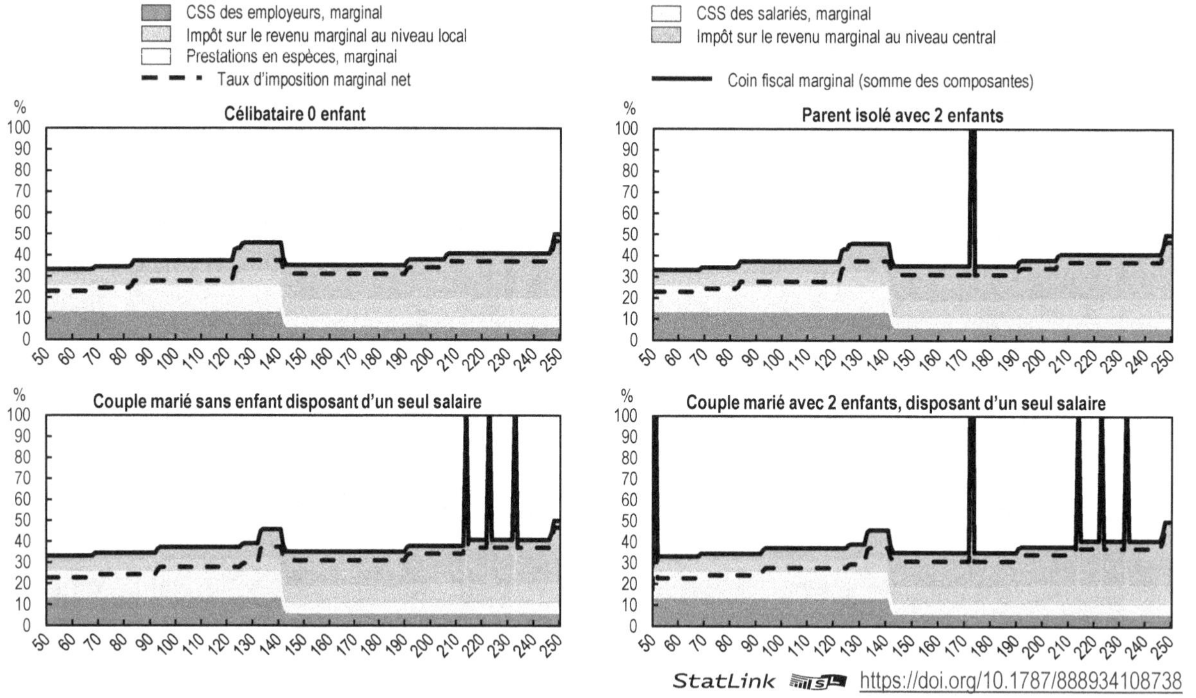

StatLink https://doi.org/10.1787/888934108738

Corée 2019: décomposition du coin fiscal moyen

en fonction du salaire brut exprimé en % du salaire moyen

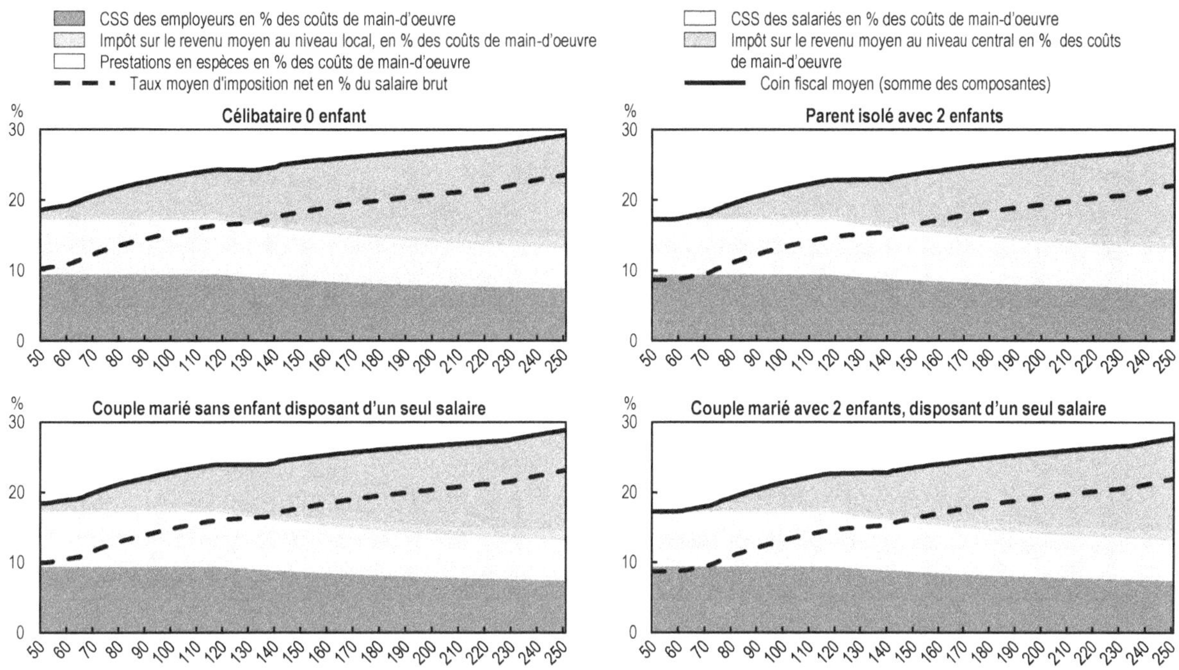

StatLink https://doi.org/10.1787/888934108776

Corée 2019: décomposition du coin fiscal marginal

en fonction du salaire brut exprimé en % du salaire moyen

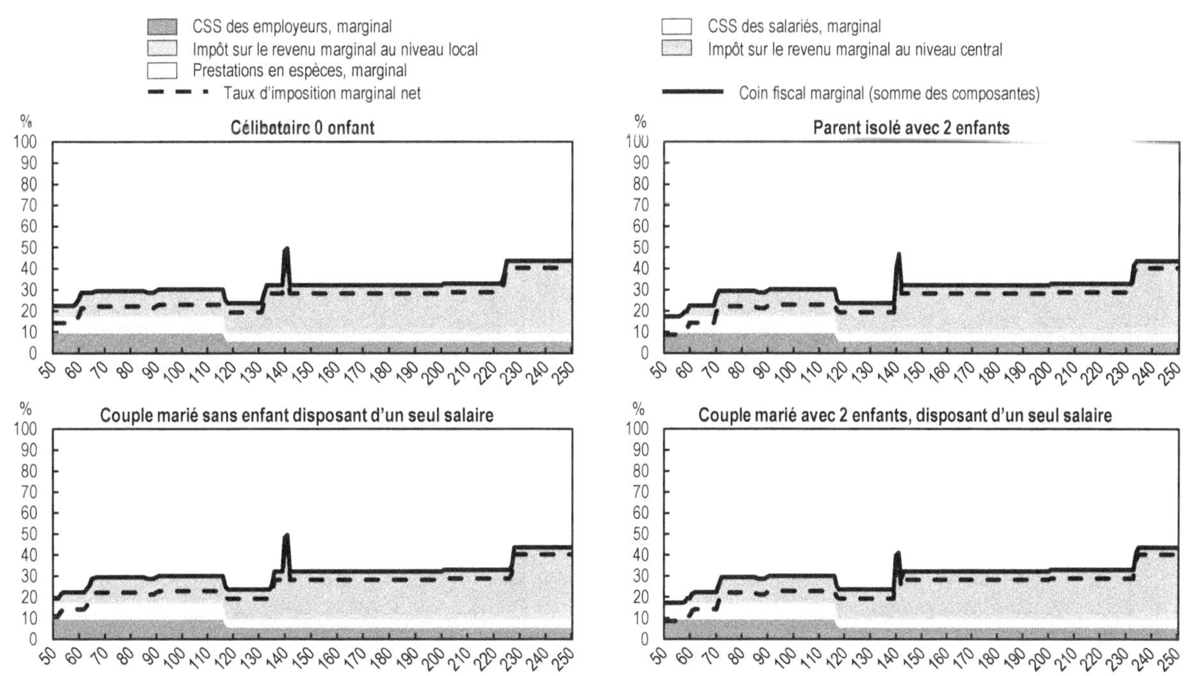

StatLink https://doi.org/10.1787/888934108757

Lettonie 2019: décomposition du coin fiscal moyen

en fonction du salaire brut exprimé en % du salaire moyen

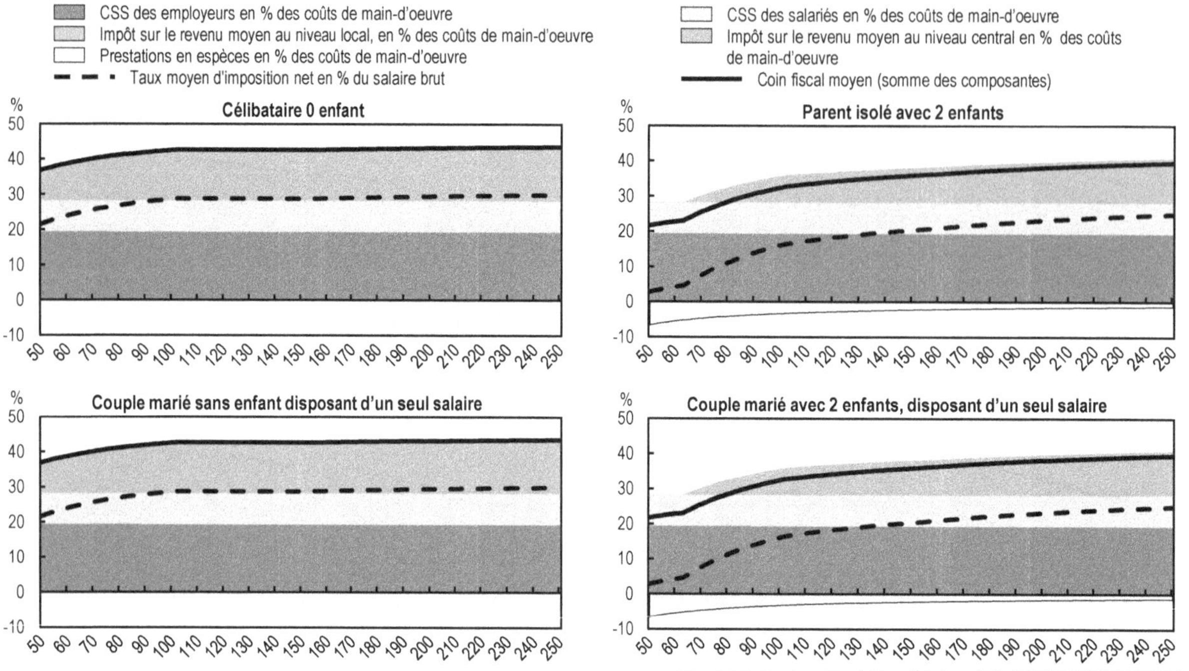

StatLink https://doi.org/10.1787/888934108814

Lettonie 2019: décomposition du coin fiscal marginal

en fonction du salaire brut exprimé en % du salaire moyen

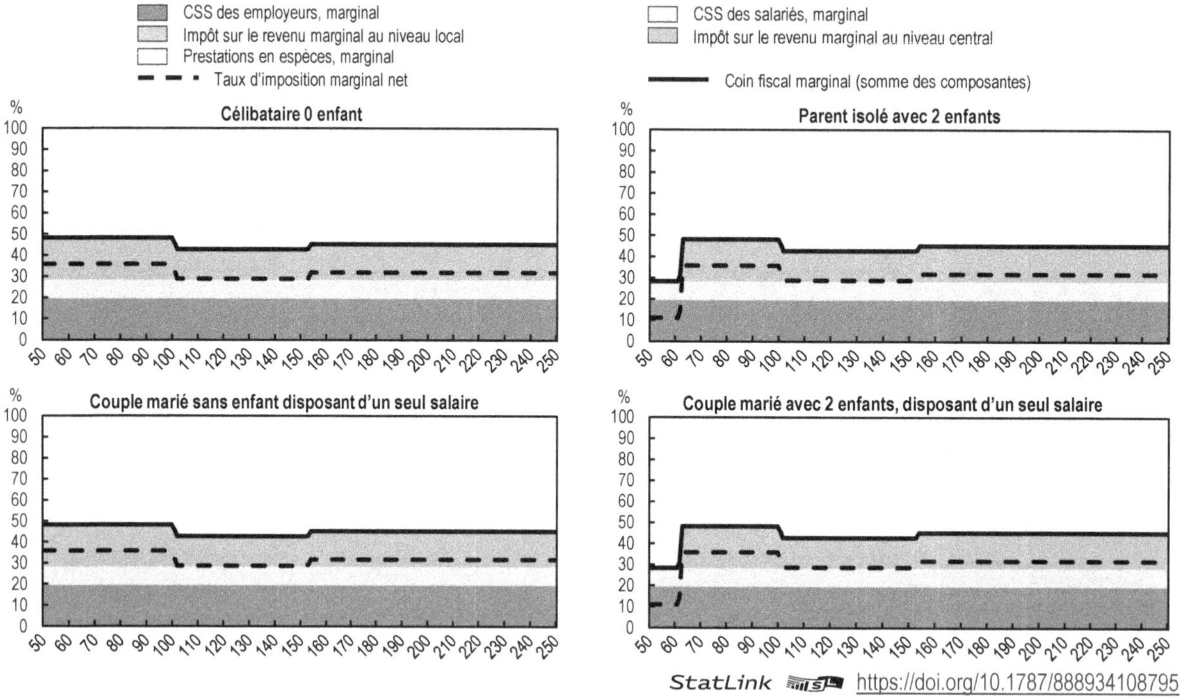

StatLink https://doi.org/10.1787/888934108795

Lituanie 2019: décomposition du coin fiscal moyen

en fonction du salaire brut exprimé en % du salaire moyen

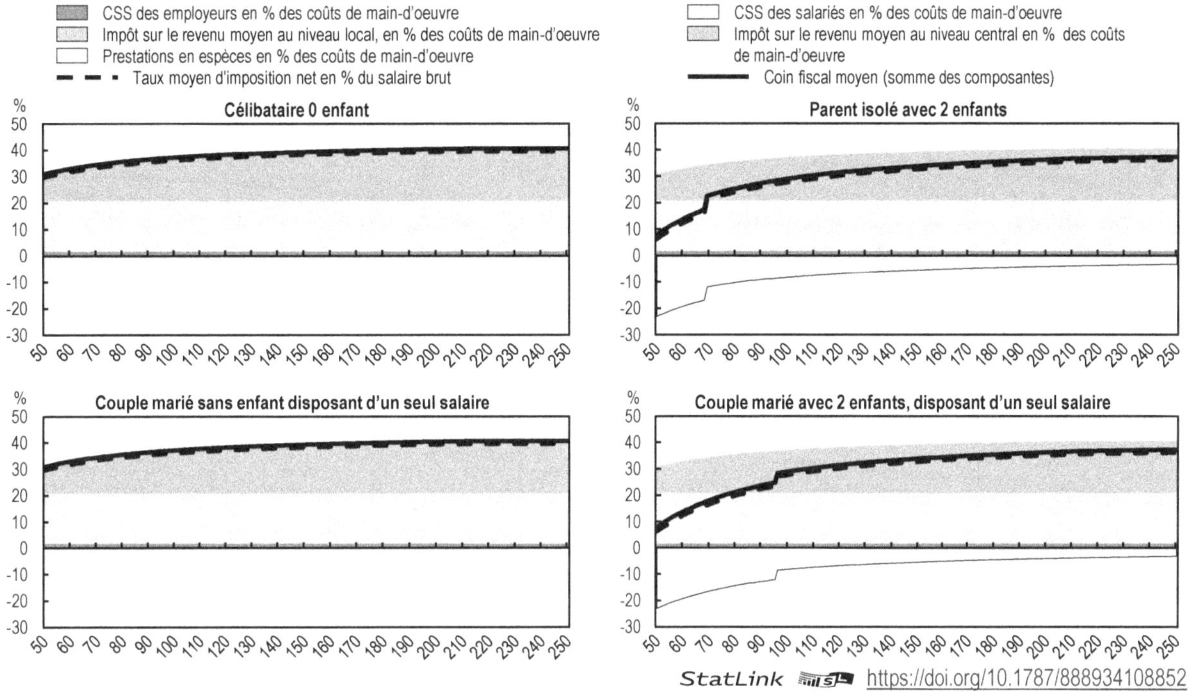

StatLink https://doi.org/10.1787/888934108852

Lituanie 2019: décomposition du coin fiscal marginal

en fonction du salaire brut exprimé en % du salaire moyen

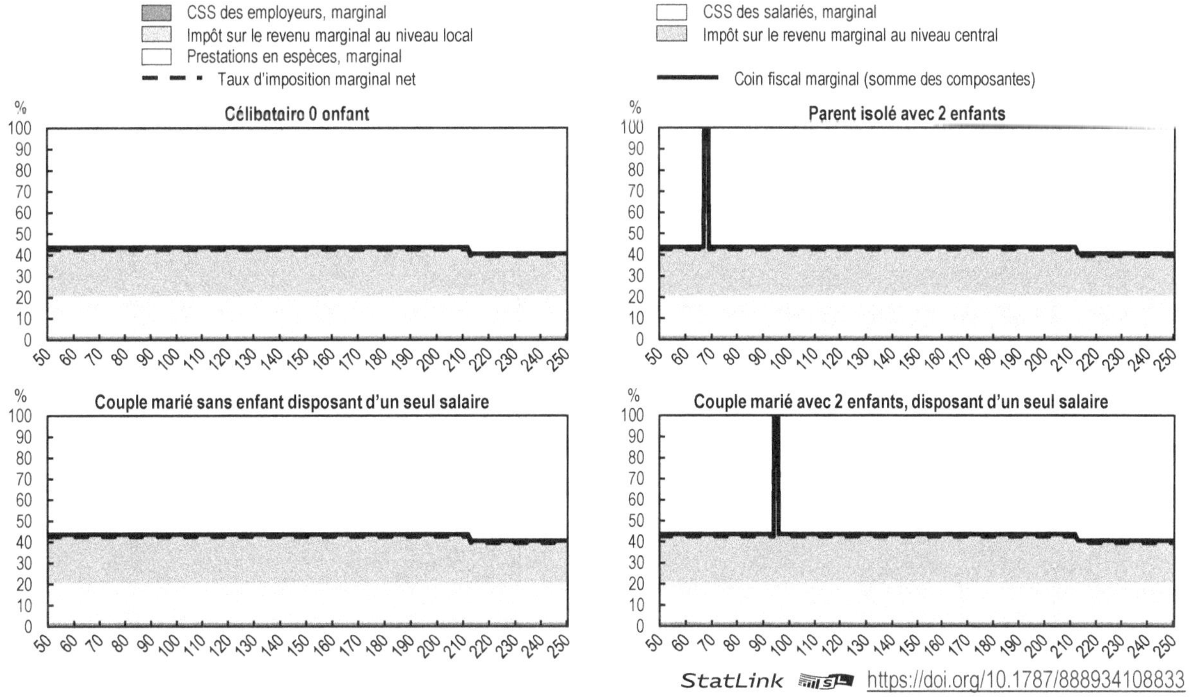

StatLink https://doi.org/10.1787/888934108833

Luxembourg 2019: décomposition du coin fiscal moyen

en fonction du salaire brut exprimé en % du salaire moyen

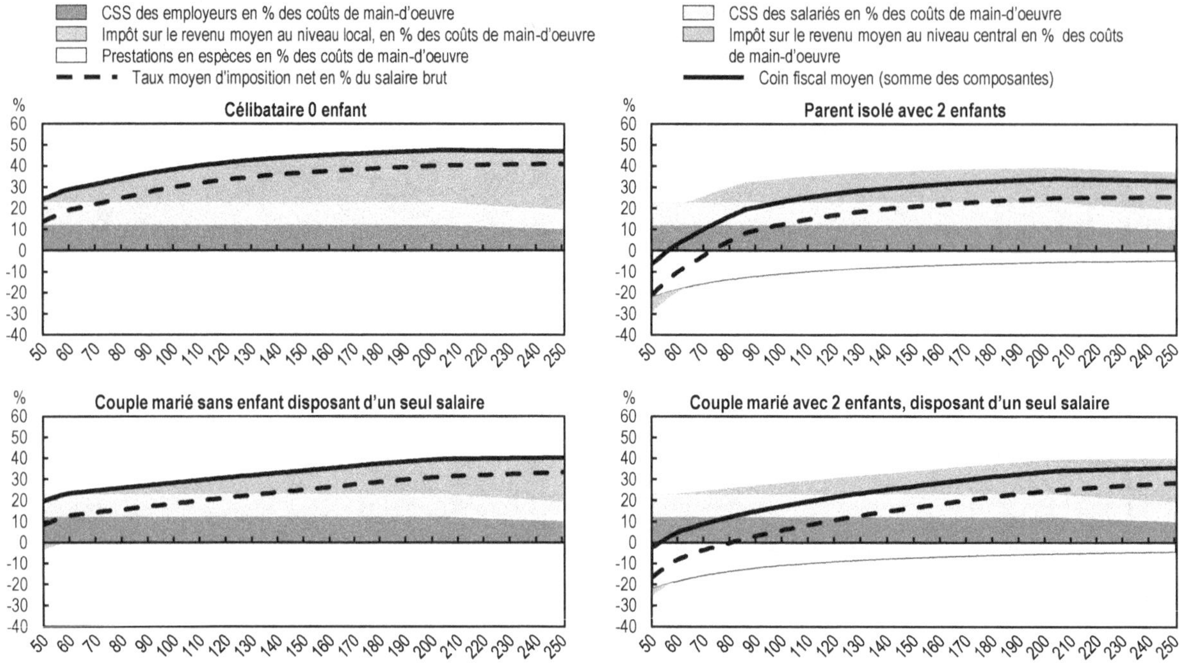

StatLink https://doi.org/10.1787/888934108871

Luxembourg 2019: décomposition du coin fiscal marginal

en fonction du salaire brut exprimé en % du salaire moyen

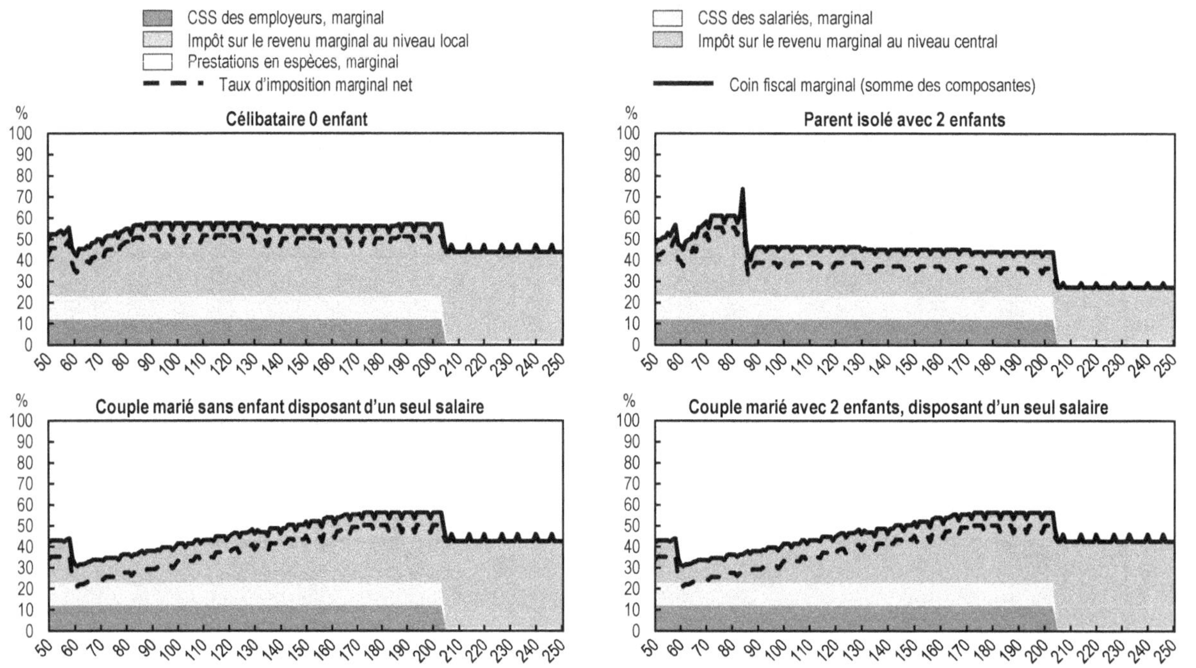

StatLink https://doi.org/10.1787/888934108890

Mexique 2019: décomposition du coin fiscal moyen

en fonction du salaire brut exprimé en % du salaire moyen

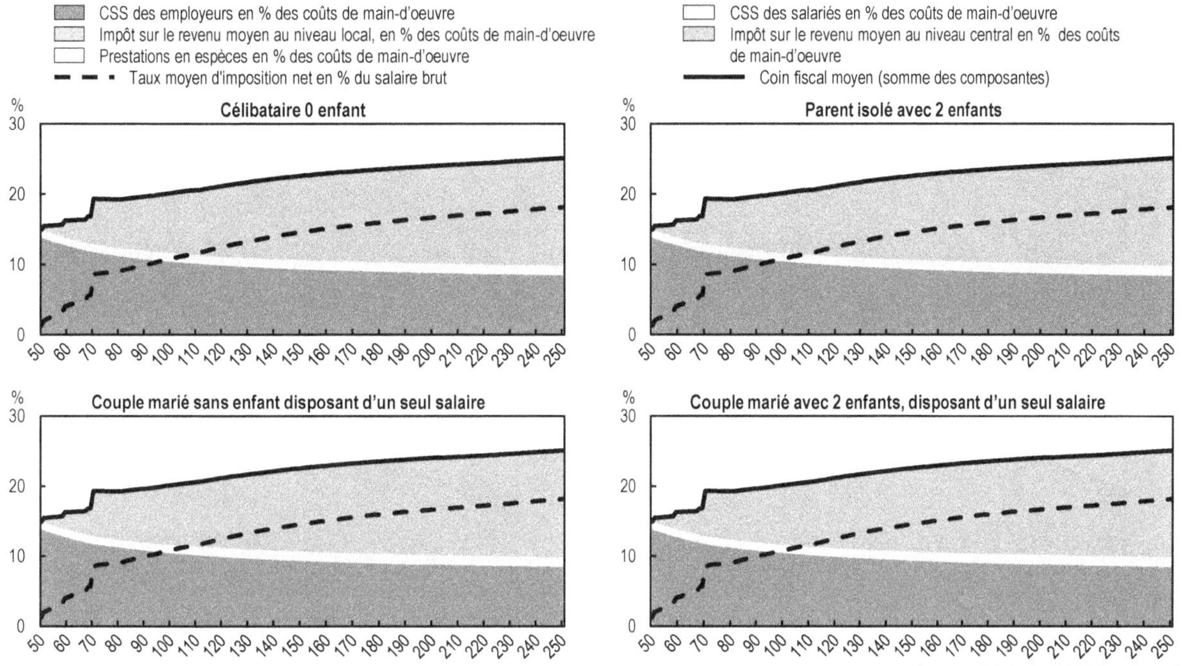

StatLink https://doi.org/10.1787/888934108909

Mexique 2019: décomposition du coin fiscal marginal

en fonction du salaire brut exprimé en % du salaire moyen

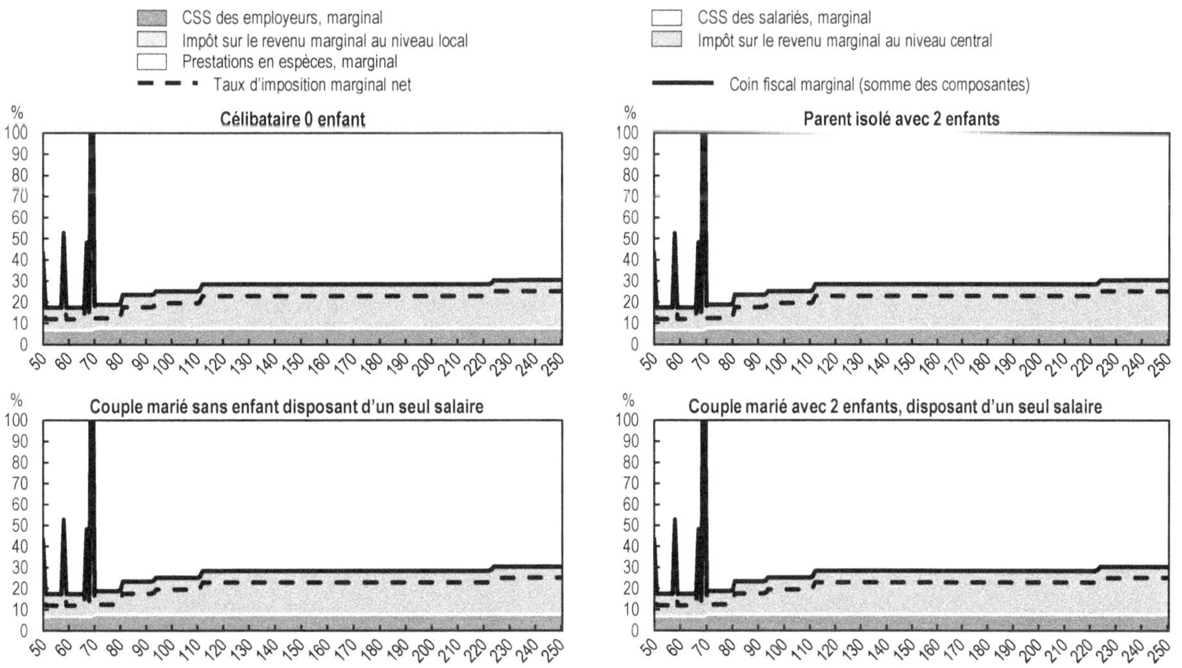

StatLink https://doi.org/10.1787/888934108928

Pays-Bas 2019: décomposition du coin fiscal moyen

en fonction du salaire brut exprimé en % du salaire moyen

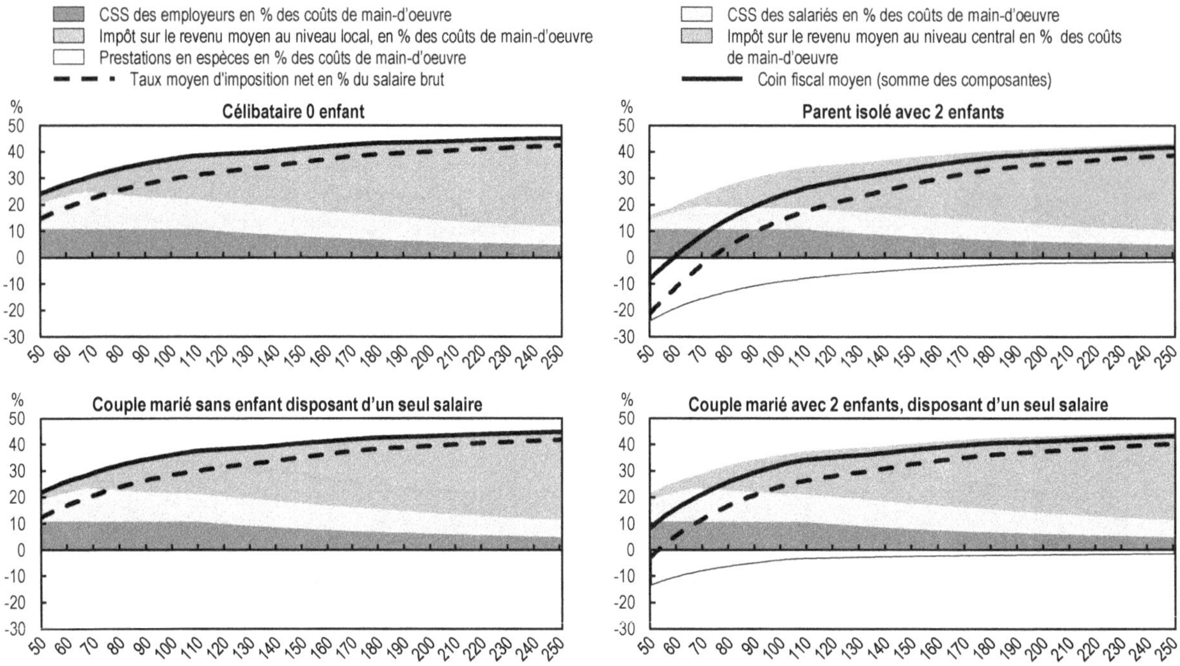

StatLink https://doi.org/10.1787/888934108947

Pays-Bas 2019: décomposition du coin fiscal marginal

en fonction du salaire brut exprimé en % du salaire moyen

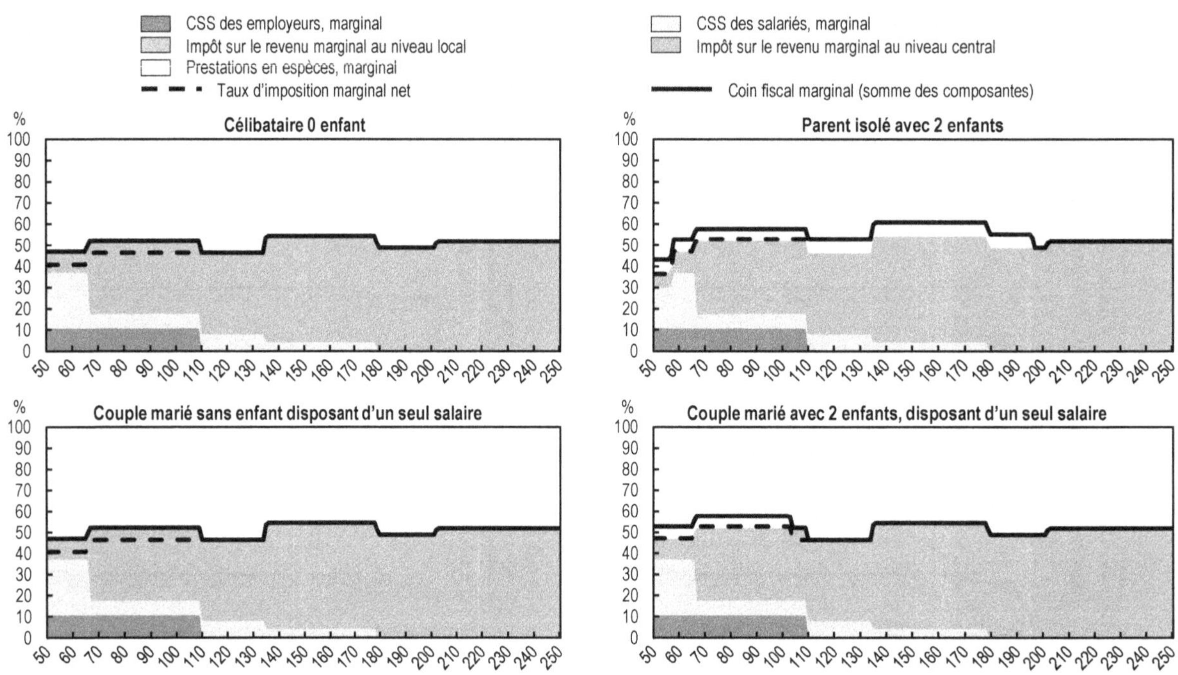

StatLink https://doi.org/10.1787/888934108966

Nouvelle-Zélande 2019: décomposition du coin fiscal moyen

en fonction du salaire brut exprimé en % du salaire moyen

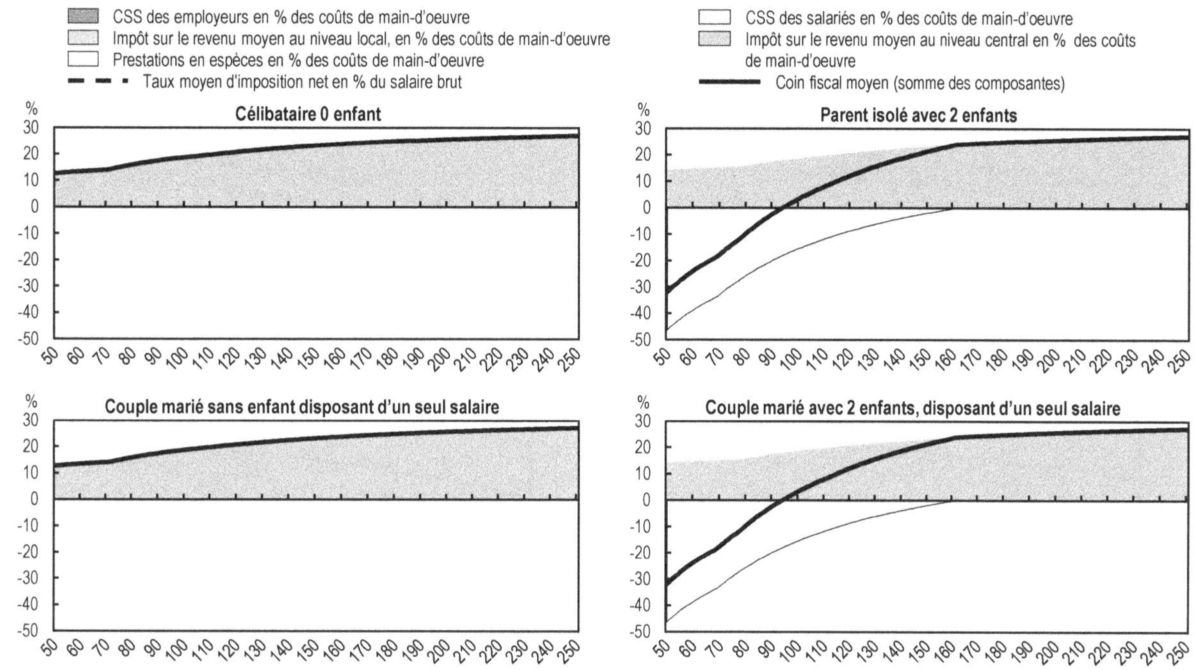

StatLink https://doi.org/10.1787/888934108985

Nouvelle-Zélande 2019: décomposition du coin fiscal marginal

en fonction du salaire brut exprimé en % du salaire moyen

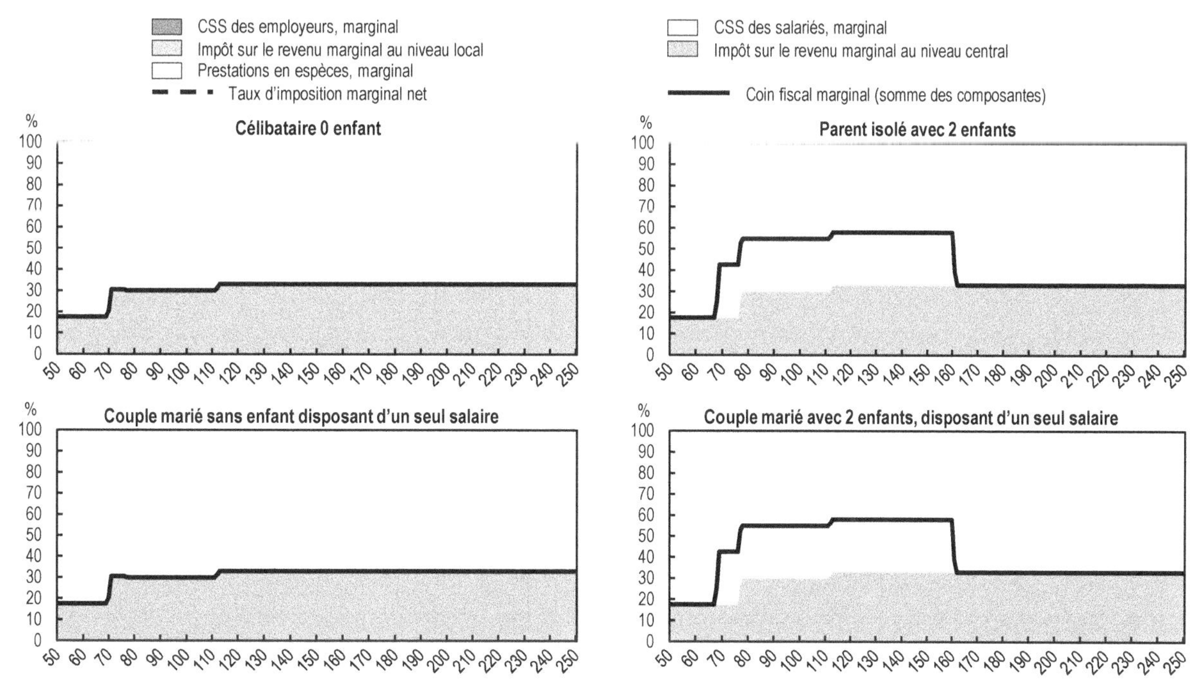

StatLink https://doi.org/10.1787/888934109004

Norvège 2019: décomposition du coin fiscal moyen

en fonction du salaire brut exprimé en % du salaire moyen

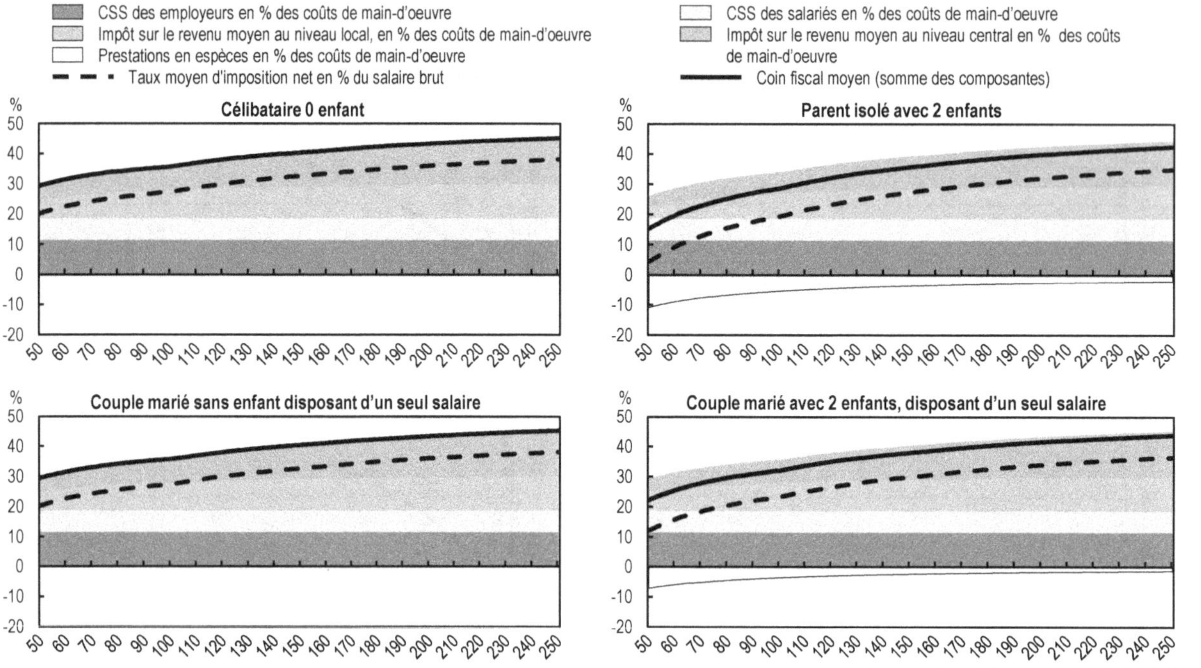

StatLink https://doi.org/10.1787/888934109042

Norvège 2019: décomposition du coin fiscal marginal

en fonction du salaire brut exprimé en % du salaire moyen

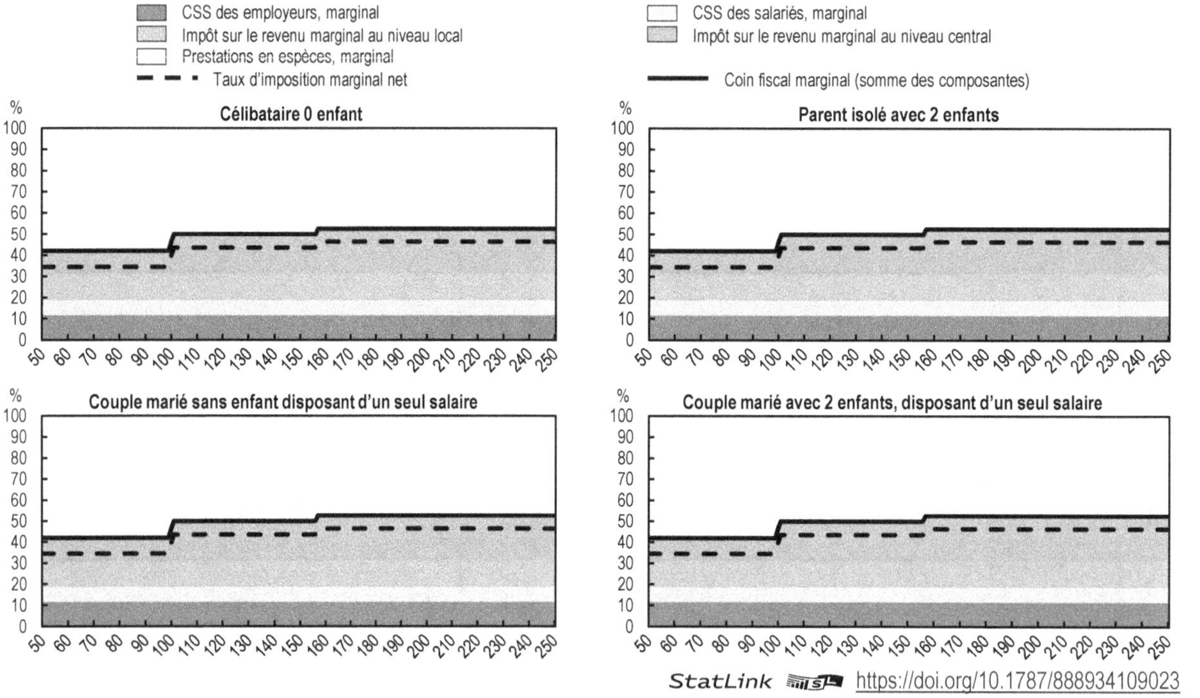

StatLink https://doi.org/10.1787/888934109023

Pologne 2019: décomposition du coin fiscal moyen

en fonction du salaire brut exprimé en % du salaire moyen

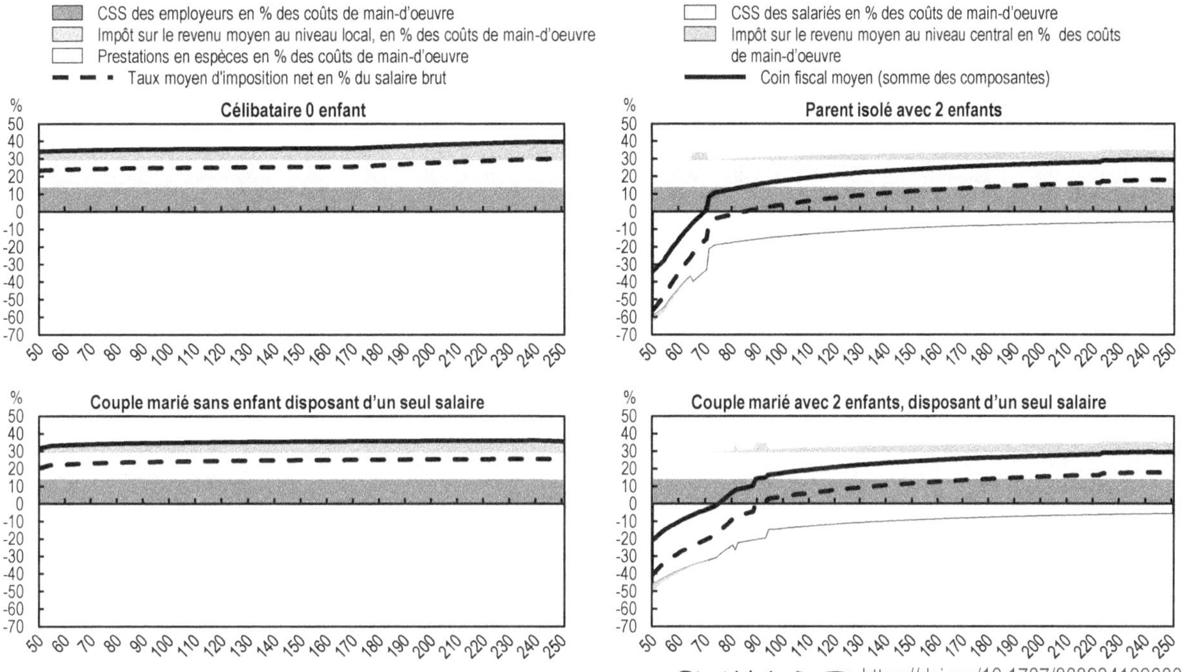

StatLink https://doi.org/10.1787/888934109080

Pologne 2019: décomposition du coin fiscal marginal

en fonction du salaire brut exprimé en % du salaire moyen

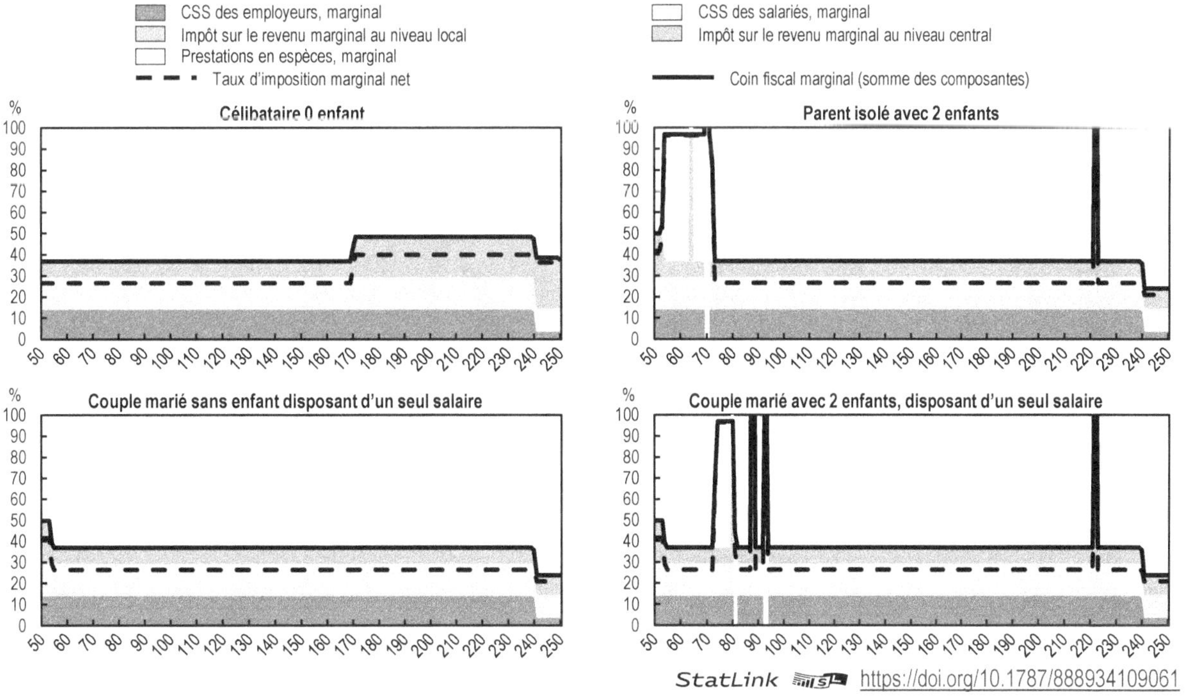

StatLink https://doi.org/10.1787/888934109061

Portugal 2019: décomposition du coin fiscal moyen

en fonction du salaire brut exprimé en % du salaire moyen

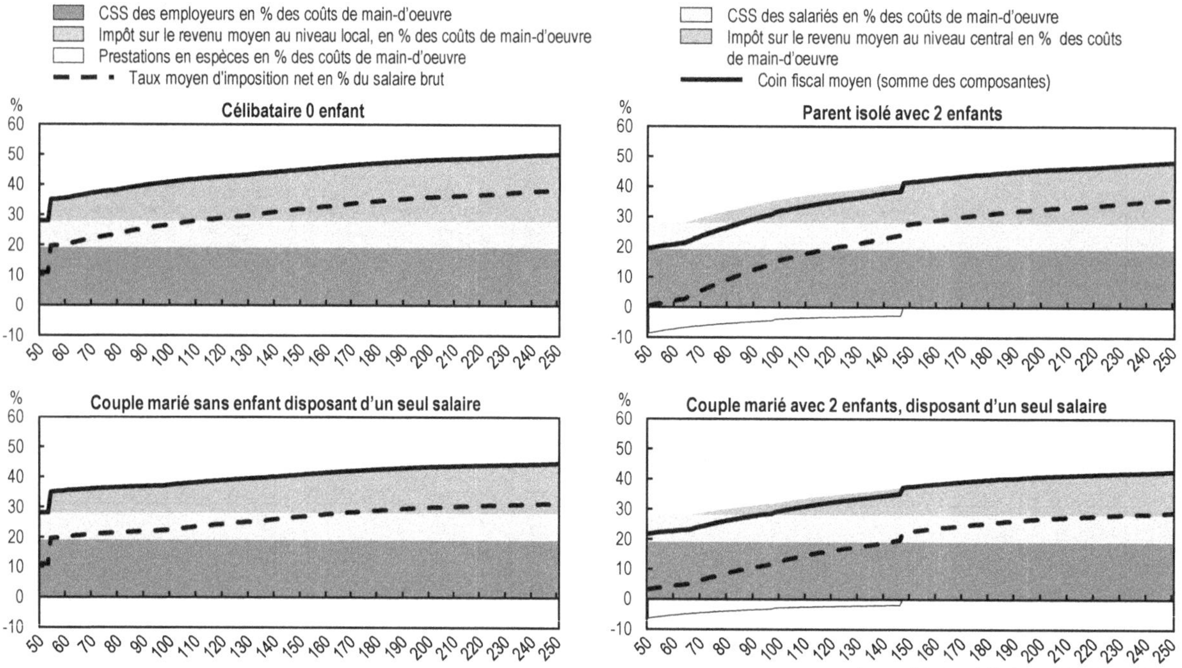

StatLink https://doi.org/10.1787/888934109118

Portugal 2019: décomposition du coin fiscal marginal

en fonction du salaire brut exprimé en % du salaire moyen

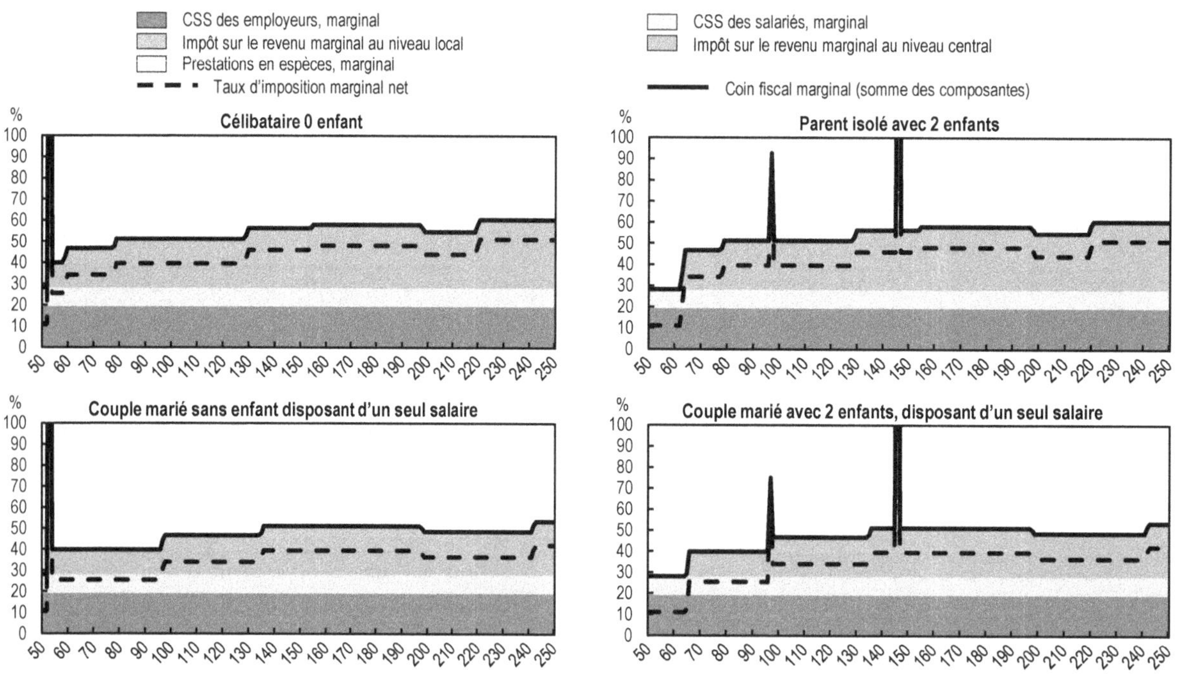

StatLink https://doi.org/10.1787/888934109099

République slovaque 2019: décomposition du coin fiscal moyen

en fonction du salaire brut exprimé en % du salaire moyen

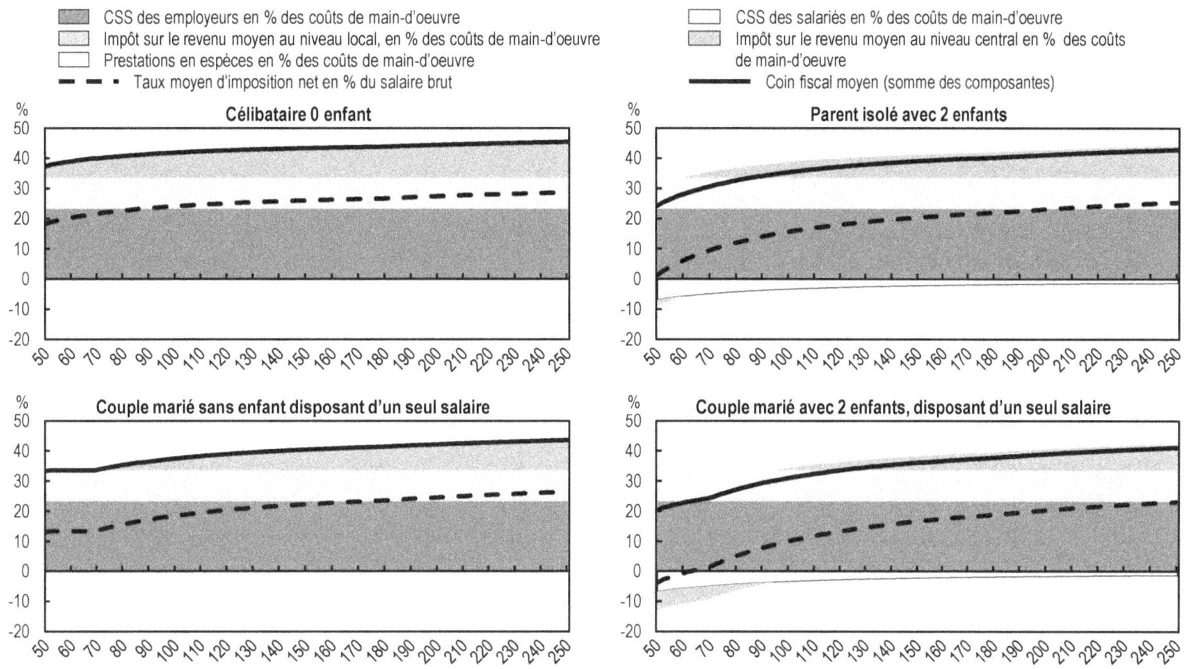

StatLink https://doi.org/10.1787/888934109137

République slovaque 2019: décomposition du coin fiscal marginal

en fonction du salaire brut exprimé en % du salaire moyen

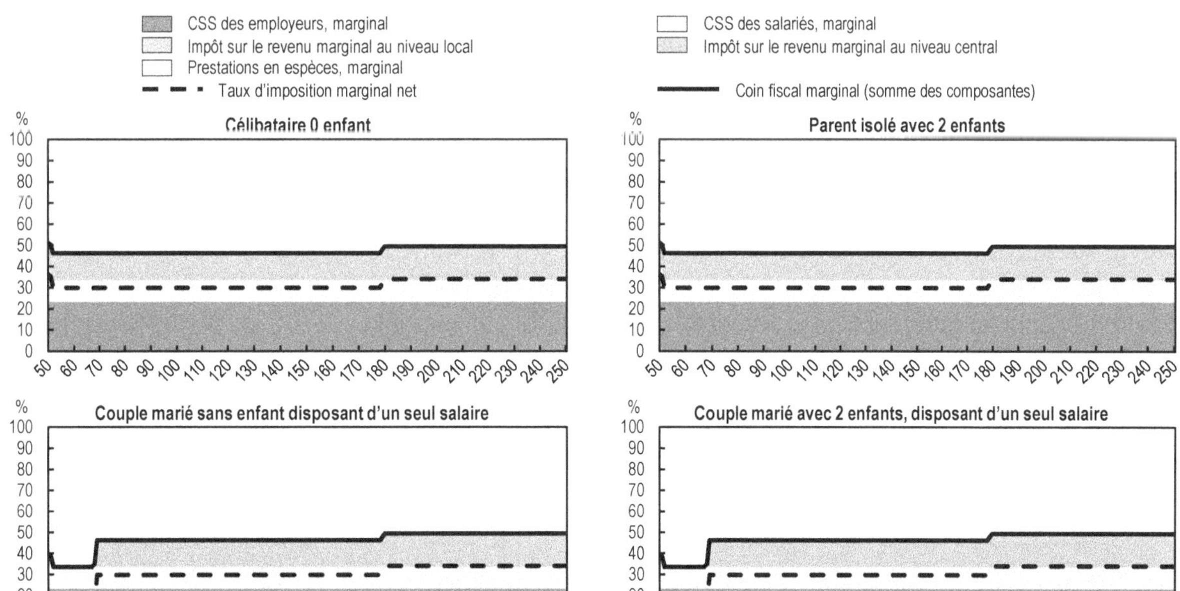

StatLink https://doi.org/10.1787/888934109156

Slovénie 2019: décomposition du coin fiscal moyen

en fonction du salaire brut exprimé en % du salaire moyen

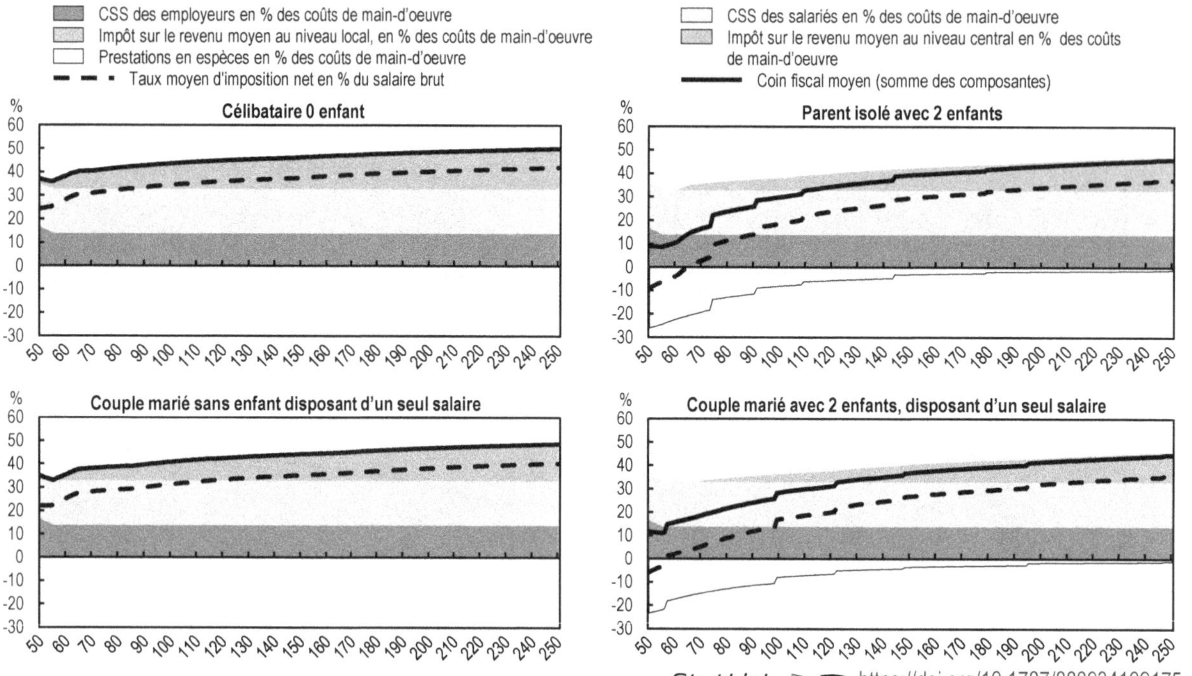

StatLink https://doi.org/10.1787/888934109175

Slovénie 2019: décomposition du coin fiscal marginal

en fonction du salaire brut exprimé en % du salaire moyen

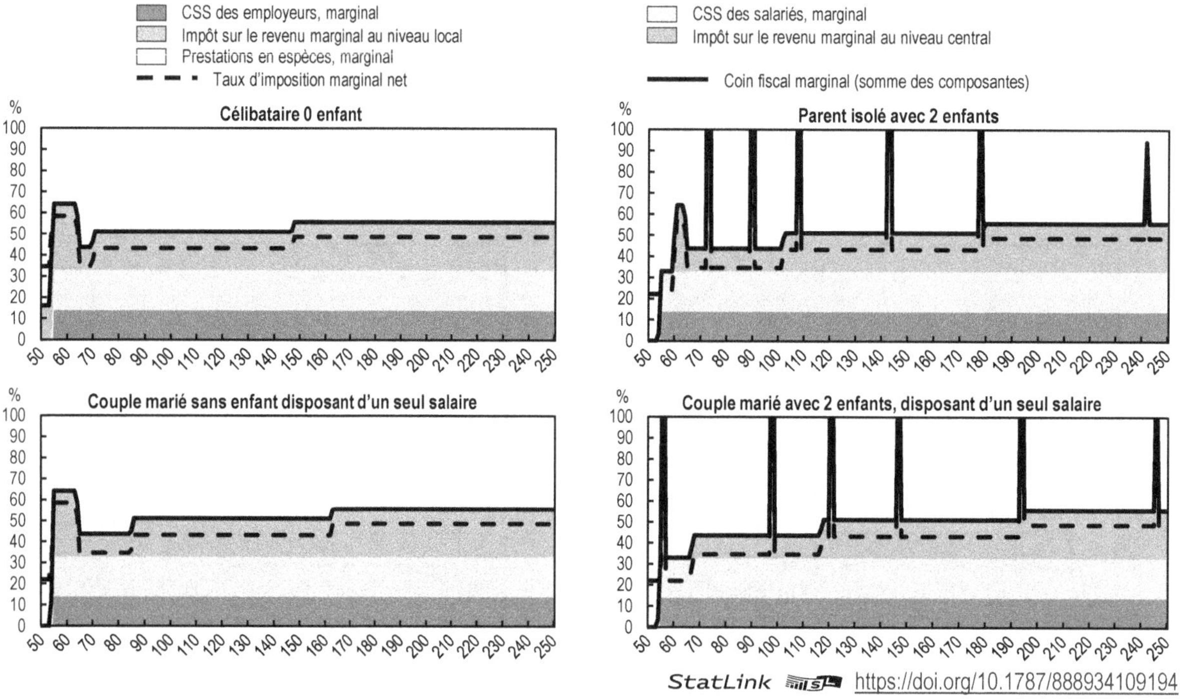

StatLink https://doi.org/10.1787/888934109194

Espagne 2019: décomposition du coin fiscal moyen

en fonction du salaire brut exprimé en % du salaire moyen

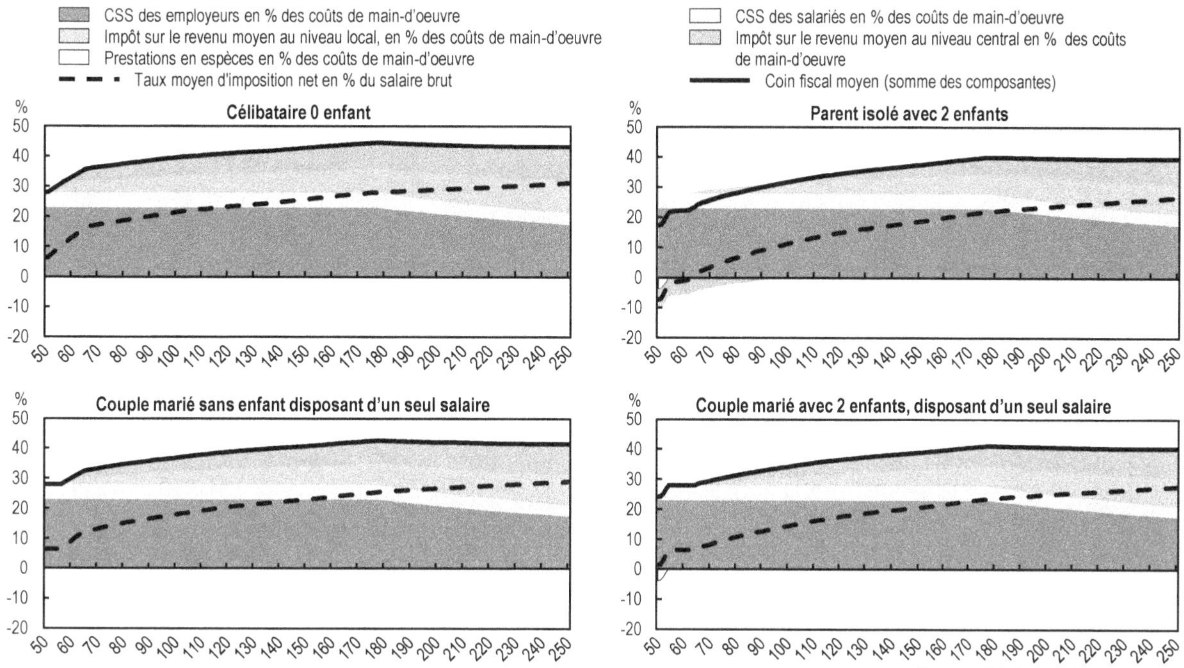

StatLink https://doi.org/10.1787/888934109213

Espagne 2019: décomposition du coin fiscal marginal

en fonction du salaire brut exprimé en % du salaire moyen

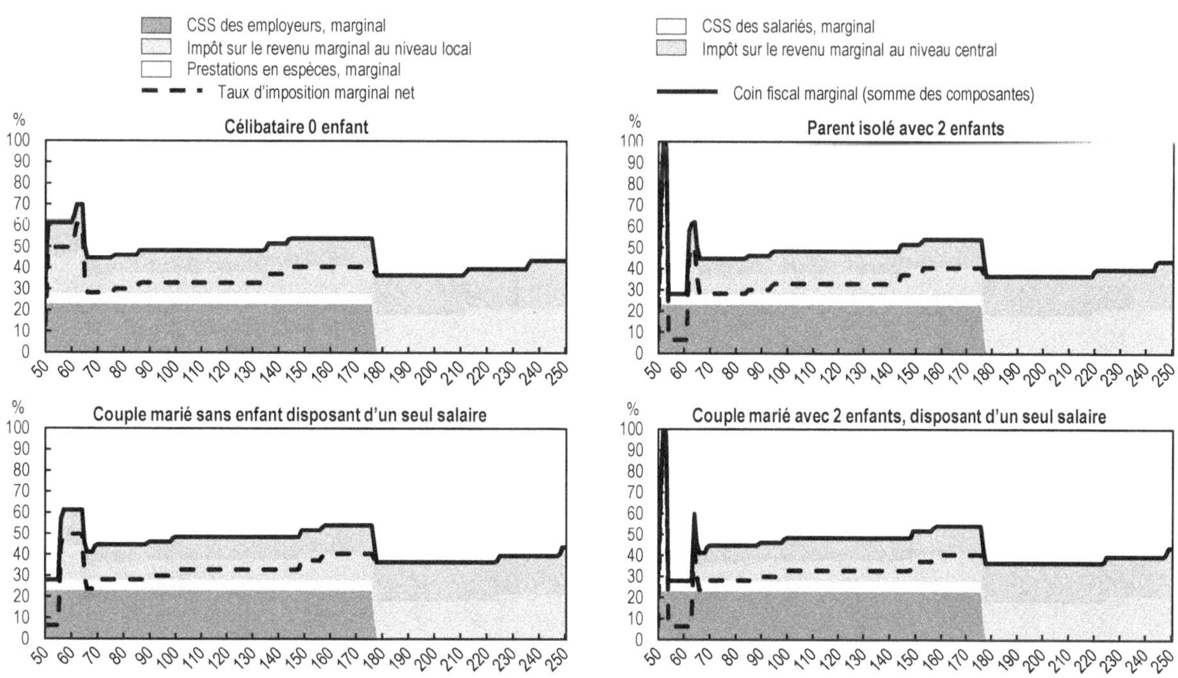

StatLink https://doi.org/10.1787/888934109232

Suède 2019: décomposition du coin fiscal moyen

en fonction du salaire brut exprimé en % du salaire moyen

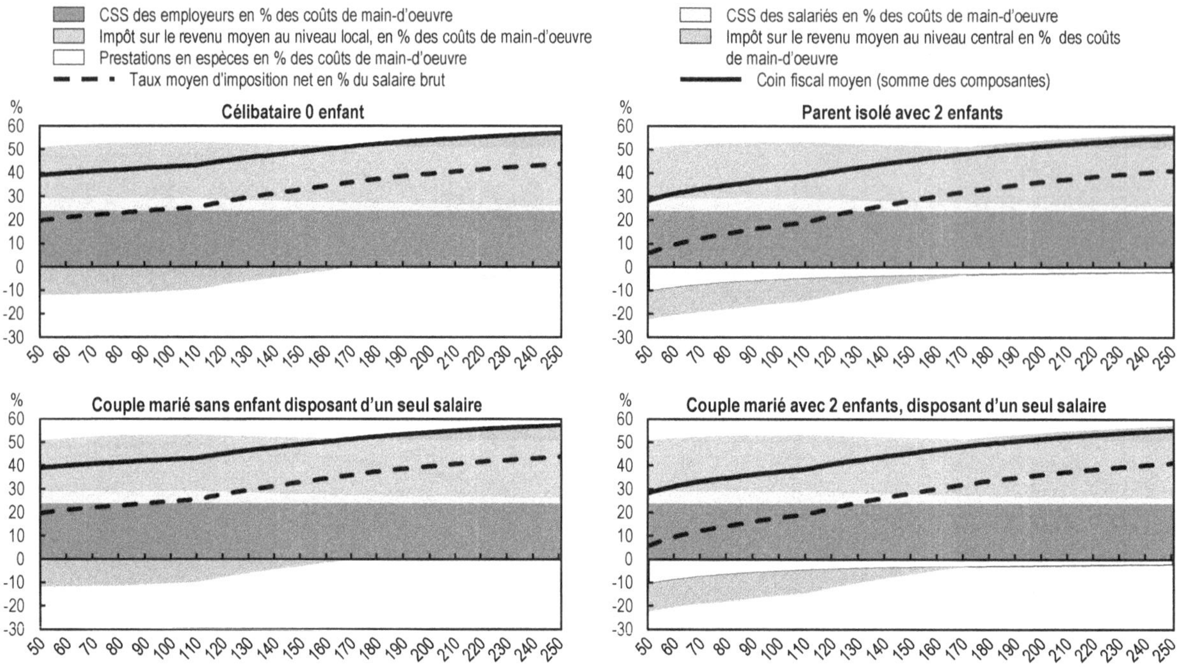

StatLink https://doi.org/10.1787/888934109251

Suède 2019: décomposition du coin fiscal marginal

en fonction du salaire brut exprimé en % du salaire moyen

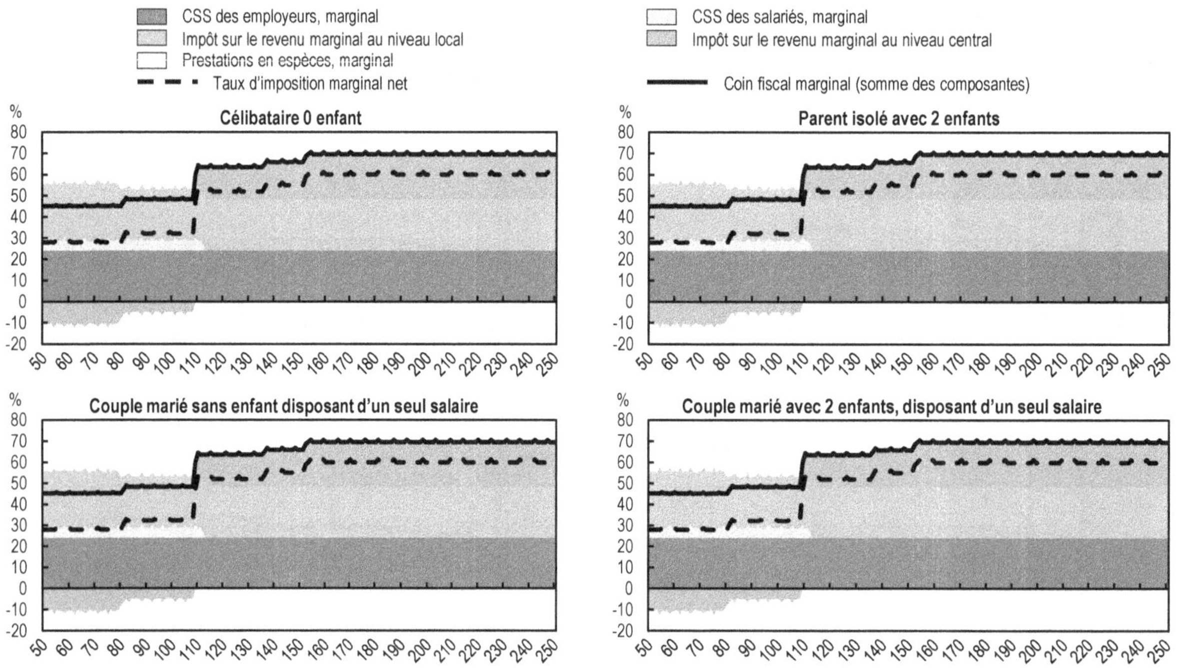

StatLink https://doi.org/10.1787/888934109270

Suisse 2019: décomposition du coin fiscal moyen

en fonction du salaire brut exprimé en % du salaire moyen

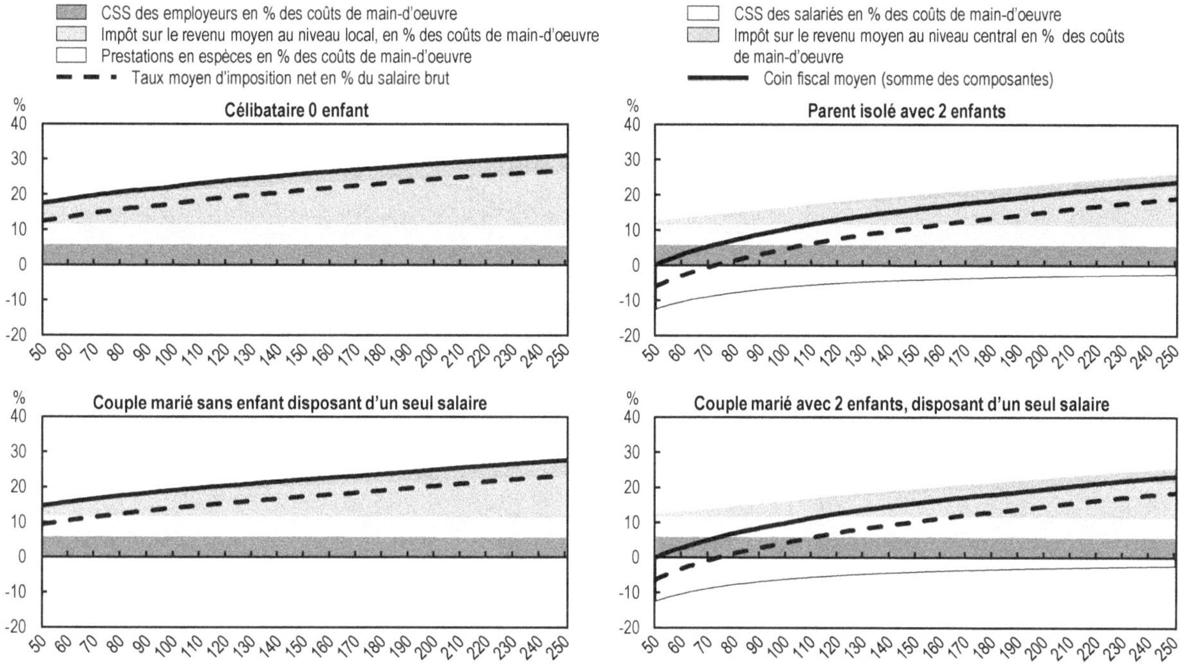

StatLink https://doi.org/10.1787/888934109308

Suisse 2019: décomposition du coin fiscal marginal

en fonction du salaire brut exprimé en % du salaire moyen

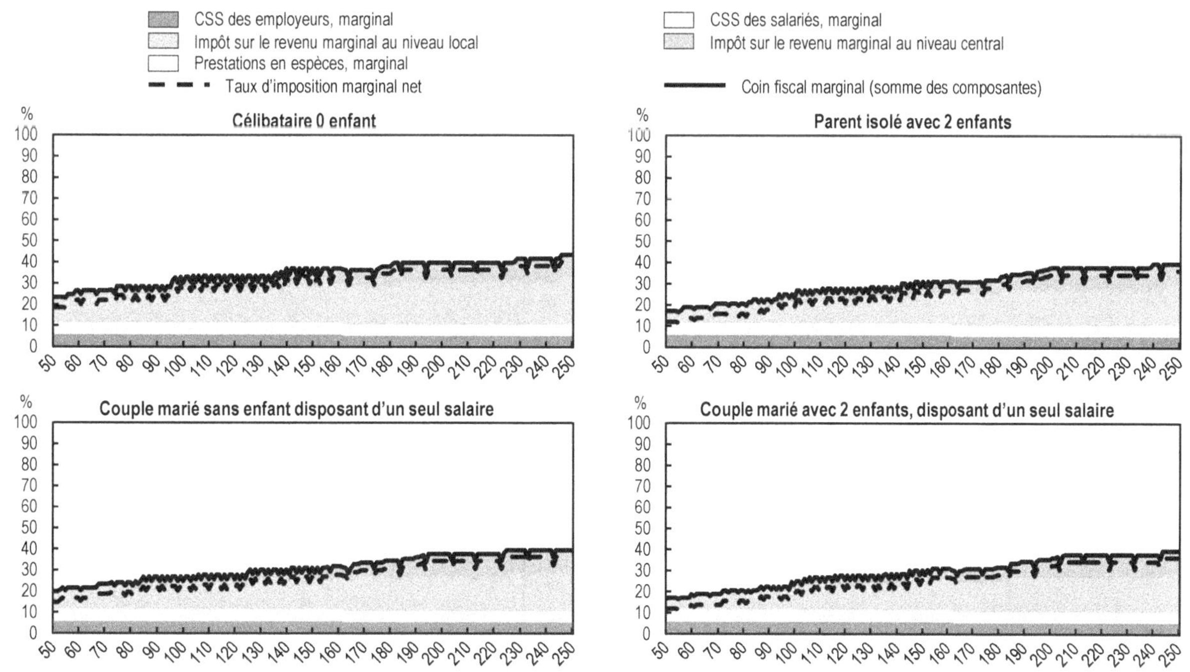

StatLink https://doi.org/10.1787/888934109289

Turquie 2019: décomposition du coin fiscal moyen

en fonction du salaire brut exprimé en % du salaire moyen

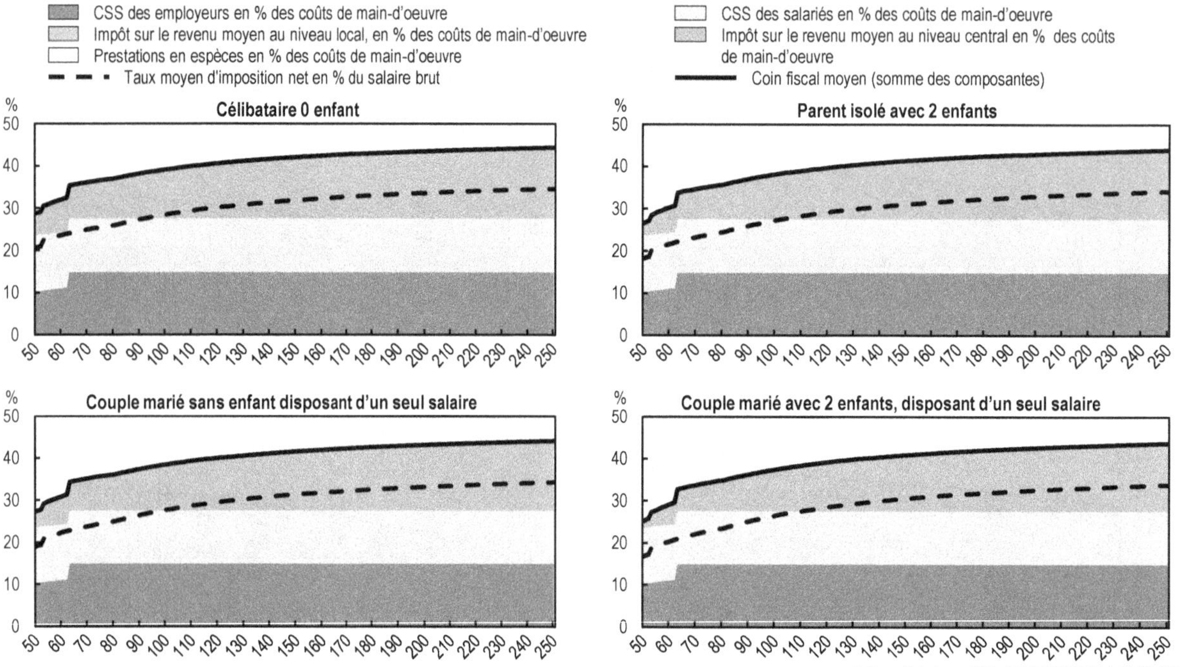

StatLink https://doi.org/10.1787/888934109346

Turquie 2019: décomposition du coin fiscal marginal

en fonction du salaire brut exprimé en % du salaire moyen

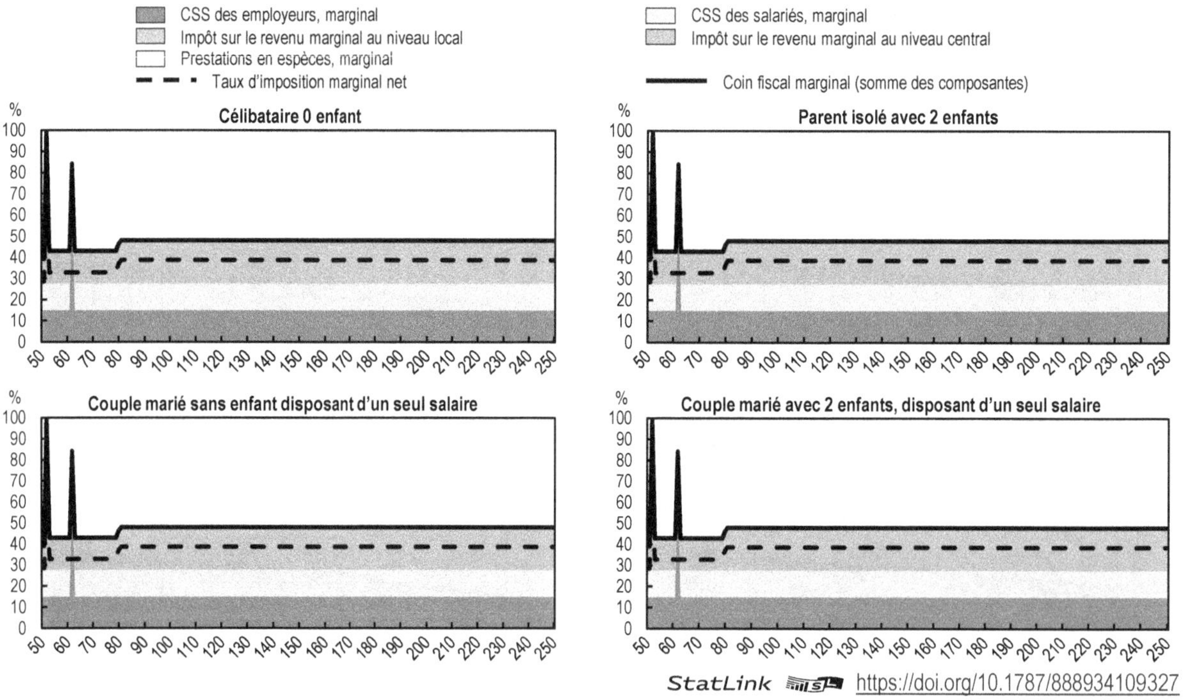

StatLink https://doi.org/10.1787/888934109327

Royaume-Uni 2019: décomposition du coin fiscal moyen

en fonction du salaire brut exprimé en % du salaire moyen

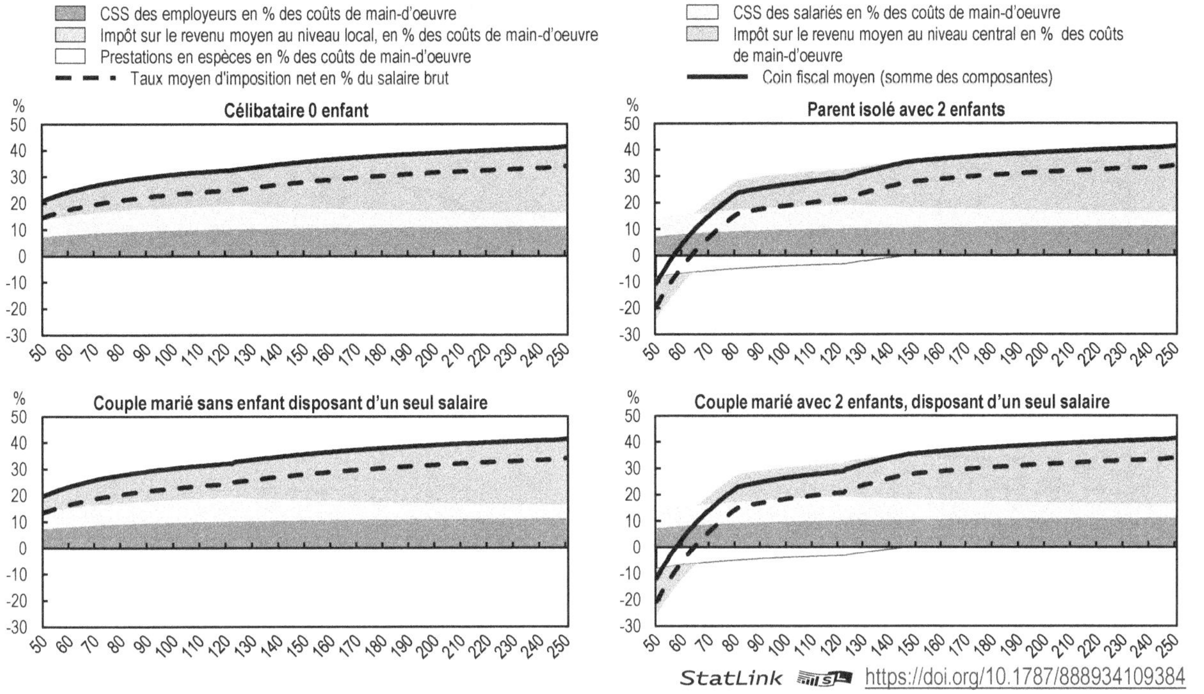

StatLink https://doi.org/10.1787/888934109384

Royaume-Uni 2019: décomposition du coin fiscal marginal

en fonction du salaire brut exprimé en % du salaire moyen

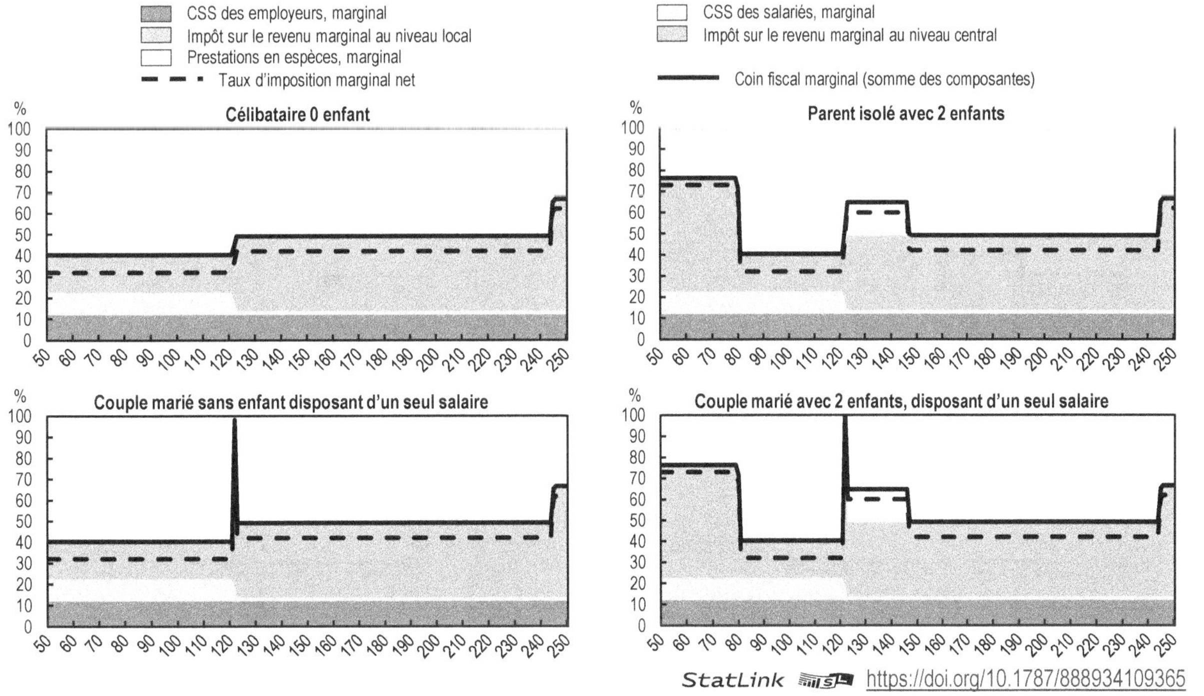

StatLink https://doi.org/10.1787/888934109365

États-Unis 2019: décomposition du coin fiscal moyen

en fonction du salaire brut exprimé en % du salaire moyen

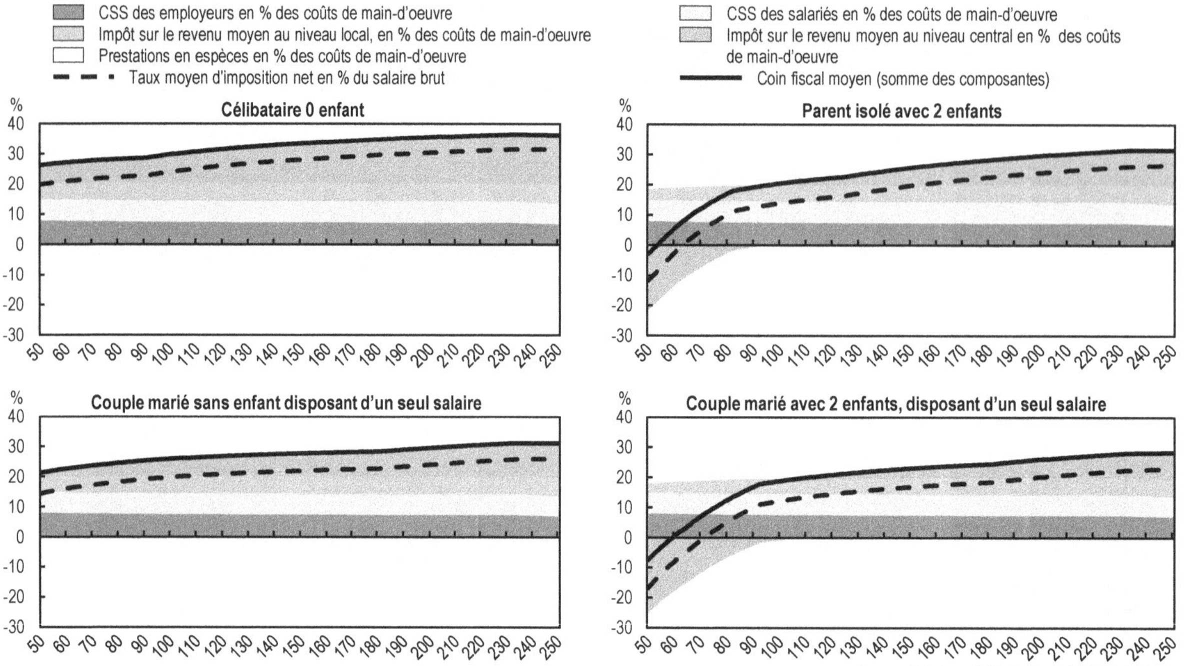

StatLink https://doi.org/10.1787/888934109403

États-Unis 2019: décomposition du coin fiscal marginal

en fonction du salaire brut exprimé en % du salaire moyen

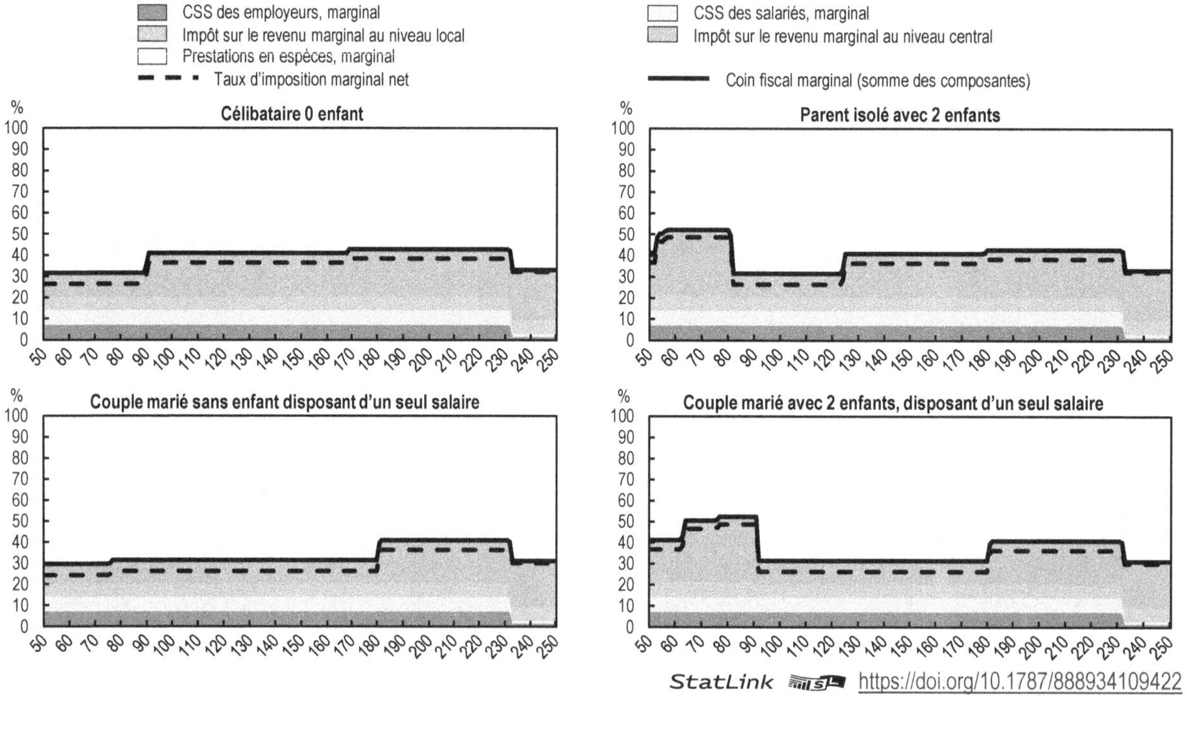

StatLink https://doi.org/10.1787/888934109422

Notes

[1] Les coins fiscaux marginaux figurant dans les graphiques sont calculés d'une manière légèrement différente de celle adoptée pour les taux d'imposition marginaux figurant dans le reste de la publication Les Impôts sur les salaires. Dans cette publication, les taux marginaux sont généralement calculés en majorant les salaires bruts d'une unité monétaire (excepté pour le conjoint d'un couple marié disposant d'un seul salaire dont les gains augmentent de 67 % du salaire moyen). Cependant la démarche fondée sur l'ajout d'une unité monétaire exige que l'on calcule les taux marginaux pour chaque unité monétaire à l'intérieur de la tranche de revenu représentée dans les graphiques ; à défaut, il ne serait pas correct de relier les différents points de données dans la mesure où on ne disposerait pas des données pour les niveaux de revenu situés entre les différents points. Pour réduire le nombre de calculs à effectuer, les taux marginaux qui sont présentés dans les graphiques sont calculés en majorant les salaires bruts d'un point de pourcentage, au lieu d'une unité monétaire, si bien que chaque ligne du graphique se compose de 200 points de données.

[2] Même si cela n'apparait pas sur les graphiques, les impôts sur le revenu prélevés par les administrations centrales sont négatifs jusqu'à 57 % du SM pour les parents isolés et les couples avec ou sans enfants.

5 Charges fiscales, 2018 (et variations entre 2018 et 2019)

Ce chapitre présente les résultats des mesures de la charge fiscale pesant sur les revenus du travail en 2018 pour les huit catégories de foyer étudiées. Il contient les tableaux 5.1 à 5.13 qui présentent un certain nombre de mesures de la charge fiscale moyenne (coin fiscal, taux d'imposition des personnes physiques, taux net d'imposition des personnes physique, taux de l'impôt sur le revenu des personnes physiques et taux des cotisations salariales de sécurité sociale) et marginale (coin fiscal et taux net d'imposition des personnes physiques). Les résultats de deux indicateurs de la progressivité de l'impôt sont également examinés : mesures de l'élasticité de l'impôt basée sur le salaire brut et sur les coûts de main-d'œuvre.

Les formats des tableaux sont identiques aux tableaux 3.1 à 3.13 examinés dans le chapitre 3 portant sur les résultats de la charge fiscale pesant sur les revenus du travail en 2019. Ce chapitre compare les deux séries de tableaux et analyse les changements de la charge fiscale qui se sont produits entre 2018 et 2019.

Les commentaires qui suivent relatifs à l'évolution de la charge fiscale et du taux marginal d'imposition entre 2018 et 2019 concernent deux des huit catégories de foyer, les célibataires sans enfant percevant le salaire moyen (colonne 2 des tableaux) et les couples mariés avec deux enfants et un seul salaire égal au salaire moyen (colonne 5). En comparant les colonnes 1, 3 à 4 et 6 à 8 des tableaux, on obtiendra les résultats pour les six autres catégories de foyer. En général, on ne signalera dans ce chapitre que les changements dépassant 1 point (pour les taux effectifs moyens) et 5 points (pour les taux effectifs marginaux). La plupart de ces changements s'expliquent par des réformes fiscales ou par des modifications apportées aux systèmes fiscaux. La Partie II du Rapport, intitulée « Informations détaillées par pays, 2019 », donne des précisions sur les systèmes fiscaux des différents pays.

Le Tableau 5.1 indique le coin fiscal total (constitué de l'impôt sur le revenu des personnes physiques majoré des cotisations salariales et patronales de sécurité sociale et diminué des prestations versées en espèces) par catégorie de foyer et en pourcentage des coûts de main-d'œuvre – salaire brut plus cotisations patronales de sécurité sociale (y compris les taxes sur les salaires) en 2018. Dans la majorité des pays, les variations entre 2018 et 2019 de l'écart entre les coûts totaux de main-d'œuvre et le salaire net disponible correspondant étaient comprises entre plus ou moins 1 point.

Si l'on compare la colonne 2 des tableaux 3.1 et 5.1, le coin fiscal moyen dans la zone OCDE a baissé de 0.1 point entre 2018 et 2019, passant de 36.1 % à 36.0 % pour un travailleur célibataire percevant le salaire moyen. Il a diminué de plus d'un point de pourcentage en Lituanie seulement (3.4 points). Une réforme de la fiscalité du travail a été mise en œuvre dans ce pays en 2019. Cette réforme a consisté notamment en une forte baisse des cotisations patronales de sécurité sociale, qui a en grande partie été compensée par un relèvement des cotisations salariales de sécurité sociale et une hausse équivalente des salaires bruts. Le taux global des cotisations patronales de sécurité sociale et des taxes sur les salaires comprises est ainsi passé de 31.2 % en 2018 à 1.79 % en 2019, tandis que le taux global des cotisations salariales de sécurité sociale a augmenté est passé de 9 % à 19.5 %. De plus, un plafond de revenus d'environ 9.5 fois le salaire moyen a été introduit pour le calcul des cotisations sociales patronales et salariales. Les employeurs ont également été tenus dans le cadre de la réforme de relever les salaires bruts de 28.9 % afin de compenser la hausse des cotisations salariales de sécurité sociale (voir les Informations détaillées par pays dans la Partie II du Rapport pour plus de précisions). En revanche, on observe une hausse supérieure à un point du coin fiscal seulement en Estonie (1.1 point), où l'abattement fiscal de base lié au revenu a été diminué tandis que salaire brut a augmenté entre 2018 et 2019.

Pour les couples mariés disposant d'un seul revenu (comparaison de la colonne 5 des tableaux 3.1 et 5.1), le coin fiscal moyen dans la zone OCDE a diminué de 0.1 point, passant de 26.45 %1 à 26.37 % entre 2018 et 2019, bien que l'on ait observé des hausses supérieures à un point de pourcentage dans quatre pays (Estonie, Nouvelle-Zélande,Pologne et Slovénie) et des baisses supérieures à un point dans trois autres (Autriche, France et Lituanie). Le coin fiscal a augmenté de plus d'un point en Estonie (1.4 point), du fait de la réduction de l'abattement de base lié au revenu ; en Nouvelle-Zélande (1.6 point), en Pologne (2.6 points) et en Slovénie (3.3 points), du fait de la diminution des prestations familiales sous condition de ressources. La baisse supérieure à un point du coin fiscal pour les couples avec deux enfants et un seul revenu intervenue en Autriche (3.7 points) s'explique par l'introduction d'un crédit d'impôt pour enfants à charge. En France (2.3 points), elle est liée au versement en 2019 d'une prestation liée à l'exercice d'un emploi (la *Prime d'activité*), ce qui n'avait pas été le cas en 2018, dans la mesure où ces foyers n'étaient pas éligibles à cette prime cette année-là. En Lituanie, la baisse (4.2 points) résulte de l'allégement des cotisations patronales de sécurité sociale, comme indiqué dans le précédent paragraphe.

Le Tableau 5.2 indique la charge cumulée de l'impôt sur le revenu des personnes physiques et des cotisations salariales de sécurité sociale sous la forme de taux moyens d'imposition des personnes physiques en pourcentage du salaire brut en 2018. Pour les travailleurs célibataires rémunérés au salaire moyen, cette charge a augmenté de plus d'un point de pourcentage entre 2018 et 2019 en Estonie (1.4 point) et en Lituanie (14.0 points). En Estonie, la hausse de l'impôt sur le revenu des personnes physiques s'explique par une diminution de l'abattement de base. En Lituanie, elle résulte principalement du transfert de l'essentiel des cotisations patronales de sécurité sociale vers les salariés, comme indiqué dans le paragraphe précédent. La diminution des taux moyens d'imposition des travailleurs célibataires rémunérés au salaire moyen n'a pas dépassé un point. En revanche, le taux moyen d'imposition a reculé de plus d'un point pour les couples mariés avec un seul salaire et deux enfants en Autriche (4.9 points), en Belgique (1.2 point) et en Pologne (3.9 points), en raison de la baisse de l'impôt sur le revenu des personnes physiques. En Autriche et en Pologne, ces foyers ont bénéficié en 2019 un crédit d'impôt pour enfants à charge. En Belgique, la diminution de l'impôt sur le revenu des personnes physiques s'explique pour l'essentiel par l'effet combiné de la hausse de l'abattement fiscal dont bénéficient les foyers à revenu unique (quotient conjugal) et du crédit d'impôt de base. Le taux moyen d'imposition des personnes physiques a progressé de plus d'un point pour les couples mariés avec un seul salaire et deux enfants en République tchèque (1.2 point), en Estonie (1.9 point) et en Lituanie (14.0 points). En République tchèque, le montant total des crédits d'impôt a progressé plus lentement entre les deux années que le montant de l'impôt dû sur le revenu. En Estonie et en Lituanie, la hausse du taux moyen d'imposition des personnes physiques pour les couples mariés avec un seul salaire et deux enfants s'explique par des raisons analogues à celles exposées précédemment pour les travailleurs célibataires rémunérés au salaire moyen.

Le Tableau 5.3 indique la charge cumulée de l'impôt sur le revenu des personnes physiques et des cotisations salariales de sécurité sociale diminués du montant des prestations en espèces en pourcentage du salaire brut en 2018, ce qui mesure le taux moyen net d'imposition des personnes physiques. Si l'on compare la colonne 2 des tableaux 3.3 et 5.3, pour les travailleurs célibataires disposant d'un salaire moyen, on constate une variation de plus d'un point de pourcentage entre 2018 et 2019 en Estonie (1.4 point) et en Lituanie (14.0 points), de la même manière que pour le taux moyen d'imposition des personnes physiques. Si l'on compare la colonne 5 des tableaux 3.3 et 5.3, une augmentation de plus d'un point du taux moyen net d'imposition pour les couples mariés avec deux enfants et un seul salaire a été observée en Estonie (1.8 point), en Lituanie (15.3 points), en Nouvelle-Zélande (1.6 point), en Pologne (3.0 points), en République tchèque (1.5 point) et en Slovénie (3.9 points). En Pologne, le taux moyen net d'imposition des personnes physiques applicable aux couples avec deux enfants et un seul salaire a augmenté, tandis que le taux moyen d'imposition des personnes physiques a diminué. En 2019, le paiement des crédits d'impôt pour enfants à charge n'a pas compensé la réduction des prestations familiales en espèces. En revanche, le taux moyen net d'imposition des personnes physiques a reculé de plus d'un point en Autriche (4.6 points), en Belgique (1.2 point) et en France (3.3 points). Les raisons à l'origine de ces variations en Autriche, en Belgique, en Estonie, en France, en Lituanie, en Nouvelle-Zélande, en République tchèque et en Slovénie sont exposées dans les paragraphes précédents.

Le Tableau 5.4 donne des informations sur le montant de l'impôt sur le revenu des personnes physiques dû en pourcentage du salaire brut en 2018. Si l'on compare la colonne 2 des tableaux 3.4 et 5.4, dans la plupart des pays de l'OCDE, les taux moyens de l'impôt sur le revenu des personnes physiques applicable aux travailleurs célibataires rémunérés au salaire moyen n'ont que légèrement évolué entre 2018 et 2019. Le taux moyen de l'impôt sur le revenu des personnes physiques dans la zone OCDE a augmenté de 0.2 point pour atteindre 15.9 %. Le taux moyen de l'impôt sur le revenu des personnes physiques a augmenté de plus d'un point en Estonie (1.4 point) et en Lituanie (3.5 points). En Lituanie, outre la variation des cotisations patronales et salariales de sécurité sociale, le régime de l'impôt sur le revenu des personnes physiques, qui s'appuyait sur un taux forfaitaire (15 %) a été remplacé par un barème d'imposition progressif, dont le taux marginal d'imposition pour la tranche inférieure (20 %) est supérieur au taux forfaitaire applicable auparavant. Par ailleurs, le revenu imposable au niveau de salaire moyen ne dépassait pas la tranche inférieure d'imposition. En revanche, le taux moyen d'imposition sur le revenu des personnes physiques a diminué de plus d'un point pour les travailleurs célibataires rémunérés au salaire moyen aux Pays-Bas (1.1 point) seulement, en raison de l'introduction en 2019 d'une réforme du barème de l'impôt sur le revenu impliquant une baisse des taux marginaux d'imposition au niveau de salaire moyen. Si l'on compare la colonne 5 des tableaux 3.4 et 5.4, le taux moyen de l'impôt sur le revenu des personnes physiques dans la zone OCDE applicable aux couples mariés avec deux enfants et un seul salaire, qui était de 10.6 % en 2018, a diminué de 0.1 point en 2019. Pour ce type de ménage, le taux moyen de l'impôt sur le revenu des personnes physiques a reculé de plus d'un point en Autriche (4.9 points), en Belgique (1.3 point) et en Pologne (3.9 points). En revanche, ce taux a augmenté de plus d'un point en République tchèque (1.2 point), en Estonie (1.9 point) et en Lituanie (3.5 points).

Le Tableau 5.5 donne des informations sur les cotisations salariales de sécurité sociale en pourcentage du salaire brut en 2018. Si l'on compare les colonnes 2 et 5 des tableaux 3.5 et 5.5, le changement qui s'est produit entre 2018 et 2019 pour ces catégories de foyer était inférieur à un point de pourcentage dans la plupart des pays membres de l'OCDE, à l'exception de la Lituanie. Ces cotisations sont restées inchangées dans 29 des 36 pays de l'OCDE, et ont enregistré des variations comprises entre 0.1 et 0.6 point dans six autres (Allemagne, Canada, Corée, France, Grèce et Pays-Bas).En revanche, en Lituanie, les cotisations salariales de sécurité sociale en pourcentage des salaires bruts ont augmenté de 10.5 points pour les deux catégories de foyer du fait de la réforme fiscale qui a été décrite dans le paragraphe précédent (voir également les informations détaillées par pays dans la Partie II du Rapport). La hausse moyenne du taux des cotisations salariales de sécurité sociale dans la zone OCDE, qui est passée à 10.0 % (+0.27 point) pour les deux catégories de foyer entre 2018 et 2019 est entièrement imputable aux variations observées en Lituanie.

Le Tableau 5.6 indique le coin fiscal marginal (taux de l'impôt sur le revenu majoré des cotisations salariales et patronales de sécurité sociale et des taxes sur les salaires lorsqu'elles s'appliquent et diminué des prestations en espèces) en pourcentage des coûts de main-d'œuvre lorsque le salaire brut du principal apporteur augmente d'une unité monétaire, en 2018. Si l'on compare les colonnes 2 et 5 respectivement dans les tableaux 3.6 et 5.6, les variations du coin marginal observées entre 2018 et 2019 restent généralement inférieures à 5 points de pourcentage. On observe un changement supérieur à 5 points seulement en France (+22.2 points pour les couples mariés avec deux enfants et un seul salaire). Dans ce pays, la forte hausse du coin fiscal marginal s'explique par la réduction progressive des prestations liées à l'exercice d'un emploi (*Prime d'activité*) qui ne s'est pas produite en 2018, mais en 2019, ces foyers étant éligibles à cette prime en 2019 mais pas en 2018. Par conséquent, le coin fiscal marginal pour 2019 a répercuté l'effet de retrait de la prestation liée à l'exercice d'un emploi, et a donc été plus élevé qu'en 2018.

Le Tableau 5.7 indique le taux marginal de l'impôt sur le revenu des personnes physiques majoré des cotisations salariales de sécurité sociale et diminué des prestations en espèces (le taux marginal net d'imposition des personnes physiques) par catégorie de foyer et niveau de salaire, lorsque le salaire brut du principal apporteur augmente d'une unité monétaire, en 2018. Si l'on compare respectivement les colonnes 2 et 5 des tableaux 3.7 et 5.7, la trajectoire d'évolution des taux marginaux nets d'imposition des personnes physiques intervenue entre 2018 et 2019 est similaire à celle du coin fiscal marginal examinée ci-dessus. Des variations au-delà de l'intervalle de plus ou moins 5 points sont observées en France (+30.1 points pour les couples mariés avec deux enfants et un seul salaire) et en Lituanie (+11.0 points pour les deux catégories de foyer). La hausse du taux marginal net d'imposition des personnes en Lituanie s'explique par l'augmentation du taux marginal d'imposition des revenus des personnes physiques (voir le précédent paragraphe traitant du tableau 5.4) ainsi que des taux des cotisations salariales de sécurité sociale.

Le Tableau 5.8 indique le pourcentage d'augmentation du revenu net par rapport au pourcentage d'augmentation du revenu brut lorsque celui-ci s'accroît d'une unité monétaire.[2] Le Tableau 5.9 indique le pourcentage d'augmentation du revenu net par rapport au pourcentage d'augmentation des coûts de main d'œuvre (salaire brut majoré des cotisations patronales de sécurité sociale et des taxes sur les salaires) lorsque ceux-ci s'accroissent d'une unité monétaire[3]. Les résultats indiqués dans ces deux tableaux dépendent directement des taux marginaux et moyens d'imposition qui ont été examinés dans les paragraphes ci-dessus. Les Tableau 5.10 à Tableau 5.13 donnent des informations générales sur les niveaux des coûts de main-d'œuvre, les salaires bruts et les salaires nets en 2018.

Tableau 5.1. Impôt sur le revenu et cotisations sociales des salariés et employeurs diminués des prestations versées, 2018

En % des coûts de main d'œuvre, par catégorie de foyer et niveau de salaire

	Célibataire sans enf 67 (% SM)	Célibataire sans enf 100 (% SM)	Célibataire sans enf 167 (% SM)	Célibataire 2 enf 67 (% SM)	Couple marié 2 enf 100-0 (% SM)	Couple marié 2 enf 100-67 (% SM)[2]	Couple marié 2 enf 100-100 (% SM)[2]	Couple marié sans enf 100-67 (% SM)[2]
Allemagne	45.4	49.5	51.2	31.6	34.4	42.6	44.9	47.6
Australie	24.1	28.9	34.3	1.9	21.5	27.0	28.9	27.0
Autriche	43.3	47.6	51.0	28.1	37.3	40.3	42.9	45.9
Belgique	46.1	52.7	59.0	32.3	37.4	45.1	48.4	50.1
Canada	25.9	30.8	32.1	-14.8	12.1	24.3	27.5	29.3
Chili	7.0	7.0	8.3	6.2	7.0	6.7	7.0	7.0
Corée	19.8	23.0	25.6	17.6	21.0	20.8	22.2	21.7
Danemark	32.6	35.4	41.2	4.0	24.9	30.6	32.3	34.2
Espagne	35.9	39.4	43.8	24.5	33.9	36.3	38.0	38.0
Estonie	32.7	36.2	41.2	17.4	26.1	30.0	32.2	34.8
États-Unis	27.6	29.6	34.1	9.7	18.5	24.0	25.9	28.3
Finlande	36.3	42.4	48.7	26.1	38.0	37.3	40.2	40.0
France	40.2	47.0	53.0	19.3	39.1	40.4	44.0	45.0
Grèce	37.0	41.0	46.6	30.7	37.9	38.4	41.4	40.2
Hongrie	45.0	45.0	45.0	21.8	30.2	36.2	37.6	45.0
Irlande	24.3	32.9	41.6	3.8	17.6	24.9	29.7	28.8
Islande	30.3	33.4	38.2	20.2	22.2	32.1	33.4	32.1
Israël[1]	15.6	22.5	31.9	2.7	20.0	16.2	19.3	19.3
Italie	40.8	47.8	53.9	25.4	38.7	41.5	45.3	45.0
Japon	31.2	32.7	35.1	25.2	27.5	29.7	30.7	32.1
Lettonie	39.7	42.6	42.6	24.9	32.6	35.5	37.6	41.4
Lituanie	37.2	40.7	42.1	26.1	33.3	36.3	38.2	39.3
Luxembourg	30.5	38.2	45.5	7.6	17.1	26.4	31.3	33.1
Mexique	16.1	19.7	22.8	16.1	19.7	18.3	19.7	18.3
Norvège	32.7	35.8	41.6	22.4	32.4	32.5	34.1	34.6
Nouvelle-Zélande	13.8	18.4	24.0	-20.5	1.9	17.1	18.4	16.6
Pays-Bas	30.9	37.8	42.3	7.4	32.8	30.1	33.7	35.0
Pologne	35.1	35.8	36.3	-11.1	15.1	27.2	28.8	35.5
Portugal	36.5	40.8	46.1	22.2	29.1	35.6	38.1	38.7
République slovaque	39.6	41.8	43.6	29.5	30.5	36.9	38.4	40.9
République tchèque	41.4	43.8	45.7	21.5	25.6	34.8	37.1	42.8
Royaume-Uni	26.2	30.9	37.4	10.8	26.3	26.6	28.9	29.0
Slovénie	39.8	43.2	46.7	13.4	25.1	35.3	38.7	41.9
Suède	41.0	43.0	51.6	33.1	37.7	39.0	40.4	42.2
Suisse	19.4	22.2	26.9	4.7	9.8	16.0	18.5	22.0
Turquie	34.6	39.2	42.7	33.1	37.7	36.8	38.8	37.4
Moyenne non pondérée								
OCDE-Moyenne	**32.1**	**36.1**	**40.4**	**16.0**	**26.4**	**30.8**	**33.1**	**34.4**
OCDE-UE 23	**37.3**	**41.5**	**45.9**	**19.6**	**30.5**	**35.1**	**37.7**	**39.8**

Note : enf = enfant

1. Informations sur les données concernant Israël : http://oe.cd/israel-disclaimer.

2. Famille disposant de deux revenus.

StatLink https://doi.org/10.1787/888934109441

Tableau 5.2. Impôt sur le revenu et cotisations sociales des salariés, 2018

En % du salaire brut, par catégorie de foyer et niveau de salaire

	Célibataire sans enf 67 (% SM)	Célibataire sans enf 100 (% SM)	Célibataire sans enf 167 (% SM)	Célibataire 2 enf 67 (% SM)	Couple marié 2 enf 100-0 (% SM)	Couple marié 2 enf 100-67 (% SM)[2]	Couple marié 2 enf 100-100 (% SM)[2]	Couple marié sans enf 100-67 (% SM)[2]
Allemagne	34.8	39.7	43.8	18.3	21.7	31.5	34.3	37.5
Australie	19.6	24.6	30.4	19.6	24.6	22.6	24.6	22.6
Autriche	27.2	32.8	38.0	24.1	30.6	30.0	32.3	30.6
Belgique	32.1	39.9	47.9	26.8	28.5	35.3	38.5	36.8
Canada	18.9	23.1	26.4	10.7	18.6	21.4	23.1	21.4
Chili	7.0	7.0	8.3	7.0	7.0	7.0	7.0	7.0
Corée	11.5	15.0	18.9	9.1	12.8	12.6	14.1	13.6
Danemark	32.8	35.6	41.2	31.1	31.5	34.5	35.6	34.5
Espagne	16.8	21.3	27.0	2.0	14.1	17.3	19.5	19.5
Estonie	9.9	14.6	21.3	6.4	9.5	11.3	13.4	12.7
États-Unis	21.4	23.8	28.8	2.0	11.8	17.6	19.8	22.3
Finlande	22.6	30.1	37.7	22.6	30.1	27.1	30.1	27.1
France	23.8	27.9	33.4	21.4	21.4	23.5	25.9	27.1
Grèce	21.2	26.2	33.2	20.5	26.7	24.7	26.7	25.3
Hongrie	33.5	33.5	33.5	18.3	23.3	27.4	28.4	33.5
Irlande	16.1	25.6	35.3	10.9	15.8	21.1	25.6	21.1
Islande	25.6	28.9	34.1	25.6	22.0	27.6	28.9	27.6
Israël[1]	11.6	18.2	27.6	4.0	18.2	13.3	16.1	15.0
Italie	22.1	31.3	39.3	14.6	24.5	24.7	29.0	27.6
Japon	20.6	22.4	26.1	20.6	21.0	21.7	22.4	21.7
Lettonie	25.2	28.7	28.8	13.1	20.7	22.5	24.7	27.3
Lituanie	17.5	22.1	24.0	17.5	22.1	20.3	22.1	20.3
Luxembourg	20.8	29.6	37.9	13.7	18.2	23.7	28.0	23.7
Mexique	4.6	10.4	15.0	4.6	10.4	8.1	10.4	8.1
Norvège	24.0	27.5	34.0	21.0	27.5	26.1	27.5	26.1
Nouvelle-Zélande	13.8	18.4	24.0	15.1	18.4	17.1	18.4	16.6
Pays-Bas	22.8	30.6	37.9	14.8	29.1	24.2	27.9	27.5
Pologne	24.5	25.2	25.8	16.9	24.2	22.5	23.2	24.9
Portugal	21.5	26.7	33.3	11.8	15.8	20.3	23.4	24.2
République slovaque	21.0	23.9	26.3	14.8	13.8	20.3	21.8	22.8
République tchèque	21.5	24.6	27.2	3.3	6.0	16.1	18.5	23.4
Royaume-Uni	19.2	23.4	29.9	9.2	22.8	21.8	23.4	21.8
Slovénie	30.2	34.1	38.1	24.0	25.7	28.7	30.9	32.5
Suède	22.4	25.1	36.4	22.4	25.1	24.0	25.1	24.0
Suisse	14.4	17.4	22.3	8.6	10.8	14.8	16.8	17.1
Turquie	24.9	28.6	32.7	23.3	26.8	26.5	28.1	27.1
Moyenne non pondérée								
OCDE-Moyenne	**21.0**	**25.5**	**30.7**	**15.3**	**20.3**	**21.9**	**24.0**	**23.7**
OCDE-UE 23	**23.5**	**28.4**	**33.8**	**16.4**	**21.8**	**24.0**	**26.4**	**26.3**

Note : enf = enfant

1. Informations sur les données concernant Israël : http://oe.cd/israel-disclaimer.

2. Famille disposant de deux revenus.

StatLink https://doi.org/10.1787/888934109460

Tableau 5.3. Impôt sur le revenu et cotisations sociales des salariés diminués des prestations versées, 2018

En % du salaire brut, par catégorie de foyer et niveau de salaire

	Célibataire sans enf 67 (% SM)	Célibataire sans enf 100 (% SM)	Célibataire sans enf 167 (% SM)	Célibataire 2 enf 67 (% SM)	Couple marié 2 enf 100-0 (% SM)	Couple marié 2 enf 100-67 (% SM)[2]	Couple marié 2 enf 100-100 (% SM)[2]	Couple marié sans enf 100-67 (% SM)[2]
Allemagne	34.8	39.7	43.8	18.3	21.7	31.5	34.3	37.5
Australie	19.6	24.6	30.4	-3.9	16.9	22.6	24.6	22.6
Autriche	27.2	32.8	38.0	7.7	19.6	23.4	26.8	30.6
Belgique	32.1	39.9	47.9	14.7	20.4	30.5	34.4	36.8
Canada	17.7	23.1	26.4	-27.5	2.3	15.9	19.4	21.4
Chili	7.0	7.0	8.3	6.2	7.0	6.7	7.0	7.0
Corée	11.5	15.0	18.9	9.1	12.8	12.6	14.1	13.6
Danemark	32.6	35.4	41.2	4.0	24.9	30.6	32.3	34.2
Espagne	16.8	21.3	27.0	2.0	14.1	17.3	19.5	19.5
Estonie	9.9	14.6	21.3	-10.5	1.1	6.3	9.2	12.7
États-Unis	21.4	23.8	28.8	2.0	11.8	17.6	19.8	22.3
Finlande	22.6	30.1	37.7	10.3	24.8	23.9	27.4	27.1
France	23.8	27.9	33.4	-2.9	17.1	21.0	23.8	27.1
Grèce	21.2	26.2	33.2	13.4	22.3	23.0	26.7	25.3
Hongrie	33.5	33.5	33.5	5.4	15.5	22.8	24.5	33.5
Irlande	16.1	25.6	35.3	-6.6	8.7	16.8	22.1	21.1
Islande	25.6	28.9	34.1	14.8	16.9	27.6	28.9	27.6
Israël[1]	11.6	18.2	27.6	-1.9	15.5	11.8	14.7	15.0
Italie	22.1	31.3	39.3	1.9	19.3	23.1	28.0	27.6
Japon	20.6	22.4	26.1	13.8	16.4	18.9	20.1	21.7
Lettonie	25.2	28.7	28.8	6.7	16.4	19.9	22.6	27.3
Lituanie	17.5	22.1	24.0	3.0	12.4	16.4	18.9	20.3
Luxembourg	20.8	29.6	37.9	-5.3	5.5	16.1	21.6	23.7
Mexique	4.6	10.4	15.0	4.6	10.4	8.1	10.4	8.1
Norvège	24.0	27.5	34.0	12.3	23.6	23.7	25.5	26.1
Nouvelle-Zélande	13.8	18.4	24.0	-20.5	1.9	17.1	18.4	16.6
Pays-Bas	22.8	30.6	37.9	-3.4	25.0	22.0	26.0	27.5
Pologne	24.5	25.2	25.8	-29.4	1.1	15.2	17.1	24.9
Portugal	21.5	26.7	33.3	3.7	12.2	20.3	23.4	24.2
République slovaque	21.0	23.9	26.3	7.9	9.2	17.5	19.5	22.8
République tchèque	21.5	24.6	27.2	-5.2	0.3	12.7	15.7	23.4
Royaume-Uni	19.2	23.4	29.9	2.4	18.3	19.0	21.2	21.8
Slovénie	30.2	34.1	38.1	-0.5	13.1	24.9	28.8	32.5
Suède	22.4	25.1	36.4	12.1	18.2	19.9	21.6	24.0
Suisse	14.4	17.4	22.3	-1.3	4.2	10.8	13.5	17.1
Turquie	24.9	28.6	32.7	23.3	26.8	26.5	28.1	27.1
Moyenne non pondérée								
OCDE-Moyenne	**21.0**	**25.5**	**30.7**	**2.2**	**14.1**	**19.3**	**21.9**	**23.7**
OCDE-UE 23	**23.4**	**28.4**	**33.8**	**2.2**	**14.8**	**20.6**	**23.7**	**26.3**

Note : enf = enfant

1. Informations sur les données concernant Israël : http://oe.cd/israel-disclaimer.

2. Famille disposant de deux revenus.

StatLink https://doi.org/10.1787/888934109479

Tableau 5.4. Impôt sur le revenu, 2018

En % du salaire brut, par catégorie de foyer et niveau de salaire

	Célibataire sans enf 67 (% SM)	Célibataire sans enf 100 (% SM)	Célibataire sans enf 167 (% SM)	Célibataire 2 enf 67 (% SM)	Couple marié 2 enf 100-0 (% SM)	Couple marié 2 enf 100-67 (% SM)[2]	Couple marié 2 enf 100-100 (% SM)[2]	Couple marié sans enf 100-67 (% SM)[2]
Allemagne	14.2	19.1	27.7	-2.1	1.4	11.1	13.9	16.9
Australie	19.6	24.6	30.4	19.6	24.6	22.6	24.6	22.6
Autriche	9.3	14.8	21.6	6.2	12.6	12.0	14.3	12.6
Belgique	18.3	25.9	33.9	12.9	14.6	21.4	24.7	22.9
Canada	12.0	15.8	21.7	3.8	11.3	14.2	15.8	14.2
Chili	0.0	0.0	1.3	0.0	0.0	0.0	0.0	0.0
Corée	3.0	6.5	11.7	0.6	4.3	4.1	5.6	5.1
Danemark	32.8	35.6	41.2	31.1	31.5	34.5	35.6	34.5
Espagne	10.4	14.9	20.7	-4.4	7.8	10.9	13.1	13.1
Estonie	8.3	13.0	19.7	4.8	7.9	9.7	11.8	11.1
États-Unis	13.7	16.1	21.2	-5.7	4.1	9.9	12.2	14.7
Finlande	12.9	20.4	27.9	12.9	20.4	17.4	20.4	17.4
France	11.9	15.9	22.1	9.5	9.5	11.6	14.0	15.2
Grèce	5.2	10.2	17.2	4.5	10.7	8.7	10.7	9.3
Hongrie	15.0	15.0	15.0	0.0	4.8	8.9	9.9	15.0
Irlande	12.1	21.6	31.3	6.9	11.8	17.1	21.6	17.1
Islande	25.2	28.6	33.9	25.2	21.7	27.2	28.6	27.2
Israël[1]	5.5	10.1	17.9	-2.1	10.1	6.0	8.0	7.7
Italie	12.6	21.8	29.8	5.1	15.0	15.2	19.5	18.1
Japon	6.2	7.9	12.9	6.2	6.5	7.2	7.9	7.2
Lettonie	14.2	17.7	17.8	2.1	9.7	11.5	13.7	16.3
Lituanie	8.5	13.1	15.0	8.5	13.1	11.3	13.1	11.3
Luxembourg	8.5	17.3	25.5	1.5	5.9	11.4	15.7	11.4
Mexique	3.3	9.0	13.6	3.3	9.0	6.7	9.0	6.7
Norvège	15.8	19.3	25.8	12.8	19.3	17.9	19.3	17.9
Nouvelle-Zélande	13.8	18.4	24.0	15.1	18.4	17.1	18.4	16.6
Pays-Bas	6.8	17.6	28.4	4.8	17.3	12.5	17.0	13.3
Pologne	6.7	7.4	8.0	-0.9	6.4	4.7	5.4	7.1
Portugal	10.5	15.7	22.3	0.8	4.8	9.3	12.4	13.2
République slovaque	7.6	10.5	12.9	1.4	0.4	6.9	8.4	9.4
République tchèque	10.5	13.6	16.2	-7.7	-5.0	5.1	7.5	12.4
Royaume-Uni	11.0	14.0	22.4	1.0	13.4	12.8	14.0	12.8
Slovénie	8.1	12.0	16.0	1.9	3.6	6.6	8.8	10.4
Suède	15.4	18.1	31.6	15.4	18.1	17.0	18.1	17.0
Suisse	8.2	11.1	16.1	2.4	4.6	8.6	10.5	10.9
Turquie	9.9	13.6	17.7	8.3	11.8	11.5	13.1	12.1
Moyenne non pondérée								
OCDE-Moyenne	**11.3**	**15.7**	**21.5**	**5.7**	**10.6**	**12.2**	**14.3**	**13.9**
OCDE-UE 23	**11.8**	**16.8**	**22.8**	**5.0**	**10.2**	**12.5**	**14.9**	**14.7**

Note : enf = enfant

1. Informations sur les données concernant Israël : http://oe.cd/israel-disclaimer.

2. Famille disposant de deux revenus.

StatLink https://doi.org/10.1787/888934109498

Tableau 5.5. cotisations sociales des salariés, 2018

En % du salaire brut, par catégorie de foyer et niveau de salaire

	Célibataire sans enf 67 (% SM)	Célibataire sans enf 100 (% SM)	Célibataire sans enf 167 (% SM)	Célibataire 2 enf 67 (% SM)	Couple marié 2 enf 100-0 (% SM)	Couple marié 2 enf 100-67 (% SM)[2]	Couple marié 2 enf 100-100 (% SM)[2]	Couple marié sans enf 100-67 (% SM)[2]
Allemagne	20.6	20.6	16.1	20.4	20.4	20.4	20.4	20.6
Australie	0.0	0.0	0.0	0.0	0.0	0.0	0.0	0.0
Autriche	18.0	18.0	16.4	18.0	18.0	18.0	18.0	18.0
Belgique	13.9	14.0	14.0	13.9	14.0	14.0	13.8	14.0
Canada	7.0	7.3	4.7	7.0	7.3	7.2	7.3	7.2
Chili	7.0	7.0	7.0	7.0	7.0	7.0	7.0	7.0
Corée	8.5	8.5	7.1	8.5	8.5	8.5	8.5	8.5
Danemark	0.0	0.0	0.0	0.0	0.0	0.0	0.0	0.0
Espagne	6.4	6.4	6.4	6.4	6.4	6.4	6.4	6.4
Estonie	1.6	1.6	1.6	1.6	1.6	1.6	1.6	1.6
États-Unis	7.7	7.7	7.7	7.7	7.7	7.7	7.7	7.7
Finlande	9.8	9.8	9.8	9.8	9.8	9.8	9.8	9.8
France	11.9	11.9	11.3	11.9	11.9	11.9	11.9	11.9
Grèce	16.0	16.0	16.0	16.0	16.0	16.0	16.0	16.0
Hongrie	18.5	18.5	18.5	18.3	18.5	18.5	18.5	18.5
Irlande	4.0	4.0	4.0	4.0	4.0	4.0	4.0	4.0
Islande	0.5	0.3	0.2	0.5	0.3	0.4	0.3	0.4
Israël[1]	6.1	8.1	9.6	6.1	8.1	7.3	8.1	7.3
Italie	9.5	9.5	9.6	9.5	9.5	9.5	9.5	9.5
Japon	14.5	14.5	13.1	14.5	14.5	14.5	14.5	14.5
Lettonie	11.0	11.0	11.0	11.0	11.0	11.0	11.0	11.0
Lituanie	9.0	9.0	9.0	9.0	9.0	9.0	9.0	9.0
Luxembourg	12.2	12.3	12.4	12.2	12.3	12.3	12.3	12.3
Mexique	1.3	1.4	1.5	1.3	1.4	1.3	1.4	1.3
Norvège	8.2	8.2	8.2	8.2	8.2	8.2	8.2	8.2
Nouvelle-Zélande	0.0	0.0	0.0	0.0	0.0	0.0	0.0	0.0
Pays-Bas	16.0	13.0	9.6	10.0	11.9	11.8	10.9	14.2
Pologne	17.8	17.8	17.8	17.8	17.8	17.8	17.8	17.8
Portugal	11.0	11.0	11.0	11.0	11.0	11.0	11.0	11.0
République slovaque	13.4	13.4	13.4	13.4	13.4	13.4	13.4	13.4
République tchèque	11.0	11.0	11.0	11.0	11.0	11.0	11.0	11.0
Royaume-Uni	8.2	9.4	7.5	8.2	9.4	8.9	9.4	8.9
Slovénie	22.1	22.1	22.1	22.1	22.1	22.1	22.1	22.1
Suède	7.0	7.0	4.7	7.0	7.0	7.0	7.0	7.0
Suisse	6.2	6.2	6.2	6.2	6.2	6.2	6.2	6.2
Turquie	15.0	15.0	15.0	15.0	15.0	15.0	15.0	15.0
Moyenne non pondérée								
OCDE-Moyenne	**9.7**	**9.8**	**9.3**	**9.6**	**9.7**	**9.7**	**9.7**	**9.8**
OCDE-UE 23	**11.7**	**11.6**	**11.0**	**11.4**	**11.6**	**11.5**	**11.5**	**11.6**

Note : enf = enfant

1. Informations sur les données concernant Israël : http://oe.cd/israel-disclaimer.

2. Famille disposant de deux revenus.

StatLink https://doi.org/10.1787/888934109517

Tableau 5.6. Taux marginal applicable à l'impôt sur le revenu et aux cotisations sociales des salariés et employeurs diminués des prestations versées, 2018

En % du salaire brut, par catégorie de foyer et niveau de salaire

	Célibataire sans enf 67 (% SM)	Célibataire sans enf 100 (% SM)	Célibataire sans enf 167 (% SM)	Célibataire 2 enf 67 (% SM)	Couple marié 2 enf 100-0 (% SM)	Couple marié 2 enf 100-67 (% SM)[2]	Couple marié 2 enf 100-100 (% SM)[2]	Couple marié sans enf 100-67 (% SM)[2]
Allemagne	55.6	60.2	44.3	53.7	52.3	55.4	57.7	57.9
Australie	39.6	38.2	42.4	58.5	38.2	38.2	38.2	38.2
Autriche	55.8	59.6	40.9	55.8	59.6	59.6	59.6	59.6
Belgique	68.3	65.1	67.8	68.3	65.1	64.2	64.2	64.2
Canada	38.4	39.2	36.6	57.1	75.3	44.4	44.4	39.2
Chili	7.0	10.2	10.2	7.0	7.0	7.0	7.0	10.2
Corée	28.6	30.0	32.0	22.3	30.0	30.0	30.0	30.0
Danemark	39.0	41.8	55.6	37.2	41.8	41.8	41.8	41.8
Espagne	44.6	48.3	54.1	44.6	46.1	48.3	48.3	48.3
Estonie	41.2	49.5	41.2	41.2	49.5	49.5	49.5	49.5
États-Unis	31.5	40.8	40.8	52.3	31.5	31.5	40.8	31.5
Finlande	54.0	55.4	58.3	54.0	55.4	55.4	55.4	55.4
France	65.0	49.8	59.0	73.4	42.3	52.8	49.8	49.8
Grèce	47.6	49.1	56.3	47.6	49.1	49.1	49.1	49.1
Hongrie	45.0	45.0	45.0	45.0	45.0	45.0	45.0	45.0
Irlande	35.7	53.8	56.7	74.3	53.8	53.8	53.8	53.8
Islande	39.5	39.5	47.9	49.9	48.5	39.5	39.5	39.5
Israël[1]	31.2	36.7	50.7	34.3	36.7	36.7	36.7	36.7
Italie	54.7	61.7	62.9	55.9	62.8	62.2	62.2	61.7
Japon	33.1	37.3	35.1	33.1	37.3	37.3	37.3	37.3
Lettonie	48.4	48.4	42.6	48.4	48.4	48.4	48.4	48.4
Lituanie	47.8	47.8	42.1	47.8	47.8	47.8	47.8	47.8
Luxembourg	47.9	57.1	55.8	53.0	39.6	52.9	57.1	52.9
Mexique	17.5	25.2	28.4	17.5	25.2	25.2	25.2	25.2
Norvège	42.0	42.0	52.7	42.0	42.0	42.0	42.0	42.0
Nouvelle-Zélande	17.5	30.0	33.0	17.5	55.0	30.0	30.0	30.0
Pays-Bas	51.8	51.8	52.4	57.5	57.5	51.8	51.8	51.8
Pologne	37.0	37.0	37.0	96.9	37.0	37.0	37.0	37.0
Portugal	46.7	51.1	58.0	46.7	46.7	51.1	51.1	51.1
République slovaque	46.3	46.3	46.3	46.3	46.3	46.3	46.3	46.3
République tchèque	48.6	48.6	48.6	48.6	48.6	48.6	48.6	48.6
Royaume-Uni	40.2	40.2	49.0	76.3	40.2	40.2	40.2	40.2
Slovénie	64.3	51.0	55.7	64.3	43.6	43.6	43.6	51.0
Suède	45.6	48.3	69.7	45.6	48.3	48.3	48.3	48.3
Suisse	26.3	31.8	35.8	18.8	24.4	29.4	33.4	30.1
Turquie	42.8	47.8	47.8	42.8	47.8	47.8	47.8	47.8
Moyenne non pondérée								
OCDE-Moyenne	**42.4**	**44.9**	**47.0**	**48.2**	**45.2**	**44.2**	**44.7**	**44.4**
OCDE-UE 23	**49.2**	**50.7**	**52.1**	**55.8**	**49.0**	**50.1**	**50.3**	**50.4**

Note : enf = enfant

On suppose que le revenu brut principal du ménage augmente. Le résultat peut être différent si le salaire du conjoint augmente, surtout si les deux conjoints sont imposés séparément.

1. Informations sur les données concernant Israël : http://oe.cd/israel-disclaimer.

2. Famille disposant de deux revenus.

StatLink https://doi.org/10.1787/888934109536

Tableau 5.7. Taux marginal applicable à l'impôt sur le revenu et aux cotisations sociales des salariés diminués des prestations versées, 2018

En % du salaire brut, par catégorie de foyer et niveau de salaire

	Célibataire sans enf 67 (% SM)	Célibataire sans enf 100 (% SM)	Célibataire sans enf 167 (% SM)	Célibataire 2 enf 67 (% SM)	Couple marié 2 enf 100-0 (% SM)	Couple marié 2 enf 100-67 (% SM)[2]	Couple marié 2 enf 100-100 (% SM)[2]	Couple marié sans enf 100-67 (% SM)[2]
Allemagne	47.1	52.5	44.3	44.7	43.0	46.8	49.5	49.8
Australie	36.0	34.5	39.0	56.0	34.5	34.5	34.5	34.5
Autriche	43.3	48.2	36.9	43.3	48.2	48.2	48.2	48.2
Belgique	55.6	55.6	59.1	55.6	55.6	54.5	54.5	54.5
Canada	31.3	33.6	33.9	52.1	73.0	39.3	39.3	33.6
Chili	7.0	10.2	10.2	7.0	7.0	7.0	7.0	10.2
Corée	21.1	22.8	28.0	14.2	22.8	22.8	22.8	22.8
Danemark	39.0	41.8	55.6	37.2	41.8	41.8	41.8	41.8
Espagne	28.1	32.9	40.4	28.1	30.0	32.9	32.9	32.9
Estonie	21.3	32.4	21.3	21.3	32.4	32.4	32.4	32.4
États-Unis	26.3	36.3	36.3	48.6	26.3	26.3	36.3	26.3
Finlande	44.2	45.8	49.4	44.2	45.8	45.8	45.8	45.8
France	35.8	31.7	42.1	51.1	21.4	35.8	31.7	31.7
Grèce	34.5	36.3	45.4	34.5	36.3	36.3	36.3	36.3
Hongrie	33.5	33.5	33.5	33.5	33.5	33.5	33.5	33.5
Irlande	28.8	48.8	52.0	71.5	48.8	48.8	48.8	48.8
Islande	35.5	35.5	44.4	46.5	45.1	35.5	35.5	35.5
Israël[1]	26.0	32.0	47.0	29.4	32.0	32.0	32.0	32.0
Italie	40.4	49.5	51.2	42.0	51.1	50.3	50.3	49.5
Japon	22.8	27.7	31.1	22.8	27.7	27.7	27.7	27.7
Lettonie	35.9	35.9	28.8	35.9	35.9	35.9	35.9	35.9
Lituanie	31.5	31.5	24.0	31.5	31.5	31.5	31.5	31.5
Luxembourg	40.6	51.1	49.6	46.4	31.1	46.3	51.1	46.3
Mexique	12.1	19.5	22.9	12.1	19.5	19.5	19.5	19.5
Norvège	34.5	34.5	46.6	34.5	34.5	34.5	34.5	34.5
Nouvelle-Zélande	17.5	30.0	33.0	17.5	55.0	30.0	30.0	30.0
Pays-Bas	46.3	46.3	52.4	52.7	52.7	46.3	46.3	46.3
Pologne	26.7	26.7	26.7	96.3	26.7	26.7	26.7	26.7
Portugal	34.0	39.5	48.0	34.0	34.0	39.5	39.5	39.5
République slovaque	29.9	29.9	29.9	29.9	29.9	29.9	29.9	29.9
République tchèque	31.1	31.1	31.1	31.1	31.1	31.1	31.1	31.1
Royaume-Uni	32.0	32.0	42.0	73.0	32.0	32.0	32.0	32.0
Slovénie	58.5	43.1	48.6	58.5	34.6	34.6	34.6	43.1
Suède	28.6	32.1	60.1	28.6	32.1	32.1	32.1	32.1
Suisse	21.7	27.6	32.2	13.8	19.7	25.0	29.3	25.8
Turquie	32.8	38.7	38.7	32.8	38.7	38.7	38.7	38.7
Moyenne non pondérée								
OCDE-Moyenne	**32.5**	**35.9**	**39.3**	**39.2**	**36.0**	**35.2**	**35.6**	**35.3**
OCDE-UE 23	**36.8**	**39.5**	**42.3**	**44.6**	**37.4**	**38.8**	**39.0**	**39.1**

Note : enf = enfant

On suppose que le revenu brut principal du ménage augmente. Le résultat peut être différent si le salaire du conjoint augmente, surtout si les deux conjoints sont imposés séparément.

1. Informations sur les données concernant Israël : http://oe.cd/israel-disclaimer.

2. Famille disposant de deux revenus.

StatLink https://doi.org/10.1787/888934109555

Tableau 5.8. Augmentation en pourcentage du revenu net selon l'augmentation en pourcentage du salaire brut, 2018

Après une augmentation d'une unité monétaire du salaire brut, par catégorie de foyer et niveau de salaire

	Célibataire sans enf 67 (% SM)	Célibataire sans enf 100 (% SM)	Célibataire sans enf 167 (% SM)	Célibataire 2 enf 67 (% SM)	Couple marié 2 enf 100-0 (% SM)	Couple marié 2 enf 100-67 (% SM)[2]	Couple marié 2 enf 100-100 (% SM)[2]	Couple marié sans enf 100-67 (% SM)[2]
Allemagne	0.81	0.79	0.99	0.68	0.73	0.78	0.77	0.80
Australie	0.80	0.87	0.88	0.42	0.79	0.85	0.87	0.85
Autriche	0.78	0.77	1.02	0.62	0.64	0.68	0.71	0.75
Belgique	0.65	0.74	0.79	0.52	0.56	0.65	0.69	0.72
Canada	0.83	0.86	0.90	0.38	0.28	0.72	0.75	0.85
Chili	1.00	0.97	0.98	0.99	1.00	1.00	1.00	0.97
Corée	0.89	0.91	0.89	0.94	0.89	0.88	0.90	0.89
Danemark	0.90	0.90	0.76	0.65	0.78	0.84	0.86	0.89
Espagne	0.86	0.85	0.82	0.73	0.81	0.81	0.83	0.83
Estonie	0.87	0.79	1.00	0.71	0.68	0.72	0.74	0.77
États-Unis	0.94	0.84	0.89	0.52	0.84	0.89	0.79	0.95
Finlande	0.72	0.78	0.81	0.62	0.72	0.71	0.75	0.74
France	0.84	0.95	0.87	0.47	0.95	0.81	0.90	0.94
Grèce	0.83	0.86	0.82	0.76	0.82	0.83	0.87	0.85
Hongrie	1.00	1.00	1.00	0.70	0.79	0.86	0.88	1.00
Irlande	0.85	0.69	0.74	0.27	0.56	0.62	0.66	0.65
Islande	0.87	0.91	0.84	0.63	0.66	0.89	0.91	0.89
Israël[1]	0.84	0.83	0.73	0.69	0.80	0.77	0.80	0.80
Italie	0.77	0.73	0.81	0.59	0.61	0.65	0.69	0.70
Japon	0.97	0.93	0.93	0.89	0.86	0.89	0.90	0.92
Lettonie	0.86	0.90	1.00	0.69	0.77	0.80	0.83	0.88
Lituanie	0.83	0.88	1.00	0.71	0.78	0.82	0.84	0.86
Luxembourg	0.75	0.69	0.81	0.51	0.73	0.64	0.62	0.70
Mexique	0.92	0.90	0.91	0.92	0.90	0.88	0.90	0.88
Norvège	0.86	0.90	0.81	0.75	0.86	0.86	0.88	0.89
Nouvelle-Zélande	0.96	0.86	0.88	0.68	0.46	0.84	0.86	0.84
Pays-Bas	0.70	0.77	0.77	0.46	0.63	0.69	0.73	0.74
Pologne	0.97	0.98	0.99	0.03	0.74	0.87	0.88	0.98
Portugal	0.84	0.83	0.78	0.69	0.75	0.76	0.79	0.80
République slovaque	0.89	0.92	0.95	0.76	0.77	0.85	0.87	0.91
République tchèque	0.88	0.91	0.95	0.65	0.69	0.79	0.82	0.90
Royaume-Uni	0.84	0.89	0.83	0.28	0.83	0.84	0.86	0.87
Slovénie	0.59	0.86	0.83	0.41	0.75	0.87	0.92	0.84
Suède	0.92	0.91	0.63	0.81	0.83	0.85	0.87	0.89
Suisse	0.92	0.88	0.87	0.85	0.84	0.84	0.82	0.90
Turquie	0.90	0.86	0.91	0.88	0.84	0.83	0.85	0.84
Moyenne non pondérée								
OCDE-Moyenne	**0.85**	**0.86**	**0.87**	**0.64**	**0.75**	**0.80**	**0.82**	**0.85**
OCDE-UE 23	**0.82**	**0.84**	**0.87**	**0.58**	**0.74**	**0.77**	**0.80**	**0.83**

Note : enf = enfant

Le revenu net est calculé à partir des revenus bruts diminués de l'impôt sur le revenu des personnes physiques, des cotisations sociales et augmentés des prestations versées aux familles. L'augmentation qui est rapportée dans le tableau représente une sorte d'élasticité. Dans un système fiscal proportionnel, l'élasticité est égale à 1. A ce niveau de revenu, plus les système est progressif plus l'élasticité est faible. Les élasticités indiquées dans le tableau 5.8 sont calculées de la manière suivante : (100 – METR) / (100 – AETR), où METR désigne le taux marginal de l'impôt sur le revenu, augmenté des cotisations salariales de sécurité sociale et diminué des transferts en espèces, figurant dans le tableau 5.7, et AETR désigne le taux moyen augmenté des cotisations salariales de sécurité sociale et diminué des transferts en espèces, figurant dans le tableau 5.3.

1. Informations sur les données concernant Israël : http://oe.cd/israel-disclaimer.

2. Famille disposant de deux revenus. On fait l'hypothèse que le revenu brut principal du ménage augmente.

StatLink https://doi.org/10.1787/888934109574

Tableau 5.9. Augmentation en pourcentage du revenu net selon l'augmentation en pourcentage des coûts bruts de main d'œuvre, 2018

Après une augmentation d'une unité monétaire des coûts bruts de main d'œuvre, par catégorie de foyer et niveau de salaire

	Célibataire sans enf 67 (% SM)	Célibataire sans enf 100 (% SM)	Célibataire sans enf 167 (% SM)	Célibataire 2 enf 67 (% SM)	Couple marié 2 enf 100-0 (% SM)	Couple marié 2 enf 100-67 (% SM)[2]	Couple marié 2 enf 100-100 (% SM)[2]	Couple marié sans enf 100-67 (% SM)[2]
Allemagne	0.81	0.79	1.14	0.68	0.73	0.78	0.77	0.80
Australie	0.80	0.87	0.88	0.42	0.79	0.85	0.87	0.85
Autriche	0.78	0.77	1.20	0.62	0.64	0.68	0.71	0.75
Belgique	0.59	0.74	0.79	0.47	0.56	0.65	0.69	0.72
Canada	0.83	0.88	0.93	0.37	0.28	0.73	0.77	0.86
Chili	1.00	0.97	0.98	0.99	1.00	1.00	1.00	0.97
Corée	0.89	0.91	0.91	0.94	0.89	0.88	0.90	0.89
Danemark	0.90	0.90	0.76	0.65	0.78	0.84	0.86	0.89
Espagne	0.86	0.85	0.82	0.73	0.81	0.81	0.83	0.83
Estonie	0.87	0.79	1.00	0.71	0.68	0.72	0.74	0.77
États-Unis	0.95	0.84	0.90	0.53	0.84	0.90	0.80	0.96
Finlande	0.72	0.78	0.81	0.62	0.72	0.71	0.75	0.74
France	0.58	0.95	0.87	0.33	0.95	0.79	0.90	0.91
Grèce	0.83	0.86	0.82	0.76	0.82	0.83	0.87	0.85
Hongrie	1.00	1.00	1.00	0.70	0.79	0.86	0.88	1.00
Irlande	0.85	0.69	0.74	0.27	0.56	0.62	0.66	0.65
Islande	0.87	0.91	0.84	0.63	0.66	0.89	0.91	0.89
Israël[1]	0.82	0.82	0.72	0.68	0.79	0.75	0.78	0.78
Italie	0.77	0.73	0.81	0.59	0.61	0.65	0.69	0.70
Japon	0.97	0.93	1.00	0.89	0.86	0.89	0.90	0.92
Lettonie	0.86	0.90	1.00	0.69	0.77	0.80	0.83	0.88
Lituanie	0.83	0.88	1.00	0.71	0.78	0.82	0.84	0.86
Luxembourg	0.75	0.69	0.81	0.51	0.73	0.64	0.62	0.70
Mexique	0.98	0.93	0.93	0.98	0.93	0.92	0.93	0.92
Norvège	0.86	0.90	0.81	0.75	0.86	0.86	0.88	0.89
Nouvelle-Zélande	0.96	0.86	0.88	0.68	0.46	0.84	0.86	0.84
Pays-Bas	0.70	0.77	0.83	0.46	0.63	0.69	0.73	0.74
Pologne	0.97	0.98	0.99	0.03	0.74	0.87	0.88	0.98
Portugal	0.84	0.83	0.78	0.69	0.75	0.76	0.79	0.80
République slovaque	0.89	0.92	0.95	0.76	0.77	0.85	0.87	0.91
République tchèque	0.88	0.91	0.95	0.65	0.69	0.79	0.82	0.90
Royaume-Uni	0.81	0.87	0.81	0.27	0.81	0.81	0.84	0.84
Slovénie	0.59	0.86	0.83	0.41	0.75	0.87	0.92	0.84
Suède	0.92	0.91	0.63	0.81	0.83	0.85	0.87	0.89
Suisse	0.92	0.88	0.88	0.85	0.84	0.84	0.82	0.90
Turquie	0.87	0.86	0.91	0.86	0.84	0.83	0.85	0.83
Moyenne non pondérée								
OCDE-Moyenne	**0.84**	**0.86**	**0.89**	**0.63**	**0.75**	**0.80**	**0.82**	**0.85**
OCDE-UE 23	**0.81**	**0.84**	**0.88**	**0.57**	**0.74**	**0.77**	**0.80**	**0.82**

Note : enf = enfant

Le revenu net est calculé à partir des revenus bruts diminués de l'impôt sur le revenu des personnes physiques, des cotisations sociales et augmentés des prestations versées aux familles. L'augmentation qui est rapportée dans le tableau représente une sorte d'élasticité. Dans un système fiscal proportionnel, l'élasticité est égale à 1. A ce niveau de revenu, plus les système est progressif plus l'élasticité est faible. Les élasticités indiquées dans le tableau 5.9 sont calculées de la manière suivante : (100 – METR) / (100 – AETR), où METR désigne le taux marginal de l'impôt sur le revenu, augmenté des cotisations salariales et patronales de sécurité sociale et diminué des transferts en espèces, figurant dans le tableau 5.6, et AETR désigne le taux moyen augmenté des cotisations salariales et patronales de sécurité sociale et diminué des transferts en espèces, figurant dans le tableau 5.1.

1. Informations sur les données concernant Israël : http://oe.cd/israel-disclaimer.

2. Famille disposant de deux revenus. On fait l'hypothèse que le revenu brut principal du ménage augmente.

StatLink https://doi.org/10.1787/888934109593

Tableau 5.10. Salaire brut annuel et revenu net, célibataire, 2018

En dollars US convertis sur la base des PPA, par catégorie de foyer et niveau de salaire

	Célibataire sans enf 67 (% SM)		Célibataire sans enf 100 (% SM)		Célibataire sans enf 167 (% SM)		Célibataire 2 enf 67 (% SM)	
	Total des revenus bruts avant impôts	Revenus nets après impôts	Total des revenus bruts avant impôts	Revenus nets après impôts	Total des revenus bruts avant impôts	Revenus nets après impôts	Total des revenus bruts avant impôts	Revenus nets après impôts
Allemagne	45 857	29 896	68 443	41 238	114 300	64 278	45 857	37 455
Australie	39 612	31 867	59 122	44 551	98 734	68 753	39 612	41 158
Autriche	41 115	29 920	61 365	41 244	102 480	63 558	41 115	37 930
Belgique	42 346	28 734	63 203	37 992	105 550	54 977	42 346	36 129
Canada	30 112	24 778	44 943	34 554	75 054	55 275	30 112	38 406
Chili	15 711	14 611	23 449	21 805	39 159	35 906	15 711	14 742
Corée	37 237	32 949	55 577	47 250	92 813	75 304	37 237	33 866
Danemark	41 643	28 085	62 154	40 171	103 798	61 022	41 643	39 972
Espagne	28 425	23 661	42 425	33 406	70 850	51 707	28 425	27 865
Estonie	19 461	17 535	29 047	24 807	48 508	38 185	19 461	21 504
États-Unis	36 889	29 004	55 058	41 959	91 947	65 457	36 889	36 168
Finlande	34 739	26 874	51 849	36 222	86 588	53 937	34 739	31 158
France	32 171	24 500	48 016	34 639	80 187	53 397	32 171	33 094
Grèce	25 146	19 827	37 531	27 713	62 677	41 848	25 146	21 781
Hongrie	19 963	13 276	29 796	19 814	49 759	33 090	19 963	18 885
Irlande	40 142	33 692	59 914	44 563	100 057	64 773	40 142	42 801
Islande	45 884	34 126	68 483	48 712	114 367	75 401	45 884	39 100
Israël[1]	27 768	24 550	41 445	33 916	69 213	50 115	27 768	28 286
Italie	30 472	23 732	45 481	31 257	75 953	46 068	30 472	29 894
Japon	33 349	26 469	49 775	38 646	83 124	61 468	33 349	28 763
Lettonie	16 195	12 116	24 171	17 225	40 365	28 740	16 195	15 103
Lituanie	16 588	13 678	24 758	19 275	41 346	31 423	16 588	16 084
Luxembourg	47 317	37 495	70 622	49 731	117 939	73 234	47 317	49 840
Mexique	9 134	8 716	13 634	12 219	22 768	19 345	9 134	8 716
Norvège	40 639	30 885	60 655	43 996	101 295	66 833	40 639	35 651
Nouvelle-Zélande	27 891	24 045	41 629	33 954	69 520	52 841	27 891	33 613
Pays-Bas	44 470	34 310	66 372	46 066	110 842	68 800	44 470	45 987
Pologne	20 859	15 750	31 133	23 284	51 992	38 580	20 859	26 990
Portugal	21 343	16 760	31 856	23 354	53 199	35 488	21 343	20 553
République slovaque	16 336	12 900	24 383	18 544	40 719	30 004	16 336	15 050
République tchèque	20 766	16 311	30 994	23 358	51 760	37 666	20 766	21 848
Royaume-Uni	38 534	31 124	57 514	44 030	96 048	67 374	38 534	37 617
Slovénie	23 028	16 083	34 370	22 661	57 398	35 541	23 028	23 150
Suède	33 964	26 350	50 693	37 980	84 658	53 868	33 964	29 861
Suisse	51 981	44 486	77 583	64 121	129 564	100 649	51 981	52 631
Turquie	20 422	15 328	30 480	21 758	50 902	34 275	20 422	15 669
Moyenne non pondérée								
OCDE-Moyenne	**31 042**	**24 290**	**46 331**	**34 056**	**77 373**	**52 477**	**31 042**	**30 203**
OCDE-UE 23	**30 473**	**23 157**	**45 482**	**32 112**	**75 955**	**49 024**	**30 473**	**29 589**

Note : enf = enfant

1. Informations sur les données concernant Israël : http://oe.cd/israel-disclaimer.

StatLink https://doi.org/10.1787/888934109612

Tableau 5.11. Salaire brut annuel et revenu net, couple marié, 2018

En dollars US convertis sur la base des PPA, par catégorie de foyer et niveau de salaire

	Couple marié 2 enf 100-0 (% SM)		Couple marié 2 enf 100-67 (% SM)[2]		Couple marié 2 enf 100-100 (% SM)[2]		Couple marié sans enf 100-67 (% SM)[2]	
	Total des revenus bruts avant impôts	Revenus nets après impôts	Total des revenus bruts avant impôts	Revenus nets après impôts	Total des revenus bruts avant impôts	Revenus nets après impôts	Total des revenus bruts avant impôts	Revenus nets après impôts
Allemagne	68 443	53 564	114 300	78 268	136 887	89 986	114 300	71 442
Australie	59 122	49 151	98 734	76 418	118 245	89 103	98 734	76 418
Autriche	61 365	49 334	102 480	78 503	122 731	89 881	102 480	71 164
Belgique	63 203	50 287	105 550	73 368	126 407	82 861	105 550	66 678
Canada	44 943	43 916	75 054	63 150	89 886	72 451	75 054	58 962
Chili	23 449	21 807	39 159	36 549	46 897	43 615	39 159	36 416
Corée	55 577	48 482	92 813	81 147	111 154	95 448	92 813	80 200
Danemark	62 154	46 655	103 798	72 071	124 309	84 156	103 798	68 256
Espagne	42 425	36 431	70 850	58 594	84 850	68 339	70 850	57 067
Estonie	29 047	28 724	48 508	45 462	58 093	52 733	48 508	42 342
États-Unis	55 058	48 585	91 947	75 772	110 116	88 291	91 947	71 399
Finlande	51 849	39 016	86 588	65 890	103 698	75 239	86 588	63 096
France	48 016	39 796	80 187	63 383	96 033	73 199	80 187	58 456
Grèce	41 284	32 057	68 944	53 070	82 568	60 559	68 944	51 532
Hongrie	29 796	25 163	49 759	38 439	59 592	44 977	49 759	33 090
Irlande	59 914	54 725	100 057	83 256	119 828	93 389	100 057	78 994
Islande	68 483	56 900	114 367	82 838	136 967	97 423	114 367	82 838
Israël[1]	41 445	35 010	69 213	61 075	82 889	70 668	69 213	58 815
Italie	45 481	36 710	75 953	58 432	90 962	65 486	75 953	54 989
Japon	49 775	41 626	83 124	67 409	99 549	79 585	83 124	65 114
Lettonie	24 171	20 213	40 365	32 328	48 342	37 438	40 365	29 341
Lituanie	24 758	21 680	41 346	34 549	49 516	40 146	41 346	32 952
Luxembourg	70 622	66 746	117 939	98 974	141 244	110 684	117 939	89 973
Mexique	13 634	12 219	22 768	20 935	27 267	24 438	22 768	20 935
Norvège	60 655	46 365	101 295	77 250	121 311	90 361	101 295	74 881
Nouvelle-Zélande	41 629	40 836	69 520	57 640	83 258	67 908	69 520	57 999
Pays-Bas	66 372	49 753	110 842	86 477	132 745	98 232	110 842	80 377
Pologne	31 133	30 784	51 992	44 064	62 266	51 598	51 992	39 034
Portugal	31 856	27 964	53 199	42 421	63 711	48 781	53 199	40 347
République slovaque	24 383	22 135	40 719	33 595	48 766	39 239	40 719	31 445
République tchèque	30 994	30 898	51 760	45 206	61 989	52 253	51 760	39 670
Royaume-Uni	57 514	46 987	96 048	77 764	115 028	90 670	96 048	75 154
Slovénie	34 370	29 870	57 398	43 125	68 740	48 954	57 398	38 744
Suède	50 693	41 491	84 658	67 841	101 386	79 471	84 658	64 330
Suisse	77 583	74 353	129 564	115 557	155 167	134 294	129 564	107 383
Turquie	30 480	22 326	50 902	37 427	60 960	43 857	50 902	37 086
Moyenne non pondérée								
OCDE-Moyenne	**46 435**	**39 515**	**77 547**	**61 896**	**92 871**	**71 548**	**77 547**	**58 526**
OCDE-UE 23	**45 645**	**38 304**	**76 228**	**59 786**	**91 291**	**68 621**	**76 228**	**55 586**

Note : enf = enfant

1. Informations sur les données concernant Israël : http://oe.cd/israel-disclaimer.

2. Famille disposant de deux revenus.

StatLink https://doi.org/10.1787/888934109631

Tableau 5.12. Coûts annuels de main-d'œuvre et revenu net, célibataire, 2018

En dollars US convertis sur la base des PPA, par catégorie de foyer et niveau de salaire

	Célibataire sans enf 67 (% SM)		Célibataire sans enf 100 (% SM)		Célibataire sans enf 167 (% SM)		Célibataire 2 enf 67 (% SM)	
	Coûts bruts de main d'oeuvre avant impôts	Revenus nets après impôts	Coûts bruts de main d'oeuvre avant impôts	Revenus nets après impôts	Coûts bruts de main d'oeuvre avant impôts	Revenus nets après impôts	Coûts bruts de main d'oeuvre avant impôts	Revenus nets après impôts
Allemagne	54 742	29 896	81 704	41 238	131 819	64 278	54 742	37 455
Australie	41 976	31 867	62 651	44 551	104 626	68 753	41 976	41 158
Autriche	52 754	29 920	78 737	41 244	129 593	63 558	52 754	37 930
Belgique	53 343	28 734	80 357	37 992	134 196	54 977	53 343	36 129
Canada	33 443	24 778	49 945	34 554	81 426	55 275	33 443	38 406
Chili	15 711	14 611	23 449	21 805	39 159	35 906	15 711	14 742
Corée	41 109	32 949	61 357	47 250	101 192	75 304	41 109	33 866
Danemark	41 643	28 085	62 154	40 171	103 798	61 022	41 643	39 972
Espagne	36 924	23 661	55 110	33 406	92 034	51 707	36 924	27 865
Estonie	26 039	17 535	38 864	24 807	64 904	38 185	26 039	21 504
États-Unis	40 041	29 004	59 600	41 959	99 311	65 457	40 041	36 168
Finlande	42 169	26 874	62 939	36 222	105 109	53 937	42 169	31 158
France	41 000	24 500	65 358	34 639	113 696	53 397	41 000	33 094
Grèce	31 447	19 827	46 936	27 713	78 383	41 848	31 447	21 781
Hongrie	24 155	13 276	36 053	19 814	60 208	33 090	24 155	18 885
Irlande	44 498	33 692	66 415	44 563	110 913	64 773	44 498	42 801
Islande	48 981	34 126	73 106	48 712	122 087	75 401	48 981	39 100
Israël[1]	29 074	24 550	43 777	33 916	73 627	50 115	29 074	28 286
Italie	40 096	23 732	59 844	31 257	99 940	46 068	40 096	29 894
Japon	38 448	26 469	57 385	38 646	94 735	61 468	38 448	28 763
Lettonie	20 105	12 116	30 002	17 225	50 098	28 740	20 105	15 103
Lituanie	21 763	13 678	32 482	19 275	54 246	31 423	21 763	16 084
Luxembourg	53 946	37 495	80 516	49 731	134 462	73 234	53 946	49 840
Mexique	10 389	8 716	15 226	12 219	25 058	19 345	10 389	8 716
Norvège	45 922	30 885	68 541	43 996	114 463	66 833	45 922	35 651
Nouvelle-Zélande	27 891	24 045	41 629	33 954	69 520	52 841	27 891	33 613
Pays-Bas	49 667	34 310	74 073	46 066	119 325	68 800	49 667	45 987
Pologne	24 284	15 750	36 245	23 284	60 529	38 580	24 284	26 990
Portugal	26 412	16 760	39 421	23 354	65 834	35 488	26 412	20 553
République slovaque	21 352	12 900	31 868	18 544	53 220	30 004	21 352	15 050
République tchèque	27 827	16 311	41 532	23 358	69 359	37 666	27 827	21 848
Royaume-Uni	42 160	31 124	63 759	44 030	107 611	67 374	42 160	37 617
Slovénie	26 736	16 083	39 904	22 661	66 639	35 541	26 736	23 150
Suède	44 636	26 350	66 621	37 980	111 257	53 868	44 636	29 861
Suisse	55 217	44 486	82 413	64 121	137 614	100 649	55 217	52 631
Turquie	23 436	15 328	35 814	21 758	59 810	34 275	23 436	15 669
Moyenne non pondérée								
OCDE-Moyenne	**36 093**	**24 290**	**54 050**	**34 056**	**89 994**	**52 477**	**36 093**	**30 203**
OCDE-UE 23	**36 856**	**23 157**	**55 256**	**32 112**	**92 051**	**49 024**	**36 856**	**29 589**

Note : enf = enfant

1. Informations sur les données concernant Israël : http://oe.cd/israel-disclaimer.

StatLink https://doi.org/10.1787/888934109650

Tableau 5.13. Coûts annuels de main-d'œuvre et revenu net, couple marié, 2018

En dollars US convertis sur la base des PPA, par catégorie de foyer et niveau de salaire

	Couple marié 2 enf 100-0 (% SM)		Couple marié 2 enf 100-67 (% SM)[2]		Couple marié 2 enf 100-100 (% SM)[2]		Couple marié sans enf 100-67 (% SM)[2]	
	Coûts bruts de main d'oeuvre avant impôts	Revenus nets après impôts	Coûts bruts de main d'oeuvre avant impôts	Revenus nets après impôts	Coûts bruts de main d'oeuvre avant impôts	Revenus nets après impôts	Coûts bruts de main d'oeuvre avant impôts	Revenus nets après impôts
Allemagne	81 704	53 564	136 446	78 268	163 409	89 986	136 446	71 442
Australie	62 651	49 151	104 626	76 418	125 301	89 103	104 626	76 418
Autriche	78 737	49 334	131 491	78 503	157 474	89 881	131 491	71 164
Belgique	80 357	50 287	133 699	73 368	160 713	82 861	133 699	66 678
Canada	49 945	43 916	83 388	63 150	99 889	72 451	83 388	58 962
Chili	23 449	21 807	39 159	36 549	46 897	43 615	39 159	36 416
Corée	61 357	48 482	102 466	81 147	122 714	95 448	102 466	80 200
Danemark	62 154	46 655	103 798	72 071	124 309	84 156	103 798	68 256
Espagne	55 110	36 431	92 034	58 594	110 220	68 339	92 034	57 067
Estonie	38 864	28 724	64 904	45 462	77 729	52 733	64 904	42 342
États-Unis	59 600	48 585	99 641	75 772	119 200	88 291	99 641	71 399
Finlande	62 939	39 016	105 109	65 890	125 879	75 239	105 109	63 096
France	65 358	39 796	106 358	63 383	130 716	73 199	106 358	58 456
Grèce	51 630	32 057	86 222	53 070	103 260	60 559	86 222	51 532
Hongrie	36 053	25 163	60 208	38 439	72 106	44 977	60 208	33 090
Irlande	66 415	54 725	110 913	83 256	132 830	93 389	110 913	78 994
Islande	73 106	56 900	122 087	82 838	146 212	97 423	122 087	82 838
Israël[1]	43 777	35 010	72 851	61 075	87 553	70 668	72 851	58 815
Italie	59 844	36 710	99 940	58 432	119 688	65 486	99 940	54 989
Japon	57 385	41 626	95 833	67 409	114 771	79 585	95 833	65 114
Lettonie	30 002	20 213	50 107	32 328	60 005	37 438	50 107	29 341
Lituanie	32 482	21 680	54 246	34 549	64 965	40 146	54 246	32 952
Luxembourg	80 516	66 746	134 462	98 974	161 032	110 684	134 462	89 973
Mexique	15 226	12 219	25 615	20 935	30 452	24 438	25 615	20 935
Norvège	68 541	46 365	114 463	77 250	137 081	90 361	114 463	74 881
Nouvelle-Zélande	41 629	40 836	69 520	57 640	83 258	67 908	69 520	57 999
Pays-Bas	74 073	49 753	123 741	86 477	148 147	98 232	123 741	80 377
Pologne	36 245	30 784	60 529	44 064	72 490	51 598	60 529	39 034
Portugal	39 421	27 964	65 834	42 421	78 843	48 781	65 834	40 347
République slovaque	31 868	22 135	53 220	33 595	63 737	39 239	53 220	31 445
République tchèque	41 532	30 898	69 359	45 206	83 065	52 253	69 359	39 670
Royaume-Uni	63 759	46 987	105 919	77 764	127 518	90 670	105 919	75 154
Slovénie	39 904	29 870	66 639	43 125	79 808	48 954	66 639	38 744
Suède	66 621	41 491	111 257	67 841	133 242	79 471	111 257	64 330
Suisse	82 413	74 353	137 630	115 557	164 826	134 294	137 630	107 383
Turquie	35 814	22 326	59 250	37 427	71 628	43 857	59 250	37 086
Moyenne non pondérée								
OCDE-Moyenne	**54 180**	**39 515**	**90 360**	**61 896**	**108 360**	**71 548**	**90 360**	**58 526**
OCDE-UE 23	**55 460**	**38 304**	**92 454**	**59 786**	**110 921**	**68 621**	**92 454**	**55 586**

Note : enf = enfant

1. Informations sur les données concernant Israël : http://oe.cd/israel-disclaimer.
2. Famille disposant de deux revenus.

StatLink https://doi.org/10.1787/888934109669

Notes

[1] Les tableaux 5.1 à 5.7 contiennent des chiffres arrondis à la première décimale. Le texte peut contenir des chiffres arrondis à la deuxième décimale pour des raisons d'exactitude.

[2] Les élasticités indiquées dans le tableau 5.8 sont calculées de la manière suivante : (100 – METR) / (100 – AETR), où METR désigne le taux marginal de l'impôt sur le revenu, augmenté des cotisations salariales de sécurité sociale et diminué des prestations en espèces, figurant dans le tableau 5.7, et AETR désigne le taux moyen de l'impôt sur le revenu augmenté des cotisations salariales de sécurité sociale et diminué des prestations en espèces, figurant dans le tableau 5.3.

[3] Les élasticités indiquées dans le tableau 5.9 sont calculées de la manière suivante : (100 – METR) / (100 – AETR), où METR désigne le taux marginal de l'impôt sur le revenu, augmenté des cotisations salariales et patronales de sécurité sociale et diminué des prestations en espèces, figurant dans le tableau 5.6, et AETR désigne le taux moyen de l'impôt sur le revenu augmenté des cotisations salariales et patronales de sécurité sociale et diminué des prestations en espèces, figurant dans le tableau 5.1.

6 Évolution de la charge fiscale (2000-19)

Ce chapitre présente l'évolution de la charge fiscale pesant sur les revenus du travail entre 2000 et 2019. Le chapitre contient les tableaux 6.1 à 6.24 présentés en catégories correspondant à la mesure de la charge fiscale considérée pour les huit types de foyer : les tableaux 6.1 à 6.8 indiquant le coin fiscal (moyen), qui est constitué des impôts sur le revenu majorés des cotisations salariales et patronales de sécurité sociale (y compris les taxes sur les salaires éventuellement applicables) et diminués des prestations en espèces ; les tableaux 6.9 à 6.16 contenant des données liées à la charge (moyenne) des impôts sur le revenu des personnes physiques ; et les tableaux 6.17 à 6.24 indiquant la charge (moyenne) des impôts sur le revenu majorée des cotisations salariales de sécurité sociale et diminuée des prestations en espèces (taux moyens nets d'imposition des personnes physiques).

Évolution chronologique

L'évolution de la charge fiscale pour les huit catégories de foyer étudiées au cours de la période 2000 à 2019 ressort des tableaux 6.1 à 6.24 dans la dernière section de ce chapitre intitulée « Tableaux indiquant les impôts sur le revenu, les cotisations de sécurité sociale et les prestations en espèces ». Chacun des tableaux 6.1 à 6.24 correspond à une mesure particulière de la charge fiscale pour une catégorie spécifique de foyer.

L'examen est centré sur les principales tendances observables au cours de cette période et met en lumière certaines variations importantes d'une année sur l'autre[1].

Faits marquants

Le coin fiscal moyen pour l'ensemble des pays de l'OCDE, la charge de l'impôt sur le revenu des personnes physiques et la charge fiscale nette (impôt sur le revenu des personnes physiques plus cotisations de sécurité sociale moins prestations en espèces) ont tous baissé entre 2000 et 2019 pour chacune des catégories de foyer étudiées.

Sur la période considérée, les baisses du coin fiscal moyen constatées dans les pays de la zone OCDE se sont échelonnées entre 1.4 point de pourcentage (pour les travailleurs célibataires rémunérés au niveau du salaire moyen – SM – et ceux percevant 167 % du SM) et 4.2 points (pour les parents isolés gagnant 67 % du SM).

La baisse de la charge fiscale moyenne sur le revenu des personnes physiques est comprise entre 0.7 point (pour les travailleurs célibataires rémunérés au niveau du SM) et 2.0 points (pour les parents isolés gagnant 67 % du SM).

La charge fiscale moyenne nette des personnes physiques a également reculé dans les pays de l'OCDE pour toutes les catégories de foyer pendant la période étudiée. Ce repli varie entre 0.4 point (pour les travailleurs célibataires rémunérés au niveau du SM) et 3.1 points (pour les parents isolés gagnant 67 % du SM).

Coin fiscal

Si l'on examine plus particulièrement le coin fiscal moyen total (Tableau 6.1 à Tableau 6.8), on observe une réduction de plus de 5 points entre 2000 et 2019 pour au moins une des catégories de foyer dans 15 pays de l'OCDE : Allemagne, Belgique, Canada, Danemark, Estonie, Finlande, France, Hongrie, Irlande, Israël, Lituanie, Nouvelle Zélande, Pays Bas, Pologne et Suède.

La diminution la plus importante est observée en Pologne où les parents isolés ont bénéficié d'une réduction du coin fiscal de 33.2 points. Dans ce pays, les couples avec deux enfants disposant d'un seul revenu égal au SM et les couples avec deux enfants disposant de deux revenus représentant 167 % du SM, ont également vu leur coin fiscal diminuer de plus de 10 points (-15.6 points et -10.7 points, respectivement). On observe une réduction du coin fiscal supérieure à 10 points pour au moins une catégorie de foyer au Canada, en France, en Hongrie, en Irlande, en Lituanie, en Nouvelle Zélande et aux Pays-Bas.

Au Canada, le coin fiscal a reculé de 15.0 points pour les parents isolés gagnant 67 % du SM et de 11.5 points pour les couples mariés avec deux enfants disposant d'un seul salaire égal au SM. En France, le coin fiscal a diminué de 19.8 points pour les parents isolés gagnant 67 % du SM. En Hongrie, les baisses dépassent 10 points pour six des huit catégories de foyer. Les plus fortes réductions concernent les travailleurs célibataires gagnant 167 % du SM (14.6 points) et les couples mariés ayant deux enfants et disposant d'un seul revenu égal au SM (14.3 points). En Irlande, le coin fiscal a baissé de 11.3 points pour les parents isolés gagnant 67 % du SM. En Lituanie, les baisses dépassent 10 points pour les catégories de foyer avec enfants, et c'est pour les parents isolés gagnant 67 % du SM que ce recul a été le plus marqué (21.5 points). Aux Pays-Bas, le coin fiscal a reculé de plus de 10 points pour les travailleurs célibataires gagnant 67 % du SM avec ou sans enfants (-19.9 points et -12.3 points respectivement). En Nouvelle Zélande, ce sont les parents isolés gagnant 67 % du SM qui ont le plus bénéficié de la réduction du coin fiscal (16.4 points). Celui-ci a également baissé de 10.1 points pour les couples mariés avec deux enfants disposant d'un seul revenu égal au SM.

À l'inverse, entre 2000 et 2019, le coin fiscal a augmenté de plus de 5 points pour au moins une catégorie de foyer dans 7 pays : Corée, Islande, Luxembourg, Mexique, Norvège, République tchèque et Turquie. La plus forte hausse s'est produite en Islande où le coin fiscal a progressé de 14.1 points pour les parents isolés gagnant 67 % du SM et de 5.1 à 8.5 points pour quatre autres catégories de foyer. En République tchèque, le coin fiscal a augmenté de 10.0 points pour les parents isolés gagnant 67 % du SM. Au Mexique, sept catégories de foyer ont vu leur coin fiscal s'accroître de 7.5 à 8.8 points. En Turquie, les travailleurs célibataires percevant 167 % du SM ont subi une augmentation de leur coin fiscal de 7.6 points. En Corée, les hausses s'échelonnent entre 5.2 et environ 6.9 points pour six catégories de foyer. Au Luxembourg, le coin fiscal a enregistré une hausse comprise entre 5.3 et 5.7 points pour les couples mariés avec enfants. En Norvège, il a progressé de 5.7 points pour les parents isolés gagnant 67 % du SM.

Le coin fiscal a diminué pour toutes les catégories de foyer dans 14 pays de l'OCDE (Allemagne, Australie, Belgique, Canada, Danemark, États-Unis, Finlande, Hongrie, Irlande, Israël, Lituanie, Pologne, Suède et Suisse), alors qu'il a augmenté pour toutes les catégories de foyer dans trois pays (Corée, Luxembourg et Mexique).

Taux moyen de l'impôt sur le revenu des personnes physiques

Entre 2000 et 2019, la charge fiscale moyenne sur le revenu des personnes physiques (Tableau 6.9 à Tableau 6.16) a baissé pour les huit catégories de foyer dans 13 pays de l'OCDE : Belgique, Canada, Estonie, Finlande, Hongrie, Israël, Lettonie, Lituanie, Royaume-Uni, Slovénie, Suède, Suisse et Turquie. Des baisses supérieures à 5 points du taux moyen de l'impôt sur le revenu ont été enregistrées parmi ces pays. Les réductions les plus importantes touchant la plupart des catégories de foyer ont été observées en Hongrie, où les baisses ont dépassé 10 points pour la moitié des catégories de foyer, avec 15.3 points pour les travailleurs célibataires gagnant 167 % du SM, 14.2 points pour les couples mariés avec deux enfants disposant d'un revenu égal au SM, 11.2 points pour les couples avec deux enfants disposant de deux revenus représentant 200 % du SM, et 10.3 points pour les parents isolés avec enfants percevant un revenu égal à 67 % du SM. Cette dernière catégorie de foyer a bénéficié d'une réduction de 13.9 points au cours de cette période en Estonie, où le taux moyen d'imposition a diminué de 7.5 et 10.7 points pour les autres catégories de foyer, à l'exception des travailleurs célibataires percevant 167 % du SM (réduction de 3.9 points). En Suède, une diminution comprise entre 9.1 et 9.8 points a été observée pour la plupart des catégories de foyer, à l'exception des contribuables célibataires à 167 % du SM (réduction de 5.5 points). En Lituanie, les taux moyens d'imposition du revenu des personnes physiques ont reculé de 8.7 à 9.5 points pour la plupart des catégories de foyer, à l'exception des parents isolés gagnant 67 % du SM, pour qui la baisse a été de 2.8 points. En Finlande, la charge fiscale moyenne sur le revenu des personnes physiques a baissé de 6.1 à 8.3 points pour les huit catégories de foyer. En Israël, le taux moyen de l'impôt sur le revenu a reculé de 6.3 à 7.9 points pour la plupart des catégories de foyer, sauf pour les parents isolés rémunérés à hauteur de 67 % du SM, pour qui la diminution a été de 3.0 points. D'autres réductions de plus de 5 points sont observées au Royaume-Uni pour les parents isolés rémunérés à 67 % du SM (6.3 points), en Belgique pour cinq catégories de foyer (jusqu'à 5.9 points) et en Turquie pour les parents isolés percevant 67 % du SM (5.4 points).

À l'autre extrême, la charge moyenne de l'impôt sur le revenu des personnes physiques a augmenté pour les huit catégories de foyer dans six pays de l'OCDE : Corée, Danemark, Grèce, Japon, Mexique et Pays-Bas. Des hausses supérieures à cinq points ont été observées parmi ces pays. Aux Pays-Bas, la hausse se chiffrait à 11.4 points pour les couples mariés avec deux enfants disposant d'un seul revenu égal au SM, à 7 points pour les travailleurs célibataires rémunérés au niveau du SM, et à 6.3 points pour les couples avec deux enfants disposant de deux revenus représentant 200 % du SM. Au Mexique, les augmentations se sont échelonnées entre 5.9 et 9.4 points pour les huit catégories de foyer. Les taux moyens d'imposition du revenu des personnes physiques ont progressé de plus de 5 points au Danemark pour les couples mariés avec deux enfants disposant d'un seul revenu égal au SM (5.6 points) et en Corée pour les travailleurs célibataires disposant d'un revenu égal à 167 % du SM (5.3 points).

Dix-sept autres pays de l'OCDE font apparaître à la fois des réductions et des augmentations du taux moyen de l'impôt sur le revenu des personnes physiques parmi les catégories de foyer : Allemagne, Australie, Autriche, Chili, Espagne, États-Unis, France, Irlande, Islande, Italie, Luxembourg, Norvège, Nouvelle-Zélande, Pologne, Portugal, République slovaque et République tchèque. D'importantes variations supérieures à 5 points se sont produites parmi ces pays. En République tchèque, la réduction a été de 8.8 points pour les parents isolés gagnant 67 % du SM et de 7.8 points pour les couples mariés avec enfants disposant d'un seul revenu équivalent au SM. En Autriche, le taux moyen de l'impôt des personnes physiques a diminué de 7.4 points pour les parents isolés gagnant 67 % du SM. En Islande, en revanche, ce taux a progressé de 5.3 points pour les couples mariés avec deux enfants disposant d'un seul revenu égal au SM.

Au Chili, les taux moyens de l'impôt sur le revenu sont restés constants pour la plupart des catégories de foyer, qui n'ont pas payé d'impôts sur le revenu entre 2000 et 2019. Des variations mineures de 0.05 point[2] ou moins ont été observées pour les catégories de foyer qui ont dû s'acquitter de cet impôt, à savoir les travailleurs célibataires rémunéré au SM (+0.05 point), les couples sans enfant percevant deux revenus représentant 167 % du SM (+0.03 point) et les travailleurs célibataires gagnant 167 % du SM (-0.02 point).

Taux moyen net d'imposition des personnes physiques

Le taux moyen net d'imposition des personnes physiques tient compte de la somme de l'impôt sur le revenu des personnes physiques, des cotisations salariales de sécurité sociale et des prestations en espèces (Tableau 6.17 à Tableau 6.24). Il a diminué entre 2000 et 2019 pour les huit catégories de foyer dans dix pays de l'OCDE : Australie, Belgique, Canada, Danemark, Estonie, Irlande, Israël, Pologne, Suède et Suisse. Des baisses supérieures à 5 points ont été observées parmi ces pays. C'est la Pologne qui connaît les réductions les plus importantes, puisque le taux moyen net d'imposition des personnes physiques a baissé de 38.4 points pour les parents isolés gagnant 67 % du SM et de 10.9 à 18.0 points pour les trois autres catégories de foyer avec enfants. Une diminution de plus de 10 points s'est également produite au Canada pour les parents isolés rémunérés à 67 % du SM (15.5 points) et pour les couples mariés avec deux enfants disposant d'un seul revenu égal au SM (11.8 points), ainsi qu'en Irlande pour les parents isolés gagnant 67 % du SM (11.7 points). En Suède, des réductions de plus de 5 points sont observées dans les huit catégories de foyer, avec des baisses supérieures à 8 points dans sept d'entre elles. Le taux moyen net d'imposition des personnes physiques a diminué le plus pour les travailleurs célibataires sans enfant rémunérés à 67 % du SM (9.8 points) et pour les couples sans enfant disposant de deux revenus représentant 167 % du SM (9.4 points). En Estonie, le recul du taux moyen net d'imposition des personnes physiques a essentiellement concerné les travailleurs célibataires, sans enfant, gagnant 67 % du SM et les couples avec deux enfants disposant de deux revenus équivalents à 167 % du SM (9.1 points pour les deux catégories de foyer). Au Danemark, la charge fiscale a reculé de plus de 5 points pour six des huit catégories de foyer, la plus forte baisse étant observée pour les travailleurs célibataires gagnant 167 % du SM (8.2 points). En Israël, des réductions comprises entre 5.8 et 7.8 points sont observées pour toutes les catégories de foyer, à l'exception des parents isolés gagnant

67 % du SM, pour qui la baisse n'a été que de 0.1 point. En Belgique, le taux moyen net d'imposition des personnes physiques a reculé de plus de 5 points pour les couples avec et sans enfants disposant de deux revenus équivalents à 167 % du SM (respectivement 5.3 et 5.9 points).

À l'inverse, le taux moyen net d'imposition des personnes physiques a augmenté pour toutes les catégories de foyer dans trois pays de l'OCDE : Corée, Mexique et République slovaque. Dans tous ces pays, la hausse a dépassé 5 points. La plus forte variation s'est produite en République slovaque avec une augmentation de 11.8 points pour les parents isolés rémunérés à 67 % du SM. Les couples mariés disposant d'un seul revenu égal au SM et les couples mariés disposant de deux revenus représentant 167% du SM, les deux catégories de foyer avec deux enfants, ont également vu leur charge fiscale augmenter de plus de 5 points (5.6 et 5.1 respectivement). Au Mexique, le taux a progressé de 5.3 à 9.4 points pour les huit catégories de foyer. En Corée, il s'est accru de plus de 5 points pour la moitié des catégories de foyer, les plus fortes hausses étant observées pour les travailleurs célibataires percevant un revenu égal au SM (6.4 points).

Vingt-trois autres pays de l'OCDE ont à la fois enregistré des réductions ou des augmentations du taux moyen net d'imposition des personnes physiques parmi les huit catégories de foyer : Allemagne, Autriche, Chili, Espagne, États-Unis, Finlande, France, Grèce, Hongrie, Islande, Italie, Japon, Lettonie, Lituanie, Luxembourg, Nouvelle-Zélande, Norvège, Pays-Bas, Portugal, République tchèque, Royaume-Uni, Slovénie et Turquie. Des variations supérieures à 5 points ont été observées parmi ces pays. Des baisses sensibles se sont produites en France, où le taux moyen net d'imposition des personnes physiques a reculé de 21.6 points pour les parents isolés rémunérés à hauteur de 67 % du SM. La charge fiscale a également diminué de plus 10 points aux Pays-Bas pour les travailleurs célibataires gagnant 67 % du SM avec ou sans enfants (19.3 et 11.5 points respectivement), ainsi qu'en Nouvelle-Zélande pour les parents isolés rémunérés à 67 % du SM (16.4 points) et pour les couples mariés avec deux enfants disposant d'un seul revenu égal au SM (10.1 points). En Hongrie, le taux moyen net d'imposition des personnes physiques a diminué de 9.3 points pour les travailleurs célibataires percevant 167 % du SM. Des réductions de plus de 5 points ont également été observées en Finlande pour les travailleurs célibataires sans enfant gagnant 67 % du SM, ainsi qu'en Allemagne pour les travailleurs célibataires percevant 167 % du SM (5.4 points pour les deux catégories de foyer). En revanche, le taux moyen net d'imposition des personnes physiques a nettement augmenté en République tchèque et en Islande, où cette augmentation a été supérieure à 10 points pour les parents isolés rémunérés à 67 % du SM (respectivement 14.4 et 13.3 points). En Lituanie, il a progressé de 7.0 à 7.8 points dans les catégories de foyer sans enfant. Des hausses supérieures à 5 points ont été observées en Slovénie pour les couples mariés avec deux enfants disposant d'un seul revenu égal au SM (6.8 points), en Norvège pour les parents isolés gagnant 67 % du SM (6.3 points), ainsi qu'en Turquie et en Italie pour les travailleurs célibataires rémunérés à hauteur de 167 % du SM (respectivement 5.6 points et 5.1 points).

Progressivité

Le degré de progressivité de l'impôt sur le revenu des personnes physiques peut être évalué en comparant la charge supportée par des travailleurs célibataires gagnant 67 % du SM à celle des célibataires gagnant 167 % du SM. Le Tableau 6.9 est donc comparé au Tableau 6.11. Pour tous les pays de l'OCDE (à l'exception de la Hongrie) et toutes les années comprises entre 2000 et 2019, les salariés les mieux payés reversent toujours un pourcentage plus élevé de leurs revenus au titre de l'impôt sur le revenu des personnes physiques que ceux les moins bien rémunérés. Concernant la Hongrie, le niveau de la charge fiscale est le même pour les deux catégories de salariés à partir de 2013. Au Mexique, de 2000 à 2010, le taux de l'impôt sur le revenu des personnes physiques était négatif pour les célibataires rémunérés à 67 % du SM en raison des crédits d'impôts récupérables.

La progressivité des impôts sur le revenu des personnes physiques a augmenté, en moyenne, dans les pays de l'OCDE. En moyenne (à l'exclusion du Mexique), la charge fiscale pesant sur un salarié célibataire gagnant 67 % du SM représentait 54 % de celle grevant un salarié gagnant 167 % du SM en 2000 et 52 % en 2019.

Si l'on compare la situation dans chaque pays de l'OCDE, on constate que les impôts sur le revenu des personnes physiques sont devenus plus progressifs dans 19 pays : Australie, Belgique, Canada, Estonie, Finlande, France, Irlande, Israël, Italie, Lettonie, Lituanie, Luxembourg, Norvège, Nouvelle-Zélande, Royaume-Uni, Slovénie, Suède, Suisse et Turquie. Les variations les plus importantes sont observées en Estonie, où la charge pesant sur les bas salaires a baissé de 85 % en 2018 à 47% en 2019, et en Suède, où elle est passée de 68 % à 48 %.

Entre 2000 et 2019, les impôts sur le revenu des personnes physiques sont devenus légèrement moins progressifs (sur la base de cet indicateur) dans 13 pays de l'OCDE : Autriche, Corée, Danemark, Espagne, États-Unis, Grèce, Hongrie, Islande, Mexique, Pologne, Portugal, République slovaque et République tchèque. Les variations les plus importantes sont intervenues en Hongrie, où le ratio est passé, à partir de 2013, de 58 % à 100 % de celui du salarié le mieux payé, et en Islande où il est passé de 55% en 2000 à 74% en 2019.

La charge fiscale est restée au même niveau en Allemagne, au Chili, au Japon et aux Pays-Bas en 2000 et 2019.

Familles

Les résultats présentés dans les Tableau 6.21 et Tableau 6.18 peuvent être utilisés pour comparer les charges fiscales nettes (impôt sur le revenu des personnes physiques plus cotisations salariales de sécurité sociale moins prestations en espèces) auxquelles doit faire face un couple marié ayant deux enfants et disposant d'un seul revenu égal au SM et un travailleur célibataire sans enfant disposant du même niveau de revenu. On constate que, dans les pays de l'OCDE, l'économie moyenne d'impôt pour le couple marié comparé au célibataire représentait 10.7 % du revenu brut en 2000 et 11.3 % en 2019.

Entre 2000 et 2019, l'économie d'impôt dont bénéficie le couple marié disposant d'un seul revenu a augmenté dans 18 pays et diminué dans 17 autres. On n'observe aucune économie d'impôt au Mexique, dans la mesure où la même charge fiscale pèse sur ces deux catégories de foyer. L'économie d'impôt a augmenté de plus de 5 points dans cinq pays : en Pologne, où elle a progressé de 15.1 points, passant de 5.7 % à 20.8 % du revenu brut, au Canada, où elle s'est accrue de 9.9 points, passant de 10.9 % à 20.8 % du revenu brut, en Nouvelle-Zélande, où elle a augmenté de 9.5 points, passant de 5.8 % à 15.3 % du revenu brut, en Lituanie, où elle s'est accrue de 8.4 points (de 0 % à 8.4 %) et au Portugal où elle a gagné 5.5 points (de 8.8 % à 14.3 %). On observe des réductions correspondantes de plus de 5 points en Slovénie, où l'économie d'impôt a diminué de 7.8 points, passant de 25.4 % à 17.6 % du revenu brut, en Norvège, où elle s'est inscrite en recul de 7.3 points, passant de 11.4 % à 4.1 %, et aux Pays-Bas avec une réduction de 5.7 points, passant de 11.2 % à 5.5 % du revenu brut.

Tableaux indiquant les impôts sur le revenu, les cotisations de sécurité sociale et les prestations en espèces

L'évolution des impôts sur le revenu, cotisations de sécurité sociale et prestations en espèces pour les huit catégories de foyer dans les pays de l'OCDE étudiées au cours de la période 2000 à 2019 ressort des tableaux 6.1 à 6.24.

- Tableaux 6.1 à 6.8 indiquant le coin fiscal (moyen), qui est constitué des impôts sur le revenu majorés des cotisations salariales et patronales de sécurité sociale (y compris les taxes sur les salaires éventuellement applicables) et diminués des prestations en espèces,
- Tableaux 6.9 à 6.16 contenant des données liées à la charge (moyenne) des impôts sur le revenu des personnes physiques,
- Tableaux 6.17 à 6.24 indiquant la charge (moyenne) des impôts sur le revenu majorée des cotisations salariales de sécurité sociale et diminuée des prestations en espèces (taux moyens nets d'imposition des personnes physiques).

Les tableaux 6.25 et 6.26 indiquent le salaire brut et le salaire net moyen d'un célibataire entre 2000 et 2019, exprimés en dollars US à parité de pouvoir d'achat des monnaies nationales et en monnaies nationales.

Tableau 6.1. Impôt sur le revenu et cotisations sociales des salariés et employeurs diminués des prestations versées, célibataire, salaire égal à 67 % du salaire moyen

Pression fiscale en % des coûts de main-d'œuvre, célibataire sans enfant

	2000	2009	2012	2013	2014	2015	2016	2017	2018	2019
Allemagne	47.6	45.9	45.5	45.1	45.1	45.3	45.4	45.4	45.4	45.2
Australie	25.9	20.8	21.7	21.9	22.4	23.1	23.4	23.6	24.1	22.7
Autriche	43.2	43.3	44.2	44.6	44.8	45.1	43.0	43.1	43.3	43.6
Belgique	51.4	50.0	50.5	50.0	49.9	49.4	47.5	47.3	46.1	45.4
Canada	27.7	26.1	26.2	26.3	26.5	26.5	26.5	25.7	25.9	25.2
Chili	7.0	7.0	7.0	7.0	7.0	7.0	7.0	7.0	7.0	7.0
Corée	15.0	16.9	18.0	18.4	18.5	18.7	19.2	19.3	19.8	20.2
Danemark	37.4	34.8	33.8	33.3	33.1	33.4	33.4	33.3	32.6	32.6
Espagne	34.9	34.4	37.2	37.2	37.3	35.8	35.8	35.8	35.9	36.0
Estonie	39.8	37.8	39.2	38.8	38.9	38.0	37.9	38.0	32.7	33.3
États-Unis	29.0	28.0	27.8	29.4	29.5	29.2	29.2	29.2	27.6	27.6
Finlande	42.7	37.2	36.8	37.6	38.0	37.9	38.3	36.9	36.3	35.6
France	43.9	46.6	46.9	45.5	45.0	40.5	40.3	40.1	40.2	38.9
Grèce	35.9	36.5	39.5	37.0	36.1	34.8	36.2	36.5	37.0	36.8
Hongrie	51.4	46.2	47.9	49.0	49.0	49.0	48.2	46.2	45.0	44.6
Irlande	27.5	23.2	24.2	25.2	25.3	24.9	24.3	24.0	24.3	24.6
Islande	23.8	26.1	29.3	29.7	29.7	30.2	30.3	29.9	30.3	30.0
Israël[1]	23.2	14.5	13.8	13.6	14.2	14.8	15.2	15.1	15.6	15.7
Italie	43.6	43.5	44.7	44.9	41.9	40.8	40.8	40.7	40.8	41.1
Japon	28.7	27.8	29.9	30.2	30.6	30.9	31.0	31.0	31.2	31.2
Lettonie	41.7	39.6	43.3	42.8	42.1	41.7	41.2	41.3	39.7	39.8
Lituanie	43.0	38.9	39.2	39.5	39.0	39.3	39.0	37.8	37.2	34.1
Luxembourg	29.8	28.6	30.4	31.2	31.6	32.4	32.5	30.2	30.5	30.7
Mexique	7.6	11.9	13.6	14.4	14.7	15.0	15.3	16.1	16.1	16.4
Norvège	35.1	34.1	34.2	34.1	33.8	33.7	33.2	32.9	32.7	32.6
Nouvelle-Zélande	18.6	15.5	13.1	13.3	13.4	13.5	13.6	13.7	13.8	13.9
Pays-Bas	42.3	33.3	33.3	32.7	31.8	32.0	30.4	30.4	30.9	30.0
Pologne	37.0	33.1	34.7	34.8	34.9	35.0	34.9	35.0	35.1	35.0
Portugal	33.2	31.9	32.6	35.2	34.8	36.3	36.4	36.6	36.5	36.7
République slovaque	40.6	34.4	36.9	38.5	38.6	38.8	39.0	39.4	39.6	39.7
République tchèque	41.3	38.8	39.4	39.4	39.7	40.0	40.3	40.8	41.4	41.7
Royaume-Uni	29.1	29.1	27.9	26.8	26.2	26.0	26.1	26.3	26.2	26.0
Slovénie	42.6	39.7	38.6	38.5	38.6	38.6	38.7	40.0	39.8	40.3
Suède	48.6	41.3	40.8	40.9	40.5	40.6	40.8	40.9	41.0	40.5
Suisse	20.2	19.1	19.4	19.4	19.2	19.1	19.3	19.4	19.4	19.5
Turquie[2]	39.1	34.1	34.6	34.9	35.8	35.9	32.9	33.5	34.6	35.8
Moyenne non pondérée										
OCDE-Moyenne	**34.2**	**31.9**	**32.7**	**32.8**	**32.7**	**32.6**	**32.4**	**32.3**	**32.1**	**32.0**
OCDE-UE 23	**40.4**	**37.7**	**38.6**	**38.6**	**38.4**	**38.1**	**37.8**	**37.7**	**37.3**	**37.1**

1. Informations sur les données concernant Israël : http://oe.cd/israel-disclaimer.
2. Les données sur les salaires sont basées sur l'ancienne définition de l'ouvrier moyen (CITI D, Rév. 3) pour les années 2000 à 2006.

StatLink https://doi.org/10.1787/888934109688

Tableau 6.2. Impôt sur le revenu et cotisations sociales des salariés et employeurs diminués des prestations versées, célibataire, salaire égal à 100 % du salaire moyen

Pression fiscale en % des coûts de main-d'œuvre, célibataire sans enfant

	2000	2009	2012	2013	2014	2015	2016	2017	2018	2019
Allemagne	52.9	50.8	49.7	49.3	49.3	49.4	49.5	49.6	49.5	49.4
Australie	31.0	26.7	27.3	27.4	27.7	28.3	28.6	28.6	28.9	27.9
Autriche	47.3	47.9	48.8	49.2	49.4	49.6	47.3	47.4	47.6	47.9
Belgique	57.1	55.7	56.0	55.7	55.6	55.3	53.9	53.8	52.7	52.2
Canada	32.9	30.5	30.8	31.0	31.6	31.5	31.4	30.6	30.8	30.5
Chili	7.0	7.0	7.0	7.0	7.0	7.0	7.0	7.0	7.0	7.0
Corée	16.4	19.5	21.0	21.5	21.7	22.0	22.3	22.5	23.0	23.3
Danemark	41.5	37.2	36.2	35.8	35.6	35.9	35.9	35.8	35.4	35.4
Espagne	38.6	38.3	40.6	40.7	40.7	39.4	39.4	39.3	39.4	39.5
Estonie	41.3	39.2	40.4	39.9	40.0	39.0	39.0	39.0	36.2	37.2
États-Unis	30.8	30.3	29.8	31.5	31.6	31.4	31.6	31.8	29.6	29.8
Finlande	47.5	42.5	42.5	43.1	43.6	43.5	44.1	43.0	42.4	41.9
France	50.4	49.8	50.1	48.8	48.4	48.0	47.6	47.1	47.0	46.7
Grèce	38.7	41.2	42.8	41.1	40.2	38.9	40.3	40.6	41.0	40.8
Hongrie	54.7	53.1	49.5	49.0	49.0	49.0	48.2	46.2	45.0	44.6
Irlande	35.3	29.8	33.0	33.9	34.0	33.2	32.7	32.6	32.9	33.2
Islande	28.8	30.5	33.8	34.1	33.9	34.3	33.9	33.1	33.4	33.1
Israël[1]	29.6	21.3	20.4	20.4	21.1	21.8	22.3	22.1	22.5	22.7
Italie	47.1	46.8	47.7	47.8	47.8	47.8	47.8	47.7	47.8	48.0
Japon	29.8	29.2	31.3	31.6	32.0	32.3	32.4	32.5	32.7	32.7
Lettonie	43.2	40.9	44.3	43.7	43.0	42.5	42.5	42.7	42.6	42.6
Lituanie	45.7	40.7	40.9	41.1	41.0	41.2	41.3	41.1	40.7	37.2
Luxembourg	35.8	34.9	37.1	38.2	38.6	39.5	39.6	37.8	38.2	38.4
Mexique	12.7	15.3	19.0	19.3	19.5	19.8	20.1	20.4	19.7	20.1
Norvège	38.6	37.3	37.4	37.4	36.9	36.8	36.3	36.0	35.8	35.7
Nouvelle-Zélande	19.4	18.1	16.4	16.9	17.2	17.6	17.9	18.1	18.4	18.8
Pays-Bas	40.0	38.0	38.6	40.6	39.0	37.0	37.2	37.4	37.8	37.3
Pologne	38.2	34.1	35.5	35.6	35.7	35.7	35.6	35.7	35.8	35.6
Portugal	37.3	36.5	37.6	41.4	41.1	42.1	41.5	41.4	40.8	41.0
République slovaque	41.9	37.7	39.6	41.1	41.3	41.4	41.5	41.7	41.8	41.9
République tchèque	42.6	42.0	42.5	42.4	42.6	42.8	43.0	43.4	43.8	43.9
Royaume-Uni	32.6	32.4	32.1	31.4	31.0	30.8	30.9	31.0	30.9	30.9
Slovénie	46.3	42.2	42.5	42.4	42.5	42.6	42.7	42.9	43.2	43.6
Suède	50.1	43.2	42.9	43.0	42.5	42.6	42.8	42.9	43.0	42.7
Suisse	22.9	21.9	22.1	22.2	21.9	21.9	22.1	22.1	22.2	22.3
Turquie[2]	40.4	36.7	37.1	37.4	38.1	38.2	38.2	39.0	39.2	39.1
Moyenne non pondérée										
OCDE-Moyenne	**37.4**	**35.5**	**36.2**	**36.5**	**36.4**	**36.4**	**36.3**	**36.2**	**36.1**	**36.0**
OCDE-UE 23	**43.7**	**41.5**	**42.2**	**42.4**	**42.3**	**42.1**	**41.9**	**41.7**	**41.5**	**41.4**

1. Informations sur les données concernant Israël : http://oe.cd/israel-disclaimer.

2. Les données sur les salaires sont basées sur l'ancienne définition de l'ouvrier moyen (CITI D, Rév. 3) pour les années 2000 à 2006.

StatLink https://doi.org/10.1787/888934109707

Tableau 6.3. Impôt sur le revenu et cotisations sociales des salariés et employeurs diminués des prestations versées, célibataire, salaire égal à 167 % du salaire moyen

Pression fiscale en % des coûts de main-d'œuvre, célibataire sans enfant

	2000	2009	2012	2013	2014	2015	2016	2017	2018	2019
Allemagne	56.2	53.1	51.2	51.2	51.3	51.3	51.3	51.5	51.2	51.0
Australie	38.8	32.6	33.1	33.2	33.4	34.0	34.1	34.0	34.3	34.4
Autriche	50.4	51.2	51.4	51.9	52.0	52.1	50.7	50.8	51.0	51.0
Belgique	62.6	60.9	61.0	60.8	60.8	60.7	59.9	59.6	59.0	58.6
Canada	35.2	32.6	32.9	33.1	33.3	33.3	32.7	32.0	32.1	31.7
Chili	8.3	8.0	8.2	8.1	8.1	8.2	8.3	8.3	8.3	8.3
Corée	20.5	21.8	22.6	23.0	23.5	24.2	24.6	25.0	25.6	26.0
Danemark	49.3	46.9	43.4	42.6	41.9	42.1	42.0	41.8	41.2	41.1
Espagne	41.0	41.6	43.5	44.3	45.0	43.8	43.8	43.7	43.8	44.0
Estonie	42.5	40.3	41.4	40.8	40.9	39.9	39.9	39.9	41.2	41.2
États-Unis	37.1	35.6	34.6	36.3	36.4	36.3	36.4	36.5	34.1	34.2
Finlande	53.2	48.3	48.5	48.9	49.4	49.4	50.1	49.1	48.7	48.3
France	52.5	53.6	54.0	54.1	54.3	53.8	53.5	53.4	53.0	53.1
Grèce	44.7	45.8	47.9	48.7	47.9	45.4	45.9	46.2	46.6	46.5
Hongrie	59.2	58.3	50.7	49.0	49.0	49.0	48.2	46.2	45.0	44.6
Irlande	42.2	39.7	42.5	43.0	43.1	42.3	41.5	41.4	41.6	41.8
Islande	39.6	34.1	38.3	38.6	38.4	38.6	38.5	38.1	38.2	38.0
Israël[1]	38.1	30.0	28.6	29.2	30.0	30.8	31.4	31.3	31.9	32.3
Italie	51.1	52.0	53.2	53.3	53.6	54.2	54.1	53.8	53.9	54.1
Japon	31.6	32.3	34.2	34.5	34.7	34.9	35.0	35.0	35.1	35.1
Lettonie	44.4	41.9	45.0	44.4	43.8	43.2	43.3	43.5	42.6	42.8
Lituanie	47.9	42.0	42.1	42.1	42.1	42.1	42.1	42.1	42.1	39.8
Luxembourg	44.1	42.3	44.2	45.3	45.5	46.2	46.3	45.3	45.5	45.6
Mexique	19.5	20.9	22.0	22.2	22.6	22.8	23.1	23.3	22.8	23.2
Norvège	45.2	43.0	43.1	43.0	42.5	42.4	42.0	41.7	41.6	41.5
Nouvelle-Zélande	24.2	24.6	22.4	22.8	23.1	23.3	23.6	23.8	24.0	24.3
Pays-Bas	44.9	41.8	42.4	42.1	50.4	42.2	42.0	42.0	42.3	42.5
Pologne	39.1	34.9	36.2	36.2	36.3	36.3	36.2	36.2	36.3	36.1
Portugal	42.3	42.2	43.6	47.7	47.4	48.0	47.0	46.7	46.1	46.3
République slovaque	45.2	40.1	41.6	43.3	43.4	43.4	43.5	43.6	43.6	43.6
République tchèque	44.8	44.6	44.9	44.9	45.0	45.1	45.3	45.5	45.7	45.8
Royaume-Uni	35.8	36.9	37.8	37.6	37.3	37.3	37.5	37.4	37.4	37.1
Slovénie	51.0	47.1	47.5	46.1	46.4	46.5	46.1	46.3	46.7	47.1
Suède	55.7	51.2	50.7	50.8	50.6	50.7	51.5	51.6	51.6	51.0
Suisse	27.4	26.4	26.7	26.8	26.4	26.4	26.7	26.8	26.9	26.9
Turquie[2]	35.0	39.2	40.2	40.6	41.5	41.8	42.1	42.5	42.7	42.6
Moyenne non pondérée										
OCDE-Moyenne	**41.7**	**39.9**	**40.3**	**40.6**	**40.9**	**40.6**	**40.6**	**40.4**	**40.4**	**40.3**
OCDE-UE 23	**47.8**	**45.9**	**46.3**	**46.5**	**46.9**	**46.3**	**46.2**	**46.0**	**45.9**	**45.8**

1. Informations sur les données concernant Israël : http://oe.cd/israel-disclaimer.
2. Les données sur les salaires sont basées sur l'ancienne définition de l'ouvrier moyen (CITI D, Rév. 3) pour les années 2000 à 2006.

StatLink https://doi.org/10.1787/888934109726

Tableau 6.4. Impôt sur le revenu et cotisations sociales des salariés et employeurs diminués des prestations versées, parent isolé, salaire égal à 67 % du salaire moyen

Pression fiscale en % des coûts de main-d'œuvre, parent isolé ayant deux enfants

	2000	2009	2012	2013	2014	2015	2016	2017	2018	2019
Allemagne	31.8	31.2	31.3	31.0	31.3	30.9	31.2	31.4	31.6	31.5
Australie	4.0	-7.2	-3.2	-2.6	-1.8	-1.4	-1.1	0.6	1.9	1.2
Autriche	25.2	25.5	28.0	28.8	29.2	29.6	27.4	27.7	28.1	22.3
Belgique	36.4	35.7	36.9	36.2	36.1	35.6	33.5	33.4	32.3	31.2
Canada	-0.4	-9.8	-6.8	-6.1	-4.7	-15.4	-15.2	-16.3	-14.8	-15.3
Chili	5.9	6.1	6.2	6.2	6.2	6.2	6.2	6.2	6.2	6.2
Corée	14.4	16.3	17.3	17.5	16.9	17.0	17.0	17.3	17.6	16.8
Danemark	11.5	9.9	8.5	7.9	5.8	6.3	6.2	4.8	4.0	4.1
Espagne	28.6	28.4	30.3	30.4	30.6	24.2	24.2	24.3	24.5	24.9
Estonie	18.5	22.7	26.3	26.6	27.4	21.7	21.8	22.8	17.4	18.6
États-Unis	10.7	7.4	9.8	11.3	12.0	11.7	12.2	13.0	9.7	10.5
Finlande	28.3	25.6	25.6	26.8	27.3	27.2	27.9	26.5	26.1	25.5
France	34.5	38.5	38.8	37.1	36.6	33.1	18.6	18.9	19.3	14.7
Grèce	35.2	35.7	38.4	33.5	32.6	31.1	31.9	32.3	30.7	30.7
Hongrie	34.0	29.8	23.0	25.5	26.4	27.2	25.5	23.0	21.8	21.2
Irlande	16.6	-5.4	-2.6	-0.5	0.0	0.1	0.0	1.2	3.8	5.3
Islande	5.9	12.2	17.0	19.0	19.1	20.5	21.0	20.1	20.2	20.0
Israël[1]	3.3	1.8	0.5	1.2	2.9	2.9	0.9	1.7	2.7	3.0
Italie	29.5	26.9	29.4	29.0	26.2	25.3	25.2	25.1	25.4	26.1
Japon	26.3	21.5	23.5	23.8	24.3	24.7	24.9	25.0	25.2	25.3
Lettonie	24.0	27.1	30.1	29.9	25.5	25.0	24.9	26.2	24.9	24.6
Lituanie	38.4	30.3	31.1	31.9	31.0	31.7	29.3	30.6	26.1	16.9
Luxembourg	4.4	1.2	5.1	6.6	7.6	9.0	9.3	6.6	7.6	8.2
Mexique	7.6	11.9	13.6	14.4	14.7	15.0	15.3	16.1	16.1	16.4
Norvège	16.4	20.6	21.7	22.0	22.0	22.3	22.0	22.1	22.4	22.1
Nouvelle-Zélande	-3.0	-17.1	-18.2	-16.9	-15.8	-14.4	-14.6	-13.5	-20.5	-19.4
Pays-Bas	26.4	11.4	11.7	11.8	11.3	10.2	7.0	6.8	7.4	6.5
Pologne	29.8	28.4	29.6	29.6	26.9	23.9	-16.3	-18.5	-11.1	-3.4
Portugal	26.6	19.5	23.1	25.5	25.0	25.3	21.4	22.0	22.2	22.6
République slovaque	25.3	21.6	24.5	26.4	26.9	27.3	27.9	28.8	29.5	30.1
République tchèque	12.7	15.6	24.2	24.1	24.8	24.7	22.0	22.6	21.5	22.7
Royaume-Uni	15.3	8.5	6.7	5.7	4.6	5.3	7.3	9.5	10.8	12.3
Slovénie	13.4	12.5	13.0	13.1	9.9	10.1	10.5	12.6	13.4	15.2
Suède	39.9	33.0	32.9	33.2	33.0	33.2	33.6	33.9	33.1	32.7
Suisse	6.5	4.4	5.0	4.7	4.1	4.1	4.5	4.5	4.7	4.8
Turquie[2]	39.1	32.7	33.2	33.6	34.4	34.6	31.3	32.0	33.1	34.3
Moyenne non pondérée										
OCDE-Moyenne	**20.1**	**17.1**	**18.5**	**18.8**	**18.6**	**17.9**	**16.0**	**16.1**	**16.0**	**15.8**
OCDE-UE 23	**25.5**	**22.3**	**23.7**	**23.9**	**23.3**	**22.5**	**19.6**	**19.7**	**19.6**	**19.3**

1. Informations sur les données concernant Israël : http://oe.cd/israel-disclaimer.
2. Les données sur les salaires sont basées sur l'ancienne définition de l'ouvrier moyen (CITI D, Rév. 3) pour les années 2000 à 2006.

StatLink https://doi.org/10.1787/888934109745

Tableau 6.5. Impôt sur le revenu et cotisations sociales des salariés et employeurs diminués des prestations versées, couple marié, salaire égal à 100 % du salaire moyen

Pression fiscale en % des coûts de main-d'œuvre, couple marié ayant deux enfants et un seul salaire

	2000	2009	2012	2013	2014	2015	2016	2017	2018	2019
Allemagne	35.3	33.5	34.0	33.6	33.8	34.0	34.2	34.3	34.4	34.3
Australie	23.4	14.2	16.8	16.9	17.4	17.8	18.0	20.7	21.5	20.8
Autriche	35.2	36.0	37.9	38.6	38.9	39.2	36.8	37.0	37.3	33.7
Belgique	42.6	40.4	41.3	40.7	40.6	40.3	38.5	38.4	37.4	36.5
Canada	23.1	16.5	18.2	18.6	19.3	11.0	11.6	10.7	12.1	11.6
Chili	6.3	7.0	7.0	7.0	7.0	7.0	7.0	7.0	7.0	7.0
Corée	15.7	17.1	18.5	19.1	19.4	19.8	20.1	20.4	21.0	20.6
Danemark	28.2	26.4	25.5	25.1	24.9	25.3	25.2	25.2	24.9	25.2
Espagne	32.3	32.4	34.7	34.8	34.9	33.7	33.7	33.7	33.9	34.2
Estonie	32.8	29.8	32.4	32.4	32.9	28.6	28.5	29.0	26.1	27.5
États-Unis	21.2	17.4	18.6	20.3	20.6	20.4	20.6	20.9	18.5	18.8
Finlande	40.3	37.2	37.3	38.1	38.6	38.9	39.6	38.5	38.0	37.5
France	41.3	42.7	43.1	41.1	40.5	40.2	39.3	39.0	39.1	36.8
Grèce	40.3	41.4	43.3	40.3	39.5	37.4	38.4	38.8	37.9	37.8
Hongrie	43.9	43.2	34.2	34.2	34.8	35.3	33.8	31.4	30.2	29.6
Irlande	20.4	12.9	16.6	18.2	18.5	17.7	16.9	16.9	17.6	17.9
Islande	13.1	15.0	19.6	21.3	21.8	23.2	23.3	22.4	22.2	21.6
Israël[1]	25.5	18.3	16.6	17.0	18.7	19.2	19.6	19.5	20.0	20.3
Italie	39.3	36.9	38.8	38.4	38.5	38.6	38.6	38.4	38.7	39.2
Japon	26.4	23.6	25.7	26.0	26.5	27.0	27.2	27.3	27.5	27.5
Lettonie	31.4	32.5	35.4	35.1	31.9	31.4	31.5	32.6	32.6	32.4
Lituanie	45.7	35.0	35.5	36.0	35.6	36.1	37.8	35.7	33.3	29.0
Luxembourg	11.7	12.4	15.1	16.0	16.5	17.5	17.7	16.6	17.1	17.3
Mexique	12.7	15.3	19.0	19.3	19.5	19.8	20.1	20.4	19.7	20.1
Norvège	28.4	30.6	31.1	31.2	32.0	32.0	31.7	31.5	32.4	32.1
Nouvelle-Zélande	13.6	-0.3	0.6	2.4	3.8	4.9	5.5	6.4	1.9	3.5
Pays-Bas	29.9	29.7	32.1	34.5	33.0	31.4	31.9	32.2	32.8	32.3
Pologne	33.3	28.4	29.6	29.9	30.3	30.6	14.4	10.5	15.1	17.7
Portugal	30.2	25.4	27.9	30.2	29.8	30.7	28.2	28.8	29.1	29.4
République slovaque	30.8	22.8	25.8	27.6	28.1	28.5	29.0	29.9	30.5	31.1
République tchèque	22.0	20.9	26.1	26.1	26.7	26.8	25.3	26.0	25.6	26.6
Royaume-Uni	27.8	26.2	27.5	26.8	26.4	25.8	26.0	26.3	26.3	26.3
Slovénie	25.0	22.1	23.2	23.2	23.5	23.6	23.9	24.4	25.1	28.5
Suède	44.3	37.7	37.6	37.9	37.4	37.7	38.0	38.2	37.7	37.4
Suisse	11.7	10.0	10.1	9.8	9.3	9.3	9.6	9.6	9.8	9.9
Turquie[2]	40.4	35.2	35.6	35.8	36.6	36.7	36.6	37.4	37.7	37.5
Moyenne non pondérée										
OCDE-Moyenne	**28.5**	**25.7**	**27.0**	**27.3**	**27.4**	**27.2**	**26.6**	**26.6**	**26.4**	**26.4**
OCDE-UE 23	**33.2**	**30.7**	**32.0**	**32.1**	**32.0**	**31.7**	**30.8**	**30.5**	**30.5**	**30.4**

1. Informations sur les données concernant Israël : http://oe.cd/israel-disclaimer.
2. Les données sur les salaires sont basées sur l'ancienne définition de l'ouvrier moyen (CITI D, Rév. 3) pour les années 2000 à 2006.

StatLink https://doi.org/10.1787/888934109764

Tableau 6.6. Impôt sur le revenu et cotisations sociales des salariés et employeurs diminués des prestations versées, couple marié, deux enfants, deux salaires égaux à 100 % et 67 % du salaire moyen

Pression fiscale en % des coûts de main-d'œuvre, couple marié ayant deux enfants et deux salaires

	2000	2009	2012	2013	2014	2015	2016	2017	2018	2019
Allemagne	45.4	43.0	42.4	42.0	42.2	42.3	42.5	42.6	42.6	42.5
Australie	26.7	22.4	25.0	25.2	25.5	26.2	26.5	26.6	27.0	25.8
Autriche	39.0	39.7	41.2	41.7	42.0	42.2	39.9	40.0	40.3	38.3
Belgique	50.9	48.3	49.0	48.5	48.4	48.1	46.4	46.3	45.1	44.5
Canada	29.7	26.5	26.9	27.2	27.3	24.3	24.7	23.9	24.3	23.9
Chili	6.6	6.6	6.7	6.7	6.7	6.7	6.7	6.7	6.7	6.7
Corée	15.5	17.3	18.6	19.1	19.3	19.6	20.0	20.2	20.8	20.7
Danemark	35.8	32.5	31.4	31.0	30.8	31.1	31.1	31.0	30.6	30.7
Espagne	35.4	34.9	37.5	37.6	37.6	36.3	36.3	36.2	36.3	36.5
Estonie	37.4	34.7	36.6	36.3	36.6	33.7	33.6	33.9	30.0	30.9
États-Unis	26.9	24.9	24.7	26.3	26.6	26.3	26.4	26.5	24.0	24.1
Finlande	41.3	37.2	37.1	37.9	38.4	38.4	39.0	37.8	37.3	36.8
France	43.3	45.1	45.5	44.1	43.6	41.2	40.7	40.4	40.4	39.9
Grèce	39.1	40.4	42.3	40.1	39.2	37.5	38.4	38.8	38.4	38.3
Hongrie	47.0	44.4	39.6	40.1	40.5	40.8	39.6	37.3	36.2	35.6
Irlande	29.3	20.6	24.1	25.4	25.7	24.8	24.3	24.4	24.9	25.5
Islande	25.4	26.9	30.9	31.8	32.1	32.7	32.5	31.8	32.1	31.9
Israël[1]	21.6	14.8	13.8	14.1	15.1	15.5	15.8	15.8	16.2	16.3
Italie	44.2	41.9	43.2	43.1	41.9	41.5	41.5	41.4	41.5	41.9
Japon	28.2	25.9	28.2	28.5	28.9	29.3	29.4	29.5	29.7	29.7
Lettonie	35.5	35.4	38.6	38.2	36.0	35.5	35.4	36.1	35.5	35.4
Lituanie	44.6	36.5	39.3	39.5	39.0	39.3	38.3	36.5	36.3	31.1
Luxembourg	21.4	22.0	24.7	25.9	26.5	27.5	27.7	25.8	26.4	26.7
Mexique	10.6	14.0	16.8	17.3	17.6	17.9	18.2	18.6	18.3	18.6
Norvège	33.0	33.3	33.7	33.7	33.4	33.3	32.9	32.6	32.5	32.3
Nouvelle-Zélande	19.0	14.7	14.7	15.9	16.3	16.5	16.7	16.9	17.1	17.3
Pays-Bas	38.1	31.7	31.9	33.0	31.7	30.6	29.5	29.6	30.1	29.3
Pologne	35.8	30.4	32.3	32.5	32.8	33.0	28.0	27.0	27.2	25.1
Portugal	33.0	31.2	34.5	37.0	36.7	35.7	35.9	36.2	35.6	35.9
République slovaque	36.9	31.2	33.6	35.2	35.5	35.7	36.0	36.5	36.9	37.1
République tchèque	36.3	34.2	35.1	35.1	35.5	35.5	34.6	35.1	34.8	35.4
Royaume-Uni	28.4	28.0	27.7	26.8	26.3	26.2	26.4	26.6	26.6	26.6
Slovénie	37.1	34.2	34.3	34.4	34.5	34.6	34.4	35.1	35.3	35.8
Suède	46.0	39.1	38.8	39.1	38.7	38.8	39.1	39.3	39.0	38.7
Suisse	17.7	16.2	16.3	16.0	15.5	15.4	15.8	15.9	16.0	16.1
Turquie[2]	39.9	35.1	35.6	35.8	36.6	36.7	35.5	36.3	36.8	37.2
Moyenne non pondérée										
OCDE-Moyenne	**32.8**	**30.4**	**31.5**	**31.7**	**31.7**	**31.4**	**31.1**	**31.0**	**30.8**	**30.5**
OCDE-UE 23	**38.3**	**35.5**	**36.5**	**36.7**	**36.5**	**36.1**	**35.6**	**35.4**	**35.1**	**34.7**

1. Informations sur les données concernant Israël : http://oe.cd/israel-disclaimer.

2. Les données sur les salaires sont basées sur l'ancienne définition de l'ouvrier moyen (CITI D, Rév. 3) pour les années 2000 à 2006.

StatLink https://doi.org/10.1787/888934109783

Tableau 6.7. Impôt sur le revenu et cotisations sociales des salariés et employeurs diminués des prestations versées, couple marié, deux salaires égaux à 100% du salaire moyen chacun

Pression fiscale en % des coûts de main-d'œuvre, couple marié ayant deux enfants et deux salaires

	2000	2009	2012	2013	2014	2015	2016	2017	2018	2019
Allemagne	48.3	46.1	44.9	44.5	44.6	44.7	44.9	44.9	44.9	44.8
Australie	29.6	26.7	27.3	27.4	27.7	28.3	28.6	28.6	28.9	27.9
Autriche	41.7	42.6	44.0	44.5	44.7	45.0	42.5	42.7	42.9	41.3
Belgique	53.7	51.4	51.8	51.5	51.4	51.1	49.7	49.5	48.4	47.9
Canada	32.3	28.9	29.3	29.6	30.3	28.0	27.9	27.1	27.5	27.1
Chili	6.6	7.0	7.0	7.0	7.0	7.0	7.0	7.0	7.0	7.0
Corée	16.1	18.4	20.0	20.5	20.8	21.2	21.5	21.7	22.2	22.2
Danemark	38.1	34.0	33.0	32.6	32.4	32.7	32.7	32.7	32.3	32.4
Espagne	37.2	36.8	39.2	39.2	39.3	38.0	38.0	37.9	38.0	38.2
Estonie	38.6	35.9	37.6	37.3	37.5	34.9	34.8	35.1	32.2	33.3
États-Unis	28.8	26.5	26.0	27.6	27.8	27.6	27.7	28.0	25.9	26.2
Finlande	43.9	39.8	39.9	40.6	41.1	41.2	41.8	40.7	40.2	39.7
France	46.5	47.0	47.3	46.0	45.5	45.0	44.6	44.1	44.0	43.7
Grèce	40.8	42.1	43.8	42.5	41.6	39.7	40.7	41.0	41.4	41.2
Hongrie	49.3	48.2	41.9	41.6	41.9	42.2	41.0	38.8	37.6	37.1
Irlande	33.7	25.5	29.4	30.6	30.8	29.9	29.3	29.2	29.7	30.1
Islande	28.8	29.7	33.7	34.1	33.9	34.3	33.9	33.1	33.4	33.1
Israël[1]	25.0	17.4	16.1	16.3	17.6	18.2	18.8	18.7	19.3	19.5
Italie	45.9	44.2	45.4	45.3	45.2	45.3	45.3	45.1	45.3	45.6
Japon	28.9	26.9	29.1	29.4	29.9	30.2	30.4	30.5	30.7	30.7
Lettonie	37.3	36.7	39.8	39.4	37.5	36.9	37.0	37.7	37.6	37.5
Lituanie	45.7	37.8	40.1	40.3	40.0	40.3	39.5	38.4	38.2	33.1
Luxembourg	25.9	26.4	29.2	30.6	31.1	32.1	32.3	30.7	31.3	31.6
Mexique	12.7	15.3	19.0	19.3	19.5	19.8	20.1	20.4	19.7	20.1
Norvège	35.1	35.0	35.4	35.4	35.0	34.9	34.4	34.2	34.1	33.9
Nouvelle-Zélande	19.4	18.4	16.4	16.9	17.2	17.6	17.9	18.1	18.4	18.8
Pays-Bas	37.6	34.3	34.8	36.9	35.2	33.3	33.0	33.2	33.7	33.1
Pologne	36.6	31.3	33.1	33.3	33.5	33.7	29.5	28.7	28.8	27.0
Portugal	35.5	34.1	36.7	39.6	39.3	38.4	38.4	38.7	38.1	38.4
République slovaque	41.1	33.4	35.5	37.1	37.3	37.5	37.8	38.2	38.4	38.6
République tchèque	39.4	37.2	37.3	37.3	37.6	37.7	36.9	38.8	37.1	39.6
Royaume-Uni	30.2	30.1	29.8	29.1	28.7	28.6	28.7	28.9	28.9	28.9
Slovénie	41.1	37.5	37.0	37.0	37.2	37.2	37.1	37.3	38.7	39.1
Suède	47.2	40.5	40.2	40.4	39.9	40.1	40.4	40.6	40.4	40.1
Suisse	20.1	18.7	18.7	18.5	18.0	17.9	18.3	18.3	18.5	18.6
Turquie[2]	40.4	36.3	36.7	36.9	37.6	37.7	37.7	38.5	38.8	38.6
Moyenne non pondérée										
OCDE-Moyenne	**35.0**	**32.7**	**33.5**	**33.8**	**33.8**	**33.6**	**33.3**	**33.2**	**33.1**	**32.9**
OCDE-UE 23	**40.7**	**38.0**	**38.8**	**39.0**	**38.8**	**38.5**	**38.1**	**37.9**	**37.7**	**37.5**

1. Informations sur les données concernant Israël : http://oe.cd/israel-disclaimer.
2. Les données sur les salaires sont basées sur l'ancienne définition de l'ouvrier moyen (CITI D, Rév. 3) pour les années 2000 à 2006.

StatLink https://doi.org/10.1787/888934109802

Tableau 6.8. Impôt sur le revenu et cotisations sociales des salariés et employeurs diminués des prestations versées, couple marié, deux salaires égaux à 100 % et 67 % du salaire moyen

Pression fiscale en % des coûts de main-d'œuvre, couple marié sans enfant, avec deux salaires

	2000	2009	2012	2013	2014	2015	2016	2017	2018	2019
Allemagne	50.5	48.6	47.8	47.4	47.4	47.6	47.7	47.7	47.6	47.5
Australie	29.0	24.4	25.0	25.2	25.5	26.2	26.5	26.6	27.0	25.8
Autriche	45.7	46.1	47.0	47.3	47.6	47.8	45.6	45.7	45.9	46.2
Belgique	56.2	53.4	53.8	53.4	53.4	53.0	51.4	51.2	50.1	49.5
Canada	31.3	29.2	29.4	29.6	30.0	30.0	29.9	29.1	29.3	29.0
Chili	7.0	7.0	7.0	7.0	7.0	7.0	7.0	7.0	7.0	7.0
Corée	15.7	18.4	19.8	20.2	20.4	20.6	21.0	21.2	21.7	22.1
Danemark	39.8	36.2	35.2	34.8	34.6	34.9	34.9	34.8	34.2	34.3
Espagne	37.1	36.7	39.2	39.3	39.3	38.0	38.0	37.9	38.0	38.1
Estonie	40.7	38.6	39.9	39.5	39.6	38.6	38.6	38.6	34.8	35.7
États-Unis	30.5	29.3	28.7	30.3	30.4	30.2	30.2	30.2	28.3	28.4
Finlande	45.6	40.4	40.2	40.9	41.4	41.3	41.8	40.6	40.0	39.4
France	47.7	48.6	48.8	47.5	47.0	45.7	45.5	45.1	45.0	44.6
Grèce	38.7	40.3	42.3	40.8	39.9	38.2	39.5	39.9	40.2	40.1
Hongrie	53.4	50.3	48.9	49.0	49.0	49.0	48.2	46.2	45.0	44.6
Irlande	31.3	25.7	28.3	29.4	29.6	28.8	28.4	28.4	28.8	29.2
Islande	26.8	28.8	32.0	32.4	32.2	32.7	32.5	31.8	32.1	31.9
Israël[1]	26.4	18.0	17.2	17.1	17.8	18.5	19.0	18.8	19.3	19.5
Italie	45.7	45.5	46.5	46.6	45.4	45.0	45.0	44.9	45.0	45.2
Japon	29.3	28.6	30.7	31.0	31.4	31.7	31.9	31.9	32.1	32.1
Lettonie	42.6	40.4	43.9	43.4	42.6	42.2	42.0	42.2	41.4	41.4
Lituanie	44.6	40.0	40.2	40.5	40.2	40.4	40.4	39.7	39.3	36.0
Luxembourg	30.7	30.3	32.2	33.2	33.7	34.5	34.7	32.7	33.1	33.3
Mexique	10.6	14.0	16.8	17.3	17.6	17.9	18.2	18.6	18.3	18.6
Norvège	37.2	36.0	36.1	36.1	35.7	35.5	35.0	34.7	34.6	34.4
Nouvelle-Zélande	19.0	17.1	15.1	15.4	15.7	15.9	16.2	16.4	16.6	16.8
Pays-Bas	41.0	36.1	36.5	37.5	36.1	35.0	34.5	34.6	35.0	34.3
Pologne	37.7	33.7	35.2	35.2	35.4	35.4	35.3	35.4	35.5	35.3
Portugal	35.6	34.5	35.6	38.9	38.6	39.8	39.4	39.5	38.7	38.9
République slovaque	41.3	36.4	38.5	40.1	40.2	40.3	40.5	40.8	40.9	41.0
République tchèque	42.1	40.7	41.2	41.2	41.4	41.7	41.9	42.4	42.8	43.0
Royaume-Uni	31.2	31.1	30.4	29.5	29.1	28.9	29.0	29.1	29.0	28.9
Slovénie	44.8	41.2	40.9	40.8	40.9	41.0	41.1	41.8	41.9	42.3
Suède	49.5	42.5	42.0	42.2	41.7	41.8	42.0	42.1	42.2	41.8
Suisse	22.9	21.7	21.9	22.0	21.6	21.6	21.8	21.9	22.0	22.0
Turquie[2]	39.9	35.7	36.1	36.4	37.2	37.3	36.1	36.8	37.4	37.8
Moyenne non pondérée										
OCDE-Moyenne	**36.1**	**34.0**	**34.7**	**35.0**	**34.9**	**34.8**	**34.7**	**34.6**	**34.4**	**34.3**
OCDE-UE 23	**42.3**	**39.9**	**40.6**	**40.8**	**40.6**	**40.4**	**40.2**	**40.0**	**39.8**	**39.6**

1. Informations sur les données concernant Israël : http://oe.cd/israel-disclaimer.
2. Les données sur les salaires sont basées sur l'ancienne définition de l'ouvrier moyen (CITI D, Rév. 3) pour les années 2000 à 2006.

StatLink https://doi.org/10.1787/888934109821

Tableau 6.9. Impôt sur le revenu, célibataire, salaire égal à 67 % du salaire moyen

Pression fiscale en % du salaire brut, célibataire sans enfant

	2000	2009	2012	2013	2014	2015	2016	2017	2018	2019
Allemagne	16.3	14.8	14.2	14.1	14.2	14.2	14.2	14.1	14.2	14.3
Australie	21.1	15.8	17.1	17.3	17.7	18.5	18.8	19.1	19.6	18.1
Autriche	7.6	8.7	9.9	10.4	10.7	11.1	8.5	8.9	9.3	9.7
Belgique	22.8	21.9	22.5	22.1	22.0	21.5	19.5	19.4	18.3	17.4
Canada	15.0	11.9	11.6	11.6	11.8	11.8	11.7	11.8	12.0	11.5
Chili	0.0	0.0	0.0	0.0	0.0	0.0	0.0	0.0	0.0	0.0
Corée	0.8	1.3	1.5	1.8	1.7	2.0	2.4	2.5	3.0	3.3
Danemark	28.4	34.8	34.3	33.8	33.6	33.8	33.7	33.6	32.8	32.8
Espagne	8.6	8.4	12.0	12.1	12.2	10.3	10.3	10.3	10.4	10.5
Estonie	19.9	14.9	15.5	16.0	16.2	15.5	15.3	15.4	8.3	9.2
États-Unis	15.0	13.6	15.3	15.1	15.2	15.2	15.3	15.5	13.7	13.8
Finlande	20.9	16.5	14.9	15.9	15.8	15.8	15.0	13.5	12.9	12.6
France	12.5	12.2	12.6	12.6	12.6	10.5	10.0	10.1	11.9	12.0
Grèce	2.1	2.7	5.7	3.2	3.5	3.3	4.6	4.6	5.2	5.3
Hongrie	17.6	11.8	16.0	16.0	16.0	16.0	15.0	15.0	15.0	15.0
Irlande	15.8	11.9	13.0	13.2	13.3	12.8	12.1	11.8	12.1	12.3
Islande	20.0	20.8	23.1	23.7	23.8	24.5	24.7	24.6	25.2	25.0
Israël[1]	12.1	5.0	4.4	4.2	4.7	5.0	5.3	5.1	5.5	5.6
Italie	15.2	15.9	17.5	17.7	13.8	12.3	12.4	12.4	12.6	12.9
Japon	5.1	6.3	6.1	6.1	6.1	6.2	6.2	6.2	6.2	6.2
Lettonie	17.0	16.0	18.6	18.0	17.9	17.4	16.8	16.9	14.2	14.2
Lituanie	22.2	10.9	11.3	11.6	10.9	11.4	11.0	9.4	8.5	13.5
Luxembourg	10.3	6.9	8.2	9.3	9.7	10.0	10.2	8.1	8.5	8.8
Mexique	-5.7	-1.4	0.4	1.4	1.8	2.1	2.4	3.4	3.3	3.7
Norvège	19.0	17.8	17.8	17.8	17.0	16.9	16.3	16.0	15.8	15.6
Nouvelle-Zélande	18.6	15.5	13.1	13.3	13.4	13.5	13.6	13.7	13.8	13.9
Pays-Bas	5.3	5.4	5.2	5.6	5.2	7.2	6.3	6.7	6.8	5.7
Pologne	5.3	5.4	5.9	6.0	6.2	6.3	6.4	6.5	6.7	6.5
Portugal	6.4	4.7	5.6	8.8	8.3	10.2	10.3	10.6	10.5	10.7
République slovaque	6.0	3.8	5.9	5.9	6.1	6.3	6.6	7.2	7.6	8.0
République tchèque	8.3	6.9	7.8	7.8	8.2	8.5	9.0	9.7	10.5	11.0
Royaume-Uni	15.1	14.2	13.1	12.0	11.5	11.2	11.1	11.1	11.0	10.9
Slovénie	10.2	7.9	6.6	6.5	6.6	6.6	6.7	8.3	8.1	8.6
Suède	24.7	15.9	15.2	15.3	14.8	15.0	15.3	15.4	15.4	14.8
Suisse	8.4	8.2	8.1	8.2	7.9	7.8	8.1	8.1	8.2	8.2
Turquie[2]	13.2	8.2	8.8	9.2	9.5	9.7	9.3	9.7	9.9	9.6
Moyenne non pondérée										
OCDE-Moyenne	**12.8**	**11.0**	**11.6**	**11.8**	**11.7**	**11.7**	**11.5**	**11.5**	**11.3**	**11.4**
OCDE-UE 23	**13.8**	**11.9**	**12.7**	**12.8**	**12.6**	**12.5**	**12.2**	**12.1**	**11.8**	**12.0**

1. Informations sur les données concernant Israël : http://oe.cd/israel-disclaimer.
2. Les données sur les salaires sont basées sur l'ancienne définition de l'ouvrier moyen (CITI D, Rév. 3) pour les années 2000 à 2006.

StatLink https://doi.org/10.1787/888934109840

Tableau 6.10. Impôt sur le revenu, célibataire, salaire égal à 100 % du salaire moyen

Pression fiscale en % du salaire brut, célibataire sans enfant

	2000	2009	2012	2013	2014	2015	2016	2017	2018	2019
Allemagne	22.7	20.6	19.1	19.1	19.1	19.2	19.1	19.0	19.1	19.2
Australie	26.6	22.1	23.0	23.1	23.4	24.1	24.3	24.4	24.6	23.6
Autriche	12.9	14.7	15.9	16.3	16.6	17.0	14.1	14.5	14.8	15.2
Belgique	29.0	28.3	28.7	28.4	28.4	28.0	26.8	26.6	25.9	25.3
Canada	19.2	15.1	15.2	15.3	15.7	15.6	15.4	15.4	15.8	15.8
Chili	0.0	0.0	0.0	0.0	0.0	0.0	0.0	0.0	0.0	0.0
Corée	2.2	4.1	4.9	5.2	5.3	5.6	5.9	6.1	6.5	6.7
Danemark	32.5	37.2	36.5	36.1	36.0	36.1	36.1	36.0	35.6	35.6
Espagne	13.5	13.4	16.5	16.6	16.6	14.9	14.9	14.7	14.9	15.0
Estonie	21.9	16.8	17.1	17.5	17.6	16.8	16.8	16.8	13.0	14.4
États-Unis	17.3	16.5	18.0	17.8	18.0	18.0	18.2	18.4	16.1	16.4
Finlande	26.9	23.0	21.8	22.5	22.6	22.6	22.0	20.9	20.4	20.2
France	15.7	14.1	14.4	14.5	14.6	14.1	14.1	14.2	15.9	16.0
Grèce	5.7	8.7	10.0	8.4	8.6	8.4	9.6	9.7	10.2	10.2
Hongrie	23.2	20.8	16.6	16.0	16.0	16.0	15.0	15.0	15.0	15.0
Irlande	24.1	18.9	22.4	22.7	22.9	22.0	21.4	21.3	21.6	21.9
Islande	25.3	25.7	28.2	28.6	28.5	29.0	28.7	28.2	28.6	28.4
Israël[1]	18.0	9.7	8.7	8.6	9.1	9.6	10.0	9.7	10.1	10.3
Italie	19.9	20.2	21.5	21.6	21.5	21.6	21.6	21.6	21.8	22.1
Japon	6.4	7.9	7.6	7.6	7.7	7.8	7.9	7.9	7.9	7.9
Lettonie	18.9	17.6	19.8	19.1	19.1	18.4	18.4	18.7	17.7	17.7
Lituanie	25.8	13.2	13.5	13.7	13.6	13.9	14.0	13.7	13.1	16.6
Luxembourg	17.0	14.0	15.8	17.2	17.7	18.0	18.2	16.7	17.3	17.6
Mexique	1.0	4.1	8.2	8.5	8.8	9.1	9.4	9.7	9.0	9.5
Norvège	22.9	21.5	21.4	21.4	20.5	20.3	19.8	19.4	19.3	19.1
Nouvelle-Zélande	19.4	18.1	16.4	16.9	17.2	17.6	17.9	18.1	18.4	18.8
Pays-Bas	9.6	16.6	16.7	16.2	15.3	17.1	16.6	17.2	17.6	16.5
Pologne	6.6	6.6	6.9	6.9	7.1	7.1	7.2	7.3	7.4	7.2
Portugal	11.4	10.5	11.8	16.4	16.1	17.4	16.6	16.5	15.7	15.9
République slovaque	7.8	8.0	9.4	9.4	9.5	9.7	9.9	10.2	10.5	10.8
République tchèque	10.0	11.3	11.9	11.9	12.1	12.4	12.7	13.1	13.6	14.0
Royaume-Uni	17.4	16.1	15.4	14.6	14.3	14.1	14.1	14.0	14.0	13.9
Slovénie	13.5	10.8	11.1	11.0	11.1	11.2	11.4	11.6	12.0	12.4
Suède	26.7	18.4	17.9	18.1	17.4	17.6	17.9	18.0	18.1	17.7
Suisse	11.3	11.2	11.0	11.1	10.7	10.7	11.0	11.0	11.1	11.2
Turquie[2]	14.7	11.3	11.8	12.0	12.3	12.4	12.4	13.3	13.6	13.5
Moyenne non pondérée										
OCDE-Moyenne	**16.6**	**15.2**	**15.7**	**15.8**	**15.9**	**15.9**	**15.8**	**15.8**	**15.7**	**15.9**
OCDE-UE 23	**17.9**	**16.5**	**17.0**	**17.1**	**17.1**	**17.1**	**16.9**	**16.8**	**16.8**	**17.0**

1. Informations sur les données concernant Israël : http://oe.cd/israel-disclaimer.
2. Les données sur les salaires sont basées sur l'ancienne définition de l'ouvrier moyen (CITI D, Rév. 3) pour les années 2000 à 2006.

StatLink https://doi.org/10.1787/888934109859

Tableau 6.11. Impôt sur le revenu, célibataire, salaire égal à 167 % du salaire moyen

Pression fiscale en % du salaire brut, célibataire sans enfant

	2000	2009	2012	2013	2014	2015	2016	2017	2018	2019
Allemagne	31.7	28.6	27.7	27.6	27.6	27.8	27.7	27.5	27.7	27.7
Australie	34.9	28.3	29.2	29.2	29.4	30.1	30.2	30.1	30.4	30.5
Autriche	20.4	22.0	22.8	23.0	23.2	23.4	21.2	21.4	21.6	21.9
Belgique	36.0	35.2	35.5	35.2	35.2	35.1	34.5	34.3	33.9	33.5
Canada	25.6	21.6	21.8	21.8	22.2	22.1	21.3	21.4	21.7	21.7
Chili	1.3	1.0	1.2	1.1	1.1	1.2	1.3	1.3	1.3	1.3
Corée	6.7	8.6	8.8	9.2	9.6	10.3	10.8	11.1	11.7	12.0
Danemark	40.3	46.9	43.4	42.6	41.9	42.1	42.0	41.8	41.2	41.1
Espagne	18.5	19.2	22.5	22.5	22.5	21.1	20.9	20.5	20.7	20.9
Estonie	23.6	18.3	18.4	18.7	18.8	18.0	17.9	18.0	19.7	19.7
États-Unis	24.3	22.6	23.5	23.4	23.4	23.5	23.6	23.7	21.2	21.3
Finlande	34.0	30.0	29.0	29.6	29.7	29.7	29.4	28.5	27.9	27.9
France	21.2	20.3	20.7	20.8	20.8	20.1	20.2	20.2	22.1	22.1
Grèce	13.3	14.6	16.5	18.1	18.4	16.5	16.7	16.7	17.2	17.4
Hongrie	30.3	27.6	18.1	16.0	16.0	16.0	15.0	15.0	15.0	15.0
Irlande	32.9	29.8	32.7	32.9	33.0	32.1	31.2	31.1	31.3	31.5
Islande	36.6	29.7	33.2	33.6	33.5	33.8	33.8	33.7	33.9	33.7
Israël[1]	26.3	16.9	15.4	15.7	16.4	17.0	17.5	17.3	17.9	18.3
Italie	25.3	27.1	28.5	28.7	29.2	29.9	29.9	29.6	29.8	30.0
Japon	10.6	12.4	12.2	12.1	12.4	12.6	12.8	12.8	12.9	13.0
Lettonie	20.4	18.9	20.8	20.0	20.0	19.3	19.4	19.7	17.8	18.0
Lituanie	28.7	15.0	15.0	15.0	15.0	15.0	15.0	15.0	15.0	19.2
Luxembourg	26.2	22.3	23.9	25.2	25.5	25.7	25.8	25.2	25.5	25.7
Mexique	8.0	11.5	12.7	13.0	13.3	13.6	13.9	14.2	13.6	14.0
Norvège	30.4	27.9	27.8	27.8	26.9	26.8	26.3	26.0	25.8	25.7
Nouvelle-Zélande	24.2	24.6	22.4	22.8	23.1	23.3	23.6	23.8	24.0	24.3
Pays-Bas	25.4	28.8	29.0	28.1	28.5	28.9	27.6	28.0	28.4	27.6
Pologne	7.7	7.5	7.7	7.7	7.8	7.8	7.8	7.9	8.0	7.8
Portugal	17.6	17.4	19.2	24.2	23.9	24.7	23.4	23.1	22.3	22.6
République slovaque	12.4	11.4	12.3	12.2	12.3	12.4	12.5	12.7	12.9	13.1
République tchèque	13.0	14.8	15.2	15.2	15.3	15.5	15.7	15.9	16.2	16.4
Royaume-Uni	23.1	21.9	22.6	22.6	22.3	22.4	22.6	22.4	22.4	21.7
Slovénie	19.1	16.5	17.0	15.4	15.6	15.8	15.3	15.6	16.0	16.5
Suède	36.3	31.1	30.5	30.6	30.4	30.4	31.5	31.7	31.6	30.9
Suisse	16.2	16.1	16.0	16.1	15.7	15.6	16.0	16.0	16.1	16.2
Turquie[2]	18.0	14.2	15.3	15.9	16.3	16.6	17.0	17.5	17.7	17.6
Moyenne non pondérée										
OCDE-Moyenne	**22.8**	**21.1**	**21.3**	**21.5**	**21.6**	**21.6**	**21.4**	**21.4**	**21.5**	**21.6**
OCDE-UE 23	**24.2**	**22.8**	**23.0**	**23.1**	**23.2**	**23.0**	**22.7**	**22.7**	**22.8**	**23.0**

1. Informations sur les données concernant Israël : http://oe.cd/israel-disclaimer.
2. Les données sur les salaires sont basées sur l'ancienne définition de l'ouvrier moyen (CITI D, Rév. 3) pour les années 2000 à 2006.

StatLink https://doi.org/10.1787/888934109878

Tableau 6.12. Impôt sur le revenu, parent isolé, salaire égal à 67 % du salaire moyen

Pression fiscale en % du salaire brut, parent isolé ayant deux enfants

	2000	2009	2012	2013	2014	2015	2016	2017	2018	2019
Allemagne	-2.6	-2.6	-2.6	-2.5	-2.1	-2.7	-2.5	-2.5	-2.1	-1.9
Australie	15.5	14.0	15.4	17.3	17.7	18.5	18.8	19.1	19.6	18.1
Autriche	5.8	5.4	6.9	7.5	7.8	8.3	5.3	5.7	6.2	-1.6
Belgique	16.7	16.4	17.2	16.6	16.5	16.0	14.0	14.0	12.9	11.5
Canada	6.6	0.4	1.1	1.2	1.5	3.5	3.4	3.5	3.8	3.8
Chili	0.0	0.0	0.0	0.0	0.0	0.0	0.0	0.0	0.0	0.0
Corée	0.1	0.6	0.8	0.7	0.0	0.0	0.0	0.3	0.6	0.7
Danemark	28.4	34.8	34.3	33.8	32.0	32.2	32.2	32.1	31.1	31.1
Espagne	0.4	0.7	3.1	3.3	3.5	-4.8	-4.8	-4.7	-4.4	-3.8
Estonie	19.9	9.2	10.6	11.3	11.8	11.2	11.4	11.7	4.8	6.0
États-Unis	-5.0	-8.8	-4.4	-4.5	-4.0	-3.8	-3.1	-2.1	-5.7	-4.7
Finlande	20.9	16.5	14.9	15.9	15.8	15.2	14.3	12.9	12.9	12.6
France	7.1	7.4	7.6	7.6	7.6	7.9	7.9	7.9	9.5	9.5
Grèce	1.2	1.6	4.3	3.2	3.5	3.3	3.8	3.9	4.5	4.6
Hongrie	10.3	11.8	3.4	3.8	4.3	4.7	1.6	0.6	0.0	0.0
Irlande	9.0	5.4	7.2	7.5	7.6	7.2	6.6	6.4	6.9	7.3
Islande	20.0	20.8	23.1	23.7	23.8	24.5	24.7	24.6	25.2	25.0
Israël[1]	1.1	0.0	0.0	0.0	0.0	0.0	-3.4	-2.8	-2.1	-1.9
Italie	10.0	8.5	10.6	9.8	6.0	4.6	4.7	4.7	5.1	5.5
Japon	2.4	2.9	6.1	6.1	6.1	6.2	6.2	6.2	6.2	6.2
Lettonie	5.4	6.0	7.3	6.9	1.9	3.2	2.6	3.8	2.1	1.5
Lituanie	16.2	7.5	8.0	8.6	7.1	7.6	4.1	0.0	8.5	13.5
Luxembourg	0.0	-0.8	0.9	2.2	2.8	3.3	3.6	0.7	1.5	2.0
Mexique	-5.7	-1.4	0.4	1.4	1.8	2.1	2.4	3.4	3.3	3.7
Norvège	13.3	14.1	14.0	14.0	13.4	13.4	12.9	12.8	12.8	12.9
Nouvelle-Zélande	18.6	17.2	14.6	14.8	14.8	14.9	15.0	15.0	15.1	15.1
Pays-Bas	3.0	3.5	3.2	3.3	2.9	5.7	4.4	4.6	4.8	3.8
Pologne	2.5	0.0	0.0	0.0	-3.1	-2.7	-2.3	-1.7	-0.9	5.1
Portugal	3.4	0.1	1.2	3.9	3.4	3.8	0.0	0.6	0.8	1.2
République slovaque	3.3	-4.0	-1.7	-1.7	-1.3	-0.9	-0.4	0.6	1.4	2.0
République tchèque	2.3	-4.4	-5.4	-5.4	-4.7	-5.1	-9.0	-8.6	-7.7	-6.5
Royaume-Uni	8.6	-0.7	-2.6	-3.7	-4.5	-3.9	-2.3	-0.3	1.0	2.4
Slovénie	3.4	1.0	0.0	0.0	0.0	0.0	0.1	1.8	1.9	2.7
Suède	24.7	15.9	15.2	15.3	14.8	15.0	15.3	15.4	15.4	14.8
Suisse	4.0	3.3	2.8	2.4	2.2	2.2	2.3	2.4	2.4	2.4
Turquie[2]	13.2	6.6	7.2	7.6	8.0	8.2	7.5	8.0	8.3	7.8
Moyenne non pondérée										
OCDE-Moyenne	**7.9**	**5.8**	**6.2**	**6.4**	**6.1**	**6.1**	**5.5**	**5.5**	**5.7**	**5.9**
OCDE-UE 23	**8.7**	**6.1**	**6.2**	**6.4**	**5.8**	**5.6**	**4.8**	**4.8**	**5.0**	**5.4**

1. Informations sur les données concernant Israël : http://oe.cd/israel-disclaimer.

2. Les données sur les salaires sont basées sur l'ancienne définition de l'ouvrier moyen (CITI D, Rév. 3) pour les années 2000 à 2006.

StatLink https://doi.org/10.1787/888934109897

Tableau 6.13. Impôt sur le revenu, couple marié, salaire égal à 100 % du salaire moyen

Pression fiscale en % du salaire brut, couple marié ayant deux enfants et un seul salaire

	2000	2009	2012	2013	2014	2015	2016	2017	2018	2019
Allemagne	1.5	0.2	0.6	0.7	0.9	1.0	1.1	1.1	1.4	1.5
Australie	25.6	20.9	21.8	23.1	23.4	24.1	24.3	24.4	24.6	23.6
Autriche	11.7	12.5	13.8	14.3	14.6	15.0	11.9	12.2	12.6	7.7
Belgique	18.9	17.0	17.7	17.2	17.1	16.7	15.1	15.0	14.6	13.3
Canada	15.0	8.1	8.7	8.8	8.8	10.0	10.5	10.6	11.3	11.2
Chili	0.0	0.0	0.0	0.0	0.0	0.0	0.0	0.0	0.0	0.0
Corée	1.5	1.4	2.1	2.5	2.7	3.1	3.5	3.7	4.3	4.5
Danemark	25.9	32.8	32.5	32.2	32.0	32.2	32.1	32.0	31.5	31.6
Espagne	5.2	5.8	8.9	9.0	9.1	7.6	7.6	7.6	7.8	8.1
Estonie	17.9	9.2	10.5	11.3	11.8	11.2	11.2	11.5	7.9	9.8
États-Unis	6.8	2.5	5.8	5.7	5.9	6.1	6.3	6.7	4.1	4.5
Finlande	26.9	23.0	21.8	22.5	22.6	22.5	21.9	20.9	20.4	20.2
France	7.3	8.3	8.5	7.9	7.9	7.9	7.9	7.9	9.5	9.5
Grèce	7.7	9.0	10.6	10.2	10.4	9.4	10.2	10.2	10.7	10.7
Hongrie	18.4	20.8	8.2	7.8	8.1	8.4	6.0	5.4	4.8	4.2
Irlande	11.1	9.7	12.2	12.6	12.9	12.3	11.5	11.3	11.8	11.7
Islande	16.1	15.8	19.1	19.9	20.1	21.0	21.2	21.0	21.7	21.4
Israël[1]	18.0	9.7	8.7	8.6	9.1	9.6	10.0	9.7	10.1	10.3
Italie	15.6	13.2	15.0	14.5	14.6	14.7	14.7	14.8	15.0	15.5
Japon	2.5	4.1	6.2	6.1	6.3	6.4	6.5	6.5	6.5	6.6
Lettonie	11.1	10.9	12.3	11.7	8.4	8.9	8.8	9.9	9.7	9.2
Lituanie	25.8	11.0	11.3	11.7	11.0	11.4	9.4	6.6	13.1	16.6
Luxembourg	2.3	4.2	5.2	5.9	6.2	6.4	6.5	5.6	5.9	6.1
Mexique	1.0	4.1	8.2	8.5	8.8	9.1	9.4	9.7	9.0	9.5
Norvège	18.1	19.0	18.9	18.9	19.3	19.2	18.7	18.4	19.3	19.1
Nouvelle-Zélande	19.4	18.4	16.4	16.9	17.2	17.6	17.9	18.1	18.4	18.8
Pays-Bas	4.8	16.3	16.5	15.7	14.9	16.5	16.1	16.8	17.3	16.2
Pologne	4.8	0.0	0.0	0.3	0.8	1.1	1.3	1.8	6.4	2.5
Portugal	6.2	2.8	3.9	6.3	6.1	7.3	4.3	4.5	4.8	5.2
République slovaque	4.8	-5.2	-2.7	-2.8	-2.3	-1.9	-1.4	-0.4	0.4	1.1
République tchèque	4.0	-5.1	-5.2	-5.2	-4.5	-4.5	-6.8	-6.1	-5.0	-3.8
Royaume-Uni	17.4	14.5	15.4	14.6	14.3	13.5	13.5	13.4	13.4	13.3
Slovénie	4.8	2.5	2.8	2.7	2.8	2.9	3.0	3.3	3.6	4.0
Suède	26.7	18.4	17.9	18.1	17.4	17.6	17.9	18.0	18.1	17.7
Suisse	6.2	5.7	4.9	4.5	4.3	4.3	4.5	4.5	4.6	4.6
Turquie[2]	14.7	9.5	9.9	10.2	10.5	10.6	10.4	11.4	11.8	11.5
Moyenne non pondérée										
OCDE-Moyenne	**11.8**	**9.7**	**10.2**	**10.4**	**10.4**	**10.5**	**10.2**	**10.2**	**10.6**	**10.5**
OCDE-UE 23	**12.2**	**10.1**	**10.3**	**10.4**	**10.3**	**10.3**	**9.7**	**9.7**	**10.2**	**10.1**

1. Informations sur les données concernant Israël : http://oe.cd/israel-disclaimer.

2. Les données sur les salaires sont basées sur l'ancienne définition de l'ouvrier moyen (CITI D, Rév. 3) pour les années 2000 à 2006.

StatLink https://doi.org/10.1787/888934109916

Tableau 6.14. Impôt sur le revenu, couple marié, deux enfants, deux salaires égaux à 100 % et 67 % du salaire moyen

Pression fiscale en % du salaire brut, couple marié ayant deux enfants et deux salaires

	2000	2009	2012	2013	2014	2015	2016	2017	2018	2019
Allemagne	13.8	11.6	10.7	10.7	10.9	11.0	11.0	10.9	11.1	11.3
Australie	23.8	18.8	20.6	20.8	21.1	21.8	22.1	22.2	22.6	21.4
Autriche	10.8	12.0	13.2	13.6	14.0	14.3	11.3	11.6	12.0	9.3
Belgique	26.4	24.2	24.7	24.4	24.3	23.9	22.4	22.2	21.4	20.6
Canada	17.5	12.9	12.9	13.0	12.8	13.6	13.9	14.0	14.2	14.2
Chili	0.0	0.0	0.0	0.0	0.0	0.0	0.0	0.0	0.0	0.0
Corée	1.3	1.6	2.2	2.5	2.6	2.9	3.2	3.6	4.1	4.3
Danemark	30.8	36.2	35.6	35.2	35.0	35.2	35.2	35.1	34.5	34.5
Espagne	9.3	9.1	12.5	12.6	12.7	10.9	10.9	10.8	10.9	11.2
Estonie	21.1	13.8	14.5	15.0	15.3	14.6	14.6	14.8	9.7	11.0
États-Unis	12.8	10.5	12.2	12.1	12.2	12.3	12.4	12.7	9.9	10.2
Finlande	24.5	20.4	19.0	19.9	19.9	19.7	19.0	17.8	17.4	17.2
France	10.8	11.1	11.4	11.5	11.5	10.1	9.7	9.8	11.6	11.7
Grèce	6.1	7.7	9.3	8.0	8.2	7.5	8.2	8.3	8.7	8.8
Hongrie	18.0	17.2	11.3	11.1	11.3	11.5	9.6	9.2	8.9	8.5
Irlande	19.7	14.5	17.4	17.8	18.0	17.1	16.7	16.7	17.1	17.4
Islande	23.2	23.8	26.1	26.6	26.6	27.2	27.1	26.8	27.2	27.0
Israël[1]	12.5	5.8	5.2	5.1	5.5	5.7	6.0	5.8	6.0	6.2
Italie	16.8	15.7	17.3	17.0	15.5	14.9	15.0	15.0	15.2	15.6
Japon	4.5	5.6	7.0	7.0	7.1	7.1	7.2	7.2	7.2	7.2
Lettonie	13.5	12.9	14.8	14.2	12.2	12.3	12.0	12.7	11.5	11.2
Lituanie	24.3	10.9	11.3	11.7	11.0	11.4	10.0	7.7	11.3	15.3
Luxembourg	8.2	8.8	10.3	11.6	12.1	12.4	12.6	10.9	11.4	11.8
Mexique	-1.7	1.9	5.1	5.6	6.0	6.3	6.6	7.2	6.7	7.2
Norvège	20.6	20.0	19.9	20.0	19.1	19.0	18.4	18.0	17.9	17.7
Nouvelle-Zélande	19.0	17.9	15.7	16.0	16.3	16.5	16.7	16.9	17.1	17.3
Pays-Bas	7.9	11.9	11.9	11.5	10.8	12.5	11.7	12.2	12.5	11.4
Pologne	6.1	2.3	3.2	3.4	3.7	3.9	4.1	4.3	4.7	4.7
Portugal	8.1	6.5	7.9	11.0	10.7	9.4	9.7	10.1	9.3	9.6
République slovaque	5.8	3.2	5.0	4.9	5.2	5.5	5.8	6.4	6.9	7.3
République tchèque	6.8	5.0	5.0	4.9	5.4	5.4	4.0	4.4	5.1	5.8
Royaume-Uni	16.5	15.1	14.4	13.6	13.2	12.9	12.9	12.8	12.8	12.7
Slovénie	8.1	6.0	5.6	5.5	5.6	5.7	5.8	6.5	6.6	7.0
Suède	25.9	17.4	16.8	17.0	16.4	16.5	16.8	16.9	17.0	16.5
Suisse	9.8	9.3	8.8	8.5	8.1	8.1	8.4	8.4	8.6	8.6
Turquie[2]	14.1	9.4	9.9	10.2	10.5	10.7	10.5	11.2	11.5	11.2
Moyenne non pondérée										
OCDE-Moyenne	**13.8**	**12.0**	**12.5**	**12.6**	**12.5**	**12.5**	**12.3**	**12.3**	**12.2**	**12.3**
OCDE-UE 23	**14.8**	**12.8**	**13.2**	**13.3**	**13.2**	**13.0**	**12.6**	**12.5**	**12.5**	**12.6**

1. Informations sur les données concernant Israël : http://oe.cd/israel-disclaimer.

2. Les données sur les salaires sont basées sur l'ancienne définition de l'ouvrier moyen (CITI D, Rév. 3) pour les années 2000 à 2006.

StatLink https://doi.org/10.1787/888934109935

Tableau 6.15. Impôt sur le revenu, couple marié, deux salaires égaux à 100% du salaire moyen chacun

Pression fiscale en % du salaire brut, couple marié ayant deux enfants et deux salaires

	2000	2009	2012	2013	2014	2015	2016	2017	2018	2019
Allemagne	17.2	15.2	13.6	13.6	13.8	13.8	13.8	13.7	13.9	14.0
Australie	26.6	22.1	23.0	23.1	23.4	24.1	24.3	24.4	24.6	23.6
Autriche	12.9	14.4	15.6	16.1	16.4	16.7	13.6	13.9	14.3	12.1
Belgique	29.0	27.1	27.5	27.2	27.1	26.8	25.5	25.4	24.7	24.0
Canada	19.2	14.4	14.5	14.6	15.0	15.6	15.4	15.4	15.8	15.8
Chili	0.0	0.0	0.0	0.0	0.0	0.0	0.0	0.0	0.0	0.0
Corée	2.0	2.9	3.7	4.1	4.3	4.6	4.9	5.2	5.6	5.8
Danemark	32.5	37.2	36.5	36.1	36.0	36.1	36.1	36.0	35.6	35.6
Espagne	11.6	11.5	14.7	14.7	14.8	13.1	13.1	12.9	13.1	13.3
Estonie	21.9	14.9	15.5	15.9	16.2	15.4	15.5	15.6	11.8	13.4
États-Unis	15.1	12.4	13.8	13.7	13.8	13.9	14.0	14.3	12.2	12.5
Finlande	26.9	23.0	21.8	22.5	22.6	22.5	21.9	20.9	20.4	20.2
France	12.5	12.2	12.5	12.6	12.6	12.2	12.2	12.3	14.0	14.1
Grèce	8.3	9.8	11.3	10.2	10.4	9.4	10.2	10.2	10.7	10.7
Hongrie	20.8	20.8	12.4	11.9	12.1	12.2	10.5	10.2	9.9	9.6
Irlande	24.1	18.9	22.4	22.7	22.9	22.0	21.4	21.3	21.6	21.9
Islande	25.3	25.7	28.2	28.6	28.5	29.0	28.7	28.2	28.6	28.4
Israël[1]	15.4	7.3	6.2	6.0	6.7	7.2	7.7	7.5	8.0	8.2
Italie	18.9	18.0	19.4	19.2	19.2	19.3	19.3	19.3	19.5	19.9
Japon	5.3	6.5	7.6	7.6	7.7	7.8	7.9	7.9	7.9	7.9
Lettonie	15.0	14.3	16.0	15.4	13.7	13.7	13.6	14.3	13.7	13.4
Lituanie	25.8	12.1	12.4	12.7	12.3	12.6	11.7	10.2	13.1	16.6
Luxembourg	12.0	12.3	14.1	15.5	16.0	16.4	16.6	15.1	15.7	16.1
Mexique	1.0	4.1	8.2	8.5	8.8	9.1	9.4	9.7	9.0	9.5
Norvège	22.3	21.5	21.4	21.4	20.5	20.3	19.8	19.4	19.3	19.1
Nouvelle-Zélande	19.4	18.4	16.4	16.9	17.2	17.6	17.9	18.1	18.4	18.8
Pays-Bas	9.6	16.4	16.5	15.8	14.9	16.6	15.9	16.5	17.0	15.9
Pologne	6.6	3.4	4.1	4.3	4.6	4.7	4.8	5.1	5.4	5.3
Portugal	10.9	9.3	10.7	14.3	13.9	12.8	12.8	13.1	12.4	12.7
République slovaque	6.7	5.4	6.9	6.8	7.1	7.3	7.5	8.0	8.4	8.8
République tchèque	7.9	7.5	7.5	7.4	7.8	7.8	6.7	7.0	7.5	8.1
Royaume-Uni	17.4	16.1	15.4	14.6	14.3	14.1	14.1	14.0	14.0	13.9
Slovénie	10.0	7.8	8.1	7.9	8.1	8.1	8.3	8.5	8.8	9.2
Suède	26.7	18.4	17.9	18.1	17.4	17.6	17.9	18.0	18.1	17.7
Suisse	11.7	11.3	10.7	10.5	10.0	10.0	10.4	10.4	10.5	10.6
Turquie[2]	14.7	10.8	11.2	11.5	11.7	11.8	11.8	12.7	13.1	12.9
Moyenne non pondérée										
OCDE-Moyenne	**15.6**	**14.0**	**14.4**	**14.5**	**14.5**	**14.5**	**14.3**	**14.3**	**14.3**	**14.4**
OCDE-UE 23	**16.7**	**15.0**	**15.3**	**15.5**	**15.4**	**15.3**	**14.9**	**14.9**	**14.9**	**15.1**

1. Informations sur les données concernant Israël : http://oe.cd/israel-disclaimer.
2. Les données sur les salaires sont basées sur l'ancienne définition de l'ouvrier moyen (CITI D, Rév. 3) pour les années 2000 à 2006.

StatLink https://doi.org/10.1787/888934109954

Tableau 6.16. Impôt sur le revenu, couple marié, deux salaires égaux à 100 % et 67 % du salaire moyen

Pression fiscale en % du salaire brut, couple marié sans enfant, avec deux salaires

	2000	2009	2012	2013	2014	2015	2016	2017	2018	2019
Allemagne	19.8	18.0	16.8	16.8	16.9	16.9	16.9	16.8	16.9	17.0
Australie	24.4	19.5	20.6	20.8	21.1	21.8	22.1	22.2	22.6	21.4
Autriche	10.8	12.3	13.5	13.9	14.3	14.6	11.9	12.2	12.6	13.0
Belgique	28.0	25.7	26.2	25.9	25.8	25.4	23.9	23.7	22.9	22.1
Canada	17.5	13.8	13.8	13.8	14.1	14.1	13.9	14.0	14.2	14.2
Chili	0.0	0.0	0.0	0.0	0.0	0.0	0.0	0.0	0.0	0.0
Corée	1.6	2.9	3.5	3.7	3.8	4.0	4.4	4.6	5.1	5.3
Danemark	30.8	36.2	35.6	35.2	35.0	35.2	35.2	35.1	34.5	34.5
Espagne	11.5	11.4	14.7	14.8	14.8	13.1	13.1	12.9	13.1	13.2
Estonie	21.1	16.1	16.5	16.9	17.1	16.3	16.2	16.2	11.1	12.3
États-Unis	16.8	15.2	16.6	16.4	16.5	16.5	16.6	16.7	14.7	14.8
Finlande	24.5	20.4	19.0	19.9	19.9	19.9	19.2	18.0	17.4	17.2
France	14.1	13.4	13.7	13.7	13.7	13.4	13.4	13.4	15.2	15.2
Grèce	5.6	7.6	9.3	8.0	8.2	7.5	8.7	8.8	9.3	9.3
Hongrie	21.0	17.2	16.4	16.0	16.0	16.0	15.0	15.0	15.0	15.0
Irlande	19.7	14.5	17.4	17.8	18.0	17.1	16.7	16.7	17.1	17.4
Islande	23.2	23.8	26.1	26.6	26.6	27.2	27.1	26.8	27.2	27.0
Israël[1]	15.0	7.2	6.4	6.2	6.8	7.2	7.6	7.4	7.7	7.9
Italie	18.0	18.5	19.9	20.0	18.4	17.9	17.9	17.9	18.1	18.4
Japon	5.8	7.2	7.0	7.0	7.1	7.1	7.2	7.2	7.2	7.2
Lettonie	18.1	17.0	19.3	18.7	18.6	18.0	17.8	18.0	16.3	16.3
Lituanie	24.3	12.3	12.6	12.9	12.5	12.9	12.8	11.9	11.3	15.3
Luxembourg	11.3	8.8	10.3	11.6	12.1	12.4	12.6	10.9	11.4	11.8
Mexique	-1.7	1.9	5.1	5.6	6.0	6.3	6.6	7.2	6.7	7.2
Norvège	21.3	20.0	19.9	20.0	19.1	19.0	18.4	18.0	17.9	17.7
Nouvelle-Zélande	19.0	17.1	15.1	15.4	15.7	15.9	16.2	16.4	16.6	16.8
Pays-Bas	7.9	12.1	12.1	11.9	11.2	13.1	12.4	13.0	13.3	12.2
Pologne	6.1	6.1	6.5	6.6	6.7	6.8	6.8	7.0	7.1	6.9
Portugal	9.2	7.9	9.3	13.4	13.0	14.5	14.1	14.1	13.2	13.5
République slovaque	7.1	6.3	8.0	8.0	8.2	8.3	8.6	9.0	9.4	9.7
République tchèque	9.3	9.5	10.3	10.2	10.5	10.8	11.2	11.8	12.4	12.8
Royaume-Uni	16.5	15.4	14.4	13.6	13.2	12.9	12.9	12.8	12.8	12.7
Slovénie	12.2	9.7	9.3	9.2	9.3	9.4	9.5	10.3	10.4	10.9
Suède	25.9	17.4	16.8	17.0	16.4	16.5	16.8	16.9	17.0	16.5
Suisse	11.3	10.9	10.8	10.9	10.5	10.5	10.8	10.8	10.9	10.9
Turquie[2]	14.1	10.1	10.6	10.9	11.2	11.3	11.2	11.9	12.1	11.9
Moyenne non pondérée										
OCDE-Moyenne	**15.0**	**13.4**	**14.0**	**14.1**	**14.1**	**14.2**	**14.0**	**14.0**	**13.9**	**14.1**
OCDE-UE 23	**16.2**	**14.5**	**15.1**	**15.3**	**15.2**	**15.2**	**14.9**	**14.9**	**14.7**	**14.9**

1. Informations sur les données concernant Israël : http://oe.cd/israel-disclaimer.
2. Les données sur les salaires sont basées sur l'ancienne définition de l'ouvrier moyen (CITI D, Rév. 3) pour les années 2000 à 2006.

StatLink https://doi.org/10.1787/888934109973

Tableau 6.17. Impôt sur le revenu et cotisations sociales des salariés diminués des prestations versées, célibataire, salaire égal à 67 % du salaire moyen

Pression fiscale en % du salaire brut, célibataire sans enfant

	2000	2009	2012	2013	2014	2015	2016	2017	2018	2019
Allemagne	36.8	35.4	34.9	34.6	34.6	34.7	34.8	34.8	34.8	34.4
Australie	21.1	15.8	17.1	17.3	17.7	18.5	18.8	19.1	19.6	18.1
Autriche	25.6	26.7	28.0	28.5	28.8	29.2	26.5	26.9	27.2	27.7
Belgique	35.8	35.8	36.4	36.0	35.9	35.4	33.4	33.3	32.1	31.2
Canada	19.5	17.7	17.5	17.6	17.8	17.7	17.7	17.5	17.7	17.5
Chili	7.0	7.0	7.0	7.0	7.0	7.0	7.0	7.0	7.0	7.0
Corée	7.5	8.9	9.7	10.0	10.1	10.3	10.8	10.9	11.5	11.9
Danemark	37.4	34.8	33.8	33.3	33.1	33.4	33.4	33.3	32.6	32.6
Espagne	15.0	14.8	18.4	18.5	18.5	16.7	16.7	16.6	16.8	16.8
Estonie	19.9	16.7	18.3	18.0	18.2	17.1	16.9	17.0	9.9	10.8
États-Unis	22.6	21.3	20.9	22.8	22.9	22.9	23.0	23.1	21.4	21.5
Finlande	27.8	22.7	22.4	23.4	23.7	24.0	23.6	22.9	22.6	22.4
France	25.9	25.9	26.3	26.4	26.7	24.7	24.3	24.5	23.8	22.5
Grèce	18.0	18.7	22.2	19.7	19.5	18.8	20.3	20.6	21.2	21.1
Hongrie	30.1	28.8	34.5	34.5	34.5	34.5	33.5	33.5	33.5	33.5
Irlande	18.8	15.0	16.1	17.2	17.3	16.8	16.1	15.8	16.1	16.3
Islande	20.2	21.6	23.8	24.3	24.4	25.0	25.2	25.1	25.6	25.4
Israël[1]	19.4	10.9	10.2	10.0	10.5	11.0	11.3	11.2	11.6	11.7
Italie	24.4	25.4	27.0	27.2	23.3	21.8	21.9	21.9	22.1	22.4
Japon	18.4	18.5	19.8	20.0	20.2	20.4	20.5	20.6	20.6	20.6
Lettonie	26.0	25.0	29.6	29.0	28.4	27.9	27.3	27.4	25.2	25.2
Lituanie	25.2	19.9	20.3	20.6	19.9	20.4	20.0	18.4	17.5	33.0
Luxembourg	21.8	19.1	20.4	21.5	22.0	22.7	22.9	20.3	20.8	21.1
Mexique	-4.4	-0.1	1.7	2.6	3.0	3.4	3.7	4.6	4.6	5.0
Norvège	26.8	25.6	25.6	25.6	25.2	25.1	24.5	24.2	24.0	23.8
Nouvelle-Zélande	18.6	15.5	13.1	13.3	13.4	13.5	13.6	13.7	13.8	13.9
Pays-Bas	32.9	27.1	26.6	26.1	24.5	24.7	22.5	22.5	22.8	21.5
Pologne	26.5	23.3	23.7	23.8	24.0	24.1	24.2	24.3	24.5	24.3
Portugal	17.4	15.7	16.6	19.8	19.3	21.2	21.3	21.6	21.5	21.7
République slovaque	18.0	17.2	19.3	19.3	19.5	19.7	20.0	20.6	21.0	21.4
République tchèque	20.8	17.9	18.8	18.8	19.2	19.5	20.0	20.7	21.5	22.0
Royaume-Uni	22.8	22.4	21.2	20.0	19.4	19.2	19.3	19.3	19.2	19.1
Slovénie	32.3	30.0	28.7	28.6	28.7	28.7	28.8	30.4	30.2	30.7
Suède	31.7	22.9	22.2	22.4	21.8	22.0	22.3	22.4	22.4	21.8
Suisse	14.9	14.2	14.3	14.4	14.1	14.1	14.3	14.3	14.4	14.5
Turquie[2]	27.2	23.2	23.8	24.2	24.5	24.7	24.3	24.7	24.9	24.6
Moyenne non pondérée										
OCDE-Moyenne	**22.5**	**20.6**	**21.4**	**21.6**	**21.4**	**21.4**	**21.2**	**21.2**	**21.0**	**21.4**
OCDE-UE 23	**25.7**	**23.5**	**24.6**	**24.7**	**24.4**	**24.2**	**23.9**	**23.9**	**23.4**	**24.1**

1. Informations sur les données concernant Israël : http://oe.cd/israel-disclaimer.
2. Les données sur les salaires sont basées sur l'ancienne définition de l'ouvrier moyen (CITI D, Rév. 3) pour les années 2000 à 2006.

StatLink https://doi.org/10.1787/888934109992

Tableau 6.18. Impôt sur le revenu et cotisations sociales des salariés diminués des prestations versées, célibataire, salaire égal à 100 % du salaire moyen

Pression fiscale en % du salaire brut, célibataire sans enfant

	2000	2009	2012	2013	2014	2015	2016	2017	2018	2019
Allemagne	43.2	41.2	39.8	39.5	39.5	39.7	39.8	39.8	39.7	39.3
Australie	26.6	22.1	23.0	23.1	23.4	24.1	24.3	24.4	24.6	23.6
Autriche	31.0	32.8	33.9	34.4	34.7	35.0	32.1	32.4	32.8	33.2
Belgique	43.0	42.3	42.7	42.4	42.4	42.0	40.7	40.6	39.9	39.3
Canada	25.1	22.5	22.6	22.7	23.4	23.3	23.0	22.8	23.1	23.2
Chili	7.0	7.0	7.0	7.0	7.0	7.0	7.0	7.0	7.0	7.0
Corée	8.9	11.7	13.0	13.5	13.6	14.0	14.3	14.5	15.0	15.3
Danemark	41.5	37.2	36.2	35.8	35.6	35.9	35.9	35.8	35.4	35.4
Espagne	19.8	19.8	22.9	22.9	23.0	21.3	21.3	21.1	21.3	21.4
Estonie	21.9	18.6	19.9	19.5	19.6	18.4	18.4	18.4	14.6	16.0
États-Unis	24.9	24.2	23.6	25.5	25.6	25.6	25.8	26.1	23.8	24.0
Finlande	33.9	29.3	29.4	30.1	30.6	30.9	30.8	30.2	30.1	30.0
France	29.2	27.8	28.1	28.3	28.6	28.3	28.4	28.5	27.9	27.3
Grèce	21.6	24.7	26.5	24.9	24.6	23.9	25.4	25.7	26.2	26.1
Hongrie	35.7	37.8	35.1	34.5	34.5	34.5	33.5	33.5	33.5	33.5
Irlande	27.5	22.3	25.8	26.7	26.9	26.0	25.4	25.3	25.6	25.9
Islande	25.4	26.2	28.7	29.1	28.9	29.4	29.0	28.5	28.9	28.7
Israël[1]	26.1	17.7	16.6	16.4	17.0	17.5	17.9	17.7	18.2	18.3
Italie	29.0	29.7	31.0	31.1	31.0	31.1	31.1	31.1	31.3	31.6
Japon	19.7	20.0	21.3	21.5	21.8	22.1	22.2	22.3	22.4	22.4
Lettonie	27.9	26.6	30.8	30.1	29.6	28.9	28.9	29.2	28.7	28.7
Lituanie	28.8	22.2	22.5	22.7	22.6	22.9	23.0	22.7	22.1	36.1
Luxembourg	28.7	26.2	28.1	29.5	30.0	30.8	31.0	29.0	29.6	29.9
Mexique	2.5	5.4	9.6	9.8	10.1	10.4	10.8	11.1	10.4	10.8
Norvège	30.7	29.3	29.2	29.2	28.7	28.5	28.0	27.6	27.5	27.3
Nouvelle-Zélande	19.4	18.1	16.4	16.9	17.2	17.6	17.9	18.1	18.4	18.8
Pays-Bas	33.6	31.8	32.0	34.8	32.4	30.3	30.2	30.3	30.6	29.7
Pologne	27.8	24.4	24.7	24.8	24.9	24.9	25.0	25.1	25.2	25.0
Portugal	22.4	21.5	22.8	27.4	27.1	28.4	27.6	27.5	26.7	26.9
République slovaque	19.8	21.4	22.8	22.8	22.9	23.1	23.3	23.6	23.9	24.2
République tchèque	22.5	22.3	22.9	22.9	23.1	23.4	23.7	24.1	24.6	25.0
Royaume-Uni	25.8	25.2	24.7	24.0	23.6	23.4	23.5	23.5	23.4	23.3
Slovénie	35.6	32.9	33.2	33.1	33.2	33.3	33.5	33.7	34.1	34.5
Suède	33.7	25.4	24.9	25.1	24.4	24.6	24.9	25.0	25.1	24.7
Suisse	17.8	17.2	17.2	17.3	17.0	17.0	17.2	17.2	17.4	17.4
Turquie[2]	28.7	26.3	26.8	27.0	27.3	27.4	27.4	28.3	28.6	28.5
Moyenne non pondérée										
OCDE-Moyenne	**26.3**	**24.8**	**25.4**	**25.7**	**25.7**	**25.7**	**25.6**	**25.6**	**25.5**	**25.9**
OCDE-UE 23	**29.7**	**28.0**	**28.7**	**29.0**	**28.9**	**28.7**	**28.6**	**28.5**	**28.4**	**29.0**

1. Informations sur les données concernant Israël : http://oe.cd/israel-disclaimer.

2. Les données sur les salaires sont basées sur l'ancienne définition de l'ouvrier moyen (CITI D, Rév. 3) pour les années 2000 à 2006.

StatLink https://doi.org/10.1787/888934110011

Tableau 6.19. Impôt sur le revenu et cotisations sociales des salariés diminués des prestations versées, célibataire, salaire égal à 167 % du salaire moyen

Pression fiscale en % du salaire brut, célibataire sans enfant

	2000	2009	2012	2013	2014	2015	2016	2017	2018	2019
Allemagne	48.8	45.5	43.8	43.7	43.8	43.8	43.9	43.9	43.8	43.4
Australie	34.9	28.3	29.2	29.2	29.4	30.1	30.2	30.1	30.4	30.5
Autriche	36.3	38.1	38.6	39.0	39.2	39.4	37.5	37.7	38.0	38.1
Belgique	50.1	49.2	49.5	49.2	49.2	49.1	48.5	48.3	47.9	47.4
Canada	29.3	26.5	26.7	26.8	27.1	27.0	26.3	26.2	26.4	26.4
Chili	8.3	8.0	8.2	8.1	8.1	8.2	8.3	8.3	8.3	8.3
Corée	13.4	15.1	15.7	16.2	16.6	17.3	17.8	18.2	18.9	19.3
Danemark	49.3	46.9	43.4	42.6	41.9	42.1	42.0	41.8	41.2	41.1
Espagne	24.4	25.2	28.3	28.5	28.7	27.3	27.2	26.8	27.0	27.2
Estonie	23.6	20.1	21.2	20.7	20.8	19.6	19.5	19.6	21.3	21.3
États-Unis	31.9	30.3	29.2	31.0	31.1	31.1	31.2	31.4	28.8	28.9
Finlande	41.1	36.4	36.7	37.3	37.8	38.1	38.2	37.8	37.7	37.7
France	33.1	33.4	33.8	33.9	34.2	33.7	33.8	34.0	33.4	33.2
Grèce	29.2	30.6	33.0	34.6	34.4	32.0	32.5	32.7	33.2	33.2
Hongrie	42.8	44.6	36.6	34.5	34.5	34.5	33.5	33.5	33.5	33.5
Irlande	35.6	33.3	36.3	36.9	37.0	36.1	35.2	35.1	35.3	35.5
Islande	36.7	30.0	33.5	33.9	33.8	34.0	34.0	33.9	34.1	33.9
Israël[1]	35.0	26.5	24.9	25.2	26.0	26.5	27.1	26.9	27.6	27.9
Italie	34.5	36.6	38.1	38.3	38.8	39.5	39.5	39.2	39.3	39.5
Japon	22.6	24.0	25.1	25.3	25.6	25.9	25.9	26.0	26.1	26.1
Lettonie	29.4	27.9	31.8	31.0	30.5	29.8	29.9	30.2	28.8	29.0
Lituanie	31.7	24.0	24.0	24.0	24.0	24.0	24.0	24.0	24.0	38.7
Luxembourg	37.9	34.6	36.3	37.6	37.9	38.6	38.7	37.6	37.9	38.1
Mexique	10.1	13.0	14.1	14.4	14.8	15.1	15.4	15.6	15.0	15.4
Norvège	38.2	35.7	35.6	35.6	35.1	35.0	34.5	34.2	34.0	33.9
Nouvelle-Zélande	24.2	24.6	22.4	22.8	23.1	23.3	23.6	23.8	24.0	24.3
Pays-Bas	40.6	37.9	38.2	38.4	46.8	38.2	37.7	37.7	37.9	37.9
Pologne	28.9	25.3	25.5	25.5	25.6	25.6	25.7	25.7	25.8	25.6
Portugal	28.6	28.4	30.2	35.2	34.9	35.7	34.4	34.1	33.3	33.6
République slovaque	24.4	24.6	25.5	25.6	25.7	25.8	25.9	26.1	26.3	26.5
République tchèque	25.5	25.8	26.2	26.2	26.3	26.5	26.7	26.9	27.2	27.4
Royaume-Uni	28.8	29.7	30.4	30.1	29.8	29.8	29.9	29.9	29.9	29.5
Slovénie	41.2	38.6	39.1	37.5	37.7	37.9	37.4	37.7	38.1	38.6
Suède	41.1	35.8	35.3	35.4	35.1	35.2	36.2	36.5	36.4	35.6
Suisse	22.7	22.0	22.2	22.3	21.9	21.8	22.2	22.2	22.3	22.4
Turquie[2]	26.9	29.2	30.3	30.9	31.3	31.6	32.0	32.5	32.7	32.6
Moyenne non pondérée										
OCDE-Moyenne	**31.7**	**30.2**	**30.5**	**30.8**	**31.1**	**30.8**	**30.7**	**30.7**	**30.7**	**31.2**
OCDE-UE 23	**35.1**	**33.6**	**34.0**	**34.2**	**34.6**	**34.0**	**33.8**	**33.8**	**33.8**	**34.4**

1. Informations sur les données concernant Israël : http://oe.cd/israel-disclaimer.
2. Les données sur les salaires sont basées sur l'ancienne définition de l'ouvrier moyen (CITI D, Rév. 3) pour les années 2000 à 2006.

StatLink https://doi.org/10.1787/888934110030

Tableau 6.20. Impôt sur le revenu et cotisations sociales des salariés diminués des prestations versées, parent isolé, salaire égal à 67 % du salaire moyen

Pression fiscale en % du salaire brut, parent isolé ayant deux enfants

	2000	2009	2012	2013	2014	2015	2016	2017	2018	2019
Allemagne	17.9	17.8	17.9	17.7	18.1	17.5	17.9	18.0	18.3	18.0
Australie	-2.1	-14.0	-9.3	-8.6	-7.9	-7.5	-7.2	-5.3	-3.9	-4.7
Autriche	2.0	3.8	7.0	8.1	8.6	9.3	6.4	7.1	7.7	0.4
Belgique	16.1	17.6	19.0	18.4	18.3	17.8	15.7	15.7	14.7	13.4
Canada	-11.8	-22.4	-19.3	-18.7	-17.1	-29.2	-29.0	-29.2	-27.5	-27.3
Chili	5.9	6.1	6.2	6.2	6.2	6.2	6.2	6.2	6.2	6.2
Corée	6.8	8.2	8.9	9.0	8.3	8.4	8.4	8.7	9.1	8.1
Danemark	11.5	9.9	8.5	7.9	5.8	6.3	6.2	4.8	4.0	4.1
Espagne	6.8	7.0	9.5	9.6	9.8	1.5	1.5	1.6	2.0	2.5
Estonie	-8.5	-3.5	0.9	1.6	2.7	-4.8	-4.6	-3.2	-10.5	-9.0
États-Unis	2.6	-1.2	1.3	3.1	3.7	3.9	4.5	5.5	2.0	2.9
Finlande	9.7	8.5	8.7	10.1	10.5	10.9	10.7	10.2	10.3	10.3
France	13.5	14.6	15.0	15.1	15.4	15.4	-3.1	-2.4	-2.9	-8.1
Grèce	17.1	17.6	20.8	15.2	15.0	14.2	15.0	15.4	13.4	13.4
Hongrie	5.0	7.0	3.2	4.2	5.4	6.5	4.3	4.9	5.4	5.5
Irlande	6.6	-16.7	-13.6	-11.4	-10.7	-10.7	-10.7	-9.5	-6.6	-5.1
Islande	1.4	6.8	10.5	12.8	12.9	14.5	15.2	14.7	14.8	14.7
Israël[1]	-1.5	-2.2	-3.6	-3.0	-1.3	-1.5	-3.7	-2.9	-1.9	-1.6
Italie	5.5	3.5	6.8	6.2	2.5	1.3	1.4	1.4	1.9	2.7
Japon	15.7	11.4	12.5	12.6	13.0	13.4	13.6	13.6	13.8	13.8
Lettonie	3.5	9.5	13.2	13.0	7.8	7.3	7.1	8.7	6.7	6.5
Lituanie	19.2	8.7	9.6	10.6	9.5	10.3	7.3	9.0	3.0	15.5
Luxembourg	-6.4	-12.0	-8.4	-6.5	-5.4	-4.1	-3.5	-6.6	-5.3	-4.5
Mexique	-4.4	-0.1	1.7	2.6	3.0	3.4	3.7	4.6	4.6	5.0
Norvège	5.7	10.5	11.5	11.9	11.9	12.2	11.9	12.0	12.3	12.0
Nouvelle-Zélande	-3.0	-17.1	-18.2	-16.9	-15.8	-14.4	-14.6	-13.5	-20.5	-19.4
Pays-Bas	14.5	3.1	2.8	3.2	1.7	0.6	-3.5	-3.8	-3.4	-4.8
Pologne	18.0	17.8	17.8	17.8	14.7	11.2	-35.4	-37.9	-29.4	-20.4
Portugal	9.1	0.3	4.9	7.8	7.2	7.6	2.8	3.5	3.7	4.3
République slovaque	-3.1	1.0	3.5	3.4	4.1	4.6	5.4	6.8	7.9	8.8
République tchèque	-17.9	-13.1	-1.6	-1.7	-0.8	-0.9	-4.5	-3.7	-5.2	-3.5
Royaume-Uni	7.7	-0.2	-2.0	-3.1	-4.1	-3.4	-1.4	0.9	2.4	4.0
Slovénie	-2.0	-1.6	-1.0	-0.8	-4.6	-4.4	-3.9	-1.5	-0.5	1.5
Suède	20.1	12.0	11.8	12.2	11.9	12.2	12.8	13.1	12.1	11.6
Suisse	0.3	-1.4	-0.9	-1.3	-1.9	-1.9	-1.5	-1.4	-1.3	-1.1
Turquie[2]	27.2	21.6	22.2	22.6	23.0	23.2	22.5	23.0	23.3	22.8
Moyenne non pondérée										
OCDE-Moyenne	**5.8**	**3.3**	**4.9**	**5.3**	**5.0**	**4.4**	**2.0**	**2.5**	**2.2**	**2.7**
OCDE-UE 23	**7.2**	**4.9**	**6.7**	**6.9**	**6.2**	**5.5**	**1.9**	**2.3**	**2.2**	**2.9**

1. Informations sur les données concernant Israël : http://oe.cd/israel-disclaimer.
2. Les données sur les salaires sont basées sur l'ancienne définition de l'ouvrier moyen (CITI D, Rév. 3) pour les années 2000 à 2006.

StatLink https://doi.org/10.1787/888934110049

Tableau 6.21. Impôt sur le revenu et cotisations sociales des salariés diminués des prestations versées, couple marié, salaire égal à 100 % du salaire moyen

Pression fiscale en % du salaire brut, couple marié ayant deux enfants et un seul salaire

	2000	2009	2012	2013	2014	2015	2016	2017	2018	2019
Allemagne	22.0	20.6	21.1	20.9	21.1	21.2	21.5	21.6	21.7	21.3
Australie	18.4	8.7	11.9	12.0	12.4	12.9	13.1	16.0	16.9	16.0
Autriche	15.1	17.4	19.8	20.7	21.1	21.6	18.6	19.1	19.6	15.0
Belgique	23.7	22.4	23.6	23.0	22.9	22.6	20.9	20.9	20.4	19.2
Canada	14.2	6.9	8.5	8.8	9.6	0.2	0.9	0.7	2.3	2.4
Chili	6.3	7.0	7.0	7.0	7.0	7.0	7.0	7.0	7.0	7.0
Corée	8.2	9.0	10.3	10.8	11.1	11.5	11.9	12.1	12.8	12.4
Danemark	28.2	26.4	25.5	25.1	24.9	25.3	25.2	25.2	24.9	25.2
Espagne	11.5	12.2	15.2	15.3	15.4	13.9	13.9	13.9	14.1	14.5
Estonie	10.6	6.1	9.1	9.4	10.0	4.5	4.3	5.0	1.1	2.9
États-Unis	14.4	10.1	11.4	13.3	13.6	13.7	13.9	14.3	11.8	12.2
Finlande	24.8	22.7	23.0	23.9	24.4	25.2	25.2	24.8	24.8	24.7
France	16.1	17.6	18.0	17.5	17.7	17.6	17.1	17.6	17.1	13.8
Grèce	23.6	25.0	27.1	24.0	23.7	22.1	23.1	23.4	22.3	22.3
Hongrie	20.5	24.7	15.4	15.4	16.2	16.9	15.0	15.3	15.5	15.5
Irlande	10.9	3.5	7.7	9.4	9.7	8.9	8.0	7.9	8.7	8.9
Islande	8.9	9.7	13.3	15.2	15.8	17.5	17.7	17.2	16.9	16.4
Israël[1]	21.8	14.5	12.6	12.9	14.5	14.8	15.1	15.0	15.5	15.7
Italie	18.6	16.7	19.1	18.6	18.8	19.0	19.0	19.0	19.3	20.0
Japon	15.8	13.8	15.0	15.1	15.6	16.0	16.2	16.2	16.4	16.4
Lettonie	12.8	16.2	19.8	19.4	15.8	15.2	15.3	16.7	16.4	16.1
Lituanie	28.8	14.7	15.4	16.0	15.5	16.1	18.4	15.6	12.4	27.7
Luxembourg	1.9	0.8	3.0	4.1	4.8	5.7	6.0	4.8	5.5	5.9
Mexique	2.5	5.4	9.6	9.8	10.1	10.4	10.8	11.1	10.4	10.8
Norvège	19.3	21.7	22.1	22.3	23.2	23.2	22.8	22.6	23.6	23.2
Nouvelle-Zélande	13.6	-0.3	0.6	2.4	3.8	4.9	5.5	6.4	1.9	3.5
Pays-Bas	22.4	22.6	24.8	28.1	25.9	24.1	24.3	24.5	25.0	24.2
Pologne	22.1	17.8	17.8	18.1	18.6	18.9	0.3	-4.2	1.1	4.2
Portugal	13.6	7.7	10.8	13.7	13.1	14.3	11.2	11.9	12.2	12.6
République slovaque	4.4	2.5	5.1	5.0	5.6	6.2	6.9	8.2	9.2	10.1
République tchèque	-5.3	-6.0	1.0	0.9	1.8	1.9	-0.2	0.8	0.3	1.8
Royaume-Uni	20.6	18.4	19.7	19.0	18.5	17.8	18.0	18.2	18.3	18.3
Slovénie	10.1	9.6	10.8	10.8	11.2	11.3	11.7	12.3	13.1	16.9
Suède	26.0	18.1	17.9	18.3	17.8	18.1	18.5	18.8	18.2	17.8
Suisse	5.9	4.6	4.5	4.2	3.6	3.6	4.0	4.0	4.2	4.3
Turquie[2]	28.7	24.5	24.9	25.2	25.5	25.6	25.4	26.4	26.8	26.5
Moyenne non pondérée										
OCDE-Moyenne	**15.6**	**13.2**	**14.5**	**14.9**	**15.0**	**14.7**	**14.1**	**14.2**	**14.1**	**14.6**
OCDE-UE 23	**16.7**	**14.7**	**16.1**	**16.4**	**16.3**	**16.0**	**14.9**	**14.8**	**14.8**	**15.6**

1. Informations sur les données concernant Israël : http://oe.cd/israel-disclaimer.
2. Les données sur les salaires sont basées sur l'ancienne définition de l'ouvrier moyen (CITI D, Rév. 3) pour les années 2000 à 2006.

StatLink https://doi.org/10.1787/888934110068

Tableau 6.22. Impôt sur le revenu et cotisations sociales des salariés diminués des prestations versées, couple marié, deux enfants, deux salaires égaux à 100 % et 67 % du salaire moyen

Pression fiscale en % du salaire brut, couple marié ayant deux enfants et deux salaires

	2000	2009	2012	2013	2014	2015	2016	2017	2018	2019
Allemagne	34.3	31.9	31.1	30.9	31.1	31.2	31.4	31.4	31.5	31.1
Australie	22.0	17.4	20.6	20.8	21.1	21.8	22.1	22.2	22.6	21.4
Autriche	20.1	22.2	24.0	24.7	25.1	25.5	22.5	23.0	23.4	20.9
Belgique	35.0	33.1	33.9	33.5	33.5	33.1	31.5	31.3	30.5	29.7
Canada	21.6	18.1	18.3	18.5	18.6	15.1	15.6	15.4	15.9	16.0
Chili	6.6	6.6	6.7	6.7	6.7	6.7	6.7	6.7	6.7	6.7
Corée	8.0	9.3	10.4	10.8	11.0	11.3	11.7	12.0	12.6	12.5
Danemark	35.8	32.5	31.4	31.0	30.8	31.1	31.1	31.0	30.6	30.7
Espagne	15.6	15.5	18.9	18.9	19.0	17.2	17.2	17.1	17.3	17.5
Estonie	16.8	12.6	14.8	14.7	15.1	11.2	11.1	11.6	6.3	7.6
États-Unis	20.5	18.2	17.8	19.7	19.9	20.0	20.1	20.3	17.6	17.8
Finlande	26.0	22.7	22.8	23.7	24.2	24.6	24.4	23.9	23.9	23.8
France	21.4	22.2	22.6	22.8	23.1	21.6	21.4	21.6	21.0	20.4
Grèce	22.0	23.7	25.8	23.7	23.4	22.2	23.1	23.4	23.0	23.0
Hongrie	24.3	26.3	23.1	23.1	23.5	23.9	22.4	22.6	22.8	22.7
Irlande	20.8	12.0	15.9	17.4	17.7	16.7	16.2	16.2	16.8	17.3
Islande	21.9	22.4	25.6	26.5	26.9	27.6	27.5	27.2	27.6	27.4
Israël[1]	17.7	11.1	9.9	10.0	11.0	11.2	11.5	11.4	11.8	11.9
Italie	25.1	23.3	25.0	24.8	23.3	22.8	22.8	22.8	23.1	23.5
Japon	17.9	16.3	17.8	17.9	18.3	18.6	18.8	18.8	18.9	18.9
Lettonie	18.1	19.7	23.7	23.3	20.8	20.3	20.1	21.0	19.9	19.8
Lituanie	27.3	16.8	20.3	20.7	20.0	20.4	19.0	16.7	16.4	29.8
Luxembourg	12.6	11.6	13.9	15.5	16.1	17.1	17.4	15.3	16.1	16.6
Mexique	-0.3	3.2	6.4	6.9	7.3	7.6	7.9	8.5	8.1	8.5
Norvège	24.4	24.8	25.0	25.1	24.7	24.7	24.1	23.8	23.7	23.5
Nouvelle-Zélande	19.0	14.7	14.7	15.9	16.3	16.5	16.7	16.9	17.1	17.3
Pays-Bas	30.1	25.0	24.7	26.4	24.4	23.2	21.6	21.7	22.0	20.8
Pologne	25.0	20.1	21.0	21.2	21.5	21.7	16.2	15.0	15.2	12.8
Portugal	17.0	14.9	18.9	22.0	21.7	20.4	20.7	21.1	20.3	20.6
République slovaque	12.9	13.2	15.1	15.0	15.4	15.7	16.1	16.9	17.5	18.0
République tchèque	14.0	11.8	13.1	13.0	13.5	13.6	12.4	13.0	12.7	13.6
Royaume-Uni	21.5	20.7	20.3	19.4	18.9	18.7	18.9	19.0	19.0	19.0
Slovénie	25.1	23.6	23.7	23.8	24.0	24.1	23.8	24.6	24.9	25.5
Suède	28.3	20.0	19.6	19.9	19.4	19.6	20.0	20.2	19.9	19.4
Suisse	12.3	11.1	11.0	10.8	10.2	10.2	10.6	10.6	10.8	10.9
Turquie[2]	28.1	24.4	24.9	25.2	25.5	25.7	25.5	26.2	26.5	26.2
Moyenne non pondérée										
OCDE-Moyenne	**20.8**	**18.7**	**19.8**	**20.1**	**20.1**	**19.8**	**19.4**	**19.5**	**19.3**	**19.5**
OCDE-UE 23	**23.0**	**20.7**	**21.9**	**22.1**	**22.0**	**21.6**	**20.9**	**20.9**	**20.6**	**21.0**

1. Informations sur les données concernant Israël : http://oe.cd/israel-disclaimer.
2. Les données sur les salaires sont basées sur l'ancienne définition de l'ouvrier moyen (CITI D, Rév. 3) pour les années 2000 à 2006.

StatLink https://doi.org/10.1787/888934110087

Tableau 6.23. Impôt sur le revenu et cotisations sociales des salariés diminués des prestations versées, couple marié, deux salaires égaux à 100% du salaire moyen chacun

Pression fiscale en % du salaire brut, couple marié ayant deux enfants et deux salaires

	2000	2009	2012	2013	2014	2015	2016	2017	2018	2019
Allemagne	37.7	35.6	34.1	33.8	34.0	34.1	34.2	34.2	34.3	33.8
Australie	25.1	22.1	23.0	23.1	23.4	24.1	24.3	24.4	24.6	23.6
Autriche	23.7	25.9	27.6	28.3	28.6	29.1	25.9	26.3	26.8	24.8
Belgique	38.4	36.7	37.3	36.9	36.9	36.6	35.3	35.1	34.4	33.8
Canada	24.5	20.6	20.9	21.1	21.9	19.2	19.1	18.9	19.4	19.5
Chili	6.6	7.0	7.0	7.0	7.0	7.0	7.0	7.0	7.0	7.0
Corée	8.7	10.5	11.9	12.4	12.7	13.0	13.3	13.6	14.1	14.1
Danemark	38.1	34.0	33.0	32.6	32.4	32.7	32.7	32.7	32.3	32.4
Espagne	18.0	17.9	21.0	21.1	21.2	19.4	19.4	19.3	19.5	19.7
Estonie	18.3	14.2	16.2	16.0	16.3	12.9	12.8	13.2	9.2	10.7
États-Unis	22.7	20.0	19.4	21.3	21.4	21.5	21.6	22.0	19.8	20.2
Finlande	29.3	26.0	26.2	27.0	27.5	28.0	28.0	27.5	27.4	27.4
France	23.5	23.7	24.2	24.3	24.6	24.1	24.3	24.4	23.8	23.2
Grèce	24.2	25.8	27.8	26.7	26.4	24.9	26.0	26.2	26.7	26.6
Hongrie	28.1	31.2	25.3	25.0	25.3	25.7	24.2	24.4	24.5	24.5
Irlande	25.7	17.5	21.9	23.1	23.3	22.3	21.7	21.6	22.1	22.4
Islande	25.4	25.4	28.5	29.1	28.9	29.4	29.0	28.5	28.9	28.7
Israël[1]	21.3	13.7	12.1	12.1	13.3	13.8	14.3	14.2	14.7	15.0
Italie	27.4	26.3	27.9	27.7	27.7	27.8	27.8	27.8	28.0	28.4
Japon	18.6	17.5	18.9	19.0	19.4	19.7	19.9	19.9	20.1	20.1
Lettonie	20.4	21.4	25.3	24.8	22.7	22.0	22.1	22.9	22.6	22.4
Lituanie	28.8	18.5	21.4	21.7	21.3	21.6	20.7	19.2	18.9	31.9
Luxembourg	17.6	16.7	19.1	20.8	21.5	22.4	22.7	20.9	21.6	22.1
Mexique	2.5	5.4	9.6	9.8	10.1	10.4	10.8	11.1	10.4	10.8
Norvège	26.8	26.7	26.9	27.0	26.5	26.4	25.9	25.6	25.5	25.3
Nouvelle-Zélande	19.4	18.4	16.4	16.9	17.2	17.6	17.9	18.1	18.4	18.8
Pays-Bas	30.9	27.7	27.7	30.7	28.3	26.2	25.5	25.7	26.0	25.0
Pologne	25.9	21.2	21.9	22.1	22.4	22.5	18.0	16.9	17.1	15.0
Portugal	20.2	18.4	21.7	25.3	24.9	23.8	23.8	24.1	23.4	23.7
République slovaque	18.7	16.0	17.5	17.4	17.7	18.0	18.4	19.0	19.5	20.0
République tchèque	18.2	15.9	16.0	16.0	16.4	16.5	15.5	18.0	15.7	19.1
Royaume-Uni	23.2	22.6	22.2	21.5	21.1	20.9	21.0	21.2	21.2	21.1
Slovénie	29.4	27.4	26.8	26.9	27.0	27.1	26.9	27.3	28.8	29.3
Suède	29.9	21.8	21.4	21.7	21.1	21.3	21.7	21.9	21.6	21.2
Suisse	14.8	13.7	13.6	13.4	12.8	12.8	13.2	13.3	13.5	13.6
Turquie[2]	28.7	25.8	26.2	26.5	26.7	26.8	26.8	27.7	28.1	27.9
Moyenne non pondérée										
OCDE-Moyenne	**23.4**	**21.4**	**22.2**	**22.5**	**22.5**	**22.3**	**22.0**	**22.1**	**21.9**	**22.3**
OCDE-UE 23	**25.9**	**23.6**	**24.5**	**24.8**	**24.7**	**24.3**	**23.9**	**23.9**	**23.7**	**24.3**

1. Informations sur les données concernant Israël : http://oe.cd/israel-disclaimer.

2. Les données sur les salaires sont basées sur l'ancienne définition de l'ouvrier moyen (CITI D, Rév. 3) pour les années 2000 à 2006.

StatLink https://doi.org/10.1787/888934110106

Tableau 6.24. Impôt sur le revenu et cotisations sociales des salariés diminués des prestations versées, couple marié, deux salaires égaux à 100 % et 67 % du salaire moyen

Pression fiscale en % du salaire brut, couple marié sans enfant, avec deux salaires

	2000	2009	2012	2013	2014	2015	2016	2017	2018	2019
Allemagne	40.3	38.6	37.6	37.2	37.3	37.4	37.5	37.5	37.5	37.1
Australie	24.4	19.5	20.6	20.8	21.1	21.8	22.1	22.2	22.6	21.4
Autriche	28.8	30.4	31.5	32.0	32.3	32.7	29.9	30.2	30.6	31.0
Belgique	42.0	39.8	40.2	39.9	39.8	39.4	37.8	37.7	36.8	36.1
Canada	23.4	21.1	21.0	21.1	21.6	21.5	21.4	21.2	21.4	21.6
Chili	7.0	7.0	7.0	7.0	7.0	7.0	7.0	7.0	7.0	7.0
Corée	8.3	10.5	11.6	12.0	12.2	12.4	12.8	13.0	13.6	14.0
Danemark	39.8	36.2	35.2	34.8	34.6	34.9	34.9	34.8	34.2	34.3
Espagne	17.9	17.8	21.1	21.1	21.2	19.4	19.4	19.3	19.5	19.6
Estonie	21.1	17.8	19.3	18.9	19.1	17.9	17.8	17.8	12.7	13.9
États-Unis	24.4	22.9	22.2	24.1	24.1	24.2	24.2	24.3	22.3	22.4
Finlande	31.5	26.6	26.6	27.4	27.8	28.1	27.9	27.3	27.1	27.0
France	27.5	27.1	27.4	27.5	27.7	27.6	27.7	27.8	27.1	26.6
Grèce	21.5	23.6	25.8	24.5	24.2	23.0	24.5	24.8	25.3	25.2
Hongrie	33.5	34.2	34.9	34.5	34.5	34.5	33.5	33.5	33.5	33.5
Irlande	23.0	17.7	20.6	21.8	22.0	21.1	20.7	20.7	21.1	21.4
Islande	23.3	24.4	26.7	27.2	27.1	27.6	27.5	27.2	27.6	27.4
Israël[1]	22.8	14.4	13.5	13.2	13.8	14.3	14.7	14.6	15.0	15.2
Italie	27.2	28.0	29.4	29.5	27.9	27.4	27.4	27.4	27.6	27.9
Japon	19.2	19.4	20.7	20.9	21.2	21.4	21.5	21.6	21.7	21.7
Lettonie	27.1	26.0	30.3	29.7	29.1	28.5	28.3	28.5	27.3	27.3
Lituanie	27.3	21.3	21.6	21.9	21.5	21.9	21.8	20.9	20.3	34.8
Luxembourg	22.9	21.0	22.6	23.8	24.3	25.2	25.4	23.2	23.7	24.1
Mexique	-0.3	3.2	6.4	6.9	7.3	7.6	7.9	8.5	8.1	8.5
Norvège	29.1	27.8	27.7	27.8	27.3	27.2	26.6	26.2	26.1	25.9
Nouvelle-Zélande	19.0	17.1	15.1	15.4	15.7	15.9	16.2	16.4	16.6	16.8
Pays-Bas	33.3	29.9	29.8	31.3	29.2	28.0	27.1	27.2	27.5	26.4
Pologne	27.3	23.9	24.3	24.4	24.5	24.6	24.7	24.8	24.9	24.7
Portugal	20.2	18.9	20.3	24.4	24.0	25.5	25.1	25.1	24.2	24.5
République slovaque	19.1	19.7	21.4	21.4	21.6	21.7	22.0	22.4	22.8	23.1
République tchèque	21.8	20.5	21.3	21.2	21.5	21.8	22.2	22.8	23.4	23.8
Royaume-Uni	24.6	24.1	23.3	22.4	21.9	21.7	21.8	21.8	21.8	21.6
Slovénie	34.3	31.8	31.4	31.3	31.4	31.5	31.6	32.4	32.5	33.0
Suède	32.9	24.4	23.8	24.0	23.4	23.5	23.8	23.9	24.0	23.5
Suisse	17.8	16.9	17.0	17.1	16.7	16.7	17.0	17.0	17.1	17.2
Turquie[2]	28.1	25.1	25.6	25.9	26.2	26.3	26.2	26.9	27.1	26.9
Moyenne non pondérée										
OCDE-Moyenne	**24.8**	**23.0**	**23.7**	**24.0**	**24.0**	**23.9**	**23.8**	**23.8**	**23.7**	**24.1**
OCDE-UE 23	**28.0**	**26.1**	**26.9**	**27.2**	**27.0**	**26.8**	**26.6**	**26.6**	**26.3**	**27.0**

1. Informations sur les données concernant Israël : http://oe.cd/israel-disclaimer.
2. Les données sur les salaires sont basées sur l'ancienne définition de l'ouvrier moyen (CITI D, Rév. 3) pour les années 2000 à 2006.

StatLink https://doi.org/10.1787/888934110125

Tableau 6.25. Salaire brut et net annuel moyen, célibataire sans enfant, 2000-2019

Dollars US convertis à l'aide du PPA

	2000		2009		2012		2013		2014		2015		2016		2017		2018		2019	
	brut	net	brut	net	brut	net	brut	net	brut	net	brut	net	brut	net	brut	net	brut	net	brut	net
Allemagne	36 485	20 723	50 103	29 458	56 399	33 953	57 952	35 069	59 784	36 143	60 547	36 522	64 170	38 637	66 301	39 919	68 443	41 238	70 355	42 698
Australie	31 504	23 125	44 084	34 360	48 085	37 048	53 606	41 221	54 671	41 903	54 760	41 580	56 584	42 830	56 853	43 005	59 122	44 551	59 680	45 569
Autriche	32 770	22 624	44 882	30 166	50 032	33 052	52 617	34 527	53 598	35 009	54 985	35 718	58 008	39 384	59 714	40 348	61 365	41 244	63 204	42 212
Belgique	35 169	20 044	49 628	28 640	55 813	31 975	57 305	33 007	58 048	33 461	58 114	33 701	59 568	35 302	61 493	36 537	63 203	37 992	64 505	39 163
Canada	29 358	21 989	35 322	27 387	37 586	29 106	39 212	30 316	40 502	31 044	40 359	30 974	42 112	32 408	42 852	33 067	44 943	34 554	45 813	35 193
Chili	12 878	11 977	16 839	15 660	20 100	18 693	21 197	19 713	21 453	19 951	21 672	20 155	21 893	20 361	22 731	21 140	23 449	21 805	24 160	22 458
Corée	26 564	24 187	41 729	36 851	45 400	39 487	46 433	40 175	47 516	41 031	50 047	43 057	51 968	44 555	52 603	44 988	55 577	47 250	58 514	49 547
Danemark	32 499	19 026	47 523	29 850	51 817	33 082	53 497	34 348	54 253	34 921	55 262	35 427	57 425	36 825	60 136	38 604	62 154	40 171	63 426	40 952
Espagne	23 417	18 769	33 655	26 993	37 259	28 742	38 569	29 730	39 542	30 451	39 839	31 366	41 152	32 406	42 136	33 246	42 425	33 406	43 491	34 187
Estonie	8 385	6 545	18 372	14 962	21 118	16 913	22 457	18 081	23 417	18 818	24 272	19 795	26 582	21 699	28 094	22 925	29 047	24 807	31 111	26 123
Etats-Unis	33 129	24 877	44 295	33 588	47 746	36 460	48 774	36 359	50 099	37 274	50 963	37 900	51 945	38 531	53 376	39 445	55 058	41 959	57 055	43 356
Finlande	26 797	17 718	42 923	30 360	45 584	32 193	46 884	32 754	47 072	32 673	47 678	32 968	49 698	34 401	51 147	35 676	51 849	36 222	52 615	36 817
France	28 722	20 347	39 590	28 566	42 808	30 770	45 113	32 365	46 108	32 912	42 977	30 801	44 931	32 149	46 588	33 299	48 016	34 639	48 465	35 225
Grèce	23 089	18 103	34 911	26 303	34 044	25 030	33 426	25 100	34 888	26 295	34 214	26 030	35 171	26 224	36 317	26 981	37 531	27 713	38 086	28 147
Hongrie	9 871	6 344	19 099	11 887	22 608	14 665	23 482	15 381	23 594	15 454	23 942	15 682	25 319	16 837	27 765	18 464	29 796	19 814	31 406	20 885
Irlande	30 653	22 208	46 353	36 029	51 657	38 322	53 063	38 869	52 954	38 688	54 027	39 958	56 287	41 979	57 520	42 949	59 914	44 563	62 430	46 269
Islande	32 018	23 873	41 655	30 725	44 682	31 875	48 605	34 484	51 794	36 819	54 024	38 166	59 210	42 013	63 885	45 654	68 483	48 712	68 443	48 777
Israël[1]	27 795	20 539	30 269	24 910	32 500	27 093	33 510	28 023	34 197	28 381	35 607	29 372	37 915	31 112	39 502	32 504	41 445	33 916	42 577	34 769
Italie	26 768	18 993	35 582	25 007	39 372	27 186	40 666	28 017	41 029	28 298	41 368	28 506	43 703	30 106	44 711	30 790	45 481	31 257	46 842	32 043
Japon	32 234	25 870	41 928	33 524	46 928	36 912	47 734	37 460	48 252	37 712	49 144	38 280	48 707	37 881	48 827	37 956	49 775	38 646	50 582	39 261
Létonie	6 420	4 630	14 198	10 420	15 599	10 792	16 560	11 571	17 871	12 590	19 275	13 699	20 925	14 883	22 672	16 049	24 171	17 225	26 198	18 681
Lituanie	7 057	5 028	14 702	11 433	16 061	12 450	17 385	13 432	18 337	14 198	19 346	14 923	21 368	16 460	23 119	17 873	24 758	19 275	31 736	20 277
Luxembourg	37 546	26 783	53 410	39 395	57 313	41 194	59 905	42 214	62 117	43 481	63 401	43 848	66 255	45 700	68 966	48 956	70 622	49 731	71 102	49 823
Mexique	7 964	7 767	11 448	10 825	12 117	10 959	12 547	11 312	12 833	11 532	12 918	11 569	13 232	11 809	13 108	11 656	13 634	12 219	14 187	12 648
Norvège	32 850	22 766	50 271	35 552	55 829	39 524	58 131	41 151	57 971	41 332	56 060	40 063	56 382	40 614	58 360	42 237	60 655	43 996	64 066	46 569
Nouvelle-Zélande	24 192	19 506	31 723	25 989	34 285	28 667	36 815	30 598	37 990	31 438	38 029	31 351	40 016	32 856	40 473	33 134	41 629	33 954	42 757	34 729
Pays-Bas	35 835	23 788	52 402	35 741	56 610	38 492	60 075	39 142	59 792	40 400	61 179	42 669	63 002	43 965	65 319	45 507	66 372	46 066	67 518	47 462
Pologne	12 585	9 086	18 678	14 123	22 384	16 857	23 638	17 786	25 189	18 922	26 145	19 623	27 529	20 646	29 048	21 759	31 133	23 284	33 447	25 083
Portugal	16 526	12 816	24 912	19 565	28 147	21 735	30 215	21 925	29 908	21 789	29 701	21 275	30 758	22 267	31 272	22 681	31 856	23 354	32 702	23 895
République slovaque	9 779	7 845	17 558	13 801	19 444	15 011	20 363	15 729	21 471	16 550	21 694	16 688	21 808	16 733	23 144	17 672	24 383	18 544	25 924	19 654
République tchèque	11 232	8 706	20 688	16 077	22 748	17 542	23 611	18 211	24 452	18 803	24 788	19 000	26 611	20 310	28 873	21 901	30 994	23 358	32 532	24 401
Royaume-Uni	35 366	26 239	47 070	35 191	49 690	37 400	50 468	38 373	50 283	38 423	51 964	39 794	53 875	41 234	56 471	43 209	57 514	44 030	59 211	45 395
Slovénie	16 897	10 889	24 934	16 721	28 903	19 294	29 934	20 027	30 357	20 264	30 400	20 268	31 773	21 142	33 191	22 000	34 370	22 661	35 830	23 464
Suède	28 773	19 069	40 651	30 327	44 826	33 664	46 317	34 689	46 772	35 367	46 781	35 281	48 163	36 178	49 983	37 485	50 693	37 980	51 785	39 015
Suisse	40 772	33 507	56 957	47 156	65 996	54 617	68 847	56 902	67 735	56 230	70 061	58 171	74 171	61 403	75 909	62 836	77 583	64 121	79 038	65 261
Turquie[2]	19 696	14 037	18 170	13 391	21 545	15 781	23 053	16 824	24 886	18 104	26 839	19 494	30 098	21 841	30 475	21 846	30 480	21 758	32 000	22 890
OCDE Moyenne non pondérée	24 544	17 787	34 903	25 859	38 418	28 237	40 055	29 302	40 854	29 907	41 455	30 380	43 287	31 769	44 804	32 897	46 331	34 056	47 855	35 080

1 Informations sur les données concernant Israël : http://dx.doi.org/10.1787/888932315602.

2. Les données sur les salaries de 2000 à 2006 sont basées sur l'ancienne définition de l'ouvrier moyen (CITI D, rév3.).

StatLink https://doi.org/10.1787/888934110144

Tableau 6.26. Salaire brut et net annuel moyen, célibataire sans enfant, 2000-2019 (en monnaie nationale)

	2000		2009		2012		2013		2014		2015		2016		2017		2018		2019	
	brut	net	brut	net	brut	net	brut	net	brut	net	brut	net	brut	net	brut	net	brut	net	brut	net
Allemagne	34 400	19 539	40 600	23 871	44 400	26 730	44 900	27 171	45 970	27 791	47 100	28 411	48 300	29 082	49 100	29 563	50 700	30 548	52 185	31 670
Australie	41 322	30 332	63 546	49 529	74 057	57 059	77 574	59 652	79 409	60 863	80 720	61 292	82 039	62 097	83 336	63 038	85 778	64 638	87 827	67 060
Autriche	29 732	20 526	37 832	25 428	40 708	26 893	41 940	27 521	42 814	27 965	43 911	28 524	45 073	30 602	46 002	31 083	47 078	31 641	48 412	32 333
Belgique	31 644	18 035	42 149	24 324	45 886	26 288	45 197	26 609	46 451	26 776	46 479	26 954	46 528	27 574	47 527	28 239	48 645	29 241	49 565	30 092
Canada	36 038	26 992	42 435	32 902	46 780	36 226	47 996	37 106	49 832	38 195	50 368	38 655	50 822	39 111	51 626	39 837	53 857	41 407	55 092	42 321
Chili	3 690 623	3 432 280	5 966 388	5 548 741	6 979 141	6 490 601	7 412 107	6 893 260	7 877 707	7 326 268	8 481 551	7 887 842	8 975 815	8 347 507	9 348 496	8 694 101	9 669 328	8 991 704	10 043	9 335 511
Corée	19 849	18 073	34 410	30 387	38 811	33 756	40 353	34 915	41 428	35 774	42 908	36 915	44 640	38 272	45 853	39 216	48 394	41 144	49 754	42 129
Danemark	281 700	164 922	367 051	230 550	391 951	250 237	393 463	252 625	397 600	255 926	403 600	258 738	406 600	260 743	412 045	264 509	421 100	272 158	427 901	276 279
Espagne	17 319	13 882	24 164	19 380	25 894	19 975	25 027	20 062	26 191	20 169	26 475	20 845	26 449	20 828	26 550	20 949	26 922	21 198	27 537	21 646
Estonie	3 931	3 068	9 492	7 729	11 004	8 813	11 732	9 446	12 338	9 915	13 045	10 638	14 033	11 455	14 992	12 233	15 734	13 438	17 118	14 373
Etats-Unis	33 129	24 877	44 295	33 588	47 746	36 460	43 774	36 359	50 099	37 274	50 963	37 900	51 945	38 531	53 376	39 445	55 058	41 959	57 055	43 356
Finlande	26 362	17 431	38 444	27 191	41 413	29 247	42 447	29 654	42 704	29 641	43 268	29 918	43 783	30 306	44 165	30 806	44 481	31 075	45 271	31 677
France	26 712	18 923	34 132	24 628	36 143	25 979	36 616	26 269	37 235	26 578	34 746	24 902	35 052	25 080	35 707	25 521	36 319	26 201	36 547	26 563
Grèce	15 459	12 120	24 569	18 511	23 309	17 137	21 101	15 845	21 322	16 070	20 833	15 850	20 703	15 436	20 921	15 543	21 279	15 713	21 382	15 802
Hongrie	1 086 240	698 166	2 436 408	1 516 415	2 840 112	1 842 297	2 934 744	1 922 257	3 053 364	1 999 953	3 172 680	2 078 105	3 343 284	2 223 284	3 730 608	2 480 854	4 117 728	2 738 289	4 450 146	2 959 347
Irlande	28 924	20 956	41 737	32 441	42 517	31 542	43 046	31 531	43 371	31 687	43 733	32 345	44 713	33 347	45 504	33 977	47 227	35 127	48 806	36 172
Islande	2 712 000	2 022 102	5 076 000	3 744 125	6 120 000	4 365 845	6 660 000	4 725 047	7 176 000	5 101 256	7 668 000	5 417 104	8 292 000	5 883 699	8 760 000	6 260 099	9 372 544	6 666 600	9 626 994	6 860 749
Israël[1]	95 664	70 691	120 028	98 777	128 550	107 163	125 664	107 597	134 748	111 832	139 728	115 260	143 604	117 837	147 936	121 730	154 200	126 190	158 975	129 821
Italie	21 550	15 291	27 419	19 270	29 440	20 328	29 983	20 657	30 347	20 931	30 550	21 052	30 619	21 093	30 696	21 139	31 050	21 339	31 602	21 618
Japon	4 987 116	4 002 481	4 828 001	3 860 274	4 893 341	3 848 958	4 835 595	3 794 828	4 972 455	3 886 313	5 083 906	3 960 010	5 138 692	3 996 545	5 145 307	3 999 772	5 206 931	4 042 713	5 228 474	4 058 289
Lettonie	2 316	1 670	7 392	5 425	7 896	5 463	8 268	5 777	8 892	6 264	9 588	6 815	10 140	7 212	10 980	7 773	11 892	8 475	13 001	9 270
Lituanie	3 187	2 270	6 895	5 361	7 270	5 636	7 707	5 955	8 116	6 284	8 623	6 652	9 370	7 217	10 216	7 898	11 164	8 691	14 390	9 194
Luxembourg	35 875	25 591	48 183	35 540	51 971	37 354	53 630	37 792	54 920	38 443	55 858	38 631	56 448	38 936	58 238	41 340	59 733	42 063	60 770	42 584
Mexique	48 607	47 400	85 043	80 412	95 224	86 121	98 922	89 190	103 246	92 777	107 551	96 320	111 754	99 737	116 276	103 401	124 433	111 523	131 626	117 352
Norvège	298 385	206 788	456 214	322 642	504 535	357 163	524 887	371 568	537 881	383 500	556 670	397 823	566 238	407 882	579 036	419 072	596 066	432 352	614 712	446 834
Nouvelle-Zélande	34 923	28 159	46 653	38 221	51 278	42 875	53 234	44 244	54 733	45 293	56 110	46 257	57 649	47 334	58 824	48 157	60 360	49 232	62 181	50 507
Pays-Bas	31 901	21 176	44 412	30 292	46 670	31 733	47 950	31 242	48 360	32 676	49 540	34 552	50 120	34 976	50 850	35 426	51 792	35 947	53 198	37 396
Pologne	23 061	16 649	34 878	26 372	40 205	30 278	41 652	31 339	44 513	33 437	46 136	34 628	47 708	35 780	50 466	37 803	54 609	40 841	59 342	44 502
Portugal	10 922	8 470	15 613	12 262	17 040	13 158	17 634	12 796	17 313	12 613	17 369	12 441	17 577	12 725	17 981	13 041	18 429	13 510	18 787	13 727
République	5 048	4 050	9 043	7 108	9 810	7 574	10 001	7 725	10 422	8 034	10 661	8 201	10 975	8 421	11 636	8 885	12 314	9 365	13 199	10 006
République tchèque	160 922	124 729	281 887	219 060	302 500	233 263	301 868	232 827	310 620	238 857	320 624	245 750	334 709	255 455	357 381	271 076	384 314	289 632	408 760	306 598
Royaume-Uni	24 910	18 481	33 391	24 964	34 864	26 241	35 088	26 678	35 120	26 836	35 978	27 552	37 102	28 397	38 521	29 474	39 519	30 254	40 803	31 282
Slovénie	8 894	5 732	16 079	10 783	17 538	11 707	17 673	11 824	17 948	11 981	18 092	12 062	18 338	12 202	18 839	12 487	19 569	12 902	20 576	13 475
Suède	263 581	174 686	362 291	270 277	387 960	291 356	398 220	298 247	408 188	308 651	414 105	312 312	424 963	319 215	435 821	326 852	447 557	335 315	461 817	347 935
Suisse	72 910	59 918	83 650	69 255	89 364	73 955	90 360	74 683	86 820	72 073	86 558	71 868	89 160	73 812	89 567	74 142	90 592	74 872	91 326	75 407
Turquie[2]	5 545	3 952	16 421	12 102	21 973	16 054	24 674	18 007	27 487	19 996	31 191	22 654	37 357	27 109	41 843	29 996	49 007	34 983	58 622	41 933

Note : moyennes annuelles des salaires bruts dans les pays de la zone euro sont exprimés en euros pour toutes les années.
1 Informations sur les données concernant Israël : http://dx.doi.org/10.1787/888932315602.
2. Les données sur les salaires de 2000 à 2006 sont basées sur l'ancienne définition de l'ouvrier moyen (CITI D, rév3.).

StatLink https://doi.org/10.1787/888934110163

Notes

[1] Les tableaux 6.1 et 6.24 contiennent des chiffres arrondis à la première décimale. Du fait des opérations d'arrondi les variations en points de pourcentage présentées dans le texte peuvent différer d'un dixième de point de pourcentage.

[2] Les tableaux 6.1 et 6.24 contiennent des chiffres arrondis à la première décimale. Le texte peut, dans un souci de précision, présenter des chiffres arrondis à la deuxième décimale.

Partie II. Informations détaillées par pays, pour 2019

Australia
(2018-19 Income tax year)

This chapter includes data on the income taxes paid by workers, their social security contributions, the family benefits they receive in the form of cash transfers as well as the social security contributions and payroll taxes paid by their employers. Results reported include the marginal and average tax burden for eight different family types.

Methodological information is available for personal income tax systems, compulsory social security contributions to schemes operated within the public sector, universal cash transfers as well as recent changes in the tax/benefit system. The methodology also includes the parameter values and tax equations underlying the data.

Australia 2019

The tax/benefit position of single persons

			Wage level (per cent of average wage)	67	100	167	67
			Number of children	none	none	none	2
1.	**Gross wage earnings**			58844	87 827	146 671	58 844
		Principal Gross wage earnings		58 844	87 827	146 671	58 844
		Spouse Gross wage earnings		0	0	0	0
2.	**Standard tax allowances**						
		Basic allowance					
		Married or head of family					
		Dependent children					
		Deduction for social security contributions and income taxes					
		Work-related expenses					
		Other					
			Total	0	0	0	0
3.	**Tax credits or cash transfers included in taxable income**			0	0	0	0
4.	**Central government taxable income (1 - 2 + 3)**			58 844	87 827	146 671	58 844
5.	**Central government income tax liability (exclusive of tax credits)**						
		Income tax		10 671	20 091	41 765	10 671
		Medicare Levy		1 177	1 757	2 933	1 177
		Temporary Budget Repair Levy		0	0	0	0
			Total	11 848	21 847	44 699	11 848
6.	**Tax credits**						
		Basic credit		1 197	1 080	0	1 197
		Married or head of family		0	0	0	0
		Children					
		Other					
			Total	1 197	1 080	0	1 197
7.	**Central government income tax finally paid (5-6)**			10 651	20 767	44 699	10 651
8.	**State and local taxes**			0	0	0	0
9.	**Employees' compulsory social security contributions**			0	0	0	0
10.	**Total payments to general government (7 + 8 + 9)**			10 651	20 767	44 699	10 651
11.	**Cash transfers from general government**						
		For head of family		0	0	0	0
		For two children		0	0	0	13 445
			Total	0	0	0	13 445
12.	**Take-home pay (1-10+11)**			48 193	67 060	101 972	61 639
13.	**Employers' payroll tax**			3 512	5 241	8 753	3 512
14.	**Average rates**						
		Income tax		18.1%	23.6%	30.5%	18.1%
		Employees' social security contributions		0.0%	0.0%	0.0%	0.0%
		Total payments less cash transfers		18.1%	23.6%	30.5%	-4.7%
		Total tax wedge including employer payroll taxes		22.7%	27.9%	34.4%	1.2%
15.	**Marginal rates**						
		Total payments less cash transfers: Principal earner		36.0%	34.5%	39.0%	56.0%
		Total payments less cash transfers: Spouse		n.a.	n.a.	n.a.	n.a.
		Total tax wedge: Principal earner		39.6%	38.2%	42.4%	58.5%
		Total tax wedge: Spouse		n.a.	n.a.	n.a.	n.a.

Australia 2019

The tax/benefit position of married couples

	Wage level (per cent of average wage)	100-0	100-67	100-100	100-67
	Number of children	2	2	2	none
1.	**Gross wage earnings**	87 827	146 671	175 654	146 671
	Principal Gross wage earnings	87 827	87 827	87 827	87 827
	Spouse Gross wage earnings	0	58 844	87 827	58 844
2.	**Standard tax allowances**				
	Basic allowance				
	Married or head of family				
	Dependent children				
	Deduction for social security contributions and income taxes				
	Work-related expenses				
	Other				
	Total	0	0	0	0
3.	**Tax credits or cash transfers included in taxable income**	0	0	0	0
4.	**Central government taxable income (1 - 2 + 3)**	87 827	146 671	175 654	146 671
5.	**Central government income tax liability (exclusive of tax credits)**				
	Income tax	20 091	30 762	40 182	30 762
	Medicare Levy	1 757	2 933	3 513	2 933
	Temporary Budget Repair Levy	0	0	0	0
	Total	21 847	33 696	43 695	33 696
6.	**Tax credits**				
	Basic credit	1 080	1 197	1 080	1 197
	Married or head of family				
	Children				
	Other	0	1 080	1 080	1 080
	Total	1 080	2 277	2 160	2 277
7.	**Central government income tax finally paid (5-6)**	20 767	31 418	41 535	31 418
8.	**State and local taxes**	0	0	0	0
9.	**Employees' compulsory social security contributions**	0	0	0	0
10.	**Total payments to general government (7 + 8 + 9)**	20 767	31 418	41 535	31 418
11.	**Cash transfers from general government**				
	For head of family	0	0	0	0
	For two children	6 680	0	0	0
	Total	6 680	0	0	0
12.	**Take-home pay (1-10+11)**	73 740	115 253	134 119	115 253
13.	**Employers' payroll tax**	5 241	8 753	10 483	8 753
14.	**Average rates**				
	Income tax	23.6%	21.4%	23.6%	21.4%
	Employees' social security contributions	0.0%	0.0%	0.0%	0.0%
	Total payments less cash transfers	16.0%	21.4%	23.6%	21.4%
	Total tax wedge including employer payroll taxes	20.8%	25.8%	27.9%	25.8%
15.	**Marginal rates**				
	Total payments less cash transfers: Principal earner	34.5%	34.5%	34.5%	34.5%
	Total payments less cash transfers: Spouse	29.5%	36.0%	34.5%	36.0%
	Total tax wedge: Principal earner	38.2%	38.2%	38.2%	38.2%
	Total tax wedge: Spouse	33.4%	39.6%	38.2%	39.6%

The national currency is the Australian dollar (AUD). For the 2018-2019 income tax year AUD 1.44 was equal to USD 1. The average worker earned AUD 87 827 in 2018-2019.

1. Personal income tax system

1.1. Federal income tax

1.1.1. Tax unit

Members of the family are taxed separately.

1.1.2. Tax allowances and credits

1.1.2.1. Standard tax reliefs

- Basic reliefs: Income earned up to AUD 18 200 by resident taxpayers is subject to tax at a zero rate.
- Standard marital status reliefs: No relief available.
- Relief(s) for children: See Section 4.2 for more detail on transfers related to dependent children.
- Relief for social security contributions and other taxes: No such contributions are levied.
- Reliefs for low income earners: A tax offset worth a maximum of AUD 445 is available for low income earners called the Low Income Tax Offset. Taxpayers whose taxable income was less than AUD 37 000 in 2018-2019 are eligible to receive the full amount of the offset. The offset is reduced by AUD 0.015 for every AUD 1 by which a taxpayer's taxable income exceeds AUD 37 000 and is no longer available once a taxpayer's taxable income exceeds AUD 66 667.
- Reliefs for Low and Middle Income Earners: A tax offset worth a maximum of AUD 1080 is available for taxpayers with earnings up to AUD 126 000 called the Low and Middle Income Tax Offset. Taxpayers whose taxable income was less than AUD 37 000 in 2018-2019 are eligible to receive AUD 255. The offset is increased by AUD 0.075 for every AUD 1 by which a taxpayer's taxable income exceeds AUD 37 000 up to a maximum of AUD 1 080 when the taxpayer's earnings are between AUD 48 000 and AUD 90 000. The offset is then reduced by AUD 0.03 for every AUD 1 by which a taxpayers earnings exceed AUD 90 000 and is no longer available once a taxpayer's taxable income exceeds AUD 126 000.
- Relief for mature age workers: No relief available.
- Relief for recipients of certain social security benefits: The Beneficiary Tax Offset is available for those who receive certain taxable social security benefits called 'rebatable benefits'. It ensures that a person who receives a rebatable benefit does not pay any tax on that income. The amount of the Beneficiary Tax Offset available to an individual is determined by the total amount of the rebatable benefit(s) they receive in an income year.
- Relief for taxpayers who maintain a dependant who is genuinely unable to work: A taxpayer who maintains a dependant who is genuinely unable to work due to invalidity or carer obligations may be eligible for the Dependent (Invalid and Carer) Tax Offset. This tax offset is worth a maximum of AUD 2 717 in 2018-2019. To qualify for the offset, the combined adjusted taxable income of the taxpayer and their spouse (where one exists) should not exceed AUD 100 000 in 2018-2019. The amount of offset that may be received is reduced by AUD 1 for every AUD 4 by which the dependant's adjusted taxable income exceeds AUD 282 and is no longer available once the dependant's adjusted taxable income exceeds AUD 11 150. This offset is not included in the Taxing Wages model.

- Relief for pensioners and seniors. The Seniors and Pensioners Tax Offset (SAPTO) is available to recipients of taxable Government Pensions, including Parenting Payment Single. SAPTO is also available to Australians who meet all of the Age Pension eligibility criteria except the income and/or asset tests. SAPTO is worth up to AUD 2 230 for a single taxpayer, up to AUD 1 602 for each member of a senior couple not separated by illness and AUD 2 040 for each member of a senior couple separated by illness. The offset is withdrawn at the rate of AUD 0.125 for every AUD 1 that a recipient's income exceeds their effective tax free threshold. For a single taxpayer, this means that the offset is withdrawn from AUD 32 279 and is no longer available once income reaches AUD 50 119. For members of a couple not separated by illness, the offset is withdrawn from a combined income of AUD 57 948 and is no longer available once combined income reaches AUD 83 580.
- Other: No other standard relief available.

1.1.2.2. Main non-standard tax reliefs applicable to an average worker include:

- Relief for superannuation: Contributions to a low income spouse's superannuation attract an 18% rebate up to a maximum rebate of AUD 540. In 2018-2019, the Low Income Superannuation Tax Offset matches AUD 0.15 for each AUD 1 of concessional contributions from at least AUD 10 up to AUD 500 a year for eligible individuals with annual incomes up to AUD 37 000. In addition in 2018-19, eligible individuals with incomes not exceeding AUD 52 697 can make non concessional contributions and receive a co-contribution of 50%, up to a maximum of AUD 500.
- Relief for private health insurance: For the 2018-2019 income year, there are different rebate amounts depending on age and income. For individuals below 65 years without dependants and with annual income for surcharge purposes below AUD 90 000 the rebate is 25.415% from 1 July 2018 to 31 March 2019 and 25.059% until 30 June 2019 of the cost of cover for eligible private health care. For families (couples and individuals with at least one dependent child) below 65 years with annual income for surcharge purposes below AUD 180 000, the rebate is 25.415% from 1 July 2018 to 31 March 2019 and 25.059% until 30 June 2019 of the cost of cover for eligible private health care. The threshold is increased by AUD 1 500 for each dependent child after the first.

The rebate percentages are reduced for individuals and families with annual incomes above these amounts. The rebate percentages are also higher for individuals and families aged 65 years or more.

- Relief for medical expenses: In 2018-2019, there is an offset for annual net out-of-pocket medical expenses. Eligibility for the offset is based on annual income. This offset is being phased out, so for the 2018-2019 income year, it is only available to individuals who have medical expenses relating to disability aids, attendant care or aged care. Single taxpayers with an adjusted taxable income (ATI) of AUD 90 000 or less, and families with ATI below AUD 180 000 (plus AUD 1 500 for each additional dependent child after the first), are able to claim 20% of medical expenses over AUD 2 377. Single taxpayers and families with incomes above these respective amounts are able to claim 10% of medical expenses over AUD 5 609.
- Other non-standard reliefs provided as deductions are:
    - subscriptions paid in respect of membership of a trade, business or professional association or union;
    - charitable contributions of AUD 2 or more to specified funds, authorities and institutions, including public benevolent institutions, approved research institutes for scientific research, building funds for schools conducted by non-profit organisations etc.; and
    - work-related expenses including cost of replacement of tools of trade, cost of provision and of cleaning protective clothing and footwear, travelling between jobs or travelling in the course of employment.

1.1.3. Tax schedule

General rates of tax - resident individuals

Taxable income (AUD)		
Not less than	Not more than	Tax at general rates on total taxable income
0	18 200	NIL
18 201	37 000	NIL + 19c for each AUD in excess of AUD 18 200
37 001	90 000	AUD 3 572 + 32.50c for each AUD in excess of AUD 37 000
90 001	180 000	AUD 20 797 + 37c for each AUD in excess of AUD 90 000
180 001 and over		AUD 54 097 + 45c for each AUD in excess of AUD 180 000

To nominally contribute towards the cost of basic medical and hospital care a Medicare Levy is imposed on the taxable incomes of resident taxpayers. In 2018-2019 the levy applied at the rate of 2.0% of the taxable income of an individual.

Certain thresholds are applied before the levy is imposed. In 2018-2019, an individual taxpayer was not liable for the levy where their taxable income did not exceed AUD 22 398. A taxpayer in a couple or sole parent family who is not receiving Parenting Payment, (see section 4.2), does not pay the levy if the taxable family income does not exceed AUD 37 794. The threshold is increased by AUD 3 471 for each dependent child. Where an individual's taxable income exceeds AUD 22 398, or a family's income exceeds AUD 37 794 (plus AUD 3 471 for each dependent child), the levy shades in at a rate of 10% of the excess of taxable income over the threshold, until the levy is equal to 2.0% of the individual's or family's taxable income.

For 2018-2019, individual senior Australians of Age Pension age were not liable to pay the levy where their taxable income did not exceed AUD 35 418. Where taxable income exceeded AUD 35 418 but did not exceed AUD 44 273, the levy liability was equal to 10% of the excess of taxable income over AUD 35 418. Pensioner families (including couples and sole parents on Parenting Payment) and senior Australian families of Age Pension age, did not become liable to pay any Medicare levy until their combined income in 2018-2019 exceeded AUD 49 304 (plus AUD 3 471 for each dependent child).

Individual taxpayers who had income for surcharge purposes greater than AUD 90 000 in 2018-2019 (or if a couple had a combined income greater than AUD 180 000) but who did not have a complying private health insurance policy, were liable for the Medicare levy surcharge, which is applied as a flat rate on their taxable income. The surcharge rates are 1%, 1.25% and 1.5% depending on the taxpayer's taxable income above these thresholds. However, affected taxpayers typically purchase a complying policy as the cost of such a policy is generally less than the surcharge. The surcharge is therefore not included in this publication.

1.2. State and local income taxes

In Australia no states or territories levy a tax based on a resident's income.

2. Social security contributions

2.1. Employees' contributions

None. There is, however, a Medicare Levy which is based upon taxable income. See Section 1.1.3.

2.2. Employers' contributions

No contributions are collected from employers or employees specifically for pensions, sickness, unemployment or work injury benefits, family allowances or other benefits.

Part of Australia's retirement income system is the provision of compulsory employer contributions (the Superannuation Guarantee system). In 2018-2019 the Superannuation Guarantee required employers to pay 9.5% on top of employees' gross ordinary time earnings to an approved superannuation fund, provided they earn more than AUD 450 per month (they may also choose to make contributions for workers earning less than this threshold). This threshold is not indexed. There is also a limit to the Superannuation Guarantee. In each quarter any earnings beyond a threshold are not covered by the Superannuation Guarantee. This threshold is indexed to a measure of average earnings. In the 2018-2019 tax year this threshold was AUD 54 030 per quarter. The Superannuation Guarantee rate will remain at 9.5% until 2020 21, then increase by 0.5 percentage points each year until it reaches 12% in 2025-26.

These contributions are not reflected in the 'Taxing Wages' calculations because they are not a form of taxation (they are not an unrequited transfer to general government). While employers are legislatively required to make contributions to approved superannuation funds legislated, superannuation funds are private, although subject to regulation. Employers' contributions are generally made to individual accounts and form part of employees' personal superannuation assets. Some defined benefit schemes for public sector employees and private defined benefit schemes also exist. The employee may take superannuation benefits as either a lump sum payment or pension on retirement. Accordingly, superannuation contributions are reflected in the Non-Tax Compulsory Payment calculations.

3. Other taxes

3.1. Pay-roll tax

Australian State Governments levy pay-roll taxes on wages, cash or in kind, provided by larger employers to their employees. The rates of pay-roll tax, thresholds and deductions differ between States. In New South Wales, the State with the largest population, the pay-roll tax rate in 2018-19 was 5.45% for employers with total Australian wages in excess of AUD 850 000. Employers are entitled to an exemption from tax, or a pro-rated pay-roll tax threshold, on wages paid in New South Wales up to a maximum of AUD 850 000. The exempt amount is reduced based on the proportion of the employer's New South Wales pay-roll to its total Australian pay-roll.

4. Universal cash transfers

4.1. Transfers related to marital status

There are no cash transfers made on a universal basis to married couples.

4.2. Transfers related to dependent children

- Family Tax Benefit (FTB) Part A is paid to a parent, guardian or an approved care organisation to help families meet the costs of raising children. For 2018-2019, the base rate of FTB(A) is payable where the combined 'adjusted' taxable income of parents does not exceed AUD 94 316. The payment shades out at the rate of AUD 0.30 per AUD 1 of income over the ceiling. The base rate of payment is AUD 1 529.35 for a dependent child aged under 18 and for dependent full time students aged 16 to 19. A higher FTB(A) benefit is available for lower income earners, and the value of this benefit is dependent on the age and number of children. For 2018-2019 families may receive a maximum payment of AUD 4 766.90 for each child aged under 13 years and AUD 6 201.35 for each child aged 13 to 15 years and for each child aged 16–19 in full time secondary school. For 2018-19 an end of year supplement of AUD 751.90 per child is available for families with a combined taxable income of less than AUD 80 000. For 2018-2019, the higher benefit tapers out at the rate of AUD 0.20 for each dollar of income over AUD 53 728 until the base payment is reached. However, people receiving any social security allowances or pensions automatically qualify for the maximum higher benefit. The attached calculations assume each dependant is between 5 and 12 years of age. For FTB(A) recipients, an Energy Supplement is payable if the recipient has been continuously eligible for FTB(A) since 19 September 2016. For eligible families, the rate of Energy Supplement is AUD 91.25 for each child under 13 years, AUD 116.80 for each child aged 13 to 15 years and each child aged 16–19 in full time secondary school. The Base rate of energy supplement is AUD 36.50 for each child. The attached calculations assume that the family is eligible for FTB(A) Energy Supplement.

- Family Tax Benefit Part B (FTB(B)) is targeted at single income couple and sole parent families. Eligibility for FTB(B) is contingent upon having a FTB child under the age of 16 or a qualifying dependent full-time student up to of the end of the calendar year they turn 18. There are two separate income tests applied to the parent(s). The parent earning the higher amount (or the sole parent, in the case of single parent families) must earn AUD 100 000 or less for the financial year for the family to be eligible. A secondary earner income threshold is also applied to the parent earning the lower amount. For 2018-2019, this threshold is AUD 5 621, above which the entitlement is reduced by AUD 0.20 for each dollar of income. There is no secondary earner income test applied to sole parents. For 2018-2019, the maximum payment is AUD 3 197.40 if the youngest dependent child is aged between 5 and 15 (or up to the end of the calendar year they turn 18 years if the dependent child is a full-time student), and AUD 4 420.15 if there is a child under 5 years. The attached calculations assume each dependant is between 5 and 12 years of age. For FTB(B) recipients, an Energy Supplement is payable if the recipient has been continuously eligible for FTB(B) since 19 September 2016. For eligible families, the rate of Energy Supplement is AUD 73.00 for each child under 5 years, and AUD 51.10 for each child aged 5 to 12 years.
- Recipients of the Family Tax Benefit may elect to receive the benefit in fortnightly instalments or as an end of year lump sum payment.
- A Newborn Supplement and Newborn Upfront Payment may be paid to families for each baby born from 1 March 2014. To be eligible families will need to be eligible for FTB(A) and not be accessing Parental Leave Pay for that child. For multiple births, Parental Leave Pay may be payable for one child and Newborn Supplement for the other child or children. The total value of the Newborn Supplement and Newborn Upfront Payment in 2018-2019 is up to AUD 2 199.83 for the first child (and all multiple births) and up to AUD 1 100.55 for subsequent children. This supplement and upfront payment replace the previous Baby Bonus.
- On 1 January 2011 Australia's first Paid Parental Leave scheme commenced. The scheme provides two government-funded payments: Parental Leave Pay and Dad and Partner Pay. Parental Leave Pay (PLP) provides the primary carer of a child with 18 weeks' pay at the national minimum wage (AUD 740.60 per week before tax in 2018-2019), in the year following the child's birth or adoption. The primary carer must have worked for at least 10 of the 13 months prior to the birth or adoption, and for at least 330 hours in that 10 month period with no more than an eight week gap between two working days. The primary carer's adjusted taxable income must be AUD 150 000 or less in the financial year prior to the date of claim or date of birth or adoption, whichever is earlier. PLP and Newborn Supplement cannot be paid for the same child. A person cannot claim FTB(B) or the dependent spouse, child housekeeper and housekeeper tax offsets while they are receiving PLP.
- Dad and Partner Pay (DAPP) provides the father or partner of the primary carer of a child with two weeks' pay at the national minimum wage (AUD 740.60 per week before tax in 2018-19), in the year following the child's birth or adoption. The father or partner must have worked for at least 10 of the 13 months prior to the birth or adoption and for at least 330 hours in that 10 month period with no more than an eight week gap between two working days. The father or partner's adjusted

taxable income must be AUD 150 000 or less in the financial year prior to the date of claim or date of birth or adoption, whichever is earlier. DAPP and PLP may be paid for the same child.

- Child Care Subsidy (CCS) replaced the previous Child Care Benefit (CCB) and Child Care Rebate (CCR) from 2 July 2018. CCS is a means-tested payment which assists families with the cost of approved child care. CCS is payable to eligible families with incomes up to AUD 351 248. A percentage of the cost of childcare is subsidised, with the applicable percentage varying from 85% for families with income less than AUD 66 958 to 20% for families with income between AUD 341 248 and AUD 351 248. CCS to families with income above AUD 186 958 are capped at AUD 10 190 per child. The attached calculations assume no child care usage.
- Parenting Payment is a taxable payment payable to low income families. Partnered persons are eligible if they have a qualifying child under six years of age, and sole parents are eligible if they have a a qualifying child under eight years of age. In 2018-2019 the maximum annual amount of Parenting Payment (Partnered) (PP(P)) was AUD 12 934.74. Only one parent in a couple can be entitled to PP(P). The maximum annual amount of Parenting Payment (Single) (PP(S)) was AUD 20 011.42. These payments are subject to income and assets tests. The Parenting Payment (Partnered) tapers out at a rate of AUD 0.50 per AUD 1 of income over AUD 2 704 up to AUD 6 604 and reduces at a rate of AUD 0.60 per AUD 1 for income over AUD 6 604. Under the PP(P) income test, a spouse receives a reduced Parenting Payment, tapering at a rate of AUD 0.60, when the higher earning partner's income exceeds AUD 25 674. If the spouse has little or no income (less than AUD 2 704 per annum), he or she would not receive any Parenting Payment when the higher earning partner's income exceeds AUD 45 296. PP(S) reduces by AUD 0.40 for each AUD 1 of income above AUD 4 903.60 plus AUD 639.60 for each child other than the first. The attached calculations assume dependants are aged six and seven. A non-taxable Energy Supplement is payable with Parenting Payment. Recipients of PP(P) receive AUD 205.40 annually, and recipients of PP(S) receive AUD 312.
- The Newstart allowance is a taxable payment payable to single persons and partnered individuals who are unemployed or are regarded as unemployed. It is also payable to a member of a couple if their youngest child is aged six years or more and to single parents if their youngest child is aged eight years or more. It is conditional on recipients fulfilling a personal Job Plan, which typically involves taking part in activities such as job seeking and training. In 2018-2019 the Newstart allowance for singles without dependants was AUD 14 327.30 and for partnered individuals was AUD 12 934.74. These payments taper out at a rate of AUD 0.50 per AUD 1 for incomes between AUD 2 704 and AUD 6 604, and reduce at a rate of AUD 0.60 per AUD for incomes over AUD 6 604 The Newstart allowance for partnered individuals reduces by AUD 0.60 for each AUD 1 of their partner's income above AUD 25 272 (taking into account the Energy Supplement). For single principal carers with dependent child(ren), it reduces at a rate of AUD 0.40 per AUD 1 for incomes over AUD 2 704. A non-taxable Energy Supplement is payable with Newstart allowance. For singles without dependants, Energy Supplement is AUD 228.80 annually, and for partnered individuals is AUD 205.40.
- A non-taxable supplementary payment called Pharmaceutical Allowance (PA) is payable to eligible persons; for example, persons who receive the PP(S). PA is added to the maximum basic rate of PP(S) before a person's PP(S) entitlement is calculated. Anyone with a PP(S) entitlement, after PA has been added, receives the full amount of PA. For 2018-2019, the payment is AUD 161.20.
- A Telephone Allowance is available on a quarterly basis to eligible individuals, including individuals who receive PP(S) or PA if their PP(S) entitlement is reduced to 0. The basic rate of the Telephone Allowance is AUD 117.78 for 2018-2019, with a higher rate of AUD 174.43 available for recipients of Disability Support Pension who are under the age of 21 and where a home internet service is connected in the individual's or partner's name. The attached calculations assume the standard rate is applicable.

4.3. Other transfers

Single Income Family Supplement

- The Single Income Family Supplement (SIFS) is a non-taxable payment for households with one main income earner. This payment has been phased out, with grandfathering commenced 1 July 2017.
- The SIFS phases in at a rate of AUD 0.025 for every AUD 1 above AUD 68 000 until it reaches AUD 300. Once the main earner's income exceeds AUD 120 000 the SIFS reduces by AUD 0.01 for every AUD 1. If there is a secondary earner, every AUD of their income above AUD 16 000, reduces the SIFS by AUD 0.15.

Income Support Bonus

- The Income Support Bonus ceased as of 31 December 2016.

5. Recent changes in the tax/benefit system

In 2018-19, the following changes to the tax and benefits system commenced:

- The Low and Middle Income Tax Offset was introduced from 1 July 2018.

6. Memorandum items

6.1. Identification of an average worker

The source of the information used in replying to the questionnaire was the Australian Bureau of Statistics publication Average Weekly Earnings — Australia, catalogue number 6302.0. The survey is now conducted on a biannual basis (it was previously conducted on a quarterly basis up to the June 2012 quarter) and is based on a representative sample of employers in each industry. As a result of this change in frequency, average weekly earnings for the 2018-2019 income tax year have been calculated as the average of the two biannual figures (November 2018 and May 2019 (released in August 2019)).

In August 2009 the Australian Bureau of Statistics (ABS) redesigned the survey and replaced the industry classification based on the 1993 edition of the Australian and New Zealand Standard Industrial Classification (ANZSIC), which had been in use since 1994, with the 2006 edition of ANZSIC. The 2006 edition of ANZSIC was developed to provide a more contemporary industrial classification system, taking into account issues such as changes in the structure and composition of the economy, changing user demands and compatibility with major international classification standards. Accordingly, the average wage figure for 2010 and later years is inconsistent with that provided for previous years.

All wage and salary earners who received pay for the reference period are represented in the Survey of Average Weekly Earnings (AWE), except:

- members of the Australian permanent defence forces;
- employees of enterprises primarily engaged in agriculture, forestry and fishing;
- employees of private households;
- employees of overseas embassies, consulates, etc.;
- employees based outside Australia; and
- employees on workers' compensation who are not paid through the payroll.

Also excluded are the following persons who are not regarded as employees for the purposes of this survey:

- casual employees who did not receive pay during the reference period;
- employees on leave without pay who did not receive pay during the reference period;
- employees on strike, or stood down, who did not receive pay during the reference period;
- directors who are not paid a salary;
- proprietors/partners of unincorporated businesses;
- self-employed persons such as subcontractors, owner/drivers, consultants;
- persons paid solely by commission without a retainer; and
- employees paid under the Parental Leave Pay Scheme.

The sample for the AWE survey, like most ABS business surveys, is selected from the ABS Business Register which is primarily based on registrations with the Australian Taxation Office's (ATO) Pay As You Go Withholding (PAYGW) scheme (and prior to 1 June 2000 the Group Employer (GE) scheme). The population is updated quarterly to take account of:

- new businesses;
- businesses which have ceased employing;
- changes in employment levels;
- changes in industry; and
- other general business changes.

Earnings comprise weekly ordinary time earnings and weekly overtime earnings.

Weekly ordinary time earnings refers to one week's earnings of employees for the reference period attributable to award, standard or agreed hours of work. It is calculated before taxation and any other deductions (e.g. board and lodging) have been made. Included in ordinary time earnings are award, workplace and enterprise bargaining payments, and other agreed base rates of pay, over award and over agreed payments, penalty payments, shift and other allowances; commissions and retainers; bonuses and similar payments related to the reference period; payments under incentive or piecework; payments under profit sharing schemes normally paid each pay period; payment for leave taken during the reference period; all workers' compensation payments made through the payroll; and salary payments made to directors. Excluded are overtime payments, retrospective pay, pay in advance, leave loadings, severance, termination and redundancy payments, and other payments not related to the reference period.

Weekly overtime earnings refers to payment for hours in excess of award, standard or agreed hours of work.

6.2. Employers' contribution to private health and pension scheme

In Australia very few employers make any contributions towards health schemes for their employees, especially where the employee is at a wage level comparable to that of an average production worker.

In 2014-15, around 95 per cent of the employers' estimated superannuation guarantee obligations were paid to employees.

2019 Parameter values

Average earnings/yr	Ave_earn	87 827	
Low Income Tax Offset	low_inc_cr	445	
	low_inc_lim	37 000	
	low_inc_redn	0.015	
Low and Middle Tax Offset	Lmito_cr_low	255	
	Lmito_inc_incr	37 000	
	Lmito_inc_decr	90 000	
	Lmito_up	0.075	
	Lmito_dwn	0.03	
	Lmito_max	1080	
Tax schedule	tax_sch	0.000	18 200
		0.190	37 000
		0.325	90 000
		0.370	180 000
		0.450	
Medicare levy	medic_rate	0.02	
exemption limits	sing_lim	22 398	
married	m_lim	37 794	
sing parent receiving PPS	SAPTO_lim	49 304	
+ per child	ch_lim	3 471	
shading-in rate	shade_rate	0.1	
Part A FTB max	FTB_A_max	4 766.9	
Part A FTB basic	FTB_A_base	1 529.35	
part A income limit 1	FTB_A_lim1	53 728	
part A income limit 2	FTB_A_lim2	94 316	
reduction rate 1	FTB_A_taper1	0.2	
reduction rate 2	FTB_A_taper2	0.3	
Part A FTB Energy Supplement (ES) max	FTB_A_CES_max	91.25	
Part A FTB ES basic	FTB_A_CES_basic	36.5	
Part A FTB max end of year supplement	FTB_A_supp	751.90	
Part A FTB max end of year supplement threshold	FTB_A_supp_lim	80 000	
Part B FTB	FTB_B	3 197.40	
part B partner income limit	FTB_B_lim	5 621	
reduction rate	FTB_B_taper	0.2	
Income limit (primary earner)	FTB_B_lim_p	100 000	
Part B FTB ES no child <5 years old	FTB_B_CES_5	51.1	
Single Income Family Supplement max rate	SIFS_max	300	
Single Income Family Supplement phase-in threshold	SIFS_in_lim_pr	68 000	
Single Income Family Supplement taper in Rate - primary earner	SIFS_in_taper_pr	0.025	
Single Income Family Supplement phase-out threshold (primary earner)	SIFS_out_lim_pr	120 000	
Single Income Family Supplement taper out rate (primary earner)	SIFS_out_taper_pr	0.01	
Single Income Family Supplement phase out threshold (secondary earner)	SIFS_out_lim_sec	16 000	
Single income family supplement phase out taper - secondary earner	SIFS_out_taper_sec	0.15	
Parenting payment single	PPS	20 011.42	
reduction rate	PPS_taper	0.4	
income limit	PPS_lim	4 903.6	
additional limit per child	PPS_ch_lim	639.6	
Parenting payment single Energy Supplement (ES)	PPS_CES	312	
Pharmaceutical allowance	PA	161.2	
State pay-roll tax rate (NSW)	Pay_roll_rate	0.0545	

Additional parameters		
Newstart allowance single rate	NSAS	14 327.3
Newstart allowance single ES	NSAS_CES	228.80
Newstart allowance partnered rate	NSAP	12 934.74
Newstart allowance partnered ES	NSAP_CES	205.40
reduction rate 1	NSA_taper1	0.5
reduction rate 2	NSA_taper2	0.6
income limit 1	NSA_lim1	2 704
income limit 2	NSA_lim2	6 604
Senior Australian and Pensioner Tax Offset	SAPTO	2 230
Senior Australian and Pensioner Tax Offset single threshold	SAPTO_thresh	32 279
Senior Australian and Pensioner Tax Offset taper rate	SAPTO_taper	0.125
Telephone allowance	Tele_A	117.74

2019 Tax Equations

The equations for the Australian system in 2019 are mostly repeated for each individual of a married couple. However, the spouse credit is relevant only to the calculation for the principal earner and the calculation of the Medicare levy uses shading-in rules which depend on the levels of earnings of the spouses. The basis of calculation is shown by the Range indicator in the table below.

The functions which are used in the equations (Taper, MIN, Tax etc) are described in the technical note about tax equations. Variable names are defined in the table of parameters above, within the equations table, or are the standard variables "married" and "children". A reference to a variable with the affix "_total" indicates the sum of the relevant variable values for the principal and spouse. And the affixes "_princ" and "_spouse" indicate the value for the principal and spouse respectively. Where the calculation for one earner takes into account variables for the other earner, the affix "_oth" is used. Equations for a single person are as shown for the principal, with "_spouse" values taken as 0.

	Line in country table and intermediate steps	Variable name	Range	Equation
1.	Earnings	earn		
2.	Allowances	tax_al	B	0
3.	Credits in taxable income:			
	Credits in taxable income of principal	taxbl_cr_princ	P	IF(AND(Children>0,Married=0),Taper(PPS,earn_princ,PPS_lim+PPS_ch_lim*(Children-1),PPS_taper),IF(AND(Children=0,Married=0),taper2(NSAS,earn_princ,NSA_lim1,NSA_lim2,NSA_taper1,NSA_taper2),IF(Married>0,taper3(NSAP,earn_princ,earn_spouse,NSA_lim1,NSA_lim2,NSA_taper1,NSA_taper2,0),,0)))
	Credits in taxable income of spouse	taxbl_cr_spouse	S	IF(AND(Children>0,Married=0),0,IF(AND(Children=0,Married=0),0,IF(Married>0,taper3(NSAP,earn_spouse,earn_princ,NSA_lim1,NSA_lim2,NSA_taper1,NSA_taper2, NSAP_CES),0)))
4.	CG taxable income	tax_inc	B	earn+taxbl_cr
5.	CG tax before credits			
	Medicare Levy	med_levy	B	medicare(tax_inc,sing_lim,m_lim,SAPTO_lim,ch_lim,shade_rate,medic_rate,Married,tax_inc_oth,Children)
	Tax liability	liab	P	Tax(tax_inc, tax_sch)
6.	Tax credits :			
	Low income credit	low_cr	B	Taper(low_inc_cr,tax_inc,low_inc_lim,low_inc_redn)
	Senior Australian and Pensioner Tax Offset	sap_cr	P	IF(AND(taxbl_cr_princ>0,NOT(AND(Children>0,Married=0))),Tax(taxbl_cr_princ,tax_sch),IF(taxbl_cr_princ>0,Taper(SAPTO,tax_inc,SAPTO_thresh,SAPTO_taper),0)
	Low and Middle Income Tax Offset	lmito_cr	B	MAX(0,IF(Tax_Inc<LMITO_Thr1,LMITO_Base,MAX(IF(Tax_Inc<LMITO_Thr2,MIN(LMITO_Max,LMITO_Base+(Tax_Inc-LMITO_Thr1)*LMITO_Taper1),LMITO_Max-(Tax_Inc-LMITO_Thr2)*LMITO_Taper2))))
	Beneficiary tax offset	ben_cr	B	IF(AND(taxbl_cr>0, NOT(AND(Children>0, Married=0))), Tax(taxbl_cr, tax_sch), 0)
	Total	tax_cr	B	low_cr+sap_cr+ben_cr+lmito_cr
7.	CG tax	CG_tax	B	Positive(liab-tax_cr) + med_levy
8.	State and local taxes	local_tax	B	0
9.	Employees' soc security	SSC	B	0
11.	Cash transfers:			

	Family Tax Benefit (Part A)	ftbA	P	IF(PA>0,((FTB_A_max+FTB_A_CES_max+IF(princ_earn+spouse_earn<FTB_A_supp_lim,FTB_A_supp,0))*Children+IF(Children>2,(Children-2)*FTB_A_large,0)),MAX(((FTB_A_max+FTB_A_CES_max+IF(princ_earn+spouse_earn<FTB_A_supp_lim,FTB_A_supp,0))*Children-Positive((princ_earn+taxbl_cr+spouse_earn+taxbl_cr_spouse)-FTB_A_lim1)*FTB_A_taper1),Positive((FTB_A_base+FTB_A_CES_basic)*Children-Positive((princ_earn+taxbl_cr+spouse_earn+taxbl_cr_spouse)-(FTB_A_lim2+(Positive(Children-1))*FTB_A_child))*FTB_A_taper2)))
	Family Tax Benefit (Part B)	ftbB	J	IF(earn_princ<FTB_B_lim_p,IF(Children>0,Taper(FTB_B+FTB_B_CES_5, earn_spouse+taxbl_cr_spouse,FTB_B_lim,FTB_B_taper),0),0)
	Pharmaceutical Allowance	PA	J	AND(Children>0,Married=0)*IF(Taper(PPS+PA+PPS_CES,earn_princ, PPS_lim+PPS_ch_lim*(Children-1),PPS_taper)>0,PA,0)
	Energy Supplement	CES	J	IF(AND(Children>0,Married=0,Taper(PPS+PPS_CES,earn_princ,PPS_lim+PPS_ch_lim*(Children-1),PPS_taper)>0), MAX(0,Taper(PPS+PPS_CES,earn_princ,PPS_lim+PPS_ch_lim*(Children-1),PPS_taper)-Taper(PPS, earn_princ,PPS_lim+PPS_ch_lim*(Children-1),PPS_taper)),IF(AND(Children>0,Married=0,Taper(PPS+PPS_CES,earn_princ,PPS_lim+PPS_ch_lim*(Children-1),PPS_taper)=0),0,IF(AND(Children=0,Married=0,taper2(NSAS+NSAS_CES, earn_princ,NSA_lim1,NSA_lim2,NSA_taper1,NSA_taper2)>0),taper2(NSAS+NSAS_CES,earn_princ,NSA_lim1,NSA_lim2,NSA_taper1,NSA_taper2)-taper2(NSAS,earn_princ,NSA_lim1,NSA_lim2,NSA_taper1,NSA_taper2),IF(AND(Married>0,taper3(NSAP,earn_spouse,earn_princ,NSA_lim1,NSA_lim2,NSA_taper1,NSA_taper2,NSAP_CES)>0),taper3(NSAP,earn_spouse,earn_princ, NSA_lim1,NSA_lim2,NSA_taper1,NSA_taper2,NSAP_CES)-taper3(NSAP,earn_spouse,earn_princ,NSA_lim1,NSA_lim2,NSA_taper1,NSA_taper2,NSAP_CES-NSAP_CES)))))+IF(AND(Married>0, ,taper2(NSAP+NSAP_CES,earn_princ,NSA_lim1,NSA_lim2,NSA_taper1,NSA_taper2)>0), max(0, taper2(NSAP+NSAP_CES,earn_princ,NSA_lim1,NSA_lim2,NSA_taper1,NSA_taper2)-taper2(NSAP,earn_princ,NSA_lim1,NSA_lim2,NSA_taper1,NSA_taper2)),0)
	Single Income Family Supplement	SIFS	J	sifs(tax_inc_princ,tax_inc_spouse,ftbA+ftbB,SIFS_max,SIFS_in_lim_pr,SIFS_in_taper_pr,SIFS_out_lim_pr,SIFS_out_taper_pr,SIFS_out_lim_sec,SIFS_out_taper_sec)
	Telephone Allowance	TeleA	P	IF(Married=0,IF(Children>0,IF(Taper(PPS+PA+PPS_CES,earn_princ,PPS_lim +PPS_ch_lim*(Children-1),PPS_taper)>0,Tele_A,0),0),0)
		cash_trans	J	ftbA+ftbB+taxbl_cr_princ+PA+taxbl_cr_spouse+Tele_A +CEA=CES+SKB+SIFS
13.	Employer's State pay-roll tax	tax_empr	B	earn*Pay_roll_rate

Key to range of equation B calculated separately for both principal earner and spouse P calculated for principal only (value taken as 0 for spouse calculation) J calculated once only on a joint basis. Key refers to an optimisation of benefits i.e. Parenting payment for principal and Newstart allowance for spouse versus Parenting payment for spouse and Newstart allowance for principal.

Austria

This chapter includes data on the income taxes paid by workers, their social security contributions, the family benefits they receive in the form of cash transfers as well as the social security contributions and payroll taxes paid by their employers. Results reported include the marginal and average tax burden for eight different family types.

Methodological information is available for personal income tax systems, compulsory social security contributions to schemes operated within the government sector, universal cash transfers as well as recent changes in the tax/benefit system. The methodology also includes the parameter values and tax equations underlying the data.

Austria 2019

The tax/benefit position of single persons

		Wage level (per cent of average wage)	67	100	167	67
		Number of children	none	none	none	2
1.	**Gross wage earnings**		32 436	48 412	80 849	32 436
2.	**Standard tax allowances**					
	Basic allowance		60	60	60	60
	Married or head of family					
	Dependent children		0	0	0	0
	Deduction for social security contributions and income taxes		5 831	8 703	13 138	5 831
	Work-related expenses		132	132	132	132
	Other		0	0	0	0
		Total	6 023	8 895	13 330	6 023
3.	**Tax credits or cash transfers included in taxable income**		0	0	0	0
4.	**Central government taxable income (1 - 2 + 3)**		26 413	39 517	67 519	26 413
5.	**Central government income tax liability (exclusive of tax credits)**		3 544	7 777	18 086	3 544
6.	**Tax credits**					
	Basic credit		0	0	0	0
	Married or head of family		0	0	0	669
	Children		0	0	0	3 000
	Other		400	400	400	400
		Total	400	400	400	4 069
7.	**Central government income tax finally paid (5-6)**		3 144	7 377	17 686	- 525
8.	**State and local taxes**		0	0	0	0
9.	**Employees' compulsory social security contributions**					
	Gross earnings		5 831	8 703	13 138	5 831
	Taxable income					
		Total	5 831	8 703	13 138	5 831
10.	**Total payments to general government (7 + 8 + 9)**		8 975	16 080	30 824	5 306
11.	**Cash transfers from general government**					
	For head of family					
	For two children		0	0	0	5 168
		Total	0	0	0	5 168
12.	**Take-home pay (1-10+11)**		23 462	32 333	50 025	32 299
13.	**Employer's wage dependent contributions and taxes**					
	Employer's compulsory social security contributions		6 912	10 316	15 572	6 912
	payroll taxes		2 238	3 340	5 579	2 238
		Total	9 150	13 656	21 151	9 150
14.	**Average rates**					
	Income tax		9.7%	15.2%	21.9%	-1.6%
	Employees' social security contributions		18.0%	18.0%	16.2%	18.0%
	Total payments less cash transfers		27.7%	33.2%	38.1%	0.4%
	Total tax wedge including employer's social security contributions		43.6%	47.9%	51.0%	22.3%
15.	**Marginal rates**					
	Total payments less cash transfers: Principal earner		43.3%	48.2%	36.9%	43.3%
	Total payments less cash transfers: Spouse		n.a.	n.a.	n.a.	n.a.
	Total tax wedge: Principal earner		55.7%	59.6%	40.9%	55.7%
	Total tax wedge: Spouse		n.a.	n.a.	n.a.	n.a.

Austria 2019

The tax/benefit position of married couples

		Wage level (per cent of average wage)	100-0	100-67	100-100	100-67
		Number of children	2	2	2	none
1.	**Gross wage earnings**		48 412	80 849	96 825	80 849
2.	**Standard tax allowances**					
	Basic allowance		60	120	120	120
	Married or head of family					
	Dependent children		0	0	0	0
	Deduction for social security contributions and income taxes		8 703	14 534	17 406	14 534
	Work-related expenses		132	264	264	264
	Other		0	0	0	0
		Total	8 895	14 918	17 790	14 918
3.	**Tax credits or cash transfers included in taxable income**		0	0	0	0
4.	**Central government taxable income (1 - 2 + 3)**		39 517	65 931	79 035	65 931
5.	**Central government income tax liability (exclusive of tax credits)**		7 777	11 320	15 553	11 320
6.	**Tax credits**					
	Basic credit		0	0	0	0
	Married or head of family		669	0	0	0
	Children		3 000	3 000	3 000	0
	Other		400	800	800	800
		Total	4 069	3 800	3 800	800
7.	**Central government income tax finally paid (5 - 6)**		3 708	7 520	11 753	10 520
8.	**State and local taxes**		0	0	0	0
9.	**Employees' compulsory social security contributions**					
	Gross earnings		8 703	14 534	17 406	14 534
	Taxable income					
		Total	8 703	14 534	17 406	14 534
10.	**Total payments to general government (7 + 8 + 9)**		12 411	22 055	29 159	25 055
11.	**Cash transfers from general government**					
	For head of family					
	For two children		5 168	5 168	5 168	0
		Total	5 168	5 168	5 168	0
12.	**Take-home pay (1-10+11)**		41 170	63 962	72 834	55 794
13.	**Employer's wage dependent contributions and taxes**					
	Employer's compulsory social security contributions		10 316	17 228	20 632	17 228
	Payroll taxes		3 340	5 579	6 681	5 579
		Total	13 656	22 806	27 313	22 806
14.	**Average rates**					
	Income tax		7.7%	9.3%	12.1%	13.0%
	Employees' social security contributions		18.0%	18.0%	18.0%	18.0%
	Total payments less cash transfers		15.0%	20.9%	24.8%	31.0%
	Total tax wedge including employer's social security contributions		33.7%	38.3%	41.3%	46.2%
15.	**Marginal rates**					
	Total payments less cash transfers: Principal earner		48.2%	48.2%	48.2%	48.2%
	Total payments less cash transfers: Spouse		29.7%	43.3%	48.2%	43.3%
	Total tax wedge: Principal earner		59.6%	59.6%	59.6%	59.6%
	Total tax wedge: Spouse		45.2%	55.7%	59.6%	55.7%

The Austrian currency is the Euro (EUR). In 2019, EUR 0.89 was equal to USD 1. In that year, the average worker in Austria earned EUR 48 412 (Secretariat estimate).

1. Personal Income Tax

1.1. Central government income tax

1.1.1. Tax unit

Each person is taxed separately.

1.1.2. Tax allowances

1.1.2.2. Standard tax reliefs

- Work related expenses: a tax allowance of at least EUR 132 is available to all employees.
- Tax allowance for special expenses of at least EUR 60.
- Social security contributions and connected contributions (see Section 2).

1.1.2.2. Non-standard tax reliefs

- Mainly work related expenses ('Werbungskosten').
- Traffic relief depending on the distance between home and working place as well as the availability of public transport.

The following allowances are deductible from income (EUR per year):

		Public transport	
		Available	Not available
more than	2 km	0	372
more than	20 km	696	1 476
more than	40 km	1 356	2 568
more than	60 km	2 016	3 672

- Tax-free wage supplements exist for dirty, hard, dangerous, night, weekend and holiday work and overtime. The supplement for 10 hours of overtime up to EUR 86 per month is tax free, while other supplements are tax free up to EUR 360 (EUR 540 for night work) per month:

- Tax allowances for contributions to state-approved churches up to EUR 400 per year and for donations up to 10% of income for research and humanitarian purposes, environmental protection, fire brigades, civil protection, etc.

1.1.3. Rate Schedule

Since 2016 the tax schedule is:

Income (EUR) up to	Marginal rate %
11 000	0
18 000	25
31 000	35
60 000	42
90 000	48
1 000 000	50
Above	55 *)

* The top marginal tax rate of 55% applies only until 2020.

There is a special taxation other than the normal tax schedule for Christmas and leave bonus to the extent that their sum does not exceed two average monthly payments (1/6 of current income) or EUR 83 333. Otherwise the tax amount is calculated according to the following formula:

Income from Christmas and leave bonus (EUR) up to	Marginal rate %
2 000	0
2 345	30
25 000	6
50 000	27
83 333	35.75
Above	50/55

If income for Christmas and leave bonus exceeds EUR 83 333, the exceeding amount is added to current income and taxed accordingly (MTR of 50% or 55%, see above).

1.1.4. Tax credits

The following tax credits exist:

- Non-payable family tax credit of EUR 1 500 each child (EUR 500 if the child is older than 18 years). The parents can split up the tax credit one half each for each child separately.
- Traffic (commuting) tax credit of EUR 400. If the overall income tax liability of current income is negative, a refund of social security contributions applies. The refund amounts to the absolute value of the negative result of the tax calculation for current income, limited to 50% of overall social security contributions paid, respectively EUR 400. For commuters with a traffic allowance (see 1.1.2.2.) the maximum amount is EUR 500.
- Additional traffic tax credit in case of entitlement to traffic relief according to the distance between home address and working place (see 1.1.2.2.). In this case employees are entitled to an additional traffic tax credit of EUR 2 per km distance from home to working place.
- Sole earner and single parent tax credit for families with children. The sole earner credit is not given when a spouse's income exceeds EUR 6 000. This tax credit is EUR 494 for one child and increases by EUR 175 for the second child and by EUR 220 for the third and every additional child. This tax credit is non-wastable and can be paid as a negative income tax (in addition to the refund of social security contributions in respect of the traffic tax credit).
- Child tax credit of EUR 700.8 (58.40 per month) per child. This tax credit is paid together with child allowances and is not connected with an income tax assessment. Therefore, it is treated as a transfer in this Report (similar treatment as in Revenue Statistics).

- Sole- or single-earner family tax credit of up to EUR 250 each child for low income. If the income tax liability (exclusive of tax credits) is lower than EUR 250 (in the case of one child), the difference of EUR 250 and the correspondent tax liability is refunded.
- A tax credit for retired persons which amounts to EUR 764 for single earners with income up to EUR 19 930 if the spouse's income does not exceed EUR 2 200. Otherwise, the tax credit is EUR 400. The tax credit is linearly reduced to 0 for incomes between EUR 17 000 (EUR 19 930 for sole earners) and EUR 25 000. If the income tax liability is negative, a refund of social security contributions applies. The refund is limited to 50% of total social security contributions paid, respectively to EUR 110.

1.2. State and local income taxes

None.

2. Compulsory Social Security Contributions to Schemes Operated within the Government Sector

2.1. Employee and Employer Social Security Contributions

	Ceilings (EUR)		Rates (%)	
	Regular wage per month	Christmas and leave bonus	Employee (2)	Employer (3)
Health insurance	5220	10440	3.87	3.78
Unemployment insurance	5220	10440	(4)	3.00
Pension insurance	5220	10440	10.25	12.55
Accident insurance	5220	10440	--	1. 20
Contribution to the labour chamber	5220	(1)	0.50	--
Contribution for the promotion of residential building	5220	(1)	0.50	0.50
Addition to secure wage payments in the case of bankruptcy	5220	10440	--	0.35

1. No contribution on Christmas and leave bonus. In Revenue Statistics, the contribution to the labour chamber is accounted under Taxes on Income of Individuals (1110).The total of contributions for the promotion of residential buildings is included in Taxes on payroll (3000).
2. There is an income threshold for employee contributions of EUR 446.81 per month.
3. A new program has been introduced on 1 January 2004 for severance payments. Employers are required to pay 1.53% of gross wages for employees whose employment started after 1 January 2003. of if the employer and employee opt to participate in the new program. This contribution is seen as a non-tax compulsory wage-related payment.
4. Employees' unemployment insurance rate is lower for small incomes. In 2019, it is zero for monthly earnings up to EUR1 681, 1% up to EUR1 834, 2% up to EUR 1 987 and 3% above.

2.2. Payroll taxes

There are two payroll taxes which are levied on employers for all private sector employees with a monthly gross wage total of more than EUR 1 095: the contribution to the Family Burden Equalisation Fund (3.9%) and the Community Tax (3%). The wage-dependent part of the contribution to the Austrian Economic Chamber (listed under heading 1000, taxes on profits, Revenue Statistics), which is levied, together with the contributions to the Family Burden Equalisation Fund, at different rates depending upon the Länder Chamber (average rate is approximately 0.4%), is not taken into account. The contribution for the promotion of residential buildings (listed under heading 3000, taxes on payroll, Revenue Statistics) is included in the social security contributions shown above and it is levied by the Health Insurance Companies on monthly income (current) along with the other social security contribution amounts.

3. Universal Cash Transfers

3.1. Transfers related to marital status

No recurrent payments.

3.2. Transfers for dependent children

A family allowance is granted for each child. The monthly payment is EUR 114.00 for the first child, EUR 128.20 for the second, EUR 152.00 for the third and is further increased for each additional child. It rises by EUR 7.90 for children above 3 years of age, EUR 27.50 for children above 10 years of age and by EUR 51.10 for students (above 19 years of age). The taxing wages calculations only consider households with 2 children aged between 6 and 11 inclusive.

Parents are entitled to a childcare transfer, introduced in 2002. The flexibility of the childcare transfer was again increased significantly. The entitled parent can choose the period of payments between 365 and 851 days (if they split up parental leave: 456 and 1,063 days) resulting in a transfer of EUR 14.53 (in case of 851/1,063 days) to EUR 33.88 per day (in case of 365/456 days). Also, instead of fixed amounts the parents can opt for 80% of the last net-earning, limited to EUR 66 per day (14 months; 12 plus 2). Additionally, parents receive a bonus of EUR 1,000 if the period of transfer payments is split at least at a ratio of 40:60 between parents.

The child tax credit (EUR 58.40 per month, see § 1.14) is paid together with the family allowance and therefore treated as a transfer.

There is a supplement to the family allowance of EUR 20.00 per month for the third and every additional child if the family's taxable income (i.e. the sum of the tax base for the progressive income tax schedule) in the preceding year did not exceed EUR 55 000. This supplement is paid on application after a tax assessment of the very year.

An additional family allowance ("13th family allowance") of EUR 100 is given for children in the age between 6 and 16 years every September.

4. Main Changes in Tax/Benefit Systems Since 2004

In 2004, the first step of a comprehensive tax reform came into force. The general tax credit was increased from EUR 887 to EUR 1 264 and the phasing-out rules were considerably simplified and harmonized for all groups of taxpayers.

The tax reform in 2005 brought a new income tax schedule. Apart from the top rate of 50% for incomes exceeding EUR 51 000, it shows the average tax rate for two amounts of income. The tax amounts for incomes between these values have to be calculated by linear interpolation. The formulas that have to be applied are defined in the tax law. The tax reform included some measures which were made retrospective for 2004. These measures are an increase of the sole earner and the single parent tax credit depending on the number of children (together with a higher income limit for the spouse of a single earner) and an increase of traffic reliefs by about 15%. The maximum deductible amount for church contributions was increased as well. In 2006, the traffic reliefs were raised again by about 10%.

In 2007, the traffic allowance was increased by 10% (effective from 1st July). Additionally, the maximum negative tax for employees with traffic allowances was raised from EUR 110 to EUR 240 (for 2008 and 2009). In 2008, the family allowance for the third child and all subsequent children was increased. Furthermore, the unemployment insurance contribution of low-earning employees was reduced (effective from 1st July).Also in 2008, for monthly earnings up to EUR 1 100 the rate was set to zero, for earnings below EUR 1 200 the contribution was set to 1%, below EUR 1 350 2% and above it was set to the current rate of 3%. Since 2008, these income limits have been raised according to the increase of the ceiling levels of social security contributions every year.

In September 2008, the parliament decided some measures to compensate for the strong increase of food and energy prices: inter alia, the tax exemption of overtime supplements was increased and the 13th child allowance was introduced.

The tax reform 2009 (effective from the 1st of January) brought an increase of the zero bracket (from EUR 10 000 to EUR 11 000), a reduction of the marginal income tax rates (except the top rate), an upward shift of the top rate bracket (from EUR 51 000 to EUR 60 000) and several measures for families with children: child allowance (EUR 220 or EUR 132 each parent p.a.), deductibility of cost for child care (up to EUR 2 300 p.a. per child), tax-free payments (up to EUR 500 p.a.) from employers to their employees for child care and an increase of the child tax credit.

Starting in 2013 a progressive rate schedule is applied to Christmas and leave bonus instead of a flat rate regime of 6% (see 1.1.3.)

The tax reform 2016 decreased all marginal tax rates significantly, notably the marginal tax rate of the first tax bracket, which was reduced by 11.5 percentage points from 36.5% to 25%. Limited to the years 2016 to 2020 the top marginal tax rate is temporarily increased by 5% points to 55%. These 55% apply to those parts of income exceeding EUR 1 million a year.

The tax credit for employees was increased from EUR 345 to EUR 400. The non-wastable tax credit (reimbursement of social security contributions) for low earnings was extended. For employees the non-wastable tax credit was increased to a maximum of 50% of social security contributions up to a ceiling of EUR 400 a year. For commuters eligible for the commuter tax allowance the maximum amount of the non-wastable tax credit is EUR 500. This system of a non-wastable tax credit was extended to pensioners too, limited to EUR 110.

Besides the already existing broad financial support for families (payable tax credit and transfers as well as deductibility of cost for child care) the tax reform 2016 increased the tax allowance for children from EUR 220 to EUR 440 per child. If both parents claim for this tax allowance, it increases to EUR 600 (two times EUR 300).

Tax expenditures (tax allowances) for private insurances (e.g. health and pension insurances) and mortgages were abolished for new contracts beginning with 2016. For existing contracts these tax allowances are maintained for a transitional period of five years.

In 2019 a non-payable family tax credit of EUR 1 500 each child (EUR 500 if the child is older than 18 years) was introduced. The parents can split up the tax credit one half each. Sole- or single-earner with low income, who cannot fully participate on that non-payable family tax credit, can apply for a payable sole- or single-earner family tax credit up to EUR 250 each child.

5. Memorandum Items

5.1. Calculation of Earnings Data

- Sector used: All private employees except apprentices employed full-time for the whole year
- Geographical coverage: Whole country
- Sex: Male and Female
- Earnings base:
    - Items excluded:

  - Unemployment compensation
  - Sickness compensation
    - Items included:
  - Vacation payments
  - Overtime payments
  - Recurring cash payments
  - Fringe benefits (taxable value)
- Basic method of calculation used: Average annual earnings
- Income tax year ends: 31 December

Period to which the earnings calculation refers to: one year.

2019 Parameter values

Average earnings/yr	Ave_earn	48 412	Secretariat estimate
Non current income as %	non_cur_pc	14.286%	
Tax schedule for nci	nci_sch	0	2 000
		0.3	2 345
		0.06	25 000
		0.27	50 000
Maximum non-current income tax base	nci_base_max	0.3575	83 333
Work related	work_rel	132	
Allowance f."Special expenses"	Basic_al	60	
Family tax credit	fam_cr	1500	
Sole-, single earner family tax credit	Fam_cr-sole	250	
Positve tax threshold	pos_tax_th	12600	
Max. neg. employee's tax credit	neg_wage_cr	400	
Max. neg. employee's tax credit rate	neg_wage_cr_rate	50%	
Traffic (commuting) tax credit	traffic_cr	400	
Children suppl.to SETC: 1st child	dsole1_cr	494	
2nd child	dsole2_cr	175	
3rd+ child	dsole3_cr	220	
Spouse with children	sole_lim1	6 000	
Income tax schedule	Tax_sch	0	11 000
		0.25	18 000
		0.35	31 000
		0.42	60 000
		0.48	90 000
		0.50	1 000 000
		0.55	
Ceiling f. soc. security contributions	SSC_ceil	5 220	
lower limit	SSC_low	446.81	
Employees' contr. rates	health_rate	3.87%	
	unemp_rate	0.00%	1 681
		1.00%	1 834
		2.00%	1 987
		3.00%	
	pension_rate	10.25%	
sum without unempl. and others	empl_14	14.12%	
	others_rate	1.00%	
Employers' contr.rates	health_empr	3.78%	
	unemp_empr	3.00%	
	pension_empr	12.55%	
	accident_empr	1.20%	
	payinsur_empr	0.35%	
sum without others	empr_14	20.98%	
	others_empr	0.50%	
Payroll taxes	payroll_rate	6.90%	
Child benefit: 1st child	CB_1	1 368.0	

2nd child	CB_2	1 538.4
suppl.>3years	CB03sppl	94.8
suppl.>10years	CB10sppl	330.0
suppl >19years	CB19sppl	613.2
5<suppl<17	CB5to17	100
Child tax credit	child_cr_1	700.8

2019 Tax equations

The equations for the Austrian system are, in principle, on an individual basis. The only variable which is dependent on the marital status is the head of family (sole earner) tax credit, which is also given to single parents. For the Christmas and leave bonus (both amounting to one monthly wage or salary) there are special rules for the calculation of social security contributions (separate ceilings and slightly lower rate) and wage tax (reduced flat rate). The income tax schedule and the tax credits are applied only for "current pays". The child tax credit is in principle given to the mother (as a negative tax together with "family allowances" = transfer for children). The sole earner and the employee tax credit are connected with negative income tax rules. Therefore, the tax finally paid may be different from tax liability minus tax credits.

Bn	Variable	code for docn equations	Excel-Function
3	earnings (%AW)	percent	0, 33%, 67%, 1 or 167% in Taxing Wages output tables (but model can be applied to all earnings levels)
4	number of children	child	0 or 2 in Taxing Wages output tables
5	Gross earnings	earn	=Ave_earn*percent
6	Current income	cearn	=(1-non_cur_pc)*earn
7	Basic allowance	allow	=(earn>14*SSC_low)*Basic_al
8	SSC on curr.inc.	SSCc	='(empl_14+unemp(earn,unemp_rate)+others_rate)*' MIN(12*SSC_ceil;cearn)*(cearn>12*SSC_low)
9	Work related expenses	work_rel	=(earn>14*SSC_low)*work_rel
10	Tax-free income	taxfrinc	=tax_free*earn
11			
11	Tax base for schedule	ctbase	='(cearn-allow-Child_al_princ-' SSCc-work_rel-taxfrinc)+max(0;ncearn-SSCnc-nci_base_max)
12	Gross tax on current income	gtaxcur	=Tax(ctbase;tax_sch)
13	Basic tax credit	btaxcr	=0
14	Married or head of family	headcr	'=(child>0)*(child>0;sole_lim1;sole_lim0))*(sole_cr+(child>0)*dsole1_cr+(child>1)*dsole2_cr+(child>2)*(child-2)*dsole3_cr)+MAX(0;B4*fam_cr_sole-gtaxcur)
15	Children	fam_cr	=Max(gtaxcr;fam_cr*child) in the case of single person =MaxFABO(gtaxcur principal;gtaxcur spouse;1) in the case of parents
16	Other	othcr	=(earn>14*SSC_low)*(wage_cr+traffic_cr)
17	Interm. tax on current income	itcur	=gtaxcur-btaxcr-headcr-othcr
18	Net tax on current income	ntaxcur	=max(gtaxcur-btaxcr-other;-neg_wage_cr_rate*SSC;-neg-wage_cr)-child>0)-headcr
19	Non current income	ncearn	=earn-cearn
20	SSC on non-curr. inc.	SSCnc	=(health_rate+unemp(earn,unemp_rate)+pension_rate)* MIN(2*SSC_ceil;ncearn)*(ncearn>2*SSC_low)
21	Non current income-SSC	ncearn_adj1	=min(ncearn-SSCnc;nci_base_max)
22	Tax schedule	nci_sch	=min(ncearn-SSCnc;nci_base_max)
23	Taxable income	taxinc	=ctbase+ncearn_adj1
2	Tax liability excl. tax credits	inctax_ex	=gtaxcur+taxnc
25	Income tax finally paid	inctax	=ntaxcur+taxnc
26	Employee's SSC	SSC	=SSCc+SSCnc
27	Employer's SSC	SSCf	=IF(earn'/14>=SSC_low;((empr_14+others_empr)*MINA(12*SSC_ceil;cearn)+empr_14*MINA(2*SSC_ceil;ncearn));earn*accident_empr)
28	Pay-roll taxes	payroll	=payroll_rate*earn

Bn	Variable	code for docn equations	Excel-Function
29	Cash transfers	cash	=IF(Children=0,0,IF(Children=2,CB_1+CB_2+Children*CB10sppl+Children*(child_cr _1+CB5to17)))
30	Take-home pay		=earn-inctax-SSC+cash
31	Wage cost		=earn+SSCf+payroll

Unemp is a Visual Basic Function which chooses lower unemployment SSC rates for low earnings.
Key to range of equation B calculated separately for both principal earner and spouse P calculated for principal only (value taken as 0 for spouse calculation) J calculated once only on a joint basis.

Belgium

This chapter includes data on the income taxes paid by workers, their social security contributions, the family benefits they receive in the form of cash transfers as well as the social security contributions and payroll taxes paid by their employers. Results reported include the marginal and average tax burden for eight different family types.

Methodological information is available for personal income tax systems, compulsory social security contributions to schemes operated within the government sector, universal cash transfers as well as recent changes in the tax/benefit system. The methodology also includes the parameter values and tax equations underlying the data.

Belgium 2019

The tax/benefit position of single persons

		Wage level (per cent of average wage)	67	100	167	67
		Number of children	none	none	none	2
1.	**Gross wage earnings**		33 209	49 565	82 774	33 209
2.	**Standard tax allowances**					
	Basic allowance					
	Married or head of family					
	Dependent children					
	Deduction for social security contributions and income taxes		4 340	6 478	10 819	4 340
	Work-related expenses		4 810	4 810	4 810	4 810
	Other					
		Total	9 150	11 288	15 629	9 150
3.	**Tax credits or cash transfers included in taxable income**		0	0	0	0
4.	**Central government taxable income (1 - 2 + 3)**		24 058	38 277	67 145	24 058
5.	**Central government income tax liability (exclusive of tax credits)**		7 669	14 068	28 392	7 669
6.	**Tax credits**					
	Basic credit		0	0	0	0
	Married or head of family		2 215	2 215	2 215	2 618
	Children		0	0	0	1 440
	Other					
		Total	2 215	2 215	2 215	4 058
7.	**Central government income tax finally paid (5-6)**		4 093	8 895	19 644	2 710
8.	**State and local taxes**		1 681	3 654	8 069	1 113
9.	**Employees' compulsory social security contributions**					
	Gross earnings		4 340	6 478	10 819	4 340
	Taxable income		262	447	731	262
		Total	4 602	6 925	11 550	4 602
10.	**Total payments to general government (7 + 8 + 9)**		10 377	19 473	39 262	8 426
11.	**Cash transfers from general government**					
	For head of family					
	For two children		0	0	0	3 986
		Total	0	0	0	3 986
12.	**Take-home pay (1-10+11)**		22 832	30 092	43 511	28 768
13.	**Employer's compulsory social security contributions**		8 597	13 445	22 452	8 597
14.	**Average rates**					
	Income tax		17.4%	25.3%	33.5%	11.5%
	Employees' social security contributions		13.9%	14.0%	14.0%	13.9%
	Total payments less cash transfers		31.2%	39.3%	47.4%	13.4%
	Total tax wedge including employer's social security contributions		45.4%	52.2%	58.6%	31.2%
15.	**Marginal rates**					
	Total payments less cash transfers: Principal earner		55.6%	55.6%	59.1%	55.6%
	Total payments less cash transfers: Spouse		n.a.	n.a.	n.a.	n.a.
	Total tax wedge: Principal earner		68.5%	65.1%	67.8%	68.5%
	Total tax wedge: Spouse		n.a.	n.a.	n.a.	n.a.

Belgium 2019

The tax/benefit position of married couples

	Wage level (per cent of average wage)	100-0	100-67	100-100	100-67
	Number of children	2	2	2	none
1.	**Gross wage earnings**	49 565	82 774	99 130	82 774
2.	**Standard tax allowances**				
	Basic allowance				
	Married or head of family				
	Dependent children				
	Deduction for social security contributions and income taxes	6 478	10 819	12 956	10 819
	Work-related expenses	4 810	9 620	9 620	9 620
	Other				
	Total	11 288	20 439	22 576	20 439
3.	**Tax credits or cash transfers included in taxable income**	0	0	0	0
4.	**Central government taxable income (1 - 2 + 3)**	38 277	62 335	76 554	62 335
5.	**Central government income tax liability (exclusive of tax credits)**	11 880	21 737	28 135	21 737
6.	**Tax credits**				
	Basic credit	0	0	0	0
	Married or head of family	4 430	4 430	4 430	4 430
	Children	1 223	1 223	1 223	0
	Other				
	Total	5 653	5 653	5 653	4 430
7.	**Central government income tax finally paid (5-6)**	4 673	12 070	16 872	12 988
8.	**State and local taxes**	1 920	4 958	6 930	5 335
9.	**Employees' compulsory social security contributions**				
	Gross earnings	6 478	10 819	12 956	10 819
	Taxable income	447	731	731	731
	Total	6 925	11 550	13 688	11 550
10.	**Total payments to general government (7 + 8 + 9)**	13 517	28 578	37 490	29 872
11.	**Cash transfers from general government**				
	For head of family				
	For two children	3 986	3 986	3 986	0
	Total	3 986	3 986	3 986	0
12.	**Take-home pay (1-10+11)**	40 033	58 181	65 626	52 901
13.	**Employer's compulsory social security contributions**	13 445	22 042	26 889	22 042
14.	**Average rates**				
	Income tax	13.3%	20.6%	24.0%	22.1%
	Employees' social security contributions	14.0%	14.0%	13.8%	14.0%
	Total payments less cash transfers	19.2%	29.7%	33.8%	36.1%
	Total tax wedge including employer's social security contributions	36.5%	44.5%	47.9%	49.5%
15.	**Marginal rates**				
	Total payments less cash transfers: Principal earner	55.6%	54.5%	54.5%	54.5%
	Total payments less cash transfers: Spouse	45.4%	54.5%	54.5%	54.5%
	Total tax wedge: Principal earner	65.1%	64.2%	64.2%	64.2%
	Total tax wedge: Spouse	56.6%	67.7%	64.2%	67.7%

The national currency is the Euro (EUR). In 2019, EUR 0.89 was equal to USD 1. The Secretariat has estimated that in that same year the average worker earned EUR 49 565 (Secretariat estimate).

1. Personal income tax system

1.1. Federal government income tax

1.1.1. Tax unit

Spouses are taxed separately. As from 2004, the principle of separate taxation applies to all categories of income. A non-earning spouse is taxed separately on a notional share of income that can be transferred to him or her (see "non-earning spouse allowance", below). Married couples nonetheless file joint income tax returns.

1.1.1.1. Schedule

Taxable income (EUR)	Marginal rate (%)
0—13 250	25
13 250—23 390	40
23 390—40 480	45
40 480—and above	50

1.1.2. Tax allowances

1.1.2.1. Deduction of social security contributions

Unless stated otherwise, social insurance contributions are deductible from gross income.

1.1.2.2. Work-related expenses

Salaried employees are entitled to a standard deduction for work-related expenses; this is equal to 30% of gross income (less social insurance contributions) and may not exceed EUR 4 810 per spouse.

For self-employed professionals:

Self-employed professionals are entitled to a standard deduction for work-related expenses. This deduction may under no circumstances exceed EUR 4 230 per spouse.

Gross earnings less social insurance contributions (EUR)	Rate (%)
Below 6 120	28.70
Between 6 120 and 12 160	10
Between 12 160 and 20 240	5
Above 20 240	3

Paid company directors are also entitled to a standard deduction for work-related expenses; this is equal to 3% of gross income (less social insurance contributions) and may not exceed EUR 2 540 per spouse.

An additional allowance may be granted to wage-earners if their workplace is more than a certain distance from their home.

Actual expenses incurred in order to acquire or retain earned income are deductible if they exceed the standard deduction. The deductibility of certain categories of work-related expenses (cars, clothing, restaurant meals and business gifts) is limited, however. Taxpayers who report actual expenses may deduct EUR 0.15 per kilometre, up to 100 km per single journey, for travel between their home and their workplace by means other than private car.

1.1.2.3. Non-earning spouse allowance (quotient conjugal)

A notional amount of income can be transferred between spouses if one of them earns no more than 30% of the couple's combined earned income. In this case, the amount transferred is limited to 30% of aggregate net earned income, less the individual income of the spouse to whom the notional share is transferred. This allowance is limited to EUR 10 940.

1.1.2.4. Exempt income

The base amount is: 8 860. These amounts vary with regards to the family situation. Additional exemptions for dependent children (a handicapped child counts as two children):

- 1 child: 1 610
- 2 children: 4 150
- 3 children: 9 290
- 4 children: 15 030
- > 4 children: 5 740 per additional child

Dependent child exemptions in excess of available income give rise to a reimbursable tax credit. This reimbursable tax credit is calculated at the marginal rate for the spouse with the highest income and capped at EUR 460 per dependent child.

Additional special exemptions are also granted for certain household members (in euro):

- Other dependants: 1 610
- Handicapped / handicapped spouse: 1 610
- Other handicapped dependants: 1 610
- Widow(er) with dependent child(ren): 1 610
- Single father or mother: 1 610

These additional exemptions are applied first to the taxable income of the spouse having the most income, with any remainder then being applied to the income of the other spouse.

The basic exemption plus any additional exemptions for dependants and single parents is applied against each bracket from the bottom up; in other words, the lowest brackets are depleted first.

1.1.2.5. Schedule

Basic exemption plus any additional exemption (EUR)	Marginal rate (%)
0—9 310	25
9 310—13 250	30
13 250—22 080	40
22 080—40 480	45
40 480—and above	50

The basic exemption plus any additional exemptions is applied from the bottom up.

1.2. Regional and local government taxes

With the implementation of the sixth state reform, the Flemish Region, the Walloon Region and the Brussels-Capital Region have been delegated several important competences with regard to the individual income tax. As a result of this reform, as from 1 July 2014, the regional competences are:

- the possibility to levy surcharges on the federal PIT (the supplementary regional tax on the personal income tax). The surcharge may be proportional or vary with income but there are limits to ensure that the tax remains progressive);
- to grant (on the result of the surcharges) tax discounts;
- to grant tax reductions, tax increases and tax credits;
- to regulate exclusively some tax reductions.

Under the new tax model, the assumed federal income tax amount must first be calculated. The taxable base is reduced by the exempt income (see 1.1.2.4.), the tax credits for pensions, unemployment, sickness and other social benefits and the tax credit for income taxed abroad. Additionally, it is reduced by the tax due on passive income for which the Federal State remains exclusively competent.

The remaining PIT liability is than split between the central government and the Brussels-Capital Region according to a ratio of (1/(1-0.24957))*(0.995-(1-0.24957))

Subsequently, the Regions are allowed to levy a proportional surcharge on this reduced federal income tax. This surcharge may, within certain limits and given the matters for which the Regions are competent, vary per tax bracket. The actual rate is set at 32.591% (Brussels-Capital rate).

The starting point for the calculation of the municipal (and agglomeration) surcharges is the individual income tax ("impôt total", i.e. the sum of federal PIT and regional PIT), before taking into account the surcharge resulting from insufficient prepayments, the foreign tax credit, federal and regional reimbursable tax credits (among others for children and for low-income workers), prepayments and withholding taxes. The rate of this local surtax is set by each municipality, and there is no upper limit. The additional surcharge of 1% levied in the Brussels-Capital Region, in addition to the municipal surcharge, is abolished as from income year 2016.

The calculation of the regional and local surtax for the average worker study assumes that the worker lives in the Region of Brussels-Capital. The weighted average local surtax of the 19 municipalities which form the Brussels-Capital Region is 6.4%.

1.3. Tax credits

Refundable tax credit for low-income workers

A refundable tax credit is intended for low-income workers and company managers (subject to the employees' social security system) entitled to the employment bonus.

The refundable tax credit amounts to 33.14% as of 1st January 2019 of the "employment bonus" which is actually granted on remunerations earned during the taxable period. It cannot exceed EUR 820 per taxable period.

2. Compulsory social security contributions to schemes operated within the government sector

2.1. Rates and ceiling

a) Payroll deductions

The rates of employer and employee contributions are set by law. The applicable rates (in %) are as follows (for businesses having 20 or more employees) :

The schedule applicable as from 01.01.2019 is as follows:

2019	Employee	Employer	Total
Unemployment	0.87	3.16	4.03
Health insurance indemnities	1.15	2.35	3.5
Health care	3.55	3.8	7.35
Placement services		0.05	0.05
Family allowances		7	7
Pensions	7.50	8.86	16.36
Child care		0.05	0.05
Work-related illnesses		1.01	1.00
Work-related accidents		0.32	0.32
Education leave		0.05	0.05
Business closures		0.29	0.30
Wage restraint		5.23	5.23
Tax shift 2017		-5.04	-5.04
Total	13.07	27.13	40.20

The schedule applicable as from 01.07.2019 is as follows:

2019	Employee	Employer	Total
Unemployment	0.87	3.16	4.03
Health insurance indemnities	1.15	2.35	3.5
Health care	3.55	3.8	7.35
Placement services		0.05	0.05
Family allowances		7	7
Pensions	7.50	8.86	16.36
Child care		0.05	0.05
Work-related illnesses		1.00	1.00
Work-related accidents		0.32	0.32
Education leave		0.05	0.05
Business closures		0.29	0.30
Wage restraint		5.23	5.23
Tax shift 2017		-5.04	-5.04
Total	13.07	27.12	40.19

Vacation pay is not subject to the social security contributions applicable to salaries, but a social security levy of 13.07% is deducted when the money is attributed.

b) Reduction of employer contributions

The schedule applicable as from 01.01.2019 is as follows:

Gross annual earnings (S) in EUR	Fixed amount	Variable amount
0–36 140.00	0	0.140 (36 140–S)
36 140 and up	0	0

c) Reduction of individual social security contributions

A reduction of individual social security contributions is granted monthly for low-income earners, depending on wage level. The schedule below is restated in annual terms.

The schedule applicable as from 01.09.2018 is as follows:

Gross annual salary (S) in EUR	Reduction in Euros
0 < S < 19 699.44	2 419.44
19 699.44 < S < 30 726.84	Min (2 419.44, (2 419.44–0.2194 (S–19 699.44))
S > 30 726.84	0

d) Special social security contribution

All persons totally or partially subject to the social security scheme for salaried workers are liable for this special contribution. In theory, the amount of the contribution is determined according to aggregate household income. Aggregate household income is equal to combined gross earnings less ordinary social security contributions and work-related expenses. The amount of the contribution is as follows:

Taxable income (EUR)	Amount due on the lower limit	% above the lower limit
from 0 to 18 592.02	0	0
from 18 592.02 to 21 070.96	0	9
from 21 070.96 to 60 161.85	223.10	1.3
60 161.85 and above	731.29	0

e) Work accidents

All employers are required to insure their employees against accidents that occur in the workplace or while travelling to or from the workplace. The insurance is written by a private company. The premiums depend on the wage level as well as on sectoral risk indicators. A minimum (+/- 14% of AW in 2018) and maximum (89% of AW) wage applies. The usual premiums are approximately 1% of the capped gross pay for office workers and 3.3% for labourers.. Higher rates apply in certain industries in which risks are greater. The premium rate for construction workers, for example, varies between 7% and 8%.

2.2. *Deductions according to family status or gender*

None.

3. Universal cash transfers

Family allowances are granted for children. The annual amounts of these benefits (in euro) are as follows:

	<5 years	5–6 years	7–10 years	11–12 years	12–16 years	17–18 years	>18 years
1st child	1 178.89	1 195.23	1 395.51	1 413.55	1 518.19	1 539.41	1 585.97
2nd child	2 156.53	2 172.87	2 572.23	2 590.27	2 801.23	2 822.45	2 988.05
3rd child	3 205.33	3 221.67	3 621.03	3 639.07	3 850.03	3 871.25	4 036.85

To determine the resources available to the average worker, the Taxing Wages calculations assume that one child was between seven and ten years of age and that the other child was between eleven and twelve years of age.

4. Main changes in the tax/benefit system since 2016

The "tax shift" has been decided in 2015 and is shifting the taxation from labour to other bases, including mainly consumption and income from savings. The reform is phased over the 2015-2019 period. The main changes are the following

- Employers' social security contributions will be reduced to 25%. Reductions will be abolished, apart from the reduction for low wage earners that will be gradually increased.
- On the side, the reform increases the standard deduction for work related expenses for wage earners and the zero-rate band. The tax schedule will also be modified: the 25% will be extended to the previous upper limit of the 30% bracket, so that the former 30% bracket will disappear. The tax credit for low wage earners will also be increased.

5. Memorandum Items

5.1. Identification of AW and valuation of earnings

The Average Wage is based on an annual survey conducted by the Statbel division of the Ministry of Economy. The survey is limited to enterprises with at least 10 employees. A two step approach is applied: first the participating employers are selected, then the surveyed employees (sampling ratio of 5% to 7%). All employees are covered by the survey but the estimate of the Average Wage is restricted to data of full time employees only. The reference period is October but survey data is combined with social insurance registers to obtain annual earnings. If applicable, the earnings of full time employees not employed during the entire year, are uplifted proportionally to obtain annual estimates. Annual earnings include bonuses, vacation and overtime pay, but no fringe benefits.

2019 Parameter values

	Ave_earn	49 565		Secretariat estimate	
Work-related expenses	work_rel_max	4 810			
	work_rel_sch	0	0		
		0	0		
		0.3			
Tax credits (exempt income)	single_cr	8 860			
	Married_cr	8 860			
	Supp_cr_base	0			
	supp_cr_thrsh1	0			
One child	child_cr1	1 610			
Two children	child_cr2	4 150			
Single parents	s_parent_cr	1 610			
Maximum Child Credit Payment	child_cr_max	460			
Basic Credit	basic_cr_base	0			
	basic_cr_thrsh1	5 320			
	basic_cr_thrsh2	7 100			
	basic_cr_thrsh3	17 760			
	basic_cr_thrsh4	23 060			
Basic exemption plus any additional exemption schedule		Ex_rate1			
	Ex_sch	0.25	9 310		
		0.30	13 250		
		0.40	22 080		
		0.45	40 480		
		0.50			
Income tax schedule		tax_rate1			
	tax_sch	0.00	0		
		0.25	13 250		
		0.40	23 390		
		0.45	40 480		
		0.50			
	quote_max	10 940			
	quote_rate	0.3			
Regional tax	red_rate	0.24957			
	reg_tax_rate	0.32591			
Local tax	local_rate	0.064			
	add_local_rate	0.00			
Unemployment	unemp_rate	0.0087			
Medical care	med_rate	0.0115			
Sickness	sickness_rate	0.0355			
Pension	pension_rate	0.0750			
Employee contribution	SSC_rt	0.1307			
	SSC_redn	0	0	2 419.44	0
	(annual)	19 699.44	19 699.44	2 419.44	0.2194
		30 726.84	19 699.44	2 419.44	0.2194
		30 726.84	0	0	0
		99 999 999	0		0
Special annual contribution	SSC_special	0.000	18 592.02		
		0.090	21 070.96		

		0.013	60 161.85		
		0.000			
Employer contributions	SSC_empr_rt	0.27125			
	SSC_empr_red	0	0	0.1400	36 140.00
		36 140.00	0	0	0
		36 140.00	0	0	0
		9 999 999	0		0
Structural reduction on the withholding tax on wages	PrP_redn	0.000			
Low-income credit	LIC_rate	0.3314			
	LIC_max	820.00			
Child benefit (age 7-10)	CB_1	1 413.55			
second child (age 7-10)	CB_2	2 572.23			
third child (age 7-10)	CB_3	3 621.03			

2019 Tax equations

The equations for the Belgian system in 2019 are mostly calculated on an individual basis. But central government tax for a married couple is calculated on two bases and the lower value is used. One of the bases takes account of the combined income of the couple. Also, tax credits may be used against the tax liability of the secondary earner if the principal earner is unable to use them.

The functions which are used in the equations (Taper, Tax etc.) are described in the technical note about tax equations. Variable names are defined in the table of parameters above or are the standard variables " married " and " children ". A reference to a variable with the affix "total " indicates the sum of the relevant variable values for the principal and spouse. And the affixes " princ " and " spouse " indicate the value for the principal and spouse respectively. Equations for a single person are as shown for the principal with "_spouse" values taken as 0.

	Line in country table and intermediate steps	Variable name	Range	Equation
1.	Earnings	earn		
2.	Allowances:	tax_al	B	MIN(work_rel_max, Tax(earn-SSC, work_rel_sch))+SSC
3.	Credits in taxable income	taxbl_cr	B	0
4.	CG taxable income	tax_inc_int	B	earn-tax_al
	Quote part	Q	J	IF(married, Positive(MIN(tax_inc_int_total*quote_rate, quote_max)-tax_inc_int_spouse), 0)
	CG adjusted taxable income - principal	tax_inc_adj_princ	P	Positive(tax_inc_int_princ – Q)
	CG adjusted taxable income - spouse	tax_inc_adj_spouse	S	Positive(tax_inc_int_spouse + Q)
5.	CG tax before credits	CG_tax_excl	J	Tax(tax_inc_adj, tax_sch)
6.	Calculation of credits			
	Child exemption amount	child_ex_inc	P	(children=1)*child_cr1+(children=2)*child_cr2
	Family exemption amount	fam_ex_inc	B	IF(Married,married_cr,single_cr+(Children>0)*s_parent_cr)+IF(tax_inc_adj<=0,0,IF(tax_inc_adj<=supp_cr_thrsh1,supp_cr_base,MAX(0,supp_cr_base+supp_cr_thrsh1-tax_inc_adj)))
	Initial exempt income - principal	ex_inc_int_princ	P	child_ex_inc+fam_ex_inc_princ
	Initial exempt income - spouse	ex_inc_int_spouse	S	fam_ex_inc_spouse
	Transferable amount	ex_inc_tran	J	married*IF(ex_inc_int_princ<tax_inc_adj_princ, MIN(MAX((ex_inc_int_spouse-tax_inc_adj_spouse), 0), tax_inc_adj_princ-ex_inc_int_princ), -(MIN(MAX((ex_inc_int_princ-tax_inc_adj_princ), 0), MAX(0, tax_inc_adj_spouse-ex_inc_int_spouse))))
	Final exempt income - principal	ex_inc_fin_princ	P	ex_inc_int_princ+ex_inc_tran
	Final exempt income - spouse	ex_inc_fin_spouse	S	ex_inc_int_spouse-ex_inc_tran
	Tax credits	tax_credits	J	Tax(ex_inc_fin, Ex_sch)
	Basic Credit	basic_cr	B	basic_cr_base*IF(tax_inc<='basic_cr_thrsh1,' 0, IF(tax_inc<='basic_cr_thrsh2,' (tax_inc-basic_cr_thrsh1)/(basic_cr_thrsh2-basic_cr_thrsh1), IF(tax_inc<='basic_cr_thrsh3,' 1, IF(tax_inc<='basic_cr_thrsh4,' (basic_cr_thrsh4-tax_inc)/(basic_cr_thrsh4-basic_cr_thrsh3), 0))))+IF(tax_inc='0;0;MIN(LIC_rate*(MIN(VLOOKUP(' earn, SSC_redn,3), VLOOKUP(earn, SSC_redn, 3)-VLOOKUP(earn, SSC_redn, 4)*(earn-VLOOKUP(earn, SSC_redn, 2)))));LIC_max))
7.	CG tax			
	Tax prior to non-wasteable credits	CG_tax_init	B	Positive(CG_tax_incl-tax_credits) *(1-red_rate)
	Non-wasteable child credit	child_credit_nw	J	MIN(Tax(MIN((children=1)*child_cr1+(children='2)*Parameters!child_cr2),' (positive(ex_inc_int-tax_inc_int), tax_sch), children*child_cr_max)
	Final CG tax	CG_tax_final	J	CG_tax_init-basic_cr_total-child_credit_nw

8.	State and local taxes			
	Regional tax	regional_tax	B	CG_tax_init*reg_tax_rate
	Local tax	local_tax	J	(local_rate+add_local_rate)*(CG_tax_init+regional_tax)
9.	Employees' soc security	SSC	B	Positive((earn)*SSC_rt-MIN(VLOOKUP(earn, SSC_redn,3), VLOOKUP(earn, SSC_redn, 3)-VLOOKUP(earn, SSC_redn, 4)*(earn-VLOOKUP(earn, SSC_redn, 2))))
		SSC_special	J	positive(Tax(tax_inc_total, SSC_special)
		SSC_total		SSC+SSC_special
11.	Cash transfers	cash_trans	J	(Children>0)*CB_1+(Children>1)*CB_2
13.	Employer's soc security	empr_sch	B	Positive(earn*(SSC_empr_rt- PrP_redn)-(VLOOKUP(earn, SSC_empr_redn, 2)-VLOOKUP(earn, SSC_empr_redn, 3)*(earn-VLOOKUP(earn, SSC_empr_redn, 1))))

Key to range of equation B calculated separately for both principal earner and spouse P calculated for principal only (value taken as 0 for spouse calculation) J calculated once only on a joint basis.

Canada

This chapter includes data on the income taxes paid by workers, their social security contributions, the family benefits they receive in the form of cash transfers as well as the social security contributions and payroll taxes paid by their employers. Results reported include the marginal and average tax burden for eight different family types.

Methodological information is available for personal income tax systems, compulsory social security contributions to schemes operated within the government sector, universal cash transfers as well as recent changes in the tax/benefit system. The methodology also includes the parameter values and tax equations underlying the data

Canada 2019

The tax/benefit position of single persons

		Wage level (per cent of average wage)	67	100	167	67
		Number of children	none	none	none	2
1.	**Gross wage earnings**		36 912	55 092	92 004	36 912
2.	**Standard tax allowances**					
	Basic allowance					
	Married or head of family					
	Dependent children					
	Deduction for social security contributions and income taxes		50	77	81	50
	Work-related expenses					
	Other					
		Total	50	77	81	50
3.	**Tax credits or cash transfers included in taxable income**		0	0	0	0
4.	**Central government taxable income (1 - 2 + 3)**		36 861	55 015	91 923	36 861
5.	**Central government income tax liability (exclusive of tax credits)**		5 529	8 658	16 225	5 529
6.	**Tax credits**					
	Basic credit		1 994	1 994	1 994	1 994
	Married or head of family		0	0	0	1 810
	Other(CPP & EI)		338	512	529	338
		Total	2 331	2 506	2 523	4 142
7.	**Central government income tax finally paid (5-6)**		3 198	6 153	13 702	1 387
8.	**State and local taxes**		1 050	2 527	6 229	0
9.	**Employees' compulsory social security contributions**					
	Gross earnings		2 302	3 491	3 609	2 302
	Taxable income (Provincial Health Care Levy)		352	600	750	352
		Total	2 654	4 091	4 359	2 654
10.	**Total payments to general government (7 + 8 + 9)**		6 901	12 771	24 290	4 041
11.	**Cash transfers from general government**					
	For head of family		452	0	0	501
	For two children		0	0	0	13 618
		Total	452	0	0	14 119
12.	**Take-home pay (1-10+11)**		30 463	42 321	67 714	46 989
13.	**Employer's compulsory social security contributions**		3 840	5 775	7 192	3 840
14.	**Average rates**					
	Income tax		11.5%	15.8%	21.7%	3.8%
	Employees' social security contributions		7.2%	7.4%	4.7%	7.2%
	Total payments less cash transfers		17.5%	23.2%	26.4%	-27.3%
	Total tax wedge including employer's social security contributions		25.2%	30.5%	31.7%	-15.3%
15.	**Marginal rates**					
	Total payments less cash transfers: Principal earner		41.4%	33.7%	33.9%	52.2%
	Total payments less cash transfers: Spouse		n.a.	n.a.	n.a.	n.a.
	Total tax wedge: Principal earner		47.2%	39.0%	36.1%	56.9%
	Total tax wedge: Spouse		n.a.	n.a.	n.a.	n.a.

Canada 2019

The tax/benefit position of married couples

	Wage level (per cent of average wage)	100-0	100-67	100-100	100-67
	Number of children	2	2	2	none
1.	**Gross wage earnings**	55 092	92 004	110 184	92 004
2.	**Standard tax allowances**				
	Basic allowance				
	Married or head of family				
	Dependent children				
	Deduction for social security contributions and income taxes	77	128	155	128
	Work-related expenses				
	Other				
	Total	77	128	155	128
3.	**Tax credits or cash transfers included in taxable income**	0	0	0	0
4.	**Central government taxable income (1 - 2 + 3)**	55 015	91 876	110 029	91 876
5.	**Central government income tax liability (exclusive of tax credits)**	8 658	14 188	17 317	14 188
6.	**Tax credits**				
	Basic credit	1 994	3 987	3 987	3 987
	Married or head of family	1 810	0	0	0
	Other(CPP & EI)	512	850	1 024	850
	Total	4 316	4 837	5 012	4 837
7.	**Central government income tax finally paid (5-6)**	4 342	9 350	12 305	9 350
8.	**State and local taxes**	1 850	3 740	5 054	3 740
9.	**Employees' compulsory social security contributions**				
	Gross earnings	3 491	5 793	6 983	5 793
	Taxable income (Provincial Health Care Levy)	600	952	1 200	952
	Total	4 091	6 745	8 183	6 745
10.	**Total payments to general government (7 + 8 + 9)**	10 284	19 836	25 542	19 836
11.	**Cash transfers from general government**				
	For head of family	0	0	0	0
	For two children	8 984	5 132	4 097	0
	Total	8 984	5 132	4 097	0
12.	**Take-home pay (1-10+11)**	53 792	77 300	88 739	72 168
13.	**Employer's compulsory social security contributions**	5 775	9 615	11 549	9 615
14.	**Average rates**				
	Income tax	11.2%	14.2%	15.8%	14.2%
	Employees' social security contributions	7.4%	7.3%	7.4%	7.3%
	Total payments less cash transfers	2.4%	16.0%	19.5%	21.6%
	Total tax wedge including employer's social security contributions	11.6%	23.9%	27.1%	29.0%
15.	**Marginal rates**				
	Total payments less cash transfers: Principal earner	73.1%	39.4%	39.4%	33.7%
	Total payments less cash transfers: Spouse	36.3%	37.1%	39.4%	31.4%
	Total tax wedge: Principal earner	75.2%	44.2%	44.2%	39.0%
	Total tax wedge: Spouse	42.3%	43.3%	44.2%	38.1%

The national currency is the Canadian dollar (CAD). In 2019, CAD 1.33 was equal to USD 1. In that year, the average worker earned CAD 55 092 (Secretariat estimate).

1. Personal Income Tax Systems

1.1. Central/federal government income taxes

1.1.1. Tax unit

Under the present system, tax is levied on individuals separately; certain tax reliefs depend on family circumstances.

1.1.2. Tax allowances and credits

1.1.2.1. Standard reliefs

- Basic personal amount: All taxpayers qualify for a basic personal tax credit of CAD 1 810.35.
- Credit for Spouse or Eligible Dependant: A taxpayer supporting a spouse or other eligible dependant receives a tax credit of CAD 1 810.35 which is reduced by 15 cents for each dollar of the dependant's income.
- Social security contributions: Starting 2019, taxpayers are entitled to claim a deduction for the newly enhanced portions of the Canada Pension Plan (CPP) and the Quebec Pension Plan (QPP) (to a maximum amount of CAD 80.85) (See Section 2.1.1. for more detail). The original base contributions to the CPP or QPP will continue to be eligible for a 15% credit (to a maximum contribution of CAD 2 668.05 for the Canada Pension Plan and CAD 2 910.60 for the Quebec Pension Plan). Taxpayers are also entitled to claim a 15% tax credit for their Employment Insurance premiums to a maximum contribution of CAD 860.22 outside Quebec; the Employment Insurance premium rate is lower for Quebec residents, who also pay into the Quebec Parental Insurance Plan; the maximum combined credit for a Quebec resident is CAD 1 066.14.
- Canada Workers Benefit[1] (CWB): The CWB provides a non-wastable tax credit equal to 26% of each dollar of earned income in excess of CAD 3 000 to a maximum credit of CAD 1 355 for single individuals without dependents and CAD 2 335 for families (couples and single parents). The credit is reduced by 12% of net family income in excess of CAD 12 820 for single individuals and CAD 17 025 for families. This is the default national design; provinces may choose to propose jurisdiction-specific changes to this design, subject to certain principles.
- Canada Employment Tax Credit: A tax credit of up to CAD 183.30 on employment income.

1.1.2.2. Main non-standard tax reliefs applicable to an average worker:

A number of non-standard tax reliefs are available to the average worker in Canada. The main ones are:

- Medical expenses credit: Taxpayers are entitled to a 15% tax credit for an amount of eligible medical expenses that exceeds the lesser of 3% of net income or CAD 2 352.
- Charitable donations credit: The credit is 15% on the first CAD 200 of eligible charitable donations and 29% on eligible donations in excess of CAD 200, with the exception of donors with taxable income exceeding CAD 210 371, who may claim a 33% tax credit on the portion of total annual donations over CAD 200 made from taxable income greater than CAD 210 371. Eligible donations are those made to registered charities, to a maximum of 75% of net income.
- Registered pension plan contributions: Employees who are members of a registered pension plan are entitled to deduct their contributions to the plan. Employee contributions required to fund the

actuarial benefit liabilities under a defined benefit registered pension plan are permitted (annual benefit accruals are limited to a maximum of 2 per cent of earnings up to a dollar amount of CAD 3 023). Employee contributions to a defined contribution registered pension plan are limited to 18% of earned income up to a maximum of CAD 27 271.

- Registered retirement savings plan (RRSP) premiums: Individuals can deduct their contributions to an RRSP up to a limit of 18% of the previous year's earned income, to a maximum of CAD 26 500 a year, unless they are also accruing benefits under a registered pension plan or a deferred profit sharing plan. Members of those other plans are limited to RRSP contributions of 18% of the previous year's earned income to a maximum of CAD 26 500, minus a pension adjustment amount based on pension benefits accrued in the previous year.
- Union and professional dues: Individuals with annual dues paid to a trade union or an association of public servants or paying dues required to maintain a professional status recognised by statute are allowed to deduct such fees in computing taxable income.
- Moving expenses: Eligible moving expenses are deductible from income if the taxpayer moves at least 40 kilometres closer to a new place of employment.
- Child care expenses: A portion of child care expenses is deductible if incurred for the purpose of earning business or employment income, studying or taking an occupational training course or carrying on research for which a grant is received. The lower income spouse must generally claim the deduction. The amount of the deduction is limited to the least of:
    1. the expenses incurred for the care of a child;
    2. two thirds of the taxpayer's earned income; and
    3. CAD 8 000 for each child who is under age seven, and CAD 5 000 per child between seven and sixteen years of age (or older if has a mental or physical impairment, but not eligible for the Disability Tax Credit). The amount for a child who is eligible for Disability Tax Credit is CAD 11 000.

1.1.3. Tax schedule

2019 Federal Income Tax Rates

Taxable Income (CAD)	Rate (%)
0—47 630	15
47 630—95 259	20.5
95 259—147 667	26
147 667—210 371	29
210 371 and over	33

1.2. State and local income taxes

1.2.1. General description

All provinces and territories levy their own personal income taxes. All, with the exception of Quebec, have a tax collection agreement with the federal government, and thus use the federal definition of taxable income. They are free to determine their own tax brackets, rates and credits. Quebec collects its own personal income tax and is free to determine all of the tax parameters, including taxable income. In practice, its definition of taxable income is broadly similar to the federal definition.

1.2.2. Tax regime selected for this study

The calculation of provincial tax for the average worker study assumes the worker lives in Ontario, the most populous of the 10 provinces and 3 territories. The main features of the Ontario tax system relevant to this report are summarised below:

Tax Schedule

Income Bracket (CAD)	Rate (%)
0—43 906	5.05
43 906 —87 813	9.15
87 813—150 000	11.16
150 000—220 000	12.16
Over 220 000	13.16

Surtax

Provincial tax after accounting for wastable credits	Surtax Rate
Amounts Exceeding CAD 4 740	20% of the excess amount
Amounts Exceeding CAD 6 067	36% of the excess amount

Wastable tax credits

- A basic tax credit of CAD 534.39.
- A maximum credit of CAD 453.74 for a dependant spouse or eligible dependant that is withdrawn as the income of the spouse or eligible dependant exceeds CAD 898 and is completely withdrawn when the income of the spouse is at least CAD 9 884.
- 5.05% of contributions made to the Canada Pension Plan and of Employment Insurance premiums.
- A maximum credit[2] of the lower of CAD 850 or 5.05% of earned income per filer with earned income that is reduced by the greater of:
  - Adjusted individual net income greater than CAD 30 000
  - Adjusted family net income greater than CAD 60 000.

Tax Reduction

An earner is entitled to claim a tax reduction where the initial entitlement is equal to CAD 244 plus CAD 452 for each dependent child under the age of 19. Where someone has a spouse, only the spouse with the higher net income can claim the dependent child tax reduction. If this amount is greater or equal to the liable provincial tax, then no tax is due. If the amount is less than the liable tax, then the actual tax reduction is equal to twice the initial entitlement amount less the liable tax (if this calculation is zero or negative, the reduction is equal to zero).

2. Compulsory Social Security Contributions to Schemes Operated Within the Government Sector

2.1. Employees' contributions

2.1.1. Pensions

Generally, all employees are eligible for coverage under the Canada or Quebec Pension Plans. Starting in 2019, as part of the CPP and QPP enhancements announced in 2016 and 2017 respectively, a 1-percentage point increase in employee and employer contributions will be phased-in over five years. Employee contributions with respect to the enhanced portion of the CPP and QPP (i.e., the additional contributions associated with the higher contribution rate – additional 0.15% of income for 2019) can be claimed as a deduction for federal tax purposes (a deduction for employee contributions to the enhanced portion of the CPP and QPP will also be claimed for Quebec income tax purposes) to a maximum of CAD 80.85 for a total maximum contribution of CAD 2 748.90 (CAD 2 991.45 in Quebec). Employee contributions with respect to the base portion of the CPP at a rate of 4.95% of income (5.40% for the QPP) will continue to be claimed as a wastable tax credit at the rate of 15% (to a maximum contribution of CAD 2 668.05 and CAD 2 910.60 for the CPP and QPP respectively). Income subject to contributions is earnings (wages and salaries) less a CAD 3 500 basic exemption. The maximum base contribution of CAD 2 668.05 is reached at an earnings level of CAD 57 400 (i.e. (CAD 57 400 - CAD 3 500) x 4.95% = CAD 2 668.05). Employers are also required to contribute to the CPP or QPP on behalf of their employees at the same rate and can deduct their contributions from taxable income (refer to Section 2.2.1).

Self-employed persons must also contribute to the CPP or QPP on their own behalf. However, the self-employed are required to contribute at the combined employer/employee rate on their earnings. Self-employed individuals will continue to pay both the employee and employer portion at a rate of 10.2% and 11.1% per cent respectively after the phase-in of increased contributions under the enhanced CPP and QPP. Self-employed individuals will continue to claim a wastable tax credit at the rate of 15% on the employee share of contributions to the base portion of the CPP and QPP (same as employees). For the remaining amounts, the entire enhanced portion and the base employer portion, self-employed individuals will claim a maximum deduction of CAD 2 829.75 (CAD 3 072.30 in Quebec).

2.1.2. Sickness

There is no national sickness benefit plan administered by the federal government. However, all provinces have provincially administered health care insurance plans. Three provinces, Quebec, Ontario, and British Columbia, levy health premiums on individuals separately from the personal income tax to help finance their health programmes.

In the case of Ontario, the premium is determined based on taxable income. Individuals who earn up to CAD 20 000 are exempt. The premium is phased-in with a number of different rates to a maximum of CAD 900 for taxable income levels greater than CAD 200 600. The following table provides further details on the structure that is applicable in 2019.

The Ontario Health Premium

Taxable Income	Fixed Component (CAD)	Variable Component
0—CAD 20 000	0	
CAD 20 000—CAD 25 000	0	6% of the taxable income in excess of CAD 20 000
CAD 25 000—CAD 36 000	300	
CAD 36 000—CAD 38 500	300	6% of the taxable income in excess of CAD 36 000
CAD 38 500—CAD 48 000	450	
CAD 48 000—CAD 48 600	450	25% of the taxable income in excess of CAD 48 000
CAD 48 600—CAD 72 000	600	
CAD 72 000—CAD 72 600	600	25% of the amount of taxable income in excess of CAD 72 600
CAD 72 600—CAD 200 000	750	
CAD 200 000—CAD 200 600	750	25% of the amount of taxable income in excess of CAD 200 000
Over CAD 200 600	900	

2.1.3. Unemployment

In general, all employees are eligible for Employment Insurance. Eligibility to receive benefits is determined by insurable hours worked (with a minimum entry threshold of 420 to 700 hours, depending on region and the unemployment rate at the time the claim for benefits starts). For 2019, employees outside Quebec are required to contribute at the rate of 1.62% of insurable earnings. Insurable earnings are earnings (wages and salaries) up to a maximum of CAD 53 100 per year. The maximum employee contribution is therefore

CAD 860.22 per year. Employment insurance contributions give rise to a tax credit equal to 15% of the amount contributed. Employers are also required to contribute to the plan. (See Section 2.23)

Quebec residents contribute to Employment Insurance at a rate of 1.25%; the same earnings ceiling applies. They also contribute to the Quebec Parental Insurance Plan at a rate of 0.526% of insurable earnings; maximum insurance earnings for 2019 are CAD 76 500. For a Quebec resident, the maximum employee contribution (Employment Insurance plus Quebec Parental Insurance Plan) is CAD 1 066.14.

2.1.4. Work injury

See section 2.2.4.

2.2. Employers' contributions

2.2.1. Pensions

Employers are required to contribute to the Canada Pension Plan on behalf of their employees an amount equal to their employees' contributions. Thus, employers also contribute at the rate of 5.10% of earnings (less the CAD 3 500 earnings exemption) to a maximum of CAD 2 748.90. For the Quebec Pension Plan, the contribution rate is 5.55% of earnings, to a maximum of CAD 2 991.45.[3]

2.2.2. Sickness

There is no national sickness benefit plan administered by the federal government. However, all provinces have provincially administered health care insurance plans. Three provinces levy a special tax on employer payrolls to finance health services (Québec and Ontario) or health services and education (Manitoba). These payroll taxes are deductible from the employer's income subject to tax. In the case of the province of Ontario, employers pay an Employer Health Tax on the value of their payroll, tax rates varying from 0.98% on Ontario payroll less than CAD 200 000, up to 1.95% for payroll that exceeds CAD 400 000. Certain employers are eligible for a higher exemption of CAD 450 000.

2.2.3. Unemployment

Employers are required to contribute to the employment insurance scheme. The general employer contribution is 1.4 times the employee contribution, that is, 2.27% of insurable earnings (outside Quebec). Premiums are adjusted for employers who provide sick pay superior to payments provided under the employment insurance regime. All employment insurance contributions are deductible from the employer's income subject to tax.

2.2.4. Work injury

There is no national work injury benefit plan administered by the federal government. However, employers are required to contribute to a provincial workers' compensation plan which pays benefits to workers (or their families in case of death) for work related illness or injury. The employer contribution rates, which vary by industry and province, are related to industry experience of work related illness and injury. Premiums are deductible from the employer's income subject to tax. In the case of Ontario, employers broadly corresponding to industry Sectors B-N inclusive pay, on average, 1.57% of the wages paid to each employee to a maximum of CAD 92 600.

3. Universal Cash Transfers

3.1. Transfers related to marital status

None.

3.2. Transfers for dependent children

3.2.1. Federal

Children's benefits are provided through the Canada Child Benefit (CCB). In the autumn of 2017, the Government announced that the CCB benefit amounts and income thresholds will be indexed to inflation starting with payments in July 2018. Entitlement to the CCB for the July 2020 to June 2021 benefit year is based on 2019 adjusted family net income. The CCB provides a maximum benefit of CAD 6 785 per child under age six and CAD 5 725 per child for those aged six through seventeen. On the portion of adjusted family net income between CAD 31 805 and CAD 68 910, the benefit is phased out at a rate of 7% for a one-child family, 13.5% for a two-child family, 19% for a three-child family and 23% for larger families. Where adjusted family net income exceeds CAD 68 910, remaining benefits are phased out at rates of 3.2% for a one-child family, 5.7% for a two-child family, 8% for a three-child family and 9.5% for larger families, on the portion of income above CAD 68 910.

The Goods and Services Tax Credit provides a relief of CAD 296 for each adult 19 years of age or older and CAD 156 for each dependent child under the age of 19. Single tax filers without children and with an employment income higher than CAD 9 619 receive an additional CAD 156 that is phased in at a rate of 2%. Single tax filers with children receive an additional CAD 156 that is not subject to phase-in. The credit received for the first dependent child of a single parent is also increased from CAD 156 to CAD 296. The total amount is reduced at a rate of five percent of net family income over CAD 38 621. The amount is paid directly to families.[4]

3.2.2. Provincial

For each child under eighteen, qualifying families can receive up to CAD 1 465 from the Ontario Child Benefit. The benefit is withdrawn at a rate of 8% of family income that exceeds CAD 22 369.

Ontario has a Sales Tax Credit that provides a relief of up to CAD 314 for each adult and each child. It is reduced by 4% of adjusted family net income over CAD 24 186 for single people and over CAD 30 232 for families. The amount is paid directly to families.

4. Main changes in the Tax/Benefit system since 2009

5. Memorandum Items

5.1. Identification of an Average Worker

The earnings data refer to production workers in the industries B to N. To obtain the annual average wage figure, the average weekly earnings for the year for employees (including overtime) are multiplied by 52. [5]

5.2. Employer contributions to private health and pension schemes

These do exist but no information is available on the amounts involved.

2019 Parameter values

Average earnings/yr	Ave_earn	55 092	Secretariat estimate
Tax credits	Basic_cred	1 810.35	
Spouse	Spouse_cred	1 810.35	
withdrawal rate	Sp_crd_wth	0.15	
Threshold	Sp_crd_thrsh	0	
Canada Employment Tax Credit	Empl_crd	183.30	
Canada Child Benefit amount per child under 6	ccb_credit1	6 785	
Canada Child Benefit amount per child aged 6-17	ccb_credit2	5 725	
First threshold	ccb_crd_thrsh1	31 805	
Second threshold	ccb_crd_thrsh2	68 910	
Frist reduction rate – 1 child	ccb_1st_redn1	0.070	
Frist reduction rate – 2 children	ccb_1st_redn2	0.135	
Frist reduction rate – 3 children	ccb_1st_redn3	0.190	
Frist reduction rate – 4+ children	ccb_1st_redn4	0.230	
Second reduction rate – 1 child	ccb_2nd_redn1	0.032	
Second reduction rate – 2 children	ccb_2nd_redn2	0.057	
Second reduction rate – 3 children	ccb_2nd_redn3	0.080	
Second reduction rate – 4+ children	ccb_2nd_redn4	0.095	
Canada Workers Benefit (CWB)			
CWB–Phase-in Threshold	CWB_phzin_thrsh	3 000	
CWB–Phase-in Rate	CWB_phzn_rt	0.26	
CWB–Maximum Credit (per Adult/Equiv.)	CWB_max	1 355	
CWB–Addl. Maximum Credit (Fam.)	CWB_max_fam	980	
CWB–Reduction Rate	CWB_phzout_rt	0.12	
CWB–Threshold	CWB_phzout_thrsh	12 820	
CWB–Addl. Threshold (Fam.)	CWB_phzn_thrsh_fam	4 205	
Federal tax schedule	Fed_sch	0.15	47 630
		0.205	95 259
		0.26	147 667
		0.29	210 371
		0.33	
Canada pension plan rate (creditable)	CPP_rate	0.0495	
Canada pension plan rate – enhanced (deductible)	CPP_ratededuc	0.0015	
exemption	CPP_ex	3 500	
Upper bound	CPP_up	57 400	
max contrib.(creditable portion)	CPP_max	2 668.05	
Unemployment ins.rate	Unemp_rate	0.0162	
max contrib.	Unemp_max	860.22	
Social security tax credit rate	ssc_crd_rate	0.15	
employer contrib. mult.	Unemp_emplr	1.4	
GST adult credit	GST_crd_ad	296	
child credit	GST_crd_ch	156	
threshold	GST_crd_thrsh	38 621	
reduction rate	GST_crd_redn	0.05	
single supplement	GST_crd_sgsp	156	
single supplement eligibility threshold	GST_sgsp_thrsh	9 619	
single supplement phase-in rate	GST_sgsp_rate	0.02	
Province: Ontario			
Tax Credits	P_basic_crd	534.39	
Spouse	P_spouse_crd	453.74	

withdrawal rate	P_sp_crd_wd	0.0505		
threshold	P_sp_crd_thr	898		
Social security tax credit rate	P_ssc_tc_rt	0.0505		
Surtax rate 1	P_sur_rt1	0.20		
threshold	P_sur_thr1	4 740		
rate 2	P_sur_rt2	0.36		
threshold	P_sur_thr2	6 067		
Tax reduction	P_tax_red	244		
amount per dependent	P_tr_chld	452		
Low-income Individuals and Families Tax Credit (LIFT)				
amount	P_LIFT_crd	850		
threshold for singles	P_LIFT_sg_thr	30000		
threshold for couples	P_LIFT_cp_thr	60000		
phase-in rate	P_LIFT_phzn_rt	0.0505		
phase-out rate	P_LIFT_phzout_rt	0.1		
Provincial tax schedule	Prov_sch	0.0505	43 906	
		0.0915	87 813	
		0.1116	150 000	
		0.1216	220 000	
		0.1316		
Ontario Child Benefit				
amount per child	P_ch_amt	1 465		
threshold	P_ch_thresh	22 369		
reduction rate	P_ch_redn_rate	0.08		
Sales tax credits				
sales tax credit adult	P_sales_cred	314		
sales tax credit child	P_salcr_chd	314		
threshold	P_ps_thresh	24 186		
threshold seniors/families	P_ps_thr_sen	30 232		
reduction rate	P_ps_red_rt	0.04		
Ontario Health Premium	P_hlth_sch	20 000	0	0
		25 000	0.06	0
		36 000	0	300
		38 500	0.06	300
		48 000	0	450
		48 600	0.25	450
		72 000	0	600
		72 600	0.25	600
		200 000	0	750
		200 600	0.25	750
maximum	P_hlth_max	900		
Employer Health Tax	emp_healthtax	0.0195		
Employer Workers Compensation Levy	emp_workcomp	0.0157		
Employer Workers Compensation Levy Ceiling	emp_workcomp_ceil	92 600		

2019 Tax equations

The equations for the Canadian system are mostly repeated for each individual of a married couple. But the spouse credit is relevant only to the calculation for the principal earner and the non-wastable credits are calculated only once. This is shown by the Range indicator in the table below.

The functions which are used in the equations (Taper, MIN, Tax etc) are described in the technical note about tax equations. Variable names are defined in the table of parameters above, within the equations table, or are the standard variables "married" and "children". A reference to a variable with the affix "_total" indicates the sum of the relevant variable values for the principal and spouse. And the affixes "_princ" and "_spouse" indicate the value for the principal and spouse, respectively. Equations for a single person are as shown for the principal, with "_spouse" values taken as 0.

	Line in country table and intermediate steps	Variable name	Range	Equation
1.	Earnings	earn		
2.	Allowances	tax_al	B	CPP_deduc
	Enhanced CPP contribution (deductible portion)	CPP_deduc	B	CPP_ratededuc*MINA(Positive(earn-CPP_ex),(CPP_up-CPP_ex))
	Net income	Net_inc	B	Earn - tax_al
3.	Credits in taxable income	taxbl_cr		0
4.	CG taxable income	tax_inc	B	Net_inc - taxbl_cr
5.	CG tax before credits	CG_tax_bc	B	Tax(tax_inc, Fed_sch)
6.	Tax credits :			
	Basic credit	basic_cr	P	Basic_cred + Empl_crd
			S	(earn_spouse>0)*Empl_crd+IF(AND(Married=1,earn_spouse>0),Basic_cred,0)+IF(AND(Married=0,tax_inc_spouse>0),Basic_cred-Taper(Spouse_cred,tax_inc_spouse,Sp_crd_thrsh,Sp_crd_wth),0)
	Spouse credit	spouse_cr	P	IF(OR(Married='1,Children>0),Taper(Spouse_cred,' tax_inc_spouse, Sp_crd_thrsh,Sp_crd_wth), 0)
	Social security	ssc_cr	B	ssc_crd_rate*SSC
	Total (wastable) tax credits	tax_cr	B	basic_cr+spouse_cr+ssc_cr
	Canada Workers Benefit	CWB	J	IF(Married>0,MAX(0,MIN(CWB_max+CWB_max_fam,(CWB_phzn_rt * MAX(0,net_inc_total-CWB_phzin_thrsh)))-MAX(0, CWB_phzout_rt*MAX(0,net_inc_total-(CWB_phzout_thrsh+ CWB_phzn_thrsh_fam)))), IF(Children>0,MAX(0,MIN(CWB_max+CWB_max_fam,(CWB_phzn_rt*MAX(0,net_inc_total-CWB_phzin_thrsh)))-MAX(0, CWB_phzout_rt*MAX(0,net_inc_total-(CWB_phzout_thrsh+CWB_phzn_thrsh_fam)))), MAX(0,MIN(CWB_max,(CWB_phzn_rt*MAX(0,net_inc_total-CWB_phzin_thrsh)))-MAX(0, CWB_phzout_rt* MAX(0,net_inc_total-CWB_phzout_thrsh)))))
7.	CG tax	CG_tax	B	Positive(CG_tax_bc-tax_cr)- CWB
8.	State and local taxes			
	Liable provincial tax	Prov_tax_sch	B	Tax(tax_inc, Prov_sch)
	Provincial tax credits	Prov_tax_cred	P	P_basic_crd+P_ssc_tc_rt*SSC_princ+IF(AND(Married=0, Children>0), P_spouse_crd, Married*Taper(P_spouse_crd, net_inc_spouse, P_sp_crd_thr, P_sp_crd_wd))
			S	(net_inc_spouse>0)*(P_ssc_tc_rt*SSC_spouse)+ OR(Married=1,Children>0)*P_basic_crd
	Provincial surtax	Prov_surtax	B	P_sur_rt1*Positive(Prov_tax_sch-Prov_tax_cred- P_sur_thr1)+P_sur_rt2*Positive(Prov_tax_sch-Prov_tax_cred-P_sur_thr2)
	Provincial tax reduction	Prov_tax_redn	B	MAX(2*(P_tax_red+Children*P_tr_chld)-(Prov_tax_sch- Prov_tax_cred+Prov_surtax), 0)
	Low-income Individuals and Families Tax Credit	Prov_LIFT_crd	J	IF(Married=1,MIN(Taper(MIN(P_LIFT_crd,earn*P_LIFT_phzn_rt), net_inc_total, P_LIFT_cp_thr, P_LIFT_phzout_rt),

	(LIFT)			Taper(MIN(P_LIFT_crd,earn*P_LIFT_phzn_rt),net_inc,P_LIFT_sg_thr,P_LIFT_phzout_rt)),Taper(MIN(P_LIFT_crd,net_inc*P_LIFT_phzn_rt),net_inc,P_LIFT_sg_thr,P_LIFT_phzout_rt))
	Liable provincial tax	Prov_tax	B	Positive(Prov_tax_sch - Prov_tax_cred + Prov_surtax -Prov_tax_redn – Prov_LIFT_crd)
9.	Employees' soc security:			
	Canada Pension Plan contribution (creditable portion)	CPP_cred	B	CPP_rate*MINA(Positive(earn-CPP_ex),(CPP_up-CPP_ex))
	Canada Pension Plan (total)	CPP	B	CPP_deduc+CPP_cred
	Unemployment insurance	Unemp	B	MIN(Unemp_rate*earn,Unemp_max)
	State health premium	Prov_health	B	MIN(Hstep(tax_inc,P_hlth_sch),P_hlth_max)
	Total Employees' soc security	SSC	B	CPP+Unemp+Prov_health
11.	Cash transfers (nonwastable)			
	Canada Child Benefit	CCB	P	Taper(Taper(Children*ccb_credit2,MINA(net_inc_total, ccb_crd_thrsh2), ccb_crd_thrsh1, IF(children=1, ccb_1st _redn1, IF(children=2, ccb_1st _redn2, IF(children=3, ccb_1st _redn3, IF(children>3, ccb_1st _redn4, 0))))), net_inc_total, ccb_crd_thrsh2, IF(children=1, ccb_2nd _redn1, IF(children=2, ccb_2nd _redn2, IF(children=3, ccb_2nd _redn3, IF(children>3, ccb_2nd _redn4, 0)))))
	GST Credit - Total	GST_cr	P	Taper((GST_crd_ad+(Married=1)*(GST_crd_ad+Children*GST_crd_ch)+(Married=0)*(Children>0)*(GST_crd_ad+GST_crd_sgsp+Positive(Children-1)*GST_crd_ch)+(Married=0)*(Children=0) *Positive(MIN(GST_crd_sgsp, (net_inc_total-GST_sgsp_thrsh)*GST_sgsp_rate))), net_inc_total, GST_crd_thrsh, GST_crd_redn)
	GST Credit - Adult	GST_cr_adult	P	Taper((GST_crd_ad+(Married=1)*(GST_crd_ad)+(Married=0)*Positive(MIN(GST_crd_sgsp, (net_inc_total-GST_sgsp_thrsh) *GST_sgsp_rate))), net_inc_total, GST_crd_thrsh, GST_crd_redn)
	GST Credit - Child	GST_cr_child	P	GST_cr-GST_cr_adult
	Ontario Child Benefit	Prov_child_ben	P	Taper(Children*P_ch_amt,net_inc_total,P_ch_thresh,P_ch_redn_rate)
	Ontario sales tax credit	Prov_sales_cr	P	Taper(IF(Married=1,2,1)*P_sales_cred+Children*P_salcr_chd,net_inc_total,IF(Married+Children=0, P_ps_thresh,P_ps_thr_sen), P_ps_red_rt)
	Total Cash Transfers	Cash_tran	P	CCB+GST_cr+Prov_child_ben+ Prov_sales_cr
13.	Employer's soc security			
	Canada Pension Plan	CPP_empr	B	CPP
	Unemployment insurance	Unemp_empr	B	Unemp*Unemp_emplr
	Ontario Employers Health Tax	Health_empr	B	earn*emp_healthtax
	Ontario Workers Compensation	Comp_empr	B	MIN(earn, emp_workcomp_ceil)*emp_workcomp
	Total Employer's soc security	SSC_empr	B	CPP_empr+Unemp_empr+Health_empr+Comp_empr

Key to range of equation B calculated separately for both principal earner and spouse P calculated for principal only (value taken as 0 for spouse calculation) J calculated once only on a joint basis.

Notes

[1] The Canada Workers Benefit (CWB) represents a rebranding and enhancement to the previous Working Income Tax Benefit (WITB) effective for the 2019 tax year.

[2] Ontario implemented a new low-income credit in 2019 named the Low-income Individuals and Families Tax (LIFT) credit.

[3] Contributions rates will continue to gradually increase until the 2023 tax year as the 1-percentage-point increase is phased-in as part of the enhancements to CPP and QPP.

[4] The payments that relate to income from the 2018 tax year are payable between July 2019 and June 2020. The amounts shown in this Report assume indexation of 2.1% for the 2018 tax year (and 2019-20 benefit year); the actual indexation parameter will be announced in December 2018.

[5] The average wage is calculated by the Department of Finance using data from Statistics Canada's Survey of Employment, Payrolls and Hours.

Chile

This chapter includes data on the income taxes paid by workers, their social security contributions, the family benefits they receive in the form of cash transfers as well as the social security contributions and payroll taxes paid by their employers. Results reported include the marginal and average tax burden for eight different family types.

Methodological information is available for personal income tax systems, compulsory social security contributions to schemes operated within the government sector, universal cash transfers as well as recent changes in the tax/benefit system. The methodology also includes the parameter values and tax equations underlying the data.

Chile 2019

The tax/benefit position of single persons

	Wage level (per cent of average wage)	67	100	167	67
	Number of children	none	none	none	2
1.	**Gross wage earnings**	6 728 840	10 043 045	16 771 885	6 728 840
2.	**Standard tax allowances**				
	Basic allowance	0	0	0	0
	Married or head of family				
	Dependent children				
	Deduction for social security contributions and income taxes	471 019	703 013	1 174 032	471 019
	Work-related expenses				
	Other	796 022	1 188 092	1 984 114	796 022
	Total	1 267 041	1 891 105	3 158 146	1 267 041
3.	**Tax credits or cash transfers included in taxable income**	0	0	0	0
4.	**Central government taxable income (1 - 2 + 3)**	5 461 800	8 151 940	13 613 739	5 461 800
5.	**Central government income tax liability (exclusive of tax credits)**	0	4 521	222 993	0
6.	**Tax credits**				
	Basic credit				
	Married or head of family				
	Children	0	0	0	249 127
	Other				
	Total	0	0	0	249 127
7.	**Central government income tax finally paid (5-6)**	0	4 521	222 993	0
8.	**State and local taxes**	0	0	0	0
9.	**Employees' compulsory social security contributions**				
	Gross earnings	471 019	703 013	1 174 032	471 019
	Taxable income				
	Total	471 019	703 013	1 174 032	471 019
10.	**Total payments to general government (7 + 8 + 9)**	471 019	707 534	1 397 024	471 019
11.	**Cash transfers from general government**				
	For head of family				
	For two children	0	0	0	55 492
	Total	0	0	0	55 492
12.	**Take-home pay (1-10+11)**	6 257 821	9 335 511	15 374 861	6 313 313
13.	**Employer's compulsory social security contributions**	0	0	0	0
14.	**Average rates**				
	Income tax	0.0%	0.0%	1.3%	0.0%
	Employees' social security contributions	7.0%	7.0%	7.0%	7.0%
	Total payments less cash transfers	7.0%	7.0%	8.3%	6.2%
	Total tax wedge including employer's social security contributions	7.0%	7.0%	8.3%	6.2%
15.	**Marginal rates**				
	Total payments less cash transfers: Principal earner	7.0%	10.2%	10.2%	7.0%
	Total payments less cash transfers: Spouse	n.a.	n.a.	n.a.	n.a.
	Total tax wedge: Principal earner	7.0%	10.2%	10.2%	7.0%
	Total tax wedge: Spouse	n.a.	n.a.	n.a.	n.a.

Chile 2019

The tax/benefit position of married couples

	Wage level (per cent of average wage)	100-0	100-67	100-100	100-67
	Number of children	2	2	2	none
1.	**Gross wage earnings**	10 043 045	16 771 885	20 086 090	16 771 885
2.	**Standard tax allowances**				
	Basic allowance	0	0	0	0
	Married or head of family				
	Dependent children				
	Deduction for social security contributions and income taxes	703 013	1 174 032	1 406 026	1 174 032
	Work-related expenses				
	Other	1 188 092	1 984 114	2 376 184	1 984 114
	Total	1 891 105	3 158 146	3 782 211	3 158 146
3.	**Tax credits or cash transfers included in taxable income**	0	0	0	0
4.	**Central government taxable income (1 - 2 + 3)**	8 151 940	13 613 739	16 303 879	13 613 739
5.	**Central government income tax liability (exclusive of tax credits)**	4 521	4 521	9 041	4 521
6.	**Tax credits**				
	Basic credit				
	Married or head of family				
	Children	249 127	249 127	249 127	0
	Other				
	Total	249 127	249 127	249 127	0
7.	**Central government income tax finally paid (5-6)**	0	0	0	4 521
8.	**State and local taxes**	0	0	0	0
9.	**Employees' compulsory social security contributions**				
	Gross earnings	703 013	1 174 032	1 406 026	1 174 032
	Taxable income				
	Total	703 013	1 174 032	1 406 026	1 174 032
10.	**Total payments to general government (7 + 8 + 9)**	703 013	1 174 032	1 406 026	1 178 553
11.	**Cash transfers from general government**				
	For head of family				
	For two children	0	55 492	0	0
	Total	0	55 492	0	0
12.	**Take-home pay (1-10+11)**	9 340 032	15 653 345	18 680 064	15 593 333
13.	**Employer's compulsory social security contributions**	0	0	0	0
14.	**Average rates**				
	Income tax	0.0%	0.0%	0.0%	0.0%
	Employees' social security contributions	7.0%	7.0%	7.0%	7.0%
	Total payments less cash transfers	7.0%	6.7%	7.0%	7.0%
	Total tax wedge including employer's social security contributions	7.0%	6.7%	7.0%	7.0%
15.	**Marginal rates**				
	Total payments less cash transfers: Principal earner	7.0%	7.0%	7.0%	10.2%
	Total payments less cash transfers: Spouse	6.2%	7.0%	7.0%	7.0%
	Total tax wedge: Principal earner	7.0%	7.0%	7.0%	10.2%
	Total tax wedge: Spouse	6.2%	7.0%	7.0%	7.0%

Chile's national currency is the peso (CLP). For 2019, the average exchange rate was CLP 703.31 to USD 1. That same year, the average worker in Chile earned 10 043 045 CLP (country estimate[1]).

Taxes allowances and tax thresholds for the personal income tax system and upper earnings limits for social security contributions are determined using and expressed in CPI-indexed units. As of December 31, 2019, the following currency values applied to these units:

Major revenue items	Unit	CLP	USD
Social security contributions	Unidad de Fomento[1] (UF)	28 309	40.25
Monthly tax thresholds	Unidad Tributaria Mensual (UTM)	49 623	70.56
Annual tax thresholds	Unidad Tributaria Anual (UTA)	595 476	846.68

1. This amount is subject to daily adjustment in line with the CPI and is compared with monthly earnings in the assessment of social security contributions

1. Personal income tax system

1.1. Central/federal government income taxes

1.1.1. Tax unit

Each family member declares and pays taxes separately.

1.1.2. Tax allowances and credits

1.1.2.1. Standard tax reliefs

- Education tax credit: Parents with children attending preschool, primary, special or secondary education, with a total annual taxable income (both parents) of up to CLP 22 421 472 (UF 792), are entitled to a tax credit of CLP 124 564 (UF 4.4) per child, for expenses related to education. Children shall have a minimal school attendance of 85% and the school must be recognized by the State. This tax credit can be claimed by both parents, or only by one of them.
- Relief for social security contributions: Employee's compulsory social insurance contributions are deductible for income tax purposes regardless of whether they are paid to government or private health insurers. (See section 2.1 below).

1.1.2.2. Main non-standard tax reliefs

- Voluntary contributions and APV (Voluntary Pension Fund Savings): Voluntary contributions to pension funds and voluntary pension savings fund (APV) may be deducted from taxable income, with an annual upper limit of CLP 16 729 476 (UF 600.)
- Mortgage Interest: Taxpayers whose annual income falls below CLP 53 592 840 (UTA 90) may deduct from their taxable income 100% of interest paid within a year for mortgage loans. This percentage is reduced in the case of taxpayers with higher incomes up to CLP 89 321 400 (UTA 150). This relief cannot be granted along-side the DFL2 Housing Mortgage Loan Payments benefit, and cannot exceed CLP 4 763 808 (UTA 8) per annum.

1.1.3. Tax schedule

Tax rates are applied on monthly income and these taxes are retained and paid by employers. In order to estimate taxes, tax rates are applied on an annual basis, on the annual average income (starting of 1

January 2017, the maximum marginal tax rate was diminished from 40% to 35%, and the number of tax brackets was reduced from eight to seven):

Taxable income (UTA)	Taxable income (CLP thousands)	Tax rates
0–13.5	0 – 8 038	exempt
13.5–30	8 038– 17 864	4%
30–50	17 864 – 29 773	8%
50–70	29 773 – 41 683	13.5%
70–90	41 683 – 53 592	23%
90–120	53 592 – 71 457	30.4%
120 and over	71 457 and over	35%

As of 1 January 2017, the President of the Republic, Ministers, Undersecretaries, Senators and Deputies have tax thresholds and rates applicable specifically to their income, if it is higher than 150 UTA:

Taxable income (UTA)	Taxable income (CLP thousands)	Tax rates
0–13.5	0 – 8 038	exempt
13.5–30	8 038– 17 864	4%
30–50	17 864 – 29 773	8%
50–70	29 773 – 41 683	13.5%
70–90	41 683 – 53 592	23%
90–120	53 592 – 71 457	30.4%
120 – 150	71 457 – 89 321	35%
150 and over	89 321 and over	40%

1.2. State and local income taxes

No taxes apply to income at state or local government level.

2. Compulsory social security contributions to schemes operated within the government sector

2.1. Employees' contributions

Employees have mandatorily to contribute 7% of their income to a health insurance plan subject to an upper earnings limit of CLP 26 532 949 (UF 79.3 monthly). They are free to choose whether to pay into a government-managed plan or alternatively to a private insurer[2] (Isapres). The public insurance is based on a joint system that, in general, operates on an equal basis for all its beneficiaries, irrespective of the risk and the amount of the individual contribution. Its financing is partly covered by the contributions and partly by way of a government subsidy. Premiums paid to the plans offered by Isapres are based on the contributors' individual risk and these plans are exclusively financed with the employees' contributions. Public insurance contributions are included in the modelling as the majority of employees pay into plans managed by the government sector.

Employee social security contributions in respect of pensions and unemployment are not classified as taxes in this report; though they are included in modelling as deductions for income tax.

- The mandatory contributions to pension funds and unemployment insurance plans are not classified as taxes, since the payments are made to private institutions. In 1980, the public social security system was replaced with a privately managed individual capitalisation system. This system is obligatory to all employees who have joined the labour force since 1983 and free-lance workers since 2012, and of a voluntary nature to all contributing to the former system. The contributions to the old government operated pension fund system are not included in the modelling because they relate to a minority of employees and the system will eventually disappear once the contributions and related benefit payments to those individuals remaining in it have ceased.

- The modelling allows that the contributions to pension funds and unemployment insurance managed by private institutions are deducted from gross income. In the case of their pension funds, these payments amount to 10% of their gross income, with an upper earnings limit of CLP 26 532 949 (UF 79.3 monthly). Added to that is an amount that varies depending on the managing company that covers the management of each pension fund account.[3] The monthly unemployment insurance premium is 0.6% of the employee's gross income, with an upper earnings limit of CLP 39 782 694 (UF 118.9). Employees do not pay the monthly unemployment insurance premium when they have a fixed-term contract or after 11 years of labour relationship.
- There are also mandatory contributions to managed funds by members of the police force and the army which are classified as taxes but are not included in the modelling as they relate to a minority of the overall workforce.
- If the employee has a high risk job, that person has to make an additional contribution of 2% (heavy work) or 1% (less heavy work) of the gross income with an upper earnings limit of CLP 26 532 949 (UF 79.3 monthly), to the pension fund account.

The pension and unemployment contributions are not included in the Taxing Wages calculations, as they are not considered as taxes in the report. However, information on "non-tax compulsory payments" as well as "compulsory payment indicators" is included in the OECD Tax Database, which is accessible at www.oecd.org/ctp/tax-database.htm.

2.2. Employers' contributions

There are five categories of employer social security contribution, none of which are classified as tax revenues in this report.

- Employers make mandatory payments of 0.91%[4] of their employees' gross income for an occupational accident and disease insurance policy subject to an upper earnings limit. For the majority of employees the payments are made to employers' associations of labour security which are private non-profit institutions. Those remaining are made to the Social Security Regularisation Unit (ISL). Although this latter organisation is controlled by the government, the funds are invested on the private institutions market. The employers also pay an additional contribution which depends on the activity and risk associated to the enterprise (it cannot exceed 3.4% of the employees' gross earnings). This additional contribution could be reduced, down to 0%, depending on the safety measures the employer implements in the enterprise. If health and safety conditions at work are not satisfactory, this additional contribution could be applied with a surcharge of up to 100%.
- As of April 1st, 2017, employers shall make a mandatory contribution based on employees' gross income to a fund which will finance insurance coverage for working parents of children aged 1 to 15, or ages 1-18, whichever applies, that have a serious health condition, so that the parents can take a leave of absence from their work in order to accompany and take care of them; therefore, during this period the parents shall have the right to assistance financed by said fund (in Spanish, "Fondo SANNA") that will replace, in total or partially, their monthly earnings. During 2019 the rate is 0.02%, and will reach a final value of 0.03% in force as of January 1, 2020. The collection of this contribution is initially delegated to the ISL and to the employers' association of labour security.
- Employers make payments of 2.4% of each employee's income (0.8% after 11 years of labour relationship and 3% for fixed-term contracts) with an upper earnings limit of CLP 39 782 694 (UF 118.9) to finance unemployment insurance. These funds are managed privately.

- Employers are required to pay a disability insurance of 1.53% [5] of the employees' gross income, with an upper earnings limit of CLP 26 532 949 (UF 79.3 monthly), collected by the pension fund manager, and managed by an insurance company.
- If the employee has a high risk job, the employer has to pay 2% (heavy work) or 1% (less heavy work) of the employee's gross income, with an upper earnings limit of CLP 26 532 949 (UF 79.3 monthly), to the pension fund account.

3. Universal cash transfers

3.1. Marital status-related transfers

No such transfers are paid.

3.2. Transfers related to dependent children

The "Family Allowance" is paid on a monthly basis to any employee making social security contributions who has dependent children. The definition of dependants[6] includes:

- Adopted children as well as those born to the parents;
- Children up to the age of 18 or 24 years provided they are single and are regular students in an elementary, secondary, technical, specialised or higher education establishment
- The amount of the payment depends on the number of dependent children and the beneficiary's level of income according to the table below. The modelling assumes that the benefit is assessed on the spouse with the lower earning level where both spouses are working.

2019 Transfer by Dependant	
Annual Income Range (CLP)	Annual Payment (CLP)
0–3 653 682	143 598
3 653 681– 5 276 590	87 764
5 276 590– 8 323 274	27 746
and over	0

4. Memorandum items

4.1. Identification of an average worker

- The source of information is a survey conducted by the National Statistics Institute (INE) to determine the Salary and Labour Cost Index. This nationwide survey is carried out on a monthly sample and gathers information on salaries and labour costs. It applies to companies with at least 5-worker payrolls grouped in accordance with ISIC4.CL 2012[7], covering workers in industry sectors B to R[8].
- The average gross earning was obtained by multiplying the average hourly wage by the average number of hours worked. It covers both full and part-time workers.

4.2. Employers' contribution to private health and pension schemes

- In Chile very few employers make any contributions towards health schemes for their employees, and the relevant information is not available.

2019 Parameter values

Average earnings/yr	Ave_earn	10 043 045	Country estimate
Allowances	Basic_al	0	
Income tax	Tax_sch	0	8 038 926
		0.04	17 864 280
		0.080	29 773 800
		0.135	41 683 320
		0.23	53 592 840
		0.304	71 457 120
		0.35	
Education tax credit	edu_tax_cre	124 564	
	edu_tax_cre_lim	22 421 472	
Employees SSC	SSC_sch	7%	26 532 949
Upper threshold		0	
Family allowance	CTR_child	-	143,598
Child element		3 653,682	87,764
		5 276,590	27,746
		8 323,274	-

2019 Tax equations

The functions which are used in the equations (Taper, MIN, Tax etc) are described in the technical note about tax equations. Variable names are defined in the table of parameters above, within the equations table, or are the standard variables "married" and "children". A reference to a variable with the affix "_total" indicates the sum of the relevant variable values for the principal and spouse. And the affixes "_princ" and "_spouse" indicate the value for the principal and spouse, respectively. Equations for a single person are as shown for the principal, with "_spouse" values taken as 0.

	Line in country table and intermediate steps	Variable name	Range	Equation
1.	Earnings	earn		
2.	Allowances:	Tax_al	B	Min(Basic_al,earn)
3.	Credits in taxable income	taxbl_cr	B	0
4.	CG taxable income	tax_inc	B	Positive(earn-tax_al)
5.	CG tax before credits	CG_tax_excl	B	Tax(tax_inc, tax_sch)
6.	Tax credits :	tax_cr	P	IF(taxinc_princ+taxinc_spouse<='edu_tax_cre_lim,IF(taxinc_spouse' =0,edu_tax_cre*Children,edu_tax_cre*Children*0.5),0)
			S	IF(AND(taxinc_princ+taxinc_spouse<=edu_tax_cre_lim,taxinc_spouse>0),edu_tax_cre*Children*0.5,0)
7.	CG tax	CG_tax	B	Positive(CG_tax_excl-tax_cr)
8.	State and local taxes	local_tax	B	0
9.	Employees' soc security	SSC	B	Tax(earn, SSC_sch)
11.	Family allowance	cash_trans	P/S	IF(Children='0,0,' IF(earn_spouse>0, VLOOKUP (earn_spouse, CTR_child) , VLOOKUP (earn_princ, CTR_child)) * children)
13.	Employer's soc security	SSC_empr		0

Key to range of equation B calculated separately for both principal earner and spouse P calculated for principal only (value taken as 0 for spouse calculation) J calculated once only on a joint basis.

Notes

1 Information for earnings is available until October 2019 (and Preliminary for November). The figures for December will be release next February 6th and confirmed by March 5th.

2 Enrolment in the private health system during 2018 amounted to 13.8% of all beneficiaries.

3 Average cost in 2019 was 1.23% of gross income.

4 As of January 1st 2019, until December 31st 2019, the percentage is 0.91%. the rate will reach a final value of 0.90% in January 1st, 2020.

5 Valid percentage from July 1st 2018 to June 30th 2020.

6 If the dependant's income is equal or higher than half the minimum wage, for more than three months in the calendar year, the dependant is not eligible to receive the family allowance.

7 ISIC4.CL 2012 is a Chilean classifier of economic activities, based on ISIC Rev.4.

8 O (8422) "Defense Activities" and O (8423) "Public order and safety activities" are not included.

Czech Republic

This chapter includes data on the income taxes paid by workers, their social security contributions, the family benefits they receive in the form of cash transfers as well as the social security contributions and payroll taxes paid by their employers. Results reported include the marginal and average tax burden for eight different family types.

Methodological information is available for personal income tax systems, compulsory social security contributions to schemes operated within the government sector, universal cash transfers as well as recent changes in the tax/benefit system. The methodology also includes the parameter values and tax equations underlying the data.

Czech Republic 2019

The tax/benefit position of single persons

	Wage level (per cent of average wage)	67	100	167	67
	Number of children	none	none	none	2
1. Gross wage earnings		273 869	408 760	682 629	273 869
2. Standard tax allowances					
Basic allowance					
Married or head of family					
Dependent children					
Deduction for social security contributions and income taxes					
Work-related expenses					
Other					
	Total	0	0	0	0
3. Tax credits or cash transfers included in taxable income		0	0	0	0
4. Central government taxable income (1 - 2 + 3 + 13)		366 437	546 921	913 358	366 437
5. Central government income tax liability (exclusive of tax credits)		54 966	82 038	137 004	54 966
6. Tax credits					
Basic credit					
Married or head of family					
Children					
Other		24 840	24 840	24 840	72 798
	Total	24 840	24 840	24 840	72 798
7. Central government income tax finally paid (5-6)		30 126	57 198	112 164	- 17 832
8. State and local taxes		0	0	0	0
9. Employees' compulsory social security contributions					
Gross earnings		30 126	44 964	75 089	30 126
Taxable income					
	Total	30 126	44 964	75 089	30 126
10. Total payments to general government (7 + 8 + 9)		60 251	102 162	187 253	12 293
11. Cash transfers from general government					
For head of family					
For two children		0	0	0	21 840
	Total	0	0	0	21 840
12. Take-home pay (1-10+11)		213 618	306 598	495 376	283 416
13. Employer's compulsory social security contributions		92 568	138 161	230 729	92 568
14. Average rates					
Income tax		11.0%	14.0%	16.4%	-6.5%
Employees' social security contributions		11.0%	11.0%	11.0%	11.0%
Total payments less cash transfers		22.0%	25.0%	27.4%	-3.5%
Total tax wedge including employer's social security contributions		41.7%	43.9%	45.8%	22.7%
15. Marginal rates					
Total payments less cash transfers: Principal earner		31.1%	31.1%	31.1%	31.1%
Total payments less cash transfers: Spouse		n.a.	n.a.	n.a.	n.a.
Total tax wedge: Principal earner		48.5%	48.5%	48.5%	48.5%
Total tax wedge: Spouse		n.a.	n.a.	n.a.	n.a.

Czech Republic 2019

The tax/benefit position of married couples

	Wage level (per cent of average wage)	100-0	100-67	100-100	100-67
	Number of children	2	2	2	none
1.	**Gross wage earnings**	408 760	682 629	817 520	682 629
2.	**Standard tax allowances**				
	Basic allowance				
	Married or head of family				
	Dependent children				
	Deduction for social security contributions and income taxes				
	Work-related expenses				
	Other				
	Total	0	0	0	0
3.	**Tax credits or cash transfers included in taxable income**	0	0	0	0
4.	**Central government taxable income (1 - 2 + 3 + 13)**	546 921	913 358	1 093 842	913 358
5.	**Central government income tax liability (exclusive of tax credits)**	82 038	137 004	164 076	137 004
6.	**Tax credits**				
	Basic credit				
	Married or head of family				
	Children				
	Other	97 638	72 798	72 798	24 840
	Total	97 638	72 798	72 798	24 840
7.	**Central government income tax finally paid (5-6)**	- 15 600	39 366	66 438	87 324
8.	**State and local taxes**	0	0	0	0
9.	**Employees' compulsory social security contributions**				
	Gross earnings	44 964	75 089	89 927	75 089
	Taxable income				
	Total	44 964	75 089	89 927	75 089
10.	**Total payments to general government (7 + 8 + 9)**	29 364	114 455	156 365	162 413
11.	**Cash transfers from general government**				
	For head of family				
	For two children	21 840	21 840	0	0
	Total	21 840	21 840	0	0
12.	**Take-home pay (1-10+11)**	401 236	590 014	661 155	520 216
13.	**Employer's compulsory social security contributions**	138 161	230 729	276 322	230 729
14.	**Average rates**				
	Income tax	-3.8%	5.8%	8.1%	12.8%
	Employees' social security contributions	11.0%	11.0%	11.0%	11.0%
	Total payments less cash transfers	1.8%	13.6%	19.1%	23.8%
	Total tax wedge including employer's social security contributions	26.6%	35.4%	39.6%	43.0%
15.	**Marginal rates**				
	Total payments less cash transfers: Principal earner	31.1%	31.1%	31.1%	31.1%
	Total payments less cash transfers: Spouse	31.1%	31.1%	31.1%	31.1%
	Total tax wedge: Principal earner	48.5%	48.5%	48.5%	48.5%
	Total tax wedge: Spouse	48.5%	48.5%	48.5%	48.5%

The national currency is the Czech koruna (CZK). In 2019, CZK 22.93 were equal to USD 1. In that year, the average worker earned CZK 408 760 (Secretariat estimate).

1. Personal Income Tax System

1.1. Central government income taxes

1.1.1. Tax unit

- The tax unit is the individual.

1.1.2. Tax allowances and tax credits

1.1.2.1. Standard reliefs

- Relief for social and health security contributions. Employees' social security contributions (see Section 2.1.) are not deductible for income tax purposes.

1.1.2.2. Main non-standard tax reliefs applicable to an AW

- Charitable donations allowance: A tax allowance of up to 10% of taxable income is available for donations made to municipalities or legal entities for the financing of social, health, cultural, humanitarian, religious, ecological and sport activities. The minimum limit for donations is the lesser of 2% of taxable income or CZK 1 000. A similar procedure shall apply for gratuitous performance to finance the removal of the consequences of a natural disaster occurring in the territory of an EU Member State, Norway or Iceland. The total deduction may not exceed 15% of the tax base. As gratuitous performance for healthcare purposes, the value of one blood donation from an unpaid donor is valued at a sum of CZK 2 000 and the value of an organ donation from a living donor is valued at a sum of CZK 20 000.
- Interest payments: Taxpayers may claim an allowance of up to CZK 300 000 for mortgage interest payments or other interest payments related to the purchase or the improvement of their house. The total sum of interest by which the tax base is reduced on all credits of payers in the same jointly managed household must not exceed CZK 300 000.
- Supplementary pension scheme contributions: In a period of taxation, the tax base may be reduced by a contribution, in the maximum total amount of CZK 12 000, paid by a taxpayer to their supplementary pension insurance with a State contribution under a contract on supplementary pension insurance with a State contribution entered into between the payer and a pension company; the sum that may be deducted in this manner equals the total amount of contributions paid by the payer for their supplementary pension insurance with a State contribution in the period of taxation, reduced by CZK 12 000.
- Private life insurance premiums: Taxpayers may claim an allowance of up to CZK 12 000 for premiums paid according to a contract between the taxpayer and an insurance company if the benefit (lump sum or recurrent pension) is paid out 60 months after the signature of the contract and in the year in which the taxpayer reaches the age of 60.

1.1.2.3. Tax schedule

From January 2008, a progressive system of taxation is replaced by a single rate of 15%. The tax base, reduced by the non-taxable part of the tax base (see 1.1.2.2. - Main non-standard tax reliefs), rounded down to whole hundreds of CZK is subject to tax at the rate of 15%. After that, tax credits (see 1.1.2.4.) can be used to directly reduce a person´s tax liability.

1.1.2.4. Tax credits

- Credit of CZK 24 840 per taxpayer.
- Credit of CZK 24 840 per spouse (husband or wife) living with a taxpayer in a common household provided that the spouse's own income does not exceed CZK 68 000 in the taxable period.
- Credit of CZK 15 204 for first child, credit of CZK 19 404 for second child, credit of CZK 24 204 for third and each additional child (irrespective of the child's own income) living with a taxpayer in a common household on the territory of a Member State of the EU, Norway or Iceland, if the child satisfies one or more of the following criteria (in force since July 1, however, with retroactive effect from January 1):
    - age below 18 year of age,
    - age below 26 year of age and receiving full-time education,
    - age below 26 year of age and physically or mentally disabled provided that the child is not in receipt of a state disability payment

  If the child is a "ZTP-P" card holder (the child with a certain type of disabilities), the tax credit is doubled. The taxpayer can claim the tax credit in the form of tax reliefs or tax bonuses or their combination.
- Credit of CZK 2 520 if the taxpayer is in receipt of a partial disability pension or is entitled to both an old-age pension and a partial disability pension
- Credit of CZK 5 040 if the taxpayer is in receipt of a full disability pension, or another type of pension conditional on his full disability pension, or if the taxpayer is entitled to both old-age pension and full disability pension or deemed to be fully disabled under statutory provisions, but his application for a full disability pension was rejected for reasons other than that he was not fully disabled (handicapped).
- Credit of CZK 16 140 if the taxpayer is a "ZTP-P" card holder.
- Credit of CZK 4 020 if the taxpayer takes part in a systematic educational or training programme under statutory provisions in order to prepare for his future vocation (profession) by means of such studies or prescribed training until completion of his/her 26 or 28 years (Ph.D. programme).
- The annual tax credit for placing a child into a preschool child care institution in the amount of the expenditure proven to be incurred for attending the preschool, up to the amount of the minimum wage for each placed child (for the year 2019: MW CZK 13 350)

The non-standard tax reliefs and special solidarity surcharge of 7% for income from employment and entrepreneurship exceeding 48 times the average salary within the calendar year are not included in the tax equations underlying the Taxing Wages results.

1.2. State and local income tax

There are no regional or local income taxes.

2. Compulsory Social Security Contributions to Schemes Operated within the Government Sector

The maximum annual earnings used to calculate social security contributions are 48 times the national average monthly wage. The maximum ceiling for social security contributions is CZK 1 569 552 for the year 2019. The maximum ceiling for health insurance has not existed since 2013.

2.1. Employees' contributions

Compulsory contributions of 11% of gross wages and salaries are paid by all employees into government operated schemes. The total is made up as follows (in %):

Health insurance	4.5
Social insurance	6.5

2.2. Employers' contributions

The total contribution for employers is 33,8% of gross earnings.

The contribution consists of the health insurance contribution (9% of gross wages and salaries) and social insurance (24,8 %).

3. Universal Cash Transfers

3.1. Transfers related to marital status

None.

3.2. Transfers for dependent children

Non-taxable child allowances are the basic income-tested benefit provided to a dependent child with the objective to contribute to the coverage of costs incurred in his upbringing and sustenance. Entitlement to the child allowance is bound with certain income criteria. The central government pays this allowance in respect of each dependent child based on the family income level and provided that family's income does not exceed 2.7 times the relevant family's living minimum (LM) and simultaneously fulfils the minimum income condition of CZK 3410/monthly/one of parents.. Family income includes the earnings of both parents net of income tax and the employees' social security and health insurance contributions. Child allowances are provided at three levels depending on the age of the child and are paid as follows:

Family Income	up to 2.7 LM
Age of child	Total payment CZK per month
below 6 year of age	800
6–15 years	910
15–26 years	1000

The monthly family's LM for the AW-type family with children can be calculated by summing the following amounts (in CZK):

Living minimum	
Basic personal requirement	
Single	3 410
First person in household	3 140
Second and other persons who are not a dependent child	2 830

Child aged below 6	1 740
Child aged between 6 and 15	2 140
Child aged between 15 and 26	2 450
Household expenses	
One person household	3 410
Two person household	5 970
Three person household	7 710
Four person household	9 850
Five person household	12 300

The LM is required by law. In case that family income (income of persons assessed together) is not achieved, the amount of family's LM can be put in a request for state social support (housing benefit, family benefits, social assistance and other). The system applies the solidarity principle between the high-income families and low-income families, as well as between the childless families and those with children.

The term "social allowance" was abolished from 1 January 2012. However, this fact has no effect on the tax-benefit system for low-income families. The system of personalized payment was simplified and extended. For examples, in case of loss of income (social allowance) some people may put in a request for increase care allowance up to CZK 2 000. This allowance is addressed for recipients who are dependent children below 18 years of age and parent of dependent children below 18 years of age if the income of the family is under 2.0 family's living minimum. Protection in the housing sector is also addressed in the context of state social support system (housing allowances-benefit) and the system of assistance in material need as additional housing. Also foster care benefits create a separate benefit system; since 1 January 2013 they have ceased to be a component of the state social support system. These allowances (housing, care and foster care) are not included in the Taxing Wages models.

3.3. Additional transfers

Additional allowances (means-tested benefits in material need) are paid by the central government to low income families in adverse social and financial situation. The amount transferred is derived from the LM and varies according to total family income including family allowances and own efforts, opportunities and needs are taken into account. This allowance is not included in the computation.

4. Main Changes In Tax/Benefit Systems since 2019

In 2018, there were two changes that have a significant effect on the current calculation of Taxing Wages

List of main changes that have impact on the current computation of TW:

- The tax credit can be applied in the amount of the expenditure prove to be incurred for attending the preschool, up to the amount of the minimum wage for each child increased to CZK 13 350 for the year 2019). The tax authority only verifies the name of a preschool child care institution on the list approved by the MEYS. The age of the child does not effect on the entitlement to the tax credit for pre-school children. The children in preschool institutions are normally between 2 and 5 years old, but Postponement of Scholl Attendance is possible. Introduction of this relief is a part of the Act on provision of childcare in a child society and also the Act on Maternal, Basic, High, Higher Professional, and other Education (see chapter 1.1.2.4.)

5. Memorandum Items

5.1. Identification of AW and valuation of earnings

The Ministry of Finance estimates the average earnings of the AW based on the data supplied by the Czech Statistical Office. The calculation of the average earnings AW is made by CZ-NACE division, which is compatible with ISIC classifications Ver. 4.

5.2. Employers' contributions to private pension, health and related schemes

There are supplementary private pension schemes only, but employers 'contributions vary. Relevant information is not available.

2019 Parameter values

	Ave_earn	408 760	Secretariat's estimate
Income tax rate	tax_rate	0.15	
Social security – social insurance	SSs_rate	0.065	
Social security – health insurance	SSh_rate	0.045	
Employers - social insurance	SSs_empr_rate	0.248	
Employers - health insurance	SSh_empr_rate	0.09	
Child Tax credit - first child	child_cr_1	15 204	
- second child	child_cr_2	19 404	
- third child	child_cr_3	24 204	
Tax credit for individuals	tax_cr_base	24 840	
Tax credit for spouse	tax_cr_spo	24 840	
Tax credit for spouse income ceiling	Tax_cr_spo_inc_ceil	68 000	
Living minimum (LM)			
	basic_adult	3 410	
	basic_household	5 970	
	basic_child	2 140	
	house_exp	1	3 410
		2	5 970
		3	7 710
		4	9 850
		5	12 300
Cash transfers	transf_1	910	
Social security, social insurance - ceiling	soc_sec_si_ceil	1 569 552	
Minimum Wage	tax_cr_preschool	13 350	

2019 Tax equations

The equations for the Czech system are on an individual basis. But the spouse tax credit is relevant only to the calculation for the principal earner and cash transfers are calculated only once. This is shown by the Range indicator in the table below.

The functions which are used in the equations (Taper, MIN, Tax etc) are described in the technical note about tax equations. Variable names are defined in the table of parameters above, within the equations table, or are the standard variables "married" and "children". A reference to a variable with the affix "_total" indicates the sum of the relevant variable values for the principal and spouse. And the affixes "_princ" and "_spouse" indicate the value for the principal and spouse, respectively. Equations for a single person are as shown for the principal, with "_spouse" values taken as 0.

		Variable name	*Range*	*Equation*
1.	Earnings	earn	B	
2.	CG taxable income	tax_inc_princ	B	Earn+(earn*SSC_empr_rate)
3.	CG tax before credits			
	CG tax before credits principal	CG_tax_excl_princ	B	Tax(tax_inc_princ, tax_rate)
4.	Tax credits:			
	Tax credit for children	tax_cr_ch	P	If (number of children>3; (number of children - 3)*child_cr_3+child_cr_1+child_cr_2+child_cr_3; If (number of children>2;child_cr_1 +child_cr_2 + child_cr_3; If (number of children>1;child_cr_1+child_cr_2; If (number of children=0;0)))))
	Tax preschool credit	Tax_cr_preschool	B	tax_cr_preschool*positive(children-1)
	Basic tax credit	tax_cr_bas	B	tax_cr_bas
	Tax credit for spouse	tax_cr_spouse	P	Married*tax_cr_spo
5.	CG tax			
	CG tax principal	CG_tax_princ	B	Max(CG_tax_excl_princ - tax_cr_bas_princ - tax_cr_spo-tax_cr-preschool , 0) - tax_cr_ch
6.	State and local taxes	local_tax	B	0
7.	Employees' social security	SSs SSh	B B	MIN(earn,soc_sec_si__ceil)*SSs_rate earn*SSh_rate
8.	Cash transfers			
	Net family income	net_inc	J	earn_total-CG_tax_total-SSC_total
9.	Living minimum (monthly)	LM	J	(1-Married)*basic_adult+Married*basic_household +Children*basic_child+ VLOOKUP((1+Married+Children), house_exp, 2, FALSE)
10.	Total cash transfers	cash_trans	J	Children*IF(net_inc<='(2.7)*LM*12,' transf_1*12)
11.	Employer's social security	SSs_empr SSh_empr	B B	MIN(earn,soc_sec_sir_ceil)*SSs_empr_rate earn*SSh_empr_rate

Key to range of equation: B calculated separately for both principal earner and spouse; P calculated for principal only (value taken as 0 for spouse calculation); J calculated once only on a joint basis.

Denmark

This chapter includes data on the income taxes paid by workers, their social security contributions, the family benefits they receive in the form of cash transfers as well as the social security contributions and payroll taxes paid by their employers. Results reported include the marginal and average tax burden for eight different family types.

Methodological information is available for personal income tax systems, compulsory social security contributions to schemes operated within the government sector, universal cash transfers as well as recent changes in the tax/benefit system. The methodology also includes the parameter values and tax equations underlying the data.

Denmark 2019

The tax/benefit position of single persons

	Wage level (per cent of average wage)	67	100	167	67
	Number of children	none	none	none	2
1.	**Gross wage earnings**	286 693	427 901	714 594	286 693
2.	**Standard tax allowances**				
	Basic allowance				
	Married or head of family				
	Dependent children				
	Deduction for social security contributions and income taxes	22 935	34 232	57 168	22 935
	Work-related expenses	0	0	0	0
	Other				
	Total	22 935	34 232	57 168	22 935
3.	**Tax credits or cash transfers included in taxable income**	0	0	0	0
	Earnings tax credit deduction	32 905	37 200	37 200	53 266
	Total	- 32 905	- 37 200	- 37 200	- 53 266
4.	**Central government taxable income (1 - 2 + 3)**	230 853	356 468	620 226	210 492
5.	**Central government income tax liability (exclusive of tax credits)**	32 073	47 870	101 489	32 073
6.	**Tax credits**				
	Basic credit	6 921	7 305	8 085	6 921
	Married or head of family				
	Children				
	Other				
	Total	6 921	7 305	8 085	6 921
7.	**Central government income tax finally paid (5-6)**	48 087	74 797	150 572	48 087
8.	**State and local taxes**	46 034	77 350	143 105	40 958
9.	**Employees' compulsory social security contributions**				
	Gross earnings	0	0	0	0
	Taxable income				
	Total	0	0	0	0
10.	**Total payments to general government (7 + 8 + 9)**	94 121	152 147	293 677	89 045
11.	**Cash transfers from general government**				
	For head of family				
	For two children	0	0	0	76 480
	Green check	525	525	0	765
	Total	525	525	0	77 245
12.	**Take-home pay (1-10+11)**	193 097	276 279	420 917	274 893
13.	**Employer's compulsory social security contributions**	0	0	0	0
14.	**Average rates**				
	Income tax	32.8%	35.6%	41.1%	31.1%
	Employees' social security contributions	0.0%	0.0%	0.0%	0.0%
	Total payments less cash transfers	32.6%	35.4%	41.1%	4.1%
	Total tax wedge including employer's social security contributions	32.6%	35.4%	41.1%	4.1%
15.	**Marginal rates**				
	Total payments less cash transfers: Principal earner	39.0%	41.9%	55.6%	37.2%
	Total payments less cash transfers: Spouse	n.a.	n.a.	n.a.	n.a.
	Total tax wedge: Principal earner	39.0%	41.9%	55.6%	37.2%
	Total tax wedge: Spouse	n.a.	n.a.	n.a.	n.a.

Denmark 2019

The tax/benefit position of married couples

	Wage level (per cent of average wage)	100-0	100-67	100-100	100-67
	Number of children	2	2	2	none
1.	**Gross wage earnings**	427 901	714 594	855 801	714 594
2.	**Standard tax allowances**				
	Basic allowance				
	Married or head of family				
	Dependent children				
	Deduction for social security contributions and income taxes	34 232	57 168	68 464	57 168
	Work-related expenses	0	0	0	0
	Other				
	Total	34 232	57 168	68 464	57 168
3.	**Tax credits or cash transfers included in taxable income**	0	0	0	0
	Earnings tax credit deduction	37 200	37 200	37 200	37 200
	Total	- 37 200	- 37 200	- 37 200	- 37 200
4.	**Central government taxable income (1 - 2 + 3)**	356 468	587 322	712 937	587 322
5.	**Central government income tax liability (exclusive of tax credits)**	47 870	79 943	95 740	79 943
6.	**Tax credits**				
	Basic credit	18 541	14 226	14 610	14 226
	Married or head of family				
	Children				
	Other				
	Total	18 541	14 226	14 610	14 226
7.	**Central government income tax finally paid (5-6)**	69 179	122 884	149 594	122 884
8.	**State and local taxes**	65 832	123 384	154 700	123 384
9.	**Employees' compulsory social security contributions**				
	Gross earnings	0	0	0	0
	Taxable income				
	Total	0	0	0	0
10.	**Total payments to general government (7 + 8 + 9)**	135 011	246 268	304 294	246 268
11.	**Cash transfers from general government**				
	For head of family				
	For two children	25 788	25 788	25 788	0
	Green check	1 570	1 290	1 290	1 050
	Total	27 358	27 078	27 078	1 050
12.	**Take-home pay (1-10+11)**	320 247	495 404	578 585	469 376
13.	**Employer's compulsory social security contributions**	0	0	0	0
14.	**Average rates**				
	Income tax	31.6%	34.5%	35.6%	34.5%
	Employees' social security contributions	0.0%	0.0%	0.0%	0.0%
	Total payments less cash transfers	25.2%	30.7%	32.4%	34.3%
	Total tax wedge including employer's social security contributions	25.2%	30.7%	32.4%	34.3%
15.	**Marginal rates**				
	Total payments less cash transfers: Principal earner	41.9%	41.9%	41.9%	41.9%
	Total payments less cash transfers: Spouse	38.9%	39.0%	41.9%	39.0%
	Total tax wedge: Principal earner	41.9%	41.9%	41.9%	41.9%
	Total tax wedge: Spouse	38.9%	39.0%	41.9%	39.0%

The national currency is the Kroner (DKK). In 2019, DKK 6.67 was equal to USD 1. In that year, the average worker earned DKK 427 901 (Secretariat estimate), which is calculated on the background of the extrapolated average worker income with the expected 2019 growth rate of wages on 1.615%.

1. Personal income tax system

In the Danish personal income tax system, the income of the individual taxpayer is split into three categories:

- Personal income, which consists of employment income, business income, pensions, unemployment benefits etc. and with fully deductibility of Labour Market Contributions.
- Capital income (e.g. interest income and some capital gains) is calculated as a net amount (the sum of positive and negative capital income net of interest expenses). Dividend income and the property value of owner-occupied dwellings are taxed at different tax rates.
- Taxable income – the aggregate of personal income and capital income less deductions (e.g. work-related expenses etc.).

All three categories are relevant for various tax rates, see Section 1.2.1.

Regarding the tax unit, the earned income of each spouse is taxed separately. However, as is mentioned in Section 1.2.1, some unutilised personal allowances can be transferred between them.

1.1. Tax allowances and tax credits

1.1.1. Standard reliefs

Wage or salary earners who make expenses in order to earn their income (e.g. transport expenses, trade union membership dues, unemployment premiums) can fully deduct these expenses from taxable income.

The tax credit scheme allows the taxpayer to deduct 10.1% of earned income to a maximum of DKK 37 200 in order to calculate taxable income. Single parents get an extra employment allowance of 6.25% in 2019 with a maximum allowance of DKK 22 400. The effective value of the credit is equal to the average municipality tax (24.93%) multiplied by the value of the deduction.

Additionally, the taxpayer with an income (plus pension payments) of at least DKK 191 700 receives a job allowance of 3.75% on taxable income. The maximum allowance of DKK 2 100 is achieved at an income of DKK 247 700 and the effective value of the credit is equal to about DKK 360 (24.93% x DKK 2 100 = DKK 520).

From 2018, employees will receive an allowance in their current taxation due to pension payments. Even though pension payments are an NTCP, the related allowance is considered a standard tax relief. Pension payments are made to privately managed funds and are annually around 12% of the total wage (i.e. pension payment formula: gross wage earnings / 0,88 * 0,12) where employees pay 4% and employers pay 8%. The allowance is 8% of the pension payments for employees with more than 15 years to retirement and 22% for employees with less than 15 years to retirement.

1.1.2. Main non-standard tax reliefs applicable to an AW

- Interest payments are fully deductible from capital income.
- The non-standard deduction for wage and salary earners: The actual costs that are made in order to acquire income are deductible from taxable income. The main items are:
    - Contributions to trade unions;

- Transportation costs: Up to 24 km. per day: no deduction. 25–120 km.: DKK 1.98 per km. Above 120 km.: DKK 0.99 per km. as a standard, but transport from municipalities placed in the outskirts of the country gives a credit of DKK 1.98 also above 120 km;
- Other costs above DKK 6 100.

- Contributions/premiums paid to private pension saving plans are in general deductible from personal income. From 1999 onwards, contributions/premiums paid to private pension saving plans with sum payments are no longer deductible from income subject to the top tax bracket rate. From 2013 onwards, contributions/premiums paid to private pension saving plans with sum payments are no longer deductible.
- Other reliefs:
    - Alimonies, if according to contract, are deductible from taxable income;
    - Contributions to certain non-profit institutions are deductible from taxable income (limit DKK 16 300);
    - Losses incurred from unincorporated business in earlier years are, in principle, deductible from personal income.

1.1.3. Tax credits

Each individual is granted a personal allowance, which is converted into a wastable tax credit by applying the marginal tax rate of the first bracket of the income tax schedule. For taxpayers who are 18 years of age or are older, the tax credit amounts to:

For central government income tax	12.16% of DKK 46 200 = DKK 5 620
For municipal income tax	24.93% of DKK 46 200 = DKK 11 520

Special personal allowance for an individual younger than 18: DKK 35 300.

If a married person cannot utilise the personal allowance, the unutilised part is transferred to the spouse.

1.2. Central government income taxes

1.2.1. Tax schedule

Individuals pay an 8% Labour Market Contribution levied on the gross wage or other income from work before the deduction of any allowance.

Before 2008, the revenue was earmarked for certain social security expenditures through the Labour market Fund, but this system was abolished from 2008, and the tax enters the budget in the same way as any other income taxes. From 2011 the last links regarding social security of the tax were removed making all taxpayers working in Denmark pay the labour market contribution. The labour market contribution is thus treated as a PIT in Taxing Wages from 2008.

Low tax bracket to the central government is assessed on the aggregate of personal income and positive net capital income at the rate of 12.16%.

From 2010 and onwards the medium tax bracket was abolished.

Top tax bracket to the central government is assessed on the excess of DKK 513 400 of the aggregate of personal income and positive net capital income in excess of DKK 44 800 at the rate of 15%. If a married individual cannot utilise the total allowance of DKK 513 400, the unutilised part is not transferred to the spouse.

If the marginal tax rate including local tax exceeds 52.05%, the top tax bracket rate is reduced by the difference between the marginal tax rate and 52.05%.

1.3. State and local income taxes

1.3.1. General description

Local income taxes are levied only by the municipalities. The rates vary across jurisdictions.

1.3.2. Tax base

The tax base is taxable income (see Section 1). Tax credit varies with tax rates. The average amount is given below.

1.3.3. Tax rates

- Lowest rate: 22.5% (municipalities);
- Highest rate: 27.8% (municipalities);
- Average rate: 24.93% (municipalities);

The average rate is used in this study. It is applied to the tax base less personal allowances (see Section 1.1).

2. Compulsory Social Security Contributions to Schemes Operated Within the Government Sector

2.1. Employees' contributions

Employees make a contribution of DKK 11 899 for unemployment insurance. From 1999 onwards, the contribution for unemployment insurance is split into two: one part consists of the contribution for unemployment insurance (DKK 4 260) while the other part consists of a voluntary contribution to an early retirement scheme (DKK 6 096). In addition an administration fee of DKK 1 543 on average is added.

Contributions to unemployment funds are not mandatory. Nevertheless, these payments have up until the implementation of ESA 2010 and the major revision of the Danish national accounts in the autumn 2014 been defined as social security contributions and classified as taxes in the Danish national accounts because there is no direct link between what members pay to the schemes and what they receive and the funds are subsidized by the state. The contributions to the unemployment funds and the church tax are no longer classified as taxes in the Danish national accounts.

3. Universal Cash Transfers

The transfers for each dependent child are as follows:

Age group	Quarterly amount (DKK) for each child
0–2	4 557
3–6	3 609
7–17	2 838

The transfer is reduced when the tax base of the top-bracket tax of a parent exceeds DKK 782 600. There are additional special amounts for single parents: the transfer for each dependent child is DKK 5 764 per year and a yearly transfer of DKK 5 876 regardless of the number of children. In addition, there is a state transfer of DKK 16 644 per year for each dependent child in case an 'absent parent' does not contribute (this amount) to the family. This transfer is included in this Report's calculations for single parents.

Individuals older than 18 years receive a 'green check' of DKK 525; this amount is increased with DKK 120 per child for up to two children. Only one partner in a married couple receives the increased 'green check' for children. The 'green check' is nominally fixed and is phased out at a rate of 7.5% for income above DKK 405 700. If the yearly income of the individuals is lower than DKK 237 100 the individuals receive an 'additional green check' of DKK 280.

4. Main Changes in Tax/Benefit Systems

From 2000 to 2002, the low tax bracket rate has been reduced from 7% to 5.5%. The low tax bracket is assessed on the aggregate of personal income and positive net capital income.

After the parliamentary elections in 2001, the Conservative/Liberal government adopted a tax freeze policy, which implied that tax rates could not be increased, either in nominal or relative terms, during that government term. Taxes were therefore not increased during the period 2002-2005. After the parliamentary elections in February 2005, the Conservative/Liberal government and the tax freeze policy were confirmed.

In order to respect the "tax freeze", the low tax bracket has been reduced by 0.36% from 2004 to 2010 as a compensation for increases in local income taxes from 33.31% in 2004 to 33.66% in 2011.

In the spring of 2003, the government agreed with one of the opposition parties to implement a tax package. The aim of this package was to decrease the level of labour taxation in Denmark, and thereby to reduce the distortions in the labour market and to improve the incentives to work. The package contained two main elements: an increase of the threshold for the medium tax bracket of nearly DKK 50 000 and the introduction of a tax credit scheme whereby the taxpayer can deduct 2.5% of earned income to a maximum of DKK 7 500 (in 2007) in the calculation of taxable income.

Before 2004, a compulsory contribution of 1% of employees' gross earnings was paid to an individual Labour Market Supplementary Pension Scheme established for the employee – this contribution is not considered as a social security contribution but rather as savings being made by the individual. However, from 2004 to 2010, this contribution was suspended and finally abolished and the deposits paid out as of April 2010.

In September 2007, the tax cuts from the 2003-package was extended. The threshold for the medium tax bracket was to be raised with DKK 57 900 in 2009 to meet with the top tax bracket threshold. The deductible tax credit was increased to 4.0% of earned income in 2008 and to 4.25% in 2009; thus raising the maximum to 12 300 in 2008 and to 13 600 in 2009. The effective value of the credit and of the personal income allowance is equal to the local income tax rate, the church tax plus the health care tax rate (31.63% on average in 2013) multiplied by the value of the deduction.

From the 1st of January 2007 a Local Government Reform has come into force, which changes the structure of labour taxation. The reform however had only a minimal impact on the overall level of taxation. The number of municipalities has been cut from 270 to 98 and five regions have replaced the 14 counties. The regions will not impose taxes but will be financed through state subsidies and by contributions from the municipalities. The reform implied an increase in the average municipal tax rate from 22.1% in 2006 to 24.577% in 2007. Since then, there has been a further increase in the average municipal tax to 24.907% in 2013. The county tax has been replaced by a new health care tax of 8% which is levied by central government. The health care tax rate is decreased to 6% in 2013. The levels of taxation have thus been reduced from three to two: only the central and local governments now levy taxes.

In the spring of 2009, the government and one of the opposition parties agreed upon a major tax reform to be phased in from 2010 to 2019. The reform aims at reducing the high marginal tax rates on personal income and thus to stimulate labour supply in the medium to long-term. The reform decreases income taxes by DKK 29 billion in 2010. The tax reform is planned to be revenue neutral as a whole, but was underfinanced in the short run (2010-12) in order to stimulate the economy. The main measures taken in 2010 include the reduction of the rate of the bottom tax bracket from 5.26% to 3.67%, abolition of the medium tax bracket with the 6% rate altogether, and increase the top tax bracket threshold by DKK 28 800 to DKK 389 000. The reform will decrease the lowest marginal tax rate from 42.4% to 41.0% and the highest marginal tax rate on labour income from 63.0% to 56.1%. The marginal tax rate on positive net capital income (up to 51.5 after abolition of the middle tax bracket) is further reduced for the vast majority by introduction of an extra allowance of DKK 40 000 (DKK 80 000 for married couples) for positive net capital income in the top bracket tax.

The reform is partly financed by higher energy, transport and environmental taxes to support the energy and climate policy objectives of the government, and also by increases of excise rates on health-related goods (fat, candy, sugary drinks, tobacco). These increases are partly compensated by giving a 'green check' to households (see section 3). The tax reform is also partly financed by base broadening measures. The measures include a gradual reduction from 2012 to 2019 of the tax value (from 33.5% to 25.5%) of assessment oriented deductions and limitations of the tax deductibility of net interest payments over a nominal threshold of DKK 50 000 (DKK 100 000 for married couples). Also the deductibility of payments above DKK 100 000 a year to individual pension insurance schemes with less than life-long coverage has been limited, as well as tightening of the tax treatment of company cars and other fringe benefits. Furthermore, a 6% tax is imposed from 2011 on pension payments exceeding DKK 362 800.

To consolidate the budget, a *Fiscal Consolidation Agreement* was reached in May 2010, somewhat modifying the prescriptions of the Spring Package of 2009.

The specific provisions of the *Fiscal Consolidation Agreement* include:

- The suspension from 2011 until 2013 of automatic adjustments in various tax thresholds (including personal allowances).
- Postponing from 2011 to 2014 the increase of the threshold for the top income tax rate (15%) from DKK 389 900 to 409 100 (EUR 52 316 to 54 892). The increase was an element of the 2009 tax reform.
- The labour union membership fees' tax deductibility is limited to DKK 3 000 (EUR 403) from the year 2011. The threshold is not adjusted.
- From 2011, the annual amount of child allowance is limited to DKK 35 000 (EUR 4 696), irrespective of the number of children. This was abolished by the new government by 2012. Child allowances will be gradually reduced by 5% until 2013.

As part of the Finance Act 2012 it was decided to introduce an 'additional green check' to people beyond 18 years with low income (less than DKK 212 000). The 'additional green check' is DKK 280.

In June 2012 a tax reform was reached. Included in the reform were changes in the earned income tax credit and the top tax bracket. The earned income tax credit is gradually raised from 4.40% in 2012 to 10.65% in 2022 (6.95% in 2013) where the maximum limit of earned income tax credit is raised from DKK 14 100 in 2012 to DKK 34 100 in 2022 (DKK 22 300 in 2013). Furthermore, a special earned income tax credit for single parents was decided from 2014. This will be gradually introduced to the amount of 6.25% in 2022 with a maximum limit of DKK 20 000. In The Tax Reform 2012 it was also decided to gradually raise the top tax bracket from DKK 389 900 in 2012 to DKK 467 000 in 2022 (DKK 421 000 in 2013).

As part of the Finance Act 2013 an agreement, The Excise Duty and Competition Package, was reached. This agreement includes a decrease in the excise duty on electricity, an abolition of the fat tax and a planned expansion in the excise duty on sugar, which will reduce expenses of both consumers and companies. This was financed by an increase in the bottom tax rate of 0.19 percentage points and a reduction in the personal allowance by DKK 900 for all persons (under and over 18 years) introduced from the income year 2013. As a consequence the marginal tax ceiling was increased from 51.5% to 51.7%. It is estimated that the abolished excise duties and the increased income taxes will have similar effects on distribution and labour supply.

Certain elements of the tax reform from 2012 were accelerated in the 2014 Budget. The employment allowance is adjusted upwards to 7.65% (2014), 8.05% (2015), 8.3% (2016) and 8.75% (2017), with a simultaneous increase of the maximum allowance from DKK 25 000 in 2014 to DKK 28 600 in 2018. The extra employment allowance for single parents is increased to 5.40% in 2014 (instead of 2.60%) with a maximum allowance of DKK 17 700.

Growth Plan 2014 contained measures to reduce the public service obligation on electricity and roll back an increase in excise duty on fossil fuel. As part of the financing of Growth Plan 2014 the low tax bracket rate is increased by 0.28 percentage point over the next five years, including 0.25 percentage point in 2015, with a parallel increase in the tax ceiling. Also, the green check and the supplementary green check are reduced over the next five years, starting in 2015.

In the autumn 2014, the new ESA 2010 guidelines (European System of National and Regional Accounts) and a major revision of the Danish national accounts were implemented which changed the classification of a few taxes. For example, the church tax and contributions to the unemployment fund are no longer classified as taxes, but as volunteer contributions (see Section 2.1).

As part of the Finance Act 2015 the tax deductibility of labour union membership fees is increased from DKK 3 000 to DKK 6 000 in 2015.

The Finance Act of 2016 included an abolishment of the so-called PSO-excise duty. To finance the abolishment the tax rate for the bottom tax bracket will be increased with 0.05 percentage point from 2018 increasing to 0.09 percentage point in 2022. Fully phased-in the tax rate for the bottom tax bracket will be 12.20% in 2022. Additionally, the tax ceiling will be increased from 51.95% in 2017 to 52.07% in 2022. The 'green check' will be reduced with 190 DKK from 2018 increasing to 380 DKK in 2022. The 'additional green check' will be lowered proportionally. Low-income earners such as senior citizens and early retirees are exempt from the decrease in the 'green check'.

In February 2018, an agreement on lower tax on labour income and larger deductions for pension payments was made. The agreement will gradually be introduced from 2018 to 2020 and consists of the following elements: 1) Additional tax deductions for pension payments. The deduction will be 12% for persons with more than 15 years until they reach state pension age and 32% if they have 15 years or less - up to DKK 70,000. 2) A new job allowance of 4.5% of labour on income over DKK 187 500 to a maximum of DKK 2 500. 3) Expansion of the basis of the employment allowance to also cover pension payments. 4) Increase of the ceiling for the employment allowance from DKK 37 400 to 38 400. 5) Lowering of the bottom-bracket tax rate with 0.02 percentage points.

5. Memorandum Items

5.1. Identification of an AW

The AW is identified as an average worker employed at firms which are members of the Danish Employers' Confederation.

5.2. Employer and employee's contribution to private schemes

Employees typically participate in a private occupational (labour market) pension scheme to which both the employee and the employer contribute. The employee's contribution is deductible for income tax purposes until payment. The employer's contribution is not included in the gross wage income of the employee.

2019 Parameter values

Average earnings	Ave_earn	427 901	Secretariat estimate
	Ave_pens	58 350	
Central taxes	Health_tax_rate	0	
	Low_rate	0,1216	
	Medium_thrsh	0	
	Medium_rate	0	
	Top_thrsh	513.400	
	Top_rate	0.15	
	Marg_rate_ceil	0.5205	
	Adj_top_rate	0.1496	
	Temp_tax_rate	0	
	Temp_tax_thrsh	0	
	Personal_al	46.200	
	Job_deduc_min	191.700	
	Job_deduc_rate	0,0375	
	Job_deduc_max	2.100	
Pension payments tax credit scheme	Pens_deduc_rate_o_15	0.08	
	Pens_deduc_rate_u_15	0.22	
	Pens_deduc_max	71 500	
	Pension_base_adjust	0.88	
The green check	green_check	525	
	1 child	120	
	child max	240	
	Green_check_thrsh	405.700	
	Green_check_taper_rate	0 075	
	Extra_green_check	280	
	Extra_green_check_thrsh	237.100	
Local taxes	gener_rate	0 2493	
	church_rate	0	
total local tax rate	Local_rates	0 24930	
Earned income tax credit scheme	earncredit_rate	0 101	
	earncredit_max	37.200	
for single parents	Sing_par_earncredit_rate	0 0625	
	Sing_par_earncredit_max	22.400	
Child transfers	Child_3to6	14.436	
	Child_7to17	11.352	
	Child_limit	782.600	
	Child_red	0.02	
for single parents	Sing_par_basic	5.876	
	Sing_par_ch	22.408	
Labour Market Contribution	Labour_market_rate	0 08	

2019 Tax equations

The equations for the Danish system in 2019 are mostly on an individual basis but there is an interaction in the calculation of Central Government tax between spouses and the child benefit is calculated only once. This is shown by the Range indicator in the table below.

The functions which are used in the equations (Taper, MIN, Tax etc) are described in the technical note about tax equations. Variable names are defined in the table of parameters above, within the equations table, or are the standard variables "married" and "children". A reference to a variable with the affix "_total" indicates the sum of the relevant variable values for the principal and spouse. And the affixes "_princ" and "_spouse" indicate the value for the principal and spouse, respectively. Equations for a single person are as shown for the principal, with "_spouse" values taken as 0.

	Line in country table and intermediate steps	Variable name	Range	Equation
1.	Earnings	earn		
2.	Allowances:	tax_al	B	Labour_market_contr
		earncredit	B	Min((earn+((earn/Pension_base_adjust)-earn))*earncredit_rate, earncredit_max)+(Children>0)*(Married=0)*Min((earn+((earn/Pension_base_adjust)-earn))*Sing_par_earncredit_rate; Sing_par_earncredit_max)
3.	Credits in taxable income	taxbl_cr	B	0
4.	CG taxable income	tax_inc	B	Positive(earn-tax_al-earncredit+taxbl_cr)
	Personal income	pers_inc	B	Positive(earn-Labour_market_contr)
5.	CG tax before credits	CG_tax_excl_princ	P	Low_rate*tax_inc_princ+Medium_rate*Positive(tax_inc_princ-Medium_thrsh-Married*Positive(Medium_thrsh-pers_inc_spouse))+Adj_top_rate*Positive(tax_inc_princ-Top_thrsh)
		CG_health_tax_excl_princ	P	Health_tax_rate*tax_inc_princ
		CG_tax_excl_spouse	S	Low_rate*tax_inc_spouse+Medium_rate*Positive(tax_inc_spouse-Medium_thrsh)+Adj_top_rate*Positive(tax_inc_spouse-Top_thrsh)
		CG_health_tax_excl_spouse	S	(Married=1)*Health_tax_rate*tax_inc_spouse
6.	Tax credits :	tax_cr_princ	P	Personal_al*Low_rate+Married*Positive(Personal_al-pers_inc_spouse)*Low_rate+(MIN(Positive((earn_princ+((earn_princ/Pension_base_adjust)-earn_princ))-Job_deduc_min)*Job_deduc_rate,Job_deduc_max)+ +MIN(((earn_princ/ Pension_base_adjust)-earn_princ)*Pens_deduc_rate_o_15,Pens_deduc_max))*(gener_rate+Health_tax_rate)
		health_tax_cr_princ	P	Health_tax_rate*(Personal_al+Married*Positive(Personal_al-tax_inc_spouse))
		tax_cr_spouse	S	Personal_al*Low_rate+(MIN(Positive((earn_spouse+((earn_spouse/Pension_base_adjust)-earn_spouse))-Job_deduc_min)*Job_deduc_rate,Job_deduc_max) +MIN(((earn_spouse/ Pension_base_adjust)-earn_spouse)*Pens_deduc_rate_o_15,Pens_deduc_max))*(gener_rate+Health_tax_rate)
		health_tax_cr_spouse	S	(Married=1)*Health_tax_rate*Personal_al
	Labour Market Contribution	Labour_market_contr	B	Labour_market_rate*earn
7.	CG tax	CG_tax	B	Positive(CG_tax_excl-tax_cr)+Positive(CG_health_tax_excl-health_tax_cr)+Labour_market_contr
8.	State and local taxes	local_tax_princ	P	Positive((Local_rates)*(tax_inc_princ-Personal_al-Married*Positive(Personal_al-tax_inc_spouse)))
		local_tax_spouse	S	(Local_rates)*Positive(tax_inc_spouse-Personal_al)
9.	Employees' soc security	SSC_total	B	0
10.	Total payments	tot_payments	J	Positive(CG_tax_total+local_tax_total+SSC_total)

	Line in country table and intermediate steps	Variable name	Range	Equation
11.	Cash transfers	cash_trans	J	Positive(((Children>0)*(Child_3to6+(Children>1)*(Children-1)*Child_7to17+(Married=0)*(Sing_par_basic+Children*Sing_par_ch)))-(Positive(earn_princ-Child_limit)*Child_red)-(Positive(earn_spouse-Child_limit)*Child_red))+IF(Married=1,(Taper(green_check,pers_inc_princ,Green_check_thrsh,Green_check_taper_rate)+Taper(green_check+MIN(Children*_1_child,child_max),pers_inc_spouse,Green_check_thrsh,Green_check_taper_rate)),Taper(green_check+MIN(Children*_1_child,child_max),pers_inc_princ, Green_check_thrsh,Green_check_taper_rate))+IF(Married=1,(IF(pers_inc_princ<Extra_green_check_thrsh, Extra_green_check,0)+IF(pers_inc_spouse<Extra_green_check_thrsh,Extra_green_check,0)),IF(pers_inc_princ<Extra_green_check_thrsh,Extra_green_check,0))
13.	Employer's soc security	SSC_empr	B	0

Key to range of equation B calculated separately for both principal earner and spouse P calculated for principal only (value taken as 0 for spouse calculation) J calculated once only on a joint basis.

Estonia

This chapter includes data on the income taxes paid by workers, their social security contributions, the family benefits they receive in the form of cash transfers as well as the social security contributions and payroll taxes paid by their employers. Results reported include the marginal and average tax burden for eight different family types.

Methodological information is available for personal income tax systems, compulsory social security contributions to schemes operated within the government sector, universal cash transfers as well as recent changes in the tax/benefit system. The methodology also includes the parameter values and tax equations underlying the data.

Estonia 2019

The tax/benefit position of single persons

		Wage level (per cent of average wage)	67	100	167	67
		Number of children	none	none	none	2
1.	**Gross wage earnings**		11 469	17 118	28 587	11 469
2.	**Standard tax allowances**					
	Basic allowance		6 000	4 490	0	7 848
	Married or head of family					
	Dependent children					
	Deduction for social security contributions and income taxes		184	274	457	184
	Work-related expenses					
	Other					
		Total	6 184	4 764	457	8 032
3.	**Tax credits or cash transfers included in taxable income**		0	0	0	0
4.	**Central government taxable income (1 - 2 + 3)**		5 286	12 354	28 130	3 438
5.	**Central government income tax liability (exclusive of tax credits)**		1 057	2 471	5 626	688
6.	**Tax credits**					
	Basic credit					
	Married or head of family					
	Children		0	0	0	0
	Other					
		Total	0	0	0	0
7.	**Central government income tax finally paid (5-6)**		1 057	2 471	5 626	688
8.	**State and local taxes**		0	0	0	0
9.	**Employees' compulsory social security contributions**					
	Gross earnings		184	274	457	184
	Taxable income					
		Total	184	274	457	184
10.	**Total payments to general government (7 + 8 + 9)**		1 241	2 745	6 083	871
11.	**Cash transfers from general government**					
	For head of family					
	For two children		0	0	0	1 900
		Total	0	0	0	1 900
12.	**Take-home pay (1-10+11)**		10 228	14 373	22 504	12 498
13.	**Employer's compulsory social security contributions**		3 877	5 786	9 662	3 877
14.	**Average rates**					
	Income tax		9.2%	14.4%	19.7%	6.0%
	Employees' social security contributions		1.6%	1.6%	1.6%	1.6%
	Total payments less cash transfers		10.8%	16.0%	21.3%	-9.0%
	Total tax wedge including employer's social security contributions		33.3%	37.2%	41.2%	18.6%
15.	**Marginal rates**					
	Total payments less cash transfers: Principal earner		21.3%	32.4%	21.3%	21.3%
	Total payments less cash transfers: Spouse		n.a.	n.a.	n.a.	n.a.
	Total tax wedge: Principal earner		41.2%	49.5%	41.2%	41.2%
	Total tax wedge: Spouse		n.a.	n.a.	n.a.	n.a.

Estonia 2019

The tax/benefit position of married couples

		Wage level (per cent of average wage)	100-0	100-67	100-100	100-67
		Number of children	2	2	2	none
1.	**Gross wage earnings**		17 118	28 587	34 236	28 587
2.	**Standard tax allowances**					
	Basic allowance		8 498	12 338	10 828	10 490
	Married or head of family					
	Dependent children					
	Deduction for social security contributions and income taxes		274	457	548	457
	Work-related expenses					
	Other					
		Total	8 772	12 795	11 376	10 947
3.	**Tax credits or cash transfers included in taxable income**		0	0	0	0
4.	**Central government taxable income (1 - 2 + 3)**		8 346	15 792	22 861	17 640
5.	**Central government income tax liability (exclusive of tax credits)**		1 669	3 158	4 572	3 528
6.	**Tax credits**					
	Basic credit					
	Married or head of family					
	Children		0	0	0	0
	Other					
		Total	0	0	0	0
7.	**Central government income tax finally paid (5-6)**		1 669	3 158	4 572	3 528
8.	**State and local taxes**		0	0	0	0
9.	**Employees' compulsory social security contributions**					
	Gross earnings		274	457	548	457
	Taxable income					
		Total	274	457	548	457
10.	**Total payments to general government (7 + 8 + 9)**		1 943	3 616	5 120	3 985
11.	**Cash transfers from general government**					
	For head of family					
	For two children		1 440	1 440	1 440	0
		Total	1 440	1 440	1 440	0
12.	**Take-home pay (1-10+11)**		16 615	26 411	30 556	24 602
13.	**Employer's compulsory social security contributions**		5 786	9 662	11 572	9 662
14.	**Average rates**					
	Income tax		9.8%	11.0%	13.4%	12.3%
	Employees' social security contributions		1.6%	1.6%	1.6%	1.6%
	Total payments less cash transfers		2.9%	7.6%	10.7%	13.9%
	Total tax wedge including employer's social security contributions		27.5%	30.9%	33.3%	35.7%
15.	**Marginal rates**					
	Total payments less cash transfers: Principal earner		32.4%	32.4%	32.4%	32.4%
	Total payments less cash transfers: Spouse		14.6%	21.3%	32.4%	21.3%
	Total tax wedge: Principal earner		49.5%	49.5%	49.5%	49.5%
	Total tax wedge: Spouse		36.2%	41.2%	49.5%	41.2%

The Estonian currency is the Euro (EUR). In 2019, EUR 0.89 was equal to USD 1. In 2019, the average worker in Estonia earned EUR 17 118 (Secretariat estimate).

1. Personal income tax system

1.1. Central government income tax

1.1.1. Tax unit

The tax unit is the individual since January 1st 2017.

1.1.2. Tax allowances

1.1.2.1. Standard tax reliefs

- A general (basic) allowance of EUR 6000 is deductible from individual income in 2019. It starts declining from income of 14 400 and reaches EUR 0 at EUR 25 200. From 1 January 2017, the supplementary basic allowance for the spouse came into force. The spouse's yearly income must be below EUR 2 160 and the family`s total yearly income must be below EUR 50 400.
- A child allowance of EUR 1 848 is also deductible from income for each of the second and any subsequent children up to and including the age of 16.
- Relief for social security contributions: Employee's compulsory contributions for unemployment insurance are deductible for income tax purposes.
- Tax credits: was abolished from 2017.

1.1.2.2. Non – standard tax reliefs applicable to income from employment

- II pillar pension contributions: In 2019, these represent voluntary payments to private funds for all employees and are paid at a rate of 2% of earnings.
- Housing loan interest, educational costs, gifts and donations are deductible from taxable income within upper limits of EUR 1 200 and 50% of taxable income per year. Housing loan interest deductions upper limit is 300€ within that 1 200€ from 2017.
- Voluntary pension contributions (III pillar): Contributions paid by a resident to the provider of a pension plan based in Estonia or in another EU Member State according to a pension plan that is approved and entered into a special register in accordance with the pension legislation are deductible from taxable income. In 2019 such deductions are subject to an annual limit of a sum equal to 15% and maximum of EUR 6 000 of the employee's, public servant`s or members of legal person management or control body income in a calendar year.

1.1.3. Tax schedule

The rate of 20% applies for all levels of taxable income.

1.2. Regional and local income tax

There are no regional or local income taxes.

2. Compulsory social security insurance system

The compulsory social security insurance system consists of three schemes as follows:

- pension insurance;
- health insurance;
- unemployment insurance.

2.1. Employees' contributions

Employees pay 1.6% of their earnings in contributions for unemployment insurance. The taxable base is the total amount of the gross wage or salary including vacation payments, fringe benefits and remuneration of expenses related to work above a certain threshold. The assessment period is the calendar month.

2.2. Employers' contributions

Social security insurance contributions are also paid by employers on behalf of their employees. The taxable base and the assessment period are the same as for employees' contributions. The employers' contribution rates are applied in two parts:

- Unemployment insurance – 0.8% of employee earnings.
- Pension and health insurance – as follows for monthly earnings above EUR 500.

Scheme name	Rate of contribution (%)
Pension insurance	20.00
Health insurance	13.00
Total	33.00

In addition there is a lump sum payment for each employee of EUR 165.00 per month (split between pensions and health insurance on a 20:13 basis).

3. Payroll tax

Nonc.

4. Universal cash transfers

4.1. Transfers related to marital status

None.

4.2. Transfers for dependent children

Estonia's family benefits are designed to provide partial coverage of the costs families incur in caring for, raising and educating their children.

The state pays family benefits to all children until they reach the age of 16. Children enrolled in basic or secondary schools or vocational education institutions operating on the basis of basic education have the right to receive family benefits until the age of 19. Applications for the allowance are made on an annual basis and the payments are not taxable. The values of these benefits in 2019 are shown in the table below. The single parent child allowance is paid for each child. From 1 July .2017 the parents allowance for families with three to six children was introduced, EUR 300 per month. Parents allowance for families with seven or more children was increased from EUR 168.74 per month to EUR 400 per month from1 July 2017.

In addition there are nine other types of family benefits for which payment depends on either the age of the child(ren) and/ or the status of the person(s) looking of them: maternity benefit; childbirth allowance; parental benefit; child care allowance; conscript's child allowance; child's school allowance, child allowance for a child under guardianship or foster care; start in independent life allowance; adoption allowance (single payment). These are not included in the modelling.

Type of benefit	Annual amount of benefit (in EUR)
Child allowance (paid until children turn 16 or until the end of the academic year in which they turn 19 if they continue studying).	
- For the first and second child	720.00
- For the third and any subsequent children	1 200.00
- Single parent's child allowance	230.16
- Parents allowance for families with three to six children	3 600.00
- Parents allowance for families with seven or more children	4 800.00

In addition to existing benefits, from July 1, 2013 the need-based child benefits were introduced. Need-based family benefit income threshold is based on Statistical Office relative poverty threshold published by the 1st of March in a year before current budget year. In 2017 the need based threshold is EUR 394 in a month for the first household member. For every other at least 14-years old member the threshold is EUR 197 and for the younger members EUR 118.2 in a month. Need-based family benefit is in 2017 EUR 45 in a month for single child family and EUR 90 for families with two or more children. These need-based benefits were abolished from 2018.

5. Main changes in tax/benefit system since 2005

- The personal income tax rate was steadily reduced from 24% in 2005 to 21% in 2008. In 2015 it was reduced to 20%.
- The child tax allowance applied for the third and subsequent children for 2005 and the second and subsequent children in 2006 and 2007. It applied to all children in 2008 and then returned to the 2007 position in 2009.
- The employee unemployment contribution rate was reduced from 1% to 0.6% in 2006 and then raised in 2 stages to 2.8% at the end of 2009. The corresponding rates for employers were a reduction from 0.5 % to 0.3% in 2006 increasing to 1.4%. In 2013 the employee unemployment contribution rate was reduced from 2.8% to 2.0% and the corresponding rate for employers from 1.4% to 1.0%. In 2015 the employee unemployment contribution rate was reduced from 2.0% to 1.6% and the corresponding rate for employers from 1.0% to 0.8%.
- In addition to existing benefits, from July 1, 2013 the need-based child benefits were introduced. Further details in section 4.2 on cash transfers. These were abolished from 2018.
- From 2016, a non-payable tax credit for low-income earners ("madalapalgaliste tagasimakse") was introduced. Further details in section 1.1.2. on tax allowances. It was abolished from 2017.
- From 2017 the possibility to use spouse`s basic tax-free allowance was reformed. From January 1st 2017, the supplementary basic allowance for the spouse came into force. The spouse's yearly income must be below EUR 2 160 and the family`s total yearly income must be below EUR 50 400.

6. Memorandum items

6.1. Average gross annual wage earnings calculation

In Estonia the gross earnings figures cover wages and salaries paid to individuals in formal employment including payment for overtime. They also include bonus payments and other payments such as pay for annual leave, paid leave up to seven days, public holidays, absences due to sickness for up to 30 days, job training, and slowdown through no fault of the person in formal employment.

The average gross wage earnings figures of all adult workers covering industry sectors B–N by NACE Rev.2 are estimated with average wage growth rate forecast of Estonian Ministry of Finance.

6.2. Employer contributions to private pension and health schemes

Some employer contributions are made to private health and pension schemes but there is no relevant information available on the amounts that are paid.

2019 Parameter values

Average earnings/yr	Ave_earn	17 118	Secretariat estimate
Allowances	Basic_al	6 000	
	Basic_al_thrs_1	14400	
	Basic_al_thrs_2	25200	
	Suppl_al	2160	
	Incoome_lim	50 400	
	Child_al	1 848	
Income tax	Tax_rate	0.20	
Employers SSC	SSC_rate1	0.33	
	Threshold	6 000	
	lump_sum	1980.0	
	SSC_rate2	0.008	
Employees SSC	SSC_rate3	0.016	
Child allowances			
First & second child	CA_first&second	720	
Other children	CA_others	1 200	
Additional for children of lone parents	CA_onepar	230.16	
Days in tax year	numdays	365	

2019 Tax equations

The equations for the Estonian system are mostly on an individual basis.

The functions which are used in the equations (Taper, MIN, Tax etc) are described in the technical note about tax equations. Variable names are defined in the table of parameters above, within the equations table, or are the standard variables "married" and "children". A reference to a variable with the affix "_total" indicates the sum of the relevant variable values for the principal and spouse. And the affixes "_princ" and "_spouse" indicate the value for the principal and spouse, respectively. Equations for a single person are as shown for the principal, with "_spouse" values taken as 0.

	Line in country table and intermediate steps	Variable name	Range	Equation
1.	Earnings	earn		
2.	Allowances:	tax_al	P	MINA(Positive(Basic_al-(Positive(earn-Basic_al_thrs_1)*(Basic_al/(Basic_al_thrs_2-Basic_al_thrs_1))))+IF(spouse_earn<Suppl_al,IF(AND(household_earn<income_lim,Married>0),Positive(Suppl_al-spouse_earn),0),0)+SSC_empee+(Children>1)*(Child_al*(Children-1)),earn)
			S	MINA(IF(earn>0,Positive(Basic_al-(Positive(earn-Basic_al_thrs_1)*(Basic_al/(Basic_al_thrs_2-Basic_al_thrs_1)))),0)+SSC_empee,earn)
3.	Credits in taxable income	taxbl_cr	B	0
4.	CG taxable income	tax_inc	B	Positive(earn-tax_al)
5.	CG tax before credits	CG_tax_excl	B	Tax_inc*tax_rate
6.	Tax credits :	tax_cr	B	0
7.	CG tax	CG_tax	B	CG_tax_excl
8;	State and local taxes	local_tax	B	0
9.	Employees' soc security	SSC_empee	B	earn*SSC_rate3
11.	Cash transfers	cash_trans	J	IF(Children<3,CA_firstsecond*Children,(2*CA_firstsecond)+(CA_other*(Children-2)))+(Married='0')*Children*CA_onepar
13.	Employer's soc security	SSC_empr	B	IF(earn>0,IF(earn>threshold,earn*SSC_rate1,lump_sum),0)+earn*SSC_rate2

Key to range of equation B calculated separately for both principal earner and spouse P calculated for principal only (value taken as 0 for spouse calculation) J calculated once only on a joint basis.

Finland

This chapter includes data on the income taxes paid by workers, their social security contributions, the family benefits they receive in the form of cash transfers as well as the social security contributions and payroll taxes paid by their employers. Results reported include the marginal and average tax burden for eight different family types.

Methodological information is available for personal income tax systems, compulsory social security contributions to schemes operated within the government sector, universal cash transfers as well as recent changes in the tax/benefit system. The methodology also includes the parameter values and tax equations underlying the data.

Finland 2019

The tax/benefit position of single persons

		Wage level (per cent of average wage)	67	100	167	67
		Number of children	none	none	none	2
1.	**Gross wage earnings**		30 331	45 271	75 602	30 331
2.	**Standard tax allowances**					
	Basic allowance					
	Married or head of family					
	Dependent children					
	Deduction for social security contributions and income taxes		2 969	4 432	7 401	2 969
	Work-related expenses		750	750	750	750
	Other					
		Total	3 719	5 182	8 151	3 719
3.	**Tax credits or cash transfers included in taxable income**		0	0	0	0
4.	**Central government taxable income (1 - 2 + 3)**		26 612	40 089	67 451	26 612
5.	**Central government income tax liability (exclusive of tax credits)**		573	2 897	8 575	573
6.	**Tax credits**					
	Basic credit		1 630	1 432	910	1 630
	Married or head of family					
	Children		0	0	0	0
	Other					
		Total	1 630	1 432	910	1 630
7.	**Central government income tax finally paid (5-6)**		163	1 628	7 828	163
8.	**State and local taxes**		3 663	7 533	13 244	3 663
9.	**Employees' compulsory social security contributions**					
	Gross earnings		2 969	4 432	7 401	2 969
	Taxable income		0	0	0	0
		Total	2 969	4 432	7 401	2 969
10.	**Total payments to general government (7 + 8 + 9)**		6 795	13 593	28 473	6 795
11.	**Cash transfers from general government**					
	For head of family					
	For two children		0	0	0	3 676
		Total	0	0	0	3 676
12.	**Take-home pay (1-10+11)**		23 536	31 677	47 129	27 212
13.	**Employer's compulsory social security contributions**		6 215	9 276	15 491	6 215
14.	**Average rates**					
	Income tax		12.6%	20.2%	27.9%	12.6%
	Employees' social security contributions		9.8%	9.8%	9.8%	9.8%
	Total payments less cash transfers		22.4%	30.0%	37.7%	10.3%
	Total tax wedge including employer's social security contributions		35.6%	41.9%	48.3%	25.5%
15.	**Marginal rates**					
	Total payments less cash transfers: Principal earner		44.2%	45.9%	49.5%	44.2%
	Total payments less cash transfers: Spouse		n.a.	n.a.	n.a.	n.a.
	Total tax wedge: Principal earner		53.7%	55.1%	58.1%	53.7%
	Total tax wedge: Spouse		n.a.	n.a.	n.a.	n.a.

Finland 2019

The tax/benefit position of married couples

	Wage level (per cent of average wage)	100-0	100-67	100-100	100-67
	Number of children	2	2	2	none
1.	**Gross wage earnings**	45 271	75 602	90 541	75 602
2.	**Standard tax allowances**				
	Basic allowance				
	Married or head of family				
	Dependent children				
	Deduction for social security contributions and income taxes	4 432	7 401	8 864	7 401
	Work-related expenses	750	1 500	1 500	1 500
	Other				
	Total	5 182	8 901	10 364	8 901
3.	**Tax credits or cash transfers included in taxable income**	0	0	0	0
4.	**Central government taxable income (1 - 2 + 3)**	40 089	66 701	80 177	66 701
5.	**Central government income tax liability (exclusive of tax credits)**	2 897	3 470	5 795	3 470
6.	**Tax credits**				
	Basic credit	1 432	3 062	2 864	3 062
	Married or head of family				
	Children	0	0	0	0
	Other				
	Total	1 432	3 062	2 864	3 062
7.	**Central government income tax finally paid (5-6)**	1 628	1 791	3 257	1 791
8.	**State and local taxes**	7 533	11 196	15 066	11 196
9.	**Employees' compulsory social security contributions**				
	Gross earnings	4 432	7 401	8 864	7 401
	Taxable income	0	0	0	0
	Total	4 432	7 401	8 864	7 401
10.	**Total payments to general government (7 + 8 + 9)**	13 593	20 389	27 187	20 389
11.	**Cash transfers from general government**				
	For head of family				
	For two children	2 397	2 397	2 397	0
	Total	2 397	2 397	2 397	0
12.	**Take-home pay (1-10+11)**	34 074	57 610	65 751	55 214
13.	**Employer's compulsory social security contributions**	9 276	15 491	18 552	15 491
14.	**Average rates**				
	Income tax	20.2%	17.2%	20.2%	17.2%
	Employees' social security contributions	9.8%	9.8%	9.8%	9.8%
	Total payments less cash transfers	24.7%	23.8%	27.4%	27.0%
	Total tax wedge including employer's social security contributions	37.5%	36.8%	39.7%	39.4%
15.	**Marginal rates**				
	Total payments less cash transfers: Principal earner	45.9%	45.9%	45.9%	45.9%
	Total payments less cash transfers: Spouse	22.4%	44.2%	45.9%	44.2%
	Total tax wedge: Principal earner	55.1%	55.1%	55.1%	55.1%
	Total tax wedge: Spouse	35.6%	53.7%	55.1%	53.7%

The national currency is the Euro (EUR). In 2019, EUR 0.89 was equal to USD 1. In that year, the average worker earned EUR 45 271 (Secretariat estimate).

1. Personal Income Tax System

1.1. Central government income taxes

1.1.1. Tax unit

Spouses are taxed separately for earned income.

1.1.2. Standard tax allowances and tax credits

1.1.2.1. Standard reliefs

- Work-related expenses: A standard deduction for work related expenses equal to the amount of wage or salary, with a maximum amount of EUR 750 is granted.
- Tax credit: An earned income tax credit is granted against the central government income tax. If the credit exceeds the amount of central government income tax, the excess credit is deductible from the municipal income tax and the health insurance contribution for medical care. The credit is calculated on the basis of taxpayers' income from work. The credit amounts to 12,2% of income exceeding EUR 2 500, until it reaches its maximum of EUR 1 630. The amount of the credit is reduced by 1.72% of the earned income minus work related expenses exceeding EUR 33 000. The credit is fully phased out when taxpayers' income is about EUR 128 000.

1.1.2.2. Main non-standard tax reliefs applicable to an AW

- Interest: Interest on loans associated with the earning of taxable income, 25% of the interest on loans for the purchase of owner-occupied dwellings, and student loans guaranteed by the state can be deducted against capital income. Of the excess of interest over capital income, 30% (32% for first-time homebuyers) can be credited against income tax up to a maximum of EUR 1 400.
- Membership fees: Membership fees paid to employees' organisations or trade unions.
- Travelling expenses: Travelling expenses from the place of residence to the place of employment using the cheapest means in excess of EUR 750 up to a maximum deduction of EUR 7 000.
- Double housing expenses: If the place of employment is located too far from home in order to commute (distance > 100km), the taxpayer can deduct the costs of hiring a second dwelling located near the place of work up to EUR 450 per month. This deduction can be claimed only by one person per household.
- Other work-related outlays: Outlays for tools, professional literature, research equipment and scientific literature, and expenses incurred in scientific or artistic work (unless compensated by scholarships).

Travelling expenses and other work related outlays are deductible only to the extent that their total amount exceeds the amount of the standard deduction for work related expenses.

1.1.3. Rate schedule

Central government income tax:

Taxable income (EUR)	Tax on lower limit (EUR)	Tax on excess income in bracket (%)
17 600-26 400	8	6
26 400-43 500	536	17.25
43 500-76 100	3 485.75	21.25
76 100	10 413.25	31.25

1.2. Local income tax

1.2.1. Tax base and tax rates

The tax base of the local income tax is taxable income as established for the income tax levied by central government.

Municipal tax is levied at flat rates. In 2019 the tax rate varies between 17.00 and 22.50%, the average rate being approximately 19.88%.

Municipal tax is not deductible against central government taxes. Work-related expenses and other non-standard deductions are deductible, as for purposes of the central government income tax.

1.2.2. Tax allowances in municipal income taxation

- An earned income tax allowance is calculated on the basis of taxpayer's income from work. The allowance amounts to 51% of income between EUR 2 500 and EUR 7 230 and 28% of the income exceeding EUR 7 230, until it reaches its maximum of EUR 3 570. The amount of the allowance is reduced by 4.5% on earned income minus work related expenses exceeding EUR 14 000.
- A basic tax allowance is granted on the basis of taxable income remaining after the other allowances have been subtracted. The maximum amount, EUR 3 305, is reduced by 18% on income exceeding the aforementioned amount.

2. Compulsory Social Security Contributions to Schemes Operated within the Government Sector

2.1. Employee contributions

2.1.1. Rate and ceiling

In 2019, the rate of the health insurance contribution for medical care paid by an employee is 0%. The tax base for this contribution is net taxable income for municipal income tax purposes.

In addition there is an employees' pension insurance contribution which amounts to 6.75% of gross salary, an employees' unemployment insurance contribution equal to 1.5% of gross salary and a health insurance contribution for daily allowance equal to 1.54% of gross salary. For employees aged 53 to 62, the pension insurance contribution amounts to 8.25% of gross salary. These contributions are deductible for income tax purposes.

2.1.2. Distinction by marital status or sex

The rates do not differ.

2.2. Employers' contributions

The average rate of the employers' social security contribution in 2019 is 20.49% of gross wage.

	Contribution rates (%)
Health insurance	0.77
Unemployment insurance (avg)	1.50
Earnings-related pension insurance	17.35
Accident insurance (avg)	0.8
Group life insurance (avg)	0.07
Total	20.49

3. Universal Cash Transfers

3.1. Amount for marriage

None.

3.2. Amount for children

The central government pays in 2018 the following allowances (EUR):

For the first child	1 138.56
For the second child	1 258.08
For the third child	1 605.48
For the fourth child	1 838.88
Fifth and subsequent child	2 072.28

The child subsidy for a single parent is increased by an annual amount of EUR 639.6 for each child.

4. Main Changes in the Tax/Benefit System since 2018

Adjustments for inflation and rise of earnings levels were made to the central government tax scale in 2019.

The maximum amount of the basic allowance in municipal taxation was raised from EUR 3 100 to EUR 3 305. The deduction for costs for a second dwelling located near the place of work was raised from EUR 250 per month to EUR 450 per month. The maximum amount of the earned income tax credit in state taxation was raised from EUR 1 540 to EUR 1 630.

Home-loan interest counts at 25%, down from 35%, as deductible/creditable interest.

5. Memorandum Items

5.1. Calculation of average gross annual wage

The Finnish figures are generally calculated as follows:

- Gross annual earnings are calculated at an individual level on the basis of the hour's usually worked, average hourly pay for the fourth quarter, and the share of annual periodic bonuses.
- The earnings exclude sickness and unemployment compensations, but include all normal overtime compensations, bonuses, holiday remunerations and remunerations for public holidays.

5.2. Employer contributions to private pension and health schemes

No information is available.

2019 Parameter values

Average earnings	Ave_earn	45 271	Secretariat estimate
Expenses	Work_exp_max	750	
	Work_exp_rate	1	
Allowances	al_SSC_rate	0.0979	
State tax	Tax_min	8	
Tax schedule	Tax_sch	0	17 600
		0.06	26 400
		0.1725	43 500
		0.2125	76 100
		0.3125	
Broadcasting tax	brdcst_tax_rate	0.025	
	brdcst_tax_thres	14000	
	brdcst_tax_max	163	
Earned income tax credit	eitc_thrsh	2 500	
	eitc_rate	0.122	
	eitc_redn_thrsh	33 000	
	eitc_redn_rate	0.0172	
	eitc_max	1 630	
Child tax credit	child_cr	0	
	child_thres	0	
	child_red	0	
Earned income tax allowance	al_thrsh	2 500	
	al_thrsh2	7 230	
	al_rate	0.51	
	al_rate2	0.28	
	al_redn_thrsh	14 000	
	al_redn_rate	0.045	
	al_max	3 570	
low income	SL_max	3 305	
	SL_rate	0.18	
Local intax	Local_rate	0.1988	
	Church_rate	0	
	Local_tot	0.1988	
Soc sec taxpayer	SSC_rate	0.0	
soc.sec empr	SSC_empr	0.2049	
Cash transfer	ch_1	1 138.56	
	ch_2	1 258.08	
	ch_3	1 605.48	
	ch_4	1 838.88	
	ch_5	2 072.28	
	ch_small	0	
	ch_lone	639.6	

2019 Tax equations

The equations for the Finnish system are mostly on an individual basis except for the child benefit which is calculated only once. This is shown by the Range indicator in the table below. The functions which are used in the equations (Taper, MIN, Tax etc) are described in the technical note about tax equations. Variable names are defined in the table of parameters above, within the equations table, or are the standard variables "married" and "children". A reference to a variable with the affix "_total" indicates the sum of the relevant variable values for the principal and spouse. And the affixes "_princ" and "_spouse" indicate the value for the principal and spouse, respectively. Equations for a single person are as shown for the principal, with "_spouse" values taken as 0.

	Line in country table and intermediate steps	Variable name	Range	Equation
1.	Earnings	earn		
	Work related expenses	work_rel	B	MIN(Work_exp_max, Work_exp_rate*earn)
	SSC deduction	SSC_al	B	earn*al_SSC_rate
2.	Allowances:	tax_al	B	work_rel+SSC_al
3.	Credits in taxable income	taxbl_cr	B	0
4.	CG taxable income	tax_inc	B	Positive(earn-tax_al)
5.	CG tax before credits	CG_tax_excl	B	='Tax(tax_inc,' Tax_sch)+Tax_min* (tax_inc>Tax_thrsh)
6.	Tax credits :	tax_cr	B	MINA(eitc_max,eitc_rate*Positive(earn-eitc_thrsh))-MINA(eitc_max,eitc_redn_rate*Positive(earn-work_rel-eitc_redn_thrsh))
	Child tax credit	child_cr	P	taper(child_cr*(1+(married=0))*children,earn_p-work_rel,child_thres,child_red)
			S	If(tax_inc_s>0,taper(child_cr*children,earn_s-work_rel,,child_thres,child_red),0)
		broadcasting_tax	B	IF((earn-(work_rel+brdcst_tax_thrsh))*brdcst_tax_rate<0,0,IF((earn--(work_rel+brdcst_tax_thrsh))*brdcst_tax_rate>brdcst_tax_max,brdcst_tax_max,(earn---(work_rel+brdcst_tax_thrsh))*brdcst_tax_rate))
7.	CG tax	CG_tax	B	Positive(CG_tax_excl - tax_cr-child_cr)+broadcasting_tax
	Earned income allowance	earninc_al	B	MIN(al_max, IF(earn>al_thrsh2, al_rate*(al_thrsh2-al_thrsh1)+al_rate2*(earn-al_thrsh2), Positive(earn-al_thrsh)))-MIN(al_max, al_redn_rate* Positive(earn-work_rel-al_redn_thrsh))
	Low income	low_inc	B	Positive(MIN(earn-work_rel-low_al-SSC_al, SL_max)-SL_rate*Positive(earn- work_rel- low_al-SSC_al-SL_max))
	Taxable income (local)	tax_inc_l	B	tax_inc-earninc_al-low_inc
8.	State and local taxes	local_tax	B	Positive(tax_inc_l*Local_tot- (local_tot/(local_tot+SSC_rate))*If((Tax_cr-CG-tax_excl)>0,(Tax_cr-CG-tax_excl)+child_cr,0)
9.	Employees' soc security	SSC	B	Positive(SSC_rate*tax_inc_l - (SSC_rate/(local_tot+SSC_rate))*IF((Tax_cr-CG-tax_excl)>0,(Tax_cr-CG-tax_excl)+child_cr,0)) + SSC_prog_rate* Positive(tax_inc_l-SSC_prog_thrsh)+SSC_al
11.	Cash transfers	cash_trans	J	(Children>0)*ch_1+(Children>1)*ch_2+ (Children>2)*ch_3+ (Children>3)*ch_4+ Positive(Children-4)*ch_4 +(Married=0)*Children*ch_lone
13.	Employer's soc security	SSC_empr	B	earn*SSC_empr

Key to range of equation B calculated separately for both principal earner and spouse P calculated for principal only (value taken as 0 for spouse calculation) J calculated once only on a joint basis.

France

This chapter includes data on the income taxes paid by workers, their social security contributions, the family benefits they receive in the form of cash transfers as well as the social security contributions and payroll taxes paid by their employers. Results reported include the marginal and average tax burden for eight different family types.

Methodological information is available for personal income tax systems, compulsory social security contributions to schemes operated within the government sector, universal cash transfers as well as recent changes in the tax/benefit system. The methodology also includes the parameter values and tax equations underlying the data.

France 2019

The tax/benefit position of single persons

		Wage level (per cent of average wage)	67	100	167	67
		Number of children	none	none	none	2
1.	**Gross wage earnings**		24 487	36 547	61 034	24 487
2.	**Standard tax allowances**					
	Basic allowance					
	Married or head of family					
	Dependent children					
	Deduction for social security contributions and income taxes		4 405	6 575	10 821	4 405
	Work-related expenses		2 008	2 997	5 021	2 008
	Other					
		Total	6 413	9 572	15 842	6 413
3.	**Tax credits or cash transfers included in taxable income**		0	0	0	0
4.	**Central government taxable income (1 - 2 + 3)**		18 073	26 975	45 192	18 073
5.	**Central government income tax liability (exclusive of tax credits)**		3 088	5 851	13 518	2 334
6.	**Tax credits**					
	Basic credit					
	Married or head of family					
	Children					
	Other		151	0	0	0
		Total	151	0	0	0
7.	**Central government income tax finally paid (5-6)**		2 937	5 851	13 518	2 334
8.	**State and local taxes**		0	0	0	0
9.	**Employees' compulsory social security contributions**					
	Gross earnings		2 769	4 133	6 743	2 769
	Taxable income					
		Total	2 769	4 133	6 743	2 769
10.	**Total payments to general government (7 + 8 + 9)**		5 706	9 984	20 261	5 103
11.	**Cash transfers from general government**					
	In-work benefit (Gross)		190	0	0	2 752
	For two children (Gross)		0	0	0	4 373
	CRDS Deducted		- 1	0	0	- 36
		Total	189	0	0	7 089
12.	**Take-home pay (1-10+11)**		18 970	26 563	40 772	26 472
13.	**Employers' compulsory social security contributions**		6 563	13 259	25 936	6 563
14.	**Average rates**					
	Income tax		12.0%	16.0%	22.1%	9.5%
	Employees' social security contributions		11.3%	11.3%	11.0%	11.3%
	Total payments less cash transfers		22.5%	27.3%	33.2%	-8.1%
	Total tax wedge including employer's social security contributions		38.9%	46.7%	53.1%	14.7%
15.	**Marginal rates**					
	Total payments less cash transfers: Principal earner		66.0%	31.2%	42.2%	51.6%
	Total payments less cash transfers: Spouse		n.a.	n.a.	n.a.	n.a.
	Total tax wedge: Principal earner		81.7%	49.5%	59.4%	73.9%
	Total tax wedge: Spouse		n.a.	n.a.	n.a.	n.a.

France 2019

The tax/benefit position of married couples

	Wage level (per cent of average wage)	100-0	100-67	100-100	100-67
	Number of children	2	2	2	none
1.	**Gross wage earnings**	36 547	61 034	73 095	61 034
2.	**Standard tax allowances**				
	Basic allowance				
	Married or head of family				
	Dependent children				
	Deduction for social security contributions and income taxes	6 575	10 980	13 150	10 980
	Work-related expenses	2 997	5 005	5 994	5 005
	Other				
	Total	9 572	15 986	19 145	15 986
3.	**Tax credits or cash transfers included in taxable income**	0	0	0	0
4.	**Central government taxable income (1 - 2 + 3)**	26 975	45 048	53 950	45 048
5.	**Central government income tax liability (exclusive of tax credits)**	3 483	7 467	10 292	9 306
6.	**Tax credits**				
	Basic credit				
	Married or head of family				
	Children				
	Other	0	330	0	0
	Total	0	330	0	0
7.	**Central government income tax finally paid (5-6)**	3 483	7 137	10 292	9 306
8.	**State and local taxes**	0	0	0	0
9.	**Employees' compulsory social security contributions**				
	Gross earnings	4 133	6 903	8 267	6 903
	Taxable income				
	Total	4 133	6 903	8 267	6 903
10.	**Total payments to general government (7 + 8 + 9)**	7 616	14 039	18 559	16 208
11.	**Cash transfers from general government**				
	In-work benefit (Gross)	990	0	0	0
	For two children (Gross)	1 585	1 585	1 585	0
	CRDS Deducted	- 13	- 8	- 8	0
	Total	2 562	1 577	1 577	0
12.	**Take-home pay (1-10+11)**	31 493	48 572	56 113	44 826
13.	**Employers' compulsory social security contributions**	13 259	19 822	26 519	19 822
14.	**Average rates**				
	Income tax	9.5%	11.7%	14.1%	15.2%
	Employees' social security contributions	11.3%	11.3%	11.3%	11.3%
	Total payments less cash transfers	13.8%	20.4%	23.2%	26.6%
	Total tax wedge including employer's social security contributions	36.8%	39.9%	43.7%	44.6%
15.	**Marginal rates**				
	Total payments less cash transfers: Principal earner	51.6%	35.3%	31.2%	31.2%
	Total payments less cash transfers: Spouse	30.3%	35.3%	31.2%	31.2%
	Total tax wedge: Principal earner	64.5%	52.5%	49.5%	49.5%
	Total tax wedge: Spouse	45.0%	65.1%	49.5%	62.9%

The national currency is the Euro (EUR). In 2019, EUR 0.89 equalled USD 1. In that year, the average worker earned EUR 36 547 (Secretariat estimate[1]).

1. Personal income tax system

1.1. Tax levied by the central government on 2019 income

1.1.1. Tax unit

The tax unit is aggregate family income, but children over 18 are included only if their parents claim them as dependants. Other persons may be fiscally attached on certain conditions: unlike spouses, who are always taxed jointly, children over 18 and other members of the household may opt to be taxed separately. Beginning with the taxation of 2004 income, the law provides for joint taxation of partners in a French civil union (pacte civil de solidarité, or PACS), as soon as the PACS is signed. Reporting obligations for "PACSed" partners are similar to those of married couples.

Earned income is reported net of compulsory employer and employee payroll deductions, except for 2.4 percentage points worth of CSG (contribution sociale généralisée) and the 0.5% CRDS (contribution pour le remboursement de la dette sociale), which are not deductible from the income tax base.

1.1.2. Tax reliefs and tax credits

1.1.2.1. Standard tax reliefs

- Work-related expenses, corresponding to actual amounts or a standard allowance of 10% of net pay (with a minimum of EUR 441 and a ceiling of EUR 12 627 per earner).
- Family status: The "family quotient" (quotient familial) system takes a taxpayer's marital status and family responsibilities into account. It involves dividing net taxable income into a certain number of shares [two shares for a married (or "PACSed") couple, one share for a single person, one half-share for each dependent child, an additional share for the third and each subsequent dependent child, an additional half-share for single parent, and so on]: the total tax due is equal to the amount of tax corresponding to one share multiplied by the total number of shares. The tax benefit for a half-share is limited, however, to EUR 1 567 per half-share in excess of two shares for a couple, or one share for a single person, except for the first two half-shares granted for the first child of a single parent, in which case the maximum benefit is EUR 3 697.

1.1.2.2. Main non-standard reliefs available to the average worker

Certain expenditures to improve or maintain the taxpayer's primary residence, including outlays for heat insulation or heating adjustments, major capital expenditures and money spent to equip a home to produce energy from a renewable source (30% tax credits, subject to a multi-year maximum); compensatory allowances in case of divorce if paid in a lump sum (25% reduction, capped at EUR 30 500); child care costs for children under six (50% reduction, up to annual expenditure of EUR 2 300); dependent children attending secondary school or in higher education; donations to charities or other organisations assisting those in needs; trade union dues, etc. The exemption of the employer's participation to the collective contracts of supplementary health cover is abolished in the budget act for 2014 (i.e. income earned in 2013).

1.1.3. Tax schedule

	Fraction of taxable income (1 share, in Euros)	Rate (in %)
1st bracket	Up to 10 064	0
2nd bracket	From 10 064 to 27 794	14
3rd bracket	From 27 794 to 74 517	30
4th bracket	From 74 517 to 157 806	41
5th bracket	From 157 806	45

A special rebate for taxpayers with a low tax liability is applied to the amount of tax resulting from the above schedule before reductions and tax credits. To be eligible, the tax on the household's income must be less than EUR 1 611 for single households and less than 2 653 for the couples. The rebate is equal to the three-quarter of the difference between this ceiling and the amount of tax before the rebate.

A special tax reduction has been established for the 2019 income tax. The reduction rate is 20% of the tax liable if the household income is less than EUR 19 175 (doubled for couples, plus EUR 3 835 for each dependent person) and it decreases linearly until zero for households whose income equals to EUR 21 247 (doubled for couples, plus EUR 3 835 for each dependent person).

If the final tax is less than EUR 61, no tax is payable.

1.1.4. Exceptional contribution on high revenues

An exceptional contribution on high revenues is based on the reference taxable income ("revenu fiscal de référence"). The tax rates are 3% from EUR 250 000 to EUR 500 0000 (single person), 4% over EUR 500 0000 (single person), 3% from EUR 500 000 to EUR 1 000 000 (married couple or civil union) and 4% over EUR 1 000 000 (married couple or civil unions).

1.2. Taxes levied by decentralised authorities

Local taxes levied on working households are:

- Residency tax (taxe d'habitation), which is set by local authorities;
- Property taxes on developed and undeveloped land;
- There are common rules for each type of tax, to which certain municipalities make certain adjustments.

These local taxes, the rates of which vary widely, depending on the municipality, are not assessed here.

1.3. Universal social contribution (contribution sociale généralisée, or CSG)

The universal social contribution (CSG) was introduced on 1 February 1991. Since 1 January 2018, the rate of CSG has been 9.2%. This rate has been applied to a base of 98.25% as of 1st January 2012. The CSG is deductible against taxable income, but at a lower rate of 6.8%.

1.4. Contribution to the reimbursement of social debt (contribution au remboursement de la dette sociale, or CRDS)

The contribution to the reimbursement of social debt has been in effect since 1 February 1997. Like the universal social contribution, its base has passed to 98.25% of gross pay as of 1st January 2012. The rate is set at 0.5%. Unlike social security contributions, CRDS payments are not deductible from taxable income.

2. Compulsory social security contributions to schemes operated within the government sector

Some contributions are levied on a capped portion of monthly earnings. Since 1997, this ceiling has been adjusted once a year on 1 January. In January 2019, the ceiling was EUR 3 377 (or EUR 40 524 per year).

2.1. Employee contributions

2.1.1. Pension

- 6.9% on earnings up to the ceiling (after 6.9% in 2018).
- 0.4% on total earnings (after 0.4% in 2018).

2.1.2. Illness, pregnancy, disability, death

- 0.0% on total earnings (0,0% in 2018)

2.1.3. Unemployment

- 0.0% on earnings since 1st October 2018 (0.95% between 1st January 2018 and 30 September.

2.1.4. Others

- Supplemental pension[2] for non-managers and managers: minimum 3.15% up to the ceiling and 8.64% between one and eight times the ceiling.
- The CEG ("Contribution d'Équilibre Général") is a new contribution that replace AGFF and GMP. The rate of this contribution is, for non-managerial workers and managers, 0.86 % of earnings up to the social security ceiling and 1,08 % between one and eight times the ceiling.
- The CET ("Contribtion d'Équilibre Technique"): a contribution of 0.14% on total earnings up to eight times the ceiling, for employees who earnings exceed one time the ceiling.

2.2. Employer contributions

2.2.1. Pensions

8.55% (8.55% in 2018) of gross pay, up to the ceiling, plus a 1.90% (1.90% in 2018) levy on total pay.

2.2.2. Illness, pregnancy, disability, death

13.0% of total earnings (after 13.00% in 2018). The rate has been reduced to 7.00% up to 2.5 times the minimum wage since 1st January 2019 with the conversion of the CICE into a permanent cut in social contributions.

An additional contribution of 0.3% (contribution de solidarité autonomie – (CSA) is levied on total salary.

2.2.3. Unemployment

4.05% of earnings (4.05% in 2018) (4.5%, 5.5% or 7% for some temporary contracts), up to four times the ceiling; in addition, 0.15% (0.15% in 2018) up to four times the ceiling to endow the salary guarantee fund (AGS).

2.2.4. Work-related accidents

Contribution rates for work-related accidents vary by line of business and are published annually in the official gazette (*Journal officiel de la République française*). In 2019, the average rate is 2.22% (after 2.22% in 2018).

2.2.5. Family allowances

5.25% of total pay. The rate has been reduced to 3.45% up to 1.6 times the minimum wage from 2015 with the responsibility pact, up to 3.5 times the minimum wage from April 2016.

2.2.6. Others

- Supplemental pension: for non-managers and managers, 4.72% up to the ceiling and 12.95% between one and eight times the ceiling.
- The CEG ("Contribution d'Équilibre Général") contribution is 1.29% up to the ceiling, 1.62% between one and eight times the ceiling for managers and non-managers. In the table, this is combined with the rates for supplemental pensions.
- The CET ("Contribution d'Equilibre Technique"), a contribution of 0.21% on total earnings up to eight times the ceiling for employees who earnings exceed one time the ceiling.
- Others (construction, housing, apprenticeship, further training): 2.646% of pay (for enterprises with more than 20 employees). The transport tax is not included because it varies geographically. Contributions to finance a fund dedicated to workers exposed to distressing work conditions ("Fonds Pénibilité") vary with the levels of exposure of each worker and are therefore not included.

2.2.7. Reduction of employer-paid social insurance contributions

Act No. 2003-47 of 17 January 2003 on salaries, working time and the development of employment (the "Fillon Act") amended how the reduction of contributions is calculated.

As a result, since 1 July 2005 the maximum reduction has been 26% (in companies with more than 20 employees) for a worker paid the minimum wage. It then declines gradually to zero at 160% of the annual minimum wage. It applies irrespective of the number of hours worked. From 1st January 2019 to 1st October 2019, the reduction was 28.49%. Since 1st October 2019, it is 32.54%. For companies with less than 20 employees, the reduction was 28.09% between 1st January 2019 and 1st October 2019 and has increased to 32.14% since October 2019.

The Budget Act for 2007 (Article 41 V) bolsters this measure for very small enterprises with effect from 1 July 2007. For employers with between 1 and 19 employees, the maximum deduction was raised to 28.1% at the minimum wage, declining gradually – here too – to zero at 160% of the minimum wage.

In 1 January 2011 the "Fillon act" was modified and included an annualized calculation of the general tax reliefs of employer contributions. For part-time wage-earners, the relief is computed using an equivalent full-time salary and is then adjusted proportionally to the number of hours paid.

From 2015, the Responsibility Pact (Phase 1) includes new reductions of the labour cost: total exemption of all URSSAF employer contributions on the minimum wage (except unemployment contributions); reduction of 1.8 point on employer-paid contributions for family allowance (3.45% instead of 5.25% for salary up to 1.6 times the minimum wage, and up to 3.5 times from April 2016).

The gross annual minimum wage (for 1 820 hours) in 2019 was an estimated EUR 18 255.

2.2.8. Competitive tax credit (CICE - Crédit d'impôt pour la compétitivité et l'emploi)

As for 2015, the competitive tax credit (CICE - Crédit d'impôt pour la compétitivité et l'emploi) will benefit all businesses, regardless of their legal status or economic sector, that employ salaried workers and be liable for either corporation tax or income tax, based on actual profits.

The CICE is based on all wages paid to salaried employees in a given calendar year up to 2.5 times the minimum wage (without taking into account any overtime or additional hours worked). For part-time employees and seasonal workers, the minimum wage corresponding to the working hours stipulated in the contract shall be taken into account.

Since the 1st January 2019, the CICE has been converted into a permanent cut in social contributions.

3. Universal cash transfers

3.1. Main minimum social benefits

The RSA (revenu de solidarité active) is the minimum income benefit. However, the eight family types studied here earn too high an income to benefit from this benefit.

3.2. Main family benefits (in respect of dependent children)

Family allowances: monthly base for family allowances (BMAF) = EUR 411.92 between 1st January and 1st April 2019, since 1st April, the BMAF is EUR 413.16. The CRDS is levied on family allowances at a rate of 0.5% (no deduction). The amounts in % of BMAF are before CRDS.

- The family allowances, granted to families with two or more children, are subject to revenue conditions since 1 July 2015:
  - Up to 68 217 (+5 684 per child after the second child), the rate is 32% for two children and 41% per additional child. An extra amount of 16% of the BMAF is reversed if the child is over 14 (the extra amount is not incorporated into the model).
  - Between 68 218 (+5 684 per child after the second child) and 90 926 (+5 684 per child after the second child), the above rates are divided by 2.
  - Beyond 90 927 (+5 684 per child after the second child), the above rates are divided by 4.
- ASF (Allocation de soutien familial): extra child benefit for isolated parent is at most 28.13 % of the BMAF per month. It is reduced by the amount of child support paid by the other parent to the family.
- ARS (Allocation de Rentrée Scolaire): The amount payable depends on the age of the child to reflect needs. The allowance is payable to families or persons with children aged 6 to 18 attending school, and whose income is below a certain level (not incorporated into the model).

Age of the child	Percentage of the BMAF in 2019
6–10 years	89.72%
11–14 years	94.67%
15–18 years	97.95%

- Family supplement (Complément Familial): 41.65% of the BMAF. Subject to revenue ceilings, this is paid to families as of the third child. An extra amount (20.83% of BMAF) is reversed for families whose incomes are below a given threshold (not incorporated into the model).
- Early childhood benefit (not incorporated in the model) known as PAJE (Prestation d'Accueil du Jeune Enfant): subject to revenue ceilings. It includes:

- A birth grant of 229.75% of the BMAF received at the 7th month of pregnancy.
- A benefit ("allocation de base") of 41.65% (or 20.83 % depending on the family income) of the BMAF a month from the birth of the child until three years of age.

3.3. Housing benefits

The housing benefits are not included in the model.

3.4. In-work benefit

The November 2014 Supplementary Budget Act eliminated the earned income tax credit (Prime pour l'emploi, PPE) so that it could be merged with the in-work income supplement (RSA Activité) and become a single in-work benefit. The in-work benefit was created by the Act of 17 August 2015 on Labour-Management Dialogue and Employment, and has been in place since 1 January 2016. The in-work benefit is better targeted to promote a return to full-time work for low-paid workers.

The amount of in-work benefit is equal to a targeted income, less the maximum between resources and a lump sum.

The targeted income is determined as the sum of three elements:

- A lump sum of EUR 551.51 (before CRDS) modulated according to the composition of the household. For instance, it is increased by 50% for couple, then 30% for each child until two (EUR) and 40% for each additional child (EUR). The amount may be increased for a temporary period[3] for an isolated parent (28.412% of the basic lump sum for the adult and then 42.804% for each child).
- An individual bonus of 29.101% of the basic lump sum is planned for persons whose net income exceeds around 100% of the net minimum wage; this bonus grows linearly if the net income is between around 50% and 100% of the net minimum wage[4].
- 61% of the net professional income of the household.

Then ressources are assessed as the sum of the household income, plus the benefits (family benefits and others, except RSA and housing benefits)[5]. A lump sum depending on the composition of the household (12% of the basic lump sum (EUR 551.51) for a single person, 16% for a couple, 16.5% for three persons or plus) is used to take into account the housing benefits[6].

4. Main changes in the tax system and social benefits regime since the taxation of 2015 income

- Tax system (2016 income)
  - Special income tax reduction.
- Increase of 1.7 points of CSG deductible
- Social benefits regime
  - Increased reduction of employer-paid contributions for family allowance: 3.45% instead of 5.25% for salary up to 3.5 times the minimum wage from April 2016 (1.6 times before).
  - Removal of sickness employee contribution
  - Creation of a new cash transfer benefit for low income workers ("prime d'activité") which replace the PPE and the "RSA activité"[7].

5. Memorandum items

To assess the degree of comparability between countries, the following additional information should be taken into account:

- Coverage is of the private and semi-public sectors of NACE sections C to K up to 2007 and NACE rev.2 sections B to N from 2008.
- The category "employees" encompasses all full-time dependent employees (excluding apprentices and interns).
- The figures presented are obtained by applying income tax and social contribution scales to gross salaries as listed in annual social data reports (DADS) in NACE.

There is a break in the average wage time-series starting with the year 2016. That year, the National Statistics Office (INSEE) changed their methodology for the calculations of the average wage.

2019 Parameter values

APW earnings	Ave_earn	36 547	Secretariat estimate
Income tax			
Work expenses	work_rel_fl	441	
	work_rel_ceil	12627	
	work_rel_rate	0.1	
Tax schedule	tax_sch	0	10 064
		0.14	27 794
		0.3	74 517
		0.41	157 806
		0.45	
	limit_demipart	1567	
	limit_sp_demipart1	3697	
Décote value	decote_sing	1611	
	decote_mar	2653	
	decote_pente	0.75	
Tax reduction	red_taux	0.20	
	red_seuil_1	19175	
	red_seuil_2	21247	
	red_seuil_dp	3835	
	tax_min	61	
CEHR	cehr_rate1	0.03	
	cehr_rate2	0.04	
	cehr_ceil1	250000	
	cehr_ceil2	500000	
CSG+CRDS	CSG_CRDS_abat	0.0175	
	CSG_rat_noded	0.0240	
	CRDS_rat_noded	0.0050	
	CSG_CRDS_rat_noded	0.0290	
	CSG_rat_ded	0.0680	
	CRDS_special	0.0050	
Employee contributions			
	pension_rate	0.069	
	pension_rate2	0.004	
Sickness	sickness_rate	0.0000	
Unemployment	unemp_rate	0.0000	
Extra pension (non-cadres) (incl. AGFF)	pens_rate_ex	0.0401	
	pens_rate_ex2	0.0972	
	pens_rate_ex3	0.0014	
Employer contributions			
	pens_empr1	0.0855	
	pens_empr2	0.0190	
Sickness	sickness_empr	0.0700	
	Sickness_emp2	0.1300	
Authonomous Solidarity Contribution	CSA	0.0030	
Unemployment (incl. "garantie de salaire")	unemp_empr	0.0420	
Accidents	accidents_empr	0.0222	
Family Allowance	fam_empr	0.0525	
	fam_empr_2	0.0345	

Extra pension (incl. AGFF)	pens_empr_ex	0.060144
	pens_empr_ex2	0.14574
	pens_empr_ex3	0.0021
Others	others_empr	0.02646
CS reduction & corporate tax credit		
Employer SSC reduction rate	SSC_empr_redrate2	0.6
Employer SSC reduction maximum	SSC_empr_red_max	0.29503
Employer SSC reduction SMIC reference	SSC_empr_SMIC_ref	1.6
	SSC_empr_SMIC2	3.5
	SSC_empr_SMIC3	2.5
Taux de réduction CICE	cice_red	0,00
	cice_max	2.5
Social transfers		
Child benefit (second child)	CB_2	1585.34
third & subsequent before CRDS	CB_3	2031.22
First ceiling for CB	CB_c1	68217
Second ceiling for CB	CB_c2	90926
Increase of ceiling per child	CB_ceiling_extra_child	5684
Extra child benefit for isolated parent	CB_isol	1393.62
Prime d'activité	pa_forf	551.51
	pa_maj1	0.50
	pa_maj2	0.30
	pa_maj3	0.40
	pa_maj_isol1	0.28412
	pa_maj_isol2	0.42804
	pa_pct	0.61
	pa_bonus	0.29101
	pa_bonus1	0.3890
	pa_bonus2	0.79121
	pa_forf_logement1	0.12
	pa_forf_logement2	0.16
	pa_forf_logement3	0.165
Others		
Social security contributions	SSC_ceil	40524
Derivation of minimum income	SMIC_horaire	10.03
	SMIC_heures	1820
	SMIC	18254.6

2019 Tax equations

The equations for the French system are mostly calculated on a family basis. Variable names are defined in the table of parameters above, within the equations table, or are the standard variables "married" and "children". A reference to a variable with the affix "_total" indicates the sum of the relevant variable values for the principal and spouse. And the affixes "_princ" and "_spouse" indicate the value for the principal and spouse, respectively. Equations for a single person are as shown for the principal, with "_spouse" values taken as 0.

	Line in country table and intermediate steps	Variable name	Range	Equation
1.	Earnings	Earn		
	Quotient for tax calculation	Quotient	J	1+Married+IF(Children<3, Children/2, Children-1)+0.5*(Married=0)*(Children>0)
2.	Allowances			
	CSG deductible	CSG_ded	B	CSG_rat_ded*((1-CSG_CRDS_abat)*MIN(earn;4*SSC_ceil)+Positive(earn-4*SSC_ceil))
	Salary net	earn_dec	B	earn-SSC-CSG_ded
	Work related	work_exp	B	MIN(work_rel_ceil, MAX(work_rel_rate* earn_dec, MIN(work_rel_fl, earn_dec)))
	Basic	basic_al	B	0
3.	Credits in taxable income	taxbl_cr	B	0
4.	CG taxable income	tax_inc	J	Positive(earn_dec_total-work_exp)
5.	CG tax before credits			
	Calculation according to schedule	sch_tax	J	MAX(quotient*Tax(tax_inc/quotient, tax_sch), IF(Married, 2*Tax(tax_inc/2, tax_sch)-limit_demipart*(quotient-2), Tax(tax_inc, tax_sch)-(Children>0)* (limit_sp_demipart1+limit_demipart*(quotient-2))))++cehr_rate1* MIN((cehr_ceil2-cehr_ceil1)*(1+Married);MAX(tax_inc-cehr_ceil1*(1+Married);0))+cehr_rate2 * MAX(tax_inc-cehr_ceil2*(1+Married);0)
	Adjusted for decote	adj_tax	J	SI(Married;Positive(MINA(tax_sch; (1+decote_pente)*tax_sch-decote_pente*decote_mar));Positive(MINA(tax_sch;(1+decote_pente)*tax_sch-decote_pente*decote_sing)))
	Tax liable	inc_tax	J	(adj_tax>=tax_min)*adj_tax
	CSG+CRDS (non-deductible)	CSG_CRDS_noded	B	CSG_CRDS_rat_nod*((1-CSG_CRDS_abat)*MIN(earn;4*SSC_ceil)+Positive(earn-4*SSC_ceil))
	CSG deductible	CSG_ded	B	CSG_rat_ded*((1-CSG_CRDS_abat)*MIN(earn;4*SSC_ceil)+Positive(earn-4*SSC_ceil))
6.	Tax credits :	tax_cr	J	adj_tax*SI((tax_inc<=red_seuil_1*(1+Married)+red_seuil_dp*Children);red_taux;SI(tax_inc<='red_seuil_2*(1+Married)+red_seuil_dp*Children;(tax_inc*red_taux'/(red_seuil_1*(1+Married)+red_seuil_dp*Children-(red_seuil_2*(1+Married)+red_seuil_dp*Children)))+(red_taux*(red_seuil_2*(1+Married)+red_seuil_dp*Children))/(red_seuil_2*(1+Married)+red_seuil_dp*Children-(red_seuil_1*(1+Married)+red_seuil_dp*Children));0))
7.	CG tax	CG_tax	J	inc_tax+CSG_CRDS_noded+CSG_ded-tax_cr
8.	State and local taxes	local_tax	J	0
9.	Employees' soc security	SSC	B	((sickness_rate+pension_rate2)*earn + (pension_rate + pens_rate_ex)*MINA(earn;SSC_ceil) + unemp_rate*MINA(earn;4*SSC_ceil) + pens_rate_ex2* MAX(MIN(earn;8*SSC_ceil) - SSC_ceil;0))+SI(earn<SSC_ceil;0;SI(earn>8*SSC_ceil;8*SSC_ceil*pens_rate_ex3;pens_rate_ex3*earn))
11.	Cash transfers	cash_transf_gro	J	SI(Children<2;0;(CB_2+(Children-

		ss		2)*CB_3)*SI(tax_inc<=(CB_c1+CB_ceiling_extra_child*(Children-2));1;SI(tax_inc<=(CB_c2+CB_ceiling_extra_child*(Children-2));0,5;0,25)))+SI(Isolated=1;CB_isol*Children;0)
		in_work_benefit_gross	J	MAX(SI((Isolated='1);' 12*pa_forf*(1+pa_maj_isol1+pa_maj_isol2*Children); 12*pa_forf*(1+SI(Married=1;pa_maj1;0)+pa_maj2*SI(Children<=2;Children;0)+pa_maj3*SI(Children>2;Children-2;0)))+pa_pct*(earn_dec-CSG_CRDS_noded)+pa_bonus*pa_forf/(pa_bonus2-pa_bonus1)*12*SI(ET(pa_bonus1*SMIC<(earn_dec_princ-CSG_CRDS_noded_princ);pa_bonus2*SMIC>(earn_dec_princ-CSG_CRDS_noded_princ));(earn_dec_princ-CSG_CRDS_noded_princ)/SMIC-pa_bonus1;0)+pa_bonus*pa_forf/(pa_bonus2-pa_bonus1)*12*SI(ET(pa_bonus1*SMIC<(earn_dec_spouse-CSG_CRDS_noded_spouse);pa_bonus2*SMIC>(earn_dec_spouse-CSG_CRDS_noded_spouse));(earn_dec_spouse-CSG_CRDS_noded_spouse)/SMIC-pa_bonus1;0)+pa_bonus*pa_forf*12*SI((earn_dec_princ-CSG_CRDS_noded_princ)>=pa_bonus2*SMIC;1;0)+pa_bonus*pa_forf*12*SI((earn_dec_spouse-CSG_CRDS_noded_spouse)>=pa_bonus2*SMIC;1;0)-MAX(earn_dec-CSG_CRDS_noded+(family_benefit_gross-SI(Isolated='1;CB_isol*Children;0)*(1-(22,5%'/28,15%)))+((Married+Children='0)*' pa_forf_logement1*pa_forf*12+ (Married+Children='1)*pa_forf_logement2*pa_forf*1,5*12' + (Married+Children>='2)*pa_forf_logement3*pa_forf*1,8*12);' SI(ET((Married='0);(Children>0));' 12*pa_forf*(1+pa_maj_isol1+pa_maj_isol2*Children);pa_forf*12*(1+SI(Married=1;pa_maj1;0)+pa_maj2*SI(Children<=2;Children;0)+pa_maj3*SI(Children>2;Children-2;0))));0)
		crds_cash_transf	J	cash_transf_gross*-1*CRDS_special
		cash_transf_net	J	cash_transf_gross+crds_cash_transf
13.	Employer's soc security	SSC_empr_gross	B	(CSA + pens_empr2 + accidents_empr+others_empr)*earn + pens_empr1*MINA(earn;SSC_ceil) + pens_empr_ex*MINA(earn;SSC_ceil) + pens_empr_ex2* MAX(MIN(earn;8*SSC_ceil) - SSC_ceil;0) + unemp_empr*MIN(earn;4*SSC_ceil) +SI(earn<SSC_empr_SMIC2*SMIC; fam_empr_2*earn; fam_empr*earn)+SI(earn<SSC_ceil;0;SI(earn>8*SSC_ceil;8*SSC_ceil*pens_empr_ex3;pens_empr_ex3*earn))+SI(earn<SSC_empr_SMIC3*SMIC;sickness_empr*earn;sickness_empr2*earn)
		SSC_empr_reduction	B	IF(OR(earn>SSC_empr_SMIC_ref*SMIC,earn='0),0,-MIN' (SSC_empr_red_max*earn,(SSC_empr_red_max/SSC_empr_redrate2)*(SSC_empr_SMIC_ref*SMIC/earn-1)*earn)) -IF(earn<cice_max*SMIC;earn*cice_red)
		SSC_empr_final	B	SSC_empr_gross+SSC_empr_reduction

Key to range of equation B calculated separately for both principal earner and spouse P calculated for principal only (value taken as 0 for spouse calculation) J calculated once only on a joint basis.

Notes

[1] The low compensation rate used in forecasting the average wage in 2019 (+0.6%, please see Table A.6 in the Annex) is due to a decrease in employer social contributions and not to a lower increase in gross wage.

[2] The social protection scheme is named ARRCO for non-managers and AGIRC for managers. The two protection schemes have been merged since the 1st January 2019.

[3] During at most 12 months over a 18-months period ; or, if there is a child under three in the family, until the child is three.

[4] The boundaries are defined as : minimum of 59 hours paid at gross minimum wage per hour per month and maximum of 120 hours paid at gross minimum wage per hour per month.

[5] Capital income, unemployment benefits, pensions or minimum old-age pensions are not taken into account in this model.

[6] The complete formula uses the minimum of this lump sum tax and the amount of housing benefits, if the family is a tenant. As the model does not include housing benefits, we only use the lump sum in the formula. This method tends to minimize the amount of “prime d’activité” served.

[7] In the previous model, for 2015 revenues, this reform only affects the income tax (no PPE in 2016) but not the benefits, since the “prime d’activité” will be served as from the beginning of 2016.

Germany

This chapter includes data on the income taxes paid by workers, their social security contributions, the family benefits they receive in the form of cash transfers as well as the social security contributions and payroll taxes paid by their employers. Results reported include the marginal and average tax burden for eight different family types.

Methodological information is available for personal income tax systems, compulsory social security contributions to schemes operated within the government sector, universal cash transfers as well as recent changes in the tax/benefit system. The methodology also includes the parameter values and tax equations underlying the data.

Germany 2019

The tax/benefit position of single persons

	Wage level (per cent of average wage)	67	100	167	67
	Number of children	none	none	none	2.00
1.	**Gross wage earnings**	34 964	52 185	87 148	34 964
2.	**Standard tax allowances**				
	Basic allowance				
	Married or head of family	0	0	0	2 148
	Dependent children	0	0	0	0
	Deduction for social security contributions and income taxes	5 694	8 498	10 701	5 606
	Work-related expenses	1 000	1 000	1 000	1 000
	Other	36	36	36	36
	Total	6 730	9 534	11 737	8 790
3.	**Tax credits or cash transfers included in taxable income**	0	0	0	0
4.	**Central government taxable income (1 - 2 + 3)**	28 234	42 651	75 411	26 174
5.	**Central government income tax liability (exclusive of tax credits)**	4 999	10 038	24 150	4 129
6.	**Tax credits**				
	Basic credit				
	Married or head of family				
	Children	0	0	0	4 776
	Other				
	Total	0	0	0	4 776
7.	**Central government income tax finally paid (5-6)**	4 999	10 038	24 150	- 647
8.	**State and local taxes**	0	0	0	0
9.	**Employees' compulsory social security contributions**				
	Gross earnings	7 019	10 476	13 669	6 932
	Taxable income				
	Total	7 019	10 476	13 669	6 932
10.	**Total payments to general government (7 + 8 + 9)**	12 018	20 514	37 819	6 285
11.	**Cash transfers from general government**				
	For head of family				
	For two children	0	0	0	0
	Total	0	0	0	0
12.	**Take-home pay (1-10+11)**	22 946	31 670	49 330	28 679
13.	**Employers' compulsory social security contributions**	6 932	10 346	13 532	6 932
14.	**Average rates**				
	Income tax	14.30%	19.24%	27.71%	-1.85%
	Employees' social security contributions	20.08%	20.08%	15.68%	19.83%
	Total payments less cash transfers	34.37%	39.31%	43.40%	17.97%
	Total tax wedge including employer's social security contributions	45.23%	49.35%	51.00%	31.55%
15.	**Marginal rates**				
	Total payments less cash transfers: Principal earner	46.58%	52.09%	44.31%	44.28%
	Total payments less cash transfers: Spouse	n.a.	n.a.	n.a.	n.a.
	Total tax wedge: Principal earner	55.42%	60.02%	44.31%	53.50%
	Total tax wedge: Spouse	n.a.	n.a.	n.a.	n.a.

Germany 2019

The tax/benefit position of married couples

	Wage level (per cent of average wage)	100-0	100-67	100-100	100-67
	Number of children	2	2	2	none
1.	**Gross wage earnings**	52 185	87 148	104 369	87 148
2.	**Standard tax allowances**				
	Basic allowance				
	Married or head of family	0	0	0	0
	Dependent children	0	15 240	15 240	0
	Deduction for social security contributions and income taxes	8 367	13 973	16 734	14 191
	Work-related expenses	1 000	2 000	2 000	2 000
	Other	72	72	72	72
	Total	9 439	31 285	34 046	16 263
3.	**Tax credits or cash transfers included in taxable income**	0	0	0	0
4.	**Central government taxable income (1 - 2 + 3)**	42 746	55 863	70 323	70 885
5.	**Central government income tax liability (exclusive of tax credits)**	5 562	9 807	14 603	14 800
6.	**Tax credits**				
	Basic credit				
	Married or head of family				
	Children	4 776	0	0	0
	Other				
	Total	4 776	0	0	0
7.	**Central government income tax finally paid (5-6)**	786	9 807	14 603	14 800
8.	**State and local taxes**	0	0	0	0
9.	**Employees' compulsory social security contributions**				
	Gross earnings	10 346	17 277	20 691	17 495
	Taxable income				
	Total	10 346	17 277	20 691	17 495
10.	**Total payments to general government (7 + 8 + 9)**	11 132	27 084	35 295	32 295
11.	**Cash transfers from general government**				
	For head of family				
	For two children	0	0	0	0
	Total	0	0	0	0
12.	**Take-home pay (1-10+11)**	41 053	60 064	69 075	54 854
13.	**Employers' compulsory social security contributions**	10 346	17 277	20 691	17 277
14.	**Average rates**				
	Income tax	1.51%	11.25%	13.99%	16.98%
	Employees' social security contributions	19.83%	19.83%	19.83%	20.08%
	Total payments less cash transfers	21.33%	31.08%	33.82%	37.06%
	Total tax wedge including employer's social security contributions	34.35%	42.48%	44.77%	47.47%
15.	**Marginal rates**				
	Total payments less cash transfers: Principal earner	42.54%	46.30%	49.07%	49.34%
	Total payments less cash transfers: Spouse	45.63%	46.30%	49.07%	49.34%
	Total tax wedge: Principal earner	52.04%	55.18%	57.49%	57.72%
	Total tax wedge: Spouse	54.62%	55.18%	57.49%	57.72%

The national currency is the Euro (EUR). In 2019, EUR 0.89 was equal to USD 1. The average worker earned EUR 52 185 (Secretariat estimate).

1. Personal Income Tax Systems

1.1. Central/federal government income taxes

1.1.1. Tax unit

Spouses may choose between two options: Joint assessment or individual assessment. The vast majority of couples benefits financially from the joint assessment by minimizing the tax burden of the household. The income of dependent children is not assessable with that of the parents. The calculations in this Report are therefore based on the assumption of joint taxation for spouses.

1.1.2. Tax allowances and tax credits:

1.1.2.1. Standard reliefs and work related expenses

- Basic reliefs: None.
- Standard marital status reliefs: In the case of joint assessment, specific allowances are doubled. The income tax liability for spouses who are assessed jointly is computed as follows:
- Splitting method:
  - First step: Calculating the tax base: All incomes of the spouses are summed up and the sum is divided by two.
  - Second step: The tax rate is applied to this tax base.
  - Third step: The amount calculated in step 2 is doubled.

Results: Given the progressive income taxation the resulting tax liability for the household is lower than the sum of individual taxation. The household as a unit benefits from this solution otherwise both parts of the couple would opt out. Principal and second earners have the same average and marginal income tax rates.

The splitting effect decreases by increasing convergence of the incomes of principal earner and the spouse.

- Relief(s) for children: In 2019, there are increased tax credits of EUR 2 388 for the first and the second child, of EUR 2 460 for the third child and of EUR 2 760 for the fourth and subsequent children. There is a tax allowance of EUR 2 490 for the subsistence of a child and an additional EUR 1 320 for minding and education or training needs (EUR 3 810). The amount of this allowance is doubled in case of jointly assessed parents. If the value of the tax credit is less than the relief calculated applying the tax allowances, the taxpayer obtains the tax allowance instead of the tax credit. It is also doubled for lone parents in cases where the other parent does not pay alimony. This is the assumption in the calculations presented in this Report.
- Relief for lone parents: As of 1 January 2015, taxpayers who live alone with at least one child that entitles them to the tax allowances or tax credits for children, receive an additional allowance of EUR 1 908 (formerly EUR 1 308). This additional allowance is increased by EUR 240 for each child in case of more than one child living in the household.
- Reliefs for social security contributions and life insurance contributions: Social security contributions and other expenses incurred in provision for the future (e.g. life insurance) are deductible up to specific ceilings. In 2005, a new calculation scheme came into force:

- Step 1: all contributions made to pension funds (i.e. both employee's and employer's contributions) are added up. Step 2: the resulting amount is limited to EUR 20 000. Step 3: a certain percentage is applied to this amount (starting from 60% in 2005, this percentage will be increased by 2 percentage points each year; it will reach 100% in 2025). Step 4: the resulting amount, diminished by the (tax-free) contributions of the employer, is deductible from income.
- The tax treatment of social security expenses (health, unemployment and care insurance) changed as of 1 January 2010. Employees' annual contributions to statutory health insurance excluding sickness benefit (assumed to amount to 96% of statutory health contributions) and employees' contributions to mandatory long-term care insurance are deductible from the tax base. In case these contributions do not exceed EUR 1 900/3 800 (single/married couples), contributions to unemployment insurance and other insurances premiums can be deducted in addition up to this ceiling.
- If the resulting sum of deductible amounts according the legislation in force since 2005 is lower than the allowance calculated under the scheme that was valid up to 2004, the former regulations are applied in favour of the taxpayer (for more details on the old scheme: see 2005 edition and section 4. of this Report).

- Work related expenses: EUR 1 000 lump sum allowance per gainfully employed person.
- Special expenses: Lump sum allowance (EUR 36/72 (singles/couples)) for special expenses, e.g. for tax accountancy. The actual expenses will be fully deductible from taxable income if the taxpayer proves that these expenses exceed the lump sum allowance.

1.1.2.2. Main non-standard tax reliefs applicable to an AW

- Contributions to pensions, life insurance, superannuation schemes: Other expenses than the compulsory contributions to social security are deductible as reliefs for (voluntary) social security contributions up to specific ceilings (see section 1.1.2.1.).
- Medical expenses: Partially deductible if not covered by insurance.
- Other: Work related expenses that exceed the lump-sum allowance are fully deductible (no ceiling).

1.1.3. Tax schedule

The German tax schedule is formula based. Taxable income is rounded down (to the EUR).

- X is the taxable income,
- T is the income tax liability,
- As of 1 January 2019 the following definitions are used in the income tax liability formulas:

$$Y = \frac{X - 9\,168}{10\,000}$$

$$Z = \frac{X - 14\,254}{10\,000}$$

The income tax liability (amounts in EUR) is calculated as follows:

1. $T = 0 \; for \; X \leq 9\,168$
2. $T = (980.14\; Y + 1\,400) Y \; for \; 9\,169 \leq X \leq 14\,254$
3. $T = (216.16\; Z + 2\,397) Z + 965.58 \; for \; 14\,255 \leq X \leq 55\,960$
4. $T = 0.42\, X - 8\,780.90 \; for \; 55\,961 \leq X \leq 265\,326$
5. $T = 0.45\, X - 16\,740.68 \; for \; 265\,327 \leq X$

These formulas are used to calculate the income tax for single individuals and married couples too.

If families choose the option of being assessed separately these formulas are applied to the individual taxable income of the principal earner and the spouse. In the case of jointly assessed families these rates are applied to half of the joint taxable income (see point 1.1.2.1. Splitting method).

1.1.4. Solidarity surcharge

The solidarity surcharge is levied at 5.5% of the income tax liability subject to an exemption limit of EUR 972/1 944 (singles/couples). The income tax liability is calculated applying the tax allowance for children. If the income tax liability exceeds the exemption limit, the solidarity surcharge will be phased in at a higher rate of 20% of the difference between the income tax liability and the exemption limit until it equals 5.5% of the total liability.

1.2. State and local income taxes

None.

2. Compulsory Social Security Contributions to Schemes Operated Within the Government Sector

The amount of social security contributions depends on the wage and the insurance contribution rate. All contributions are subject to a contribution ceiling, i.e. the maximum income for which statutory insurance contributions are calculated. The contribution rates for pension, health, care and unemployment insurances are fixed by the government.

2.1. Employees' contributions

In general, earnings up to EUR 4 800 per year were free of employee social security contributions until 31 December 2012. As of 1 January 2013, some essential changes came into effect concerning minimally paid employment. The earnings limit increased from EUR 400 to EUR 450 per month. Persons whose mini-job started before 2013 and do not exceed the previous earnings limit of EUR 400 stay contribution-free in all classes of social insurance. Otherwise, persons who take up a new mini-job are generally subject to mandatory insurance coverage in the statutory pension scheme with the full pension contribution rate of 18.6% (in 2019). If the earnings are below the amount of EUR 175 (minimum contribution limit), a minimum contribution of EUR 32.55 has to be paid (18.6% of EUR 175). The employer's share amounts to 15% of the whole pay whereas the employee's part adds up to 3.6% (or the difference between minimum contribution and employer share). By applying for an exemption from obligatory insurance coverage the mini-job holder may reduce his share to EUR 0.

As of 1 April 2003, there was an additional concession for employees with monthly income between EUR 400.01 and EUR 800 per month (the so-called 'sliding pay scale', EUR 4 800.12 and EUR 9 600 per year). Due to the new regulations mentioned above the earnings limits shifted to EUR 450.01 and EUR 850.00 per month (EUR 5 400.12 and EUR 10 200 per year). As of 1 July 2019, provisions for the newly-created so-called 'transition band' will extend the upper earnings limit from EUR 850 per month to EUR 1 300 per month (EUR 15 600 per year). If the employee's income falls within this range, part of the income will be exempt from social insurance contributions. However, employers are still required to pay the regular contributions on the employee's earnings. The arrangement is purely intended to relieve the financial burden on employees. The employees' contributions to social insurance rise on a straight-line basis over the income band reaching the full rate at EUR 850 per month (EUR 1 300 per month as of 1 July 2019). Within the 'transition band', employees' reduced contribution rates to statutory pension insurance will not minimise their pension entitlements any more. Details on social security contributions for workers earning more than EUR10 200 per year (as of 1 July 2019 EUR 12 900 in 2019 only) are provided below.

2.1.1. Pensions

Employers and employees pay each half of the contribution rate of 18.6% in 2019, that is 9.3% of the employee's gross wage earnings, up to a contribution ceiling of EUR 80 400.

2.1.2. Sickness

As of 1 January 2015, the applicable contribution rate is 14.6% on principle (portion of 7.3% for employers and employees). Depending on the financial situation of each sickness fund, employees only were obliged to pay a supplementary contribution to the sickness fund until December 2018. Since January 2019, employees and employers have been required to pay part of this supplementary contribution which amounts to 0.9% on average (portion of 0.45% for employers and employees). Therefore, the contribution rate averages 7.75% for employees and employers in 2019. The contribution ceiling in 2019 is EUR 54 450. While all calculations shown in this Report assume membership in the public health insurance, workers with earnings above the contribution ceiling may opt out of the mandatory public health insurance system and may choose a private insurance provider instead (those opting for a private health insurance provider are required to obtain private long-term care insurance as well).

2.1.3. Unemployment

Employees pay half of the insurance contributions; the employer pays the other half. In 2019, the contribution rate is 2.5% of assessable income. Employee and employer each pay 1.25%. The contribution ceiling is EUR 80 400.

2.1.4. Care

A long-term care insurance (a 1% contribution rate) went into effect on 1 January 1995. The rate was raised to 1.7% of the gross wage when home nursing care benefits were added six months later. As of 1 July 2008, the rate was increased to 1.95%. In 2013 and 2014, the contribution rate amounted to 2.05%. In 2015 and 2016, the contribution rate added up to 2.35%. As of 1 January 2017, the contribution rate was augmented to 2.55%. In 2019, the contribution rate amounts to 3.05%.The employers pay half of the contributions for long-term care insurance. In other words, employers and employees both pay a rate of 1.525%. The assessable income is scaled according to the gross wage earnings but there is a contribution ceiling of EUR 54 450 in 2019.

As from 1 January 2005, child-raising is given special recognition in the law relating to statutory long-term care insurance. Childless contribution payers are required to pay a supplement of 0.25%, raising the contribution rate paid by a childless employee from 0.975% to 1.225% as of 1 July 2008. In 2013 and 2014, the contribution rate of a childless employee added up to 1.275%. In 2015 and 2016, the contribution rate amounted to 1.425% for a childless employee. As of 1 January 2017, the contribution rate was raised to 1.525% for a childless employee. In 2019, a childless employee has to pay a contribution rate of 1.775%.

2.1.5. Work injury

Employer only.

2.1.6. Family allowances

None.

2.1.7. Others

None.

2.2. Employers' contributions

See Section 2.1.

2.2.1. Pensions, sickness, unemployment, care:

See Section 2.1.

2.2.2. Work injury

Germany has established a statutory occupational accident insurance. It is provided by industrial, agricultural and public-sector employers' liability insurance funds. This insurance protects employees and their families against the consequences of accidents at work and occupational illnesses. It is funded through the contributions paid by employers only. The amount of the employer's contributions depends on the sum total of employee's annual pay and the employer's respective hazard level. As it is not possible to identify a representative contribution rate, these amounts are not considered in this Report.

2.2.3. Family allowances

None.

2.2.4. Others

None.

3. Universal Cash Transfers

3.1. Transfers related to marital status

None.

3.2. Transfers for dependent children

None.

4. Main Changes in Tax/Benefit Systems Since 1997

The following table shows changes in the tax credit and the tax allowance for children since 1997:

Year	Child credit				Child allowance
	First child	Second child	Third child	Fourth and subsequent children	
1997	1 350	1 350	1 841	2 147	3 534
1999	1 534	1 534	1 841	2 147	3 534
2000	1 657	1 657	1 841	2 147	5 080
2002	1 848	1 848	1 848	2 148	5 808
2009*	1 968	1 968	2 040	2 340	6 024
2010	2 208	2 208	2 280	2 580	7 008
2015	2 256	2 256	2 328	2 628	7 152
2016	2 280	2 280	2 352	2 652	7 248
2017	2 304	2 304	2 376	2 676	7 356
2018	2 328	2 328	2 400	2 700	7 428
2019	2 388	2 388	2 460	2 760	7 620

* plus EUR 100 one-off child credit payment for each child.

Up to 2004, the calculation of the relief for social security contributions and other expenses proceeded in three steps. First, EUR 3 068/6 136 (singles/couples) was deducted. These amounts were, however, lowered by 16% of gross wages (serving as a proxy for employers' social security contributions). This deduction was provided as a partial compensation for the self-employed who do not receive tax-free employers' social security contributions. Second, the remaining expenses were deductible up to EUR 1 334/2 668 (singles/couples). Third, half of the remaining expenses were deductible up to EUR 667/1 334 (singles/couples).

In 2004, the tax rate was reduced and the formula for calculating the income tax was changed. The relief for lone parents was reduced to EUR 1 308, the lump sum allowance for work related expenses was reduced to EUR 920.

As from 1 January 2005, the final stage of the 2000-tax reform came into effect. The bottom and top income tax rates were further reduced to 15% and 42%. Since 1998, both the bottom and top income tax rate have been reduced by about 11 percentage points while the personal allowance has been raised from EUR 6 322 to EUR 7 664. The tax cuts reduce the tax burden for all income taxpayers, affording the greatest relief to employees and families with low and medium incomes as well as to small- and medium-sized unincorporated businesses.

On 1 January 2005, the law regulating the taxation of pensions and pension expenses entered into force. The law provides a gradual transition to ex-post taxation of pensions paid by the statutory pensions insurance. In the long run, the tax treatment of capital-based employee pension schemes based on a contract between employer and employee will be reformed in the same way as the tax treatment in respect of the state pension scheme. In addition to the increased deductibility of contributions to the state and certain private pension schemes, the law contains rules which are intended to increase the attractiveness of private capital-based pension schemes and to encourage individuals to invest privately for their old-age pension.

Up to 30 June of 2005, employees paid half of the sickness insurance contributions; the employer paid the other half. As from 1 July 2005, members of the statutory health insurance scheme also pay an income-linked contribution of 0.9% to which employers do not contribute. As from 1 July 2005, all statutory health insurance funds have reduced their contribution rates by 0.9 percentage points.

In 2007, a new top income tax rate of 45% was introduced for taxable income above EUR 250 000 (EUR 500 000 for jointly assessed spouses).

In 2009, the bottom income tax rate was reduced to 14%. The basic allowance was increased to EUR 7 834. All thresholds were increased by EUR 400.

Since 1 January 2010, the basic allowance has been augmented to EUR 8 004 and all thresholds have been increased by EUR 330. Furthermore, new legislation improves the tax treatment of expenditure on health insurance and long-term care insurance. As of 1 January 2013, the basic allowance rose to EUR 8 130. As of 1 January 2014, the basic allowance was increased to EUR 8 354. As of 1 January 2015, the basic allowance amounted to EUR 8 472. The relief for lone parents adds up to EUR 1 908. Lone parents are entitled to an extra allowance of EUR 240 for the second and each subsequent child. Since 1 January 2016, the basic allowance has been risen to EUR 8 652. As of 1 January 2017, the basic allowance was enhanced to EUR 8 820. Since 1 January 2018, the basic allowance has been augmented to EUR 9 000. As of 1 January 2019, the basic allowance was raised to EUR 9 168.

5. Memorandum Items

5.1. Average gross annual earnings calculation

- Source of calculation: Federal Statistical Office.
- Excluding sickness and unemployment, including normal overtime and bonuses.

5.2. Employer's contributions to private pension, etc. schemes

No information available, though such schemes do exist.

2019 Parameter values

Average earnings/yr	Ave_earn	52 185	Secretariat estimate
Tax allowances	Child_al	7 620	
Lone Parents, first child	Lone_al	1 908	
Lone parents, subsequent child	Lone_al_add	240	
Work related	Work_rel_al	1 000	
SSC allowance	SSC_dn	300	
	SSC_dn_rt	0.16	
	SSC_dn_lim	1 334	
	SSC_dn_lump_rt	0.2	
Allow. for special expenses	SE_al	36	
Church tax rate	Ch_tax_rt	0	
Tax formula	Tax_rate2	0.42	
	Tax_rate3	0.45	
	Tax_thrsh1	9 168	
	Tax_thrsh2	14 254	
Top Rate Tax Reduction	Reduction	8 780.90	
	Reduction2	16 740.68	
Tax Equation Rates			
tax_eqn_rates	Squared	Single	Constant
z	216.16	2 397	965.58
y	980.14	1 400	0
Income tax rate stage	tax_first_stage	9 168	
	tax_second_stage	14 254	
	tax_third_stage	55 960	
	tax_fourth_stage	265 326	
Solidarity Surcharge	surcharge	0.055	
Solidarity Exemption Limit	surcharge_limit	972	
Alternative Surcharge Rate	surcharge_alt	0.2	
Child credit	Ch_cred		
	1. ch.	2 388	
	2. ch.	2 388	
	3.ch.	2 460	
	4.ch.	2 760	

2019 Parameter values

social security	Sickness	Pension	Unemployment	Care	Alternative employer rate	SSC Factor F
period_1	12	12	12	12	12	12
period_2	0	0	0	0		
sum (Month's)	12	12	12	12	12	12
employer_1	0.0775	0.093	0.0125	0.01525	0.3	0.7566
employer_2	0	0	0	0		
employee_1	0.0775	0.093	0.0125	0.01525	0.036	0.7566
employee_2	0	0	0	0		
childless_1	0.0775	0.093	0.0125	0.01775	0.036	0.7566
childless_2	0	0	0	0		
ceil	54 450	80 400	80 400	54 450	2 100	
SSC Floor	SSC_floor	12 900				
Intermediate SSC Ceiling	SSC_floor1	5 400				

2019 Tax equations

The equations for the German system in 2019 are mostly calculated on a family basis.

The standard functions which are used in the equations are described in the technical note about tax equations. The function acttax carries out a rounded calculation for the tables but the unrounded version purtax is used in calculating the marginal rates.

For a taxpayer with children, either the child allowance is given in the tax calculation or the cash transfer is given if this is more beneficial. In practice, therefore, it is necessary to make two calculations - with and without the child allowance. Nevertheless, the calculation of solidarity surcharge is always based on the calculation which does assume that the child tax allowance is given.

Variable names are defined in the table of parameters above, within the equations table, or are the standard variables "married" and "children". The affixes "_princ" and "_spouse" on Variable names in functions indicate that the values have to be calculated for the principal and spouse, respectively. The parameter year in function SSC_Allowance is the year for which you calculate the Allowance.

	Line in country table and intermediate steps	Variable name	Range	Equation
1.	Earnings	earn		
	Quotient for tax calculation	quotient	J	1+Married
2.	Allowances:			
	Children	children_al	J	Children*Child_al
	Lone parent	lone_allce	J	Children>0)*(Married=0)*Lone_al+(Children>0)*(Married=0)*(Children-1)*Lone_al_add
	Soc sec contributions	SSC_al	J	Function: SSC_Allowance(earn_princ, earn_spouse , SSC_princ + SSC_spouse , Quotient, SSC_dn, SSC_dn_rt, SSC_dn_lim, SSC_dn_lump_rt, If(Children>0; "employee"; "childless"), year, rounded)
	Work related	work_al	J	Work_rel_al+MIN(earn_spouse,Work_rel_al)
	Allow. for special expenses	SE_al	J	SE_al*quotient
	Total	tax_al	J	children_al+SSC_al+work_al+ lone_allce + SE_al
3.	Credits in taxable income	taxbl_cr	J	0
4.	CG taxable income	tax_inc	J	earn-tax_al
5.	CG tax before credits			
	adjusted taxable income	adj	J	tax_inc/quotient
	Formula based tax schedule	tax_formula	J	Function: acttax(taxinc, rate, reduction, threshold1, threshold2, threshold3, equationrate, tax_first_stage, tax_second_stage, tax_third_stage, tax_fourth_stage, rate2, reduction2)
	Adjust for the quotient	tax_adj	J	Quotient*tax_formula
	Include solidarity surcharge	sol_surch	J	MIN(tax_adj * surcharge, Positive(tax_adj - surcharge_limit*Quotient) * surcharge_alt)
	Tax paid	CG_tax_excl	J	tax_adj+sol_surch
6.	Tax credits :	tax_cr	J	0
7.	CG tax	CG_tax	J	CG_tax_excl
8.	State and local taxes	local_tax	J	0
9.	Employees' soc security	SSC	B	Function: SSC (earn_princ, If(Children>0; "employee"; "childless"), rounded) + SSC (earn_spouse, If(Children>0; "employee"; "childless"), rounded)
11.	Cash transfers	Cash_tran	J	Children*ch_cred
13.	Employer's soc security	SSC_empr	B	Function: SSC (earn_princ, "employer", rounded) + SSC (earn_spouse, "employer", rounded)

Key to range of equation
B calculated separately for both principal earner and spouse
P calculated for principal only (value taken as 0 for spouse calculation)
J calculated once only on a joint basis

Greece

This chapter includes data on the income taxes paid by workers, their social security contributions, the family benefits they receive in the form of cash transfers as well as the social security contributions and payroll taxes paid by their employers. Results reported include the marginal and average tax burden for eight different family types.

Methodological information is available for personal income tax systems, compulsory social security contributions to schemes operated within the government sector, universal cash transfers as well as recent changes in the tax/benefit system. The methodology also includes the parameter values and tax equations underlying the data.

Greece 2019

The tax/benefit position of single persons

	Wage level (per cent of average wage)	67	100	167	67
	Number of children	none	none	none	2
1.	**Gross wage earnings**	14 326	21 382	35 708	14 326
2.	**Standard tax allowances**				
	Basic allowance				
	Married or head of family				
	Dependent children				
	Deduction for social security contributions and income taxes	2 271	3 390	5 661	2 271
	Work-related expenses				
	Other				
	Total	2 271	3 390	5 661	2 271
3.	**Tax credits or cash transfers included in taxable income**	0	0	0	0
4.	**Central government taxable income (1 - 2 + 3)**	12 055	17 992	30 047	12 055
5.	**Central government income tax liability (exclusive of tax credits)**	2 652	3 958	7 317	2 652
6.	**Tax credits**				
	Basic credit	1 900	1 900	1 800	2 000
	Married or head of family				
	Children				
	Other				
	Total	1 900	1 900	1 800	2 000
7.	**Central government income tax finally paid (5-6)**	753	2 190	6 197	653
8.	**State and local taxes**	0	0	0	0
9.	**Employees' compulsory social security contributions**				
	Gross earnings	2 271	3 390	5 661	2 271
	Taxable income				
	Total	2 271	3 390	5 661	2 271
10.	**Total payments to general government (7 + 8 + 9)**	3 025	5 580	11 858	2 925
11.	**Cash transfers from general government**				
	For head of family				
	For two children	0	0	0	1 008
	Total	0	0	0	1 008
12.	**Take-home pay (1-10+11)**	11 301	15 802	23 850	12 409
13.	**Employer's compulsory social security contributions**	3 569	5 327	8 896	3 569
14.	**Average rates**				
	Income tax	5.3%	10.2%	17.4%	4.6%
	Employees' social security contributions	15.9%	15.9%	15.9%	15.9%
	Total payments less cash transfers	21.1%	26.1%	33.2%	13.4%
	Total tax wedge including employer's social security contributions	36.8%	40.8%	46.5%	30.7%
15.	**Marginal rates**				
	Total payments less cash transfers: Principal earner	36.2%	36.2%	53.3%	36.2%
	Total payments less cash transfers: Spouse	n.a.	n.a.	n.a.	n.a.
	Total tax wedge: Principal earner	48.9%	48.9%	62.6%	48.9%
	Total tax wedge: Spouse	n.a.	n.a.	n.a.	n.a.

Greece 2019

The tax/benefit position of married couples

	Wage level (per cent of average wage)	100-0	100-67	100-100	100-67
	Number of children	2	2	2	none
1.	**Gross wage earnings**	23 520	39 279	47 040	39 279
2.	**Standard tax allowances**				
	Basic allowance				
	Married or head of family				
	Dependent children				
	Deduction for social security contributions and income taxes	3 729	6 227	7 458	6 227
	Work-related expenses				
	Other				
	Total	3 729	6 227	7 458	6 227
3.	**Tax credits or cash transfers included in taxable income**	0	0	0	0
4.	**Central government taxable income (1 - 2 + 3)**	19 791	33 051	39 583	33 051
5.	**Central government income tax liability (exclusive of tax credits)**	4 354	7 271	8 708	7 271
6.	**Tax credits**				
	Basic credit	2 000	4 000	4 000	3 800
	Married or head of family				
	Children				
	Other				
	Total	2 000	4 000	4 000	3 800
7.	**Central government income tax finally paid (5-6)**	2 525	3 470	5 051	3 670
8.	**State and local taxes**	0	0	0	0
9.	**Employees' compulsory social security contributions**				
	Gross earnings	3 729	6 227	7 458	6 227
	Taxable income				
	Total	3 729	6 227	7 458	6 227
10.	**Total payments to general government (7 + 8 + 9)**	6 254	9 698	12 509	9 898
11.	**Cash transfers from general government**				
	For head of family				
	For two children	1 008	672	0	0
	Total	1 008	672	0	0
12.	**Take-home pay (1-10+11)**	18 274	30 253	34 532	29 381
13.	**Employer's compulsory social security contributions**	5 860	9 786	11 720	9 786
14.	**Average rates**				
	Income tax	10.7%	8.8%	10.7%	9.3%
	Employees' social security contributions	15.9%	15.9%	15.9%	15.9%
	Total payments less cash transfers	22.3%	23.0%	26.6%	25.2%
	Total tax wedge including employer's social security contributions	37.8%	38.3%	41.2%	40.1%
15.	**Marginal rates**				
	Total payments less cash transfers: Principal earner	36.2%	36.2%	36.2%	36.2%
	Total payments less cash transfers: Spouse	22.8%	36.2%	36.2%	36.2%
	Total tax wedge: Principal earner	48.9%	48.9%	48.9%	48.9%
	Total tax wedge: Spouse	38.2%	48.9%	48.9%	48.9%

The national currency is the Euro (EUR). In 2019, EUR 0.89 was equal to USD 1. In 2019, the estimated gross earnings of the average worker are EUR 21 382 (Secretariat estimate).

1. Personal income tax system

1.1. Central government income tax

1.1.1. Tax unit

Individuals are subject to national income tax. Every individual who derives income from sources in Greece is subject to tax irrespective of his nationality, place of domicile or residence. Moreover, every individual with domicile in Greece (more than 183 days) is subject to tax on his/her worldwide income irrespective of the individual's nationality. Due consideration is given to bilateral conventions designed to obviate double taxation.

All individuals who have completed 18 years of age are obliged to file a tax return regardless of having taxable income or not. Regarding income derived by minor children, the parent who has the custody is liable for filing a tax return. The income of minor children is added to the income of the parent who has the custody and is taxed in the name of the parent who is in principle liable for tax filing. This provision does not apply to the following types of income, in respect of which the minor child has a personal tax obligation: a) employment income and b) pensions due to the death of his father or mother.

Spouses file a joint return but each spouse is liable for the tax payable on his or her share of the joint income. A joint return can also file persons who have entered into a civil union – partnership. In this case the two parts have the same tax treatment as married couples. Losses incurred by one spouse or one part of a civil union-partnership may not be set off against the income of the other spouse or part. Spouses or parts of a civil union – partnership file a return separately if a) they have been divorced or have terminated the civil partnership at the time of the tax filing or b) one of the spouses or one part of the civil partnership is bankrupt or has been subject to guardianship. Taxpayer's spouse can be considered as a dependent member, provided that he/she does not have any taxable income.

Single children under the age of 18, children who are adults up to 25 years old and study at the university, or serve their military service or are registered as unemployed to the Manpower Employment Organisation (OAED), taxpayers' ascendants and spouses' relatives (up to the 3rd degree) who are orphans are deemed to be borne by the taxpayer provided that they cohabit with the taxpayer and their annual taxable income does not exceed the amount of EUR 3 000 (alimony and disability benefits and similar allowances are not included). Single disabled children (>=67%) or spouses' disabled siblings (>=67%) are also considered as dependent members, except if their annual income exceeds the amount of EUR 6 000 (alimony and disability benefits and similar allowances are not included).

1.1.2. Tax allowances and tax credits

1.1.2.1. Standard tax reliefs

- Social security contributions: all compulsory social security contributions and optional contributions to legally constituted funds are fully deductible from taxable gross income.
- The tax arising by the tax scale for employees and pensioners is reduced as following:
    - by EUR 1 900 for annual income up to EUR 20 000, for taxpayers with no dependent children
    - by EUR 1 950 for annual income up to EUR 20 000 for taxpayers with one dependent child

- by EUR 2 000 for annual income up to EUR 20 000 for taxpayers with two dependent children
- by EUR 2 100 for annual income up to EUR 20 000 for taxpayers with 3 dependent children or more;
- for income exceeding EUR 20 000, the above mentioned tax credit is being reduced by EUR 10 for every EUR 1 000 of taxable income

In order to maintain the above tax reduction under this, the taxpayer is required to make payments of acquiring goods and receiving services within the country or in Member States of the European Union or EEA, which have been paid through electronic payments, the minimum amount of which is determined as a percentage of taxable income, in accordance with the following scale:

- for taxable income up to EUR 10 000 the minimum amount of expenses paid electronically to be collected is 10% (of taxable income)
- for taxable income from EUR 10 001 up to EUR 30 000 the minimum amount of expenses paid electronically to be collected is 15% (of taxable income)
- for taxable income above EUR 30 000 the minimum amount of expenses paid electronically to be collected is 20% (of taxable income) and up to EUR 30 000.

Should the value of the above payments is less than the one required, a penalty of 22% is imposed to the remaining amount.

- The amount of tax derived on the basis of all scales is reduced by EUR 200 for the taxpayer himself as well as for each dependent member, provided that the taxpayer or his dependents are handicapped (over 67%) or handicapped soldiers or military personnel injured in the course of their duties or war victims or victims of terrorist attacks or in case they receive pension by the State as war victims or as handicapped.

If from the joint tax return submitted the wife has no taxable income declared then the deduction of point C of this paragraph is attributed to the payable tax of the other spouse.

Note: Taxpayers who reside abroad but derive taxable income from sources in Greece are not eligible for these deductions, with the exemptions of residents of the EU Member States who derive at least 90% of their total income from sources in Greece.

1.1.2.2. Non-Standard tax credits

The payable amount of tax is reduced by 10% on the donations to certain bodies, as well as to political parties, party alliances and candidates for the National Parliament and the European Parliament, since the donations exceed during the tax year the amount of EUR 100. The total amount of donations cannot exceed 5% of taxable income.

1.1.2.3. Exemptions

Some forms of income, specified by Law are exempt from the tax.

Examples:

- on condition of reciprocity, income of all kinds derived abroad by foreign ambassadors and diplomatic representatives, consulate agents and employees of embassies and consulates that have the nationality of the represented State as well as by individuals working in the EU Institutions or other International Organizations;
- alimony received by the beneficiary according to the Court adjudication or notary Document;

- all forms of pensions and relief provided to war victims and their families, as well as to soldiers and military personnel injured in the course of their duties in times of peace;
- benefits and similar allowances provided to special categories of handicapped people;
- salaries, pensions etc. paid to handicapped people (over 80%);
- unemployment benefits granted by the National Employment Organisation (OAED) provided that the total annual income of the beneficiary does not exceed the amount of EUR 10 000;
- the social solidarity benefit (E.K.A.S.) of pensioners;
- financial aid to recognized political refugees, to people residing temporarily in Greece for humanitarian reasons and to persons that have submitted the relevant application to the competent Greek authorities, paid by bodies carrying out refugee aid schemes financed by the UN and the EU;
- the benefit for hazardous labour provided to employees working in the armed forces, the police, the fire and port departments as well as the special allowance to medical, nursing and ambulance staff up to 65%;
- the fees paid by the World Association of Disabled Artists (VDM.FK) to the members of foot and mouth painters, who are tax residents of Greece, exclusively for the work of painting paid by the Union with exchange.

1.1.2.4. Tax calculation

Taxable income is derived from the following sources:

a) Income from employment and pensions.
b) Income from business activities which includes income from agricultural activity although taxed differently.
c) Investment income which includes income from dividends, interests and loyalties and income from immovable property (rental income).
d) Income from capital gains, which includes income deriving on transfer of real estate or securities.

Net income is computed separately within each category with tax rules that vary across income categories.

Taxpayer is subject to an alternative minimum tax when his imputed income is higher than his total declared income. In this case, the difference between imputed and actual income is added to the taxable income. Imputed income is calculated on the basis of the taxpayer's and his dependents' living expenses.

Employment income is subject to withholding tax. The tax is withheld by the employer and is calculated by applying the taxpayer's progressive income tax schedule. The employer calculates the withholding tax on the basis of the taxpayer's annual net salary (net of social security contributions). The resulting tax is the annual tax due, 1/14 of which constitutes the monthly withholding tax for the private sector's employees (every employee in the private sector receives 14 monthly salaries per year, i.e. 12 monthly wages plus 1 salary as Christmas bonus, ½ salary as Easter bonus and 1/2 salary as summer vacation bonus). For the employees of the public sector, the monthly withholding tax is calculated as 1/12 of the annual tax due, because of the fact that bonuses in the public sector have been eliminated. If the taxpayer's final tax liability (derived from the annual declared income) exceeds the aggregate of the amounts already withheld or prepaid, the remaining tax is generally payable in three equal bimonthly instalments. Any excess tax paid or withheld will be refunded.

1.1.3. Rate schedule

Depending on the income category the following tax schedules apply:

Income from employment and pensions is pooled together with income from business activity and is taxed at the following rates:

Income bracket (EUR)	Tax rate (%)	Tax bracket (EUR)	Total amount	
			Income (EUR)	Tax (EUR)
20 000	22%	4 400	20 000	4 400
10 000	29%	2 900	30 000	7 300
10 000	37%	3 700	40 000	11 000
Excess	45%			

The above tax scale does not apply for employment income acquired by:

- Officers working in ships of the merchant marine, whose income is taxed at a 15% flat rate and
- Low-income crew working in ships of the merchant marine, whose income is taxed at a 10% flat rate.

For deductions see above section 1.1.2.1. Income from agricultural business is taxed independently but with the same tax schedule. The previously described tax credit is granted to farmers as well. In the case where a farmer is earning income from employment / pension, only one tax credit is given.

Income from dividends is taxed with a 10% flat rate, and income from interests is taxed with a 15% flat rate.

Income from royalties is taxed at a 20% flat rate. Income from immovable property (Rental Income) is taxed at the following rates:

Income	Tax Rate
0-12.000	15%
12.001 – 35.000	35%
35.001-	45%

From 1 January 2017, with the above tax scale is taxed, under certain conditions, income deriving from short term rentals of sharing economy (if it is not considered as a business activity).

Income from capital gains is taxed at a 15% flat rate.

In the total taxable income, the Special Solidarity Contribution is additionally imposed. Income up to EUR 12 000 is not subject to the solidarity contribution. For income exceeding EUR 12 000, the solidarity contribution applies with the following marginal rates:

Solidarity Contribution Marginal Tax Rates

Income	Tax Rate
0 – 12.000	0%
12.001 - 20.000	2,2%
20.001 - 30.000	5,00%
30.001 - 40.000	6,50%
40.001 - 65.000	7,50%
65.001 - 220.000	9,00%
>220.000	10,00%

1.2. State and local income taxes

There are no local income taxes in Greece. Municipalities (the local authorities) receive 20% of the national income tax revenues.

2. Compulsory Social Security Contributions to Schemes operated within the Government Sector

The great majority of individuals who are employed in the public and private sector and render dependent personal services are principally, directly and compulsorily insured in the Unified Social Security Fund (EFKA).Apart from the main contribution, EFKA compulsorily collects contributions for other minor Funds created for the employee's benefit (Unemployment Benefits Funds, etc.). A subsidiary Unified Supplementary Insurance and Lump-Sum Fund (ETEAEP) for employees has been established since 1 January 2017 for which the contribution rates have changed from 1 June 2016 and have been formed as follows.

The average rates of contributions payable by white-collar employees as a percentage of gross earnings are as follows (%):

From 1 January 2019 to 31 May 2019

	Employer	Employee	Total
1. Unified Social Security Fund (EFKA)	17.88	9.22	27.10
2. Supplementary Insurance Branch of ETEAEP) 01/01/2019-31/05/2019	3.50	3.50*	7.00
3. Other Funds	3.68	3.28	6.96
Total	**25.06**	**16.00**	**41.06**

From June 1st 2019 to 31 December 2019

	Employer	Employee	Total
1. Unified Social Security Fund (EFKA)	17.88	9.22	27.10
2. Supplementary Insurance Branch of ETEAEP) 01/06/2019-31/12/2019	3.25	3.25*	6.50
3. Other Funds	3.68	3.28	6.96
Total	**24,81**	**15.75**	**40.56**

Contribution for health coverage is included in the contribution payable to EFKA. The contribution rate is 7.10% (4.55% paid by the employer and 2.55% paid by the employee).

Higher contributions are due (19.45% paid by the employee and 27.21% paid by the employer) in case of blue-collar workers who are engaged in heavy work (unhealthy, dangerous, etc.) as they are entitled to a pension five years earlier than the other workers (2.20% for EFKA and 1.25% for ETEAEP paid by the employee and 1.40% for EFKA and 0.75% for ETEAEP paid by the employer). In the industrial sector, the employer pays an additional occupational risk contribution at a rate of 1% because these workers are more vulnerable to labour accidents and occupational diseases.

The amount of the maximum insurable earnings for calculating the monthly insurance contribution of employees and employers is set from February 1st 2019 to EUR 6 500 and is the same for main insurance and supplementary insurance as well.

The 7.00% (3.50+3.50) rate is valid until 31/05/2019. From 1 June 2019 to 31 May 2022 it decreases to 6.50% (3.25+3.25) and from 1 June 2022 onwards decreases to 6.00% (3.00+3.00).

The contribution for the lawyers with contract (employed lawyers) of the Supplementary Insurance Branch of ETEAEP is calculated from 1 June 2019 on the minimum basic salary of unmarried employee over 25 years old (the amount is EUR 586.08 until 31 January 2019 and EUR 650.00 from 1 February 2019). The rate remains the same as the other employees of the fund. For the Lump Sum Branch of ETEAEP, the contribution and the monthly basis on which the contribution is calculated, of the first insured before 1992 employees, is determined by the social security body which was integrated into ETEAEP. The contribution of the first insured after 1992 employees for the Lump Sum Branch of ETEAEP is set at 4%. The monthly basis on which the contribution is calculated, is the same basis amount as for EFKA.

Insurance contribution for the employed engineers and doctors insured at the lump-sum benefits branch of ETEAEP is calculated from 1 January 2019 on the minimum basic salary of an employee which is now at EUR 650. The rate is 4 %.

Insurance contribution for the employed lawyers, is calculated from 1 January 2019 on the minimum basic monthly salary of an employee which is now at EUR 650. The rate is 2 % for the lawyer and 2 % for the employer of the lawyer.

All these social security contributions are fully deductible for income tax purposes.

3. Universal Cash Transfers

3.1. Transfers related to marital status

According to the National General Collective Labour Agreement, a marriage allowance, which is set at a rate of 10% of the gross salary, is granted only to workers employed by employers that belong to the contracting employer organisations[1]. For public servants no marriage benefit is granted.

3.2. Transfers for dependent children

According to the Law 4512/2018, the "Single children support allowance" is calculated according to the number of dependent children as well as the household equivalent income category.

The equivalence scale assigns a value of 1 to the first household member, of 1/2 to the spouse and of 1/4 to each dependent child. Especially, for single parent families, a value of ½ is assigned to the first dependent child and a value of ¼ to each additional child.

Households that are entitled to the allowance are divided into three income categories according to their income:

A. Household equivalent income of < EUR 6 000: monthly allowance of EUR 70 for the first child, EUR 70 for the second child and EUR 140 for every additional child.

B. Household equivalent income of EUR 6 001 – 10 000: monthly allowance of EUR 42 for the first child, EUR 42 for the second child and EUR 84 for every additional child.

C. Household equivalent income of EUR 10 001 – 15 000: monthly allowance of EUR 28 for the first child, EUR 28 for the second child and EUR 56 for every additional child.

4. Main Changes in the Tax/benefit System since 2016

No significant changes in the tax and benefit system have taken place since 2016.

5. Memorandum items

5.1. Identification of an AW and method of calculations used

Methodological note for the estimation of the average annual earnings per employee, for the period 2000 – 2018

Terminology and coverage

The average annual earnings below refer to full time employees for Sectors C to N of ISIC Rev.3.1, before 2008, and for Sectors B to N including Division 95 and excluding Divisions 37, 39 and 75 of ISIC Rev. 4, for 2008 onwards.

Data sources

In the estimation procedure of the average annual earnings per employee, for the period 2000-2018 the following data are taken into account:

- Annual earnings and number of employees, as derived from the Structure of Earnings Survey (SES), of the years 2002, 2006, 2010, and 2014.
- Hours worked and annual average number of employees, as derived from the Labour Force Survey (LFS), of the years 2000 – 2018.
- Average annual earnings indices, as derived from the Indices on Quarterly Labour Cost Survey, of the years 2000 – 2018.

Annual Gross earnings per full time employee 2000-2018 Greece

Year	NACE Rev 2 classification
2000	15 458.90
2001	15 715 .43
2002	**17 358 .52**
2003	19 239 .95
2004	21 446 .10
2005	22 012 .44
2006	**23 799 .82**
2007	23 934 .85
2008	23 849 .13
2009	24 568 .99
2010	**24 155 .88**
2011	23 928 .89
2012	23 308 .82
2013	21 101 .09
2014	**21 321 .50**
2015	20 833 .23
2016	20 703
2017	20 921
2018	21 279

Source: ELSTAT

The Average gross Annual Earnings per full time employee for the period 2000 to 2018 includes:

- The special payments for shift and night work, as well as work during weekends and holidays;
- The total annual bonuses as well as those that are regularly paid on a monthly basis, the 13th salary (Christmas salary, where applicable) and 14th salary (Easter and vacation payments, where applicable)
- The annual bonuses based on productivity;
- The education and working time allowance;
- The marriage and children allowance and excludes :
- The annual payments in kind: foods, drinks, footwear, clothes, accommodation, business cars provided, mobile phones, etc;
- The annual premiums related to profit-sharing schemes.

The data for 2015 and onwards will be revised when the final results of the SES 2018 will be available.

Data in bold refer to data from SES 2002, 2006, 2010 and 2014.

It should be noted that the data with reference years 2000 - 2005 are different from those of the succeeding years with regard to the source that was used for the calculation of the LCI Wages For the years 2000 - 2005 the index was calculated on the basis of data from National Accounts deriving from administrative sources, while for the years 2006 - 2018 the calculation of LCI Wages was based on the quarterly Labour Cost Survey.

Finally, we would like to inform you that the data refer to the mean yearly gross income for full-time paid employees, regardless of:

- Marital status
- Number of children
- Employer's contributions
- Taxes paid

5.2. Main employers' contributions to private pension, health, and related schemes

Contributions to private pension and sickness schemes made by employers are not added to employees' gross earnings for tax purposes (but they are subject to special taxation entailing extinction of tax liability). Since these contributions are not obligatory for employers, no data is provided by the National Statistical Service of Greece. Very few employers have adopted such additional insurance schemes.

2019 Parameter values

Average earnings/yr	Ave_earn	21 382	Secretariat estimate
Tax credit	Child_cred	0	
Rates of family subsidies			
paid by employers	Wife_sub	0 1	
children (up to 3)	Child_sub	0	
Income tax schedule	Tax_sch	0.22	20 000
		0.29	30 000
		0.37	40 000
		0.45	
Tax deduction	Tax_cred	1 900	
	Tax_cred_1dc	1 950	
	Tax_cred_2dc	2 000	
	Tax_cred_3dc	2 100	
	Tax_cred_thrsh	20 000	
	Tax_red	10	
Solidarity contribution	Solidarity_sch	0	12 000
		0 022	20 000
		0 05	30 000
		0 065	40 000
		0 075	65 000
		0 09	220 000
		0 10	
Social security contributions	SSC_rate	0.1585	
	SSC_rate_empr	0.2491	
	SSC_ceil	90 360 8	
	SSC_ceil_use	1	
Single children support allowance	Child_all	0	840
		6 000	504
		10 000	336
		15 000	0
	Spouse_weight	0.50	
	Child_weight	0.25	

2019 Tax equations

The equations for the Greek system in 2019 are mostly on an individual basis The level of gross earnings for the principal earner is increased by the spouse and child subsidy paid by the employer

The functions which are used in the equations (Taper, MIN, Tax etc) are described in the technical note about tax equations Variable names are defined in the table of parameters above, within the equations table, or are the standard variables "married" and "children" A reference to a variable with the affix "_total" indicates the sum of the relevant variable values for the principal and spouse And the affixes "_princ" and "_spouse" indicate the value for the principal and spouse, respectively Equations for a single person are as shown for the principal, with "_spouse" values taken as 0

	Line in country table and intermediate steps	Variable name	Range	Equation
1	Earnings	earn_princ	P	Ave_earn*(1+Married*Wife_sub+ MIN(Children,3)*Child_sub)
		earn_spouse	S	Ave_earn*(1+Married*Wife_sub+ MIN(Children,3)*Child_sub)
2	Allowances:	tax_al	B	SSC
3	Credits in taxable income	taxbl_cr		0
4	CG taxable income	tax_inc	B	Positive(earn-tax_al)
5	CG tax before credits	CG_tax_excl	B	Tax(tax_inc,tax_sch)-Low_rate *Positive(MIN(Effect_low_band-Low_thrsh,tax_inc-Low_thrsh))
	Solidarity contribution	sol_contr	B	=Solidarity(earn-SSC,Solidarity_sch)
6	Tax credits :	tax_cr	B	Positive(IF(Children>0, tax_cred_1dc*(Children=1)+tax_cred_2dc*(Children='2)+tax_cred_3dc*(Children>2), tax_cred)-(INT(Positive(earn-tax_cred_thrsh)'/1000)*tax_cred_red))
7	CG tax	CG_tax	B	Positive(CG_tax_excl-tax_cr)+sol_contr
8	State and local taxes	local_tax	B	0
9	Employees' soc security	SSC	B	IF(SSC_ceil_use=1,SSC_rate*MIN(earn,SSC_ceil),SSC_rate*earn)
11	Cash transfers			
		fam_netinc	B	(earn – CG_tax – SSC)/(1+IF(Married>0,(Married*Spouse_weight)+(Children*Child_weight),min(children,1) *Spouse_weight+positive(children-1)*Child_weight))
		cash_trans	B	VLOOKUP(fam_netinc,Child_all,2)*Children
13	Employer's soc security	SSC_empr	B	IF(SSC_ceil_use=1,SSC_rate_empr*MIN(earn,SSC_ceil),SSC_rate_empr*earn)

Key to range of equation B calculated separately for both principal earner and spouse P calculated for principal only (value taken as 0 for spouse calculation) J calculated once only on a joint basis.

Notes

[1] Namely the Hellenic Federation of Enterprises, the Hellenic Confederation of Professionals, Craftsmen & Merchants, the National Confederation of Hellenic Commerce and the Association of Greek Tourism Enterprises.

Hungary

This chapter includes data on the income taxes paid by workers, their social security contributions, the family benefits they receive in the form of cash transfers as well as the social security contributions and payroll taxes paid by their employers. Results reported include the marginal and average tax burden for eight different family types.

Methodological information is available for personal income tax systems, compulsory social security contributions to schemes operated within the government sector, universal cash transfers as well as recent changes in the tax/benefit system. The methodology also includes the parameter values and tax equations underlying the data.

Hungary 2019

The tax/benefit position of single persons

		Wage level (per cent of average wage)	67	100	167	67
		Number of children	none	none	none	2
1.	**Gross wage earnings**		2 981 598	4 450 146	7 431 743	2 981 598
2.	**Standard tax allowances**					
	Basic allowance					
	Married or head of family					
	Dependent children		0	0	0	3 199 920
	Deduction for social security contributions and income taxes					
	Work-related expenses					
	Other					
		Total	0	0	0	3 199 920
3.	**Tax credits or cash transfers included in taxable income**		0	0	0	218 322
4.	**Central government taxable income (1 - 2 + 3)**		2 981 598	4 450 146	7 431 743	0
5.	**Central government income tax liability (exclusive of tax credits)**					
	Central government income tax liability (exclusive of tax credits)		447 240	667 522	1 114 761	0
		Total	447 240	667 522	1 114 761	0
6.	**Tax credits**					
	Basic credit		0	0	0	0
	Married or head of family					
	Children					
	Other					
		Total	0	0	0	0
7.	**Central government income tax finally paid (5-6)**		447 240	667 522	1 114 761	0
8.	**State and local taxes**		0	0	0	0
9.	**Employees' compulsory social security contributions**					
	Gross earnings		551 596	823 277	1 374 872	518 847
	Taxable income					
		Total	551 596	823 277	1 374 872	518 847
10.	**Total payments to general government (7 + 8 + 9)**		998 835	1 490 799	2 489 634	518 847
11.	**Cash transfers from general government**					
	For head of family					
	For two children		0	0	0	355 200
		Total	0	0	0	355 200
12.	**Take-home pay (1-10+11)**		1 982 762	2 959 347	4 942 109	2 817 950
13.	**Employer's wage dependent contributions and taxes**					
	Employer's compulsory social security contributions		551 596	823 277	1 374 872	551 596
	Payroll taxes		44 724	66 752	111 476	44 724
		Total	596 320	890 029	1 486 349	596 320
14.	**Average rates**					
	Income tax		15.0%	15.0%	15.0%	0.0%
	Employees' social security contributions		18.5%	18.5%	18.5%	17.4%
	Total payments less cash transfers		33.5%	33.5%	33.5%	5.5%
	Total tax wedge including employer's social security contributions		44.6%	44.6%	44.6%	21.2%
15.	**Marginal rates**					
	Total payments less cash transfers: Principal earner		33.5%	33.5%	33.5%	33.5%
	Total payments less cash transfers: Spouse		n.a.	n.a.	n.a.	n.a.
	Total tax wedge: Principal earner		44.6%	44.6%	44.6%	44.6%
	Total tax wedge: Spouse		n.a.	n.a.	n.a.	n.a.

Hungary 2019

The tax/benefit position of married couples

		Wage level (per cent of average wage)	100-0	100-67	100-100	100-67
		Number of children	2	2	2	none
1.	**Gross wage earnings**		4 450 146	7 431 743	8 900 291	7 431 743
2.	**Standard tax allowances**					
	Basic allowance					
	Married or head of family					
	Dependent children		3 199 920	3 199 920	3 199 920	0
	Deduction for social security contributions and income taxes					
	Work-related expenses					
	Other					
		Total	3 199 920	3 199 920	3 199 920	0
3.	**Tax credits or cash transfers included in taxable income**		0	0	0	0
4.	**Central government taxable income (1 - 2 + 3)**		1 250 226	4 231 823	5 700 371	7 431 743
5.	**Central government income tax liability (exclusive of tax credits)**					
	Central government income tax liability (exclusive of tax credits)		187 534	634 773	855 056	1 114 761
		Total	187 534	634 773	855 056	1 114 761
6.	**Tax credits**					
	Basic credit		0	0	0	0
	Married or head of family					
	Children					
	Other					
		Total	0	0	0	0
7.	**Central government income tax finally paid (5-6)**		187 534	634 773	855 056	1 114 761
8.	**State and local taxes**		0	0	0	0
9.	**Employees' compulsory social security contributions**					
	Gross earnings		823 277	1 374 872	1 646 554	1 374 872
	Taxable income					
		Total	823 277	1 374 872	1 646 554	1 374 872
10.	**Total payments to general government (7 + 8 + 9)**		1 010 811	2 009 646	2 501 610	2 489 634
11.	**Cash transfers from general government**					
	For head of family					
	For two children		319 200	319 200	319 200	0
		Total	319 200	319 200	319 200	0
12.	**Take-home pay (1-10+11)**		3 758 535	5 741 297	6 717 882	4 942 109
13.	**Employer's wage dependent contributions and taxes**					
	Employer's compulsory social security contributions		823 277	1 374 872	1 646 554	1 374 872
	Payroll taxes		66 752	111 476	133 504	111 476
		Total	890 029	1 486 349	1 780 058	1 486 349
14.	**Average rates**					
	Income tax		4.2%	8.5%	9.6%	15.0%
	Employees' social security contributions		18.5%	18.5%	18.5%	18.5%
	Total payments less cash transfers		15.5%	22.7%	24.5%	33.5%
	Total tax wedge including employer's social security contributions		29.6%	35.6%	37.1%	44.6%
15.	**Marginal rates**					
	Total payments less cash transfers: Principal earner		33.5%	33.5%	33.5%	33.5%
	Total payments less cash transfers: Spouse		33.5%	33.5%	33.5%	33.5%
	Total tax wedge: Principal earner		44.6%	44.6%	44.6%	44.6%
	Total tax wedge: Spouse		44.6%	44.6%	44.6%	44.6%

The national currency is the Forint (HUF). In 2019, HUF 290.60 were equal to USD 1. In 2019, the average worker earned HUF 4 450 146 (Secretariat estimate).

1. Personal Income Tax Systems

1.1. Central/federal government income taxes

1.1.1. Tax unit

The tax unit is, in all cases, the separate individual. In exceptional cases, the employer can become subject to personal income tax, for instance in the case of benefits in kind.

1.1.2. Tax allowances and tax credits

1.1.2.1. Standard reliefs

- Basic reliefs: None.
- Standard marital status reliefs: None.
- Employee Tax credit: Since 1st January 2012 there is no employee tax credit.
- Family tax allowance: For families having children, the basis of income tax can be reduced by the family tax allowance, which amounts to HUF 66 670 per month (for families having one child), HUF 133 330 per month/each dependent (for families having two children) or HUF 220 000 per month/each dependent (for families having at least three children). This tax allowance can be applied by a pregnant woman (or her husband) as from the 91st day after conception until birth of the child. The tax allowance may be claimed by one spouse or be split between the spouses. As of 1st January 2014, the family tax allowance was extended: families whose combined PIT base is not sufficient to claim the maximum amount of the family tax allowance can deduct the remaining sum from the 7% health insurance contribution and the 10% pension contribution. This measure does not affect the eligibility for social security benefits (pensions, healthcare, transfers, etc.).

1.1.2.2. Main non-standard tax reliefs

- Trade Union membership dues: Membership dues and contributions paid to trade unions and other corporate bodies of employees are deductible without any restriction.
- Tax credits are made available for physical disability or agricultural activities. Tax deduction is available for those having income from abroad.
- From 1st January 2015 for newly married couples (where it is the first marriage for at least one of the parties) the basis of income tax can be reduced by HUF 33 335 per month for one person of the couple for 24 months.

1.1.3. Tax schedule

The rate of personal income tax amounts to 15%.

1.2. State and local income taxes

In Hungary there is no local personal income tax system supplementing the central one.

2. Compulsory Social Security Contributions to Schemes Operated within the Government Sector

2.1. Employees' contributions

2.1.1. Pensions

The rate of pension contribution amounts to 10% of gross earnings.

From 1st January 2019 retired workers (old age pension) does not have to pay 10% pension contribution after their wage income.

2.1.2. Sickness

The rate of health security contribution amounts to 7% of gross earnings.

From 1st January 2019 retired workers (old age pension) does not have to pay 4% sickness contribution after their wage income. (Previously they had to pay only 4% out of the 7%).

2.1.3. Unemployment

The worker must pay, as employees' contribution, 1.5% of gross earnings.

2.1.4. Others

None. The average worker does not have any obligation to pay other contributions than the above mentioned. However, the contribution rates may be different for certain types of income or for certain groups of income recipients (e.g. employees with pensioner status). None of these exceptions are applicable to the workers taken into consideration in this report.

2.2. Employers' contributions

2.2.1. Pensions

None

2.2.2. Sickness

None.

2.2.3. Unemployment

None.

2.2.4. Others

From 2012, the employers' social security contributions were merged into the new payroll tax, called social contribution tax. This change is of legal nature, the combined rate remains 27% while the revenue is divided among the pension, health care and labour-market funds. In 2017, the social contribution tax decreased to 22%, and in January 2018, the rate was lowered to 19.5%. In July 2019, the rate was lowered to 17.5%.

The employer contributions also include a payroll tax: the training levy amounts to 1.5% of gross earnings.

From 1st January 2013, the Job Protection Act (JPA) introduced new targeted reliefs in the employers' contributions (social contribution tax and training levy) to incentivise the employment of the most disadvantageous groups on the labour market. This measure reduces the standard rate of the employers' contributions up to a cap of HUF 100 000 per month. From 2017, the JPA introduced a permanent reduction of the employers' tax rate by 50% of the current tax rate for:

- employees under 25 years of age,
- employees over 55 years of age,
- employees working in elementary occupations,
- employees working in agricultural occupations.

It also introduced temporary reductions (21% in the first two years of the employment, and 50% of the current tax rate in the third year) for:

- long term unemployed re-entering the labour market,
- people returning to work after child-care leave,
- career starters.

From 1st January 2015, the budgetary institutions are not eligible for the JPA tax allowances anymore.

From 1st January 2019, the JPA is being phased out and new better targeting reliefs were introduced. The new reliefs reduces the standard rate of the employers' contributions up to the cap of the minimal wage, in 2019 the minimal wage is HUF 149 000 per month.

The new reliefs reduce the employers' tax rate by 50% of the current tax rate for:

- employees working in elementary and in agricultural occupations,

In addition, there is a temporary reductions (21% in the first two years of the employment, and 50% of the current tax rate in the third year) for:

- employees returning to labour market (those who had been out of work for at least 6 months out of the preceding 9 months became entitled for a new type of tax allowance)

In addition, there is a temporary reductions (21% in the first three years of the employment, and 50% of the current tax rate in the fourth and fifth year) for:

- mothers with 3 or more children

From 1st January 2019, retired workers (old age pension) doesn't have to pay 19.5%, from 1st of July, 17.5% social contribution tax after their wage income.

The targeted reliefs in the employers' contributions are not considered in the Taxing Wages model.

Social security contributions will have to be paid on other benefits than gross earnings (e.g., grants in kind) and payments (e.g., certain kind of contracts).

3. Universal cash transfers

3.1. Transfers related to marital status

None.

3.2. Transfers for dependent children

Effective from 1 January 2008:

Type of family	HUF per month
For a couple with one child	12 200
For a single earner with one child	13 700
For a couple with two children, per child	13 300
For a single earner with two children, per child	14 800
For a couple with 3 or more children, per child	16 000
For a single earner with 3 or more children, per child	17 000
For a couple with permanently sick and disabled child	23 300
For a single earner with permanently sick and disabled child	25 900

4. Main Changes in the Tax/benefit System Since 2010

- The tax base correction was phased out in two steps.
- The employee tax credit was abolished.
- The employees' health care contribution was increased.
- The employers' social security contributions were merged into the social contribution tax (legal change only, rates and base remained unchanged).
- Health contributions on benefits in kind were increased.
- As a temporary measure, a wage compensation scheme was in effect in the form of an employers' SSC credit.
- Targeted employment incentives to boost the employment levels of groups at the margin of the labour force.
- The child tax allowance was extended in 2014 by allowing the deduction of the allowance from employees' SSC.
- The rate of the PIT decreased by 1 percentage point in 2016.
- The rate of family tax benefit for families with two children is gradually increased from 2016 so that it will be doubled by 2019.
- From 2017 the social contribution tax decreased to 22% and from 2018 subsequently to 19.5%.
- From 1st of July, 2019 social contribution tax decreased to 17.5%.
- From 1st January 2019 retired workers (old age pension workers) doesn't have to pay 10% pension contribution, 4% sickness contribution, employers' social security contributions (social contribution tax and training levy) after their wage income.

5. Memorandum Items

5.1. Employer contributions to private social security arrangements

In Hungary the law dealing with the voluntary mutual insurance funds (like pension funds) was enacted on 6 December 1993. From 2019 employers contributions to these funds are taxed as wages, but employees can apply a 20% tax credit with a limit of HUF 150 000 per year on. The tax authority pays the tax credit directly to a voluntary fund.

From 2019 voluntary insurance contributions paid by the employer are taxable as wages and the employees can apply a 20% tax credit with a limit of HUF 150 000 per year. Insurance contracts signed before 2019 have 1 year transitional provision, in case of these contracts contributions paid by the employer are tax exempt till 30% of the minimal wage, above that it's taxable according to an effective personal income tax rate of 17.7% and an effective health contribution of 21.83%.

As from 2008, employer pension institutions can be established. Based on the rules for 2017, the monthly contribution paid to an employer pension institution by the employer of a private worker is not limited and it is taxable according to an effective personal income tax rate of 17.7% and an effective health contribution of 25.96%. From 2018, the effective health contribution is 23.01%. From 2019, voluntary contributions to these funds are taxed as wages.

2019 Parameter values

Average earnings/yr	Ave_earn	4 450 146	Secretariat estimate		
Child allowance (per child)	child_al	1	800 040		
		2			
			1 599 960		
		3	2 640 000		
		4	2 640 000		
Income tax schedule	tax_sch	0.15			
Social security contributions	SSC_unemp	0.015			
	SSC_p	0.1			
	SSC_h	0.07			
Payroll taxes *	SSC_empr	0.185			
	payroll_rate	0.015			
		# of children	1	2	3+
Transfers for children	CB_rates	0	12 200	13 300	16 000
(monthly)		1	13 700	14 800	17 000

*average SSC_empr rate for 2019

2019 Tax equations

The equations for the Hungarian system in 2019 are mostly on an individual basis. But the child allowance can be split between the spouses and cash transfers are calculated only once. This is shown by the Range indicator in the table below.

The functions which are used in the equations (Taper, MIN, Tax etc) are described in the technical note about tax equations. Variable names are defined in the table of parameters above, within the equations table, or are the standard variables "married" and "children". A reference to a variable with the affix "_total" indicates the sum of the relevant variable values for the principal and spouse. And the affixes "_princ" and "_spouse" indicate the value for the principal and spouse, respectively. Equations for a single person are as shown for the principal, with "_spouse" values taken as 0.

	Line in country table and intermediate steps	Variable name	Range	Equation
1.	Earnings	earn		
2.	Allowances:			
	Children	child_al	P	IF(Children>0, Children*VLOOKUP(Children, child_al, 2), 0)
	Total	tax_al	B	child_al
3.	Credits in taxable income	taxbl_cr	B	0
4.	CG taxable income	tax_inc	P	MAX(0,earn -tax_al)
	CG taxable income	tax_inc	S	Positive(earn_spouse-Positive(tax_al-earn_spouse-SSC_deduction_princ/tax_sch))
5.	CG tax before credits	CG_tax_excl	B	tax_inc*tax_sch
7.	CG tax	CG_tax	B	CG_tax_excl-tax_cr
8.	State and local taxes	local_tax	B	0
	Child tax allowance (Employees' SSC)	SSC_child_cr	P	=MIN(earn_princ*(SSC_h+SSC_p),Positive(tax_al-earn_princ)*tax_sch)
	Child tax allowance (Employees' SSC)		S	=MIN(earn_spouse*(SSC_h+SSC_p),Positive(-earn_princ)*tax_sch)
9.	Employees' soc security	SSC	B	earn*(SSC_unemp+ SSC_h+SSC_p)-SSC_child_cr
11.	Cash transfers	cash_trans	J	Children*(VLOOKUP((1-Married), CB_rates, MIN(Children, 3)+1)*12)
13.	Employer's soc security	SSC_empr	B	earn*SSC_empr
	Employer's payroll taxes	Payroll	B	earn*payroll_rate

Key to range of equation B calculated separately for both principal earner and spouse P calculated for principal only (value taken as 0 for spouse calculation) J calculated once only.

Iceland

This chapter includes data on the income taxes paid by workers, their social security contributions, the family benefits they receive in the form of cash transfers as well as the social security contributions and payroll taxes paid by their employers. Results reported include the marginal and average tax burden for eight different family types.

Methodological information is available for personal income tax systems, compulsory social security contributions to schemes operated within the government sector, universal cash transfers as well as recent changes in the tax/benefit system. The methodology also includes the parameter values and tax equations underlying the data.

Iceland 2019

The tax/benefit position of single persons

		Wage level (per cent of average wage)	67	100	167	67
		Number of children	none	none	none	2
1.	**Gross wage earnings**		6 450 086	9 626 994	16 077 079	6 450 086
2.	**Standard tax allowances**					
	Basic allowance					
	Married or head of family					
	Dependent children					
	Deduction for social security contributions and income taxes		258 003	385 080	643 083	258 003
	Work-related expenses					
	Other					
		Total	258 003	385 080	643 083	258 003
3.	**Tax credits or cash transfers included in taxable income**		0	0	0	0
4.	**Central government taxable income (1 - 2 + 3)**		6 192 082	9 241 914	15 433 996	6 192 082
5.	**Central government income tax liability (exclusive of tax credits)**		1 393 219	2 079 431	3 873 382	1 393 219
6.	**Tax credits**					
	Basic credit		677 358	677 358	677 358	677 358
	Married or head of family					
	Children					
	Other					
		Total	677 358	677 358	677 358	677 358
7.	**Central government income tax finally paid (5-6)**		715 861	1 402 073	3 196 024	715 861
8.	**State and local taxes**		894 137	1 334 532	2 228 669	894 137
9.	**Employees' compulsory social security contributions**					
	Gross earnings		29 640	29 640	29 640	29 640
	Taxable income					
		Total	29 640	29 640	29 640	29 640
10.	**Total payments to general government (7 + 8 + 9)**		1 639 637	2 766 245	5 454 333	1 639 637
11.	**Cash transfers from general government**					
	For head of family					
	For two children		0	0	0	691 911
		Total	0	0	0	691 911
12.	**Take-home pay (1-10+11)**		4 810 448	6 860 749	10 622 747	5 502 359
13.	**Employer's compulsory social security contributions**		425 706	635 382	1 061 087	425 706
14.	**Average rates**					
	Income tax		25.0%	28.4%	33.7%	25.0%
	Employees' social security contributions		0.5%	0.3%	0.2%	0.5%
	Total payments less cash transfers		25.4%	28.7%	33.9%	14.7%
	Total tax wedge including employer's social security contributions		30.0%	33.1%	38.0%	20.0%
15.	**Marginal rates**					
	Total payments less cash transfers: Principal earner		35.5%	35.5%	44.4%	46.5%
	Total payments less cash transfers: Spouse		n.a.	n.a.	n.a.	n.a.
	Total tax wedge: Principal earner		39.5%	39.5%	47.8%	49.8%
	Total tax wedge: Spouse		n.a.	n.a.	n.a.	n.a.

Iceland 2019

The tax/benefit position of married couples

	Wage level (per cent of average wage)	100-0	100-67	100-100	100-67
	Number of children	2	2	2	none
1.	**Gross wage earnings**	9 626 994	16 077 079	19 253 987	16 077 079
2.	**Standard tax allowances**				
	Basic allowance				
	Married or head of family				
	Dependent children				
	Deduction for social security contributions and income taxes	385 080	643 083	770 159	643 083
	Work-related expenses				
	Other				
	Total	385 080	643 083	770 159	643 083
3.	**Tax credits or cash transfers included in taxable income**	0	0	0	0
4.	**Central government taxable income (1 - 2 + 3)**	9 241 914	15 433 996	18 483 828	15 433 996
5.	**Central government income tax liability (exclusive of tax credits)**	2 079 431	3 472 649	4 158 861	3 472 649
6.	**Tax credits**				
	Basic credit	1 354 716	1 354 716	1 354 716	1 354 716
	Married or head of family				
	Children				
	Other				
	Total	1 354 716	1 354 716	1 354 716	1 354 716
7.	**Central government income tax finally paid (5-6)**	724 715	2 117 933	2 804 145	2 117 933
8.	**State and local taxes**	1 334 532	2 228 669	2 669 065	2 228 669
9.	**Employees' compulsory social security contributions**				
	Gross earnings	29 640	59 280	59 280	59 280
	Taxable income				
	Total	29 640	59 280	59 280	59 280
10.	**Total payments to general government (7 + 8 + 9)**	2 088 887	4 405 882	5 532 490	4 405 882
11.	**Cash transfers from general government**				
	For head of family				
	For two children	509 509	0	0	0
	Total	509 509	0	0	0
12.	**Take-home pay (1-10+11)**	8 047 615	11 671 197	13 721 497	11 671 197
13.	**Employer's compulsory social security contributions**	635 382	1 061 087	1 270 763	1 061 087
14.	**Average rates**				
	Income tax	21.4%	27.0%	28.4%	27.0%
	Employees' social security contributions	0.3%	0.4%	0.3%	0.4%
	Total payments less cash transfers	16.4%	27.4%	28.7%	27.4%
	Total tax wedge including employer's social security contributions	21.6%	31.9%	33.1%	31.9%
15.	**Marginal rates**				
	Total payments less cash transfers: Principal earner	45.1%	35.5%	35.5%	35.5%
	Total payments less cash transfers: Spouse	43.8%	35.5%	35.5%	35.5%
	Total tax wedge: Principal earner	48.5%	39.5%	39.5%	39.5%
	Total tax wedge: Spouse	47.3%	39.5%	39.5%	39.5%

The national currency is the Króna (plural: Krónur) (ISK). In 2019, ISK 122.64 were equal to USD 1. That year, the average worker is expected to earn ISK 9 626 994 (Secretariat estimate).[1]

1. Personal Income Tax System

1.1. Central government income taxes

1.1.1. Tax unit

Income is taxed on an individual basis, except for capital income of married couples which is taxed jointly.

1.1.2. Tax allowances and credits

1.1.2.1. Standard reliefs

- Basic tax credit: A fixed tax credit, amounting to ISK 677 358 in 2019, is granted to all individuals 16 years and older, regardless of their marital status. The tax credit is deducted from levied central and local government taxes. Unutilised tax credits or portions thereof are wastable, i.e. non-refundable and non-transferable between tax years.
- Standard marital status relief: Married couples may utilise up to 100% of each spouses' unutilised portion of his/her basic tax credit.
- Relief(s) for children: None.
- Relief(s) for compulsory pension contributions: The compulsory payment to pension funds amounts to 4% of wages and is deductible. In addition, an optional payment of up to 4% of wages may also be deducted. As the additional 4% contribution is optional, it is viewed as a non-standard relief in this Report.

1.1.2.2. Main non-standard tax reliefs applicable to an AW

- Interest payment relief: A fully refundable tax credit is granted to purchasers of personal dwellings (homes) to recuperate a part of mortgage-related interest expenses. The maximum tax related interest credit in 2019 is ISK 420 000 for a single person, ISK 525 000 for a single parent and ISK 630 000 for a married couple. The following constraints apply to interest rebates: (1) they cannot exceed 7.0% of the remaining debt balance incurred in buying a home for one's own use. (2) The maximum amount of interest payments that qualify for an interest rebate calculation is ISK 840 000 for an individual, ISK 1 050 000 for a single parent and ISK 1 260 000 for a couple. (3) 8.5% of taxable income is subtracted from the interest expense. (4) The rebates begin to be curtailed at a net worth threshold of ISK 5 000 000 for a single individual and a single parent and ISK 8 000 000 for a couple and are eliminated altogether at a 60% higher amount, or ISK 8 000 000 and 12 800 000, respectively. (These amounts are based on income in the year 2019 but are paid out in 2020).

1.1.3. Tax schedule

The income tax base is composed of personal income (e.g. wages, salaries, fringe benefits, pensions, etc.), which is taxed on an individual basis, and capital income which is taxed jointly for married couples.

The tax on personal income is double-rated. The central government income tax rate in 2019 is 22.5% for income up to ISK 927 087 per month. For income exceeding ISK 927 087 the tax rate is 31.8%. Tax relief is provided by the basic credit described in Section 1.1.2.1. As a result of the basic credit, personal income is free of income tax for personal income up to ISK 159 174 per month (ISK 1 910 074 per year), when accounting for the deductible, compulsory pension payments.

The tax on capital income is 22%. It is levied on all capital income of individuals, such as interest, dividends, rents etc. Interest income up to ISK 150 000 per year and 50% of income from long-term rent of a maximum of two residential properties is tax free.

1.2. *Local government income tax*

The local government income tax base is the same as the central government's personal income tax base.

The local governments' income tax is single rated, but the rate varies between 12.44% and 14.52% between municipalities. The average rate in 2019 is 14.44%.

2. Compulsory Social Security Contributions to Schemes Operated Within the Government Sector

2.1. *Employees' contributions*

Fee to the Retiree Investment Fund: 16 to 70 year-old individuals are subject to a fixed tax of ISK 11 740 in 2019, provided the individual's taxable income is at least ISK 1 833 671 for the year. This tax will be collected in 2020.

Fee to the broadcast media: 16 to 70 year-old individuals with taxable income over ISK 1 833 671 for the year are subject to a fixed tax of ISK 17 900 in 2019, which will be collected in 2020.

2.2. *Employers' contributions*

Employers have to pay a social security tax on total wages of 6.50%. In addition, 0.65% is levied on the wages of fishermen as a premium for their government accident insurance. Other taxes, levied on the social security tax base, but based on other legislation, are the Promote Iceland Market Fee and the Wage Guarantee Fund Fee, 0.05% each. Furthermore, a new financial activities tax was introduced in 2012, which requires financial and insurance companies to pay an additional 5.5% payroll tax.

3. Universal Cash Transfers

3.1. *Marital status related transfers*

None.

3.2. *Transfers for dependent children*

Child benefits are granted for each child, subject to income thresholds. In 2019 they are as follows (in ISK per year):

- For each child under the age of seven: 140 000
- Children under the age of eighteen at the end of 2019:
  - First child: 234 500
  - Each additional child: 279 200
- Benefits for single parents:

  - First child: 390 700
  - Each additional child: 400 800
- Income threshold for benefit curtailment:
  - For couples: 7 800 000
  - For a single parent: 3 900 000
- Curtailment of benefits (children under the age of seven only):
  - For each child: 4%
- Curtailment of benefits (all children under the age of eighteen):
  - For one child: 4%
  - For two children: 6%
  - For three children or more: 8%
  - An additional 1.5% is deducted for income above a threshold of 5 500 000 for single parents and 11 000 000 for couples (not applicable for the curtailment of supplemental benefit for children under the age of seven).

Note that child benefits in this Report are based on income in the year 2019 but are paid out in 2020 (see also section 4.4).

4. Main Changes in the Tax/Benefit System Since 1998

4.1. The deductibility of the payment to pension funds

All employees are required to participate in pension funds. The employee contribution is generally 4% of wages and the employer contribution was 6%, and increased to 8% as of beginning 2007. On July 1st 2016 the employer contribution increased to 8.5% and one year later it increased again to 10%. The employer contribution increased once again on July 1st, 2018 to 11.5%. Both contributions are deductible from income before tax. In some cases, the contributions of employees and employers are higher. An optional, additional payment from employees of up to 4% of wages is also deductible and goes into an individual retirement account. However, from 2012 to mid-2014, this additional payment was temporarily set at 2%.

This voluntary pension savings option was first introduced in 1999 in order to encourage personal saving. At the time the contribution rate was 2% for employees and 0.2% for employers. In May 2000 these rates were doubled to 4 and 0.4%, respectively, as noted above. In addition, some employers, such as the central government, have increased their employer counter-contribution by agreement with employees. The central government contributed 1% against a voluntary employee contribution of 4% in 2001 and 2% as of the beginning of 2002. All such contributions are tax-deductible, both with the employer and the employee at the time the contribution is made. The actual pension is taxed as personal income when it is drawn. As of the beginning of 2004, the employer option of deducting the above 0.4% against the social security tax was abolished. Since such employer counter-contributions had become part of wage agreements in most cases, it was no longer felt that such a tax incentive was needed.

4.2. Central and local income tax rates in 1997-2019

In 1997–2007, the Government pursued a policy of reducing the marginal tax rate, as can be seen in the table below. This development was reversed in 2009 when income tax was raised by 1.35 percentage points in response to the Treasury's rising debt burden brought on by the economic crisis. At the beginning of 2010, the tax system was changed from single rated to triple rated. The tax rate was set at 24.1% for the first monthly ISK 200 000 but it was raised by 2.9% for the next ISK 450 000 and again by 6% for income in excess of ISK 650 000. In 2017, the tax system was changed again but now to double rated. The rates are 22.5% for income up to 927 087 per month and 31.8% for income higher than 927 087 per month; see section 1.13 for further details. From 1998 onwards, the central government and average local government personal income tax rates have been as follows:

	Central government general tax rate (%)	Municipal tax rate (%)	Total tax rate (%)	Central government surtax (%)
1998	27.41	11.61	39.02	7.00
1999	26.41	11.93	38.34	7.00
2000	26.41	11.96	38.37	7.00
2001	26.08	12.68	38.76	7.00
2002	25.75	12.79	38.54	7.00
2003	25.75	12.80	38.55	5.00
2004	25.75	12.83	38.58	4.00
2005	24.75	12.98	37.73	2.00
2006	23.75	12.97	36.72	0
2007	22.75	12.97	35.72	0
2008	22.75	12.97	35.72	0
2009	24.10	13.10	37.20	0
2010	24.10	13.12	37.32	2.90/6.00
2011	22.90	14.41	37.31	2.90/6.00
2012	22.90	14.44	37.34	2.90/6.00
2013	22.90	14.42	37.32	2.90/6.00
2014	22.86	14.44	37.30	2.44/6.50
2015	22.86	14.44	37.30	2.44/6.50
2016	22.68	14.45	37.13	1.22/7.90
2017	22.5	14.44	36.94	9.3
2018	22.5	14.44	36.94	9.3
2019	22.5	14.44	36.94	9.3

4.3. A special tax on higher income

In 1998, the special tax on higher income was raised by 2 percentage points, from 5 to 7%. For 2003-income, it was reduced back to 5%. It was reduced to 4% for 2004 income and to 2% for 2005-income. In the fiscal year 2006, the tax was abolished. In the latter half of 2009 the special tax on higher income was introduced again at 8%. In 2010 the tax system changed to triple-rated and in 2017 it was changed to double rated; see sections 4.2 and 1.1.3.

4.4. A revision of child benefit system

Child benefits are granted for each child, subject to income thresholds. The amendments to tax legislation that came into effect in 2004 included a schedule for raising child benefits. As from 2007, the child benefits will be paid for children up to 18 years old instead of 16 years old. For 2011–2019, benefits are as follows (in ISK per year):

	2011	2012	2013	2014	2015	2016	2017	2018	2019
For all children under the age of seven	61 191	100 000	100 000	115 825	119 300	122 879	133 300	140 000	140 000
Children under the age of eighteen:									
First child	152 331	167 564	167 564	194 081	199 839	205 834	223 300	234 500	234 500
Each additional child	181 323	199 455	199 455	231 019	237 949	245 087	265 900	279 200	279 200
Benefits for single parents:									
First child	253 716	279 087	279 087	323 253	332 950	342 939	372 100	390 700	390 700
Each additional child	260 262	286 288	286 288	331 593	341 541	351 787	381 700	400 800	400 800
Income threshold for benefit curtailment:									
For couples	3 600 000	4 800 000	4 800 000	4 800 000	4 800 000	5 400 000	5 800 000	7 200 000 / 11 000 000	7 800 000 / 11 000 000
For a single parent	1 800 000	2 400 000	2 400 000	2 400 000	2 400 000	2 700 000	2 900 000	3 600 000 / 5 500 000	3 900 000 / 5 500 000
Curtailment of benefits under the age of seven:									
For each child	3%	3%	3%	4%	4%	4%	4%	4%	4%
Curtailment of benefits under the age of eighteen:									
For one child	3%	3%	3%	4%	4%	4%	4%	4% / 5.5%	4% / 5.5%
For two children	5%	5%	5%	6%	6%	6%	6%	6% / 7.5%	6% / 7.5%
For three children or more	7%	7%	7%	8%	8%	8%	8%	8% / 9.5%	8% / 9.5%

4.5. A revision of interest rebates

In 2004, the interest rebate was cut by 10%, effective for that year only. The ceiling on interest payments that qualify for the interest rebate was reduced from 7% to 5.5% in 2005 and the interest rate cut was reduced from 10% to 5%. As of the beginning of 2006, the ceiling was further reduced to 5%. In 2005 and again in 2007 the net worth ceiling was lifted considerably in reaction to the increase in net worth due to the house price boom in 2005–2007. In 2008, as mortgage-related interest expenses surged, the ceiling on interest payments was raised back to 7% and the maximum rebate amount increased by 37%. These measures stayed in effect in 2009. In 2010 the maximum rebate amount increased by 47–62% and the net worth ceiling was reduced significantly. The rate of taxable income which is subtracted from the interest expense was increased from 6% to 8% and further to 8.5% in 2014. In addition to the ordinary interest payment relief, a temporary interest cost rebate was in effect in 2010–2011; see section 1.1.2.2.

4.6. Transferability of basic tax credit between spouses

The basic tax credit was made transferable between spouses in stages; see section 1.1.2.1. above. In fiscal year 2001, 90% of the credit became transferable, rising to 95% in 2002 and 100% in 2003.

5. Memorandum Items

5.1. Identification of AW (only eight categories) and valuation of earnings

The data on average earnings refers to average workers in eight categories according to the NACE rev. 2 classification which corresponds to the ISIC rev.4 system. The categories are C – Manufacturing, D – Electricity, gas, steam and air conditioning supply (from 2008), E – Water supply; sewerage, waste management and remediation activities (from 2008) F – Construction, G – Wholesale and retail trade, repair of motor vehicles, motorcycles, H – Transport, storage, and J – Information and communication K- Financial and insurance activities. Public sector employees are not included. Together, these categories comprise approximately 80% of Iceland's private sector labour force.

The original data are obtained from a monthly survey among Icelandic firms with 10 or more employees.

5.2. Employer contributions to private pension funds, health and related schemes

By law, all employees and employers must contribute to pension funds. These funds are private, and form the second pillar pension protection. The private pension funds are not part of the basic, first pillar, government-run social security system, to which a social security tax is paid as described under section 2.2 above. Compulsory and voluntary payments to such funds are described in section 4.1 above.

2019 Parameter values

Average earnings/yr	Ave_earn	9 626 994	Secretariat estimate
Pension rate for tax allowance	pension_rate	0.04	
Tax credit	Basic_crd	677 358	
	Married_propn	1	
Central income tax	tax_sch	0.225	11 125 045
		0.318	
Special tax	special_rate		
threshold	special_thrsh		
Local tax	local_rate	0.1444	
Church tax	church_tax	0	
Social Security Contr.	SSC_fixed	29 640	
	SSC_thrsh	1 833 671	
Employer SSC	SSC_empr	0.0660	
General child allowance:			
child allowance	CA	140 000	
Maximum number of children under 7	max_child_under7	1	
Supplement child allowance:			
Married couple case			
first child	SA_first_m	234 500	
other children	SA_others_m	279 200	
income threshold	SA_tresh_m	7 800 000	
	SA_thresh_m_2	11 000,000	
Single parent case			
first child	SA_first_s	390 700	
other children	SA_others_s	400 800	
income threshold	SA_tresh_s	3 900 000	
	SA_thresh_s_2	5 500 000	
reduction rate (one child)	SA_redn_1	0.04	
reduction rate (two children)	SA_redn_2	0.06	
reduction rate (tree or more children)	SA_redn_3	0.08	
additional reduction rate (for higher income)	SA_redn_4	0.015	

2019 Tax equations

The equations for the Iceland system are mostly on an individual basis. But the tax credit for married couples is relevant only to the calculation for the principal earner and child benefit is calculated only once. This is shown by the Range indicator in the table below.

The functions which are used in the equations (Taper, MIN, Tax etc) are described in the technical note about tax equations. Variable names are defined in the table of parameters above, within the equations table, or are the standard variables "married" and "children". A reference to a variable with the affix "_total" indicates the sum of the relevant variable values for the principal and spouse. And the affixes "_princ" and "_spouse" indicate the value for the principal and spouse, respectively. Equations for a single person are as shown for the principal, with "_spouse" values taken as 0.

	Line in country table and intermediate steps	Variable name	Range	Equation
1.	Earnings	earn		
2.	Allowances:	tax_al	B	earn*pension_rate
3.	Credits in taxable income	taxbl_cr	B	0
4.	CG taxable income	tax_inc	B	earn-tax_al
5.	CG tax before credits	CG_tax_excl	B	tax(tax_inc, tax_sch)
6.	Tax credits :	tax_cr	P	MIN(CG_tax_excl_princ,Basic_crd+MAX(Married*Basic_crd-CG_tax_excl_spouse-(tax_inc_spouse*local_rate),0))
			S	MIN(Married*Basic_crd, CG_tax_excl_spouse)
		special_tax	J	0
7.	CG tax	CG_tax	B	CG_tax_excl-tax_cr+special_tax
8.	State and local taxes	local_tax	P	MAX(tax_inc_princ*local_rate-MAX(Basic_crd+ Max(Married*Basic_crd-CG_tax_excl_spouse-(tax_inc_spouse*local_rate),0)-CG_tax_excl_princ,0),0)
			S	MAX(tax_inc_spouse*local_rate-MAX(Married*Basic_crd-CG_tax_excl_spouse,0),0)
9.	Employees' soc security	SSC	B	SSC_fixed*(earn>SSC_thrsh)
11.	Cash transfers:			
	Total family income	inc_tot	J	earn_total

	Child allowance	cash_trans	J	IF(Children = 0, 0, IF(AND(Married = 1, Children = 1),SA_first_m - MAX(0, (EARN*(1-pension_rate)) - SA_thresh_m) * SA_redn_1 - (MAX(0, (EARN*(1-pension_rate)) - SA_thresh_m_2) * SA_redn_4) + ((CA * max_child_under7) - MAX(0, (EARN*(1-pension_rate)) - SA_thresh_m) * SA_redn_1), IF(AND(Married = 1, Children = 2),
				(SA_first_m + SA_others_m) - (MAX(0, (EARN*(1-pension_rate)) - SA_thresh_m) * SA_redn_2) - (MAX(0, (EARN*(1-pension_rate)) - SA_thresh_m_2) * SA_redn_4) + MAX(0, ((CA *max_child_under7) - MAX(0, (EARN * (1 - pension_rate)) - SA_thresh_m) *SA_redn_1)),
				IF(AND(Married = 0, Children =1), SA_first_s - MAX(0, (EARN*(1-pension_rate)) - SA_thresh_s) * SA_redn_1 - (MAX(0, (EARN*(1-pension_rate)) - SA_thresh_s_2) * SA_redn_4) + ((CA * max_child_under7) - MAX(0, (EARN*(1-pension_rate)) - SA_thresh_s) * SA_redn_1), IF(AND(Married = 0, Children = 2),
				(SA_first_s + SA_others_s) - (MAX(0, (EARN*(1-pension_rate)) - SA_thresh_s) * SA_redn_2) - (MAX(0, (EARN*(1-pension_rate)) - SA_thresh_s_2) * SA_redn_4) + MAX(0, ((CA * max_child_under7) - MAX(0, (EARN * (1 - pension_rate)) - SA_thresh_s) * SA_redn_1)),
				0)))))

13.	Employer's soc security	SSC_empr	B	earn*SSC_empr_rate

Key to range of equation B calculated separately for both principal earner and spouse P calculated for principal only (value taken as 0 for spouse calculation) J calculated once only on a joint basis.

Notes

[1] The definition of average worker in Iceland includes workers in five categories. See section 5.1.

Ireland

This chapter includes data on the income taxes paid by workers, their social security contributions, the family benefits they receive in the form of cash transfers as well as the social security contributions and payroll taxes paid by their employers. Results reported include the marginal and average tax burden for eight different family types.

Methodological information is available for personal income tax systems, compulsory social security contributions to schemes operated within the government sector, universal cash transfers as well as recent changes in the tax/benefit system. The methodology also includes the parameter values and tax equations underlying the data.

Ireland 2019

The tax/benefit position of single persons

	Wage level (per cent of average wage)	67	100	167	67
	Number of children	none	none	none	2
1.	**Gross wage earnings**	32 700	48 806	81 506	32 700
2.	**Standard tax allowances**	0	0	0	0
3.	**Tax credits or cash transfers included in taxable income**	0	0	0	0
4.	**Central government taxable income (1 - 2 + 3)**	32 700	48 806	81 506	32 700
5.	**Central government income tax liability (exclusive of tax credits)**	6 540	12 462	25 542	6 540
6.	**Tax credits**				
	Basic credit	1 650	1 650	1 650	1 650
	Single, head of family	0	0	0	1 650
	Children				
	Other	1 650	1 650	1 650	1 650
	Total	3 300	3 300	3 300	4 950
7.	**Central government income tax finally paid (5-6)**	4 034	10 682	25 634	2 384
8.	**State and local taxes**	0	0	0	0
9.	**Employees' compulsory social security contributions**				
	Gross earnings	1 308	1 952	3 260	1 308
	Taxable income				
	Total	1 308	1 952	3 260	1 308
10.	**Total payments to general government (7 + 8 + 9)**	5 342	12 634	28 894	3 692
11.	**Cash transfers from general government**				
	For head of family	0	0	0	2 002
	For two children	0	0	0	3 360
	Total	0	0	0	5 362
12.	**Take-home pay (1-10+11)**	27 357	36 172	52 611	34 369
13.	**Employer's compulsory social security contributions**	3 581	5 344	8 925	3 581
14.	**Average rates**				
	Income tax	12.3%	21.9%	31.5%	7.3%
	Employees' social security contributions	4.0%	4.0%	4.0%	4.0%
	Total payments less cash transfers	16.3%	25.9%	35.5%	-5.1%
	Total tax wedge including employer's social security contributions	24.6%	33.2%	41.8%	5.3%
15.	**Marginal rates**				
	Total payments less cash transfers: Principal earner	28.5%	48.5%	52.0%	71.4%
	Total payments less cash transfers: Spouse	n.a.	n.a.	n.a.	n.a.
	Total tax wedge: Principal earner	35.6%	53.6%	56.7%	74.2%
	Total tax wedge: Spouse	n.a.	n.a.	n.a.	n.a.

Ireland 2019

The tax/benefit position of married couples

	Wage level (per cent of average wage)	100-0	100-67	100-100	100-67
	Number of children	2	2	2	none
1.	**Gross wage earnings**	48 806	81 506	97 612	81 506
2.	**Standard tax allowances**	0	0	0	0
3.	**Tax credits or cash transfers included in taxable income**	0	0	0	0
4.	**Central government taxable income (1 - 2 + 3)**	48 806	81 506	97 612	81 506
5.	**Central government income tax liability (exclusive of tax credits)**	10 662	18 482	24 925	18 482
6.	**Tax credits**				
	Basic credit	3 300	3 300	3 300	3 300
	Single, head of family	0	0	0	0
	Children				
	Other	3 150	3 300	3 300	3 300
	Total	6 450	6 600	6 600	6 600
7.	**Central government income tax finally paid (5-6)**	5 732	14 196	21 363	14 196
8.	**State and local taxes**	0	0	0	0
9.	**Employees' compulsory social security contributions**				
	Gross earnings	1 952	3 260	3 904	3 260
	Taxable income				
	Total	1 952	3 260	3 904	3 260
10.	**Total payments to general government (7 + 8 + 9)**	7 684	17 456	25 268	17 456
11.	**Cash transfers from general government**				
	For head of family	0	0	0	0
	For two children	3 360	3 360	3 360	0
	Total	3 360	3 360	3 360	0
12.	**Take-home pay (1-10+11)**	44 482	67 409	75 704	64 049
13.	**Employer's compulsory social security contributions**	5 344	8 925	10 688	8 925
14.	**Average rates**				
	Income tax	11.7%	17.4%	21.9%	17.4%
	Employees' social security contributions	4.0%	4.0%	4.0%	4.0%
	Total payments less cash transfers	8.9%	17.3%	22.4%	21.4%
	Total tax wedge including employer's social security contributions	17.9%	25.5%	30.1%	29.2%
15.	**Marginal rates**				
	Total payments less cash transfers: Principal earner	48.5%	48.5%	48.5%	48.5%
	Total payments less cash transfers: Spouse	29.9%	48.5%	48.5%	48.5%
	Total tax wedge: Principal earner	53.6%	53.6%	53.6%	53.6%
	Total tax wedge: Spouse	36.8%	53.6%	53.6%	53.6%

The national currency is the Euro (EUR). In 2019, EUR 0.89 was equal to USD 1. In that year, the average worker earned EUR 48 806 (Secretariat estimate).

1. Personal income tax systems

1.1. Central/ federal government income taxes

1.1.1. Tax unit

Tax is levied on the combined income of both spouses. Either spouse may, however, opt for separate assessment, in which case the tax payable by both spouses must be the same as would be payable under joint taxation. A further option allows either spouse to opt for assessment as single persons in which case they are treated as separate units. The calculations presented in this Report are based on family taxation.

1.1.2. Tax credits

1.1.2.1. Standard reliefs:

- Basic reliefs: The single person's credit is EUR 1 650 per year.
- Standard marital status reliefs: The married person's credit is EUR 3 300 per year (i.e. twice the basic credit of EUR 1 650).
- Employee credit: With the exception of certain company directors and their spouses and the spouses of partners in partnership cases, all employees, including (subject to certain conditions) children who are full-time employees in the business of their parents, are entitled to an employee credit of EUR 1 650.
- Earned Income credit: Individuals in receipt of earned income are entitled to an earned income credit of EUR 1350 for 2019et seq. Note: The combined employee credit and earned income credit is limited to EUR 1 650.
- One-Parent Family credit: The single parent family credit is EUR 1 650.

1.1.2.2. Main non-standard tax reliefs applicable to an AW

- Interest on qualifying loans: This relief can no longer be claimed by new applicants but those who had claimed prior to 2012 are still eligible for relief up to 2019 inclusive. The relief varies between 25% and 15% of the following limits.

	First Time Mortgage Holders	Other Mortgage Holders
Married Couple	EUR 15 000	EUR 3 000
Widowed Person	EUR 10 000	EUR 3 000
Single Person	EUR 5 000	EUR 1 500

- Medical Insurance: Relief at the taxpayer's standard rate of tax is available for taxpayers who make a payment to an authorised insurer under a contract which provides for the payment of medical expenses resulting from sickness of the person, his wife, child or other dependants. The maximum relief is EUR 1 000 in respect of an adult and EUR 500 in respect of a child. This relief is now granted at source and is paid to the insurance provider.
- Work related Expenses: These are relieved to the extent that they are wholly, exclusively and necessarily incurred in the performance of the duties of an employment.
- Home Carers Allowance: This is a tax credit of EUR 1 500 for families where one spouse works at home to care for children, the aged or incapacitated persons, where the carer spouse's income

does not exceed EUR 7 199. A reduced measure of relief is granted for income between EUR 7 200 and EUR 10 200: if the income exceeds EUR 7 200 the tax credit is reduced by one half of the income of the Home Carer that exceeds this limit. This credit and the increased standard rate tax band for two income couples (see tax schedule below) are mutually exclusive but the person may opt for whichever is the more beneficial. If the Home Carer earns income of up to EUR 7 200 in his/her own right for the tax year, the full tax credit may be claimed. For the purposes of this tax credit, income means any taxable income such as income from a part-time job, dividends, etc. but does not include the Carer's Allowance payable by the Department of Social Protection.

1.1.3. Tax schedule

Band of taxable Income (EUR)				Rate (%)
Single/ Widow(er)	Married Couple (One Income)	Married Couple (Two Incomes)	One-Parent Families	
Up to 35 300	Up to 44 300	Up to the lesser of 70 600 - 44 300 plus the amount of the lowest income	39 300	20
Balance	Balance	Balance	Balance	40

1.1.4. Low income exemption and marginal relief tax

Where total income of an individual aged 65 and over is less than or equal to the income exemption limit that income is exempt from tax.

Exemption limits:

- Single / Widowed: EUR 18 000
- Married: EUR 36 000

The exemption limits may be increased in respect of children, as follows:

- One or two children (each): EUR 575
- Subsequent children: EUR 830

The marginal relief rate of tax applies where liability to tax at the marginal relief rate is less than that which would be chargeable under the normal tax schedule and where total income is less than twice the relevant exemption limit, otherwise tax is charged under the normal tax schedule.

Marginal relief tax is charged, where applicable, at a rate of 40% on the difference between total income and the relevant exemption limit.

1.1.5. Universal Social Charge (USC)

The USC is charged on an individualised basis on gross income at 0.5% on income up to and including EUR 12 012, at 2% for income in excess of EUR 12 012 but not greater than EUR 19 874, at 4.5% for income in excess of EUR 19 874 but not greater than EUR 70 044, and at 8% above that level. The lower exemption threshold is EUR 13 000.The USC does not apply to social welfare payments, including contributory and non-contributory social welfare State pensions.

USC rates for individuals whose total income does not exceed EUR 60 000 and who are (a) aged 70 years and over or (b) who hold full medical cards: The 2% rate applies to all income over EUR 12 012.

There is a surcharge of 3% on individuals who have income from self-employment that exceeds EUR 100 000 in a year.

1.2. State and local income taxes

No State or local income taxes exist in Ireland.

2. Compulsory Social Security Contributions to Schemes Operated within the Government Sector.

2.1. Employees' contributions

Contributions are payable at a rate of 4 percent of an employee's gross earnings less allowable superannuation contributions. No distinction is made by marital status or sex. Those earning less than EUR 352 per week are exempt. The following is a breakdown of the 2019 rate of contribution together with ceilings where applicable:

Description	Rate	Threshold (EUR)	Ceiling (EUR)
Pension and social insurance	4.00	352 per week	

2.2. Employers' contributions

Like employees' contributions, employers' contributions are payable as a percentage of gross employee earnings less allowable superannuation contributions. The following is a breakdown of the 2019 rate of contribution:

Description	Rate %
Occupational injuries	0.50
Redundancy contribution	0.40
Pension and social insurance(*)	10.05

*An incremental annual increase of 0.1% in the National Training Fund levy that is collected through the Pay Related Social Insurance (PRSI) system, is increasing the levy rate from 0.7% to 1% in the three year period from 2018 to 2020.

In 2019, the total employers' contribution is 10.95% and is reduced to 8.7% in respect of employees earning less than EUR 386 per week.

3. Universal Cash Transfers

3.1. Transfers related to marital status

None.

3.2. Transfers for dependent children

These are payable to all children under the age of 16 (or under 18 years, if the child is undergoing full time education by day or is incapacitated and likely to remain so for a prolonged period). These payments do not depend on any insurance or on the means of the claimant. Entitlements to higher rate for the third and subsequent child are being phased out over two years. The amounts payable in 2019 are as follows:

Period	Monthly rate per child	
January 2019 to December 2019	First to second child: EUR 140.00	Subsequent children: EUR 140.00

3.3. Transfers for low income families

A non-taxable family income supplement is payable to low income families where either the principal earner and/or the spouse are in full-time employment. Full-time employment is defined as working nineteen hours per week or more. The hours worked by the principal and the spouse can be aggregated for the purposes of this definition. When calculating income for the purposes of the relief superannuation payments, social welfare payments, tax payments, health and employment and training levies are all subtracted to arrive at disposable income.

The level of payment is dependent on the amount of family income and the number of children. The supplement payable is 60% of the difference between the family income and the income limit applicable to the family. A minimum of EUR 20 per week is payable to eligible families. No supplement is payable to families with income in excess of the relevant income limit.

The income limit for a family with two children in 2019 is EUR 622 per week.

One Parent Family Payment: This payment is available for men and women who for a variety of reasons are bringing up a child or children without the support of a partner. The payment which is means tested is payable in full where the person's earnings does not exceed EUR 130 per week (EUR 150 per week from 28 March 2019). Where earnings are between EUR 130 per week (EUR 150 per week from 28 March 2019) and EUR 425.00 per week a reduced payment is received. The amount of the full payment for 2019 is EUR 198 per week (EUR 203.00 per week from 28 March 2019) plus EUR 31.80 per week (EUR 34.00 per week from 28 March 2019) for each child.

4. Other Main Changes in Tax/Benefit System Since 2016

4.1. Earned Income credit

Individuals in receipt of earned income are entitled to an earned income credit of EUR 1350 for 2019 et seq. Note: The combined employee credit and earned income credit is limited to EUR 1 650.

5. Memorandum Items

5.1. Employer contributions to private social security arrangements

Information not available, although such schemes do exist.

2019 Parameter values

Average earnings/yr	Ave_earn	48 806	Secretariat estimate
Tax allowances			
Tax Credits	Basic_al_at_standardrate	1650	
	Married_al_at_standardrate	1650	
	Empl_al_at_standardrate	1650	
	Singleparent_at_standardrate	1650	
	Carers_allow	1500	
	Carers_thrsh1	7200	
	Carers_thrsh2	10 200	
	Carers_taper_rt	0.5	
Exemption amount	Single_ex	0	
	Married_ex	0	
	Child_ex	0	
	Child_ex_3	0	
Marginal relief limit	Single_MR	0	
	Married_MR	0	
	Child_MR	0	
	Child_MR_3	0	
Marginal relief	marg_rel_rate	0.4	
Income tax	Single_sch	0.2	35 300
		0.4	
	Single_sch_child	0.2	39 300
		0.4	
	Married_sch_oneinc	0.2	44 300
		0.4	
	Married_sch_twoinc	0.2	70 600
		0.4	
Universal Social Charge	USC	0.005	12 012
		0.02	19 874
		0.045	70 044
		0.08	
	USC_sch_med_card	0.005	12 012
		0. 02	
	USC threshold	13 000	
Maximum increase in first band	Band_increase_lim	26 300	
Social security contributions	SSC_thresh	18 304	
Employees	pension_rate	0.04	
	pension_ceil	Limit Abolished	
	Non_cum_Allc	0	
Employers	Empr_rate	0.1095	
	Empr_lower_rate	0.087	
	Empr_thrsh	20 072	
Child benefit	Empr_ceil	Limit Abolished	
	Ch_ben	1680	
Family income supplement	Ch_ben_3	1680	
	FIS_pay_limit	32 344	
	FIS_min	1040	
Medical card	FIS_rate	0.6	
	single_med_card	9568	
	married_med_card	13 858	
	Child_add_med_card	1976	

One-Parent Family	opf_basic	10 496
	opf_inclim_1	7560
	opf_inclim_2	22 100
	opf_inclim_3	10 735.2
	opf_dis	0.5
	opf_thrsh	395.2
	opf_red	130
	opf_childincr	1741.6

2019 Tax equations

The equations for the Irish system in 2019 are mostly on a family basis using mainly a tax credit system for the first time. But social security contributions are calculated separately for each spouse. This is shown by the Range indicator in the table below.

The functions which are used in the equations (Taper, MIN, Tax etc) are described in the technical note about tax equations. Variable names are defined in the table of parameters above, within the equations table, or are the standard variables "married" and "children". A reference to a variable with the affix "_total" indicates the sum of the relevant variable values for the principal and spouse. And the affixes "_princ" and "_spouse" indicate the value for the principal and spouse, respectively. Equations for a single person are as shown for the principal, with "_spouse" values taken as 0.

	Line in country table and intermediate steps	Variable name	Range	Equation
1.	Earnings	earn		
2.	Allowances:			(provided at standard rate (tax credit equivalent))
3.	Credits in taxable income	taxbl_cr	J	0
4.	Taxable income	tax_inc	J	Earn+OPF_total
	New carers allowance (provided as a tax credit)	career_allow		IF((Married*Children)>0, IF(earn_spouse<=Carers_thrsh1, Carers_allow, IF(earn_spouse>Carers_thrsh2, 0, Positive (Carers_allow-Carers_taper_rt*(earn_spouse-Carers_thrsh1)))), 0)
	Preliminary Tax Liable (including carers allowance)	tax_prel	J	IF(Married='0,' IF(Children='0,' Tax(tax_inc, Single_sch), Tax(tax_inc, Single_sch_child)), IF(AB7='0,' Tax(tax_inc, Married_sch_oneinc)-AG7, Tax(earn_principal+Positive(earn_spouse-Band_increase_lim), Married_sch_oneinc)+Tax(MIN(earn_spouse, Band_increase_lim), Married_sch_oneinc)))
5.	Tax before credits (but including carers allowance)	_tax_excl	J	IF((Married*earn_spouse)>0, MINA(tax_prel, (Tax(tax_inc, Married_sch_oneinc)-career_allow)), tax_prel)
	Universal social charge	USG	J	IF(earn>USC_threshold,IF(med_crd_fac=1,Tax(earn,USC_sch),Tax(earn,USC_sch_med_card)),0)
6.	Tax credits :	basic_cr	J	Basic_al_at_standardrate+(Married*Married_al_at_standardrate)
		single_par_cr		IF(Married='0,' IF(Children>0, Singleparent_at_standardrate, 0), 0)
		other_cr		Empl_al_at_standardrate+ (IF(earn_spouse>0, Empl_al_at_standardrate, 0))
		tax_cr		basic_cr+single_par_cr+other_cr
	Exemption amount	exemp_amt	J	Single_ex+Married*Married_ex+Child_ex*MIN(2, Children)+ (Children>2)*(Children-2)*Child_ex_3
	Marginal relief limit	MRL	J	Single_MR+Married*Married_MR+Child_MR*MIN(2, Children)+ (Children>2)*(Children-2)*Child_MR_3
7.	Net tax	CG_tax	J	If(earn_total<='MRL,' MIN(marg_rel_rate*positive(earn_total-exem_amt), positive(_tax_excl-tax_cr)), positive(_tax_excl-tax_cr))+USG
8.	State and local taxes	local_tax	J	0
	Employees' soc security			
	weekly allowance	weekly_allce	B	IF(earn=0,0,MINA(Non_cum_Allc,earn))
	Medical card factor	Med_crd_fac	J	(single_med_card+Married*(married_med_card-single_med_card) +child_add_med_card*Children<earn_princ+earn_spouse)
	employees' soc security	SSC	B	IF(earn>SSC_thresh, pension_rate*Positive(earn-weekly_allce), 0)
11.	Cash transfers			
		Child_benefit	J	Children*Ch_ben+(Children>2)*(Children-2)*(Ch_ben_3-Ch_ben)
		FIS	J	(Children>0)*IF((earn-_tax-SSC+OPF_total)<='FIS_pay_limit' , MAXA((FIS_pay_limit-(earn-_tax-SSC+OPF_total))*FIS_rate, FIS_min), 0)
		OPF_basic	P	=IF((earn-opf_inclim_1)*opf_dis<opf_thrsh,opf_basic,IF((earn-opf_inclim_1)*opf_dis>opf_inclim_3,0,Positive(opf_basic- (opf_red+

				(opf_red*TRUNC((((earn-opf_inclim_1)*opf_dis)-opf_thrsh)/opf_red)))))*((Married=0)*(Children>0)))*(earn<opf_inclim_2)
		OPF_total		=IF(OPF_basic>0,OPF_basic+(opf_childincr*Children))
	Total cash transfers	cash_trans		Child_benefit+FIS+OPF_total
13.	Employer's soc security	SSC_empr	B	IF(earn<='Empr_thrsh,' Empr_lower_rate, Empr_rate)* MIN(earn, Empr_ceil)

Key to range of equation:
B calculated separately for both principal earner and spouse
P calculated for principal only (value taken as 0 for spouse calculation)
J calculated once only on a joint basis

Israel

This chapter includes data on the income taxes paid by workers, their social security contributions, the family benefits they receive in the form of cash transfers as well as the social security contributions and payroll taxes paid by their employers. Results reported include the marginal and average tax burden for eight different family types.

Methodological information is available for personal income tax systems, compulsory social security contributions to schemes operated within the government sector, universal cash transfers as well as recent changes in the tax/benefit system. The methodology also includes the parameter values and tax equations underlying the data.

Israel 2019

The tax/benefit position of single persons

	Wage level (per cent of average wage)	67	100	167	67
	Number of children	none	none	none	2
1.	**Gross wage earnings**	106 513	158 975	265 488	106 513
2.	**Standard tax allowances**				
	Basic allowance	0	0	0	0
	Married or head of family				
	Dependent children				
	Deduction for social security contributions and income taxes				
	Work-related expenses	0	0	0	0
	Other				
	Total	0	0	0	0
3.	**Tax credits or cash transfers included in taxable income**	0	0	0	0
4.	**Central government taxable income (1 - 2 + 3)**	106 513	158 975	265 488	106 513
5.	**Central government income tax liability (exclusive of tax credits)**	11 883	22 250	54 501	11 883
6.	**Tax credits**				
	Basic credit	5 886	5 886	5 886	7 194
	Married or head of family	0	0	0	2 616
	Children	0	0	0	5 232
	EITC	0	0	0	2 015
	Unused wastable tax credits	0	0	0	3 159
	Total	5 886	5 886	5 886	17 057
7.	**Central government income tax finally paid (5-6)**	5 997	16 364	48 615	- 2 015
8.	**State and local taxes**	0	0	0	0
9.	**Employees' compulsory social security contributions**				
	Gross earnings	6 494	12 790	25 571	6 494
	Taxable income				
	Total	6 494	12 790	25 571	6 494
10.	**Total payments to general government (7 + 8 + 9)**	12 491	29 154	74 186	4 480
11.	**Cash transfers from general government**				
	For head of family				
	For two children	0	0	0	6 152
	Total	0	0	0	6 152
12.	**Take-home pay (1-10+11)**	94 022	129 821	191 303	108 186
13.	**Employer's compulsory social security contributions**	5 025	9 012	17 107	5 025
14.	**Average rates**				
	Income tax	5.6%	10.3%	18.3%	-1.9%
	Employees' social security contributions	6.1%	8.0%	9.6%	6.1%
	Total payments less cash transfers	11.7%	18.3%	27.9%	-1.6%
	Total tax wedge including employer's social security contributions	15.7%	22.7%	32.3%	3.0%
15.	**Marginal rates**				
	Total payments less cash transfers: Principal earner	26.0%	32.0%	47.0%	29.4%
	Total payments less cash transfers: Spouse	n.a.	n.a.	n.a.	n.a.
	Total tax wedge: Principal earner	31.2%	36.8%	50.7%	34.4%
	Total tax wedge: Spouse	n.a.	n.a.	n.a.	n.a.

Israel 2019

The tax/benefit position of married couples

	Wage level (per cent of average wage)	100-0	100-67	100-100	100-67
	Number of children	2	2	2	none
1.	**Gross wage earnings**	158 975	265 488	317 950	265 488
2.	**Standard tax allowances**				
	Basic allowance	0	0	0	0
	Married or head of family				
	Dependent children				
	Deduction for social security contributions and income taxes				
	Work-related expenses	0	0	0	0
	Other				
	Total	0	0	0	0
3.	**Tax credits or cash transfers included in taxable income**	0	0	0	0
4.	**Central government taxable income (1 - 2 + 3)**	158 975	265 488	317 950	265 488
5.	**Central government income tax liability (exclusive of tax credits)**	22 250	34 133	44 500	34 133
6.	**Tax credits**				
	Basic credit	5 886	13 080	13 080	13 080
	Married or head of family	0	0	0	0
	Children	0	5 232	5 232	0
	EITC	0	0	0	0
	Unused wastable tax credits	0	543	0	0
	Total	5 886	18 312	18 312	13 080
7.	**Central government income tax finally paid (5-6)**	16 364	16 364	26 188	21 053
8.	**State and local taxes**	0	0	0	0
9.	**Employees' compulsory social security contributions**				
	Gross earnings	12 790	19 284	25 579	19 284
	Taxable income				
	Total	12 790	19 284	25 579	19 284
10.	**Total payments to general government (7 + 8 + 9)**	29 154	35 648	51 768	40 337
11.	**Cash transfers from general government**				
	For head of family				
	For two children	4 116	4 116	4 116	0
	Total	4 116	4 116	4 116	0
12.	**Take-home pay (1-10+11)**	133 937	233 956	270 298	225 151
13.	**Employer's compulsory social security contributions**	9 012	14 038	18 025	14 038
14.	**Average rates**				
	Income tax	10.3%	6.2%	8.2%	7.9%
	Employees' social security contributions	8.0%	7.3%	8.0%	7.3%
	Total payments less cash transfers	15.7%	11.9%	15.0%	15.2%
	Total tax wedge including employer's social security contributions	20.3%	16.3%	19.5%	19.5%
15.	**Marginal rates**				
	Total payments less cash transfers: Principal earner	32.0%	32.0%	32.0%	32.0%
	Total payments less cash transfers: Spouse	6.1%	12.0%	32.0%	26.0%
	Total tax wedge: Principal earner	36.8%	36.8%	36.8%	36.8%
	Total tax wedge: Spouse	10.3%	18.2%	36.8%	31.2%

The Israeli currency is the Israeli Shekel (ILS). In 2019, ILS 3.56 were equal to USD 1. In that year, the average worker in Israel earned ILS 158 975 (Secretariat estimate).

1. Personal income tax system

1.1. Central government income tax

1.1.1. Tax unit

In general, spouses are taxed separately on their earned income, subject to the condition that its sources are independent. The household is taxed jointly if their earned income is deemed to be interdependent. Until 2014, the conditions for interdependence involved situations where one spouse worked in a business which the other spouse either owned or had certain levels of capital or management/voting rights. Since 2014, spouses could still be taxed separately, even in cases where their earned income is deemed to be interdependent, if the labour of both spouses is needed to run the business and their income is commensurate to their effort.

1.1.2. Tax allowances and credits

1.1.2.1 Standard tax credits

The standard tax credits are given in the form of credit points subtracted from the tax liability. Each point is worth ILS 2 616 in 2019.

- *Basic credit*: Every resident taxpayer is entitled to 2.25 credit points (ILS 5 886 in 2019).
- *Additional credit for women*: Women are entitled to a further half credit point (ILS 1 308 in 2019).
- *Child credit*: Working mothers (and fathers in one parent families) with children aged under 18 are entitled to one additional credit point per child (ILS 2 616 in 2019). In 2012 this credit was increased to 2 credit points per child aged under 5. Since 2012, married working fathers with children aged under 2 are also entitled to 2 credit points per child. In 2017, the credit for both parents was increased to 2.5 credit points per child aged under 5 (ILS 6 540 in 2019). Since, according to the Taxing Wages methodology, the children in the model are between 6 and 11 inclusive, this change was not included in the model.
- *Single parent credit:* Single parents (male or female) are entitled to one additional credit point (ILS 2 616 in 2019).

1.1.2.2 Non – standard tax credits applicable to income from employment

- Tax credits are awarded for contributions to approved pension schemes, up to a ceiling which varies according to the employee's circumstances.
- Employees living in certain development areas or in conflict zones receive credits as a percentage of their income up to ceiling. In 2016, a comprehensive reform was implemented, where the average credit was decreased but the number of beneficiaries more than doubled. In 2019 the credits range from 7 % in the lowest category to 20% in the highest category with ceilings of ILS 132 000 and 242 000 respectively. About 20% of the population lives in these areas.
- New immigrants are entitled to three additional credit points in their first eighteen months in Israel, two additional credit points in the following year, and one credit point in the year after.
- Discharged soldiers receive 2 credit points for three years after the completion of at least 23 months of service or 1 credit point for a shorter service.

- Graduates of academic studies receive 1 credit point for one year after the completion of a B.A. degree (or after the completion of 1 700 study hours that led to a professional certificate) and 0.5 credit point for one year after the completion of a M.A. degree.

1.1.3. Tax schedule

The tax schedule for earned income in 2019 is as follows:

Taxable income	Tax rate
(ILS per year)	(%)
0 - 75720	10
75720 - 108600	14
108600 - 174360	20
174360 - 242400	31
242400 - 504360	35
504360 - 649560	47
Above 649560	50

1.2. Regional and local income tax

There are no regional or local income taxes.

2. Compulsory social security insurance system

Social security contributions are made up of a combination of those for National Insurance and Health Insurance. The tax rates paid by employees and employers are applied in two brackets:

- A reduced rate for income up to a level of 60% of the average wage per employee post (ILS 6 164 per month in 2019).
- A full rate for income exceeding 60% of the average wage per employee post and up to ILS 43 890 per month (in 2019).

2.1. Employees' contributions

The taxable base for social security insurance contributions paid by employees is the total amount of the gross wage or salary including fringe benefits. The assessment period is the calendar month. The effective employees' contribution rates in 2019 are as follows:

Insurance branch	Full rate contribution (%)	Reduced rate contribution (%)
Total for National Insurance branches	7.00	0.40
Health	5.00	3.10
Total contributions	12.00	3.50

2.2. Employers' contributions

Employers on behalf of their employees also pay social security insurance contributions. These relate to National Insurance only - employers do not pay any contributions for health insurance.

The employers' contribution rates in 2019 are as follows:

Insurance branch	Full rate contribution (%)	Reduced rate contribution (%)
Total for National Insurance branches	7.60	3.45
Health	--	--
Total contributions	7.60	3.45

3. Payroll taxes

The following payroll taxes exist in Israel but neither of them is included in the modelling as they have limited coverage:

- Wage tax on the non-profit institutions: the VAT law imposes a 7.5% on the wage-bill on the non-profit sector including Government,
- Wage tax on the financial institutions: the VAT law also imposes a 17.0% tax on the wage-bill of the financial institutions.

4. Universal cash transfers

4.1. Transfers related to marital status

None.

4.2. Transfers for dependent children

A monthly child allowance is paid to the parent (usually the mother) of unmarried children aged up to 18. The amount of the entitlement for each child depends on the date of birth of the child. Between August 2003 and June 2009, all children born after 1 June 2003 received the same benefit as the first child. But, according to the Coalition agreement signed in March 2009, the benefits for the second, third and fourth child (including those born after June 2003) were increased gradually over a period of four years (i.e. from 2009 to 2012). In August 2013 the allowance for all children born after June 2003 were decreased to ILS 140 per month per child.

In December 2015 (retroactively from May 2015) the allowance for all children were increased.

Moreover, the government deposits ILS 50 per child per month, starting with May 2015 (for the period May 2015-December 2016, the actual deposit will be only delivered, in 36 equal instalments, between January 2017-December 2019). The savings are liquid only when the child turns 18. Considering this delay of cash payments, they do not benefit the household, but rather the child and therefore are not included in the Taxing Wages modelling for 2019.

	Children born before 1 June 2003	Children born on or after 1 June 2003
First child	152	152
Second child	191	191
Third child	191	191
Fourth child	340	191
Fifth child and above	359	152

In addition, a Study Grant is paid to lone parents with children aged 6 to 18. The grant is paid in one instalment, usually in September at the beginning of the school year. In 2019, the grant per child was ILS 1 018.

5. Main changes in the tax and benefit systems since 2002

- There has been a policy of gradually reducing the level of personal income taxes since 2003. This policy was expected to continue till 2016 but came to an end in 2012 with the top tax bracket increasing from 45% to 48% although the rate of one middle income tax bracket was further decreased from 23% to 21%. The rates were further increased in 2013. In 2013 a surtax of 2% was imposed on total income above ILS 811 560, effectively increasing the top marginal rate to 50%. In 2017 the surtax was increased to 3% on total income above ILS 640 000, while the top marginal rate remained unchanged at 50%. In 2013, the value of some tax brackets were not fully indexed to the CPI and even suffered a nominal decrease. In 2014, the value of all tax brackets and of the "credit point" were not indexed to the CPI. In 2017, some tax rates and the width of some tax brackets were changed, effectively decreasing the tax burden for low and mid income while increasing the burden for higher incomes.
- The full contribution rate for employee social security contributions was increased gradually from 9.7% in 2002 to 12% in 2006. The reduced contribution rate was lowered from 5.76% in 2002 to 3.5% in 2006. The upper threshold for contributions was removed in July 2002 but re-instated one year later. In August 2009, as a temporary measure until December 2011, it was increased to 10 times the average wage per employee post until December 2010 and to 9 times the average wage per employed post until December 2011.
- Prior to July 2005, there was only one contribution rate for employer social security contributions and this was set at 5.93% between July 2002 and June 2005. The upper threshold for contributions was removed in July 2002 but was re-instated one year later. The current system of two tax brackets was introduced in July 2005 with a reduced contribution rate of 5.33% and a full rate of 5.68%. There has been a lowering of rates in each year between 2006 and 2009. In August 2009, as a temporary measure until March 2011, the reduced rate was increased from 3.45% to 3.85%. In April 2011, the regular rate was increased to 5.9%. It was increased again to 6.5% in January 2013, 6.75% in January 2014, 7.25% in January 2015, 7.5% in January 2016 and 7.6% in January 2019.
- The Employers tax on wage bill of the non-profit sector excluding Government was abolished in 2008.
- In the period between August 2003 and June 2009, all children that were born on or after 1 June 2003 received the same level of benefit payment as the first child. The 2009 Coalition agreement introduced a gradual increase in the benefit payments for the second, third and fourth children in all families (including those where children were born after June 2003) over a period of four years from July 2009 to Apr 2012. In August 2013, the allowance for all children born after June 2003 was decreased to ILS 140 per month per child. In December 2015 (retroactively from May 2015) the allowance for all children were increased.
- In 2017, the tax credit for both parents was increased to 2.5 credit points per child aged under five.

6. Memorandum items

6.1. Average gross annual wage earnings calculation

The average wage figures represent the amount earned for a full time post by employees working 35 hours per week or more. Until 2011, the AW data came from a combination of two sources - the income and expenditure survey and the labour force survey. Since 2012, the data come exclusively from the income and expenditure survey as the labour force survey has no more data on income. The Central Bureau of

Statistics has now computed a new AW series based exclusively on the income and expenditure survey back from 2000.

As to the economic classification, until 2012, Israel used a modified version of ISIC 3 where the B-I industries (see Table below) are a very close equivalent of C-K industries in ISIC 3.1. Israel's Central Bureau of Statistics adopted ISIC 4 in 2012 and the Average Wage used in the modelling is based on ISIC 4 since 2013.

A	Agriculture.
B	Manufacturing.
C	Electricity and water supply.
D	Construction (building and civil engineering projects).
E	Wholesale and retail trade and repairs.
F	Accommodation services and restaurants
G	Transport, storage and communication.
H	Banking, insurance and other financial institutions.
I	Business activities.
J	Public administration.
K	Education.
L	Health, welfare and social work services.
M	Community, social, personal and other services.

6.2. Employer contributions to private pension

Until 2007, employers were not legally obliged to pay into a pension plan for their employees. Pension rights were guaranteed in collective agreements that covered less than half of the labour force. About one million employees in Israel had no pension arrangement (mainly those earning a relatively low wage, temporary workers and those working for subcontractors).

In 2008, a compulsory employment pension was introduced for employees with a period of employment of at least 6 months. The minimum rate of contributions in January 2019 was 18.5 per cent of the employee's salary (up to the level of the average wage of ILS 10 273 per month), about one third to be paid by the employee and two thirds by the employer.

6.3. Earned income tax credit

A non-wastable earned income tax credit was implemented in 2008 in selected geographical areas of Israel covering 15 % of the population. Entitlement to this credit is established based on earnings in the previous year. The tax credit was extended to all areas of Israel in 2012 (based on the earnings in 2011 and therefore we already included it in the 2011 version of the model). For mothers of children up to the age of two and for single parents the full coverage started in 2011 (based on earnings in 2010).

Under the law, workers aged 23 or more who are parents of one or two children aged less than 18 (or workers aged 55 or more even without children), and earn at least ILS 2 120 per month (about 40% of the minimum wage) but not more than ILS 6 380 per month are eligible for a monthly increment of up to ILS 340. The corresponding figure for a family with three or more children is ILS 490.

Since 2016, single parents are eligible for the EITC for a wider income range – from ILS 1 300 per month to ILS 9 660 per month (for a single parents of 1-2 children) or ILS 11 790 per month (for a single parents of three or more children).

Since 2013 (based on earnings in 2012), these sums were increased by 50% for working mothers (and fathers in one-parent family).

A temporary measure (for earnings in 2018-2019 only), expanded the 50% bonus to all working fathers and furthermore added a bonus of 30% for families where both parents work. This was included in the Taxing Wages modelling for 2019

Families in which both parents work, and their joint income does not exceed ILS 12 270, are entitled to these benefits for each wage-earner. The grant is paid four times a year directly into the account of the eligible persons.

2019 Parameter values

Average earnings/yr	Ave_earn	158 975 Secretariat estimate	
Income tax	Tax_sch	0.10	75 720
		0.14	108 600
		0.20	174 360
		0.31	242 520
		0.35	504 360
		0.47	649 560
		0.50	
Employees SSC	SSC_sch	0.035	73 968
		0.12	526 680
		0	
Employers SSC	SSC_rate2	0.0345	73 968
		0.0760	526 680
		0.0000	
Child benefit	CB_firstchild	1 824	
	CB_secondchild	2 292	
	Studygrant_rate	1 018	
Wastable tax credits			
Basic element	WTC_Basic	5 886	
Lone parent	WTC_lone	2 616	
Parents/per child	WTC_Child	2 616	
Women	WTC_woman	1 308	
Negative Income tax			
Married with 1 or	NIT_sch1	0	25 440
2 children		0.161	44074
		-	44 160
		0	60 000
		-0.230	777 760
Married with 3 or	NIT_sch2	0	25 440
more children		0.235	44 148
		3.635	44 160
		0	60 000
		-0.235	84 960
Single with 1 or	NIT_sch3	0	15 600
2 children		0.108	43 378
		-	44 160
		0	82 920
		-0.116	118 080
Single with 3 or	NIT_sch4	0	15 600
		0.155	44 148
		1.255	44 160
		0	92 520
		-0.116	143 160
	NIT_basic1	1 080	
	NIT_basic2	1 440	
	NIT_min	240	
	NIT_MinIncome1	25 440	
	NIT_MinIncome2	15 600	
	Nit_AddIncome1	17 640	
	Nit_AddIncome2	58 920	
	Nit_MaxIncome	147 240	

	NIT_Bonus1	1.5
	NIT_Bonus2	1.3
	NIT_PartnerIncome	44 160
Days in tax year	numdays	366

2019 Tax equations

	Line in country table and intermediate steps	Variable name	Range	Equation
1.	Earnings	earn		
2.	Allowances:	Tax_al	B	0
3.	Credits in taxable income	taxbl_cr	B	0
4.	CG taxable income	tax_inc	B	Earn
5.	CG tax before credits	CG_tax_excl	B	Tax(tax_inc, tax_sch)
6.	Tax credits (nonwastable):			
	Principal	tax_cr_princ	B	(earn>0)*(wtc_basic+(IF(married=0)*(children>0),wtc_woman+wtc_lone+(wtc_child*children))
	Spouse	tax_cr_spouse	B	(earn>0)*(wtc_basic+wtc_woman+(wtc_child*children))
	Tax credits (nonwastable)	NIT_princ	B	NIT=MAX(0,IF(Children=0,0,IF(Married=1,IF(Children<=2,NIT_basic1 *(Princ_earnings>NIT_MinIncome1)+Tax(Princ_earnings,NIT_sch1), NIT_basic2*(Princ_earnings>NIT_MinIncome1)+Tax(Princ_earnings,NIT_sch2)),(IF(Children<=2,NIT_basic1*(Princ_earnings >NIT_MinIncome2)+Tax(Princ_earnings,NIT_sch3),NIT_basic2*(Princ_earnings >NIT_MinIncome2)+Tax(Princ_earnings,NIT_sch4)))))) NIT=+MAX(0,NIT+IF(Children=0,0,IF(Children<=2,-0.23,-0.235)) *MAX(0,+(Princ_earnings +Spouse_earnings)-NIT_MaxIncome-MIN(MAX(0, Princ_earnings -NIT_Addincome2),NIT_AddIncome1)-MIN(MAX(0,Spouse_earnings-NIT_Addincome2),NIT_AddIncome1))) NIT=IF(NIT<NIT_min,0,NIT)*NIT_Bonus1*IF(Spouse_earnings>NIT_PartnerIncome,NIT_Bonus2,1)
		NIT_spouse	B	NIT=MAX(0,IF(Children=0,0,IF(Married=1,IF(Children<=2,NIT_basic1 *(Spouse_earnings>NIT_MinIncome1)+Tax(Spouse_earnings,NIT_sch1),NIT_basic2*(Spouse_earnings>NIT_MinIncome1)+Tax(Spouse_earnings,NIT_sch2)),(IF(Children<=2,NIT_basic1*(Spouse_earnings>NIT_MinIncome2)+Tax(Spouse_earnings,NIT_sch3),NIT_basic2*(Spouse_earnings>NIT_MinIncome2)+Tax(Spouse_earnings,NIT_sch4)))))) NIT=+MAX(0,NIT+IF(Children=0,0,IF(Children<=2,-0.23,-0.235)) *MAX(0,+(Princ_earnings +Spouse_earnings)-NIT_MaxIncome-MIN(MAX(0, Princ_earnings -NIT_Addincome2),NIT_AddIncome1)-MIN(MAX(0,Spouse_earnings-NIT_Addincome2),NIT_AddIncome1))) NIT=IF(NIT<NIT_min,0,NIT)*NIT_Bonus1*IF(Princ_earnings>NIT_PartnerIncome,NIT_Bonus2,1)
7.	CG tax	CG_tax	B	Positive(CG_tax_excl-tax_cr)-NIT
8.	State and local taxes	local_tax	B	0
9.	Employees' soc security	SSC	B	Tax(earn, SSC_sch)
11.	Cash transfers	cash_trans	J	IF(children=1,CB_firstchild,IF(Children=2,CB_firstchild+CB_secondchild)+(IF(married=0)*(children>0),Studygrant_rate*children)
13.	Employer's soc security	SSC_empr	B	Tax(earn, SSC_rate2)

Key to range of equation B calculated separately for both principal earner and spouse P calculated for principal only (value taken as 0 for spouse calculation) J calculated once only on a joint basis

Italy

This chapter includes data on the income taxes paid by workers, their social security contributions, the family benefits they receive in the form of cash transfers as well as the social security contributions and payroll taxes paid by their employers. Results reported include the marginal and average tax burden for eight different family types.

Methodological information is available for personal income tax systems, compulsory social security contributions to schemes operated within the government sector, universal cash transfers as well as recent changes in the tax/benefit system. The methodology also includes the parameter values and tax equations underlying the data.

Italy 2019

The tax/benefit position of single persons

	Wage level (per cent of average wage)	67	100	167	67
	Number of children	none	none	none	2
1. Gross wage earnings		21 173	31 602	52 775	21 173
2. Standard tax allowances					
Basic allowance					
Married or head of family					
Dependent children					
Deduction for social security contributions and income taxes		2 009	2 999	5 065	2 009
Work-related expenses					
Other					
	Total	2 009	2 999	5 065	2 009
3. Tax credits or cash transfers included in taxable income		0	0	0	0
4. Central government taxable income (1 - 2 + 3)		19 164	28 603	47 710	19 164
5. Central government income tax liability (exclusive of tax credits)		4 574	7 189	14 450	4 574
6. Tax credits					
Basic credit		1 377	956	264	1 377
Married or head of family		0	0	0	0
Children		0	0	0	1 569
Other		960	0	0	960
	Total	2 337	956	264	3 906
7. Central government income tax finally paid (5-6)		2 238	6 233	14 186	669
8. State and local taxes		504	752	1 621	504
9. Employees' compulsory social security contributions					
Gross earnings		2 009	2 999	5 065	2 009
Taxable income					
	Total	2 009	2 999	5 065	2 009
10. Total payments to general government (7 + 8 + 9)		4 751	9 984	20 872	3 182
11. Cash transfers from general government					
For head of family					
For two children		0	0	0	2 606
	Total	0	0	0	2 606
12. Take-home pay (1-10+11)		16 422	21 618	31 903	20 597
13. Employer's compulsory social security contributions		6 686	9 980	16 666	6 686
14. Average rates					
Income tax		12.9%	22.1%	30.0%	5.5%
Employees' social security contributions		9.5%	9.5%	9.6%	9.5%
Total payments less cash transfers		22.4%	31.6%	39.5%	2.7%
Total tax wedge including employer's social security contributions		41.1%	48.0%	54.1%	26.1%
15. Marginal rates					
Total payments less cash transfers: Principal earner		40.4%	49.5%	51.2%	42.0%
Total payments less cash transfers: Spouse		n.a.	n.a.	n.a.	n.a.
Total tax wedge: Principal earner		54.7%	61.7%	62.9%	55.9%
Total tax wedge: Spouse		n.a.	n.a.	n.a.	n.a.

Italy 2019

The tax/benefit position of married couples

	Wage level (per cent of average wage)	100-0	100-67	100-100	100-67
	Number of children	2	2	2	none
1. Gross wage earnings		31 602	52 775	63 203	52 775
2. Standard tax allowances					
Basic allowance					
Married or head of family					
Dependent children					
Deduction for social security contributions and income taxes		2 999	5 008	5 998	5 008
Work-related expenses					
Other					
	Total	2 999	5 008	5 998	5 008
3. Tax credits or cash transfers included in taxable income		0	0	0	0
4. Central government taxable income (1 - 2 + 3)		28 603	47 766	57 205	47 766
5. Central government income tax liability (exclusive of tax credits)		7 189	11 763	14 378	11 763
6. Tax credits					
Basic credit		956	2 333	1 912	2 333
Married or head of family		690	0	0	0
Children		1 406	1 487	1 406	0
Other		0	960	0	960
	Total	3 052	4 780	3 318	3 293
7. Central government income tax finally paid (5-6)		4 137	6 983	11 060	8 471
8. State and local taxes		752	1 256	1 504	1 256
9. Employees' compulsory social security contributions					
Gross earnings		2 999	5 008	5 998	5 008
Taxable income					
	Total	2 999	5 008	5 998	5 008
10. Total payments to general government (7 + 8 + 9)		7 888	13 248	18 562	14 735
11. Cash transfers from general government					
For head of family					
For two children		1 553	834	586	0
	Total	1 553	834	586	0
12. Take-home pay (1-10+11)		25 267	40 361	45 227	38 040
13. Employer's compulsory social security contributions		9 980	16 666	19 960	16 666
14. Average rates					
Income tax		15.5%	15.6%	19.9%	18.4%
Employees' social security contributions		9.5%	9.5%	9.5%	9.5%
Total payments less cash transfers		20.0%	23.5%	28.4%	27.9%
Total tax wedge including employer's social security contributions		39.2%	41.9%	45.6%	45.2%
15. Marginal rates					
Total payments less cash transfers: Principal earner		51.1%	50.3%	50.3%	49.5%
Total payments less cash transfers: Spouse		28.7%	41.2%	50.3%	40.4%
Total tax wedge: Principal earner		62.8%	62.2%	62.2%	61.7%
Total tax wedge: Spouse		45.8%	55.3%	62.2%	54.7%

The national currency is the Euro (EUR). In 2019, EUR 0.89 was equal to USD 1. In that year the average worker earned EUR 31 602 (Secretariat estimate).

1. Personal Income Tax

1.1. Central government income tax

1.1.1. Tax unit

Spouses are taxed separately.

1.1.2. Tax allowances and tax credits

1.1.2.1 Tax allowances

- Social security contributions due by law.

1.1.2.2 Tax credits

Italy increased the basic employee tax credit from EUR 1 840 to EUR 1 880 and as from 2014 introduced an additional refundable tax credit of EUR 960 for employees with income between EUR 8 146 and EUR 24 600, with a phase-out for income between EUR 24 600 and EUR 26 600.

Taxable income (EUR)	Fiscal bonus (EUR)
Up to 8 145	0
From 8 146 to 24 600	960
From 24 601 to 26 600	960*(26 600 – taxable income)/2 000
More than 26 600	0

- Standard tax credits (not refundable)

The PAYE tax credit is defined as a function of net income:

Taxable income (EUR)	PAYE tax credit (EUR)
Up to 8 000	1 880
From 8 001 to 28 000	Maximum tax credit + 902*(28 000 – taxable income)/20 000
From 28 001 to 55 000	Maximum tax credit*(55 000 – taxable income)/27 000
More than 55 000	0

The maximum value for the tax credit depends on the level of taxable income:

Level of taxable income (EUR)	Maximum tax credit (EUR)
From 8 001 to 15 000	978
From 15 001 to 23 000	978
From 23 001 to 24 000	978
From 24 001 to 25 000	978
From 24 001 to 26 000	978
From 26 001 to 27 700	978
From 27 701 to 28 000	978
From 28 001 to 55 000	978

- Tax credits for family dependents (not refundable)

The tax credits for family dependants, which have replaced the former tax allowances, are as follows:

Family tax credit (EUR)*	Amount (EUR)
Spouse	800 decreasing to 0 for net income over 80 000
Children	
Under three years of age	1 220 decreasing to 0 for net income over 95 000
Over three years of age	950 decreasing to 0 for net income over 95 000
Other dependent relatives	750 decreasing to 0 for net income over 80 000

(*) Tax credits are granted for family dependents earning less than EUR 2 840.51

The spouse tax credit is calculated as a function of net income:

Level of taxable income (EUR)	Amount of tax credit (EUR)
Up to 15 000	800–110*taxable income/15 000
From 15 001 to 29 000	690
From 29 001 to 29 200	700
From 29 201 to 34 700	710
From 34 701 to 35 000	720
From 35 001 to 35 100	710
From 35 101 to 35 200	700
From 35 201 to 40 000	690
From 40 001 to 80 000	690*(80 000–taxable income)/40 000
More than 80 000	0

The child tax credit is calculated as a function of net income:

- for families with only one child: 950*(95 000-taxable income)/95 000;
- for families with more than one child the amount of 95 000 is increased by 15 000 for each child other than the first, for every children (including the first one).

Families with more than 3 children receive an additional tax credit of EUR 200 per child.

Families with more than 3 children receive a refundable tax credit of EUR 1 200 (per family).

A lone parent receives an actual tax credit for the first child equal to the maximum of the spouse tax credit and the child tax credit.

Tax credits for children have to be equally shared between the parents; different shares are no longer allowed.

If the spouse's tax liable net of the PAYE tax credit is less than his/her share (50%) in the child tax credit, the entire child tax credit is provided to the principal earner.

1.1.2.3 Main non-standard tax allowances and tax credits

- Other compulsory contributions;
- Periodical benefits allowed to the spouse fixed by judicial authority;
- Charitable donations to certain religious institutions (up to EUR 1 032.91);
- Medical and assistance expenses incurred by handicapped persons;
- Expenses to restore one's own residence at 50% for 2015 of full expenses up to EUR 96 000, apportioned into 10 annual allowances of the same amount;
- Expenses for energy requalification of buildings at 65% for 2015 of full expenses apportioned into 10 annual allowances of the same amount;

- Expenses for the replacement of covers, windows and shutters and for the installation of solar panels (only for hot water production) at 65% of full expenses (up to EUR 60 000).

For the following expenses, a tax credit of 19% of each incurred expense is allowed:

- Mortgage loan interest (up to EUR 4 000);
- Most medical expenses that exceed EUR 129.11;
- Payments to insurance funds up to EUR 1 291.14;
- Expenses to attend secondary school and university courses; in case such courses are private, the expenses allowed cannot exceed those foreseen for State courses;
- Expenses for nursery school (up to EUR 632 for each child);
- Rents paid by out of town students (up to EUR 2 633);
- Funeral charges up to EUR 1 549.37;
- Expenses for disabled persons;
- Payments to foundations (up to EUR 2 065.83);
- Expenses related to sport activities for children between 5 and 18 years of age (up to EUR 210 per child).
- Personal assistance for non-self-sufficient people (up to EUR 2 100);
- Most veterinary expenses that exceed EUR 129.11 (up to EUR 387.34).

For the following expenses, a tax credit of 26% of each incurred expense is allowed:

- Donations to political parties (ranging from EUR 30.00 to EUR 30 000.00);
- Donations to non-profit organizations of social utility - ONLUS - (up to EUR 30 000.00).

1.1.3. Tax schedule

The following tax schedule is applied to taxable income:

Bracket (EUR)	Rate (%)
up to 15 000	23
over 15 000 up to 28 000	27
over 28 000 up to 55 000	38
over 55 000 up to 75 000	41
over 75 000	43

Decree-Law n. 138 of 13th August 2011 introduced the "Contributo di Solidarietà" for the 2011-2013, (extended up to 2016), tax periods, that is a 3% "solidarity contribution" on the portion of income higher than EUR 300 000 (the amount paid is deductible from PIT base)". As from 2017 the "Contributo di solidarietà" measure is not in force.

1.2. State and local taxes

These surcharges are due only by taxpayers who pay individual income tax IRPEF (imposta sul reddito delle persone fisiche).

Regional surcharge tax

This surcharge tax has been introduced in 1997. The tax is levied by each region on resident taxpayers' total taxable income at a discretionary rate, which must fall within an established range. As from the year 2000 this range is 0.9% – 1.4%.

In December 2011, with the DL 201/2011, the minimum state rate has been increased from 0.9% to 1.23%.

The figure given in the 2016 parameter values table under the heading "Regional and local tax" includes the regional surcharge tax paid in the most representative city which is Rome (Lazio); the rate is 3.33% for taxable income bracket over EUR 15 000 and 1.73% for income under EUR 15 000. As from 2017 a progressive tax schedule is applied to taxable income:

Bracket (EUR)	Rate (%)
up to 15 000	1,73
over 15 000 up to 28 000	2,73
over 28 000 up to 55 000	2,93
over 55 000 up to 75 000	3,23
over 75 000	3,33

Nevertheless, if the taxable income is under the threshold of EUR 35 000 the rate applicable to the total amount of taxable income is 1.73%.

Local surcharge tax

This surcharge tax has been introduced in 1999. The tax may be levied by each local government at an initial rate that cannot exceed 0.2%. If the tax is levied, the local government can increase the initial rate, on a yearly basis, up to a maximum of 0.5%. Each yearly increase cannot exceed 0.2%. As from 2012, municipalities can increase the rate up to 0.8. A 0.9 special rate can be introduced by Roma Capitale Local Government.

The figure given in the 2015 parameter values table under the heading "Regional and local tax" includes the local surcharge tax paid in the most representative city which is Rome; the rate is 0.9% as from 2015.

Starting from 2011, exemption is provided to taxpayers whose total income consists of retirement income not exceeding EUR 7 500, income from land not exceeding EUR 185.92, and income from primary residence. As from 2015 the rate is not applied to taxpayers with income under EUR 12 000. The ordinary rate is applied if any one of these limits is passed.

The surcharge rates can be adjusted above the fixed roof because of the health care losses.

2. Compulsory Social Security

2.1. Employee contributions

- Rate and ceiling
    - The average rate is 9.49% on earnings up to EUR 47 143;
    - The average rate is 10.49% on earnings over EUR 47 143 and up to EUR 102 543;
    - For earnings exceeding EUR 102 543, the employee pays a fixed amount given by (0.0949 x 47 143) + 0.1049 x (102 543–47 143).
- Distinction by marital status or sex
    - None.

2.2. Employer contributions

- Contributions equal 31.58% on earnings up to EUR 102 543. For earnings exceeding EUR 102 543, the employer pays a fixed amount given by 0.3158 x 102 543.
- A General Government employer work-related accident insurance exists in Italy. It is compulsory for employers with employees and contract workers in activities involving the use of machinery and in risky activities as defined by the law. The standard premium to be paid is calculated by applying to remuneration the rates linked to the activity in which the employee works. The rates that vary between 0 to about 13% are provided by a special classification that takes into account the different categories of risk between the various activities. It is not possible to provide a representative or average rate since the contribution rates vary depending on the industrial activities and also other factors of risk. Those contributions are not included in the Report.

3. Universal Cash Transfers

3.1. Amount for spouse and for dependent children

Cash transfers are granted for family income that is:

- composed of at least 70% wage and / or pension income;
- below a given threshold set by law each year.

Family income is the sum of the incomes of all individuals comprising the family.

Cash transfers are determined each year by INPS (Istituto Nazionale di Previdenza Sociale), the public body that collects and manages the social security contributions for dependent workers for the period beginning in July of that year (t) to June in the following year (t+1) and relate to family income earned in the previous year (t-1).

As such, the transfers granted in any given year t are determined by the family income in the previous two years. The following table provides a description of the calculations.

Transfer granted in year t	Relevant amounts as given in INPS tables
January–June	The amount of cash transfers is that given in the INPS table published in July t-1. The transfers are granted with reference to family income earned in year t-2.
July–December	The amount of cash transfers is that given in the INPS table published in July t. The transfers are granted with reference to family income earned in year t-1.

For the purposes of *Taxing Wages*, the cash transfers that are calculated represent those amounts that would be received by the family based on their incomes for that year even though these amounts would only begin to be paid in July of the following year.

4. Main Changes

SSC contributions thresholds have been updated.

Memorandum Item

4.1. Identification of an AW

The data refer to the annual earnings of average workers.

4.2. Contributions by employers to private pension, health, etc. schemes

In addition to the mandatory social security contributions employers may pay contributions to private pension schemes (currently about forty pension funds). Employer's contributions are included in the taxable income of the employee.

Employees may also choose to contribute to the pension funds with all or part of the retirement allowance that is otherwise withheld by the employers. In this case the employee can deduct from his taxable income an amount equal to twice the amount of the contribution paid to fund.

Employer's contributions to private health insurance schemes are not included in the taxable income of the employee up to the limit of EUR 3 615.20.

2019 Parameter values

Average earnings/yr	Ave_earn	31 602	Secretariat estimate
Tax schedule	tax_sch	0.23	15 000.00
		0.27	28 000.00
		0.38	55 000.00
		0.41	75 000.00
		0.43	999 999 999.99
Tax credits			
Fiscal bonus	thre_min	8 146	
	thre_max	24 600	
	f_bonus	960	
Employment			
	emp_add	0	1 880.00
		8 000	978.00
		15 000	978.00
		23 000	978.00
		24 000	978.00
		25 000	978.00
		26 000	978.00
		27 700	978.00
		28 000	978.00
		55 000	0.00
Spouse	Spouse_cred	0	800.00
		15 000	690.00
		29 000	700.00
		29 200	710.00
		34 700	720.00
		35 000	710.00
		35 100	700.00
		35 200	690.00
		40 000	690.00
		80 000	0
limit	Sp_crd_lim	2 840.51	
Child credit	Child_credit	950	
Additional child credit	add_child	200	
Regional and local tax	reg_rt_sch	0.0173	15 000.00
		0.0273	28 000.00
		0.0293	55 000.00
		0.0323	75 000.00
		0.0333	999999999.99
	reg_rt	0.0173	
	Local_rt	0.009	
Social security contributions	SSC_sch	0.0949	47 143
		0.1049	102 543
		0.00	999 999 999.99
Employer contributions	Empr_sch	0.3158	102 543
		0.00	999 999 999.99
Cash transfers:			
family allowance schedule (t)			
married couple	trans_sch	Table is too long to be included	
single parent	Trans_sch_sp	Table is too long to be included	

2019 Tax equations

The equations for the Italian system in 2019 are mostly repeated for each individual of a married couple. But the spouse credit is relevant only to the calculation for the principal earner and any child credit which the spouse is unable to use is transferred to the principal. This is shown by the Range indicator in the table below.

The functions which are used in the equations (Taper, MIN, Tax etc) are described in the technical note about tax equations. Variable names are defined in the table of parameters above, within the equations table, or are the standard variables "married" and "children". A reference to a variable with the affix "_total" indicates the sum of the relevant variable values for the principal and spouse. And the affixes "_princ" and "_spouse" indicate the value for the principal and spouse, respectively. Equations for a single person are as shown for the principal, with "_spouse" values taken as 0.

	Line in country table and intermediate steps	Variable name	Range	Equation
1.	Earnings	earn		
2.	Allowances:	tax_al	B	SSC
3.	Credits in taxable income	taxbl_cr	B	0
4.	CG taxable income	tax_inc	B	earn-tax_al1
5.	CG tax before credits	CG_tax_excl	B	Tax(tax_inc, tax_sch)
6.	Tax credits :			
	Employment credit	emp_cr_max	P	VLOOKUP(tax_inc, emp_add, 2))
		emp_cr_max_spouse	S	IF(tax_inc_spouse=0,0,(VLOOKUP(tax_inc_spouse,emp_add,2)))
		emp_cr	P	MIN(CG_tax_excl, IF(tax_inc<='8000,emp_cr_max,' IF(tax_inc<='28000,emp_cr_max+902*(28000-tax_inc)'/20000, IF(tax_inc>55000,emp_cr_max,emp_cr_max*(55000-tax_inc)/27000))))+
			S	MIN(CG_tax_excl_spouse, IF(tax_in_spousec<='8000,emp_cr_max_spouse,' IF(tax_inc_spouse<='28000,emp_cr_max_spouse+902*(28000-tax_inc_spouse)'/20000, IF(tax_inc_spouse>55000,emp_cr_max_spouse,emp_cr_max_spouse*(55000-tax_inc_spouse)/27000))))+
	Fiscal bonus	fiscal_b	B	IF(tax_inc<=thre_min,0,IF(tax_inc<=thre_max,f_bonus,IF(tax_inc<=26600,f_bonus*(266000-tax_inc)'/2000)))
	Spouse credit	spouse_cr	P	IF(Married='1,' IF(tax_inc_spouse>Sp_crd_lim,0, IF(tax_inc>80000,0, IF(tax_inc<15000,800-110*tax_inc/15000, IF(tax_inc>40000,690*(80000-tax_inc)/40000,VLOOKUP(tax_inc,Spouse_cred,2)))))),0)
	Child credit	child_cr_princ	P	IF(Children=0,0,IF(Married='1,(800*(95000-tax_inc)'/95000+(Children-1)*800*(110000-tax_inc)/110000)*(1-child_crpct_spouse), MAX(800*(95000-tax_inc)/95000, IF(tax_inc>80000,0,IF(tax_inc<15000,800-110*tax_inc/15000, IF(tax_inc>40000,690*(80000-tax_inc)/40000, VLOOKUP(tax_inc,Spouse_cred,2)))))+(Children-1)*800*(110000-tax_inc)/110000))
		child_crfull_spouse	S	IF(Children=0,0,(spouse_cr='0)*Married*(800*(95000-tax_inc_spouse)'/95000+(Children-1)*800*(110000-tax_inc_spouse)/110000))
		child_crpct_spouse	S	IF(child_crfull_spouse>0,IF((CG_tax_excl_spouse-emp_cr_spouse)/child_crfull_spouse<0.5,0,0.5),0)
		child_cr_spouse	S	child_crfull_spouse*child_crpct_spouse
	Total	tax_cr	B	MIN(emp_cr+spouse_cr+child_cr, CG_tax_excl)
7.	CG tax	CG_tax	B	Positive(CG_tax_excl-tax_cr)
8.	State and local taxes	reg_rt	B	=IF(CG tax=0;0;IF(tax_inc<12000;0;tax_inc*local_rt))+IF(CG tax=0;0;IF(tax_inc<35000;tax_inc*reg_rt;tax(tax_inc;reg_rt_sch)))
9.	Employees' soc security	SSC	B	Tax(earn, SSC_sch)
11.	Cash transfers		J	IF(Children='0,0,12*VLOOKUP(earn_total,' IF(Married,trans_sch,trans_sch_sp),1+Children))

13.	Employer's soc security	SSC_empr	B	Tax(earn, Empr_sch)

Key to range of equation B calculated separately for both principal earner and spouse P calculated for principal only (value taken as 0 for spouse calculation) J calculated once only on a joint basis.

Japan

This chapter includes data on the income taxes paid by workers, their social security contributions, the family benefits they receive in the form of cash transfers as well as the social security contributions and payroll taxes paid by their employers. Results reported include the marginal and average tax burden for eight different family types.

Methodological information is available for personal income tax systems, compulsory social security contributions to schemes operated within the government sector, universal cash transfers as well as recent changes in the tax/benefit system. The methodology also includes the parameter values and tax equations underlying the data.

Japan 2019

The tax/benefit position of single persons

	Wage level (per cent of average wage)	67	100	167	67
	Number of children	none	none	none	2
1.	**Gross wage earnings**	3 503 078	5 228 474	8 731 552	3 503 078
2.	**Standard tax allowances:**				
	Basic allowance	380 000	380 000	380 000	380 000
	Married or head of family	0	0	0	0
	Dependent children	0	0	0	0
	Deduction for social security contributions and income taxes	506 195	755 515	1 143 532	506 195
	Work-related expenses	1 230 923	1 585 695	2 073 155	1 230 923
	Other				
	Total	2 117 118	2 721 209	3 596 688	2 117 118
3.	**Tax credits or cash transfers included in taxable income**	0	0	0	0
4.	**Central government taxable income (1 - 2 + 3)**	1 385 960	2 507 265	5 134 865	1 385 960
5.	**Central government income tax liability (exclusive of tax credits)**	70 753	156 444	612 062	70 753
6.	**Tax credits**				
	Basic credit				
	Married or head of family				
	Children				
	Other				
	Total	0	0	0	0
7.	**Central government income tax finally paid (5-6)**	70 753	156 444	612 062	70 753
8.	**State and local taxes**	146 096	258 226	520 986	146 096
9.	**Employees' compulsory social security contributions**				
	Gross earnings	506 195	755 515	1 143 532	506 195
	Taxable income				
	Total	506 195	755 515	1 143 532	506 195
10.	**Total payments to general government (7 + 8 + 9)**	723 044	1 170 185	2 276 581	723 044
11.	**Cash transfers from general government**				
	For head of family				
	For two children	0	0	0	240 000
	Total	0	0	0	240 000
12.	**Take-home pay (1-10+11)**	2 780 034	4 058 289	6 454 972	3 020 034
13.	**Employer's compulsory social security contributions**	537 372	802 048	1 221 243	537 372
14.	**Average rates**				
	Income tax	6.2%	7.9%	13.0%	6.2%
	Employees' social security contributions	14.5%	14.5%	13.1%	14.5%
	Total payments less cash transfers	20.6%	22.4%	26.1%	13.8%
	Total tax wedge including employer's social security contributions	31.2%	32.7%	35.1%	25.3%
15.	**Marginal rates**				
	Total payments less cash transfers: Principal earner	22.8%	27.7%	31.1%	22.8%
	Total payments less cash transfers: Spouse	n.a.	n.a.	n.a.	n.a.
	Total tax wedge: Principal earner	33.1%	37.3%	35.1%	33.1%
	Total tax wedge: Spouse	n.a.	n.a.	n.a.	n.a.

Japan 2019

The tax/benefit position of married couples

	Wage level (per cent of average wage)	100-0	100-67	100-100	100-67
	Number of children	2	2	2	none
1.	**Gross wage earnings**	5 228 474	8 731 552	10 456 949	8 731 552
2.	**Standard tax allowances**				
	Basic allowance	380 000	760 000	760 000	760 000
	Married or head of family	380 000	0	0	0
	Dependent children	0	0	0	0
	Deduction for social security contributions and income taxes	755 515	1 261 709	1 511 029	1 261 709
	Work-related expenses	1 585 695	2 816 618	3 171 390	2 816 618
	Other				
	Total	3 101 209	4 838 328	5 442 419	4 838 328
3.	**Tax credits or cash transfers included in taxable income**	0	0	0	0
4.	**Central government taxable income (1 - 2 + 3)**	2 127 265	3 893 225	5 014 530	3 893 225
5.	**Central government income tax liability (exclusive of tax credits)**	117 646	227 198	312 889	227 198
6.	**Tax credits**				
	Basic credit				
	Married or head of family				
	Children				
	Other				
	Total	0	0	0	0
7.	**Central government income tax finally paid (5-6)**	117 646	227 198	312 889	227 198
8.	**State and local taxes**	225 226	404 322	516 453	404 322
9.	**Employees' compulsory social security contributions**				
	Gross earnings	755 515	1 261 709	1 511 029	1 261 709
	Taxable income				
	Total	755 515	1 261 709	1 511 029	1 261 709
10.	**Total payments to general government (7 + 8 + 9)**	1 098 387	1 893 229	2 340 371	1 893 229
11.	**Cash transfers from general government**				
	For head of family				
	For two children	240 000	240 000	240 000	0
	Total	240 000	240 000	240 000	0
12.	**Take-home pay (1-10+11)**	4 370 087	7 078 323	8 356 578	6 838 323
13.	**Employer's compulsory social security contributions**	802 048	1 339 420	1 604 096	1 339 420
14.	**Average rates**				
	Income tax	6.6%	7.2%	7.9%	7.2%
	Employees' social security contributions	14.5%	14.5%	14.5%	14.5%
	Total payments less cash transfers	16.4%	18.9%	20.1%	21.7%
	Total tax wedge including employer's social security contributions	27.5%	29.7%	30.7%	32.1%
15.	**Marginal rates**				
	Total payments less cash transfers: Principal earner	27.7%	27.7%	27.7%	27.7%
	Total payments less cash transfers: Spouse	22.7%	22.8%	27.7%	22.8%
	Total tax wedge: Principal earner	37.3%	37.3%	37.3%	37.3%
	Total tax wedge: Spouse	33.0%	33.1%	37.3%	33.1%

The national currency is the Yen (JPY). In 2019, JPY 109.05 were equal to USD 1. In that year, the average worker is assumed to earn JPY 5 228 474 (Secretariat estimate). In Japan, the central government income tax year is a calendar year and the local government income tax year is from April to March. The calculations in this report are based on the tax rules and rates, which are applicable the April 1st.

1. Personal Income Tax Systems

1.1. Central government income tax

1.1.1. Tax unit

Each individual is taxed separately.

1.1.2. Allowances and tax credits

1.1.2.1. Standard reliefs

- Basic allowance (Personal deduction): a taxpayer may deduct JPY 380 000 as a personal deduction from his or her income.
- Allowance for spouse: a tax allowance up to JPY 380 000 is given to a resident taxpayer whose income does not exceed JPY10 000 000 and who lives with a spouse whose income does not exceed JPY 380 000.
- Allowance for elderly spouse: a tax allowance up to JPY 480 000 is given to a resident taxpayer
  - whose income does not exceed JPY 10 000 000 and
  - who lives with a spouse of 70 years old and over, whose income does not exceed JPY 380 000,
  - instead of the allowance for spouse mentioned above.
- Special allowance for spouse: a tax allowance up to the amount shown in the following table is given to a resident taxpayer whose income does not exceed JPY10 000 000 and who lives with a spouse:

Spouse's income JPY	Amount
0–380 000	0
380 001–850 000	380 000
850 001–900 000	360 000
900 001–950 000	310 000
950 001–1 000 000	260 000
1 000 001–1 050 000	210 000
1 050 001–1 100 000	160 000
1 100 001–1 150 000	110 000
1 150 001–1 200 000	60 000
1 200 001–1 230 000	30 000
1 230 001 or more	0

- Allowance for dependents: if a resident taxpayer has dependent children or other dependent relatives who are 16 years old and over, whose income does not exceed JPY 380 000, a tax allowance of JPY 380 000 per each dependent is given to the taxpayer.
- Special allowance for dependents: if a resident taxpayer has dependents between 19 and 22 years old whose income does not exceed JPY 380 000 and who live with the taxpayer, an allowance of JPY 630 000 is given for each dependent, instead of the allowances for dependents mentioned above.

- Allowance for elderly dependent: if a resident taxpayer has dependents who are 70 years old and over whose income does not exceed JPY 380 000, a tax allowance of JPY 480 000 per each dependent is given to the taxpayer, instead of the allowances for dependents mentioned above. (If the dependents are lineal ascendance of the taxpayer or his/her spouse, and permanently live with the taxpayer or his/her spouse, a tax allowance of JPY 580 000 per each dependent is given to the taxpayer.)
- Deduction for social insurance premiums: the whole amount of social insurance premiums for a resident taxpayer or his/her dependents shall be deducted from his/her income.
- Employment income deduction: the following amounts may be deducted from employment income in calculating salary income:
  - If gross employment income (GEI) does not exceed JPY 1 800 000, the deduction is 40% of GEI, but the minimum amount deductible is JPY 650 000.
  - If gross employment income exceeds JPY 1 800 000, but not JPY 3 600 000, the deduction is JPY 180 000 plus 30% of GEI.
  - If gross employment income exceeds JPY 3 600 000, but not JPY 6 600 000, the deduction is JPY 540 000 plus 20% of GEI.
  - If gross employment income exceeds JPY 6 600 000, but not JPY 10 000 000, the deduction is JPY 1 200 000 plus 10% of GEI.
  - If gross employment income exceeds JPY 10 000 000, the deduction will be fixed at JPY 2 200 000.

1.1.2.2. Main non-standard tax reliefs applicable to an AW

- Deduction for life insurance premiums: If a resident taxpayer pays insurance premiums on life insurance contracts and the beneficiary is the taxpayer, his/her spouse or other relatives, the portion of these insurance premiums which does not exceed the limit described below, is deductible from ordinary income, retirement income or timber income.
- In addition, if a resident taxpayer pays insurance premiums for "qualified private pension plan (insurance type)", and the recipient of the pension payment is the taxpayer or his/her spouse or relatives living with the taxpayer, the portion of such premiums which does not exceed the limit described below, is deductible from ordinary income, retirement income, or timber income.
- Furthermore, if a resident taxpayer pays insurance premiums on nursing and medical insurance contacts and part of the nursing/medical care which the taxpayer receives is financed by the insurance, the portion of such premiums which does not exceed the limit described below, is deductible from ordinary income, retirement income, or timber income.

Annual Premium Paid (JPY)		Deduction
Over	Not over	
	20 000	Total amount of premiums paid (1)
20 000	40 000	(1) x 1/2 + JPY 10 000
40 000	80 000	(1) x 1/4 + JPY 20 000
80 000	--	JPY 40 000

- For insurance contracts made on or after 1 January 2012 the maximum total deduction is JPY 120 000. A resident taxpayer can claim the deduction up to JPY 40 000 for life insurance premiums, private pension plan premiums and nursing and medical insurance premiums respectively.

- For the insurance contracts made on or before 31 December 2011, a resident taxpayer can claim the deduction up to JPY 50 000 for life insurance premiums, personal pension plan premiums respectively. Thus, a resident tax payer can claim the deduction up to JPY 100 000 in total.

- Deduction for medical expenses: If a resident taxpayer pays bills for medical or dental care for himself/herself or for his/her dependent spouse or other dependent relatives living with him/her and the amount of such expenses (excluding those covered by insurance) exceeds JPY 100 000 or 5% of the total of his/her ordinary income, retirement income and timber income, the excess amount is deductible from his/her ordinary income, retirement income or timber income. The maximum deduction is JPY 2 million.
- If a resident taxpayer who receives health checks, vaccinations, etc., pays bills for switch OTC drugs for himself/herself or for his/her spouse or other relatives dependent on him/her from 1 January 2017 to 31 December 2021, amount of such expenses (excluding those recovered by insurance) exceeding JPY 12 000 is deductible from taxpayer's ordinary income, retirement income or timber income. This is an alternative to the deduction for medical expenses mentioned above and the maximum deduction is JPY 88 000.
- Deduction for earthquake insurance premiums: Earthquake insurance premiums up to JPY 50 000 can be deducted from income. Although the income deduction for casualty insurance premiums are basically abolished, the deduction for long-term casualty insurance premiums remains available if contracted before 31 December, 2006. The maximum deduction for long-term casualty insurance premiums is JPY 15 000. If an individual applies for a deduction for both earthquake insurance premiums and long-term casualty premiums, the maximum deductible amount is JPY 50 000 in total.
- Credit for housing loans: A resident taxpayer who constructs, purchases, enlarges or rebuilds a house and finances the cost by means of a housing loan and uses the property as his or her own dwelling is entitled to an income tax credit up to the amount described below for 10 years after the first use of the house, provided that the floor space is not less than 50m^2 and that at least half of the floor space is used as the owner-occupied dwelling. The tax credit is calculated based on the remaining housing loan debt amount and the years which the taxpayer has lived in the house. The loan can consist not only from private financial institutions but also from public institutions. This tax credit cannot be claimed by those whose total income is more than JPY 30 million.

Residence starts:	From 1 April 2014 to 31 December 2021
Tax Credit Rate	For the part of R.H.L.B. within JPY 40 million: The R.H.L.B x 1.0% If the rate of tax(consumption tax etc.) included in the amount of cost etc. of housing is other than 8% or 10%; For the part of R.H.L.B. within JPY 20 million: The R.H.L.B x 1.0%
Maximum tax credit amount (for each year)	JPY 400 000 If the rate of tax(consumption tax etc.) included in the amount of cost etc. of housing is other than 8% or 10%; JPY 200 000
Maximum tax credit amount (for the deductible period in total)	JPY 4 million If the rate of tax(consumption tax etc.) included in the amount of cost etc. of housing is other than 8% or 10%; JPY 2 million

1.1.3. *Tax schedule*

Taxable Income (JPY) (*)		Tax Rate (%)	Deductible Amounts for Each Bracket (JPY)
Over	Not over	(A)	(B)
	1 950 000	5	--
1 950 000	3 300 000	10	97 500
3 300 000	6950 000	20	427500
6950 000	9 000 000	23	636 000
9 000 000	18 000 000	33	1 536 000
18 000 000	40 000 000	40	2796 000
40 000 000		45	4 796 000

(*) The fraction of taxable income that is less than JPY 1 000 is rounded down.

Tax liability is obtained by multiplying the taxable income by tax rate (A) and deducting the amount (B). For example, income tax due on taxable income of JPY 7 million is:

7 000 000 x 0.23 (A) – 636 000 (B) = JPY 974 000.

In addition, a taxpayer is required to file tax returns and make tax payments for additional 2.1% of the base income taxes from 2013 through 2037 (special income tax for reconstruction) annually together with the regular income tax of respective years.

1.2. *Local taxes (personal inhabitant's taxes)*

1.2.1. *General description of the system*

Local taxes in Japan (personal inhabitant's taxes) consist of prefectural inhabitant's tax levied by prefectures and municipal inhabitant's tax levied by cities, towns and villages. The prefectural inhabitant's tax is collected together with the municipal inhabitant's tax by cities, towns and villages.

1.2.2. *Tax base*

Basically, personal inhabitant's taxes (prefectural and municipal inhabitant's taxes) consist of two parts; one is income based tax and the other is a fixed per capita amount. The taxable income of personal inhabitant's taxes is computed on the basis of the previous year's income. The main difference from state tax (income tax) is the amount of income reliefs (tax deductions). For example, the amount of personal deduction and tax deduction for dependants is JPY 330 000, and tax allowance for spouse is up to JPY 330 000, the amount of specified allowance for dependants is JPY 450 000, etc.

1.2.3. Tax rate

- The standard fixed (annual) per-capita amount of Prefectural inhabitant's tax is JPY 1 500;
- The standard fixed (annual) per-capita amount of Municipal inhabitant's tax is JPY 3 500;
- The standard rate of the income based tax is 10% (Prefectural inhabitant's tax: 4%, Municipal inhabitant's tax: 6%, for ordinance-designated cities, Prefectural inhabitant's tax: 2%, for Municipal inhabitant's tax: 8%) (*).

(*) The personal inhabitant's taxes rate and the income tax rate were changed in the FY 2006 tax reform. Adjusted credit (a form of tax credit) was introduced in order to alleviate the tax burden increase arising from the changes in the tax rates and from the difference between the personal allowances (basic tax allowance, tax allowance for spouse, tax allowance for dependents, special tax allowance for dependents, etc.) for national income tax purposes and for inhabitant tax purposes.

Taxable income for local income tax purposes	The tax credit
JPY 2 000 000 or less	5% of the lesser of: - total amount of differences in personal reliefs between those for income tax purposes and for personal inhabitant's taxes purposes; or - taxable income amount for personal inhabitant's taxes purposes
More than JPY 2 000 000	((total amount of differences in personal reliefs between those for income tax purposes and for personal inhabitant's taxes purposes) – (taxable income amount for personal inhabitant's taxes purposes – JPY 2 000 000)) * 5%. Note: The minimum credit is JPY 2 500

Local authorities do not levy the per-capita rate and the income based tax on a taxpayer whose previous year's income does not exceed a certain amount. For example, in special wards of Tokyo, this threshold is calculated as follows:

- per-capita rate: (1 + number of spouse and dependent(s) qualified for the allowance for spouse/dependents) * 350 000 (+ 210 000 in case the taxpayer has a qualified spouse or dependent(s)))
- income based tax: (1 + number of spouse and dependent(s) qualified for the allowance for spouse/dependents) * 350 000 (+ 320 000 in case the taxpayer has a qualified spouse or dependent(s)))

1.2.4. Tax rate selected for this study

State tax (income tax) rates as aforementioned. The local tax (personal inhabitant's taxes) rates chosen for the purpose of this Report represent the standard rate.

2. Compulsory Social Security Contribution to Schemes Operated Within the Government Sector

2.1. Employees' contributions

2.1.1. Pension

9.15% of total remuneration (standard remuneration and bonuses). The insurable ceiling of the monthly amount of pensionable remuneration is JPY 620 000 and the insurable ceiling of the standard amount of bonus is JPY 1 500 000.

2.1.2. Sickness

As from April 2012 about 5.00%, (about 4.75% before March 2012), of total remuneration, (standard remuneration and bonuses). The insurable ceiling of the monthly amount of standard remuneration is JPY 1 390 000 and the insurable ceiling of the yearly amount of standard bonus is JPY 5 730 000.

2.1.3. Unemployment

0.3% of total remuneration for Commerce and industry in general except for Business of agriculture, forestry and fisheries, and the rice wine brewing business, and Construction business. It is 0.4% for those exceptions.

2.1.4. Work injury and family allowance

None.

2.2. Employers' contributions

2.2.1. Pensions

9.15% of total remuneration (standard remuneration and bonuses). The insurable ceiling of the monthly amount of pensionable remuneration is JPY 620 000 and the insurable ceiling of the standard amount of bonus is JPY 1 500 000.

2.2.2. Sickness

As from April 2012, about 5.00% (about 4.75% before March 2012) of total remuneration. The insurable ceiling of the monthly amount of standard remuneration is JPY 1 390 000 and the insurable ceiling of the yearly amount of standard bonus is JPY 5 730 000.

2.2.3. Unemployment

0.6% of total remuneration for Commerce and industry in general except for Business of agriculture, forestry and fisheries, and the rice wine brewing business, and Construction business. It is 0.7% for Business of agriculture, forestry and fisheries, and the rice wine brewing business, and 0.8% for Construction business.

2.2.4. Work injury

0.25% to 8.8% of total remuneration, the contribution rate depending on each industry's accident rate over the last three years and other factors. There are twenty-eight rates for fifty-four industrial categories at present.

2.2.5. Family allowance

0.34% of total remuneration.

3. Cash Benefits

3.1. Benefits related to marital status

Not available.

3.2. Benefits for dependent children

From April 2012 (Income caps are applied beginning from June 2012 payments):

a) For persons earning incomes below the income cap

- JPY 15 000 (per month) is paid to parents/guardians for each child who is under 3 years old or for the third or subsequent child from 3 years old until he/she graduates from elementary school.
- JPY 10 000 (per month) is paid to parents/guardians for each child who is for the first or second child from 3 years old until he/she graduates from elementary school or who is a junior high school student.

b) For persons earning incomes no less than the income cap

- JPY 5 000 (per month) is paid to parents/guardians for each child until he/she graduates from junior high school as the Special Interim Allowances.

The income cap is set at JPY 6 220 000 (the principal's gross earnings net of certain deductions, plus JPY 380 000 per dependent).

4. Main changes in the Tax/benefit Systems since 1998

As part of the Fiscal Year 1999 tax reform, the highest marginal rate of the personal income tax imposed by the central government was reduced from 50% to 37%. The top rate of the local inhabitant's tax was reduced from 15% to 13%. A proportional tax reduction was granted with respect to the national income tax and the local inhabitant's tax. The amount is equal to the lesser of 20% (local inhabitant's tax: 15%) of the amount of tax before reduction or JPY 250 000 (local inhabitant's tax: JPY 40 000).

As part of the FY 2005 tax reform, the rate of proportional tax reduction was reduced from 20% to 10% (local inhabitant's tax: from 15% to 7.5%) and the ceiling was reduced from JPY 250 000 to JPY 125 000 (local inhabitant's tax from JPY 40 000 to JPY 20 000) as from 2006 (local inhabitant's tax: FY 2006). In the FY 2006 tax reform, the proportional tax reduction was abolished as from 2007 (local inhabitant's tax: FY 2007).

As part of the FY 2006 tax reform, the progressive rate structure of national income tax was reformed into a 6 brackets structure with tax rates ranging from 5% to 40%, and the rate of local inhabitant's tax became proportional at a single rate of 10%.

As part of the FY 2012 tax reform, the upper limit on employment income deduction (JPY 2 450 000) was set for those who earn employment income of more than JPY 15 000 000 as from 2013 (personal inhabitant's tax: FY 2014).

As part of the FY 2013 tax reform, the tax rate of 45% was set for the income beyond JPY 40 000 000 from 2015 creating a 7 brackets structure.

As part of the FY 2014 tax reform, the upper limit on employment income deduction was determined to be gradually reduced. In 2016 (as for personal inhabitant's taxes, in FY2017), the limit became JPY 2 300 000 for salary income more than JPY 12 000 000. Moreover, in 2017 (as for personal inhabitant's taxes, in FY2018), the limit became JPY 2 200 000 for salary income more than JPY 10 000 000.

As part of the FY 2017 tax reform, as regards allowance for spouse and special allowance for spouse, the maximum spousal income qualifying for the tax allowance (maximum JPY 380 000) were raised from JPY 380 000 to JPY 850 000. At the same time, an upper income limit was introduced as a requirement for taxpayers to qualify for allowance for spouse and special allowance for spouse. The reform goes into effect in 2018. (As for personal inhabitant's taxes, allowance for spouse and special allowance for spouse will be revised similarly. This reform will go into effect in FY2019.)

As part of the FY 2018 tax reform, following tax systems will be revised. The reform will go into effect in 2020 (as for personal inhabitant's taxes, in FY2021):

- The amount of employment income deduction and pension income deduction will be reduced uniformly by 100 000 yen while the amount of personal deduction will be raised uniformly by 100 000 yen.
- The amount of employment income deduction from income exceeding 8 500 000 yen will be reduced to 1 950 000 yen. However, in consideration of child care and long-term care, measures will be taken to avoid increase in burden on households with a dependent relative(s) under 23 years of age and households with a member(s) dependent on care (*).
- * Relatives receiving "special deduction for persons with disabilities"
- A cap of 1 955 000 yen will be put on pension income deduction for pension income exceeding 10 000 000 yen. The deduction will be reduced for pensioners with income other than pension exceeding 10 000 000 yen after deductions.
- Personal deduction will be diminished for people with total income exceeding 24 000 000 yen after deductions, and the amount will be further reduced gradually to zero when total income exceeds 25 000 000 yen.

Eligible age for cash benefits for dependent children was raised from three to six as from 1 June 2000, from six to nine as from 1 April 2004 and from nine to twelve as from 1 April 2006. Benefit amount has been doubled to JPY 10 000 for the first and second child under the age of three as from 1 April, 2007.

As from 2010, JPY 13 000 per month is paid to parents/guardians regardless of their income for each child until he/she graduates from junior high school.

As from April 2012 (Income caps are applied beginning from June 2012 payments):

a) For persons earning incomes below the income cap

   JPY 15 000 (per month) is paid to parents/guardians for each child who is under 3 years old or for the third or subsequent child from 3 years old until he/she graduates from elementary school.

   JPY 10 000 (per month) is paid to parents/guardians for each child who is for the first or second child from 3 years old until he/she graduates from elementary school or who is a junior high school student.

b) For persons earning incomes over the income cap

   JPY 5 000 (per month) is paid to parents/guardians for each child until he/she graduates from junior high school as the Special Interim Allowances.

5. Memorandum Item

5.1. Average gross annual wage earnings calculation

The source of calculation is the Basic Survey on Wage Structure, published by the Ministry of Health, Labour and Welfare. This survey covers establishments with ten or more regular employees over the whole country, and contains statistical figures for monthly contractual cash earnings in June and annual special cash earnings (such as bonuses) received by various categories of workers. Male and female workers of the manufacturing, mining and quarrying, construction, wholesale and retail trade, transportation and storage, accommodation and food service activities, information and communication, financial and insurance activities, real estate activities sector, professional, scientific and technical activities are the point of departure. Their gross annual earnings have been calculated by multiplying monthly contractual cash earnings by 12 and adding any annual special cash earnings. In the Basic Survey, sickness and unemployment compensations are excluded from cash earnings, but average overtime and bonuses are included.

As far as the Basic Survey is concerned, it covers the whole country, and no special assumption is made regarding the place of residence of the average worker.

5.2. Employer contributions to private pension and health schemes

DB: JPY 2813 billion (FY 2016)

Employees' Pension Funds (EPFs): JPY 158 billion (FY 2017)

DC: JPY 924 billion (FY2017)

Data of DB and EPFs are the total amount of employers' contribution and employees' one and there is no data of those which indicates only employers' contribution. Under DC schemes, as from January 2012, matching contribution which enables employee to pay additional contribution to employer's one became available. The amount of DC does not include the amount of matching contribution. It is regulated by law that employers' contribution must be higher than employees' one.

2019 Parameter values

Average earnings/yr	Ave_earn	5 228 474	Secretariat estimate
Allowances for central tax	basic_al	380 000	
	spouse_al	380 000	
	Spouse_al_sp	0	0
		380 001	380 000
		850 001	360 000
		900 001	310 000
		950 001	260 000
		1 000 001	210 000
		1 050 001	160 000
		1 100 001	110 000
		1 150 001	60 000
		1 200 001	30 000
		1 230 001	0
	taxpayer_lim	0	1
		9000001	2/3
		9500001	1/3
		10000001	0
spouse_al_ceil		380 000	
	child_al	0	
Employment income deduction	emp_inc_min	650 000	
	emp_inc_sch	0.4	1 800 000
		0.3	3 600 000
		0.2	6 600 000
		0.1	10 000 000
	emp_inc_max	2 200 000	
Central gov't tax schedule	tax_sch	0.05	1 950 000
		0.10	3 300 000
		0.20	6 950 000
		0.23	9 000 000
		0.33	18 000 000
		0.40	40 000 000
		0.45	
	surtax	1.021	
Allowances for state/local tax	s_basic_al	330 000	
	s_spouse_al	330 000	
	s_spouse_al_sp	0	0
		380 001	330 000
		900001	310000
		950001	260000
		1000001	210000
		1050001	160000
		1100001	110000
		1150001	60000
		1200001	30000
		1230001	0
	S_spouse_al_ceil	380 000	
	s_child_al	0	
Prefectural tax	pref_per_cap	1 500	
Municipal tax	mun_per_cap	3 500	
	local_sch	0.1	

Social security contributions	SSC_pens	0.0915
	pens_ceil	7 440 000
	SSC_sick	0.05
	sick_ceil	16 680 000
	SSC_unemp	0.003
Employer contribution proportion	SSC_empr_unemp	0.006
	SSC_empr_oth	0.0059
Child transfer	Child_transfer	120 000
	Child_transfer2	60 000
	Child_transfer_lim	6 220 000
	Child_transfer_lim_incr	380 000

2019 Tax equations

The equations for the Japanese system are mostly on an individual basis. But the tax allowances for the spouse and for children are relevant only to the calculation for the principal earner. This is shown by the Range indicator in the table below.

The functions which are used in the equations (Taper, MIN, Tax etc) are described in the technical note about tax equations. Variable names are defined in the table of parameters above, within the equations table, or are the standard variables "married" and "children". A reference to a variable with the affix "_total" indicates the sum of the relevant variable values for the principal and spouse. And the affixes "_princ" and "_spouse" indicate the value for the principal and spouse, respectively. Equations for a single person are as shown for the principal, with "_spouse" values taken as 0.

	Line in country table and intermediate steps	Variable name	Range	Equation
1.	Earnings	earn		
2.	Allowances:			
		tax_al	P	basic_al + ROUNDUP(Married*(earn_spouse-MIN(emp_inc_max,MAX(emp_inc_min,Tax(earn_spouse,emp_inc_sch)))<=spouse_al_ceil)*spouse_al*VLOOKUP(positive(earn_princ-MIN(emp_inc_max,MAX(emp_inc_min,Tax(earn_princ,emp_inc_sch)))),taxpayer_lim,2,TRUE),-4)) + ROUNDUP(Married*VLOOKUP(Positive(earn_spouse-MIN(emp_inc_max,MAX(emp_inc_min,Tax(earn_spouse,emp_inc_sch)))),spouse_al_sp,2,TRUE)*VLOOKUP(positive(earn_princ-MIN(emp_inc_max,MAX(emp_inc_min,Tax(earn_princ,emp_inc_sch)))),taxpayer_lim,2,TRUE),-4)+ Children*child_al + MAX(emp_inc_min,Tax(earn_princ,emp_inc_sch)) + SSC_princ
			S	MIN(earn_spouse, basic_al + MAX(emp_inc_min, Tax(earn, emp_inc_sch)) + SSC_spouse)
3.	Credits in taxable income	taxbl_cr	B	0
4.	CG taxable income	tax_inc	B	Positive(earn-tax_al)
5.	CG tax before credits	CG_tax_excl	B	Positive(Tax(tax_inc, tax_sch))
6.	Tax credits :	tax_cr	B	0
7.	CG tax	CG_tax	B	CG_tax_excl*surtax
8.	State and local taxes			
	Local taxable income	local_tax_inc	P	Positive(earn_princ- (s_basic_al+ ROUNDUP(VLOOKUP(positive(earn_princ-MIN(emp_inc_max,MAX(emp_inc_min,Tax(earn_princ,emp_inc_sch)))),taxpayer_lim,2,TRUE)*Married*((earn_spouse-(earn_spouse>0)*MAX(emp_inc_min,Tax(earn_spouse,emp_Inc_sch))<=s_spouse_al_ceil)*s_spouse_al+VLOOKUP(Positive(earn_spouse-(earn_spouse>0)*MAX(emp_inc_min,Tax(earn_spouse,emp_inc_sch))),s_spouse_al_sp,2,TRUE))+Children*s_child_al+MAX(emp_inc_min,Tax(earn_princ,emp_inc_sch))+SSC_princ))
			S	Positive(earn_spouse-(s_basic_al+(earn_spouse>0)*MAX(emp_inc_min,Tax(earn_spouse,emp_inc_sch))+SSC_spouse))
	Local tax	local_tax	P	(earn_princ-MAX(emp_inc_min,Tax(earn_princ,emp_inc_sch))>350000+(Married*(earn_princ - (earn_princ>0)*MAX(emp_inc_min,Tax(earn_princ, emp_inc_sch))<='s_spouse_al_ceil)+Children>0)*((Married*(earn_princ' - (earn_princ>0)*MAX(emp_inc_min,Tax(earn_princ, emp_inc_sch))<='s_spouse_al_ceil)+Children)*350000+210000))*(pref_per_cap+ mun_per_cap)+(earn_princ-MAX(emp_inc_min,Tax(earn_princ,emp_inc_sch))>350000+(Married*(earn_princ' - (earn_princ>0)*MAX(emp_inc_min,Tax(earn_princ, emp_inc_sch))<='s_spouse_al_ceil)+Children>0)*((Married*(earn_princ' - (earn_princ>0)*MAX(emp_inc_min,Tax(earn_princ, emp_inc_sch))<=s_spouse_al_ceil)+Children)*350000+320000))*Positive(Tax(Po

				sitive(earn_spouse-tax_al_spouse),local_sch)-IF(Positive(earn_spouse-tax_al_spouse)>2000000,MAXA(2500,((Positive(earn_spouse-tax_al_spouse)-MAX(emp_inc_min,Tax(earn_princ,emp_inc_sch)))-(Positive(earn_spouse-tax_al_spouse)-2000000))*5%),MINA((Positive(earn_spouse-tax_al_spouse)-MAX(emp_inc_min,Tax(earn_princ,emp_inc_sch))),Positive(earn_spouse-tax_al_spouse))*5%))
			S	(earn_spouse - (earn_spouse>0)*MAX(emp_inc_min,Tax(earn_spouse, emp_inc_sch))>350000)*(pref_per_cap+mun_per_cap+Positive(Tax(local_tax_inc_spouse,local_sch)-IF(local_tax_inc_spouse>2000000,MAXA(2500,((local_tax_inc_spouse-tax_inc_spouse)-(local_tax_inc_spouse-2000000))*5%),MINA((local_tax_inc_spouse-tax_inc_spouse),local_tax_inc_spouse)*5%)))
9.	Employees' soc security	SSC	B	SSC_pens*MIN(earn, pens_ceil)+SSC_sick*MIN(earn, sick_ceil)+SSC_unemp*earn
11.	Cash transfers	cash_trans	B	IF(Children>0,IF(Positive(princ_inc - princ_empl_inc)<Child_transfer_lim+(Child_transfer_lim_incr*Children), Child_transfer,Child_transfer2)*Children,0)
13.	Employer's social security	SSC_empr	B	SSC_pens*MIN(earn, pens_ceil)+SSC_sick*MIN(earn, sick_ceil)+(SSC_empr_unemp+SSC_empr_oth)*earn

Key to range of equation B calculated separately for both principal earner and spouse P calculated for principal only (value taken as 0 for spouse calculation).

Korea

This chapter includes data on the income taxes paid by workers, their social security contributions, the family benefits they receive in the form of cash transfers as well as the social security contributions and payroll taxes paid by their employers. Results reported include the marginal and average tax burden for eight different family types.

Methodological information is available for personal income tax systems, compulsory social security contributions to schemes operated within the government sector, universal cash transfers as well as recent changes in the tax/benefit system. The methodology also includes the parameter values and tax equations underlying the data.

Korea 2019

The tax/benefit position of single persons

		Wage level (per cent of average wage)	67	100	167	67
		Number of children	none	none	none	2
1.	**Gross wage earnings**		33 335 349	49 754 252	83 089 601	33 335 349
2.	**Standard tax allowances**					
	Basic allowance		1 500 000	1 500 000	1 500 000	1 500 000
	Married or head of family		0	0	0	0
	Dependent children		0	0	0	3 000 000
	Deduction for social security contributions and income taxes		1 500 091	2 238 941	2 624 400	1 500 091
	Work-related expenses					
	Other		11 635 344	14 304 939	17 356 747	12 635 344
		Total	14 635 434	18 043 880	21 481 147	18 635 434
3.	**Tax credits or cash transfers included in taxable income**		0	0	0	0
4.	**Central government taxable income (1 - 2 + 3)**		18 699 915	31 710 372	61 608 454	14 699 915
5.	**Central government income tax liability (exclusive of tax credits)**		1 724 987	3 676 556	9 566 029	1 124 987
6.	**Tax credits**					
	Basic credit		737 317	660 000	500 000	918 743
	Married or head of family					
	Children					
	Other					
		Total	737 317	660 000	500 000	918 743
7.	**Central government income tax finally paid (5-6)**		987 670	3 016 556	9 066 029	206 244
8.	**State and local taxes**		98 767	301 656	906 603	20 624
9.	**Employees' compulsory social security contributions**					
	Gross earnings		2 885 132	4 306 167	6 076 667	2 885 132
	Taxable income					
		Total	2 885 132	4 306 167	6 076 667	2 885 132
10.	**Total payments to general government (7 + 8 + 9)**		3 971 569	7 624 379	16 049 299	3 112 001
11.	**Cash transfers from general government**					
	For head of family		0	0	0	0
	For two children		0	0	0	0
		Total	0	0	0	400 000
12.	**Take-home pay (1-10+11)**		29 363 780	42 129 874	67 040 302	30 623 348
13.	**Employer's compulsory social security contributions**		3 468 501	5 176 867	7 530 735	3 468 501
14.	**Average rates**					
	Income tax		3.3%	6.7%	12.0%	0.7%
	Employees' social security contributions		8.7%	8.7%	7.3%	8.7%
	Total payments less cash transfers		11.9%	15.3%	19.3%	8.1%
	Total tax wedge including employer's social security contributions		20.2%	23.3%	26.0%	16.8%
15.	**Marginal rates**					
	Total payments less cash transfers: Principal earner		22.1%	22.9%	28.1%	14.3%
	Total payments less cash transfers: Spouse		n.a.	n.a.	n.a.	n.a.
	Total tax wedge: Principal earner		29.5%	30.2%	32.1%	22.4%
	Total tax wedge: Spouse		n.a.	n.a.	n.a.	n.a.

Korea 2019

The tax/benefit position of married couples

	Wage level (per cent of average wage)	100-0	100-67	100-100	100-67
	Number of children	2	2	2	none
1.	**Gross wage earnings**	49 754 252	83 089 601	99 508 505	83 089 601
2.	**Standard tax allowances**				
	Basic allowance	1 500 000	3 000 000	3 000 000	3 000 000
	Married or head of family	1 500 000	0	0	0
	Dependent children	3 000 000	3 000 000	3 000 000	0
	Deduction for social security contributions and income taxes	2 238 941	3 739 032	4 477 883	3 739 032
	Work-related expenses				
	Other	14 304 939	25 940 282	28 609 877	25 940 282
	Total	22 543 880	35 679 314	39 087 760	32 679 314
3.	**Tax credits or cash transfers included in taxable income**	0	0	0	0
4.	**Central government taxable income (1 - 2 + 3)**	27 210 372	47 410 287	60 420 745	50 410 287
5.	**Central government income tax liability (exclusive of tax credits)**	3 001 556	4 951 543	6 903 112	5 401 543
6.	**Tax credits**				
	Basic credit	960 000	1 697 317	1 620 000	1 397 317
	Married or head of family				
	Children				
	Other				
	Total	960 000	1 697 317	1 620 000	1 397 317
7.	**Central government income tax finally paid (5-6)**	2 041 556	3 254 226	5 283 112	4 004 226
8.	**State and local taxes**	204 156	325 423	528 311	400 423
9.	**Employees' compulsory social security contributions**				
	Gross earnings	4 306 167	7 191 299	8 612 335	7 191 299
	Taxable income				
	Total	4 306 167	7 191 299	8 612 335	7 191 299
10.	**Total payments to general government (7 + 8 + 9)**	6 551 879	10 770 948	14 423 758	11 595 948
11.	**Cash transfers from general government**				
	For head of family	0	0	0	0
	For two children	400 000	400 000	400 000	0
	Total	400 000	400 000	400 000	0
12.	**Take-home pay (1-10+11)**	43 602 374	72 718 653	85 484 747	71 493 653
13.	**Employers' compulsory social security contributions**	5 176 867	8 645 367	10 353 734	8 645 367
14.	**Average rates**				
	Income tax	4.5%	4.3%	5.8%	5.3%
	Employees' social security contributions	8.7%	8.7%	8.7%	8.7%
	Total payments less cash transfers	12.4%	12.5%	14.1%	14.0%
	Total tax wedge including employer's social security contributions	20.6%	20.7%	22.2%	22.1%
15.	**Marginal rates**				
	Total payments less cash transfers: Principal earner	22.9%	22.9%	22.9%	22.9%
	Total payments less cash transfers: Spouse	12.7%	22.1%	22.9%	22.1%
	Total tax wedge: Principal earner	30.2%	30.2%	30.2%	30.2%
	Total tax wedge: Spouse	20.9%	29.5%	30.2%	29.5%

The national currency is the Won (KRW). In 2019, KRW 1 165.29 were equal to USD 1. In that year, the average worker was expected to earn KRW 49 754 252 (Secretariat estimate).

1. Personal Income Tax System

1.1. Central government income tax system

1.1.1. Tax unit

Each individual is taxed on his/her own income.

Non-taxable wage income includes the:

- national pension, medical insurance, unemployment insurance and work injury insurance that are borne by employer;
- overtime payment to productive workers: up to KRW 2 400 000 of overwork payment of productive workers in manufacturing and mining sectors whose monthly wage is less than KRW 1 500 000 and whose yearly wage is less than KRW 25 000 000.

1.1.2. Allowances and tax credits

1.1.2.1. Standard reliefs

- Employment income deduction: the following deduction from gross income is provided to wage and salary income earners:

Salary	Deduction
Up to KRW 5 000 000	70%
KRW 5 000 000 to KRW 15 000 000	KRW 3 500 000 plus 40% of the salary over KRW 5 000 000
KRW 15 000 000 to KRW 45 000 000	KRW 7 500 000plus 15% of the salary over KRW 15 000 000
KRW 45 000 000 to KRW 100 000 000	KRW 12 000 000 plus 5% of the salary over KRW 45 000 000
Over KRW 100 000 000	KRW 14 750 000 plus 2% of the salary over KRW 100 000 000

Basic allowance: a taxpayer can deduct KRW 1 500 000 from his/her income for each person who meets one of following conditions:

- the taxpayer him/herself;
- the taxpayer's spouse whose taxable income (gross earnings net of employment income deduction) is less than KRW 1 000 000 (Spouse only have a salary earned income is less than KRW 5 000 000);
- the taxpayer's (including the spouse's) dependents (parents, siblings, children) within the same household whose income after accounting for the employment income deduction is less than KRW 1 000 000 (Dependent only have a salary earned income is less than KRW 5 000 000) and whose age is:

1. parents: 60 years or older;
2. brother/sister: 60 years or older or 20 years or younger;
3. children: 20 years or younger (if both partners in the household earn wage-income, this Report assumes that the principal wage earner will claim the allowance).

- Additional allowance: a taxpayer can deduct KRW 1 000 000 (500 000 in the case of (c), KRW 2 000 000 in the case of(b))from his/her gross income when the taxpayer or his/her dependents fall into one of the following categories (for this report, only cases (c) and (f) are modelled):
  - a person aged 70 years or older(a)

- a handicapped person (b)
- a female wage earner who is the head of a household with dependents (but without spouse) or a female wage earner with spouse when her taxable income is not more than KRW 30 million(c)
- a single parent with descendants including adoptees*(f)
- * Overlapping of deductions for (c) and (f) is not allowed. So a taxpayer should select only one.

- National pension deduction: employees can deduct 100% of their National Pension contributions
- Insurance premiums: the Medical insurance premium and the Unemployment insurance premium can be entirely (100%) deducted from taxable income.
- Working Tax credit: wage and salary income earners obtain the following tax credit:

Calculated tax	Amount of tax credit
Up to KRW 1 300 000	55% of calculated tax
Over KRW 1 300 000	KRW 715 000 plus 30% of the calculated tax over KRW 1 300 000

Total wage and salary income	Ceiling on credit amount
Not more than KRW 33 million	KRW 740 000
Not more than KRW 70 million	The greater of KRW 660 000 and KRW 740 000- [(total wage and salary income -KRW 33 million)* 0.8%]
Exceeding KRW 70 million	The greater of KRW 500 000 and KRW 660 000- [(total wage and salary income- KRW 70 million)* 50%]

1.1.2.2. Main non-standard tax reliefs

Wage and salary income earners may deduct from gross income the expenses for the following items during the tax year:

- Saving/Payment for housing: 40% of deposits of an account for purchasing a house, which is held by a person who does not own a house or owns only one house and whose price is KRW 500 million or less, 40% of repayments of loans including interest borrowed in order to lease a house smaller than 85 square meters in size by a person owning no house may be deducted up to three million won per year.
- Credit card purchases: Employees may deduct 15% of their credit card (30% of their debit card, prepaid card or cash receipt) purchases that exceed 25% of their total income up to the lesser of KRW 3 000 000 or 20% of their total income in the case of the total income not over KRW 70 000 000 (up to the lesser of KRW 2 500 000 or 20% of their total income in the case of the total income from over KRW 70 000 000 to KRW 120 000 000 and up to the lesser of KRW 2 000 000 or 20% of their total income in the case of the total income over KRW 120 000 000) However, for expenditures spent for traditional markets and public transportation the allowed deduction is equivalent to 40% (30% for the expenditures of books, performances, and museums) of the expenditure and the ceiling is raised by an additional KRW 1 000 000 respectively.

1.1.2.3. Child tax credit

- Where a resident with taxable income has dependent children from 7 years old including adoption, he/she gets annual tax credit of KRW 150 000 for having a child, KRW 300 000 for having two children and KRW 300 000 plus KRW 300 000 per an excess child over two children in case of having more than three children.

- Resident gets tax credit of KRW 300 000 for first child, KRW 500 000 For Second Child, KRW 700 000 for Third child or more for birth and adoption of the year.

1.1.2.4. Credit for Pension Insurance Premiums

- A resident who paid pension contributions to a pension account may deduct the amount equal to 12% of the premiums paid from his/her global income tax amount, only up to KRW 4 million for pension account as well as KRW 7 million for sum of the pension account and retirement –pension account.
- A resident whose labour income is not exceeding KRW 55 million when he has labour income only or whose global income is not exceeding KRW 40 million would deduct 15% of the premium.

1.1.2.5. Special tax credit

Wage and salary income earners may obtain following tax credit during the tax year:

- Insurance premiums (a):12% of the general insurance premium up to KRW 1 000 000 can be deducted from his/her income tax amount.
- Medical expenses (b):15% of the medical expenses exceeding 3% of taxable income can be deducted from his/her income tax amount. The medical expenses for taxpayer's dependents who are eligible for the basic deduction is limited KRW 7 000 000 and the medical expenses for the taxpayer himself, taxpayer's dependents who are aged 65 years or older and handicapped persons, Treatment cost of infertility is not limited.
  - Treatment cost of infertility's credit rate is 20%.
- Educational expenses (c):15% of tuition fees for pre-school, elementary, middle school and college (but the graduate school fee deduction is allowed only for the taxpayer himself), either for the taxpayer himself or his/her dependents (including the taxpayer's spouse, children, and siblings), can be deducted from his/her income tax amount. The tuition fee for the taxpayer himself is not limited. For the taxpayer's dependents, the limits of tuition fees are as follows:
  - For pre-school: up to KRW 3 000 000 per child;
  - For elementary, middle and high school: up to KRW 3 000 000 per student;
  - For college/university: up to KRW 9 000 000 per student.
- Charities (d):15% of the amount of donation (in case of the donation exceeding KRW 20 000 000, 30% of the excess over KRW 10 million) is deducted from income tax amount. The limits of donations are as follows:
  - donations to a government body, donations for national defence, natural disaster, and certain charitable associations: up to gross income;
  - donations to public welfare or religious associations: up to 30% of gross income.
- Standard Credits: Alternatively, a taxpayer may elect to choose an annual standard credit of KRW 70 000 (KRW 130 000 for wage and salary earners and KRW 120 000 for business owners meeting certain requirements), if he or she fails to claim deductions for insurance premium, saving/payment for housing and special tax credit.

1.1.3. Tax schedule

Over (KRW)	Not more than (KRW)	Marginal tax rate (%)
0	12 000 000	6
12 000 000	46 000 000	15
46 000 000	88 000 000	24
88 000 000	150 000 000	35
150 000 000	300 000 000	38
300000000	500 000 000	40
500 000 000		42

1.2. Local income tax

1.2.1. Tax base

The local income tax basis the income tax paid to the central government.

1.2.2. Tax rate

A uniform rate of 10% is applied. However, the local government can adjust the rate between the lower limit of 5% and the upper limit of 15%.

1.2.3. Tax rate (selected for this study)

A country-wide rate of 10% is used in this Report.

2. Compulsory Social Security Contribution to Schemes Operated Within the Government Sector

2.1. Employees' contribution

2.1.1. National pension

The National pension contribution rate is 4.5% of the standardised average monthly wage income as of 2019.

The scope of the standardised average monthly wage income is from KRW 310 000 to KRW 4 860 000 as of 1 July 2019.

2.1.2. Medical insurance

The Medical insurance premium, which has a rate of 3.504873 % (Health insurance: 3.23%, Long term care insurance 8.51 % of Health insurance premium rate), is levied on average monthly wage income as of 1 January 2019.

The scope of the average monthly wage income is from KRW 278 950 to KRW 98 537 462.

2.1.3. Unemployment insurance

0.65% of gross income.

2.1.4. Industrial accident compensation insurance (premiums)

Compulsory application, premiums paid only by employers.

2.2. Employers' contribution

2.2.1. National pension

The national pension contribution rate is 4.5% of the standardised average monthly wage income as of 2019.

The scope of the standardised average monthly wage income is from KRW 310 000 to KRW 4 860 000 as of 1 July, 2019.

If the average monthly wage income of a person is less than KRW 310 000, the average monthly wage income of the person is regarded as KRW 310 000 and the rate (0.045) is applied. If the average monthly wage income of a person is more than KRW 4 860 000, the average monthly wage income of the person is regarded as KRW 4 860 000 and the rate (0.045) is applied; so the maximum of the national pension contribution per year is KRW 2 624 400 (=KRW 4 860 000 x 0.045 x 12 months).

2.2.2. Medical insurance

The Medical insurance premium, which has a rate of 3.504873 % (Health insurance 3.23 %, Long term care insurance: 8.51 % of Health insurance premium rate), is levied on average monthly wage income as of 1 January, 2019.

The scope of the average monthly wage income is from KRW 278 950 to KRW 98 537 462.

2.2.3. Unemployment insurance

- the insurance premium is between 0.9% and 1.5% of total wage;
- the insurance premium selected for this study is 0.9%.

2.2.4. Work injury insurance

- the insurance premium consists of an industry-specific rate which is set by the Ministry of Employment and Labour multiplied by total wage;
- the average rate of all industries (selected for this study) is 1.50 %.

3. Universal Cash Transfers

- Child Benefit

Child benefit is paid every month to those who have children aged 5 years or younger: KRW 200 000 for a child aged 12 months or younger, KRW 150 000 for a child aged 1 to 2 years and KRW 100 000 for a child aged 2 to 5 years.

If a child attends a nursery or pre-school, childcare benefit is paid instead every month: KRW 454000 for a child aged 0, KRW 400000 for a child aged 1 year, KRW 331 000 for a child aged 2 years and KRW 220 000 for a child aged 3 to 5 years. The above child benefits are not included in the Taxing Wages calculations that consider children aged between 6 and 11 inclusive.

If a child is under the age of 7, A monthly allowance of KRW 100 000 is paid from September 2019.

4. Main Changes in Tax/Benefit System since 2000

2000	Contribution to National Pension are to be deductible from 2001, upper cap of employment income deduction limit (KRW 12 000 000) is abolished from 2001
2001	Personal income tax rates are lowered by 10% (10, 20 ,30, 40% were reduced to 9, 18, 27, 36%, respectively) from 2002
2002	Limits of deduction for education fees are expanded from 2003. For pre-school: from KRW 1 000 000 to KRW 1 500 000. For elementary, middle school and high school: from KRW 1 500 000 to KRW 2 000 000. For college and university: from KRW 3 000 000 to KRW 5 000 000. Limit of deduction for interest of long-term mortgage loan for housing is expanded from KRW 3 000 000 to KRW 6 000 000 from 2003
2003	Employment income deduction and tax credit applicable to low income are increased. The deduction rate for the taxable wage income range of KRW 5 000 000 to KRW 15 000 000 is increased from 45% to 47.5%. The tax credit rate for calculated tax below KRW 500 000 is increased from 45% to 50% and the maximum tax credit is increased from KRW 400 000 to KRW 450 000.
2004	Limits of deduction for education fees are expanded. For pre-school: from KRW 1 500 000 to KRW 2 000 000. For college and university: from KRW 5 000 000 to KRW 7 000 000. Limit of deduction for interest on long-term mortgage loan for housing is expanded from KRW 6 000 000 to KRW 10 000 000. The marginal deduction rate for the taxable wage income range from KRW 5 000 000 to KRW 15 000 000 is increased from 47.5% to 50%. The tax credit rate for tax amounts below KRW 500 000 is increased from 50% to 55% and the maximum permitted tax credit goes up from KRW 450 000 to KRW 500 000.
2005	Personal income tax rates are lowered by 1% point (9, 18, 27, 36% were reduced to 8, 17, 26, 35%, respectively). Lump-sum tax relief are expanded from KRW 600 000 to KRW 1 000 000.
2007	Eligibility for the extra allowance amount has been changed. Previously, an income earner with a small number of dependents (e.g. spouse, child) eligible for basic allowance was eligible for an allowance of up to KRW 1 000 000 depending on the number of dependents. As from 2007, however, an income earner with two or more dependent children eligible for basic allowance is eligible for an allowance equivalent to KRW 500 000 if there are 2 children plus an additional KRW 1 000 000 for every additional child (e.g. 2 children: KRW 500 000; 3 children: KRW 1 500 000; 4 children: KRW 2 500 000, etc.).
2008	Tax schedule has been changed : from KRW 10 000 000, KRW 40 000 000 , KRW 80 000 000 to KRW 12 000 000, KRW 46 000 000, KRW 88 000 000; New items have been added to the additional allowance with respect to lineal descendants who are born or adopted during the concerned taxable year; Credit card purchase deduction has been changed : Employees may deduct 20% (previously 15%) of their credit/debit card purchases that exceed 20% (previously 15%) of their total income; Deduction for donations to public welfare or religious associations has been increased up to 15% of gross income. Previously, the limit was 10% of gross income.
2009	Personal income tax rates have been changed: from 8%, 17%, 26%, 35% to6%, 16%, 25%, and 35%. Employment income deduction has been changed: from 100%, 50%, 15%, and 10% 5% to 80%, 50%, 15%, and 10%. 5%
2010	Personal income tax rates have been changed: from 6%, 16%, 25%, 35% to6%, 15%, 24%, and 35%.
2012	Personal income tax rates have been changed: from6%, 15%, 24%, and 35% to 6%, 15%, 24%, 35% and 38%
2013	A new additional allowance is added: a single parent with lineal descendants or adopted children who are eligible for basic exemption can deduct KRW 1 000 000. Insurance premiums, medical expenses, education expenses, loans for house, designated donations, saving deposits for housing subscription, investment in employee stock ownership associations or in associations for investment in start-ups, and credit cards are allowed income deduction with a ceiling at KRW 25 000 000 in total. However, for the amount of designated donations exceeding the ceiling, deduction can be carried forward for 5 years.
2014	Tax schedule has been changed : KRW 300 000 000 to KRW 150 000 000 Personal and special income deductions(e.g. medical expenses, educational expenses) have been shifted toward tax credit Employment income deduction has been changed : 80% to 70%, 50% to 40%. The ceiling amount of earned income tax credit has been changed : KRW 500 000 to KRW 740 000(the salary <33 000 000), KRW 660 000(the salary < 70 000 000)
2015	Refundable CTC(Child Tax Credit) has established
2017	Personal income tax rate 40% is newly created over KRW 500 000 000
2018	Tax schedule has been changed: Tax base over KRW 150,000,000 up to KRW 500,000,000 divided into over KRW 150 000000 up to KRW 300000000 and over KRW 300000000 up to KRW 500000000 The Highest income tax rate has been changed: 40%->42%

5. Memorandum Item

5.1. Identification of the Average Worker (AW)

- Sectors used: industry Sectors B-N with reference to the International Standard Industrial Classification of All Economic Activities, Revision 4 (ISIC Rev.4).

Geographical coverage: whole country.

Type of workers: wage workers (male and female).

5.2. Method to calculate wages

Report on Labour Force Survey at Establishments covering data in 2017 by the Ministry of Employment and Labour is used to calculate the annual wages of the AW. The statistics were obtained through a sample survey of 12 000 firms with five or more permanent employees throughout the whole country.

Basic method of calculation used: average monthly wages multiplied by 12.

5.3. Employer's reserve for employee's retirement payment

An employer should pay to a retiree the retirement payment which is not less than 30 days' wage and salary per one year of service (about 8.3% of gross income or more). An employer can contribute to the Retirement Payment Reserve Fund established within the company or Retirement Insurance Fund established outside the company to prepare for the retirement payment. Such contribution is treated as business expense under certain constraints. Because contribution to the Retirement Fund is not compulsory, this survey does not include such contribution except the contribution converted to employer's contribution to the national pension plan (see Section 2.2.1).

2019 Parameter values

Average earnings/yr	Ave_earn	49 754 252	Secretariat estimate
Tax allowances	basic_al	1 500 000	
spouse	spouse_al	1 500 000	
	spouse_al_lim	1 000 000	
dependents including children	dep_al	1 500 000	
additional allowance	add_all	500 000	
	add_all_lim	30 000 000	
additional allowance 2	add2_all	1 000 000	
Employment income deduction	empdedsch	0	0.7
		5000000	0.4
		15 000 000	0.15
		45 000 000	0.05
		100 000 000	0.02
Earned income special credit threshold	earntaxcred	0.55	
		0.3	1 300 000
credit limit	credlimit	740 000	Ave_earn<33 000 000
		660 000	Ave_earn< 70 000 000
		500 000	Ave_earn> 70 000 000
Child tax credit	child_cred	150 000	
Lump sum tax credit	lump_cred	130 000	
	lump_thresh	866 667	
Tax schedule	tax_sch	0.06	12 000 000
		0.15	46 000 000
		0.24	88 000 000
		0.35	150 000 000
		0.38	300 000 000
		0.4	500 000 000
		0.42	
Local tax rate	local_rate	0.1	
Cash Transfer for kids under 7 age	cash_child	400 000	
max number of kids permited to be under 7	child_und7_max	1	
Social security contributions	SSC_pens	0.045	
	SSC_pens_max	2 024 400	
	SSC_sick	0.03504873	
	SSC_sick_max	41 443 320	
	SSC_unemp	0.0065	
Employer contributions	emp_pens	0.045	
	emp_sick	0.03504873	
	emp_unemp	0.009	
	emp_inj	0.0150	

2019 Tax equations

The equations for the Korean system are independent between spouses except that the principal earner has tax allowances for the spouse and for any children.

The functions which are used in the equations (Taper, MIN, Tax etc) are described in the technical note about tax equations. Variable names are defined in the table of parameters above, within the equations table, or are the standard variables married and children. A reference to a variable with the affix total indicates the sum of the relevant variable values for the principal and spouse. And the affixes "_princ" and "_spouse" indicate the value for the principal and spouse, respectively. Equations for a single person are as shown for the principal, with spouse values taken as 0.

	Line in country table and intermediate steps	Variable name	Range	Equation
1.	Earnings	earn		
2.	Allowances:			
	employment income	emp_al	B	Empincded(earn, empincdedsch)
	basic	bas_al	B	basic_al
	spouse	sp_al	P	Married*spouse_al*(earn_spouse-emp_al_spouse<=spouse_al_lim)
	dependents	dp_al	P	Children*dep_al
	additional allowances	add_al_princ	P	IF(AND(Married='0,Children>0),' add2_all,0)
	additional allowances	add_al_spouse	S	IF(AND(earn_spouse>0,earn_spouse<=add_all_lim),add_all,0)
	national pension deduction	np_de	B	Min(earn*SSC_pens, SSC_pens_max)
	Main non-standard tax relief	non-std_al	B	IF(earn*(SSC_sick+SSC_unemp)>lump_thresh,earn*(SSC_sick+SSC_unemp),0)
	Total	tax_al	B	emp_al+bas_al+sp_al+dp_al+add_al+np_al
3.	Credits in taxable income	taxbl_cr	B	0
4.	CG taxable income	tax_inc	B	Positive(earn-tax_al)
5.	CG tax before credits	CG_tax_excl	B	Tax(tax_inc, tax_sch)
6.	Tax credits :			
	earned income special tax credit	earn_cr	B	MIN(earntaxcred(CG_tax_excl), credlimit(earn))
	child tax credit	child_cr	P	Children*child_cred
	lump-sum tax credit	lump_cr	B	IF(non-std_al='0,' lump_cred, 0)
	Total	tax_cr	B	earn_cr+child_cr+lump_cr
7.	CG tax	CG_tax	B	CG_tax_excl-tax_cr
8.	State and local taxes	local_tax	B	local_rate*CG_tax
9.	Employees' soc security	SSC	B	MIN(earn*(SSC_pens),SSC_pens_max)+MIN(earn*(SSC_sick),SSC_sick_max)+earn*(SSC_unemp)
11.	Cash transfers	cash_trans	J	=cash_child*child_und7_max*(Children>0)
13.	Employer's soc security	SSC_empr	B	MIN(earn*(SSC_pens),SSC_pens_max)+MIN(earn*(emp_sick),SSC_sick_max)+earn*(emp_unemp+emp_inj)

Key to range of equation:
B calculated separately for both principal earner and spouse
P calculated for principal only (value taken as 0 for spouse calculation)
S calculated for spouse only
J calculated once only on a joint basis

Latvia

This chapter includes data on the income taxes paid by workers, their social security contributions, the family benefits they receive in the form of cash transfers as well as the social security contributions. Results reported include the marginal and average tax burden for eight different family types. Methodological information is available for personal income tax systems, compulsory social security contributions to schemes operated within the government sector, universal cash transfers as well as recent changes in the tax/benefit system. The methodology also includes the parameter values and tax equations underlying the data.

Latvia 2019

The tax/benefit position of single persons

	Wage level (per cent of average wage)	67	100	167	67
	Number of children	none	none	none	2
1.	**Gross wage earnings**	8 710	13 001	21 711	8 710
2.	**Standard tax allowances**				
	Basic allowance	1 565	69	0	1 565
	Married or head of family				
	Dependent children	0	0	0	5 520
	Deduction for social security contributions and income taxes	958	1 430	2 388	958
	Work-related expenses				
	Other				
	Total	2 523	1 500	2 388	8 043
3.	**Tax credits or cash transfers included in taxable income**	0	0	0	0
4.	**Central government taxable income (1 - 2 + 3)**	6 188	11 501	19 323	668
5.	**Central government income tax liability (exclusive of tax credits)**	1 238	2 300	3 916	134
6.	**Tax credits**				
	Basic credit				
	Married or head of family				
	Children				
	Other				
	Total	0	0	0	0
7.	**Central government income tax finally paid (5-6)**	1 238	2 300	3 916	134
8.	**State and local taxes**	0	0	0	0
9.	**Employees' compulsory social security contributions**				
	Gross earnings	958	1 430	2 388	958
	Taxable income				
	Total	958	1 430	2 388	958
10.	**Total payments to general government (7 + 8 + 9)**	2 196	3 730	6 304	1 092
11.	**Cash transfers from general government**				
	For head of family				
	For two children	0	0	0	530
	Total	0	0	0	530
12.	**Take-home pay (1-10+11)**	6 515	9 270	15 407	8 148
13.	**Employer's compulsory contributions**				
	Employer's compulsory social security contributions	2 098	3 132	5 230	2 098
	Payroll taxes	4	4	4	4
	Total	2 103	3 136	5 235	2 103
14.	**Average rates**				
	Income tax	14.2%	17.7%	18.0%	1.5%
	Employees' social security contributions	11.0%	11.0%	11.0%	11.0%
	Total payments less cash transfers	25.2%	28.7%	29.0%	6.5%
	Total tax wedge including employer's social security contributions	39.8%	42.6%	42.8%	24.6%
15.	**Marginal rates**				
	Total payments less cash transfers: Principal earner	35.8%	35.8%	31.8%	35.8%
	Total payments less cash transfers: Spouse	n.a.	n.a.	n.a.	n.a.
	Total tax wedge: Principal earner	48.2%	48.2%	45.0%	48.2%
	Total tax wedge: Spouse	n.a.	n.a.	n.a.	n.a.

Latvia 2019

The tax/benefit position of married couples

	Wage level (per cent of average wage)	100-0	100-67	100-100	100-67
	Number of children	2	2	2	none
1.	**Gross wage earnings**	13 001	21 711	26 001	21 711
2.	**Standard tax allowances**				
	Basic allowance	69	1 634	139	1 634
	Married or head of family				
	Dependent children	5 520	5 520	5 520	0
	Deduction for social security contributions and income taxes	1 430	2 388	2 860	2 388
	Work-related expenses				
	Other				
	Total	7 020	9 542	8 519	4 022
3.	**Tax credits or cash transfers included in taxable income**	0	0	0	0
4.	**Central government taxable income (1 - 2 + 3)**	5 981	12 169	17 482	17 689
5.	**Central government income tax liability (exclusive of tax credits)**	1 196	2 434	3 496	3 538
6.	**Tax credits**				
	Basic credit				
	Married or head of family				
	Children				
	Other				
	Total	0	0	0	0
7.	**Central government income tax finally paid (5-6)**	1 196	2 434	3 496	3 538
8.	**State and local taxes**	0	0	0	0
9.	**Employees' compulsory social security contributions**				
	Gross earnings	1 430	2 388	2 860	2 388
	Taxable income				
	Total	1 430	2 388	2 860	2 388
10.	**Total payments to general government (7 + 8 + 9)**	2 626	4 822	6 357	5 926
11.	**Cash transfers from general government**				
	For head of family				
	For two children	530	530	530	0
	Total	530	530	530	0
12.	**Take-home pay (1-10+11)**	10 904	17 419	20 174	15 785
13.	**Employer's compulsory contributions**				
	Employer's compulsory social security contributions	3 132	5 230	6 264	5 230
	Payroll taxes	4	9	9	9
	Total	3 136	5 239	6 272	5 239
14.	**Average rates**				
	Income tax	9.2%	11.2%	13.4%	16.3%
	Employees' social security contributions	11.0%	11.0%	11.0%	11.0%
	Total payments less cash transfers	16.1%	19.8%	22.4%	27.3%
	Total tax wedge including employer's social security contributions	32.4%	35.4%	37.5%	41.4%
15.	**Marginal rates**				
	Total payments less cash transfers: Principal earner	35.8%	35.8%	35.8%	35.8%
	Total payments less cash transfers: Spouse	25.2%	35.8%	35.8%	35.8%
	Total tax wedge: Principal earner	48.2%	48.2%	48.2%	48.2%
	Total tax wedge: Spouse	39.8%	48.2%	48.2%	48.2%

Since 2014, the Latvian currency is the Euro (EUR). In 2019, EUR 0.89 was equal to USD 1. That year, the average worker in Latvia earned EUR 13 001 annually (Secretariat estimate).

1. Personal income tax system

From 1th January 2018, Latvia has introduced an ambitious tax reform. One of the main goal of this reform is reach Latvian government as well as international expert's expectations – to reduce the tax wedge, especially for low-wage earners.

1.1. Central government income tax

With labour tax reform for the first time the progressive income tax system is introduced, as well as the differential non-taxable minimum, the allowance for dependents and the non-taxable minimum for pensioners is increased, and the minimum monthly wage is raised.

1.1.1. Tax unit

The tax unit are individuals.

1.1.2. The main tax allowances

1.1.2.1. Standard tax reliefs

- A general (basic) allowance:

Since 2016, the differentiated non-taxable minimum is introduced.

The differentiated non-taxable minimum varies depending on the person's income level: higher for lower wages, but less for higher wages. The differentiated non-taxable minimum gradually is raised.

In 2019 the differentiated non-taxable minimum varies from EUR 0 to 230 per month and in 2020 - from EUR 0 to 250 per month (see table below).

Differentiated non-taxable minimum criteria's:

	2016	2017	2018	2019	2020
Maximum non-taxable minimum, *EUR per month*	100	115	200	230	250
Minimum non-taxable minimum, *EUR per month*	75	60	0	0	0
Taxable income* minimum threshold up to which the maximum annual non-taxable minimum will be applied, *EUR per month*	380	400	440	440	440
Taxable income* maximum threshold up to which the annual non-taxable minimum will be applied, *EUR per month*	1 000	1 100	1 000	1 100	1 200

* Calculating taxable income takes into account not only the salary, but also other income (such as dividends and income from real estate etc.). Similarly, if a person works in several jobs, the salaries are added together and the non-taxable minimum is applied to total revenue

For example, in 2019, the maximum tax allowance amount is EUR 230 per month and it is applied to persons with the taxable income below EUR 440 per month. If taxable income is between EUR 440 per month and EUR 1 100 per month, the differentiated annual non-taxable minimum is calculated according to specific formula. The allowance gradually decreases until it reaches zero or not be applied. The same calculation was in 2018 and will be in 2020 with relevant year data. It is important to note that from 2018, the differentiated non-taxable minimum in full amount is applied already during the tax year. It is based on the State Revenue Service (SRS) forecast which takes account the taxpayer annual income of the previous year. In 2017 the non-taxable minimum was applied only in the minimum amount for all taxpayers (EUR 60) and only after the next tax year, when taxpayer submitted annual tax return, it applied on the basis of the data regarding person's annual taxable income.

- The allowance for dependents

The allowance for dependents is also deductible from income before taxes.

The tax allowance for each dependant (which in most cases are children) gradually is raised - in 2018 to EUR 200 per month or EUR 2 400 per year, in 2019 to EUR 230 per month or EUR 2 760 per year and in 2020 to EUR 250 per month or EUR 3 000 per year. In 2017, it was EUR 175 per month or EUR 2 100 per year.

- The taxpayer can apply allowance for a child below 18 years old and for a child below 24 years old if he or she continues studies of a general, professional, higher or special education. The allowance for child relates to taxpayer's child and in certain cases - sisters, brothers, grandchildren, as well as guardianship or dependent persons.

As of 2016, the rule of law narrowed, removing allowances for unemployed spouse, parents or grandparents, except if these persons are with disabilities.

From 2017, the tax allowance for dependents is expanded by non-working spouse, who is taking care of the minor child with a disability, if the non-working spouse does not receive taxable income or State pension.

In addition, as of July 1, 2018, the allowance is applicable for unemployed spouse who is taking care of:

- one child below 3 years old;
- three or more children below 18 years or below 24 years old (if he/she studies), of which at least one is below 7 years old;
- five children below 18 years or below 24 years old (if he/she studies).
- To support employment of youth during the summer (from June 1st to August 31st), parents can still receive tax allowance for dependents (children while they have working relationship):
- Relief for Compulsory social security contributions: Employee's state social security contributions are deductible from income before taxes.
- Tax credits: None for employees.

1.1.2.2. The main exemptions:

- income from rural tourism or agricultural production, as well as of mushrooming, berry-picking or the collection of wild medicinal plants and flowers or an uncultivated species of an individual - a park of walrus (Helix pomatia), if it does not exceed a turnover of EUR 3 000 per taxation year, including the sums of State aid for agriculture or of the European Union aid for agriculture and rural development, in amount of EUR 3 000 per taxation year;
- insurance compensations, except such insurance compensations paid on the basis of a life, health and accident insurance contract entered into by the employer and a life-long pension insurance contract (with accrued funded pension assets in accordance with the Law on State Funded Pensions);
- insurance compensations which have been disbursed upon the occurrence of an insurable event in relation to the life and health of the insured person due to an accident or illness, in accordance with the life insurance policy (including with accumulation of funds) regardless of who has entered into the insurance contract;

- the supplementary pension capital, which has been formed from contributions of private individuals or their spouse or a person related to their relatives up to the third stage within the meaning of the Civil Law into private pension funds according to licensed pension plans and paid to participants in pension plans;
- income from Latvian or other EU Member State or EEA State and local government bonds;
- capital gains on immovable property, if the ownership of the payer has been for more than 60 months (5 years) and it has been the declared as place of residence of the person for at least 12 months (1 year);
- capital gains on immovable property, if the ownership of the payer has been for more than 60 months (5 years) and the last 60 months (5 years) this immovable property has been the only real estate of the payer;
- capital gains on immovable property which has occurred in relation to the division of property in the case of dissolution of marriage, if it has been the declared place of residence of both spouses at least 12 months until the day of entering into the alienation contract;
- capital gains on immovable property, if this income is invested a new in a functionally similar immovable property within 12 months or before alienation of the immovable property or real property prior to expropriation;
- income from the alienation of personal property (movable objects such as furniture, clothing and other movable objects belonging to an individual intended for personal use) except income from the sale of items (tangible or intangible) prepared for sale or purchased, the capital gains and other income from capital and scrap sales;
- scholarships paid from the budget, association or foundation resources;
- scholarships up to 280 euros per month paid by an entrepreneur in accordance with the procedure set out by the Cabinet of Ministers for the organization and implementation of work environment training shall be paid by the merchant, institution, association, foundation, natural person registered as a performer of economic activity, as well as individual enterprise, including farmer or fishermen's farm, and other economic operators;
- grants paid to a student who attends a medical education program to promote the acquisition of an educational program and which is paid out from the institution of health care institution;
- income obtained as a result of inheritance;
- allowance (alimony);
- prizes of lotteries and gambling if the amount (total amount) of the prize (value thereof) does not exceed EUR 3 000 per taxation year;
- goods and services lottery prizes;
- material and monetary prizes (premiums) received at competitions and contests, the total value of which in the taxation year does not exceed EUR 143, and the prizes and premiums acquired at international contests the total value of which does not exceed EUR 1 423 a year, as well as the financial incentive paid out to the laureates of the prizes of the Baltic Assembly and prizes of the Cabinet;
- revenues from gifts up to EUR 1 425 from natural person, other than a close relative;
- revenues from gifts in full amount from natural persons, if the giver is connected to the payer by marriage or kinship to the third degree;
- dividends, income equal to dividends or notional dividends if the enterprise income tax has been paid etc.

1.1.3. Tax schedule

From 2018, the personal income tax (PIT) system is progressive (in 2017 the PIT rate was a flat tax rate of 23%).

The PIT rates are set:

- 20% - for income up to EUR 20 004 per year;
- 23% - for income exceeding EUR 20 004 but not exceeding EUR 62 800 per year (in 2019 not exceeding EUR 55 000 per year);
- 31.4% - for income exceeding EUR 62 800 per year (in 2019 exceeding EUR 55 000 per year).

The tax rate 20% and 23% (depending on the level of income) is applicable monthly in the workplace where a payroll tax book is submitted. In the workplace where a payroll tax book is not submitted, only the rate 23% should be applied.

The rate 31.4% has calculated only in annual tax return. During the year, the tax is paid as Solidarity tax for employee revenue above EUR 62 800 per year. The Solidarity tax part of 10.5% is transformed into a Personal income tax rate of 31.4%. Compulsory social security contributions from incomes above EUR 62 800 per year is not be paid.

1.2. Regional and local income tax

No regional and local income taxes.

2. Compulsory social security contributions to schemes operated within the government sector

In 2018, the compulsory social insurance contribution rate is increased by one percentage point from 34.09% to 35.09% to ensure financing of the health sector (0.5% paid by the employee and 0.5% paid by the employer). In 2019, the same rate (35.09%) remains.

Social insurance contributions covers:

- state pension insurance;
- social insurance in case of unemployment;
- social insurance in respect of accidents at work and occupational diseases;
- disability insurance;
- maternity and sickness insurance;
- parental insurance;
- health insurance.

In 2019, the maximum object of mandatory social payments is 62 800 EUR per year.

2.1. Employees' contributions

Employees pay 11% of their earnings in contributions. The taxable base is the total amount of the gross wage or salary including vacation payments, fringe benefits and remuneration of expenses related to work above a certain threshold. The assessment period is the calendar month.

2.2. Employers' contributions

Social security contributions are also paid by employers at a rate of 24.09% on behalf of their employees. The taxable base and the assessment period are the same as for employees' contributions.

The total contribution rates paid by employees and employers are applied:

Scheme name	Rate of contribution (%)
Pension insurance	24.50
Unemployment insurance	1.84
Insurance of accidents at work and occupational diseases	0.53
Disability insurance	2.23
Maternity and sickness insurance	3.65
Parental insurance	1.34
Health insurance	1.00
Total	35.09

3. Solidarity tax

From 2016 *Solidarity tax* was introduced.

In 2019 the Solidarity tax rate has been reduced from 35,09% (2018) to 25,50%. See more in the table below on the distribution of Solidarity tax rate from 2016 to 2019.

The difference between 2018 and 2019 is that:

- in 2018 Solidarity tax rate is set at the same level as the current social security contributions rates (11% and 24.09%). Solidarity tax is applied during the tax year to the same rate as the social security contributions.
- in 2019 Solidarity tax is set at 25.5%, which is less than the current social security contributions rate of 35.09% (11% and 24.09%). Also in 2019 Solidarity tax is applied during the tax year to the same rate as the social security contributions (35.09%). Therefore, the overpaid solidarity tax is refunded to employer at next year.

The tax is paid for the income exceeding the maximum amount of the social security contributions object. In 2019 the ceiling is raised to EUR 62 800 per year (in 2018 was EUR 55 000 per year). The tax period is the calendar year.

The purpose of Solidarity tax is to eliminate existing regressivity in the labour tax system and to equalize the tax burden on labour between low-wage earners and the high wage earners. This problem appeared when the social contribution ceiling was re-introduced in 2014.

Solidarity tax applies to all socially insured individuals – employees, self-employed, if their income over a calendar year exceeded the maximum amount of mandatory contribution of the statutory social insurance. Employers are also subject to solidarity tax (in the same way, as they are liable for paying employer social insurance contributions).

Solidarity tax rate distribution

	2016 - 2017	2018	2019
Solidarity tax rate	**34.09%**	**35.09%**	**25.50%**
Employer's pays:	**23.59%**	**24.09%**	**14.50%**
State budget (not tied to social services)	23.59%		
Funded pension (2nd pillar pension scheme)*		6.00%	
Private pension in the Fund's Pension Plan (3nd pillar pension scheme)*		4.00%	
State Pension		13.59%	
Pension insurance (personalized payment)			14.00%
Health care		0.50%	0.50%
Employee's pays:	**10.50%**	**11.00%**	**11.00%**
State budget (not tied to social services)	10.50%		
Personal income tax**		10.50%	10.50%
Health care		0.50%	0.50%

* If a person is not a member of a funded pension scheme, a private pension fund is transferred 10%

** The Solidarity tax (paid by employee for incomes above EUR 62,800 per year in 2019) part of 10.5% is transformed into a Personal income tax rate of 31.4%. It means that, by the submitting the annual income statement and performing the conversion of the PIT into three PIT rates (the third rate of 31.4%), the share of paid Solidarity Tax is equal to PIT rate 31.4%.

4. Payroll tax

The Business risk fee is paid in the state basic budget, and then transferred to the Employee claim guarantee fund, which is administrated by the state agency "Insolvency administration". The Insolvency administration is a public institution controlled by the Ministry of Justice.

If an enterprise is insolvent, the Insolvency Administration satisfies employee claims for their unpaid salaries, compensations for the paid annual leaves and compensations for dismissal in case of the end of the employment relationships.

The Business risk fee does not confer entitlement to any kind of social benefits.

The Business risk fee is a constant payment for a person EUR 0.36 per employee per month.

5. Universal cash transfers

5.1. Transfers related to marital status

None.

5.2. Transfers for dependent children

From 2015, support for families has been introduced through differentiated family state benefits:

- EUR 11.38 per month for the first child,
- EUR 22.76 per month for the second child,
- EUR 34.14 per month for the third child,
- EUR 50.07 per month for the fourth and each subsequent child (only from 2017).

From March 1, 2018 an additional allowance for families is paid:

- EUR 10 per month for 2 children;
- EUR 66 per month for 3 children,
- additionally EUR 50 per month for each subsequent child

For example, for family with six children additional allowance is EUR 216 per month (66 (for 3) +50+50+50).

The state pays family benefits to all children until they reach the age of 15. Children enrolled in basic or secondary schools or vocational education institutions operating on the basis of basic education have the right to receive family benefits until the age of 20.

In addition there are four other types of family benefits for which payment depends on either the age of the child(ren) and/ or the status of the person(s) looking after them: maternity and paternity benefit; childbirth benefit; parental benefit; child care benefit (additional benefit for child with disabilities). These are not included in the modelling.

6. Main changes in tax/benefit system in 2019

- The differential non-taxable minimum is increased - in 2018 ranges from EUR 0 to 200 per month, in 2019 - from EUR 0 to 230 per month and in 2020 - from EUR 0 to 250 per month. In 2017, non-taxable minimum ranged from EUR 60 to 115 per year.
- The tax allowance for each dependant is raised - in 2018 to EUR 200 per month, in 2019 to EUR 230 per month and in 2020 to EUR 250 per month. In 2017, it was EUR 175 per month.
- The non-taxable minimum for pensioners is increased - in 2018 to EUR 250 per month, in 2019 to EUR 270 per month and in 2020 to EUR 300 per month. In 2017, it was EUR 235 per month.
- In 2019 the Solidarity tax rate has been reduced from 35.09% (2018) to 25.50%. Solidarity tax is applied to income more than EUR 62 800 per year (in 2017 was EUR 55 000 per year).
- In 2019, revenue of Solidarity tax is divided and transferred into following budgets:
- 1 % into the State basic budget for healthcare financing;
- 10.5 % into the Personal Income Tax account;
- 14.00 % into the State pension special budget.
- In 2018, Solidarity tax revenue was transferred into the Private pension in the Fund's Pension Plan, Funded pension, State basic budget for healthcare financing, Personal Income Tax account and State pension special budget.
- In 2016 and 2017, Solidarity tax revenue was transferred into the state budget and was not tied to social services.

7. Memorandum items

7.1. Average gross annual wage earnings

In Latvia the gross earnings figures cover wages and salaries paid to individuals in formal employment including payment for overtime. They also include additional bonuses and payments and other payments such as for the annual and supplementary vacations, public holidays, sick pay (sick-leave certificate A), payment for public holidays and other days not worked, social security compulsory contributions paid by the employees and personal income tax, as well as labour remuneration subsidies.

7.2. Employer contributions to private pension and health schemes

Some employer contributions are made to private health and pension schemes but there is no relevant information available on the amounts that are paid.

2019 Parameter values

Average earnings/yr	Ave_earn	13 001	Secretariat estimate
Basic allowance	Basic_al		
Minimum non-taxable minimum	MIN_non_taxable_2018	0	
Maximum non-taxable minimum	MAX_non_taxable_2018	2,760	
Taxable income maximum threshold up to which the annual non-taxable minimum will be applied	Income_for_MIN_non_taxable_2018	13,200	
Taxable income minimum threshold up to which the maximum annual non-taxable minimum will be applied	Income_for_MAX_non_taxable_2018	5,280	
Coefficient	Coefficient_2018	0,34848	
Allowance for dependants	Child_al	2,760	
Income tax schedule	Tax_sch	0.20	20 004
	Tax_rate_2	0.23	62 800
		0.314	
Employers SSC	SSC_rate1	0.2409	
Payroll tax - Business risk fee	payroll	4.32	
Income ceiling	Ceiling	62,800	
Employers Solidarity Tax	Sol_tax_rate_1	0.145	
Employees SSC	SSC_rate2	0.11	
Employees Solidarity tax	Sol_tax_rate_2	0.11	
Child allowances	CA_first	136.56	
	CA_second	273.12	
	CA_third	409.68	
	CA_fourth and each next	600.84	
Additional child allowance	ACA_2ch	120	
	ACA_3ch	792	
	ACA_each next	600	
Days in tax year	numdays	365	

* Calculating taxable income takes into account not only the salary, but also other income (such as economic activity, pension etc.). Similarly, if a person works in several jobs, the salaries are added together and the non-taxable minimum is applied to total revenue.

2019 Tax equations

The equations for the Latvian system are mostly on an individual basis.

The functions which are used in the equations (Taper, MIN, Tax etc) are described in the technical note about tax equations. Variable names are defined in the table of parameters above, within the equations table, or are the standard variables "married" and "children". A reference to a variable with the affix "_total" indicates the sum of the relevant variable values for the principal and spouse. And the affixes "_princ" and "_spouse" indicate the value for the principal and spouse, respectively. Equations for a single person are as shown for the principal, with "_spouse" values taken as 0.

	Line in country table and intermediate steps	Variable name	Range	Equation
1.	Earnings	earn		
2.	Allowances:	tax_al	P	=MIN(Basic_al+SSC_empee_princ+(Children>0)*(Child_al*Children);earn_princ)
			S	=Min(Basic_al+SSC_empee_spouse,earn_spouse)
	Non-taxable minimum	Basic_al	B	=IF(earn<=0;0;(IF(earn-Income_for_MAX_non_taxable_2018<0;MAX_non_taxable_2018;(IF((MAX_non_taxable_2018-Coefficient_2018*(earn-Income_for_MAX_non_taxable_2018))>MIN_non_taxable_2018; (MAX_non_taxable_2018-Coefficient_2018*(earn-Income_for_MAX_non_taxable_2018));MIN_non_taxable_2018)))))
3.	Credits in taxable income	taxbl_cr	B	0
4.	CG taxable income	tax_inc	B	=Positive(earn-tax_al)
5.	CG tax before credits	CG_tax_excl	B	=IF((earn-Basic_al)<0,0,IF(Basic_al>inc_thresh_1,0,IF(earn> inc_thresh_1,(inc_thresh_1-Basic_al)*Tax_rate_1,(earn-Basic_al)* Tax_rate_1))+IF((earn-Basic_al)<0,0,IF(Basic_al> inc_thresh_2,0,IF(earn> inc_thresh_2,(inc_thresh_2-IF(Basic_al> inc_thresh_1,Basic_al, inc_thresh_1))*Tax_rate_2,IF(earn> inc_thresh_1,(earn-IF(Basic_al> inc_thresh_1,Basic_al, inc_thresh_1))*Tax_rate_2,0))))+IF((earn-Basic_al)<0,0,IF(Basic_al> inc_thresh_2,IF(earn> inc_thresh_2,(earn-Basic_al)* Tax_rate_3,0),IF(earn> inc_thresh_2,(earn- inc_thresh_2)* Tax_rate_3,0))))
6.	Tax credits :	tax_cr	B	0
7.	CG tax	CG_tax	B	CG_tax_excl-tax_cr
8;	State and local taxes	local_tax	B	0
9.	Employees' soc security	SSC_empee	B	= earn*SSC_rate2
	Employees' Solidarity tax	Sol_tax_ee	B	=IF(earn<Ceiling,0,(earn-Ceiling)*Sol_tax_rate_2)
11.	Cash transfers	cash_trans	J	=IF(Children<1;0;IF(Children=1;CA_first;IF(Children=2;CA_first+CA_second;IF(Children=3;CA_first+CA_second+CA_third;IF(Children=4;CA_first+CA_second+CA_third+CA_fourth_and_each_next;IF(Children>4;CA_first+CA_second+CA_third+CA_fourth_and_each_next*(Children-3)))))))
11.	Additional child allowances		J	=IF(Children<2;0;IF(Children=2;ACA_2ch;IF(Children=3;ACA_3ch;IF(Children>3;ACA_3ch+ACA_each_next*(Children-3)))))
13.	Employer's soc security	SSC_empr	B	=earn*SSC_rate1
		Payroll taxes	B	=payroll
	Employer's Solidarity tax	Sol_tax_er	B	=IF(earn<Ceiling,0,(earn-Ceiling)*Sol_tax_rate_1)

Key to range of equation B calculated separately for both principal earner and spouse P calculated for principal only (value taken as 0 for spouse calculation) J calculated once only on a joint basis.

Lithuania

This chapter includes data on the income taxes paid by workers, their social security contributions, the family benefits they receive in the form of cash transfers as well as the social security contributions and payroll taxes paid by their employers. Results reported include the marginal and average tax burden for eight different family types.

Methodological information is available for personal income tax systems, compulsory social security contributions to schemes operated within the government sector, universal cash transfers as well as recent changes in the tax/benefit system. The methodology also includes the parameter values and tax equations underlying the data.

Lithuania 2019

The tax/benefit position of single persons

		Wage level (per cent of average wage)	67	100	167	67
		Number of children	none	none	none	2
1.	**Gross wage earnings**		9 641	14 390	24 031	9 641
2.	**Standard tax allowances**					
	Basic allowance		3 153	2 441	994	3 153
	Married or head of family					
	Dependent children					
	Deduction for social security contributions and income taxes					
	Work-related expenses					
	Other					
		Total	3 153	2 441	994	3 153
3.	**Tax credits or cash transfers included in taxable income**		0	0	0	0
4.	**Central government taxable income (1 - 2 + 3)**		6 488	11 950	23 037	6 488
5.	**Central government income tax liability (exclusive of tax credits)**		1 298	2 390	4 607	1 298
6.	**Tax credits**					
	Basic credit					
	Married or head of family					
	Children					
	Other					
		Total	0	0	0	0
7.	**Central government income tax finally paid (5-6)**		1 298	2 390	4 607	1 298
8.	**State and local taxes**		0	0	0	0
9.	**Employees' compulsory social security contributions**					
	Gross earnings		1 880	2 806	4 686	1 880
	Taxable income					
		Total	1 880	2 806	4 686	1 880
10.	**Total payments to general government (7 + 8 + 9)**		3 178	5 196	9 294	3 178
11.	**Cash transfers from general government**					
	For head of family					
	For two children		0	0	0	1 687
		Total	0	0	0	1 687
12.	**Take-home pay (1-10+11)**		6 464	9 194	14 738	8 151
13.	**Employer's wage dependent contributions and taxes**					
	Employer's compulsory social security contributions		142	212	353	142
	Payroll taxes		31	46	77	31
		Total	173	258	430	173
14.	**Average rates**					
	Income tax		13.5%	16.6%	19.2%	13.5%
	Employees' social security contributions		19.5%	19.5%	19.5%	19.5%
	Total payments less cash transfers		33.0%	36.1%	38.7%	15.5%
	Total tax wedge including employer's social security contributions		34.1%	37.2%	39.8%	16.9%
15.	**Marginal rates**					
	Total payments less cash transfers: Principal earner		42.5%	42.5%	42.5%	42.5%
	Total payments less cash transfers: Spouse		n.a.	n.a.	n.a.	n.a.
	Total tax wedge: Principal earner		43.5%	43.5%	43.5%	43.5%
	Total tax wedge: Spouse		n.a.	n.a.	n.a.	n.a.

Lithuania 2019

The tax/benefit position of married couples

		Wage level (per cent of average wage)	100-0	100-67	100-100	100-67
		Number of children	2	2	2	none
1.	**Gross wage earnings**		14 390	24 031	28 780	24 031
2.	**Standard tax allowances**					
	Basic allowance		2 441	5 593	4 881	5 593
	Married or head of family					
	Dependent children					
	Deduction for social security contributions and income taxes					
	Work-related expenses					
	Other					
		Total	2 441	5 593	4 881	5 593
3.	**Tax credits or cash transfers included in taxable income**		0	0	0	0
4.	**Central government taxable income (1 - 2 + 3)**		11 950	18 438	23 899	18 438
5.	**Central government income tax liability (exclusive of tax credits)**		2 390	3 688	4 780	3 688
6.	**Tax credits**					
	Basic credit					
	Married or head of family					
	Children					
	Other					
		Total	0	0	0	0
7.	**Central government income tax finally paid (5-6)**		2 390	3 688	4 780	3 688
8.	**State and local taxes**		0	0	0	0
9.	**Employees' compulsory social security contributions**					
	Gross earnings		2 806	4 686	5 612	4 686
	Taxable income					
		Total	2 806	4 686	5 612	4 686
10.	**Total payments to general government (7 + 8 + 9)**		5 196	8 374	10 392	8 374
11.	**Cash transfers from general government**					
	For head of family					
	For two children		1 204	1 204	1 204	0
		Total	1 204	1 204	1 204	0
12.	**Take-home pay (1-10+11)**		10 398	16 861	19 592	15 658
13.	**Employer's wage dependent contributions and taxes**					
	Employer's compulsory social security contributions		212	353	423	353
	Payroll taxes		46	77	92	77
		Total	258	430	515	430
14.	**Average rates**					
	Income tax		16.6%	15.3%	16.6%	15.3%
	Employees' social security contributions		19.5%	19.5%	19.5%	19.5%
	Total payments less cash transfers		27.7%	29.8%	31.9%	34.8%
	Total tax wedge including employer's social security contributions		29.0%	31.1%	33.1%	36.0%
15.	**Marginal rates**					
	Total payments less cash transfers: Principal earner		42.5%	42.5%	42.5%	42.5%
	Total payments less cash transfers: Spouse		33.0%	42.5%	42.5%	42.5%
	Total tax wedge: Principal earner		43.5%	43.5%	43.5%	43.5%
	Total tax wedge: Spouse		34.1%	43.5%	43.5%	43.5%

8o was expected to earn EUR 14 390[1] (Secretariat estimate).

1. Personal income tax system

1.1. Central government income tax

1.1.1. Tax unit

The tax unit is an individual.

1.1.2. Tax allowances

1.1.2.1. Standard tax reliefs

- *A general (basic) allowance (tax-exempt amount)* is applied in calculating the taxable income of residents to the extent the income is derived from employment or similar relationships. However, the size of the annual tax-exempt amount depends on the total amount of annual taxable income before taxes and all allowances (hereinafter – annual income). In 2019 the annual tax-exempt amount is EUR 3 600 for individuals whose annual income does not exceed twelve minimum monthly wages effective on 1 January of a respective calendar year (EUR 6 660 in 2019). For others, the annual tax-exempt amount is estimated using the following formula:
- 3 600 – 0.15 x (annual income – twelve minimum monthly wages effective on 1 January of a respective calendar year).
- If according to this formula a negative amount is calculated, then the tax-exempt amount is not applied. As such, no basic personal allowance applies if annual income exceeds EUR 30 660.
- *An allowance for disadvantaged* is applied as follows: in 2019 the annual tax-exempt amount applicable to individuals with a working capacity level of 0-25% or individuals who have reached the retirement age and have an officially recognized high level of special needs, or individuals with high-level disability, is EUR 4 236. The annual tax-exempt amount applicable to individuals who have a working capacity level of 30-55% or individuals who have reached retirement age and have an officially recognized level of medium or low special needs, or individuals with medium or low-level disability, is EUR 3 696. The tax allowance for disadvantaged is not included in the Taxing Wages calculations.

1.1.2.2. Non – standard tax reliefs applicable to income from employment

- Contributions to 3rd pillar pension funds, as well as additional voluntary health insurance contributions paid by the employer on behalf of an employee, are treated as non-taxable income (when such contributions combined do not exceed 25% of the gross wage).
- The following expenses incurred by a resident of Lithuania during the tax period may be deducted from his annual income (a total no more than 25% of annual income worth of expenses):
- Life insurance contributions paid for his own benefit or for the benefit of his spouse or minor children (adopted children) under life insurance contracts which provide for an insurance benefit not only upon the occurrence of an insurance event, but also upon the expiry of the term of the insurance contract.
- 2nd pillar pension contributions, paid by employees, exceeding 3% of taxable wage related income.
- Voluntary 3rd pillar pension contributions paid for his own benefit or for the benefit of his spouse or minor children (adopted children) to pension funds.

- Payments for studies (when the first higher education and/or qualification is obtained upon graduation, as well as doctoral studies and art post-graduate studies) made by studying residents of Lithuania. If the resident does not have annual income, the deduction of expenses from the income can be made by parents and/or spouse. If payments for studies are made with borrowed funds (a loan is taken out from a credit institution for that purpose), the repaid amount of the loan during the tax period may be deducted from income.
- Payments for repairs of housing (except renovation of multi-apartments), repairs of passenger cars and childcare services (made for one's own benefit or for the benefit of one's spouse).
- The deduction of expenses described above on life insurance and pension contributions applies only to expenses of up to a total of EUR 1 500 per year. The deduction of expenses for studies is unlimited, while expenses for services on housing / passenger car repairs and child care services are limited to EUR 2 000 per year.

1.1.3. Tax schedule

- A two-bracket progressive personal income tax rate system is applied on taxable wage related income: 20% applies for income equal to or below the threshold of 120 average wages per year (EUR 136 344 in 2019), 27% applies for income above the threshold. The tax is withheld by the employer at 20% rate from employee's wage and paid up to two times a month. The 27% rate is applied and the difference between 20% rate and 27% rate is paid by the employee once per year, when filing the annual income tax return.

1.2. Regional and local income tax

There are no regional or local income taxes.

2. Compulsory social security insurance system

The compulsory social security insurance system consists of the following types of social security contributions:

- pension insurance;
- health insurance;
- sickness insurance;
- maternity insurance;
- unemployment insurance;
- insurance from accidents at work and occupational diseases.

From 1 January 2019, the "ceiling" of social security contributions is introduced. The share of the wage above the "ceiling" is not subject to social security contributions (except Health insurance contributions). In 2019, the ceiling is set at 120 average wages per year (AW); in 2020 - 84 AW; as of 2021 - to 60 AW.

The AW applied to calculate the state social insurance contribution base is approved by the law of Approval on Budget Indicators of the State Social Insurance Fund for the relevant year. It is the average gross monthly earnings (including salary data for the sole proprietorships) published by the Statistics of Lithuania of Q3 and Q4 for the year before the previous year and Q1 and Q2 for the previous year.

2.1. Employees' contributions

Since 1 January 2019, the rate of the employee's social security contributions is 19.5%, as follows:

- pension insurance – 8.72%;
- health insurance – 6.98%;
- sickness insurance – 2.09%;
- maternity insurance – 1.71%.

Employees pay social security contributions from their gross wage (including basic wage, bonuses, premiums, additional pays, severance pays, compensations calculated for annual and special leave as well as the monetary compensations calculated for unused annual leave, allowances and other benefits). The assessment period is the calendar month.

2.2. Employers' contributions

Since 1 January 2019, the overall rate of the social security contributions of the employer's is 1.47%, as follows:

- unemployment insurance – 1.31% for termless employment contracts and 2.03% for fixed-term employment contracts;
- insurance from accidents at work and occupational diseases – the overall rate is 0.16% (this is the rate that is modelled). In practice four categories of employers are set according to their history of accidents at work and occupational diseases. The tariffs for each of these categories are:

Category	Rate of contribution (%)
Category I	0.14
Category II	0.36
Category III	0.70
Category IV	1.40

A minimum amount ("floor") of social security contributions is applied. Employers must calculate and pay employer's and employee's share of social security contributions from a base not lower than minimum monthly salary (MMS), which in 2019 is EUR 555. Exceptions apply in cases where:

- The person has more than one insurer in Lithuania during the respective period or is insured by the State for pension insurance;
- The person receives social insurance pension from the State Social Insurance Fund;
- The person is not older than 24 years;
- The person is disabled;
- The person receives allowance for maternity or paternity leave.

3. Payroll tax

Employers pay 0.16% of the gross wage to the Guarantee fund.

If a company goes bankrupt the Guarantee fund is used to satisfy employees' claims for their unpaid salaries, cash compensations for the unused annual leave, severance pay, pay for the damage caused by occupational accidents or diseases and payment for idle time.

Employers pay 0.16 % of the gross wage to the Long-term employment benefit fund.

The Long-term employment benefit fund is used for paying severance payments to long-tenure employees having lost jobs.

From 1 January 2019, the "ceiling", as described in the chapter 2. Compulsory social security insurance system", is also applied on the payroll tax.

Some employers are exempt from these taxes, namely the Lithuanian Central bank and budget institutions (exempt from both Guarantee and Long-term employment benefit funds contributions), political parties, trade unions, religious communities and societies (exempt from Guarantee fund contributions). Given that the model covers the private sector only (sectors B to N by ISIC Rev.4) and that the Guarantee fund and Long-term employment benefit fund contributions are paid by the majority of employers within those sectors, these contributions are included in the model.

4. Universal cash transfers

4.1. Transfers related to marital status

None.

4.2. Transfers for dependent children

Child benefits in Lithuania depend on the age and number of children as well as the size of income of the family. In 2018 a non means-tested universal child benefit was introduced for all families raising children up to 18 years of age and over, if he / she is studying under the general education curriculum, but not longer, until he / she reaches the age of 21. In 2019, the size of the universal child benefit is EUR 601.92 per child per year. Additional child benefit (EUR 241.68 per child per year, which is paid on top of the universal benefit) is granted if family's income per person per year did not exceed EUR 2 196 for families with up to two children. For families with three or more children the additional child benefit is paid regardless of the amount of family income.

5. Main changes in tax/benefit system since 2000

5.1. Tax system

- In 2000 the 3rd pillar private pension funds were introduced, allowing employees to voluntarily choose to accumulate for additional pension by taking part in the 3rd pillar private pension funds or negotiate it with employer as part of employment contract. Contributions to such funds are financed by employees themselves, if they chose to take part in pension scheme voluntarily or by the employer on behalf of the employee.
- In 2003 a possibility to deduct certain expenses from taxable annual income incurred by a resident of Lithuania was introduced.
- In 2004 the 2nd pillar pension system was introduced, allowing voluntary participation in the pension accumulation system which consists of a share of social security contributions paid by the employer, transferred to the pension fund on behalf of the employee.
- The personal income tax rate was lowered gradually from 33% to 27% as of 1 July 2006, then further to 24% in 2008 and again to 15% in 2009.
- In 2009 employee health insurance contributions were introduced together with a lower personal income tax rate.
- In 2009 a flat tax-exempt amount was replaced with a regressive tax exempt formula, gradually diminishing the tax-exempt amount at some level of income, therefore introducing an element of progressivity into taxation of wages.
- In 2014 the 2nd pillar pension system was modified. A possibility to increase the size of the private pension contribution was introduced by allowing employees to contribute additionally from their own gross wage with an additional contribution from the State.

- In 2017 the deduction of expenses described in *1.122.* on life insurance and voluntary 3rd pillar pension funds savings tax reliefs were given a "ceiling" and apply only to insurance premium of up to a total of EUR 2 000 per year.
- In 2018 the additional tax exempt amount (child allowance) was replaced by direct child benefits, which are paid without testing for family income.
- In 2018 a minimum amount ("floor") of social security contributions was established. Employers calculate and pay employer's share of social security contributions from a base not lower than MMS. As of 1 July 2018 employers must pay not only the employer's share, but also the employee's share of social security contributions from a base not lower than MMS.
- In 2019 a labour taxation reform was introduced. Most of the employer's SSC (a total of 28.9 p.p.) were shifted to the employee. The overall employer's SSC rate in 2018 was 30,5%, an aggregated of:

    pension insurance – 22.3%;

    health insurance – 3%;

    sickness insurance – 1.4%;

    maternity insurance – 2.2%;

    unemployment insurance – 1.4%;

    insurance from accidents at work and occupational diseases – 0,2%

  Starting from 1 January 2019 pension insurance, health insurance, sickness insurance and maternity insurance were shifted to the employee side (22,3%+3%+1,4%+2,2%=28,9%)
- This resulted in a gross salary increase by 28.9% (enforced by law), as well as recalculation of SSC, personal income tax and payroll tax rates accordingly to neutralize the shift. Moreover, a share of SSC, covering the general part of pension, was shifted to personal income tax to ensure a sustainable financing source for financing the general part of pension from the State budget. Finally, personal income tax and SSC rates were reduced by a total of 1.55 p.p. (in the new taxation system) to ensure that take home pay does not decrease in case a person decides to participate in the 2nd pillar pension system after the 2019 reform (which includes employee's contribution).
- In 2019, a two-bracket progressive taxation for labour income was introduced. The first bracket is taxed at 20%, while the second bracket – at 27% PIT rate (above the threshold of 120 average wages per year).
- In 2019, the ceiling for both employee's and employer's SSC (excluding health insurance contributions) and payroll taxes (contributions to the Guarantee fund and Long-term employment benefit fund) was introduced. It is applicable for the annual income above 120 average wages.

5.2. Benefit system

- Between 2000 and June 2004, the child benefits were paid for all children up to 3 years of age, provided that none of the parents received maternity (paternity) benefits. Families with three or more children, below a set threshold of income per family member, were given more generous benefits for children up to 3 years of age, as well as benefits for children from 3 years to 16 years of age.
- Between July 2004 and 2008, the child benefits were paid without testing family income. The range of the age of children for which the benefits were paid depended on the size of the family. Different age ranges were applied for families with three or more children (the top of the range remained 18 years throughout the period) and families with up to two children (the top of the age range was gradually increased from 7 years to 9 years in 2006, from 9 years to 12 years in 2007 and from 12 years to 18 years in 2008).

- In 2009, testing of family income was introduced for families with up to two children above 3 years of age.
- In 2010, the testing for the fact and the size of the maternity (paternity) benefit was introduced for children up to 2 years of age and testing of family income was extended to all children above 2 years of age.
- Between 2012 and 2016, testing of family income applied to all children and only in families with three or more children the child benefit was paid for children over 7 years of age.
- In 2017, testing of family income was abolished for families with three or more children regarding child benefits. Moreover, families with up to two children under 7 years of age were included in the means-tested child benefit scheme.
- In 2018, a universal child benefit replaced the abolished tax exempt amount for children. Universal child benefit is paid for every child from birth to the age of 18 years and over, if he / she is studying under the general education curriculum, but not longer, until he / she reaches the age of 21. Large and low-income families continue receiving the same level of additional child benefits (on top of the universal child benefits), as per legal regulation applicable since 2017.

6. Memorandum items

6.1. Average gross annual wage earnings calculation

The average gross wage is estimated by the Statistics Lithuania. For the purpose of this exercise the average annual earnings equal twelve average monthly gross wages in the industry sectors B–N by ISIC Rev.4 (private sector, including individual enterprises). The gross wage is monetary remuneration, which includes the basic wage, additional pays, overtime, compensations calculated for annual and special leave and payment for idle time.

6.2. Employer contributions to private pension and health schemes

2nd pillar private pension funds. Between 2004 and 2018, employees could voluntarily choose to participate in the pension accumulation system which in 2018 consisted of three types of contributions to the pension fund: (1) a share of social security contributions paid by the employer was transferred to the pension fund on behalf of the employee (2 p.p. from the total contribution paid by the employer); (2) an additional contribution of 2% deducted from the employee's gross wage to the pension fund; (3) another 2% of the Lithuanian average gross wage was transferred by the State. In total, if an employee chooses to participate in the pension accumulation system, roughly 6% (2+2+2) of gross wage was accumulated in the pension fund. However, the supplementary part of a social insurance pension will decrease for the period of participation in the accumulation of pensions depending on the amount of contributions paid. From 2019 all persons at age below 40, insured by social insurance, are enrolled in the 2nd pillar system with a possibility to opt-out. The procedure of auto-enrolment will be repeated every 3 years until the person reaches the age of 40. Pension accumulation system consists of two types of contributions to the private pension fund: (1) employee's contribution – 3% deducted from the employee's gross wage; (2) State's contribution – 1.5% of the Lithuanian average gross wage is transferred by the State on behalf of the employee. Therefore, the overall contribution to the private 2nd pillar pension funds is 4.5%, which corresponds to 6% (2+2+2) applicable before the tax reform of 2019.

3rd pillar private pension funds. Employees can voluntarily choose to accumulate for additional pension by taking part in the 3rd pillar private pension funds or negotiate it with employer as part of employment contract. Contributions to such funds are financed by employees themselves, if they chose to take part in pension scheme voluntarily or by the employer on behalf of the employee. Personal income tax relief related to the 3rd pillar contributions are applied (see section 1.1.2.2).

Additional voluntary health insurance. Employees can voluntarily choose to additionally insure their health for services and medicines that are not covered under the mandatory health insurance scheme. Contributions to such insurance schemes are financed by employees themselves and / or third parties on behalf of the employee (employer, family members, etc.). Personal income tax relief related to the contributions paid by the employers are applied (see section 1.1.2.2).

2019 Parameter values

Average earnings/yr	Ave_earn	14390	Secretariat estimate, with a multiplication coefficient applied to accommodate taxation of labour reform of 2019
Threshold for SSC ceilings	Threshold_SSC_ceilings	136344	
Allowances	Max_basic_al	3600	
	Threshold_max_basic_al	6660	
	Reduction_coeficient	0.15	
Income tax schedule	Tax_sch	0.20	136344
		0.27	
Tax credit	tax_cred	0	
Minimum threshold for employer SSC and payroll tax	SSC_PRT_employer_min	6660	
Employer's SSC	SSC_rate_empr1	0.0147	
	SSC_rate_empr2	0.2097	
Employer's payroll tax	PRT_rate_empr	0.0032	
Employee's SSC	SSC_rate_empee1	0.1252	
	SSC_rate_empee2	0.0698	
Universal Child benefits			
For each child	UCB	601.92	
Need-based child benefits			
for each child	CB	241.68	
Need-based family threshold			
each member	F_thrsh	2196	
Days in tax year	numdays	365	

2019 Tax equations

The equations for the Lithuanian system are mostly on an individual basis. But child benefit is only calculated once.

The functions which are used in the equations (Positive, MIN, etc) are described in the technical note about tax equations. Variable names are defined in the table of parameters above, within the equations table, or are the standard variables "married" and "children". A reference to a variable with the affix "_total" indicates the sum of the relevant variable values for the principal and spouse.

	Line in country table and intermediate steps	Variable name	Range	Equation
1	Earnings	earn		=Ave_earn
		earn_net	J	=earn_total-CG_tax_total-SSC_empee_total
2	Allowances	basic_al	B	=Positive(IF(earn<Max_basic_al;earn;IF(earn<Threshold_max_basic_al;Max_basic_al;Max_basic_al-Reduction_coefficient*(earn-Threshold_max_basic_al))))
3	Credits in taxable income	taxbl_cr	B	0
4	CG taxable income	tax_inc	B	=earn-basic_al
5	CG tax before credits	CG_tax_excl	B	=Tax(tax_inc,Tax_sch)
6	Tax credits (wastable)	tax_cr		0
7	CG tax	CG_tax	B	=Positive(CG_tax_excl-tax_cr)
8	State and local taxes	local_tax	B	0
9	Employees' soc security	SSC_empee	B	=IF(earn<Threshold_SSC_ceilings;earn*(SSC_rate_empee1+SSC_rate_empee2);(Threshold_SSC_ceilings*SSC_rate_empee1+earn*SSC_rate_empee2
10	Cash transfers	cash_trans	J	=Children*UCB+IF(earn_net<F_thrsh*(Married+1)+F_thrsh*Children;CB*Children;0)
11	Employer's wage dependent contributions and taxes			
12	Employer's soc security	SSC_empr	B	=IF(AND(earn>0;earn<SSC_employer_min);earn*SSC_rate_empr1+(SSC_employer_min-earn)*SSC_rate_empr2;IF(earn>Threshold_SSC_ceilings;Threshold_SSC_ceilings*SSC_rate_empr1;earn*SSC_rate_empr1))
13	Employer's payroll	PRT_empr	B	=IF(AND(earn>0;earn<SSC_employer_min);SSC_employer_min*PRT_rate_empr;IF(earn>Threshold_SSC_ceilings;Threshold_SSC_ceilings*PRT_rate_empr;earn*PRT_rate_empr))
14	Total	Cont_empr	B	=SSC_empr+PRT_empr

Key to range of equation B calculated separately for both principal earner and spouse P calculated for principal S calculated on the spouse J calculated once only on a joint basis.

Notes

[1] For Lithuania, the average wage estimate for 2019 is calculated on the basis of the percentage increase of 28.9% that was an obligatory coefficient set by law. This coefficient applied on employee's gross wage earnings at a national level due to reforms in the taxation of labour income in 2019, which are detailed in the country chapter for Lithuania.

Luxembourg

This chapter includes data on the income taxes paid by workers, their social security contributions, the family benefits they receive in the form of cash transfers as well as the social security contributions and payroll taxes paid by their employers. Results reported include the marginal and average tax burden for eight different family types.

Methodological information is available for personal income tax systems, compulsory social security contributions to schemes operated within the government sector, universal cash transfers as well as recent changes in the tax/benefit system. The methodology also includes the parameter values and tax equations underlying the data.

Luxembourg 2019

The tax/benefit position of single persons

	Wage level (per cent of average wage)	67	100	167	67
	Number of children	none	none	none	2
1.	**Gross wage earnings**	40 716	60 770	101 487	40 716
2.	**Standard tax allowances**				
	Basic allowance	480	480	480	480
	Married or head of family				
	Dependent children				
	Deduction for social security contributions and income taxes	4 499	6 715	11 214	4 499
	Work-related expenses	540	540	540	540
	Other	0	0	0	0
	Total	5 519	7 735	12 234	5 519
3.	**Tax credits or cash transfers included in taxable income**	0	0	0	0
4.	**Central government rounded taxable income (1 - 2 + 3)**	35 150	53 000	89 250	35 150
5.	**Central government income tax liability (exclusive of tax credits)**	4 188	10 996	26 123	2 838
6.	**Tax credits**				
	Basic credit	589	288	0	589
	Married or head of family				
	Children				
	Other	0	0	0	1 439
	Total	589	288	0	2 028
7.	**Central government income tax finally paid (5-6)**	3 599	10 708	26 123	810
8.	**State and local taxes**	0	0	0	0
9.	**Employees' compulsory social security contributions**				
	Gross earnings	4 982	7 479	12 548	4 982
	Taxable income				
	Total	4 982	7 479	12 548	4 982
10.	**Total payments to general government (7 + 8 + 9)**	8 581	18 187	38 671	5 792
11.	**Cash transfers from general government**				
	For head of family				
	For two children	0	0	0	7 614
	Total	0	0	0	7 614
12.	**Take-home pay (1-10+11)**	32 135	42 584	62 815	42 537
13.	**Employer's compulsory social security contributions**	5 623	8 392	14 015	5 623
14.	**Average rates**				
	Income tax	8.8%	17.6%	25.7%	2.0%
	Employees' social security contributions	12.2%	12.3%	12.4%	12.2%
	Total payments less cash transfers	21.1%	29.9%	38.1%	-4.5%
	Total tax wedge including employer's social security contributions	30.7%	38.4%	45.6%	8.2%
15.	**Marginal rates**				
	Total payments less cash transfers: Principal earner	40.6%	51.1%	49.6%	46.4%
	Total payments less cash transfers: Spouse	n.a.	n.a.	n.a.	n.a.
	Total tax wedge: Principal earner	47.8%	57.0%	55.7%	52.9%
	Total tax wedge: Spouse	n.a.	n.a.	n.a.	n.a.

Luxembourg 2019

The tax/benefit position of married couples

		Wage level (per cent of average wage)	100-0	100-67	100-100	100-67
		Number of children	2	2	2	none
1.	**Gross wage earnings**		60 770	101 487	121 541	101 487
2.	**Standard tax allowances**					
	Basic allowance		480	960	960	960
	Married or head of family					
	Dependent children					
	Deduction for social security contributions and income taxes		6 715	11 214	13 430	11 214
	Work-related expenses		540	1 080	1 080	1 080
	Other		0	4 500	4 500	4 500
		Total	7 735	17 754	19 970	17 754
3.	**Tax credits or cash transfers included in taxable income**		0	0	0	0
4.	**Central government rounded taxable income (1 - 2 + 3)**		53 000	83 700	101 550	83 700
5.	**Central government income tax liability (exclusive of tax credits)**		4 018	12 870	20 136	12 870
6.	**Tax credits**					
	Basic credit		288	878	577	878
	Married or head of family					
	Children					
	Other		0	0	0	0
		Total	288	878	577	878
7.	**Central government income tax finally paid (5-6)**		3 730	11 992	19 559	11 992
8.	**State and local taxes**		0	0	0	0
9.	**Employees' compulsory social security contributions**					
	Gross earnings		7 479	12 461	14 958	12 461
	Taxable income					
		Total	7 479	12 461	14 958	12 461
10.	**Total payments to general government (7 + 8 + 9)**		11 209	24 454	34 517	24 454
11.	**Cash transfers from general government**					
	For head of family					
	For two children		7 614	7 614	7 614	0
		Total	7 614	7 614	7 614	0
12.	**Take-home pay (1-10+11)**		57 175	84 647	94 638	77 033
13.	**Employer's compulsory social security contributions**		8 392	14 015	16 785	14 015
14.	**Average rates**					
	Income tax		6.1%	11.8%	16.1%	11.8%
	Employees' social security contributions		12.3%	12.3%	12.3%	12.3%
	Total payments less cash transfers		5.9%	16.6%	22.1%	24.1%
	Total tax wedge including employer's social security contributions		17.3%	26.7%	31.6%	33.3%
15.	**Marginal rates**					
	Total payments less cash transfers: Principal earner		33.0%	46.3%	51.1%	46.3%
	Total payments less cash transfers: Spouse		32.5%	46.3%	51.1%	46.3%
	Total tax wedge: Principal earner		41.1%	52.8%	57.0%	52.8%
	Total tax wedge: Spouse		40.7%	52.8%	57.0%	52.8%

The national currency is the Euro (EUR). In 2019, EUR 0.89 equalled USD 1. The Secretariat has estimated that in that same year the average worker earned EUR 60 770 (Secretariat estimate).

1. Personal income tax system

1.1. Taxes levied by central government

1.1.1. Tax unit

Spouses and partners are taxed jointly on their income. The income of minor children is included in determining the couple's taxable income. However, any earned income that children may derive from work is excluded from joint taxation.

From 2018 onwards, there is the option to file separate tax returns for married couples and civil partners.

1.1.2. Tax reliefs and tax credits

1.1.2.1. Standard reliefs in the form of deductions from income

- Wage-earners are entitled to a standard minimum deduction of EUR 540 for work-related expenses other than travel, unless their actual deductible expenses are higher. This deduction is doubled for spouses taxed jointly.
- The first 4 distance units (i.e. 4 * 99 = EUR 396 per year) of the lump sum deduction for travel expenses between a taxpayer's home and his working places are abolished. The maximum deduction will be limited to EUR 2 574 per year.
- Like other taxpayers, wage-earners having no special expenses (interest charges, insurance premiums or contributions other than for social security) may take a standard deduction of EUR 480 for special expenses. Actual insurance premiums are deductible up to the limit set by law.
- If both spouses have earned income and are taxed jointly, they qualify for an earned income allowance of EUR 4 500.
- Social security contributions: contributions paid to compulsory health insurance and pension schemes are deductible in full.
- Dependency insurance: the dependency contribution is not deductible for income tax purposes.

1.1.2.2. Standard reliefs in the form of tax credits

- Wage-earners and pensioners receive a refundable tax credit. The tax credit will increase progressively until it is capped at EUR 600 per year for taxpayers earning between EUR 11 265 and EUR 40 000. Between EUR 40 000 and EUR 80 000, the tax credit will decline progressively. Over EUR 80 000, the tax credit is 0.
- Single-parents receive a refundable tax credit. The tax credit will be increased to EUR 1 500 per year for taxpayers earning up to EUR 35 000. Between EUR 35 000 and EUR 105 000, the tax credit will decline progressively. Over EUR 105 000 the tax credit is EUR 750 like in the past.
- A new tax credit for social minimum wage earners was introduced in January 2019. The tax credit is fixed to EUR 70 per month for employees earning a monthly gross wage between EUR 1 500 and EUR 2 500. For employees with monthly gross wages between EUR 2 500 and EUR 3 000, the tax credit declines progressively. Employees with monthly gross wages higher than EUR 3 000 will not benefit anymore from the tax credit. This tax credit come on top of the already existing tax credit for employees.

1.1.2.3. Non-standard allowances deductible from taxable income

- Interest charges are deductible insofar as they are not considered operating expenses or acquisition expenses, and provided they are unrelated economically to the exempt income.
- Taxpayers may deduct premiums paid to insurers licensed in an EU country in respect of life, death, accident, disability, illness or liability insurance, as well as dues paid to recognised mutual assistance companies.
- From 2017 onwards, the deductibility of interest charges and for insurance and legal responsibility is aggregated under one category and limited to EUR 672.
- Payments to an insurance company or credit institution in respect of an individual retirement scheme are deductible. These payments are capped at EUR 3 200 and must meet certain investment policy constraints.
- Contributions to building society savings are deductible up to the limit of EUR 672. If the taxpayer is under 40 years old, this limit will be double to EUR 1 344.
- Interest charges in respect of the rental value of owner-occupied housing are deductible only up to an annual ceiling. During the first five years, the ceiling is EUR 2 000; for the following five years it is EUR 1 500; thereafter it is EUR 1 000. These ceilings are increased by an equal amount for the taxpayer's spouse/partner, and for each qualifying child.
- As from 1 January 2009, the maximal deduction of premium related to the mortgage life insurance on the taxpayer's principal residence is EUR 6 000. This ceiling is increased by an equal amount for the taxpayer's spouse/partner and by 1 200 for each qualifying child. For taxpayers over the age of 30, the allowable deduction of EUR 6 000 is increased by 8% (e.g. EUR 480) for each year over 30, with a ceiling of 160%.
- Upon request, taxpayers may be granted exemptions for extraordinary expenses that are unavoidable, and that considerably reduce their ability to pay taxes (e.g. uninsured health care costs, support for needy relatives, uninsured funeral costs beyond the taxpayer's means, domestic or childcare expenses, expenses for children outside the taxpayer's household, or expenses for children in a single-parent household).
- The deductibility for domestic costs is set at EUR 5 400.
- A EUR 5 000 tax allowance will be granted for the purchase of an electric or hydrogen-powered car. A EUR 2 500 tax allowance will be granted for the purchase of a rechargeable hybrid car, when CO2 emissions do not exceed 50g/km. The tax allowance is EUR 300 for the purchase of a pedelec or bicycle.
- From 2019 onwards, self-employed have the possibility to deduct premiums paid into a supplementary pension scheme for the self-employed as special expenses, as well as a flat-rate and final discharge. The financing of supplementary pension schemes is deductible up to 20% of annual income.

1.1.3. Tax schedule reliefs

Income tax is determined on the basis of the following schedule (amounts in Euros):

0% for the portion of income up to 11 265
8% for the portion of income between 11 265 and 13 137
9% for the portion of income between 13 137 and 15 009
10% for the portion of income between 15 009 and 16 881
11% for the portion of income between 16 881 and 18 753
12% for the portion of income between 18 753 and 20 625
14% for the portion of income between 20 625 and 22 569
16% for the portion of income between 22 569 and 24 513
18% for the portion of income between 24 513 and 26 457
20% for the portion of income between 26 457 and 28 401
22% for the portion of income between 28 401 and 30 345
24% for the portion of income between 30 345 and 32 289
26% for the portion of income between 32 289 and 34 233
28% for the portion of income between 34 233 and 36 177
30% for the portion of income between 36 177 and 38 121
32% for the portion of income between 38 121 and 40 065
34% for the portion of income between 40 065 and 42 009
36% for the portion of income between 42 009 and 43 953
38% for the portion of income between 43 953 and 45 897
39% for the portion of income between 45 897 and 100 002
40% for the portion of income between 100 002 and 150 000
41% for the portion of income between 150 000 and 200 004
42% for the portion of income exceeding 200 004

The income tax liability of single taxpayers is determined by applying the above schedule to taxable income.

The income tax liability of married taxpayers and partners corresponds to double the amount obtained if the above schedule is applied to half of their income (class 2).

For widow(er)s, taxpayers with a dependent child allowance and persons over 64 years of age (class 1a), tax is calculated as follows: the schedule is applied to adjusted taxable income reduced by half of the difference between that amount and EUR 45 060, with the marginal tax rate capped at 39% for the portion of income between EUR 37 842 and EUR 100 002, 40% for the portion of income between EUR 100 002 and EUR 150 000, 41% for the portion of income between EUR 150 000 and EUR 200 004, and 42% for the portion of income exceeding EUR 200 004.

Income tax as determined by the applicable schedules is subject to a 7% "solidarity" surtax to finance the employment fund. The rate is 9% for the taxable income exceeding EUR 150 000 (tax classes 1 and 1a), respectively EUR 300 000 (tax class 2).

1.1.4. Income exemptions

A taxpayer may claim a deduction for a dependent child under 21 years of age who is not part of the household. This deduction is allowed for expenses actually incurred but may not exceed EUR 4 020.

1.2. Local (municipal) taxes

No particular income tax is levied by municipalities, which receive a direct share of the income tax revenue collected by the State. This share is equal to 18% of tax revenue.

2. Compulsory social security contributions to schemes operated within the government sector

	Employer's share (%)	Employee's share (%)	Ceiling on contributions (in euros)
a) Pension and disability insurance	8	8	124 266
b) Health insurance	3.05	3.05	124 266
c) Dependency insurance		1.4	Monthly allowance 517.78 *
d) Health in the workplace	0.11		
e) Accident insurance	0.80		

(Monthly allowance: EUR 517.78 = 0.25 social minimum salary / 12). The social minimum salary in 2019 is equal to EUR 24 853.20.

No distinction is made according to family status or gender.

As from 1 January 2009 the differences in social security contributions between workers and employees are abolished.

The temporary budget balancing tax, the "impôt d'équilibrage budgétaire temporaire" (IEBT), introduced in 2015, is abolished from 1 January 2017.

Employers must make payments to the Employers' Mutual Insurance Scheme. This scheme provides insurance for employers against the financial cost of continued payment of salaries or wages to workers who become incapacitated. Employers are required to pay the remuneration of an employee who is unable to work until the end of the month in which the seventy-seventh day of incapacitation occurs within a reference period of twelve successive calendar months. The Scheme is administered by a Board of Directors which is mainly composed of employer representatives (Chamber of Commerce, Chamber of Trade, Chamber of Agriculture and Federation of Independent Intellectual Workers). Employer contributions depend on the rate of "financial absenteeism" within the company, and range from 0.41 % to 2.79 %. A representative rate of 1.85 % is used in the Taxing Wages calculations.

3. Universal cash transfers

3.1. For married persons

None.

3.2. For dependent children

Every child raised in the Grand Duchy entitles the person on whom the child is dependent to a monthly family allowance. Family allowances are adjusted regularly for the cost of living.

There has been a reform of the family allowance system in 2016.

For families that are eligible for family allowance before 1 August 2016, the old system remains, and the amounts for 2019 are

Effective date	As of 1 July 2006
1 eligible child	EUR 185.60
2 eligible children	EUR 440.72
3 eligible children	EUR 802.74

Starting with the fourth eligible child, the allowance is raised by EUR 361.82 per child.

Additionally, a child bonus amounting to EUR 76.88 per child per month is paid in cash irrespective of the taxable income of the parents as from 1 January 2009. This amount is paid by the National Family Benefits Administration.

For children born on or after 1 August 2016, the child bonus amounting to EUR 76.88 per child per month has been abolished and incorporated in the new higher amounts:

Effective date	As of 1 August 2016
1 eligible child	EUR 265
2 eligible children	EUR 530
3 eligible children	EUR 795

The amounts indicated above (under the old regime as well as under the new regime) are increased by EUR 20 for children aged 6 to 11 and by EUR 50 for those aged 12 years or older. These new additional amounts, depending on the children's age, are applicable for all children and are replacing the amounts of EUR 16.17 respectively EUR 48.52 from 1 August 2016 onwards.

4. Main changes since 2008

4.1. Partnerships

The Act of 9 July 2004 introduced the notion of partnerships into tax law. The Act construes the term "partnership" as a relationship between two persons, called "partners", of opposite sex or the same sex, who live together as a couple and declare themselves as such.

As from 1 January 2008, the fiscal treatment of the partnerships is modified. The deduction for extraordinary expenses is replaced by the joint taxation of partners as it already exists for spouses.

4.2. Introduction of tax credits

The following changes were made as of 1 January 2017:

- The existing tax credit of EUR 300 for employees, self-employed people and pensioners will be increased progressively until it is capped at EUR 600 per year for taxpayers earning between EUR 11 265 and EUR 40 000. For taxpayers earning between EUR 40 000 and 80 000, the tax credit will decline progressively. Taxpayers earning more than EUR 80 000 will not benefit anymore from the tax credit.
- The existing tax credit of EUR 750 for single parents with children will be increased to EUR 1 500 per year for taxpayers earning up to EUR 35 000. For taxpayers earning between EUR 35 000 and EUR 105 000, the tax credit will decline progressively. For taxpayers earning more than EUR 105 000, the tax credit will remain at its current level of EUR 750.

The following changes were made as of 1 January 2019:

- A new tax credit for social minimum wage earners was introduced. The tax credit is fixed to EUR 70 per month for employees earning a monthly gross wage between EUR 1 500 and EUR 2 500. For employees with monthly gross wages between EUR 2 500 and EUR 3 000, the tax credit declines progressively. Employees with monthly gross wages higher than EUR 3 000 will not benefit anymore from the tax credit.

This tax credit come on top of the already existing tax credit for employees.

5. Memorandum item

5.1. Identification of the average worker

Average gross hourly wages by industry and by gender are determined on the basis of biannual surveys on industry wages and working hours. These surveys cover gross compensation for regular hours (working hours + leave time) plus overtime pay. Hourly wages include bonuses and allowances such as premiums for output, production or productivity. In contrast, non-periodic compensation (bonuses, profit-sharing) that is not paid systematically in each pay period is not included. Nevertheless, in order to allow for comparisons between countries, gross annual pay is adjusted on the basis of average non-periodic compensation as calculated from triennial surveys of labour costs.

Regarding working hours, the time taken into account is the time effectively offered, including regular working hours, overtime, night shifts and work on Sunday.

2019 Parameter values

Average earnings/yr	Ave_earn	60 770	Secretariat estimate
Tax allowances: general	gen_dedn	480	
professional expenses	prof_exp	540	
travel expenses	travel_exp	0	
extra if both spouses earning	extra_dedn	4 500	
Low earner allowance	allow_1		
Low earner allowance (couples)	allow_2		
Class 1a limit	cl_1a_lim	45 060	
Tax schedule	tax_sch	0	11 265
		0.08	13 137
		0.09	15 009
		0.10	16 881
		0.11	18 753
		0.12	20 625
		0.14	22 569
		016	24 513
		0.18	26 457
		0.20	28 401
		0.22	30 345
		0.24	32 289
		0.26	34 233
		0.28	36 177
		0.30	38 121
		0.32	40 065
		0.34	42 009
		0.36	43 953
		0.38	45 897
		0.39	100 002
		0.40	150 000
		0.41	200 004
		0.42	
Child credit maximum	ch_cred	0	
Social Minimum Salary	min_salary	24 853.20	
Multiplier for unemployment	unemp_rate_1	1.07	
	Unemp_rate_2	1.09	
	Unemp_lim	150 000	
Social security contributions	SSC_rate	0.1105	
	SSC_ceil	124 266	
	infirm	0.014	
	infirm_abatement	0.25	
Employer contributions	workhealth	0.0011	
	SSC_empr	0.1105	
	SSC_acc	0.008	
	empr_mutual	0.020	
Child benefit (1 child)	CB_1	185.6	
2 children	CB_2	440.72	
extra age 6-11	CB_ex	20	
extra age above 11		50	
Child bonus	ch_bonus	922.50	
Worker tax credit	wtc_basic_1	300	
	wtc_basic_2	600	
	wtc_incomelim_1	936	

	wtc_incomelim_2	11 265
	wtc_incomelim_3	40 000
	wtc_incomelim_4	80 000
	wtc_incr_rate	0.029044438
	wtc_decr_rate	0.015
Single parent tax credit	sptc_basic_1	1500
	sptc_basic_2	750
	sptc_incomelim_1	35 000
	sptc_incomelim_2	105 000
	sptc_decr_rate	0.010714286
Minimum wage tax credit	smwtc_basic	840
	smwtc_incomelim_1	18 000
	smwtc_incomelim_2	30 000
	smwtc_incomelim_3	36 000
	smwtc_decr_rate	0.14
Class 1a Discount	discount	0.50
Maximum Marginal Rate	max_rate	0.42

2019 Tax equations

The equations for the Luxembourg system are on a joint basis except for social security contributions. The functions which are used in the equations (Taper, MIN, Tax etc) are described in the technical note about tax equations. Variable names are defined in the table of parameters above, within the equations table, or are the standard variables “married” and “children”. A reference to a variable with the affix “_total” indicates the sum of the relevant variable values for the principal and spouse. And the affixes “_princ” and “_spouse” indicate the value for the principal and spouse, respectively. Equations for a single person are as shown for the principal, with “_spouse” values taken as 0.

	Line in country table and intermediate steps	Variable name	Range	Equation
1.	Earnings	earn		
2.	Allowances:			
	Basic	basic	J	IF(earn_spouse='0,' 1, 2)*gen_dedn
	work-related	work_rel	J	IF(earn_spouse='0,' 1, 2)*(prof_exp)
	Other	other_al	J	(earn_spouse>0)*extra_dedn
	Total	tax_al	J	min(basic+work_rel+other_al+SSC_ded_total, earn)
3.	Credits in taxable income	taxbl_cr	J	0
	family quotient	quotient	J	1+Married
4.	CG taxable income unadjusted taxable income	tax_inc	J	earn-tax_al
5.	CG tax before credits	tax_excl	J	((Children=0)*IF(Married='0,Tax(tax_inc,' tax_sch), quotient*Tax(tax_inc/quotient, tax_sch)) + (Children>0)*IF(Married='0,' Taxclass1a(tax_inc, tax_sch, discount, cl_1a_lim, max_rate), quotient*Tax(tax_inc/quotient, tax_sch)))*IF(tax_inc>unemp_lim*(1+Married,unemp_rate_2,unemp_rate_1)
6.	Tax credits :	worker_cr	J	Positive(IF(earn_princ>wtc_incomelim_1,wtc_basic_1+(Positive(MIN(earn_princ, wtc_incomelim_2)-wtc_incomelim_1)*wtc_incr_rate)-(Positive(earn_princ-wtc_incomelim_3)*wtc_decr_rate),0))+ Positive(IF(earn_spouse>wtc_incomelim_1,wtc_basic_1+(Positive(MIN(earn_spouse,wtc_incomelim_2)-wtc_incomelim_1)*wtc_incr_rate)-(Positive(earn_spouse-wtc_incomelim_3)*wtc_decr_rate),0))
		monoparent_cr	J	IF(AND(Married=0,Children>0),IF(earn<sptc_incomelim_1,sptc_basic_1,sptc_basic_1-((MIN(earn,sptc_incomelim_2)-sptc_incomelim_1)*sptc_decr_rate)),0)
		Minimum wage credit	J	if (earn_p> smwtc_incomelim_1,if (earn_p< smwtc_incomelim_2,smwtc_basic,Positive(smwtc_incomelim_3 -earn_p)*smwtc_decr_rate),0) + if (earn_s> smwtc_incomelim_1,if (earn_s< smwtc_incomelim_2,smwtc_basic,Positive(smwtc_incomelim_3 -earn_s)*smwtc_decr_rate),0)
		tax_cr	J	worker_cr+monoparent_cr+minimum wage credit
7.	CG tax	CG_tax	J	tax_excl-tax_cr
8.	State and local taxes	local_tax	J	0
9.	Employees' soc security	SSC	B	SSC_rate*MIN(earn, SSC_ceil)+infirm*Positive(earn-infirm_abatement*min_salary)+()
	deductible portion	SSC_ded	B	SSC_rate*MIN(earn, SSC_ceil)
11.	Cash transfers	cash_trans	J	((Children='1)*(CB_1+CB_ex)+' (Children=2)*(CB_2+2*CB_ex))*12+Children*ch_bonus
13.	Employer's soc security	SSC_empr	B	(SSC_empr+workhealth)*MIN(earn, SSC_ceil)+SSC_acc*MIN(earn,SSC_ceil)+empr_mutual*MIN(AA7,SSC_ceil)

Key to range of equation B calculated separately for both principal earner and spouse P calculated for principal only (value taken as 0 for spouse calculation) J calculated once only on a joint basis.

Mexico

This chapter includes data on the income taxes paid by workers, their social security contributions, the family benefits they receive in the form of cash transfers as well as the social security contributions and payroll taxes paid by their employers. Results reported include the marginal and average tax burden for eight different family types.
Methodological information is available for personal income tax systems, compulsory social security contributions to schemes operated within the government sector, universal cash transfers as well as recent changes in the tax/benefit system. The methodology also includes the parameter values and tax equations.

Mexico 2019

The tax/benefit position of single persons

	Wage level (per cent of average wage)	67	100	167	67
	Number of children	none	none	none	2
1.	**Gross wage earnings**	88 189	131 626	219 815	88 189
2.	**Standard tax allowances**				
	Basic allowance	2 897	3 076	3 438	2 897
	Married or head of family				
	Dependent children				
	Deduction for social security contributions and income taxes				
	Work-related expenses				
	Other				
	Total	2 897	3 076	3 438	2 897
3.	**Tax credits or cash transfers included in taxable income**	0	0	0	0
4.	**Central government taxable income (1 - 2 + 3)**	85 292	128 550	216 377	85 292
5.	**Central government income tax liability (exclusive of tax credits)**	6 329	12 473	30 697	6 329
6.	**Tax credits**				
	Basic credit	3 042	0	0	3 042
	Married or head of family				
	Children				
	Other	0	0	0	0
	Total	3 042	0	0	3 042
7.	**Central government income tax finally paid (5-6)**	3 287	12 473	30 697	3 287
8.	**State and local taxes**	0	0	0	0
9.	**Employees' compulsory social security contributions**				
	Gross earnings	1 102	1 802	3 257	1 102
	Taxable income				
	Total	1 102	1 802	3 257	1 102
10.	**Total payments to general government (7 + 8 + 9)**	4 389	14 274	33 954	4 389
11.	**Cash transfers from general government**				
	For head of family				
	For two children	0	0	0	0
	Total	0	0	0	0
12.	**Take-home pay (1-10+11)**	83 800	117 352	185 862	83 800
13.	**Employers' compulsory social security contributions**	12 056	15 326	22 061	12 056
14.	**Average rates**				
	Income tax	3.7%	9.5%	14.0%	3.7%
	Employees' social security contributions	1.3%	1.4%	1.5%	1.3%
	Total payments less cash transfers	5.0%	10.8%	15.4%	5.0%
	Total tax wedge including employer's social security contributions	16.4%	20.1%	23.2%	16.4%
15.	**Marginal rates**				
	Total payments less cash transfers: Principal earner	12.1%	19.5%	22.9%	12.1%
	Total payments less cash transfers: Spouse	n.a.	n.a.	n.a.	n.a.
	Total tax wedge: Principal earner	17.5%	25.2%	28.4%	17.5%
	Total tax wedge: Spouse	n.a.	n.a.	n.a.	n.a.

Mexico 2019

The tax/benefit position of married couples

	Wage level (per cent of average wage)	100-0	100-67	100-100	100-67
	Number of children	2	2	2	none
1. **Gross wage earnings**		131 626	219 815	263 252	219 815
2. **Standard tax allowances**					
Basic allowance		3 076	5 973	6 151	5 973
Married or head of family					
Dependent children					
Deduction for social security contributions and income taxes					
Work-related expenses					
Other					
	Total	3 076	5 973	6 151	5 973
3. **Tax credits or cash transfers included in taxable income**		0	0	0	0
4. **Central government taxable income (1 - 2 + 3)**		128 550	213 843	257 101	213 843
5. **Central government income tax liability (exclusive of tax credits)**		12 473	18 802	24 945	18 802
6. **Tax credits**					
Basic credit		0	3 042	0	3 042
Married or head of family					
Children					
Other		0	0	0	0
	Total	0	3 042	0	3 042
7. **Central government income tax finally paid (5-6)**		12 473	15 759	24 945	15 759
8. **State and local taxes**		0	0	0	0
9. **Employees' compulsory social security contributions**					
Gross earnings		1 802	2 904	3 604	2 904
Taxable income					
	Total	1 802	2 904	3 604	2 904
10. **Total payments to general government (7 + 8 + 9)**		14 274	18 663	28 549	18 663
11. **Cash transfers from general government**					
For head of family					
For two children		0	0	0	0
	Total	0	0	0	0
12. **Take-home pay (1-10+11)**		117 352	201 152	234 703	201 152
13. **Employers' compulsory social security contributions**		15 326	27 382	30 651	27 382
14. **Average rates**					
Income tax		9.5%	7.2%	9.5%	7.2%
Employees' social security contributions		1.4%	1.3%	1.4%	1.3%
Total payments less cash transfers		10.8%	8.5%	10.8%	8.5%
Total tax wedge including employer's social security contributions		20.1%	18.6%	20.1%	18.6%
15. **Marginal rates**					
Total payments less cash transfers: Principal earner		19.5%	19.5%	19.5%	19.5%
Total payments less cash transfers: Spouse		5.0%	12.1%	19.5%	12.1%
Total tax wedge: Principal earner		25.2%	25.2%	25.2%	25.2%
Total tax wedge: Spouse		16.4%	17.5%	25.2%	17.5%

The national currency is the peso (MXN). In 2019, MXN 19.22 were equal to USD 1. That year, the estimated earnings of the average worker are MXN 131 626 (Secretariat estimate).

1. Personal Income Tax

1.1. Central government income tax

1.1.1. Tax unit

Each person is taxed separately.

1.1.2. Tax allowances and tax credits

1.1.2.1. Standard tax reliefs

There are two basic allowances, a yearly holiday bonus and an end-of-year bonus.

- Holiday Bonus: Mexico's Labour Law stipulates a minimum holiday bonus of 25% of six days of the worker's wage. The maximum exemption according to the Tax Law is equivalent to 15 UMAs.[1]
- End-of-year bonus: The minimum end-of-year bonus established in the Labour Law is 15 days of the worker's wage. The Tax Law exempts end-of-year-bonuses up to 30 UMAs.

1.1.2.2. Main non-standard tax reliefs

Deductions:

- Compulsory school transportation costs.
- Medical expenses (doctor, dental, psychology and nutrition fees and hospital expenses): For expenses made by the taxpayer on behalf of his or her spouse and straight line relatives, the deduction is allowed only if the taxpayer´s relative earns less than the minimum annual wage.
- Complementary contributions of certain retirement accounts are considered eligible as long as they do not exceed 10% of taxable income and MXN 154 110 (5 annual UMAs).
- Funeral expenses: for the spouse and straight-line relatives up to 1 annual UMA.
- Charitable donations made to institutions such as:
    - Federal, state, and municipal governments.
    - Non-profit organisations involved in the fields of social beneficence, education, culture, and research and technology.
- Deposits on special savings accounts, payments of insurance premium of pension plans, and for the acquisition of shares of investment societies as long as they do not exceed MXN 152 000.
- Health insurance premiums for individuals, if the beneficiary is the taxpayer, and/or his family.
- Real interest expenditure of mortgage loans if the value of the property does not exceed MXN 4 694 720. Real interest expenditure is defined as the excess of interest expense over the inflation rate.
- Deduction of taxpayer's educational expenditures for himself, on behalf of his/her spouse, parents or children, among others, for the following educational levels.

Educational Level	Maximum Annual Deduction (MXN)
Kinder Garden	14 200
Primary Education	12 900
Secondary Education	19 900

Technical Profession	17 100
High School	24 500

Since 2016, the limit amount for personal deductions was increased. The new limit is the minimum between 15% of taxpayer's gross income and an amount equivalent to 5 annual UMAs (MXN 154 110 in 2019). The limit does not apply to private school´s tuition, charity donations, complementary contributions to retirement´s personal accounts, professional fees, and medical expenses in the event of incapacity or disability.

1.1.2.3. Employment subsidy credit

The employment subsidy credit is decreasing on workers´ income and is assigned based on a table of income brackets. For monthly income higher than MXN 7 382 no employment subsidy credit is given. Employees with an income tax lower than the credit receive in cash the difference along with their salary. The rest of the workers that receive the credit are entitled to a reduction in their tax burden. The employment subsidy credit is paid by the employers who may credit it against their tax liabilities; the credit therefore represents a fiscal cost for the government.

1.1.3. Tax schedule and other tables

1.1.3.1. Tax schedule

Taxable income (MXN)		Fixed quota (MXN)	Tax on the amount in excess of the lower limit (%)
Lower Limit	Upper Limit		
0.01	6 942.20	0.00	1.92
6 942.21	58 922.16	133.28	6.40
58 922.17	103 550.44	3 460.01	10.88
103 550.45	120 372.83	8 315.57	16.00
120 372.84	144 119.23	11 007.14	17.92
144 119.24	290 667.75	15 262.49	21.36
290 667.76	458 132.29	46 565.26	23.52
458 132.30	874 650.00	85 952.92	30.00
874 650.01	1 166 200.00	210 908.23	32.00
1 166 200.01	3 498 600.00	304 204.21	34.00
3 498 600.01	And over	1 097 220.21	35.00

The income tax schedule are updated once the accumulated inflation reaches 10%. The last updated was in 2018.

1.1.3.2. Employment subsidy credit table

For annual taxable income in a certain income range, the employment subsidy credit is given in the third column of the following table:

Lower limit (MXN)	Upper limit (MXN)	Tax credit (MXN)
0.0	21 227.52	4 884.24
21 227.53	31 840.56	4 881.96
31 840.57	41 674.08	4 879.44
41 674.09	42 454.44	4 713.24
42 454.45	53 353.80	4 589.52
53 353.81	56 606.16	4 250.76
56 606.17	64 025.04	3 898.44
64 025.05	74 696.04	3 535.56
74 696.05	85 366.80	3 042.48

85 366.81	88 587.96	2 611.32
88 587.97	And Over	0.00

1.2. State and local income taxes

States do not levy taxes on income.

1.3. Payroll taxes

Mexico does not have a Federal pay-roll tax. However, most States apply a state pay-roll tax with an average rate of 2.41 %. These taxes are not considered in this Report since there are a wide range of practices with respect to the definition of the tax base that does not allow obtaining a reliable estimation.

2. Compulsory Social Security Contributions to Schemes Operated within the Government Sector

2.1. Employees' contributions

Social security contributions are divided as follows:

For sickness and maternity insurance, 0.625% of the workers monthly wage, plus 0.40% of the amount in excess of 3 UMAs. For disability and life insurance, 0.625% of the monthly wage.

In 2019, a ceiling of 25 UMAs applies to the salary that is used to calculate the social security contributions.

2.2. Employers' contributions

- For sickness and maternity 20.40% of the UMA, plus 1.10% of the amount in excess of 3 UMAs, plus 1.75% of the monthly wage.
- For disability and life insurance, 1.75% of worker's monthly wage.
- For social services and nursery, 1% of worker's monthly wage.
- For insurance for work injuries of employees, 2.037% of worker's monthly wage.[2]

In 2019, a ceiling of 25 UMAs applies to the salary that is used to calculate the social security contributions.

3. Universal Cash Transfers

3.1. Transfers related to marital status

None.

3.2. Transfers for dependent children

None.

4. Main Changes in the Tax/Benefit System since 1995

The Social Security Law enacted in July 1997 changed fundamentally the financing of non-government employees' social security, which shifted from a pay-as-you-go scheme to funded individual accounts. The government does not manage these accounts; new private financial institutions were created specifically for this purpose. However, the contractual obligation is between the workers and the government, not with the private administrator of the funds, because legally they are still considered as contributions to social security, independently of who manages the funds. It should be noted that the federal government also contributes to each pension account, and guarantees a minimum pension to every beneficiary of the social security system, independently of the administration of the funds as well.

5. Memorandum Items

5.1. Method used to identify an average worker and to calculate his gross earnings

The income data refer to average workers. It should be noted that in the sample used for this survey, medium and large size firms are over-represented. In Mexico, there are no state or local government income taxes. Information on non-standard tax reliefs is not available.

Figures for 1999 and subsequent years cannot be compared with preliminary figures from previous editions of this publication for two reasons: first, the wage level of the average worker is now based on observed data instead of being estimated; second, social security contributions taken into account no longer include contributions made by employers and employees to privately managed individual accounts. Contributions no longer included in the calculation of social security contributions are specified in the table below.

5.2. Main employees' and employers' contributions to private pension, health, etc. schemes

	Account	% of workers' monthly wage
Employers' contributions	Retirement	2.00
	Discharge and old age insurance	3.15
	Housing Fund (INFONAVIT)	5.00
Employees' contributions	Discharge and old age insurance	1.125

2019 Parameter values

Average earnings/yr	Ave_earn	131 626	Secretariat estimate	
Unit of Measure and Update	UMA	84.49		
Income tax	tax_table	0.00	0	0.0192
		6 942.21	133.28	0.0640
		58 922.17	3 460.01	0.1088
		103 550.45	8 315.57	0.1600
		120 372.84	11 007.14	0.1792
		144 119.24	15 262.49	0.2136
		290 667.76	46 565.26	0.2352
		458 132.30	85 952.92	0.3000
		874 650.01	210 908.23	0.3200
		1 166 200.01	304 204.21	0.3400
		3 498 600.01	1 097 220.21	0.3500
Tax credit basic	Basic_crd	0.0	4 884.24	
		21 227.53	4 881.96	
		31 840.57	4 879.44	
		41 674.09	4 713.24	
		42 454.45	4 589.52	
		53 353.81	4 250.76	
		56 606.17	3 898.44	
		64 025.05	3 535.56	
		74 696.05	3 042.48	
		85 366.81	2 611.32	
		88 587.97	0.00	
Employees SSC	SSC_rate	0.0125		
	SSC_rate_sur	0.0040		
Employers SSC	SSC_empr	0.06537		
	SSC_empr_min	0.2040		
	SSC_empr_sur	0.0110		

2019 Tax equations

The equations for the Mexican system in 2019 are on an individual basis.

The functions which are used in the equations (Taper, MIN, Tax etc) are described in the technical note about tax equations. Variable names are defined in the table of parameters above, within the equations table, or are the standard variables "married" and "children". A reference to a variable with the affix "_total" indicates the sum of the relevant variable values for the principal and spouse. And the affixes "_princ" and "_spouse" indicate the value for the principal and spouse, respectively. Equations for a single person are as shown for the principal, with "_spouse" values taken as 0.

	Line in country table and intermediate steps	Variable name	Range	Equation
1.	Earnings	earn		
2.	Allowances	tax_al	B	MIN(earn, MIN(earn*(6/365)*0.25, UMA*15)+ MIN(earn*(15/365), UMA*30))
3.	Credits in taxable income	taxbl_cr	B	0
4.	CG taxable income	tax_inc	B	Positive(earn-tax_al)
5.	CG tax before credits	CG_tax_excl	B	Tax(tax_inc, Tax_sch)
6.	Tax credits	tax_cr	B	VLOOKUP(tax_inc, Basic_crd, 2)
7.	CG tax	CG_tax	B	CG_tax_excl-tax_cr
8.	State and local taxes	local_tax	B	0
9.	Employees' soc security	SSC	B	MIN(earn*ssc_rate, UMA*25*365*ssc_rate)+MIN(Positive(earn-(3*365*UMA))*ssc_rate_sur, UMA*(25-3)*365*ssc_rate_sur)
11.	Cash transfers	cash_trans	B	0
13.	Employer's soc security	SSC_empr	B	MIN(earn*ssc_empr, UMA*25*365*ssc_empr)+365*UMA*ssc_empr_min +MIN(Positive(earn-(3*365*UMA))*ssc_empr_sur, UMA*(25-3)*365*ssc_empr_sur)
	Memorandum item: Non-wastable tax credit			
	tax expenditure component	taxexp	B	tax_cr-transfer
	cash transfer component	transfer	B	IF(CG_tax<0, -CG_tax, 0)

Key to range of equation B calculated separately for both principal earner and spouse P calculated for principal only (value taken as 0 for spouse calculation).

Notes

[1] For 2019, the value of the UMA is 84.49, mean while the general minimum wage is 102.68 and 176.72 in the northern border region. The municipalities constituting the northern border region are as follows: Ensenada, Playas de Rosarito, Tijuana, Tecate and Mexicali in the state of Baja California; San Luis Río Colorado, Puerto Peñasco, General Plutarco Elías Calles, Caborca, Altar, Sáric, Nogales, Santa Cruz, Cananea, Naco and Agua Prieta in the state of Sonora; Janos, Ascensión, Juárez, Praxedis G. Guerrero, Guadalupe, Coyame del Sotol, Ojinaga and Manuel Benavides in the state of Chihuahua; Ocampo, Acuña, Zaragoza, Jiménez, Piedras Negras, Nava, Guerrero and Hidalgo in the state of Coahuila de Zaragoza; Anáhuac in the state of Nuevo León, and Nuevo Laredo; Guerrero, Mier, Miguel Alemán, Camargo, Gustavo Díaz Ordaz, Reynosa, Río Bravo, Valle Hermoso and Matamoros in the state of Tamaulipas.

[2] The amount of the work injury fee depends on the risk level in which the company is classified. The Mexican Institute of Social Security provided a weighted average rate that considers the economic activities from C to K of the International Standard Classification.

Netherlands

This chapter includes data on the income taxes paid by workers, their social security contributions, the family benefits they receive in the form of cash transfers as well as the social security contributions and payroll taxes paid by their employers. Results reported include the marginal and average tax burden for eight different family types.

Methodological information is available for personal income tax systems, compulsory social security contributions to schemes operated within the government sector, universal cash transfers as well as recent changes in the tax/benefit system. The methodology also includes the parameter values and tax equations.

Netherlands 2019

The tax/benefit position of single persons

	Wage level (per cent of average wage)	67	100	167	67
	Number of children	none	none	none	2
1.	**Gross wage earnings**	35 643	53 198	88 841	35 643
2.	**Standard tax allowances:**				
	Basic allowance				
	Married or head of family				
	Dependent children				
	Deduction for social security contributions and income taxes	0	0	0	0
	Work-related expenses				
	Other				
	Total	0	0	0	0
3.	**Tax credits or cash transfers included in taxable income**	0	0	0	0
4.	**Central government taxable income (1 - 2 + 3)**	34 359	50 899	84 482	34 359
5.	**Central government income tax liability (exclusive of tax credits)**	3 311	9 613	24 589	3 311
6.	**Tax credits :**				
	Basic credit				
	Married or head of family				
	Children				
	Other				
	Total	1 262	809	92	1 973
7.	**Central government income tax finally paid (5-6)**	2 049	8 804	24 497	1 339
8.	**State and local taxes**	0	0	0	0
9.	**Employees' compulsory social security contributions**				
	Gross earnings	0	0	0	0
	Taxable income (net of credits)	5 607	6 998	9 202	3 483
	Total	5 607	6 998	9 202	3 483
10.	**Total payments to general government (7 + 8 + 9)**	7 656	15 802	33 699	4 821
11.	**Cash transfers from general government**				
	For head of family				
	For two children	0	0	0	6 536
	Total	0	0	0	6 536
12.	**Take-home pay (1-10+11)**	27 986	37 396	55 142	37 358
13.	**Employers' compulsory social security contributions**	4 319	6 398	7 030	4 319
14.	**Average rates**				
	Income tax	5.7%	16.5%	27.6%	3.8%
	Employees' social security contributions	15.7%	13.2%	10.4%	9.8%
	Total payments less cash transfers	21.5%	29.7%	37.9%	-4.8%
	Total tax wedge including employer's social security contributions	30.0%	37.3%	42.5%	6.5%
15.	**Marginal rates**				
	Total payments less cash transfers: Principal earner	46.4%	46.4%	54.4%	52.8%
	Total payments less cash transfers: Spouse	n.a.	n.a.	n.a.	n.a.
	Total tax wedge: Principal earner	52.1%	52.1%	54.4%	57.8%
	Total tax wedge: Spouse	n.a.	n.a.	n.a.	n.a.

Netherlands 2019

The tax/benefit position of married couples

	Wage level (per cent of average wage)	100-0	100-67	100-100	100-67
	Number of children	2	2	2	none
1.	**Gross wage earnings**	53 198	88 841	106 396	88 841
2.	**Standard tax allowances:**				
	Basic allowance				
	Married or head of family				
	Dependent children				
	Deduction for social security contributions and income taxes	0	0	0	0
	Work-related expenses				
	Other				
	Total	0	0	0	0
3.	**Tax credits or cash transfers included in taxable income**	0	0	0	0
4.	**Central government taxable income (1 - 2 + 3)**	50 899	85 258	101 799	85 258
5.	**Central government income tax liability (exclusive of tax credits)**	9 613	12 924	19 226	12 924
6.	**Tax credits :**				
	Basic credit				
	Married or head of family				
	Children				
	Other				
	Total	971	2 782	2 314	2 071
7.	**Central government income tax finally paid (5-6)**	8 642	10 143	16 912	10 853
8.	**State and local taxes**	0	0	0	0
9.	**Employees' compulsory social security contributions**				
	Gross earnings	0	0	0	0
	Taxable income (net of credits)	6 499	10 481	11 857	12 605
	Total	6 499	10 481	11 857	12 605
10.	**Total payments to general government (7 + 8 + 9)**	15 141	20 623	28 769	23 458
11.	**Cash transfers from general government**				
	For head of family				
	For two children	2 281	2 148	2 148	0
	Total	2 281	2 148	2 148	0
12.	**Take-home pay (1-10+11)**	40 338	70 365	79 775	65 382
13.	**Employers' compulsory social security contributions**	6 398	10 717	12 796	10 717
14.	**Average rates**				
	Income tax	16.2%	11.4%	15.9%	12.2%
	Employees' social security contributions	12.2%	11.8%	11.1%	14.2%
	Total payments less cash transfers	24.2%	20.8%	25.0%	26.4%
	Total tax wedge including employer's social security contributions	32.3%	29.3%	33.1%	34.3%
15.	**Marginal rates**				
	Total payments less cash transfers: Principal earner	52.8%	46.4%	46.4%	46.4%
	Total payments less cash transfers: Spouse	15.8%	46.4%	46.4%	46.4%
	Total tax wedge: Principal earner	57.8%	52.1%	52.1%	52.1%
	Total tax wedge: Spouse	24.9%	52.1%	52.1%	52.1%

The national currency is the Euro (EUR). In 2019, EUR 0.89 was equal to USD 1. In that year, the average worker earned EUR 53 198 (Secretariat estimate).[1]

1. Personal Income Tax System (Central Government)

1.1. Central government income tax

There are three categories ('boxes') of taxable income:

- Taxable income from work and owner-occupied housing;
- Taxable income from a substantial interest in a limited liability company;
- Taxable income from savings and investments.

This description is limited to the most relevant aspects of taxable income from the first category, 'taxable income from work and owner-occupied housing', because of its relevance for the AW.

1.1.1. Tax unit

Husbands and wives are taxed separately on their personal income, which includes income from business, profession and employment, pensions and social security benefits. Certain parts of income may be freely split between husbands and wives, such as the net-income from owner occupied housing and the income from savings and investments.

1.1.2. Tax allowances

1.1.2.1. Standard allowances

1.1.2.2. Non-standard allowances applicable to AW

Related to wage earnings:

- For distances of more than 10 km between home and work, fixed amounts for travel expenses with public transportation are deductible. The maximum deduction for employees who travel by public transport is EUR 2 116 for distances of more than 80 km. If the travel expenses are reimbursed or the employer provides transport, there is no deduction; the reimbursement is untaxed (also for employees who travel by car) if it is below certain specified amounts.
- Employee contributions to private (company provided) pension schemes.
- Related to owner occupied housing:
  - Excess of mortgage interest over net imputed rent.
- Related to personal circumstances:
  - Medical expenses and other exceptional expenses: Fiscal deduction of exceptional health expenses is reduced to the specific costs as a result of a chronic illness. As specific costs are seen medical treatment (not paid for by insurance company), diet costs, special medicine described by a doctor, extra domestic care, special expenses for clothing and transportation costs. Visual tools and insurance premiums are not seen as specific costs and are therefore not deductible. Expenses for wheelchairs, scooters for the disabled and home adjustments made because of a chronic illness are not deductible.
- All expenses except for medical treatment expenses may be increased by a factor. This factor is income and age dependent. The factor amounts to 1.4 if the person is below the legal pension age and has an income on or below EUR 34 817. The factor amounts to 2.13 if the person is on

or above the legal pension age and has an income on or below EUR 34 817. People with an income above EUR 34 817 cannot apply the factor.

- For a single person: the specific expenses (after multiplication with the factor) in excess of 1.65% of income are deductible if income exceeds EUR 7 739 and is below EUR 41 107. If income is lower than or equal to EUR 7 739, the non-deductible limit is EUR 133. For a person with a partner: the joint income is used to determine the non-deductible amounts and the non-deductible limit is EUR 266.
- If income exceeds EUR 41 107 the specific expenses in excess of 1.65% of EUR 41 107 increased with 5.75% of income above EUR 41 107 are deductible.
- Some educational expenses: in direct connection with vocational education. Expenses above the threshold of EUR 250 are deductible. Expenses above EUR 15 000 are not deductible.
- Donations to certain institutions (charity) that serve the public good are deductible if in excess of 1% of the income and in excess of EUR 60. No more than 10% of the income may be deducted in this way.

1.1.3. Tax schedule

The tax schedule for income from work and owner-occupied housing is as follows:

Taxable Income (EUR)	Tax Rate (%)	Social security contributions	
		< 65 years	> 65 years
0–20 384	9.0	27.65	9.65
20 384–34 300	10.45	27.65	9.65
34 300–68 507	38.10	-	-
68 507 and over	51.75		-

The contributions for the general social security schemes are levied on income from work and owner-occupied housing in the first and second income tax bracket. These social security contributions are not deductible for income tax purposes. Individuals of 65 years and older pay 9.65% (for widows and orphans pensions, and exceptional medical expenses). Individuals younger than 65 years and a few month pay 27.65%, (for widows and orphans pensions, exceptional medical expenses, and old age income provision). For further information see Section 2.1.

1.1.4. Tax credits

1.1.4.1. Standard tax credits

The tax credits are deducted partly from the income tax liability and partly from the contributions that are made to the general social security schemes (see Section 1.13). For most families, the share of the credit attributed to tax is related to the ratio of the tax rate to the sum of the tax rate and the social security contributions rate in the first bracket of the tax schedule. In 2019, this ratio was 24.56% (= 9.00% / (9.00% + 27.65%), implying that 24.56% of the (tax) credit is attributed to the personal income tax and the remaining 75.44% to social security contributions. If the individual's total tax credit is higher than the total tax and social security contributions levied on the first tax bracket, the shares of the residual amount of the tax credit that are attributed to the personal income tax and social security contributions are based on the rates in the second tax bracket in order that the employee can benefit from the full amount of the credit where the level of income allows it. As a result, the ratio of the tax rate to the sum of the tax rate and social security contribution rates is increased to 27.43% for the residual amount in 2019 (i.e. 10.45%/(27.65%+10.45%)).

Division of credits for tax and social security contributions is essential in the OECD publications. In the Netherlands no division is made in the general tax scheme between tax and SSC.

Note that the tax/benefit position tables show the total amount of social security contributions net of the credits that are claimed.

- General tax credit: The general tax credit is dependent on income since 2014, meaning that higher incomes receive less general tax credit. Since 2016, the general tax credit is fully phased out, meaning that higher incomes receive no general tax credit. In 2019, the maximum of the general tax credit is EUR 2 477 when no reduction is applicable (people who are on or above the legal pension age receive less general tax credit, because they do not pay social contributions for the state pension) and taxable income is below or equal to EUR 20 384. For incomes above this threshold, the general tax credit is fully phased out at a rate of 5.147% (per euro). So incomes above EUR 68 507 receive no general tax credit. The transfer of the general tax credit of the spouse to the principal will diminish with 6.67%-points per year in the period 2009-2023, such that in 15 year time the general tax credit for a non-working (or a low earning) spouse cannot be capitalised against the tax paid by the principal. In 2019, 26.67% of the general tax credit can be transferred.
- This reduction of the transfer of the general tax credit started in 2009. In 2023, the general tax credit can only be capitalised against the tax and social security contributions paid on own earned income. In 2012, a reduction of the general tax credit for non-working spouses born after 31 December 1962 and before 1 January 1972 is introduced. The reduction will be equal to the reduction of non-working spouses born before 1 January 1963 in year 2015. For Household types in the Taxing Wages model no difference is made between year of birth before 1963 or after 1963, idem before or after 1972. For that reason, the additional reduction of the general tax credit is not added to the Taxing Wages model.
- Work credit: The amount of work credit depends on taxable income from work and is phased in on two trajectories; the first one runs from EUR 0 to EUR 9 694. On this first trajectory, work credit equals 1.754% of taxable income from work. On the second trajectory, which runs from EUR 9 694 to EUR 20 940, the work credit equals EUR 170 plus 28.712% of the part of income that is above EUR 9 694. So at an income of EUR 20 940, the maximum of EUR 3 399 is reached. The work credit stays at its maximum to an income of EUR 34 060. After this threshold, the work credit is fully phased out at a rate of 6.0% (per euro) so that incomes above EUR 90 710 receive no work credit. 2016 is the first year in which higher incomes receive no work credit.
- Income dependant combination credit: A taxpayer who is either a single parent and working or the working partner with the lowest income, and who has children below the age of 12 and has his/her taxable income from work exceeding EUR 4 993, is entitled to an income dependent combination credit of 11.45% of taxable income from work above EUR 4 993. The maximum total combination credit is EUR 2 835 and reached at an income level of EUR 29 753.
- Single parent credit: abolished since 2015.
- Additional single parent credit: abolished since 2015.
- Elderly tax credit: individuals above the pension age receive a tax credit of EUR 1 596 if their income is below EUR 36 783. This tax credit is gradually phased out to 0 at a rate of 15.0% for incomes above EUR 36 783. Individuals above the pension age who do not have a partner receive an additional tax credit of EUR 429 that is not income dependent.

The amount of the tax credit is limited to the amount of tax and premiums payable (non-refundable tax credit). If, however, a taxpayer with insufficient income to fully exploit his/her tax credit has a partner with a surplus of tax and premiums payable over his/her own tax credit, the tax credit of the former taxpayer is increased by (at most) the surplus tax and premiums payable by his/her fiscal partner. The cap for this increase is at 26.67% of sum of the general tax credit, the work credit and the income dependent combination credit. As a consequence, the tax credit of the former taxpayer will exceed tax and premiums payable, resulting in a payout of the residual tax credit to the taxpayer by the tax authority.

1.2. State and local income taxes

None.

2. Compulsory Social Security Contributions to Schemes Operated Within the Government Sector

2.1. Employees' contributions

General schemes (for everyone earning income from (former) employment)

- Old age pension: The age is adjusted such that elderly will receive Old Age (state) pension at the age of 66 years and 4 months old in 2019 and at 67 years old in 2024. The Old age premium percentage is 17.9% of taxable income in the first and second tax bracket. This scheme does not apply to individuals above the current pension age.
- Widows and orphans pension: 0.10% of taxable income in the first and second tax bracket.
- Long-term care: 9.65% of taxable income in the first and second tax bracket.

Schemes for employees:

- Unemployment: 0% of the gross earnings below EUR 55 927 (this contribution is only for the general unemployment fund); employees do not have to pay an unemployment premium in order to reduce administration costs. Employers pay both an unemployment premium and a premium for invalidity for their employees (see par.2.2).
- For basic health insurance each adult pays an average amount of EUR 1 384 a year to a self-chosen private health insurance company. This premium is a non-tax compulsory payment and it is not included in the Taxing Wages calculations but only in the NTCP calculations.
- Employees might obtain compensation for the nominal contribution of on average EUR 1 384 for the basic health insurance, depending on the household's personal situation and taxable income. This is called the health care benefit. This benefit is included in the NTCP calculations as it compensates for the basic health insurance premium of on average EUR 1 384 (see www.oecd.org/ctp/taxingwages for more details on non-tax compulsory payments as well as the Special Feature in the 2009 edition of the *Taxing Wages* Report). The care benefit is calculated as follows:
    - Single parent households: 1609 – 2.005% * 20 941–13.52% * (taxable income – 20 941)
    - Married couples: number of adults * 1609 – 4.315% *20 941– 13.52% * (taxable income principal and spouse – 20 941).

2.2. Employers' contributions

Schemes for employers:

- Unemployment: 3.60% of gross earnings below EUR 55 927 for the general unemployment fund and a contribution on average of 0.77% of gross earnings below EUR 55 927 for the industrial insurance associations redundancy payments fund;
- Invalidity: 8.20% of gross earnings below EUR 55 927;

- For medical care employers contribute 6.95% of gross earnings net of employees' pension premiums and unemployment social security contributions until a maximum of gross earnings of EUR 55 927. This contribution is modelled as a NTCP from the employer to the Health Care Fund. The spending of this fund mainly compensates private insurance companies for their (public) obligation to insure individuals with a high health risk.

3. Universal Cash Transfers

3.1. Transfers related to marital status

None.

3.2. Transfers for dependent children

Families with children receive a tax free benefit, depending on the number and age of the children. For a family with two children in the age group of 6 to 12 years, the total benefit amounts to EUR 2 148 a year.

An additional income dependent child benefit exists for low-income families (kindgebonden budget). This benefit also depends on the number of children per family. A family can only claim the extra child benefit when it has children under the age of 18 years old for whom it also receives the tax free and income independent child benefit. The maximum value is EUR 1 166 per year for families with one child in 2019. The maximum value is EUR 2 155 a year for families with two children. The benefit is reduced at a rate of 6.75% per euro when the family's yearly taxable income exceeds EUR 20 941 and is completely phased out for families with two children when the taxable income exceeds EUR 52 867. As from 2015 an extra benefit for single parents is introduced (independent of the number of children and the age of the children) which amounts to EUR 3 139 per year in 2019. This amount is also phased out at a rate of 6.75%.

4. Main Changes in the Tax/Benefit Systems Since 2000

In 2001, the tax system was changed thoroughly. The tax rates have been lowered; the basic allowance and its supplements have been transformed into tax credits. The deduction for labour costs has also been replaced by a tax credit. Certain other deductions have been reduced or abolished. Extra tax credits for households with children were introduced.

In 2002 and 2003 the tax system was only slightly changed. The additional combination credit was introduced in 2004. The various child credits were integrated and streamlined in 2006.

Public insurance for medical care has been reformed in 2006. A new standard health insurance system was introduced. Until 2005, no public health insurance contributions were levied on income in excess of EUR 33 000. However, taxpayers earning more than EUR 33 000 were obliged to take a private insurance. These private health insurance contributions were not included in the Taxing Wages calculations because they were made to a privately-managed fund (and are therefore not taxes). Since 2006, every individual contributes a nominal contribution to a privately-managed fund (on average EUR 1 064, depending on the competition between insurance companies, a year in 2009) and, in addition for employees, a percentage of gross income (6.9%) net of employees' pension premiums and unemployment social security contributions until a maximum of gross income of EUR 32 369 (in 2009). For this last contribution, the employee receives mandatory compensation of his employer for the same amount. The premium itself, however, is not modelled (either as an employee or employer SSC) in Taxing Wages. Instead it is modelled as a non-tax compulsory payment from the employer to a public-managed health insurance fund. The spending of this fund mainly compensates private insurance companies for their (public) obligation to insure individuals with a high health risk. Taxpayers might obtain compensation for the nominal contribution to the private insurance company of on average EUR 1 064 in 2009, depending on the households personal situation and taxable income. This is called the health care benefit and is part of the NTCP (see Section 2.1).

In 2007, the tax system has not been changed, except for some parameter updates. In 2008, the child credit has been replaced by an extra child benefit.

In 2009, the general tax credit will be reduced for non-working spouses in order to cut down the capitalization of this tax credit in 2024. A non-working spouse can in 2024 capitalise the general tax credit only against his/her own earned income. In 2009 the employment credit is extended for income exceeding EUR 42 509. This credit will be reduced by maximum EUR 24, whereas the employment credit is increased for lower incomes. The income dependant combination credit is introduced in order to promote the labour participation of single parents or partners of married workers. The income-dependent combination credit has been increased considerably. The extra child benefit depends on the total income of the family and the number of children per family. The income-dependent child benefit is higher when more children under the age of 18 years are member of the family. As from 2009 onwards, employees do not have to pay an unemployment premium mainly to reduce administration costs for employers. Employers pay now both an unemployment premium and a premium for invalidity for their employees (see also par. 2.2).

In 2013, the income base for SSC and Income-Tax is harmonised. Standardising or harmonisation of the income tax base for levying SSC and Taxes is introduces in 2013 and is called the Law "WUL" i.e. Harmonising the income base for SSC and Taxes (see publication CPB the Netherlands). So, the income tax base is since 2013 exclusive the income dependant health care contribution and employees will no longer have to pay taxes over income dependant health care contributions, instead they pay a higher tax rate in the first tax bracket and mainly Work credit is adjusted. The tax rate in the first tax bracket has been increased from 1.95% to 5.85% and the Work credit is reduced for employees with a higher income such that the effect of this harmonisation is budgetary neutral.

The main adjustment in 2014 is the General tax credit which is made income dependent. Higher income will receive less general credit and the reduction is 2% per euro of income between EURO 56 495 and EURO 19 645 per year. See also par 1.141.

In 2015, the child arrangements are reduced from 10 items to 4 items. For that reason Single parent credits have stopped. Cash transfers for parents with children and low income increase. And for single parents with children an extra cash benefit of EUR 3 050 is introduced to compensate the loss of single parent credits.

Not all child arrangements are part of the TW model because these are quite specific arrangements for disabled children and parents with low income with children.

Long term health care is modernised. The SSC rate for (AWBZ Dutch) reduced with 3% to 9.65% of taxable income. The tax rates in the first two brackets are raised with 3% because Social spending is still used but now for other general social purposes.

In 2016, as part of a EUR 5 billion package of tax reductions on work, the general tax credit and the work credit were phased out fully, meaning that higher incomes no longer receive the general tax credit and the work credit.

Multiple tax credits were increased and made more income dependent in 2019. The working credit is increased, but phased out at a faster rate of 6% (instead of 3.6%). The combination credit starts at EUR 0 instead of EUR 1052, but increases with 11.45% instead of 6.159%. The elderly tax credit has been increased and is now gradually phased out at a rate of 15%, instead of a sudden drop of more than EUR 1 300 above a threshold income. Also, a first step has been made to unify the tax rates in the first three brackets. These three brackets will be combined into one new bracket in 2021.

5. Memorandum Items

5.1. Identification of the AW and calculation of the AW's gross earnings

The calculation of the annual gross earnings of an AW is based upon data on gross earnings of full time workers in industry C-K. These data have been obtained through a yearly sample survey carried out by the Central Bureau of Statistics. Included in the AW annual salary are irregular payments, such as holiday allowances, loyalty payments and bonuses. Payments for working overtime are not included. However, the CBS has stopped carrying out the 'employment and wages' survey in July 2006 due to new legislation. On Inquiry at the Central Bureau of Statistics (CBS) the information from the wage declarations by employers, delivered nowadays at the tax department, will be implemented by the CBS for the new survey about employment and wages. These changes produced a delay in delivery of the information on wages and employment for 2006.

On the base of new information on wages per industry sector, the AW is delivered to EUROSTAT in November 2009 by the CBS for years 2006 and 2007. The standard classification NACE Rev. 1 for industrial sectors C-K is used.

The new classification NACE Revision 2 (sectors B-N) will be applicable as from 2008 onwards. The estimation of the AW for 2008 according to the new classification is applicable at the beginning of May 2010. The AW for 2009 is available since November 2010. For 2008 the average annual gross earnings (full-time NACE REV 2) comes to EUR 43 146, for 2009 EUR 44 412, and EUR 45 215 in 2010. The latest information according to Eurostat is an AW in 2011 of EUR 46 287 (NACE Rev 2).

No new data is found on EU site http://epp.eurostat.ec.europa.eu/portal/page/portal/statistics/search_database.

The average wages from 2012 onwards include the private and the public sectors, since values on the private sectors only (sectors B to N) are not available. The values were provided by Statistics Netherlands.

5.2. Main employers' contributions to private pension, health and related schemes

In addition to the obligatory contributions of employees to private insurance companies, all employers pay contributions to a public-managed health fund. More information is included in the Special Feature where the contributions to the public-managed health funds are also presented.

Employers have to pay at least 70% of the gross wage of their sick employees for two years. Many employers have insured themselves privately for the risks of their employees being sick. This insurance for illness of their employees is not compulsory.

2019 Parameter values

Average earnings/yr	Ave_earn	53 198	Secretariat estimate
minimum wage	min_wage	21 046	
Social security contributions	SSC_ceil	55 927	
Employees' schemes	Unemp_rate1	0	
	Unemp_franchise1	0	
Medical care	Med_rate	0,0695	
	Med_limit	999 999	
	Med_ceil	55 927	
	Med_adult	1384	
	Med_child	0	
	Med_compensation1	0,02005	
	Med_compensation2	0,13520	
	Med_compenation 3	0,04315	
	Med_compensation 4	0,13520	
	Med_key	2 0941	
	Med_adult for care benefit	1 609	
General schemes	Old_rate	0,179	0,2765
	Wid_rate	0,001	
	Ex_med_rate	0,0965	0,2456
	Gen_Schemes_thrsh	34 300	0,2743
	Unemp_empr1	0,036	
	Unemp_empr2	0,0077	
	Unemp_unempr_franchise1	0	
	Unemp_unempr_franchise2	0	
	Inv_empr_rate	0,0820	
	Inv_empr_franchise	0	
	Med_empr	0,0695	
	Med_franchise	0	
Payroll tax	Extra_wage_tax	0	
	EWT_threshold	0	
Tax schedule	Tax_sch	0,0900	20384
	"tax_sch_lowest"	0,1045	34300
	"tax_thrsh_1"	0,381	68507
	"tax_sch_2"	0,5175	
Tax credits	Gen_credit_1	2 477	
	Gen_credit_2	0	
	Gen_credit1_thr	20 V384	
	Gen_credit2_thr	68 507	
	Gen_credit_per	0,05147	
	Red_gen_credit	661	
	Emp_credit1	170	
	Emp_credit2	3 229	
	Emp_credit3	0	
	Emp_credit1_thr	9 694	
	Emp_credit2_thr	20 940	
	Emp_credit3_thr	34 060	
	Emp_credit4_thr	90 710	
	Comb_credit	0	
	Comb_credit_franchise	4 993	
	add_comb_credit	0	
	income_dependant_comb_credit1	0	
	income_dependant_comb_credit_max	2835	

Family cash transfers	income_dependant_comb_par_credit_per	0,1145	
	Sing_par_credit	0	
	Ex_sing_par_credit_per	0	
	Ex_sing_par_credit_max	0	
	Ch1_trans	1 074	
	Ch2_trans	2 148	
	Child_ben_1child	1 166	
	Child_ben_2children	2 155	
	Extra_cash_sing_par	3 139	
	Child_ben_redn	0,0675	
	Child_ben_ceil	20 941	
Non-tax compulsory payments	dummyNTCP	0	
	NTCP_pension_ee	0,0578	
	NTCP_pension_er	0,1101	
	NTCP_pension_franchise	13 429	
	NTCP_pension_max	107 593	

2019 Tax equations

The equations for the tax system in the Netherlands in 2019 are repeated for each individual of a married couple. Tax credits, except a part of the general credit of the spouse, depend also on the tax paid by the principal if the spouse's income is zero or very low, and the cash transfers are calculated only once. The functions which are used in the equations (Taper, MIN, Tax etc) are described in the technical note on the tax equations. Due to the adjustment of the work credit in 2016, the function Emp_credit(Value) was altered in 2016. Variable names are defined in the table of parameters above, within the equations table, or are the standard variables "married" and "children". A reference to a variable with the affix "_total" indicates the sum of the relevant variable values for the principal and spouse. And the affix "_spouse" indicates the value for the spouse. No affix is used for the principal values. Equations for a single person are as shown for the principal, with "_spouse" values taken as 0.

	Line in country table and intermediate steps	Variable name	Range	Equation
1.	Earnings (gross)	gr_earn		
	Earnings (net)	earn	B	gr_earn
2.	Social security contributions	SSC_al	B	SSC_f(earn,Unemp_rate1,SSC_ceil,Unemp_franchise1)
3.	Credits in taxable income	taxbl_cr	B	MIN(earn-SSC_al, Med_ceil)*Med_rate
4.	CG taxable income	tax_inc	B	earn-SSC_al
5.	CG tax before credits	CG_tax_excl / tax_liable	B	Tax(tax_inc,Tax_sch)
6.	Tax credits	tax_cr	P	MIN(CG_tax_excl+SSC_taxinc,IF((tax_inc<Gen_credit1_thr),Gen_credit_1,(Gen_credit_1-MIN(Gen_credit_per*(Gen_credit2_thr-Gen_credit1_thr),Gen_credit_per*(tax_inc-Gen_credit1_thr)))))+Emp_credit(tax_inc)+IF(AND(Children>0,tax_inc>Comb_credit_franchise),IF(Married='0,income_dependant_comb_credit1+MIN(income_dependant_comb_credit_max-income_dependant_comb_credit1,income_dependant_comb_par_credit_per*(tax_inc' - Comb_credit_franchise)),0)
		tax_cr_spouse	S	IF(Married>0,MIN(CG_tax_excl_spouse+SSC_taxinc_spouse+CG_tax_excl+SSC_taxinc-tax_cr,IF(tax_inc_spouse>0,IF((tax_inc_spouse<Gen_credit1_thr),Gen_credit_1,(Gen_credit_1-MIN(Gen_credit_per*(Gen_credit2_thr-Gen_credit1_thr),Gen_credit_per*(tax_inc_spouse-Gen_credit1_thr)))),Red_gen_credit)+Emp_credit(tax_inc_spouse)+IF(AND(Children>0,tax_inc_spouse>Comb_credit_franchise),income_dependant_comb_credit1+MIN(income_dependant_comb_credit_max-income_dependant_comb_credit1,income_dependant_comb_par_credit_per*(tax_inc_spouse - Comb_credit_franchise)),0)),0)
		tax_cr_inc	B	IF(tax_cr>Tax_thrsh_1*SUM(Old_rate+Wid_rate+Ex_med_rate+tax_sch_lowest),(tax_sch_2/SUM(Old_rate+Wid_rate+Ex_med_rate+tax_sch_2))*(tax_cr-(SUM(Old_rate+Wid_rate+Ex_med_rate+tax_sch_lowest)*Tax_thrsh_1))+(tax_sch_lowest/SUM(Old_rate+Wid_rate+Ex_med_rate+tax_sch_lowest))*(Tax_thrsh_1*SUM(Old_rate+Wid_rate+Ex_med_rate+tax_sch_lowest)),tax_sch_lowest/SUM(Old_rate+Wid_rate+Ex_med_rate+tax_sch_lowest)*tax_cr)
7.	CG tax	CG_tax	B	tax_liable-tax_cr_inc
8.	State and local taxes	local_tax	B	0
9.	Employees' soc security' based on earnings	SSC_earn	P	SSC_f(earn,Unemp_rate1,SSC_ceil,Unemp_franchise1)
		SSC_earn_spouse	S	SSC_f(earn_spouse,Unemp_rate1,SSC_ceil,Unemp_franchise1)
	Based on taxable income	SSC_taxinc	B	(Old_rate+Wid_rate+Ex_med_rate)*MINA(tax_inc,Gen_Schemes_t

				hrsh)
	Total employees' soc security	SSC_liable	J	SSC_earn+SSC_taxinc+SSC_earn_spouse+SSC_taxinc_spouse
		tax_cr_SSC	B	IF(tax_cr>Tax_thrsh_1*SUM(Old_rate+Wid_rate+Ex_med_rate+tax_sch_lowest),((Old_rate+Wid_rate+Ex_med_rate)/SUM(Old_rate+Wid_rate+Ex_med_rate+tax_sch_2))*(tax_cr-(SUM(Old_rate+Wid_rate+Ex_med_rate+tax_sch_lowest)*Tax_thrsh_1))+((Old_rate+Wid_rate+Ex_med_rate)/SUM(Old_rate+Wid_rate+Ex_med_rate+tax_sch_lowest))*(Tax_thrsh_1*SUM(Old_rate+Wid_rate+Ex_med_rate+tax_sch_lowest)),SUM(Old_rate+Wid_rate+Ex_med_rate)/SUM(Old_rate+Wid_rate+Ex_med_rate+tax_sch_lowest)*tax_cr)
	Total	SSC	J	SSC_liable-tax_cr_SSC
10.	Total payments	total_payments	J	CG_tax+local_tax+SSC
11.	Cash transfers	cash_trans	J	IF(Children=1,Ch1_trans,IF(Children=2,Ch2_trans,0))+ IF(Children=2;1;0)*MAX(0;(Child_ben_2children+IF(Married='0;1;0)*Extra_cash_sing_par-IF((tax)inc+tax_inc_spouse)>Child_ben_ceil;1;0)*' Child_ben_redn*(tax_inc+tax_inc_spouse – Child_ben_ceil)))

13.	Employer's soc security	SSC_empr	B	Function Emp_credit(Value)
				If Value <= 0 Then
				Emp_credit = 0
				ElseIf Value <= Range("Emp_credit1_thr").Value Then
				Emp_credit = (Value / Range("Emp_credit1_thr").Value) * Range("Emp_credit1").Value
				ElseIf Value <= Range("Emp_credit2_thr").Value Then
				Emp_credit = Range("Emp_credit1").Value + ((Value - Range("Emp_credit1_thr").Value) / (Range("Emp_credit2_thr").Value - Range("Emp_credit1_thr").Value)) * Range("Emp_credit2").Value
				ElseIf Value <= Range("Emp_credit3_thr").Value Then
				Emp_credit = Range("Emp_credit1").Value + Range("Emp_credit2").Value
				ElseIf Value <= Range("Emp_credit4_thr").Value Then
				Emp_credit = Range("Emp_credit1").Value + Range("Emp_credit2").Value - ((Value - Range("Emp_credit3_thr").Value) / (Range("Emp_credit4_thr").Value - Range("Emp_credit3_thr").Value)) * (Range("Emp_credit2").Value - Range("Emp_credit3").Value)
				Else
				Emp_credit = 0
				End If
				End Function

Key to range of equations B calculated separately for both principal earner and spouse P calculated for principal only (value taken as 0 for spouse calculation) J calculated once only on a joint basis.

Notes

[1] The Dutch labour market is characterized by a substantial share of part-time employees. As explained in the methodological section of this volume, the average wage measure used in the tax burden calculations refer to full-time employees only. If the wages of part-timers were taken into account, the average wage would be substantially lower.

New Zealand (2019-20 Income tax year)

This chapter includes data on the income taxes paid by workers, their social security contributions, the family benefits they receive in the form of cash transfers as well as the social security contributions and payroll taxes paid by their employers. Results reported include the marginal and average tax burden for eight different family types.

Methodological information is available for personal income tax systems, compulsory social security contributions to schemes operated within the government sector, universal cash transfers as well as recent changes in the tax/benefit system. The methodology also includes the parameter values and tax equations underlying the data.

New Zealand 2019

The tax/benefit position of single persons

	Wage level (per cent of average wage)	67	100	167	67
	Number of children	none	none	none	2
1.	**Gross wage earnings**	41 661	62 181	103 842	41 661
2.	**Standard tax allowances:**				
	Basic allowance				
	Married or head of family				
	Dependent children				
	Deduction for social security contributions and income taxes				
	Work-related expenses				
	Other				
	Total	0	0	0	0
3.	**Tax credits or cash transfers included in taxable income**	0	0	0	0
4.	**Central government taxable income (1 - 2 + 3)**	41 661	62 181	103 842	41 661
5.	**Central government income tax liability (exclusive of tax credits)**	6 311	11 674	25 188	6 311
6.	**Tax credits :**				
	Basic credit	520	0	0	0
	Married or head of family				
	Children				
	Other				
	Total	520	0	0	0
7.	**Central government income tax finally paid (5-6)**	5 791	11 674	25 188	6 311
8.	**State and local taxes**	0	0	0	0
9.	**Employees' compulsory social security contributions**				
	Gross earnings	0	0	0	0
	Taxable income				
	Total	0	0	0	0
10.	**Total payments to general government (7 + 8 + 9)**	5 791	11 674	25 188	6 311
11.	**Cash transfers from general government**				
	For head of family				
	For two children	0	0	0	14 393
	Total	0	0	0	14 393
12.	**Take-home pay (1-10+11)**	35 871	50 507	78 654	49 744
13.	**Employer's compulsory social security contributions**	0	0	0	0
14.	**Average rates**				
	Income tax	13.9%	18.8%	24.3%	15.1%
	Employees' social security contributions	0.0%	0.0%	0.0%	0.0%
	Total payments less cash transfers	13.9%	18.8%	24.3%	-19.4%
	Total tax wedge including employer's social security contributions	13.9%	18.8%	24.3%	-19.4%
15.	**Marginal rates**				
	Total payments less cash transfers: Principal earner	17.5%	30.0%	33.0%	17.5%
	Total payments less cash transfers: Spouse	n.a.	n.a.	n.a.	n.a.
	Total tax wedge: Principal earner	17.5%	30.0%	33.0%	17.5%
	Total tax wedge: Spouse	n.a.	n.a.	n.a.	n.a.

New Zealand 2019

The tax/benefit position of married couples

	Wage level (per cent of average wage)	100-0	100-67	100-100	100-67
	Number of children	2	2	2	none
1.	**Gross wage earnings**	62 181	103 842	124 362	103 842
2.	**Standard tax allowances:**				
	Basic allowance				
	Married or head of family				
	Dependent children				
	Deduction for social security contributions and income taxes				
	Work-related expenses				
	Other				
	Total	0	0	0	0
3.	**Tax credits or cash transfers included in taxable income**	0	0	0	0
4.	**Central government taxable income (1 - 2 + 3)**	62 181	103 842	124 362	103 842
5.	**Central government income tax liability (exclusive of tax credits)**	11 674	17 985	23 349	17 985
6.	**Tax credits :**				
	Basic credit	0	0	0	520
	Married or head of family				
	Children				
	Other				
	Total	0	0	0	520
7.	**Central government income tax finally paid (5-6)**	11 674	17 985	23 349	17 465
8.	**State and local taxes**	0	0	0	0
9.	**Employees' compulsory social security contributions**				
	Gross earnings				
	Taxable income				
	Total	0	0	0	0
10.	**Total payments to general government (7 + 8 + 9)**	11 674	17 985	23 349	17 465
11.	**Cash transfers from general government**				
	For head of family				
	For two children	9 523	0	0	0
	Total	9 523	0	0	0
12.	**Take-home pay (1-10+11)**	60 029	85 857	101 013	86 377
13.	**Employer's compulsory social security contributions**	0	0	0	0
14.	**Average rates**				
	Income tax	18.8%	17.3%	18.8%	16.8%
	Employees' social security contributions	0.0%	0.0%	0.0%	0.0%
	Total payments less cash transfers	3.5%	17.3%	18.8%	16.8%
	Total tax wedge including employer's social security contributions	3.5%	17.3%	18.8%	16.8%
15.	**Marginal rates**				
	Total payments less cash transfers: Principal earner	55.0%	30.0%	30.0%	30.0%
	Total payments less cash transfers: Spouse	38.0%	17.5%	30.0%	17.5%
	Total tax wedge: Principal earner	55.0%	30.0%	30.0%	30.0%
	Total tax wedge: Spouse	38.0%	17.5%	30.0%	17.5%

The national currency is the New Zealand dollar (NZD). In 2019, NZD 1.52 was equal to USD 1. In that year the average worker earned NZD 62 181 (Country estimate).

1. Personal Income Tax System

1.1. Central/federal government income taxes

1.1.1. Tax unit

Members of the family are taxed separately.

1.1.2. Tax allowances and tax credits

1.1.2.1. Standard reliefs

None.

1.1.2.2. Main non-standard tax reliefs applicable to an average wage

None.

1.1.3. Schedule

- Rates of income tax for individuals:
  - On so much of the income as does not exceed NZD 14 000: 10.5%;
  - On so much of the income as exceeds NZD 14 000 but does not exceed NZD 48 000: 17.5%;
  - On so much of the income as exceeds NZD 48 000 but does not exceed NZD 70 000: 30%;
  - On so much of the income as exceeds NZD 70 000: 33%.

1.2. State and local income taxes

New Zealand has no state or local income tax.

2. Compulsory Social Security Contributions to Schemes Operated Within the Government Sector

New Zealand has no compulsory social security contributions to schemes operated within the Government sector.

It should be noted that there is an accident compensation scheme administered by the Accident Compensation Corporation for residents and temporary visitors to New Zealand. This scheme is funded in part by premiums paid by employees and employers. For employees, the premium represents 1.21% of their gross earnings. For employers and the self-employed, the premiums are based on a percentage of the total payroll and the applicable rate varies depending upon the associated accident risk (the average rate is 0.72%). This scheme is not considered as a compulsory social security contribution for the purposes of the Report.

3. Universal Cash Transfers

3.1. Amount for marriage

None.

3.2. Amount for children

For all families with children born, or due to be born, on or after 1 July 2018, the Best Start payment provides NZD 60 per week (3 120 per year) for the first year of the child's life. The Best Start payment continues to provide NZD 3 120 per year for the second and third year of a child's life, but abates at 21.00 cents in the dollar for every dollar by which a family's income exceeds the abatement threshold of NZD 79 000. For families receiving paid parental leave, the Best Start payment begins after paid parental leave ends.

3.3. Family Tax Credit

From 1 July 2018, for an eldest child, the rate of the Family Tax Credit is NZD 5 878 per year. For subsequent children the rate is NZD 4 745. The total credit is abated by 25.00 cents on each dollar earned over NZD 42 700. The abatement is based on the combined income of the parents.

3.4. In Work Tax Credit

The In Work Tax Credit is available to families with dependent children who are not receiving an income-tested benefit, veteran's pension, New Zealand Superannuation or student allowance. The level of assistance it provides is NZD 3 770 per family per year (or NZD 72.50 a week for up to three children), plus an additional NZD 780 per year for fourth and subsequent children. It is only available to couple families working a total of 30 hours or more per week, or to sole parents working 20 hours or more per week. It is also affected by the abatement regime used with the Family Tax Credit, although it is unaffected until the latter has been abated to zero.

3.5. Minimum Family Tax Credit

The Minimum Family Tax Credit is a scheme that ensures a guaranteed minimum family net income for all full-time earners with dependent children. The MFTC provides a top-up to after-tax income for eligible working families and ensures families do not face a reduction in after-tax income when they move off a benefit and into paid employment.

The household income threshold for the minimum family tax credit ("MFTC"), which guarantees eligible low-income families a minimum level of after-tax income, rises from NZD 26,156 to NZD 26,572 per year, on 1 April 2019.

3.6. Independent Earner Tax Credit

The Independent Earner Tax Credit of NZD 520 is available to individuals with annual net income between NZD 24 000 and NZD 48 000 that do not receive other forms of tax credits or benefits. It is abated by 13 cents on each dollar earned over NZD 44 000.

4. Main Changes in Tax/Benefit Systems Over 2018/19

Since 1 July 2018, the Winter Energy Payment (WEP) has been implemented and will support those in receipt of a main benefit, New Zealand Superannuation or a Veteran's Pension to heat their homes in winter by increasing the amount of money available to them over the winter months.

- · The WEP is a payment of NZD 450 a year for single people, and NZD 700 for couples or those with dependent children.
- · In future years, the WEP will be paid from May to September.
- · Approximately 1 million people will be eligible for the WEP. Recipients can choose to opt out.

(Main benefits include Jobseeker Support, Supported Living Payment, Sole Parent Support, Youth Payment, and Young Parent Payment).

5. Memorandum Items

5.1. Method used to identify AW and to calculate the AW's gross earnings

The Annual Earnings figure is derived from the Quarterly Employment Survey for those employees in the B-N industry groups. The annual earnings figure for the average worker is the sum of the four quarterly earnings figures, with each quarterly figure calculated by taking the average total weekly earnings and multiplying it by 13 weeks per quarter.

5.2. Employer's contributions to private pension, health schemes, etc.

No information available.

2019 Parameter values

	Ave_earn	60 360	Country estimate
Income tax schedule	Tax_sch	0.105	14 000
		0.175	48 000
		0.3	70 000
		0.33	
Family tax credit	Fam_sup_eld	5 878	
	Fam_sup_oth	4 745	
	Fam_sup_thrsh	42 700	
	Fam_sup_rate	0.25	
In-work tax credit	In_work_children123	3 770	
	In_work_children4plus	780	
Minimum Family Tax Credit	Min_inc	26 572	
Independent Earner Tax Credit	IETC	520	
	IETC_thrsh1	24 000	
	IETC_thrsh2	44 000	
	IETC_rate	0.13	

2019 Tax equations

The equations for the New Zealand system in 2019 are mostly repeated for each individual of a married couple. But the cash transfer is calculated only once. This is shown by the Range indicator in the table below. The functions which are used in the equations (Taper, MIN, Tax etc) are described in the technical note about tax equations. Variable names are defined in the table of parameters above, within the equations table, or are the standard variables "married" and "children". A reference to a variable with the affix "_total" indicates the sum of the relevant variable values for the principal and spouse. And the affixes "_princ" and "_spouse" indicate the value for the principal and spouse, respectively. Equations for a single person are as shown for the principal, with "_spouse" values taken as 0.

	Line in country table and intermediate steps	Variable name	Range	Equation
1.	Earnings	earn		
2.	Allowances	tax_al	B	0
3.	Credits in taxable income	taxbl_cr	B	0
4.	CG taxable income	tax_inc	B	earn
5.	CG tax before credits	CG_tax_excl	B	Tax(tax_inc, Tax_sch)
6.	Tax credits :			
	Guaranteed minimum income	GMI	J	(Children>0)*Min_inc
	Independent Earner Tax Credit	IETC_rebate	B	=AND(Children=0,earn>IETC_thrsh1)*Taper(IETC,earn,IETC_thrsh2,IETC_rate)
6.	Tax credits:	tax_cr	B	IETC_rebate
7.	CG tax	CG_tax	B	CG_tax_excl-tax_cr
8.	Local tax	local_tax	B	0
9.	Employees' soc security	SSC	B	0
11.	Cash transfers:			
	Family tax credit (unabated)	fam_tax_cr	J	Fam_sup_eld*(Children>0)+ Fam_sup_oth*Positive(Children-1)
	In-work tax credit (unabated)	in_work_tax_cr	J	(Children>0)*(In_work_children123+Positive(Children-3)*In_work_children4plus)
	Tax credits abated	tax_cr_ab	J	Taper(fam_tax_cr+in_work_tax_cr, earn_total, Fam_sup_thrsh1, Fam_sup_rate1)
	Minimum Family tax credit	min_fam_tax_cr	J	Positive(GMI-(earn_total-CG_tax_excl_totall))
	Cash transfers	cash_trans	J	tax_cr_ab + min_fam_tax_cr
13.	Employer's soc security	SSC_empr	B	0

Key to range of equation B calculated separately for both principal earner and spouse P calculated for principal only (value taken as 0 for spouse calculation) J calculated once only on a joint basis.

Norway

This chapter includes data on the income taxes paid by workers, their social security contributions, the family benefits they receive in the form of cash transfers as well as the social security contributions and payroll taxes paid by their employers. Results reported include the marginal and average tax burden for eight different family types.

Methodological information is available for personal income tax systems, compulsory social security contributions to schemes operated within the government sector, universal cash transfers as well as recent changes in the tax/benefit system. The methodology also includes the parameter values and tax equations underlying the data.

Norway 2019

The tax/benefit position of single persons

		Wage level (per cent of average wage)	67	100	167	67
		Number of children	none	none	none	2
1.	**Gross wage earnings**		411 857	614 712	1 026 569	411 857
2.	**Standard tax allowances**					
	Basic allowance					
	Married or head of family					
	Dependent children					
	Deduction for social security contributions and income taxes					
	Work-related expenses					
	Other					
		Total	157 350	157 350	157 350	209 154
3.	**Tax credits or cash transfers included in taxable income**		0	0	0	0
4.	**Central government taxable (ordinary) income (1 - 2 + 3)**		254 507	457 362	869 219	202 703
5.	**Central government income tax liability (ordinary + personal)**		28 311	52 755	141 054	24 245
6.	**Tax credits (applicable against local tax)**					
	Basic credit					
	Married or head of family					
	Children		0	0	0	0
	Other					
		Total	0	0	0	0
7.	**Central government income tax finally paid (5-6)**		28 311	52 755	141 054	24 245
8.	**State and local taxes (net of tax credits)**		36 013	64 717	122 995	28 682
9.	**Employees' compulsory social security contributions**					
	Gross earnings		33 772	50 406	84 179	33 772
	Taxable income					
		Total	33 772	50 406	84 179	33 772
10.	**Total payments to general government (7 + 8 + 9)**		98 096	167 879	348 227	86 700
11.	**Cash transfers from general government**					
	For head of family					
	For two children		0	0	0	37 440
		Total	0	0	0	37 440
12.	**Take-home pay (1-10+11)**		313 761	446 834	678 343	362 598
13.	**Employer's compulsory social security contributions**		53 541	79 913	133 454	53 541
14.	**Average rates**					
	Income tax		15.6%	19.1%	25.7%	12.9%
	Employees' social security contributions		8.2%	8.2%	8.2%	8.2%
	Total payments less cash transfers		23.8%	27.3%	33.9%	12.0%
	Total tax wedge including employer's social security contributions		32.6%	35.7%	41.5%	22.1%
15.	**Marginal rates**					
	Total payments less cash transfers: Principal earner		34.4%	34.4%	46.4%	34.4%
	Total payments less cash transfers: Spouse		n.a.	n.a.	n.a.	n.a.
	Total tax wedge: Principal earner		41.9%	41.9%	52.6%	41.9%
	Total tax wedge: Spouse		n.a.	n.a.	n.a.	n.a.

Norway 2019

The tax/benefit position of married couples

		Wage level (per cent of average wage)	100-0	100-67	100-100	100-67
		Number of children	2	2	2	none
1.	**Gross wage earnings**		614 712	1 026 569	1 229 424	1 026 569
2.	**Standard tax allowances**					
	Basic allowance					
	Married or head of family					
	Dependent children					
	Deduction for social security contributions and income taxes					
	Work-related expenses					
	Other					
		Total	157 350	314 700	314 700	314 700
3.	**Tax credits or cash transfers included in taxable income**		0	0	0	0
4.	**Central government taxable (ordinary) income (1 - 2 + 3)**		457 362	711 869	914 724	711 869
5.	**Central government income tax liability (ordinary + personal)**		52 755	81 067	105 511	81 067
6.	**Tax credits (applicable against local tax)**					
	Basic credit					
	Married or head of family					
	Children		0	0	0	0
	Other					
		Total	0	0	0	0
7.	**Central government income tax finally paid (5-6)**		52 755	81 067	105 511	81 067
8.	**State and local taxes (net of tax credits)**		64 717	100 730	129 434	100 730
9.	**Employees' compulsory social security contributions**					
	Gross earnings		50 406	84 179	100 813	84 179
	Taxable income					
		Total	50 406	84 179	100 813	84 179
10.	**Total payments to general government (7 + 8 + 9)**		167 879	265 975	335 757	265 975
11.	**Cash transfers from general government**					
	For head of family					
	For two children		24 960	24 960	24 960	0
		Total	24 960	24 960	24 960	0
12.	**Take-home pay (1-10+11)**		471 794	785 554	918 627	760 594
13.	**Employer's compulsory social security contributions**		79 913	133 454	159 825	133 454
14.	**Average rates**					
	Income tax		19.1%	17.7%	19.1%	17.7%
	Employees' social security contributions		8.2%	8.2%	8.2%	8.2%
	Total payments less cash transfers		23.2%	23.5%	25.3%	25.9%
	Total tax wedge including employer's social security contributions		32.1%	32.3%	33.9%	34.4%
15.	**Marginal rates**					
	Total payments less cash transfers: Principal earner		34.4%	34.4%	34.4%	34.4%
	Total payments less cash transfers: Spouse		23.8%	34.4%	34.4%	34.4%
	Total tax wedge: Principal earner		41.9%	41.9%	41.9%	41.9%
	Total tax wedge: Spouse		32.6%	41.9%	41.9%	41.9%

The national currency is the Kroner (NOK). In 2019, NOK 8.80 were equal to 1 USD. In that year the average worker earned NOK 614 712 (Secretariat estimate).

1. Personal Income Tax System

The personal income tax has two tax bases: personal income and ordinary income. Personal income is defined as income from labour and pensions. Personal income is a gross income base from which no deductions are made. Ordinary income includes all types of taxable income from labour, pensions, business and capital. Certain costs and expenses, including interest paid on debt, are deductible in the computation of ordinary income.

1.1. Central government income tax

1.1.1. Tax unit

The tax unit is in most cases the individual. Children aged below 17 are generally taxed together with their parents, but they may be taxed individually. All other income earners are taxed on an individual basis.

1.1.2. Tax allowances applicable to an AW

There are no tax allowances applicable to an AW under the central government income bracket tax. The tax base is personal income from which no deductions are allowed. As part of the overall tax rate of 22% on ordinary income, 7.85% is considered to be the central government income tax.

1.1.3. Rate schedule of the bracket tax

Rate (%)	NOK
0	0-174 500
1.9	174 500-245 650
4.2	245 650–617 500
13.2	617 500–964 800
16.2	964 800 and over

1.2. Local government income tax

The overall tax rate on ordinary income is 22%. The local government (municipal and county) income tax is 14.15% points of the overall rate. Tax on ordinary income is levied after taking into account a standard allowance of NOK 56 550 (class 1), while class 2 was abolished in 2018. Single parents are eligible to an additional special tax allowance of NOK 51 804. The deductions in the computation of ordinary income are:

1.2.1. Standard reliefs

- Basic allowance: each individual receives a minimum allowance equal to 45% of personal income, with a minimum of NOK 4 000 and a maximum of NOK 100 800. For wage income each individual can choose a separate allowance of NOK 31 800 instead of the basic allowance. Hence, wage earners would opt to choose this separate allowance as long as it exceeds the basic allowance to which they are entitled.

1.2.2. Non-standard reliefs

The main non-standard allowances deductible from ordinary income are:

- Parent allowance: Documented expenses for child care limited to:
  - maximum NOK 25 000 for one child;
  - plus NOK 15 000 for each subsequent child.

The allowance applies in general to the spouse who has the highest income. Unused parent allowance may be transferred to the other spouse. The allowance is also applicable to single parents.

- Travel expenses related to work exceeding NOK 22 700;
- Labour union fees up to NOK 3 850;
- Donations to voluntary organisations up to NOK 40 000;
- Contributions to individual pension agreement schemes, maximum NOK 15 000;
- Premiums and contributions to occupational pension schemes in the private and public sector, unlimited;
- Unlimited deduction for interest payments.

The main non-standard tax credits are:

- Home savings scheme (BSU): The BSU scheme aims to encourage young people (under 34 years old) to save for a future home purchase. A wastable tax credit of 20% of annual savings up to NOK 25 000 in special accounts is granted. Total savings may not exceed NOK 300 000.

2. Social Security Contributions

2.1. Contributions to the national insurance scheme

2.1.1. Employees' contributions

Employees' contributions to the National Insurance Scheme generally amount to 8.2% of personal wage income. Employees do not make contributions if their wage income is less than NOK 54 650. Once wage income exceeds this floor, an alternative calculation is made where the contributions equal 25% of the wage income in excess of the floor. The actual contributions made would represent the minimum between the alternative calculation and 8.2% of the total wage income.

Contributions from the self-employed are 11.4% of personal income attributable to labour.

2.1.2. Employers' contributions

Employer's social security contributions are due for all employees in both the private and the public sector. The contribution is geographically differentiated according to the municipality where the work-place is. The standard rates are 14.1%, 10.6%, 7.9%, 6.4%, 5.1% or 0% of gross wages. The highest rate applies to central parts of southern Norway. Lower rates may apply under certain circumstances. The weighted average rate is approximately 13%.

3. Universal Cash Transfers

3.1. Transfers related to marital status

None.

3.2. Transfers for dependent children (child support)

The following transfers are available:

NOK 12 480 per child aged 0-18 years.

Single parents receive transfers for one more child than their actual number of children.

4. Main Changes in Tax/Benefit Systems Since 2002

- Most important changes related to wage taxation in 2019:
  - The general tax rate on ordinary income was reduced from 23% to 22%.
  - The progressive bracket tax increased in all four brackets, less than the reduction in the rate of ordinary income so as the marginal tax was reduced for all income levels.
  - Employers are required to report, withhold taxes and pay employer's social security contributions on wages in the form of tax-exempted employee discounts with a market value exceeding NOK 8 000. Gifts received from the employer are tax free when the value exceeds NOK 2 000.
  - Employers are required to report, withhold taxes and pay employer's social security contributions on tip/gratuities received from customers (previously tip was to be reported by the employers).
  - A withholding tax on the gross income for foreign employees at 25% was introduced.
- Most important changes related to wage taxation in 2018:
  - The general tax rate on ordinary income was reduced from 24% to 23%.
  - The progressive bracket tax increased in all four brackets, less than the reduction in the rate of ordinary income so as the marginal tax was reduced at all income levels.
  - The upper limit of the basic allowance for wage income/social security benefits was increased by NOK 2 860 and the rate was increased to 44%.
  - The standard allowance for class 2 was abolished, tax exemptions for employees on hire in shipping vessels was abolished, and the rules for commuters expenses were tighten.
- Most important changes related to wage taxation in 2017:
  - The general tax rate on ordinary income was reduced from 25% to 24%.
  - The rates under the bracket tax was increased with 0.71-0.82 percentage points, which is less than the reduction in the rate of ordinary income.
  - The upper limit of the basic allowance for wage income/social security benefits was increased by NOK 3 300 and the rate was increased to 44%.
  - The lower threshold for the payment of employee's social security contributions was increased from NOK 49 650 to NOK 54 650.
- Most important changes related to wage taxation in 2016:
  - The general tax rate on ordinary income was reduced from 27% to 25%.

  - A bracket tax with on personal income with 4 tax brackets was introduced and replaced the former surtax on personal income.
- Most important changes related to wage taxation in 2015:
  - The threshold in surtax bracket 1 was increased by NOK 5 750.
  - The upper limit of the basic allowance for wage income/social security benefits was increased by NOK 2 100.
  - The lower threshold for the payment of employee's social security contributions was increased from NOK 39 600 to NOK 49 650.
- Most important changes related to wage taxation in 2014:
  - The general tax rate on ordinary income was reduced from 28% to 27%.
  - The employee's social security contributions were increased by 0.4 percentage points.
  - The rate in the basic allowance against wage income was increased to 43%.
  - Tax class 2 for married couples was reduced.
- Most important changes in 2013:
  - The personal allowance for labour income was increased for low income earners (below NOK 213 950) by 2 percentage points from 38% to 40% of their labour income.
  - The taxable value of second homes and commercial property for the purposes of net wealth tax was increased from 40% to 50% of estimated market value.
  - The basic allowance in the net wealth tax was increased from NOK 750 000 to NOK 870 000. Married couples will thus have a total basic allowance of NOK 1 740 000.
  - The current class 2 for sole providers was replaced by a special allowance for ordinary income which provides an equivalent tax benefit.
  - The maximum deduction for labour union fees was increased from NOK 3 750 to NOK 3 850.
- Most important changes in 2012:
  - The personal allowance for labour income was increased for low income earners (below NOK 217 000) by 2 percentage points from 36% to 38% of their labour income.
  - For self-employed the wage allowance was abolished to eliminate residual discrimination between sole proprietorships with employees and limited companies.
  - In the deduction for travel expenses for travels between home and work the deduction rate per kilometre was increased for tax payers travelling between 35 000 km and 50 000 km per year.
  - The maximum deduction for labour union fees was increased by NOK 90 to NOK 3 750.
- In 2011 changes to the tax system was made to provide better incentives for people to work when drawing a pension. The tax limitation rule for early-retirement and old-age pensioners was replaced by a new tax allowance for pension income. The allowance ensures that people who only receive the minimum pension will continue not to pay income tax. The allowance is scaled down against pension income, so that the marginal tax on earned income is reduced to the same level as for wage earners. The marginal tax on capital for low-income pensioners is also reduced to the same level as for other taxpayers. The new tax allowance is determined regardless of the spouse's income and married early-retirement and old-age pensioners will each have their own allowance. In addition, the pension income social security contribution is increased and the special allowance for age is discontinued.

- In 2010 a new formula-based system for determining the tax-assessed value of homes was introduced. The new tax-assessed value will be determined by multiplying the floor space of the dwelling by a square metre price based on the geographical location (neighbourhood, municipality, sparsely populated vs. densely populated area), size, age and type (detached, semi-detached, terraced, flat) of the property. For primary homes (owner-occupied), the per square metre rate will be set at 25% of the estimated sale price per square metre, whereas the rate for second homes, i.e. any other dwellings in addition to the primary home that are not defined as business or recreational properties, will be set at 40% of the estimated sale price per square metre. The current "safety valve" system is being continued so that taxpayers can appeal and have the tax-assessed value reduced to 30% of the documented fair market value (60% for second homes). In addition, the tax-assessed values of recreational properties are increased by 10%.
- Most important changes in 2009 were the abolition of the 80% rule, which primarily reduced the wealth tax of the richest. The wealth tax on equities for those who fall within the scope of the 80% rule has been more than doubled since 2005.
- The home savings scheme (BSU) was expanded in 2009 by increasing the annual savings amount to NOK 20 000 and the maximum aggregate savings amount to NOK 150 000.
- The rates of the inheritance tax were reduced and the exempted amount was increased in 2009. The instalment scheme for family businesses was expanded through the abolition of the upper limit, and the payment period was increased from 7 to 12 years.
- Other changes in the personal tax base in 2009:
    - The fishermen's allowance was increased from NOK 115 000 to NOK 150 000.
    - The reindeer husbandry allowance was increased to the same level as the agriculture allowance.
    - The allowance for labour union fees was increased by NOK 450 to NOK 3 600.
    - The rate of the travel allowance was increased from NOK 1.40 per km to NOK 1.50 per km.
- The tax-free net income thresholds under the tax limitation rule were increased such as to ensure that singles and couples who receive the minimum state pension will still not be paying tax following the favourable social security settlement they benefited from in 2008.
- A tax favoured contributions to individual pension agreement schemes was reintroduced as of 2008.
- From 1 January, 2008 the employees' SSC rate for self-employed was increased from 10.7% to 11.0%.
- The upper threshold in the surtax schedule was substantially reduced from 2006 to 2007.
- The surtax rates were reduced in 2005 and 2006, as part of a reform of the dual income tax system. The basic allowance has been substantially increased.
- From 1 January, 2006 the supplementary employer's social security contribution at 12.5% for gross wage income that exceeds 16 times "G" (average "G" is estimated to be NOK 74 721 in 2010) was removed.
- From 1 January, 2006 the class 2 in the surtax was removed.
- From 1 January, 2005 the ceiling in the parent allowance for two and more children was removed, and the maximum allowance was increased with NOK 5 000 for each child after the first. From 2008 the maximum allowance will be increased with NOK 15 000 for each child after the first.
- The additional child support of NOK 7 884 for children aged 1 and 2 years was abolished as of August 1, 2003.

- An allowance of maximum NOK 6 000 for donations to voluntary organisations was introduced as of 1 January, 2003. Previously this allowance was coordinated with the allowance for labour union fees (with a combined maximum allowance). The allowance was increased to NOK 12 000 as of 1 January, 2005.
- As of 1 July, 2002 the employer's social security contribution rates for employees aged 62 years or older were reduced by 4 percentage points, although not below 0%. From 2007 the reduction was abolished.

5. Memorandum Items

5.1. Identification of an AW and calculation of earnings

The wage series used refers to full time employees in the B-N industry group (ISIC rev.4).

The calculation of annual wage earnings is as follows:

- Weighted average monthly wage plus overtime times 12.

The average monthly wage is agreed payment for a wage earner working a normal agreed working-year. It includes bonus payments and other allowances, but not payments for overtime, sick leave, and an establishment's indirect wage costs. The sum is weighted with the number of persons employed in the different industry groups.

5.2. Employers' contributions to private health and pension schemes

No information available.

2019 Parameter values

Average earnings/yr	Ave_earn	614 712	Secretariat estimate
Central rate (pers)	Tax_sch	0	174 500
		0.019	245 650
		0.042	617 500
		0.132	964 800
		0.162	
Central rate (ord)	Cent_rate_ord	0.0785	
Local rate (ord)	Local_rate	0.1415	
Allowances	Class_al	56 550	
	Special_al	51 804	
Basic relief	Basic_min	4 000	
	Basic_max	100 800	
	Basic_rel_rate	0.45	
	Basic_min_wage	31 800	
Soc security contribs	SSC_rate	0.082	
Employer	SSC_empr	0.13	
Trygd. low.lim	SSC_low_lim	54 650	
pct.rate	SSC_low_rate	0.25	
Ref. Income "G"	SSC_G	98 866	
"G" Multiple	SSC_Gmult	16	
Supplemental Rate	SSC_rate_sup	0	
Child cash transfer	Child_sup	12 480	

2019 Tax equations

The equations for the system for Norway in 2019 may be calculated on an individual or joint basis for married couples. Social security contributions are calculated on an individual basis. The calculation for Class 2 is chosen for married couples whenever this gives a lower value of tax than the corresponding Class 1 calculations. The functions which are used in the equations (Taper, MIN, Tax etc) are described in the technical note about tax equations. Variable names are defined in the table of parameters above, within the equations table, or are the standard variables "married" and "children". A reference to a variable with the affix "_total" indicates the sum of the relevant variable values for the principal and spouse. And the affixes "_princ" and "_spouse" indicate the value for the principal and spouse, respectively. Equations for a single person are as shown for the principal, with "_spouse" values taken as 0.

	Line in country table and intermediate steps	Variable name	Range	Equation
1.	Earnings	earn		
2.	Allowances:			
	tax allowance (ordinary)	tax_al_princ	P	MIN(MAX(Basic_min_wage, MIN(earn_princ*Basic_rel_rate, Basic_max)) +Class_al+IF(AND(Married='0,Children>0),Special_al,o),' earn_princ)
	tax allowance (ordinary)	tax_al_spouse	S	MIN(MAX(Basic_min_wage, MIN(earn_spouse*Basic_rel_rate, Basic_max)) +Class_al, earn_spouse)
3.	Credits in taxable income	taxbl_cr	J	0
4.	CG taxable income (ordinary)	tax_inc	B	Positive(earn-tax_al)
5.	CG tax (personal+ordinary)	CG_tax	B	Tax(earn, Tax_sch)+Cent_rate_ord*tax1_inc
6.	Tax credits :	tax_cr	P	0
7.	CG tax	CG_tax	B	CG_tax
8.	State and local taxes	local_tax	B	(Local_rate*(tax_inc_princ+tax_inc_spouse))-tax_cr
9.	Employees' soc security	SSC	B	MIN(earn*SSC_rate, Positive(SSC_low_rate*(earn-SSC_low_lim)))
11.	Cash transfers	cash_trans	J	(children>0)*Child_sup
13.	Employer's soc security	SSC_empr	B	earn*SSC_empr

Key to range of equation B calculated separately for both principal earner and spouse P calculated for principal only (value taken as 0 for spouse calculation) J calculated once only on a joint basis.

Poland

This chapter includes data on the income tax paid by workers, their social security contributions, the family benefits they receive in the form of cash transfers as well as the social security contributions and payroll taxes paid by their employers. Results reported include the marginal and average tax burden for eight different family types.

Methodological information is available for personal income tax systems, compulsory social security contributions to schemes operated within the government sector, universal cash transfers as well as recent changes in the tax/benefit system. The methodology also includes the parameter values and tax equations underlying the data.

Poland 2019

The tax/benefit position of single persons

		Wage level (per cent of average wage)	67	100	167	67
		Number of children	none	none	none	2
1.	**Gross wage earnings**		39 759	59 342	99 100	39 759
2.	**Standard tax allowances**					
	Basic allowance					
	Married or head of family					
	Dependent children					
	Deduction for social security contributions and income taxes		5 451	8 136	13 587	5 451
	Work-related expenses		1 751	1 751	1 751	1 751
	Other					
		Total	7 202	9 887	15 338	7 202
3.	**Tax credits or cash transfers included in taxable income**		0	0	0	0
4.	**Central government taxable income (1 - 2 + 3)**		32 557	49 455	83 763	32 557
5.	**Central government income tax liability (exclusive of tax credits)**		5 779	8 778	14 868	5 779
6.	**Tax credits**					
	Basic credit		548	548	548	1 097
	Married or head of family					
	Children		0	0	0	0
	Other (health insurance)		2 659	3 968	6 627	2 659
		Total	3 207	4 517	7 176	3 755
7.	**Central government income tax finally paid (5-6)**		2 572	4 261	7 692	2 023
8.	**State and local taxes**		0	0	0	0
9.	**Employees' compulsory social security contributions**					
	Gross earnings		4 000	5 970	9 969	4 000
	Taxable income		3 088	4 609	7 696	3 088
		Total	7 087	10 578	17 666	7 087
10.	**Total payments to general government (7 + 8 + 9)**		9 659	14 840	25 358	9 111
11.	**Cash transfers from general government**					
	For head of family					
	For two children		0	0	0	17 226
		Total	0	0	0	17 226
12.	**Take-home pay (1-10+11)**		30 100	44 502	73 743	47 875
13.	**Employer's wage dependent contributions and taxes**					
	Employer's compulsory social security contributions		5 518	8 236	13 755	5 518
	payroll taxes		1 014	1 513	2 527	1 014
		Total	6 532	9 750	16 282	6 532
14.	**Average rates**					
	Income tax		6.5%	7.2%	7.8%	5.1%
	Employees' social security contributions		17.8%	17.8%	17.8%	17.8%
	Total payments less cash transfers		24.3%	25.0%	25.6%	-20.4%
	Total tax wedge including employer's social security contributions		35.0%	35.6%	36.1%	-3.4%
15.	**Marginal rates**					
	Total payments less cash transfers: Principal earner		26.5%	26.5%	26.5%	96.3%
	Total payments less cash transfers: Spouse		n.a.	n.a.	n.a.	n.a.
	Total tax wedge: Principal earner		36.8%	36.8%	36.8%	96.9%
	Total tax wedge: Spouse		n.a.	n.a.	n.a.	n.a.

Poland 2019

The tax/benefit position of married couples

		Wage level (per cent of average wage)	100-0	100-67	100-100	100-67
		Number of children	2	2	2	none
1.	**Gross wage earnings**		59 342	99 100	118 683	99 100
2.	**Standard tax allowances**					
	Basic allowance					
	Married or head of family					
	Dependent children					
	Deduction for social security contributions and income taxes		8 136	13 587	16 271	13 587
	Work-related expenses		1 751	3 503	3 503	3 503
	Other					
		Total	9 887	17 089	19 774	17 089
3.	**Tax credits or cash transfers included in taxable income**		0	0	0	0
4.	**Central government taxable income (1 - 2 + 3)**		49 455	82 011	98 909	82 011
5.	**Central government income tax liability (exclusive of tax credits)**		8 778	14 557	17 556	14 557
6.	**Tax credits**					
	Basic credit		1 097	1 097	1 097	1 097
	Married or head of family					
	Children		2 224	2 224	2 224	0
	Other (health insurance)		3 968	6 627	7 937	6 627
		Total	7 289	9 948	11 258	7 724
7.	**Central government income tax finally paid (5-6)**		1 489	4 609	6 299	6 833
8.	**State and local taxes**		0	0	0	0
9.	**Employees' compulsory social security contributions**					
	Gross earnings		5 970	9 969	11 939	9 969
	Taxable income		4 609	7 696	9 217	7 696
		Total	10 578	17 666	21 156	17 666
10.	**Total payments to general government (7 + 8 + 9)**		12 067	22 275	27 455	24 499
11.	**Cash transfers from general government**					
	For head of family					
	For two children		9 600	9 600	9 600	0
		Total	9 600	9 600	9 600	0
12.	**Take-home pay (1-10+11)**		56 874	86 426	100 828	74 602
13.	**Employer's wage dependent contributions and taxes**					
	Employer's compulsory social security contributions		8 236	13 755	16 473	13 755
	payroll taxes		1 513	2 527	3 026	2 527
		Total	9 750	16 282	19 499	16 282
14.	**Average rates**					
	Income tax		2.5%	4.7%	5.3%	6.9%
	Employees' social security contributions		17.8%	17.8%	17.8%	17.8%
	Total payments less cash transfers		4.2%	12.8%	15.0%	24.7%
	Total tax wedge including employer's social security contributions		17.7%	25.1%	27.0%	35.3%
15.	**Marginal rates**					
	Total payments less cash transfers: Principal earner		26.5%	26.5%	26.5%	26.5%
	Total payments less cash transfers: Spouse		25.7%	26.5%	26.5%	26.5%
	Total tax wedge: Principal earner		36.8%	36.8%	36.8%	36.8%
	Total tax wedge: Spouse		36.2%	36.8%	36.8%	36.8%

The national currency is the Zloty (PLN). In 2019, PLN 3.84 were equal to USD 1. In that year, the average worker earned PLN 59 342 (Secretariat Estimate).

1. Personal income tax system

An individual being a tax resident in Poland is liable to tax on the basis of world-wide income, irrespective of the source and origin of that income. (The term “residency” is understood similarly to Article 4 paragraph 2 point a) of the OECD Model Tax Convention on Income and Capital).

1.1. Central government income tax

1.1.1. Tax unit

Individuals are taxed on their own income, but couples married during the whole calendar year[1] can opt to be taxed on their joint income. In the latter case, the ‘splitting’ system applies: the tax bill for a couple is twice the income tax due on half of joint income, provided the joint income does not include capital income taxed at the flat 19% rate. Single individuals with dependent children are also entitled to use the splitting system (their family quotient is two). For the purpose of this report, it is assumed that married couples are taxed on joint income.

1.1.1.1. Tax base

1.1.1.1.1. Gross employment income

For taxation purposes, taxable gross employment income in Poland includes both cash income and the value of benefits in kind. More specifically, gross employment income includes base salary, overtime payments, bonuses, awards, compensation for unused holidays, and costs that are paid in full or in part by the employer on behalf of the employee.

1.1.2. Tax allowances and tax credits

1.1.2.1. Standard reliefs

- Basic relief (until 1st October 2019): A non-refundable tax credit of:[2]
  - – PLN 1 440 – for the tax base not higher than PLN 8 000;
  - – PLN 1 440 minus the amount resulting from the following formula: PLN 883.98 × (tax base PLN 8 000) ÷ PLN 5 000, for the tax base higher than PLN 8 000 and not higher than PLN 13 000;
  - – PLN 556.02 - for the tax base higher than PLN 13 000 and not higher than PLN 85 528;
  - – PLN 556.02 minus the amount resulting from the following formula: PLN 556.02 × (tax base– PLN 85 528) ÷ PLN 41 472, for the tax base higher than PLN 85 528 and not higher than PLN 127 000,
- Basic relief (since 1st October 2019): A non-refundable tax credit of:[3]
  - – PLN 1 360 – for the tax base not higher than PLN 8 000;
  - – PLN 1 360 minus the amount resulting from the following formula: PLN 834.88 × (tax base PLN 8 000) ÷ PLN 5 000, for the tax base higher than PLN 8 000 and not higher than PLN 13 000;
  - – PLN 525.12 - for the tax base higher than PLN 13 000 and not higher than PLN 85 528;

– PLN 525.12 minus the amount resulting from the following formula: PLN 525.12 × (tax base– PLN 85 528) ÷ PLN 41 472, for the tax base higher than PLN 85 528 and not higher than PLN 127 000,

- Basic relief (for whole 2019): A non-refundable tax credit of:

  – PLN 1 420 – for the tax base not higher than PLN 8 000;

  – PLN 1 420 minus the amount resulting from the following formula: PLN 871.70× (tax base PLN 8 000) ÷ PLN 5 000, for the tax base higher than PLN 8 000 and not higher than PLN 13 000;

  – PLN 548.30 - for the tax base higher than PLN 13 000 and not higher than PLN 85 528;

  – PLN 548.30 minus the amount resulting from the following formula: PLN 548.30 × (tax base– PLN 85 528) ÷ PLN 41 472, for the tax base higher than PLN 85 528 and not higher than PLN 127 000,

- Marital status relief: None.
- Relief for children: Yes[4].

A taxpayer can deduct from the due tax decreased by the amount of health contributions specified in the PIT Act, the amount, which is equal for each month of raising a child:

- PLN 92.67 (annually PLN 1 112.04) for the first child, if the income received by parents (married or single parent, who meets special requirements) does not exceed in the tax year the amount of PLN 112 000. For other parent the threshold of income is PLN 56 000;
- PLN 92.67 (annually PLN 1 112.04) for the second child;
- PLN 166.67 (annually PLN 2 000.04) for the third child;
- PLN 225.00 (annually PLN 2 700.00) for the fourth and every next child.

Since 1st of January 2015 taxpayers whose due tax is lower than the amount of relief for children, may claim for cash refund for amount of relief which has not been utilized. However, such cash refund cannot exceed the amount of deductible social security and health insurance contributions paid by taxpayer (with some exceptions).

- Relief for health insurance contributions: A tax credit is almost equal to health insurance contribution paid to the National Health Fund. The contribution is 9% of the calculation basis whereas the tax credit is 7.75% of this basis.
- Relief for other social security contributions: An allowance is provided for all social insurance contributions paid by the taxpayer.
- Relief for selected work-related expenses: Standard deductions depend on the number of workplaces and on whether place of residence and workplace are within the same town/city or not. The annual amounts in PLN (deductible from income) are:

	One workplace	Two/more workplaces
Workplace in the same town/city as place of residence	1 335.00[5] (3 000 since 1st October 2019)	2 002.05 (4 500 since 1st October 2019)
Workplace in different town/city as place of residence	1 668.72 (3 600 since 1st October 2019)	2 502.56 (5 400 since 1st October 2019)

Note: If the actual commuting expenses exceed standard deduction, relief can be determined by the actual expenses incurred solely on personal season tickets.

1.1.2.2. Main non-standard tax reliefs

Allowances:

- Expenses for the purpose of rehabilitation incurred by a taxpayer who is a disabled person, or a taxpayer, who supports the disabled;

- Equivalent of blood donations, donations made for the purposes of public benefit activity and of religious practice – in the amount of donation, no more than 6% of income;
- Donations made for charity church care - in the amount of the donation;
- Expenses incurred for the use of the Internet – a taxpayer is entitled to deduct the Internet tax allowance within the next two years, providing that during the phase preceded this period he did not deduct expenses for the use of the Internet (up to PLN 760);
- Abolished allowance (since 2007 continued on the acquired right basis) for interests payments on mortgage loans raised no later than in 2006 on acquisition of housing property on the primary market – up to the amount of interests related to the part of loan not exceeding PLN 325 990 for investments finished in 2017.

Tax credits:

- Donation made to public benefit organizations – up to 1% of due tax.[6]
- Abolished tax credits (continued on the acquired rights basis), i.e. expenses for saving with the aim of buying a house or flat, the amount of social contributions paid on income of an unemployed person hired by a taxpayer in order to take care of their children and/or house.

Exemptions:

- Gross wages up to 85 528 PLN for people under 26 years old are exempted from PIT.

1.1.3. Tax schedule

The tax schedule is as follows:

Tax base (in PLN)		Tax amount	
Over	Below		less a basic tax credit
0	85 528	18% of the tax base (17% since 1st October 2019), 17,75% averaged for 2019	
85 528		PLN 15 395.04+ 32% of surplus over PLN 85 528 PLN 14 5395.76+ 32% of surplus over PLN 85 528 (since 1st October 2019) PLN 15 181.22+ 32% of surplus over PLN 85 528 (averaged for 2019)	

1.2. State and local income tax

There are no regional or local income taxes.

1.3. Wealth tax

There is no wealth tax.

1.4. Solidarity surcharge

The act on the Solidarity Support Fund for Disabled Persons entered into force on 1 January 2019. The purpose of a new legislative proposal is to introduce a new institution in a form of fund, managed by the Minister of Family, Labour and Social Policy, which will be focused on social support for people with disabilities. The source of the Fund's revenues are primarily a compulsory contribution to the Fund representing 0.15% of the base of the contribution rate to the Labour Fund (the compulsory contribution to the Labour Fund has decreased from 2.45% of the basis for the calculation of contributions to pension and disability insurance to 2.30%), as well as the solidarity contribution on the income of individuals - in the amount of 4% from a surplus of income (gross income minus SSC of employee) over PLN 1 million for a tax year.

2. Social Security Contributions

2.1. Employees' contributions

Employees pay 13.71% of the gross wage. This contribution includes:

- Pension insurance contribution – 9.76% of the gross wage.[7] 3.65 percentage points of the pension contribution are treated as non-tax compulsory payments because these payments are either made to the OPF (1.46%) and to personal sub-account in ZUS (2.19%) or only to sub-account in ZUS (3.65%).
- Disability insurance contribution – 1.5% of the gross wage,
- Sickness/maternity insurance contribution – 2.45% of the gross wage,
- In case of pension and disability insurance, contributions are not paid on the part of the wage that exceeds PLN 142 950.[8]

2.2. Employers' contributions

In respect of income paid under an employment contract with a Polish entity, employers have an obligation to pay social security contributions and payroll taxes equal to 20.08% of gross wage. This value consists of:

Social security contributions:

- 9.76 % are aimed for pension insurance[9]. 3.65 % of the pension contribution are treated as non-tax compulsory payments because these payments are either made to the OPF (1.46%) and to personal sub-account in ZUS (2.19%) or only to sub-account in ZUS (3.65%),
- 6.5 % are aimed for disability insurance,
- 1.27 percentage points (on average) accident insurance,
- In case of pension and disability insurance, contributions are not paid on the part of the wage that exceeds PLN 133 290.

Payroll taxes:

- 2.3 % for Labour Found,
- 0,15% for Solidarity Support Fund for Disabled Persons,
- and 0.1% for the Guaranteed Employee Benefit Fund.

3. Universal Cash Transfers

3.1. Transfers related to marital status

None.

3.2. Transfers for dependent children

From 1st of November 2012 families where the average monthly income per household member for the previous period is no greater than PLN 539 or PLN 623 when there are one or more disabled children in the household) are entitled to family allowances. From 1st of November 2015 the income criteria will be as high as PLN 674 and PLN 764. Families receive PLN 89 (from 1st of November 2016 – PLN 95) monthly for a child no older than 5 years, PLN 118 (from 1st of November 2016 – PLN 124) monthly for a child of 5 up to 18 years old, and PLN 129 (from 1st of November 2016 – PLN 135) monthly for a child of 18 up to 24 years old. The calculations in this Report are based on the assumption that the children are aged between 5 and 11 years inclusive.

Single parents are entitled to a supplement of PLN 185 (from 1st of November 2016 – PLN 193) for each child up to a maximum of PLN 370 (from 1st of November 2016 – PLN 386) for all children (and PLN 265 (from 1st of November 2016 – PLN 273) for a disabled child up to a maximum of PLN 530 (from 1st of November 2016 – PLN 546) for all children).

There are several supplements to family allowances:

- for large families – PLN 90 (from 1st of November 2016 – PLN 95) monthly for the 3rd and next children in the family;
- for education of disabled children – PLN 80 (from 1st of November 2016 – PLN 90) monthly for children not older than 5 years and PLN 100 (from 1st of November 2016 – PLN 110) for children older than 5 years.

Parental benefit

On 1 January 2016 a parental benefit was introduced, aside from the already existing family and care benefits. The parental benefit is provided to families to which a child is born but whose members had not been eligible to a parental or maternity leave: students, the unemployed (regardless of registration with a labour office), people employed on the basis of civil law contracts, employees and people pursuing non-agricultural economic activity if they are not collecting maternity benefit. The parental benefit is granted regardless of income in the amount of PLN 1,000 a month for 52 weeks (after giving birth to one child in one labour), 65 weeks (after giving birth to two children in one labour), 67 weeks (after giving birth to three or four children in one labour) and for 71 weeks (after giving birth to five or more children in one labour).

Family 500 Plus Programme

Financial support for families with children

1 April 2016 (Act on state support for upbringing children entered into force 1 April 2016)

The Act on state support for upbringing children introduced new benefits- in amount of 500 PLN monthly per child until the child turns 18, which would be means-tested for the first child and available for all families for every additional child. The new benefit of PLN 500 a month (untaxed) is available for parents, actual guardian or legal guardian of a child until the child turns 18. The benefit will also be paid for the second child and any subsequent child without application of any income criteria. It will be paid for the first child if income of the family per one member does not exceed PLN 800 a month (PLN 1,200 if there is a disabled child in the family)[10]. Eligibility to this benefit is established for a year (from 1 October to 30 September).

Since 1st July 2019 the extension of 500+ programme came into force: there is no income testing hence every child is eligible for the benefit so the transfer has become universal.

Good Start Programme

Since 2019 a new benefit of 300 PLN was introduced. Every child that is attending school until it turns 20 is eligible for this benefit which is paid once a year at the start of the school year. There is no income test.

4. Main Changes in Tax/benefit Systems Since 2012

Since January 2017, the tax schedule has been changed by introduction of degressive basic tax credit. The work-related expenses, tax allowances, relieves are the same as in previous years.

Since 2012, there were also changes in Social Security Contribution. Since February 2014, 14.96% of the old-age insurance contribution (2.92 percentage points) are transferred by ZUS to a privately-managed fund (OPF) but since July 2014 this part of contribution will be transferred only if insured persons decides to – otherwise all 7.3 percentage points of the contributions will be passed to subaccount in ZUS.

5. Memorandum Items

5.1. Identification of AW and valuation of earnings

The Polish Central Statistical Office calculates average monthly wages and salaries for employees on the basis of reports of enterprises. The figures include overtime and bonus payments and also include information for part-time employees converted to full-time equivalents. Male and female workers are included. The information, which includes estimates for different sectors, is published in the monthly *Statistical Bulletin*.

5.2. Employers' contributions to private pension, health and related schemes

No information provided.

2019 Parameter values

Average earnings/yr	Ave_earn	59 342	Secretariat Estimate
Work expenses	work_exp	1 751.25[11]	
Income tax schedule	tax_sch		
		0.1775	85 528
		0.32	
Tax credits			
Basic credit	basic_cr1	1 420	
	basic_cr2	548.30	
	basic_cr_lim1	8 000	
	basic_cr_lim2	13 000	
	basic_cr_lim3	85 528	
	basic_cr_lim4	127 000	
	red_rate_1	0.176796	
	red_rate_2	0.013407118	
Health insurance	health_ins	0.09	
	health_ins_credit	0.0775	
Children	Child_cr	1 112.04	
	Child_cr_lim	112 000	
Social security contributions			
Employers	SSC_empr	0.2008	
old-age pension and disability pension insurance	SSC_old	0,0976	
	SSC_old_ZUS	0.0611	
	SSC_old_ZUSII	0.0365	
	SSC_old_OPF	0	
	SSC_dis	0.065	
other insurances	SSC_a	0.0127	
Payroll_tax	Payroll_tax	0.0255	
Employees	SSC	0.1371	
old-age pension and disability pension insurance	SSC_old_e	0.0976	
	SSC_old_e_ZUS	0.0611	
	SSC_old_e_ZUSII	0.0365	
	SSC_old_e_OPF	0	
	SSC_dis_e	0.015	
sickness insurance	SSC_s	0.0245	
Contribution ceiling	SSC_c	145 290	
Family benefit	fam_ben	1 488	
single parent additional family benefit	fam_ben_Spsup	193	
single parent additional family benefit ceiling	fam_ben_Spsup_lim	386	
income limit	fam_ben_lim	8 088	
income limit for single parent	fam_ben_lim_sp	8 088	
Family 500 Plus Programme	plus_ben	6 000	
	plus_ben_lim	9 600	
"Good start" benefit	gs_ben	300	
Solidarity surcharge rate	solid_sur_rate	0.04	
Solidarity surcharge threshold	solid _thr	1 000 000	

2019 Tax equations

The equations for the Polish system are mostly calculated on a family basis.

The standard functions which are used in the equations (Taper, MIN, Tax etc) are described in the technical note about tax equations. Two additional functions (Tax93 and ftax) have been incorporated to carry out an iterative calculation for central government tax. These allow for the fact that the church tax is calculated as 9% of Central Government tax and is also allowed as a deduction when calculating taxable income. Variable names are defined in the table of parameters above, within the equations table, or are the standard variables "married" and "children". A reference to a variable with the affix "_total" indicates the sum of the relevant variable values for the principal and spouse. And the affixes "_princ" and "_spouse" indicate the value for the principal and spouse, respectively. Equations for a single person are as shown for the principal, with "_spouse" values taken as 0.

	Line in country table and intermediate steps	Variable name	Range	Equation
1.	Earnings	earn		
	Quotient for tax calculation	quotient	J	1+MAX(Married,(Children>0))
2.	Allowances:	tax_al	J	work_exp+MIN(earn_spouse,work_exp)+SSC+SSC_old_e_OPF*MIN(earn, SSC_c)
3.	Credits in taxable income	taxbl_cr	J	0
4.	CG taxable income	tax_inc	J	Positive(earn-tax_al)
5.	CG tax before credits	CG_tax_excl	J	quotient*Tax(tax_inc/quotient,tax_sch)
6.	Tax credits :			
	Basic credit	basic_cr	J	=IF(quotient=1,Positive(IF(TAX_INC>basic_cr_lim1,basic_cr1-(Positive(MIN(TAX_INC,basic_cr_lim2)-basic_cr_lim1)*red_rate_1)-(Positive(TAX_INC-basic_cr_lim3)*red_rate_2),basic_cr1))*quotient,Positive(IF((TAX_INC/2)>basic_cr_lim1,basic_cr1-(Positive(MIN((TAX_INC/2),basic_cr_lim2)-basic_cr_lim1)*red_rate_1)-(Positive((TAX_INC/2)-basic_cr_lim3)*red_rate_2),basic_cr1))*quotient)
	Health insurance	health_ins_cr	B	health_ins_credit*(earn-SSC-SSC_old_e_OPF*MIN(earn, SSC_c))
	Child credit	child_cr	J	If(earn_total<Child_cr_lim,children*child_cr,0)
	Total tax credits	tax_cr	J	basic_cr+health_ins_cr+child_cr
7.	CG tax	CG_tax	J	MAX(0,Positive(CG_tax_excl-basic_cr-health_ins)-child_cr)-(child_cr>Positive(CG_tax_excl-basic_cr-health_ins))*MIN(SSC_al+health_ins,child_cr-Positive(CG_tax_excl-basic_cr-health_ins))
8.	State and local taxes	local_tax	J	0
9.	Employees' soc security	health_ins	B	(earn-(MIN(earn, SSC_c)*(SSC_old_e+SSC_dis_e)+earn*SSC_s))*health_ins
.		SSC	B	(SSC_old_e_ZUS+SSC_dis_e)*MIN(earn,SSC_c)+SSC_s*earn
11.	Cash transfers	cash_tran	J	='MAX(0,(fam_net_inc<fam_ben_lim*(1+Married+Children)-240+(Children*fam_ben+(1-Married)*(Children>0)*MIN(fam_ben_Spsup*Children,fam_ben_Spsup_lim)))*(Children*fam_ben+(1-Married)*(Children>0)*MIN(fam_ben_Spsup*Children,fam_ben_Spsup_lim))-IF(fam_net_inc>fam_ben_lim*(1+Married+Children),fam_net_inc-fam_ben_lim*(1+Married+Children),0))+Positive(IF((fam_net_inc'/(1+Married+Children))<plus_ben_lim,Children*plus_ben,(Children-0.5)*plus_ben))+ (gs_ben*Children)
		fam_net_inc	J	=Positive(earn-SSC_al-health_ins-CG_tax-work_exp)
13.	Employer's soc security	SSC_empr	B	(SSC_old_ZUS+SSC_dis)*MIN(earn,SSC_c)+SSC_a*earn
		Payroll tax	B	Earn*Payroll_tax

Key to range of equation:

B calculated separately for both principal earner and spouse,

P calculated for principal only (value taken as 0 for spouse calculation),

J calculated once only on a joint basis.

Notes

[1] However, a widowed spouse is entitled to apply the joint income taxation.

[2] Applicable only in a tax return.

[3] Applicable only in a tax return.

[4] It concerns a child of 18 years old or younger or a child up to 25 years old provided they are students or a disabled child irrespective of their age. The actual description in section 4.

[5] For the purpose of the calculations in this publication, it is assumed that the worker has the same town/city as place of residence.

[6] This relief is distinct from an allowance for donations deducted from income.

[7] Since July 2014 out of total 19.52% of social contributions 7.3% goes to subaccount in ZUS either – if voluntarily stated by insured person – 2.92% goes to account in open ended funds and 4.38% to subaccount in ZUS.

[8] The contribution ceiling of pension and disability insurance funds for a given calendar year may not exceed thirty times the amount of the projected average monthly remuneration in the national economy for that year, as set forth in the Budgetary Act.

[9] Since July 2014 out of total 19.52% of social contributions 7.3% goes to subaccount in ZUS either – if voluntarily stated by insured person – 2.92% goes to account in open ended funds and 4.38% to subaccount in ZUS.

[10] Some of the features (namely, joint taxation and child tax credit) of the Polish tax system are optional and therefore can influence eligibility to "500+" family, and in a consequence tax wedge, in a non-linear way. As they both determine "net income for income test" and because of no tapering of "500+" sometimes it may be preferable not to use joint taxation or child tax credit (or to use it partially) in order to get the most appropriate net income to maximize the family benefit payments. As for now model treats both joint taxation and child tax credit as obligatory. With the parameters in the excel file (average wage etc.) it does not alter the results. However, if any of the parameters change, the previous statement may not hold.

[11] Lump-sum annual work expenses for an employee having one workplace and living in the place (town, city) where the workplace is; employees living outside the city (town) where their workplace is may deduct 1668,72 PLN annually.

Portugal

This chapter includes data on the income taxes paid by workers, their social security contributions, the family benefits they receive in the form of cash transfers as well as the social security contributions and payroll taxes paid by their employers. Results reported include the marginal and average tax burden for eight different family types.

Methodological information is available for personal income tax systems, compulsory social security contributions to schemes operated within the government sector, universal cash transfers as well as recent changes in the tax/benefit system. The methodology also includes the parameter values and tax equations underlying the data.

Portugal 2019

The tax/benefit position of single persons

	Wage level (per cent of average wage)	67	100	167	67
	Number of children	none	none	none	2
1.	**Gross wage earnings**	12 587	18 787	31 374	12 587
2.	**Standard tax allowances**				
	Basic allowance	4 104	4 104	4 104	4 104
	Married or head of family				
	Dependent children				
	Deduction for social security contributions and income taxes				
	Work-related expenses	0	0	0	0
	Other				
	Total	4 104	4 104	4 104	4 104
3.	**Tax credits or cash transfers included in taxable income**	0	0	0	0
4.	**Central government taxable income (1 - 2 + 3)**	8 483	14 683	27 270	8 483
5.	**Central government income tax liability (exclusive of tax credits)**	1 348	2 993	7 082	1 348
6.	**Tax credits**				
	Basic credit	0	0	0	0
	Married or head of family				
	Children	0	0	0	1 200
	Other				
	Total	0	0	0	1 200
7.	**Central government income tax finally paid (5-6)**	1 348	2 993	7 082	148
8.	**State and local taxes**	0	0	0	0
9.	**Employees' compulsory social security contributions**				
	Gross earnings	1 385	2 067	3 451	1 385
	Taxable income				
	Total	1 385	2 067	3 451	1 385
10.	**Total payments to general government (7 + 8 + 9)**	2 733	5 060	10 533	1 533
11.	**Cash transfers from general government**				
	For head of family				
	For two children	0	0	0	994
	Total	0	0	0	994
12.	**Take-home pay (1-10+11)**	9 854	13 727	20 841	12 049
13.	**Employer's compulsory social security contributions**	2 989	4 462	7 451	2 989
14.	**Average rates**				
	Income tax	10.7%	15.9%	22.6%	1.2%
	Employees' social security contributions	11.0%	11.0%	11.0%	11.0%
	Total payments less cash transfers	21.7%	26.9%	33.6%	4.3%
	Total tax wedge including employer's social security contributions	36.7%	41.0%	46.3%	22.6%
15.	**Marginal rates**				
	Total payments less cash transfers: Principal earner	34.0%	39.5%	48.0%	34.0%
	Total payments less cash transfers: Spouse	n.a.	n.a.	n.a.	n.a.
	Total tax wedge: Principal earner	46.7%	51.1%	58.0%	46.7%
	Total tax wedge: Spouse	n.a.	n.a.	n.a.	n.a.

Portugal 2019

The tax/benefit position of married couples

	Wage level (per cent of average wage)	100-0	100-67	100-100	100-67
	Number of children	2	2	2	none
1.	**Gross wage earnings**	18 787	31 374	37 574	31 374
2.	**Standard tax allowances**				
	Basic allowance	4 104	8 208	8 208	8 208
	Married or head of family				
	Dependent children				
	Deduction for social security contributions and income taxes				
	Work-related expenses	0	0	0	0
	Other				
	Total	4 104	8 208	8 208	8 208
3.	**Tax credits or cash transfers included in taxable income**	0	0	0	0
4.	**Central government taxable income (1 - 2 + 3)**	14 683	23 166	29 366	23 166
5.	**Central government income tax liability (exclusive of tax credits)**	2 172	4 220	5 987	4 220
6.	**Tax credits**				
	Basic credit	0	0	0	0
	Married or head of family				
	Children	1 200	1 200	1 200	0
	Other				
	Total	1 200	1 200	1 200	0
7.	**Central government income tax finally paid (5-6)**	972	3 020	4 787	4 220
8.	**State and local taxes**	0	0	0	0
9.	**Employees' compulsory social security contributions**				
	Gross earnings	2 067	3 451	4 133	3 451
	Taxable income				
	Total	2 067	3 451	4 133	3 451
10.	**Total payments to general government (7 + 8 + 9)**	3 038	6 471	8 920	7 671
11.	**Cash transfers from general government**				
	For head of family				
	For two children	665	0	0	0
	Total	665	0	0	0
12.	**Take-home pay (1-10+11)**	16 414	24 903	28 654	23 703
13.	**Employer's compulsory social security contributions**	4 462	7 451	8 924	7 451
14.	**Average rates**				
	Income tax	5.2%	9.6%	12.7%	13.5%
	Employees' social security contributions	11.0%	11.0%	11.0%	11.0%
	Total payments less cash transfers	12.6%	20.6%	23.7%	24.5%
	Total tax wedge including employer's social security contributions	29.4%	35.9%	38.4%	38.9%
15.	**Marginal rates**				
	Total payments less cash transfers: Principal earner	34.0%	39.5%	39.5%	39.5%
	Total payments less cash transfers: Spouse	32.6%	39.5%	39.5%	39.5%
	Total tax wedge: Principal earner	46.7%	51.1%	51.1%	51.1%
	Total tax wedge: Spouse	45.5%	51.1%	51.1%	51.1%

The national currency is the Euro (EUR). In 2019, EUR 0.89 equalled USD 1. The Secretariat has estimated that in that same year the average worker earned EUR 18 787 (Secretariat estimate).

1. Personal income tax system

1.1. Taxes levied by central government

1.1.1. Tax unit

The standard rule is separate taxation. However, families may opt for joint taxation. Income includes the income of any dependent children. Tax is computed on aggregate net income in the various categories of income, i.e. after the deductions specific to each category and standard and non-standard reliefs.

1.1.2. Standard and non-standard reliefs and tax credits

1.1.2.1. Standard reliefs

Standard deduction of EUR 4 104. If compulsory contributions to social protection schemes and statutory sub-schemes for health care exceed that limit, the deduction will equal the amount of those contributions.

1.1.2.2. Non-standard reliefs

For income received from 1 January 1999 onwards, the majority of the standard reliefs have been replaced by tax credits (see Section 1.1.4.).

Non-standard reliefs still in effect:

A deduction is provided for the portion of trade union dues not constituting consideration for benefits in the realm of health care, education, assistance for the elderly, housing, insurance or social security, up to 1% of the taxpayer's gross income, increased by 50%. These dues are not taken into account in the calculations underlying this Report.

1.1.3. Social security contributions

Social security contributions are totally deductible if they exceed EUR 4 104.00 per taxpayer, in which case the deduction for the contributions replaces the standard earned income deduction (see Section 1.1.2.1.).

1.1.4. Tax credits

Basic credits

- EUR 600 for each dependent child. This tax credit is increased by EUR 126 for dependent children whose age does not exceed 3 years old.
- EUR 525 for each ascendant whose income does not exceed the minimum pension benefit. When there is only one ascendant, the tax credit increases by EUR 110.

Other tax credits

- 35% of household general expenses up to a limit of EUR 250, per taxpayer; this limit is increased to 45% and EUR 335, respectively, for single parents.
- Non-reimbursed health care costs, not covered by Social Security: 15% of health care costs, with a limit of EUR 1 000

- Expenditures for educating the taxpayer or the taxpayer's dependants: 30% of outlays, up to EUR 800.
- Costs for sanatoria or retirement homes for taxpayers, their ascendants and collaterals up to the third degree whose income does not exceed the national minimum wage: 25% of expenses up to EUR 403.75.
- 15% of the amount spent (up to EUR 296,00) on interest regarding the acquisition, construction or improvement of the taxpayer's primary residence, or leasing contracts (applicable to contracts up to 31/12/2011); and 15% of the amount spent (up to EUR 502,00) on rents paid by a tenant for his permanent residence under an agreement typified by the law. These limits are also increased for taxpayers in the first tax rate bracket and for taxpayers with income above the first rate bracket upper limit and below EUR 30.000, according to the formula below.

$$296 + \left[(450 - 296) * \left(\frac{30000 - liable\ income}{30000 - 7091}\right)\right]$$

- 20% of alimony payments compulsory under court order or court-approved agreement.
- 30% of education expenditures and 25% of life insurance premiums, up to a limit of 15% of the tax liability, for handicapped taxpayers or dependents.
- 15% of VAT paid for certain services (restaurants, lodging, hairdressers, and auto-repair) up to a limit of EUR 250. This benefit is not included on the limits referred to on the next page.

Tax credits from tax benefits

- Individual Retirement Savings Plans (PPRs): 20% of amounts invested, for unmarried taxpayers or for each spouse, up to:
  - EUR 400 for taxpayers under 35;
  - EUR 350 for taxpayers over 35 and under 50;
  - EUR 300 for taxpayers over 50.
- Social Security Individual Accounts: 20% of amounts invested, for unmarried taxpayers or for each spouse, up to a limit of EUR 350.

Donations granted on the conditions stated in the statutes governing charities (grants to central, regional or local government, special "social solidarity institutions", museums, libraries, schools, institutes, educational or research associations, public administrative bodies, etc.): 25% of donations, limited in certain cases to 15% of the donor's tax liability. However the total of tax credits related to health care costs, education and training, alimony, retirement homes, VAT paid, house expenses and tax benefits cannot exceed the values of the following amounts:

Taxable income (EUR) (R)	Limit
Up to 7 091	Without limit
Between 7 091 and 80 640	$1000 + \left[(2500 - 1000) * \left(\frac{80640 - liable\ income}{80640 - 7091}\right)\right]$
Over 80 640	EUR 1 000

Limits are increased in 5% for each dependent.

1.1.5. Family status- determination of taxable income

The default status is individual taxation. Couples can opt for joint taxation based on the income-splitting system as it is described below. In the Taxing Wages calculations, the most favourable system is chosen.

1.1.6. Tax rate schedule (applicable to 2019 income)

Taxable income (EUR) (R)	Marginal tax rate (%) (T)	Amount to deduct (EUR) (K)
Up to 7 091	14.50	---
Over 7 091 up to 10 700	23.00	503.46
Over 10 700 up to 20261	28.50	994.84
Over 20 261 up to 25 000	35.00	2 287.13
Over 25 000 up to 36 856	37.00	2 687.13
Over 36 856 up to 80 640	45.00	5 045.91
Over 80 640	48.00	6 891.27

In the case of taxpayers whose income stems primarily from dependent employment (earned income), disposable income after application of the tax rates to taxable income may not be less than, EUR 9 150.96 that was 1.5 times the annual value of the Social Benefits Index per taxpayer in 2019.

For residents in the Autonomous Regions of the Azores, reduced tax rates are applicable. Tax calculation formula (I = Income tax due):

Unmarried taxpayers: I = R x T - K - C

Married taxpayers can opt for joint taxation based on the income splitting method (with one or two earned incomes/see Section 1.1.5):

- I ={[(R : 2) x T - K] x 2 } – C

Where:

R = Taxable income, after deduction of standard and non-standard reliefs (see Sections 1.1.2)

T = Tax rate corresponding to the taxable income bracket

K = Amount to be deducted from each bracket

C = Tax credits (see Section 1.1.4)

Surtax:

An additional surtax, solidarity tax rate, was introduced by the 2012 State Budget and is applicable on highest income bracket. The surtax tax rate is now 2.5% applicable to taxable income between EUR 80 640 and EUR 250 000 and 5% for taxable income above EUR 250 000.

1.1.7. Special family situations

1.1.7.1. Handicapped taxpayer/spouse, with a disability rating of 60% or more:

A tax credit corresponding to 4 times the 2010 minimum wage (EUR 1 900) is granted for each taxpayer or spouse.

1.1.7.2. Handicapped dependent children, with a disability rating of 60% or more:

A tax credit corresponding to 2.5 times the social benefits index[1] (EUR 1 187.50) is granted for each dependent child.

1.1.7.3. Handicapped taxpayer/spouse or dependent children, with a disability rating of 90% or more:

An additional tax credit corresponding to 4 times the 2010 minimum wage (EUR 1 900) is granted for each taxpayer or spouse or dependent child.

1.1.8. Non liable income

- Lawfully granted family allowances;
- Living expenses per diem, up to the limits established for national civil servants;
- Meal allowances, up to the amount established for national civil servants, increased by 20% or 60% in the event of a meal allowance in the form of meal vouchers.

2. Compulsory social security contributions to schemes operated within the government sector

Rates and ceilings: social security contributions are levied on gross pay and are not subject to any ceiling.

2.1. Employee contributions

As a rule, the rate of employee contributions is 11% of gross pay, with no ceiling.

2.2. Employer contributions

The employer's rate of social security contributions is 23.75% of gross pay, with no ceiling.

2.3. Areas of social protection

- Health (sickness, disability, work accidents, work-related illness);
- Old age, survival;
- Maternity;
- Family (family allowances);
- Unemployment.

3. Universal cash benefits

3.1. Benefits for dependent children

The basic principle is to grant higher monthly social benefits to lower-income households.

There are six different levels of monthly allowances for dependent children, depending on the family's reference income. This reference income is determined by dividing the family's annual gross income, including vacation and Christmas allowances, by the number of dependent children plus one:

- Level 1: Families whose reference income is under 50% of 14 times the reference value (i.e. under EUR 3 050.32);
- Level 2: Families whose reference income is over 50% and under 100% of 14 times the reference value(i.e. over EUR 3 050.32 and under EUR 6 100.64);
- Level 3: Families whose reference income is over 100% and under 150% of 14 times the reference value (i.e. over EUR 6 100.64 and under EUR 9 150.96);
- Level 4: Families whose reference income is over 150% (i.e. over EUR 9 150.96).

Each level is also divided according to the age of the dependent child. Benefits are higher during the first 12 months of a child's life.

Monthly social benefits per child are as follows:

	Child under 12 months	Child over 12 months old	Additional benefit per child over 12 months and under 36 months in a family with 2 children	Additional benefit per child over 12 months and under 36 months in a family with 3 or more children	Child over 36 months old
Level 1	148.32	110.77	37.08	74.16	37.08
Level 2	122.43	91.43	30.69	61.22	30.69
Level 3	96.32	73.12	27.71	55.42	27.71
Level 4	38.31	38.31	38.31	38.31	0

Monthly social benefits per child in a single-parent family are increased by 35%.

In September, families with dependent school children aged between 6 and 16 years receiving child benefits in level 1 receive an additional amount equal to the regular monthly benefit.

An amount equal to the cash benefits for dependent children under 12 months is attributed for each unborn child after the first month following that of the 13th week of gestation.

3.2. Benefits for handicapped dependent children

There is also a special family allowance scheme for handicapped children.

The above cash benefits (in Sections 3.1 and 3.2) are not taxable.

4. Main changes in the tax/benefit system since 2006

- The relief for disabled taxpayers was restructured. Former partial exemptions and allowances were replaced by tax credits.
- Tax credits for higher income households were limited or abolished.
- The fiscal autonomy of local authorities (municipalities) increased. They may set the level of their share in the revenue from personal income tax, up to 5% of their resident taxpayers' tax liability. If this rate is set below 5%, the difference will be credited against the taxpayers' tax liability.
- Tax credits for handicapped taxpayers and dependants were increased.
- Social benefits for dependent children were increased for low income families, single-parent families and families with 2 or more children.
- Introduction of social benefits for unborn children.
- A family coefficient was introduced in 2015 and abolished in 2016.
- From 2016, the tax unit is the individual. However, couples can opt for joint taxation.

5. Memorandum items

5.1. Method used to identify and compute gross wages of the average worker

The operative concept of monthly compensation is that of amounts paid to full time staff before deductions for tax and compulsory contributions. It therefore includes wages and basic salaries of staff paid by the hour, by the job, or by tasks; benefits in kind or housing, if they are considered an integral part of compensation; cash subsidies for meals, housing or transport; bonuses for regular night shifts and seniority, as well as incentive pay and rewards for diligence and productivity; family allowances, compensation for overtime and work on holidays. Benefits, subsidies and bonuses are taken into account only if paid regularly at each pay period.

Payments in kind are incorporated into the concept of compensation. The statistics record such advantages in kind at their taxable value.

All managerial and supervisory workers are included in the computations.

Average annual pay is based on the average of monthly earnings for April and October multiplied by an adjustment coefficient representing the share of annual bonuses and allowances (including vacation subsidies and the Christmas allowance), which is provided by the labour cost survey.

The following formula is applied:

- Average annual pay = Average monthly pay adjusted by the coefficient x 12.

5.2. Description of the employer's main contributions to private retirement, health insurance schemes, etc.

Outside the social security system, employers are required to insure their employees against work-related accidents (with private insurance companies). They may also provide their employees with life insurance, although this is optional.

2019 Parameter values

Average earnings/yr	Ave_earn	18 787	Secretariat estimate	
Tax allowances	perc	1		
	max_al	4 104		
Tax credits				
Married (basic)	married_cred	0		
Single (basic)	single_cred	0		
Single parent	singlepar_cred	0		
Each child credit	child_cred	600		
Tax schedule	tax_sch	0.145	7 091	
		0.23	10 700	
		0.285	20 261	
		0.35	25 000	
		0.37	36 856	
		0.45	80 640	
		0.48		
	tax_floor	na		
Surtax	surtax_rate	0.025		
	surtax_rate2	0.05		
	surtax_thrs	250 000		
Social security contributions	SSC_rate	0.11		
ceiling	SSC_empr	0.2375		
Child benefit - Schedule	ch_ben_sch	0	482.04	1st echelon
		3050.32	368.28	2nd echelon
		6100.64	332.52	3rd echelon
		9150.96	0	4th echelon
Extra child benefit for lone parents	ch_ben_lone	0.35		
Minimum Wage	MW	8400		
Minimum Disposable Income	MinDispY	9150.96		

2019 Tax equations

The equations for the Portuguese system in 2019 are calculated on individual basis. Couples can opt for joint taxation based on the income-splitting system. In the Taxing Wages calculations, the two systems are modelled and the most favourable system is chosen.

The functions which are used in the equations (Taper, MIN, Tax etc) are described in the technical note about tax equations. Variable names are defined in the table of parameters above, within the equations table, or are the standard variables "married" and "children". A reference to a variable with the affix "_total" indicates the sum of the relevant variable values for the principal and spouse. And the affixes "_princ" and "_spouse" indicate the value for the principal and spouse, respectively. Equations for a single person are as shown for the principal, with "_spouse" values taken as 0.

	Line in country table and intermediate steps	Variable name	Range	Equation
1.	Earnings	earn		
2.	Allowances:	tax_al	B	MAX(MIN(perc*earn, max_al), SSC)
			J	MAX((MIN(perc*earn_princ, max_al)+MIN(perc* earn_spouse, max_al)), SSC_princ+SSC_spouse)
3.	Credits in taxable income	taxbl_cr		0
4.	CG taxable income	tax_inc	B	earn-tax_al
	Adjusted taxable income	tax_inc_adj	J	tax_inc/(1+Married)
5.	CG tax before credits	CG_tax_excl	B	IF(tax_inc>tax_floor,Tax(tax_inc,tax_sch),0)
			J	IF(tax_inc_adj>tax_floor,Tax(tax_inc_adj,tax_sch)*(1+Married), 0)
6.	Tax credits :			
	Basic credit	basic_cr	B/J	0
	Child credit	child_cr	B	IF(AND(Married>0,earn_spouse>0),Children*child_cred/2,Children*child_cred)
			J	Children*child_cred
	Total	tax_cr	B/J	basic_cr+child_cr
	Surtax	surtax	B	IF(tax_inc>surtax_thrs,(surtax_rate*(surtax_thrs-TopIncBracket)+surtax_rate2*(tax_inc-surtax_thrs)),surtax_rate*Positive(tax_inc-TopIncBracket))
			J	IF(tax_inc_adj>surtax_thrs,(surtax_rate*(surtax_thrs-TopIncBracket)+surtax_rate2*(tax_inc_adj-surtax_thrs))*(1+Married),surtax_rate*Positive(tax_inc_adj-TopIncBracket)*(1+Married))
7.	CG tax	CG_tax	B	IF(earn-CG-tax-excl> MinDispY,Positive(CG_tax_excl-tax_cr),0)+surtax
				IF(earn-CG-tax-excl> MinDispY*(1+(Married*earn_spouse>0)),Positive(CG_tax_excl-tax_cr),0)+surtax
8.	State and local taxes	local_tax	B/J	0
9.	Employees' soc security	SSC	B	earn*SSC_rt
11.	Cash transfers	cash_trans	J	=IF(Married='0,' VLOOKUP(earn/(Children+1),ch_ben_sch,2,1)*Children*(1+ch_ben_lone), VLOOKUP(earn/(Children+1),ch_ben_sch,2,1)*Children) +IF(earn/(Children+1)<inc_level1,IF(married>0,(ben_level1/12)* children,(ben_level1/12)*(children*(1+ch_ben_lone)),0)
13.	13. Employer's soc security	SSC_empr	B	earn*SSC_empr

Key to range of equation B calculated separately for both principal earner and spouse P calculated for principal only (value taken as 0 for spouse calculation) J calculated once only on a joint basis.

Notes

[1] The 2010 minimum wage (EUR 475) until de SBI reaches that value).

Slovak Republic

This chapter includes data on the income taxes paid by workers, their social security contributions, the family benefits they receive in the form of cash transfers as well as the social security contributions and payroll taxes paid by their employers. Results reported include the marginal and average tax burden for eight different family types.

Methodological information is available for personal income tax systems, compulsory social security contributions to schemes operated within the government sector, universal cash transfers as well as recent changes in the tax/benefit system. The methodology also includes the parameter values and tax equations underlying the data.

Slovak Republic 2019

The tax/benefit position of single persons

		Wage level (per cent of average wage)	67	100	167	67
		Number of children	none	none	none	2
1.	**Gross wage earnings**		8 843	13 199	22 042	8 843
2.	**Standard tax allowances**					
	Basic allowance		3 937	3 937	3 937	3 937
	Married or head of family		0	0	0	0
	Dependent children		0	0	0	0
	Deduction for social security contributions and income taxes		1 185	1 769	2 954	1 185
	Work-related expenses					
	Other					
		Total	5 122	5 706	6 891	5 122
3.	**Tax credits or cash transfers included in taxable income**		0	0	0	0
4.	**Central government taxable income (1 - 2 + 3)**		3 721	7 493	15 151	3 721
5.	**Central government income tax liability (exclusive of tax credits)**		707	1 424	2 879	707
6.	**Tax credits**					
	Basic credit		0	0	0	0
	Married or head of family		0	0	0	0
	Children		0	0	0	532
	Other (ETC)		0	0	0	0
		Total	0	0	0	532
7.	**Central government income tax finally paid (5-6)**		707	1 424	2 879	175
8.	**State and local taxes**		0	0	0	0
9.	**Employees' compulsory social security contributions**					
	Gross earnings		1 185	1 769	2 954	1 185
	Taxable income					
		Total	1 185	1 769	2 954	1 185
10.	**Total payments to general government (7 + 8 + 9)**		1 892	3 192	5 832	1 360
11.	**Cash transfers from general government**					
	For head of family					
	For two children		0	0	0	584
		Total	0	0	0	584
12.	**Take-home pay (1-10+11)**		6 951	10 006	16 209	8 067
13.	**Employers' compulsory social security contributions**		2 693	4 019	6 712	2 693
14.	**Average rates**					
	Income tax		8.0%	10.8%	13.1%	2.0%
	Employees' social security contributions		13.4%	13.4%	13.4%	13.4%
	Total payments less cash transfers		21.4%	24.2%	26.5%	8.8%
	Total tax wedge including employer's social security contributions		39.7%	41.9%	43.6%	30.1%
15.	**Marginal rates**					
	Total payments less cash transfers: Principal earner		29.9%	29.9%	29.9%	29.9%
	Total payments less cash transfers: Spouse		n.a.	n.a.	n.a.	n.a.
	Total tax wedge: Principal earner		46.2%	46.2%	46.2%	46.2%
	Total tax wedge: Spouse		n.a.	n.a.	n.a.	n.a.

Slovak Republic 2019

The tax/benefit position of married couples

	Wage level (per cent of average wage)	100-0	100-67	100-100	100-67
	Number of children	2	2	2	none
1.	**Gross wage earnings**	13 199	22 042	26 397	22 042
2.	**Standard tax allowances**				
	Basic allowance	3 937	7 875	7 875	7 875
	Married or head of family	3 937	0	0	0
	Dependent children	0	0	0	0
	Deduction for social security contributions and income taxes	1 769	2 954	3 537	2 954
	Work-related expenses				
	Other				
	Total	9 643	10 828	11 412	10 828
3.	**Tax credits or cash transfers included in taxable income**	0	0	0	0
4.	**Central government taxable income (1 - 2 + 3)**	3 555	11 213	14 985	11 213
5.	**Central government income tax liability (exclusive of tax credits)**	675	2 131	2 847	2 131
6.	**Tax credits**				
	Basic credit	0	0	0	0
	Married or head of family	0	0	0	0
	Children	532	532	532	0
	Other (ETC)	0	0	0	0
	Total	532	532	532	0
7.	**Central government income tax finally paid (5-6)**	143	1 598	2 315	2 131
8.	**State and local taxes**	0	0	0	0
9.	**Employees' compulsory social security contributions**				
	Gross earnings	1 769	2 954	3 537	2 954
	Taxable income				
	Total	1 769	2 954	3 537	2 954
10.	**Total payments to general government (7 + 8 + 9)**	1 912	4 552	5 852	5 084
11.	**Cash transfers from general government**				
	For head of family				
	For two children	584	584	584	0
	Total	584	584	584	0
12.	**Take-home pay (1-10+11)**	11 871	18 074	21 129	16 957
13.	**Employers' compulsory social security contributions**	4 019	6 712	8 038	6 712
14.	**Average rates**				
	Income tax	1.1%	7.3%	8.8%	9.7%
	Employees' social security contributions	13.4%	13.4%	13.4%	13.4%
	Total payments less cash transfers	10.1%	18.0%	20.0%	23.1%
	Total tax wedge including employer's social security contributions	31.1%	37.1%	38.6%	41.0%
15.	**Marginal rates**				
	Total payments less cash transfers: Principal earner	29.9%	29.9%	29.9%	29.9%
	Total payments less cash transfers: Spouse	29.9%	29.9%	29.9%	29.9%
	Total tax wedge: Principal earner	46.2%	46.2%	46.2%	46.2%
	Total tax wedge: Spouse	46.2%	46.2%	46.2%	46.2%

As from 1.1.2009 Slovakia has joined the Euro zone; the national currency became the Euro (EUR). In 2019, EUR 0.89 was equal to USD 1. In that year, the average worker earned EUR 13 199 (Secretariat estimate).

1. Personal Income Tax System

1.1. Central government income taxes

1.1.1. Tax unit

The tax unit is the individual.

1.1.2. Tax allowances and tax credits

1.1.2.1. Standard reliefs

- Basic relief: An allowance for all taxpayers is set at 19.2 times the minimum living standard (MLS) for a basic adult as of January 1, 2019 (EUR 3 937.35). In 2019, the basic personal allowance for taxpayers with gross earnings net of employee social security contributions in excess of the threshold of EUR 20 507 per year (20 507 = 100 x MLS, which is approximately equal to an employee's monthly gross wage of EUR 1 973) is gradually withdrawn. If gross earnings net of employee social security contributions exceed EUR 20 507, the personal allowance is calculated as 44.2 times the minimum living standard minus 0.25 times gross earnings net of employee social security contributions. The basic personal allowance reaches 0 if the gross earnings net of employee social security contributions amount to EUR 36 256.38 per year (employee's monthly gross wage of approximately EUR 3 489). The value of the basic tax allowance cannot become negative.
- The regressive tax allowance is taken into account only once a year (when the tax return is filed or when the annual clearing is performed). Monthly tax prepayments during the year are therefore not affected.
- Marital status relief: An additional allowance is given to the principal earner in respect of a spouse living in a common household if the spouse earns no more than EUR 3 937.35. As from January 1, 2008 the value of the spouse allowance depends on the gross earnings net of employee social security contributions of both principal and spouse. As of 2013, to be entitled to spouse allowance one of the following conditions should be met:
    - spouse is taking care of (not necessarily personally) children up to 3 years (or up to 6 years if child is disabled) or
    - spouse is unemployed or
    - spouse is receiving nursing allowance or
    - spouse is disabled.

If the principal's gross earnings net of employee social security contributions in 2019 are lower or equal to EUR 36 256.38 (= 176.8 times MLS) and the spouse's gross earnings net of employee social security contributions are lower than EUR 3 937.35, the spouse allowance is calculated as the difference between 19.2 times MLS and the spouse's gross earnings net of employee social security contributions. If the gross earnings net of employee social security contributions of the spouse exceed EUR 3 937.35, the spouse allowance is 0. If the principal's gross earnings net of employee social security contributions exceed EUR 36 256.38 (= 176.8 times MLS), the spouse allowance is calculated as 63.4 times MLS minus 0.25 times the principal's gross earnings net of employee social security contributions. This amount is reduced by the spouse's gross earnings net of employee social security contributions. The value of the spouse allowance cannot become negative.

The digressive tax allowance is taken into account only once a year (when the tax return is filed or when the annual clearing is performed). Monthly tax prepayments during the year are therefore not affected.

For the purposes of this Report, only families with unemployed spouse are entitled to spouse allowance (spouse income does not influence any equations of spouse allowance as of 2013). Child care up to 3 years does not affect the calculation of tax wedges as according to the Taxing wages methodology any children in the household are assumed to be aged between six and eleven inclusive.

- Relief for children: The prior allowance for children has been replaced by a non-wastable tax credit as from January 2004. As from July 2007, the monthly tax credit is automatically indexed by MLS growth as of 1st July when also the new amount of MLS comes into force. Since 2015 the monthly tax credit is automatically indexed by MLS growth from the previous year. Monthly tax credit in 2019 is EUR 22.17 per child for the whole year because MLS did change during the previous year. The annual amount will be EUR 266.04. The tax credit for each dependent child is deducted from the tax liability; if the credit exceeds the tax liability, the excess will be paid to the taxpayer. In order to receive this credit, the parent must annually earn at least 6 times the minimum monthly wage, which for 2019 is set at EUR 520.0 (the total annual earnings must therefore be at least EUR 3 120.0). The credit can be taken only by one partner. It can be taken by one partner for part of the tax period (year) and by the other partner for the rest of the tax period (year); this choice will have to hold for all dependent children. (For the purposes of this Report, it is assumed that the credit is claimed by the principal wage earner). Since 2019, the tax credit on dependent children is increased by EUR 22.17 for each child below the age of 6 years. For children aged 6 or more, the tax credit remains unchanged at EUR 22.17.
- Relief for social and health security contributions: Employee's social security contributions (see Section 2.1.) are deductible for income tax purposes.

1.1.2.2. Main non-standard tax reliefs applicable to an average wage worker

Supplementary pension insurance, special-purpose savings and life insurances repealed as from January 2011. As of 2014 allowance for supplementary pension insurance has been reintroduced. Supplementary pension contributions are tax-deductible up to the maximum limit of EUR 180 per year.

1.1.2.3. Non-wastable tax credit: employee tax credit (ETC / zamestnanecká prémia)

Prior to 2015 low-income workers were eligible for employee tax credit. The employee tax credit was effective since 2009 and depended on employee's earnings and the number of months worked. In order to receive employee tax credit, earnings should be at least 6 times of the minimum wage and 12 times the minimum wage. The credit was than calculated as a 19% of the difference between the basic allowance and the tax base (gross earnings net of employee SSC). In 2019 the tax base (at the level of the minimum wage, EUR 5 451.84) is higher than the basic allowance (EUR 3 937.35) the tax credit is automatically zero (so effectively anyone can be eligible).

1.1.3. Tax schedule

As from 2013 the previous flat tax rate of 19% was replaced by new tax schedule with two tax brackets. The ceiling for the first bracket is set out as 176.8 times MLS (equal to EUR 36 256.38) what secure its automatic indexation. The tax schedule is as follows:

Annual taxable income (EUR)*	Rate (%)
0–36 256.376	19
36 256.376 and over	25

* Employee's social security contributions (see 1.12.) are deductible for income tax purposes.

1.2. State and local income tax

Personal income tax (PIT) is redirected solely to the local governments. The share of PIT yield which is transferred to municipalities is 70%. The share of PIT yield transferred to self-governing regions is 30%.

2. Compulsory Social Security Contributions to Schemes Operated within the Government Sector

2.1. Employees' contributions

Compulsory contributions of 13.4% of gross wages and salaries are paid by all employees into government operated schemes. The total is made up as follows:

-- Health Insurance		4.0%
-- Social Insurance		9.4%
of which:		
-- Sickness	1.4%	
-- Retirement	4.0%	
-- Disability	3.0%	
-- Unemployment	1.0%	

There are maximum assessment bases MSSAB (maximum threshold for contributions to apply) that apply to social security contributions. From 2004 these MSSAB are no longer fixed values but depend upon the average wages (AW). As of 2013 formulae for calculation of all maximum assessment bases has been unified. Since 2017 MSSAB for health insurance contributions are abolished. As of 2019 monthly MSSAB for social insurance contributions are calculated as: 7 x AW(t-2), where AW(t-2) is the average wage two years ago (previous equation for calculating MSSAB was 5 x AW(t-2)). The average wage (AW) is determined by the Statistical Office of the Slovak Republic – for 2017 it was EUR 954 per month.

As of 2015 the health insurance contribution (HIC) allowance has been introduced. The allowance decreases the employee's and employer's assessment base for the health insurance. It amounts to EUR 380 per month (EUR 4 560 annually) and decreases with rising income up to EUR 570 (EUR 6 840 annually) when it reaches zero. With EUR 1 rise in the monthly income the monthly allowance is reduced by EUR 2. The HIC allowance is applicable only on standard employment income (not self-employed income or income based on temporary contracts). However, to determine the amount of allowance all types of incomes are assessed, to target only low income workers. Since 2018 HIC allowance for employers was abolished.

2.2. Employers' contributions

The total contribution for employers is 35.2% of gross wages and salaries. The contribution comprises the health insurance contribution (10% of gross wages and salaries) and the social insurance contribution (25.2%). The social insurance rate reflects contributions to sickness insurance (1.4%), disability insurance (3%), retirement insurance (14%), the Guaranteed Fund (0.25%), accident insurance (0.8%), for unemployment (1%) and to the Reserve Fund (4.75%). All contributions are rounded down on two decimal places.

Since January 2005, Slovakia has introduced the privately managed fully funded pillar. This means that a given proportion (9 percentage points) of social contributions paid by the employer for retirement insurance flew directly to the private pension funds and not to the Social insurance agency as in previous years. As from September 2012 pension sharing scheme has been changed. Employer's retirement contribution rate to the fully funded pillar has been reduced from 9% to 4% (for more see pension contribution sharing scheme table below). As from 2017 contribution rate to the II. pillar automatically increases by 0.25 p.p. per year (i.e. contribution rate to the I. pillar decreases in the same volume), stopping at 6% to the II. pillar and 8% to the I. pillar in 2024. Private pension funds are treated outside of general government; these contributions are therefore not taken into account in the calculations of average and marginal tax rates. For the purposes of this Report, the total contribution rate for employers in 2019 is 30.45% with contributions to the second pension pillar not included in the rate.

As of 2015 the health insurance contribution (HIC) allowance has been introduced and in 2018 it has been abolished for employers, while for employees it remains unchanged (for more see 2.1).

The MSSAB also applies to the employer's SSC. The next table presents the annual values of MSSAB:

	Formula for MSSAB	Value of MSSAB
Health insurance		No limit
Social insurance		
of which		
-- sickness, retirement, unemployment, disability, Guarantee fund, Reserve fund	7.0 x AW (t-2)	80 136. 00
-- accident		No limit

Social security contributions: Pension – contribution sharing in case of II. Pillar participation

Period	Percentage of gross earnings		
	I Pillar	II Pillar	Total
System up to September 2012	9% (5% employer + 4% employee contribution)	9% (employer contribution)	18%
System up to December 2016	14% (10% employer + 4% employee contribution)	4% (employer contribution)	18%
System up to December 2017	13.75% (9.75% employer + 4% employee contribution)	4.25% (employer contribution)	18%
System up to December 2018	13.5% (9.5% employer + 4% employee contribution)	4.5% (employer contribution)	18%
Current system from January 2019	13.25% (9.25% employer + 4% employee contribution)	4.75% (employer contribution)	18%

3. Universal Cash Transfers

3.1. Transfers related to marital status

None.

3.2. Transfers for dependent children

The central government pays an allowance in respect of each dependent child in the amount of EUR 24.34 per month in 2019. In January 2008 an extra allowance for dependent children whose parents are not eligible for the non-wastable child tax credit was introduced. The monthly amount of this allowance is EUR 11.1. For the purpose of the tax wedge calculations this allowance is not relevant, as only non-workers and taxpayers with annual earnings lower than six times the minimum monthly wage (which is the condition for eligibility for the non-wastable child tax credit) are entitled to the extra allowance.

The non-wastable tax credit mentioned in Section 1.1.2.1 is part of the social support for families with dependent children. However, it is not considered as a transfer for the purposes of this Report.

3.3. Transfers related to social status

To determine the claim to state social benefits (for example the allowance for housing costs), the minimum living standard amounts are relevant as they form the basis of the income test. For 2019, these amounts are:

	MLS monthly (1.1.2019 – 31.12.2019)
First adult	205.07
Second adult	143.06
Child	93.61

A family is entitled to a social allowance if the total combined net monthly income of the family is less than the calculated MLS for this family. The allowance varies with the family type.

The benefits available to a family in material need (valid since 1st of January 2019) are:

- EUR 64.70 per month for an individual.
- EUR 123.10 per month for an individual with between one and four children.
- EUR 112.50 per month for a couple without children.
- EUR 168.40 per month for a couple with between one and four children.
- EUR 179.80 per month for an individual with more than four children.
- EUR 226.90 per month for a couple with more than four children.
- activation allowance: EUR 63.07 per month – for people who become active either by accepting qualifying employment opportunities or participating in retraining courses.
- housing allowance: EUR 55.80 per month for individual in material need, EUR 89.20 for a household in material need (if household has more than 1 person).
- protection allowance: EUR 63.07 per month for an individual in material need where employment is not possible due to such circumstances as a disability or old age, EUR 34.69 per month for individual on sick leave for at least 30 consecutive days and EUR 13.50 for a pregnant woman from 4th month of the pregnancy and lasts until the child's age of 1 year (for the purpose of this Report, protection allowance is assumed to be EUR 63.07 for each individual).
- specific allowance: EUR 66.2 per month - entitlement arise for long-term unemployed individuals who move into work for 6 months (does not affect the calculations in this Report).
- dependent child allowance: EUR 18.10 per month for a child who properly fulfils compulsory school attendance.

4. Main Changes in Tax/Benefit Systems since 2017

Main changes relates to HIC allowance. Since 2018 HIC allowance for employers was abolished. Although in 2018 employer contributions to the privately managed pension pillar (II. Pillar) has increased to 4.5% while contribution to I. pillar fell to 9.5%. Moreover, the MLS value was revised up in July 2017 which led to changes in tax system allowances, credits and brackets from January 2018. In 2019 contribution to II. Pillar is 4.75 % and contribution to the I. Pillar is 9.25% (see Section 2.2).

There are also legislative changes which do not directly affect calculations of the tax wedge used in this Report. First is a new spa tax allowance for PIT. Each taxpayer who spent at least EUR 50 on domestic spa services is allowed to reduce his tax base by EUR 50.

Second change is related to support for housing mortgage interest payments for young people. Since 2018 taxpayer is allowed to deduct mortgage interest payment (maximum amount is EUR 400 per year) from its own tax liability. Previously, support for housing was in the form of a public subsidy.

Third, pensioners who earn income from special short term labour contracts (*dohoda o vykonaní práce*) benefit from SSC allowance of EUR 200 per month from July 2018.

Introduction of 13th and 14th salary. The new exemption of the 13th and 14th salaries. This measure has a negative impact on revenues, which is increasing with gradual phasing of exemption from health insurance contributions, the PIT, and from 2019 onwards also from social insurance contributions. Maximum exemption is EUR 500 per additional salary.

Overview and timing of PIT and SSC exemptions of 13th and 14th salary (Y = exemption)

	2018			2019			2020		
	SIC	HIC	PIT	SIC	HIC	PIT	SIC	HIC	PIT
13th salary (June)		Y			Y	Y		Y	Y
14th salary (December)		Y	Y	Y	Y	Y	Y	Y	Y

Since 2019, the tax credit on dependent children is increased by EUR 22.17 for each child below the age of 6 years (Section 1.1.2.1).

5. Memorandum items

5.1. Identification of AW and valuation of earnings

The Ministry of Finance of the Slovak Republic estimates the AW in the methodology used by the Statistical Office of the Slovak Republic. Earnings data (without self-employees) are based on average wage definition including industries falling under categories B to N inclusive, with reference to International Standard Industrial Classification of All Economic Activities, Revision 4.

2019 Parameter values

Average earnings/yr	Ave_earn	13 199	Secretariat estimate
w	basic_adult	205.07	
	basic_adult1	143.06	
	basic_child	93.61	
Basic allowance	basic_al_mult	19.2	
	basic_al	3937.35	
	basic_al_mult1	100.0	
	basic_al_mult2	44.2	
	basic_al_redn	0.25	
Spouse allowance	spouse_al_limit	3937.35	
	spouse_al_mult1	176.8	
	spouse_al_mult2	63.4	
	spouse_al_redn	0.25	
Income tax rate	tax_sch/tax_rate	0.19	36256. 37
		0.25	
Tax credits - nonwastable	tax_cr	266.04	
	min_wage	520	
	minwage_mult	6	
	etc_thresh	5451.84	
Employee social security contributions	SSC_rate	0.094	
	SSC_sick	0.014	
	SSC_ret	0.04	
	SSC_dis	0.03	
	SSC_unemp	0.01	
	SSC_health	0.04	
Employer social security contributions	SSC_empr	0.1965	
	SSC_empsick	0.014	
	SSC_empret	0.0925	
	SSC_empdis	0.03	
	SSC_empunemp	0.01	
	SSC_emphealth	0.1	
	SSC_gua	0.0025	
	SSC_acc	0.008	
	SSC_fund	0.0475	
Health Insurance Contribution allowance	HIC_treshold	4560	
	HIC_rate	2	
Maximum assessment base	MSSAB	80136	
Cash transfers	transf_1	292.08	
	transf_indiv	776.4	
	transf_indiv_child	1477.2	
	transf_couple	1350	
	transf_couple_child	2020.8	
	transf_hous_indiv	669.6	
	transf_hous_couple	1070.4	
	transf_dep	217.2	

2019 Tax equations

The functions which are used in the equations (Taper, MIN, Tax etc) are described in the technical note about tax equations. Variable names are defined in the table of parameters above, within the equations table, or are the standard variables "married" and "children". A reference to a variable with the affix "_total" indicates the sum of the relevant variable values for the principal and spouse. And the affixes "_princ" and "_sp" indicate the value for the principal and spouse, respectively. Equations for a single person are as shown for the principal, with "_sp" values taken as 0.

	Line in country table and intermediate steps	Variable name	Range	Equation
1.	Earnings	earn		
2.	Allowances:			
	Basic	basic_allce	B	IF(earn-SSC<=basic_al_mult1*basic_adult, basic_al,MAXA(basic_al_mult2*basic_adult-basic_al_redn*(earn-SSC),0))
	Spouse	spouse_allce	P	IF(earn_spouse=0,1,0)*Married*Positive(IF(earn_princ-SSC_princ<=spouse_al_mult1*basic_adult, basic_al_mult*basic_adult,spouse_al_mult2*basic_adult-spouse_al_redn*(earn_princ-SSC_princ)))
	Social security contributions	SSC_al	B	SSC
	Total	tax_al	B	basic_allce+spouse_allce+SSC_al
3.	Credits in taxable income	taxbl_cr	B	0
4.	CG taxable income	tax_inc	B	Positive(earn-tax_al)
5.	CG tax before credits	CG_tax_excl	B	Tax(tax_inc,tax_sch)
6.	Tax credits:			
	Employee tax credit	etc_cr	B	IF(earn>=min_wage*minwage_mult, tax_rate*Positive(basic_al-MAX(etc_thresh, earn-SSC)), 0)
	Children	child_cr	P	(earn>=min_wage*minwage_mult)*Children*tax_cr
	Total	tax_cr	B	etc_cr+child_cr
7.	CG tax	CG_tax	B	CG_tax_excl-tax_cr
8.	State and local taxes	local_tax	B	0
9.	Employees' soc security	SSC	B	MINA(earn,MSSAB)*SSC_rate+ MAX(0;(earn-MAX(0;HIC_treshold-MAX(0;(earn-HIC_treshold)*HIC_rate))))*SSC_health
11.	Cash transfers	cash_trans	J	Children*transf_1+Positive(IF(0,75*((earn-SSC-CG_tax_excl)/12)<(basic_adult+Married*basic_adult1+ Children*basic_child), ((1-Married)* (IF(Children>0;transf_indiv_child;transf_indiv))+ Married*(IF(Children>0;transf_couple_child;transf_couple))+IF((Married+Children)>0;transf_hous_couple;transf_hous_indiv)+(Children*transf_dep)-0,75*(earn-SSC-CG_tax_excl));0))
13.	Employer's soc security	SSC_empr	B	MINA(earn,MSSAB)*SSC_empr+earn*SSC_acc+earn*SSC_emphealth

Key to range of equation B calculated separately for both principal earner and spouse P calculated for principal only (value taken as 0 for spouse calculation) J calculated once only on a joint basis.

Slovenia

This chapter includes data on the income taxes paid by workers, their social security contributions, the family benefits they receive in the form of cash transfers as well as the social security contributions and payroll taxes paid by their employers. Results reported include the marginal and average tax burden for eight different family types.
Methodological information is available for personal income tax systems, compulsory social security contributions to schemes operated within the government sector, universal cash transfers as well as recent changes in the tax/benefit system. The methodology also includes the parameter values and tax equations underlying the data.

Slovenia 2019

The tax/benefit position of single persons

		Wage level (per cent of average wage)	67	100	167	67
		Number of children	none	none	none	2
1.	**Gross wage earnings**		13 786	20 576	34 363	13 786
2.	**Standard tax allowances**					
	Basic allowance		3 303	3 303	3 303	3 303
	Married or head of family					
	Dependent children					5 086
	Deduction for social security contributions and income taxes		3 047	4 547	7 594	3 047
	Work-related expenses		0	0	0	0
	Other					
		Total	6 349	7 850	10 897	11 436
3.	**Tax credits or cash transfers included in taxable income**		0	0	0	0
4.	**Central government taxable income (1 - 2 + 3)**		7 437	12 726	23 466	2 351
5.	**Central government income tax liability (exclusive of tax credits)**		1 190	2 554	5 668	376
6.	**Tax credits**					
	Basic credit					
	Married or head of family					
	Children		0	0	0	0
	Other					
		Total	0	0	0	0
7.	**Central government income tax finally paid (5-6)**		1 190	2 554	5 668	376
8.	**State and local taxes**		0	0	0	0
9.	**Employees' compulsory social security contributions**					
	Gross earnings		3 047	4 547	7 594	3 047
	Taxable income					
		Total	3 047	4 547	7 594	3 047
10.	**Total payments to general government (7 + 8 + 9)**		4 237	7 101	13 262	3 423
11.	**Cash transfers from general government**					
	For head of family					
	For two children		0	0	0	3 210
		Total	0	0	0	3 210
12.	**Take-home pay (1-10+11)**		9 550	13 475	21 100	13 573
13.	**Employer's wage dependent contributions and taxes**		2 220	3 313	5 532	2 220
	Employer's compulsory social security contributions		2 220	3 313	5 532	2 220
	Payroll taxes		0	0	0	0
14.	**Average rates**					
	Income tax		8.6%	12.4%	16.5%	2.7%
	Employees' social security contributions		22.1%	22.1%	22.1%	22.1%
	Total payments less cash transfers		30.7%	34.5%	38.6%	1.5%
	Total tax wedge including employer's social security contributions		40.3%	43.6%	47.1%	15.2%
15.	**Marginal rates**					
	Total payments less cash transfers: Principal earner		34.6%	43.1%	48.6%	34.6%
	Total payments less cash transfers: Spouse		n.a.	n.a.	n.a.	n.a.
	Total tax wedge: Principal earner		43.6%	51.0%	55.7%	43.6%
	Total tax wedge: Spouse		n.a.	n.a.	n.a.	n.a.

Slovenia 2019

The tax/benefit position of married couples

	Wage level (per cent of average wage)	100-0	100-67	100-100	100-67
	Number of children	2	2	2	none
1.	**Gross wage earnings**	20 576	34 363	41 153	34 363
2.	**Standard tax allowances**				
	Basic allowance	3 303	6 605	6 605	6 605
	Married or head of family				
	Dependent children	5 086	5 086	5 086	
	Other dependent family member	2 437			
	Deduction for social security contributions and income taxes	4 547	7 594	9 095	7 594
	Work-related expenses	0	0	0	0
	Total	15 373	19 286	20 786	14 200
3.	**Tax credits or cash transfers included in taxable income**	0	0	0	0
4.	**Central government taxable income (1 - 2 + 3)**	5 203	15 077	20 367	20 163
5.	**Central government income tax liability (exclusive of tax credits)**	833	2 412	3 776	3 744
6.	**Tax credits**				
	Basic credit				
	Married or head of family				
	Children	0	0	0	0
	Other				
	Total	0	0	0	0
7.	**Central government income tax finally paid (5-6)**	833	2 412	3 776	3 744
8.	**State and local taxes**	0	0	0	0
9.	**Employees' compulsory social security contributions**				
	Gross earnings	4 547	7 594	9 095	7 594
	Taxable income				
	Total	4 547	7 594	9 095	7 594
10.	**Total payments to general government (7 + 8 + 9)**	5 380	10 006	12 871	11 338
11.	**Cash transfers from general government**				
	For head of family				
	For two children	1 893	1 249	822	0
	Total	1 893	1 249	822	0
12.	**Take-home pay (1-10+11)**	17 089	25 605	29 104	23 025
13.	**Employer's wage dependent contributions and taxes**	3 313	5 532	6 626	5 532
	Employer's compulsory social security contributions	3 313	5 532	6 626	5 532
	Payroll taxes	0	0	0	0
14.	**Average rates**				
	Income tax	4.0%	7.0%	9.2%	10.9%
	Employees' social security contributions	22.1%	22.1%	22.1%	22.1%
	Total payments less cash transfers	16.9%	25.5%	29.3%	33.0%
	Total tax wedge including employer's social security contributions	28.5%	35.8%	39.1%	42.3%
15.	**Marginal rates**				
	Total payments less cash transfers: Principal earner	34.6%	34.6%	34.6%	43.1%
	Total payments less cash transfers: Spouse	38.2%	34.6%	43.1%	34.6%
	Total tax wedge: Principal earner	43.6%	43.6%	43.6%	51.0%
	Total tax wedge: Spouse	46.8%	43.6%	51.0%	43.6%

The Slovenian currency is the euro (EUR). In 2019, EUR 0.89 was equal to USD 1. In that year, the average worker in Slovenia earned EUR 20 576 (Secretariat estimate).

1. Personal income tax system

1.1. Central government income tax

1.1.1. Tax unit

The tax unit is the individual.

1.1.2. Tax allowances

1.1.2.1. Standard tax reliefs

- A general (basic) allowance of EUR 3 302.70 is deductible from income in 2019. For lower income groups an additional general allowance of EUR 3 217.12 is deductible when taxable income is lower than EUR 11 166.37. When taxable income falls between EUR 11 166.37 and EUR 13 316.83 an additional general allowance is determined linearly by the following equation: 19 922.15 – 1.49601×total income.
- Family allowances are also deductible from the tax base in the same way as for the general allowance. The allowances for 2019 are as follows:
    - EUR 2 436.92 for the first dependent child;
    - EUR 2 649.24 for the second child;
    - EUR 4 418.54 for the third child;
    - EUR 6 187.85 for the fourth child;
    - EUR 7 957.14 for the fifth child;
    - for the sixth and all additional dependent children the allowance is higher by EUR 1 769.30 relating to the amount of allowance for the preceding maintained children;
    - EUR 8 830.00 for a dependent child who requires special care;
    - EUR 2 436.92 for any other dependent family member.
- Relief for social security contributions: Employee's compulsory contributions for the social insurance system are deductible for income tax purposes.
- Tax credits: None for employees.

1.1.2.2. Non-standard tax reliefs applicable to income from employment

- Additional voluntary pension insurance premiums: Premiums paid by a resident to the provider of a pension plan based in Slovenia or in another EU Member State according to a pension plan that is approved and entered into a special register in accordance with the pension legislation are deductible from taxable income. In 2019 such deductions are subject to an annual limit of EUR 2 819.09 or a sum equal to 24% of the employee's contribution for compulsory pension and disability insurance if that is a lower figure.
- Reimbursement of expenses associated with work, such as in-work meals, transport to and from work, in-the-field supplements (per diem when an employee works outside his or her working place) and compensation for being away from home, are exempt subject to statutory conditions and upper limits.

- Reimbursement of expenses associated with business travel such as: per diem allowances, transport costs (including the use of the employee's private vehicle for work purposes), and the costs of overnight accommodation, are exempt subject to statutory conditions and upper limits.
- The cost of purchasing and maintaining uniforms and personal protection work equipment defined in special regulations is exempt from income tax.
- Compensation for the use of an employee's own tools and other equipment (except private vehicles) necessary for the performance of work at the work place, is exempt up to a level of 2% of the monthly wage or salary of the employee, subject to an upper limit of 2% of the average gross monthly wage (AGMW).
- Long service bonuses, severance pay upon retirement and payments related to accidents, long term sickness and other unexpected events are exempt subject to statutory conditions and upper limits.
- Severance pay on redundancy is exempt subject to an upper limit of ten times the AGMW.
- Compensation for the use of an employee's own possessions and property when working at home in accordance with statutory regulations is exempt up to a level of 5% of the monthly wage or salary of the employee, subject to an upper limit of 5% of the AGMW.
- The reduction of PIT on the part of a salary paid on the basis of business performance. The income paid on the basis of business performance is exempt from the taxable base of employment income (but not from social security contributions) up to amount corresponding to 100% of the last published average monthly salary in the Republic of Slovenia. 'The part of a salary paid on the basis of business performance' is defined as income which should be paid once in a calendar year to all eligible employees at the same time, and under the condition that the right to receive such income is provided:
    - in the employer's general legal acts, with the same eligibility conditions for all employees; or
    - in the collective labour agreement including or serving as basis for eligibility criteria for receiving such income.

1.1.3. Tax schedule

The tax schedule for 2019 is as follows:

Taxable income (EUR)	Tax rate (in %)
Up to 8 021.34	16
8 021.34–20 400.00	27
20 400.00–48 000.00	34
48 000.00–70 907.20	39
Above 70 907.20	50

1.2. Regional and local income tax

There are no regional or local income taxes.

2. Compulsory social security insurance system

The compulsory social security insurance system consists of four schemes as follows:

- pension and disability insurance;
- health insurance;

- unemployment insurance;
- parental leave insurance.

2.1. Employees' contributions

The taxable base for social security insurance contributions paid by employees is the total amount of the gross wage or salary including vacation payments, fringe benefits and remuneration of expenses related to work above a certain threshold. The assessment period is the calendar month. Employees contribute an amount as a percentage of their remuneration as follows:

Scheme name	Rate of contribution (%)
Pension insurance	15.50
Health insurance	6.36
Unemployment insurance	0.14
Parental leave insurance	0.10
Total	22.10

2.2. Employers' contributions

Social security insurance contributions are also paid by employers on behalf of their employees. The taxable base and the assessment period are the same as for employees' contributions. The employers' contribution rates are as follows:

Scheme name	Rate of contribution (%)
Pension insurance	8.85
Health insurance	7.09
Unemployment insurance	0.06
Parental leave insurance	0.1
Total	16.1

The only change to these rates since 1996 has been the 0.2 percentage points increase in the employers' contribution rates for health insurance in 2002.

Slovenia implements a minimum SSC base for workers earning less than a minimum income threshold. For gross earnings below the minimum income threshold, SSCs are calculated on the basis of the minimum SSC base and not on actual gross wage earnings. Employees are liable to pay employee SSCs on their actual gross earnings, however, the employers are liable to pay (in addition to the employer SSC on gross earnings) the employee *and* employer SSC rate on the gross wage earnings below the minimum income threshold.

3. Payroll tax

None.

4. Universal cash transfers

4.1. Transfers related to marital status

None.

4.2. *Transfers for dependent children*

On 1 January 2012 the Exercise of Rights to Public Funds Act (ZUPJS-A) entered into force. Regarding to a new act child allowance is a supplementary benefit for maintenance, care and education of children when the family income per family member does not exceed statutorily defined percentage of the average net wage in the previous year.

The new legislation changed relevant family income which is the basis for the income classes from gross family income to net family income. Income includes taxable income and non-taxable income defined by the Personal Income Tax Act as for instance social benefits. Income is defined as gross income plus social benefits received but excluding the normalized cost and actual cost recognized under the law governing income tax, taxes and mandatory social security contributions levied on such income.

The new legislation also reduced the age of a child's entitlement. The right to a child benefit is held only until the child reaches 18 years. Besides, the child benefit is higher for eligible students included in higher secondary education (aged less than 18 years and with an income per family member below the average net wage).

Applications for the benefit are made on an annual basis and the payments are not taxable.

- The amount of the benefit is calculated for each child separately according to the level of net family income per family member and the ranking of the child in the family. Each family is assigned to one of 8 income brackets. From 1 January 2018 the thresholds between brackets are defined in nominal terms whereas before that date the brackets were defined according to some percentage of the previous year average net wage.
- Each child is allocated in one of three ranking levels (the level of payments increases with the ranking level - the lowest for the first child, higher for the second child and the highest for the third and any subsequent child). When a child lives in a one-parent family, the amount of the allowance is increased by 30%. When a pre-school child does not attend kindergarten, the amount of the allowance is increased by 20%.
- The details for the calculation of the net income per family member have been prescribed by the Minister, as follows:
    - All income and receipts, namely net disposable income (after deduction of the normalized cost and actual cost recognized under the law governing income tax, taxes and mandatory social security contributions levied on such income) are taken into account, except those that are designed to cover the specific needs (such as allowance and attendance allowance, a large family, etc.). Property is also taken into account like immovable property, cars and other vehicles, watercraft, etc. Property is assigned a value and then it is calculated the amount of interest that would be received within one year from the value of assets deposited in a bank account in the form of time deposits.
- The monthly amounts of transfers for a child from birth to the end of primary school in a two-parent family according to the Exercise of Rights to Public Funds Act and Public Finance Balance Act for the year 2019 are as follows:

Number of income bracket	Net family income per family member (above – to)	1st Child	2nd Child	3rd and subsequent Child
		Monthly (EUR)	Monthly (EUR)	Monthly (EUR)
1	Up to 2 256.24	114.31	125.73	137.18
2	2 256.24 – 3 760.44	97.73	108.04	118.28
3	3 760.44 – 4 512.6	74.48	83.25	91.98
4	4 512.6 – 5 264.64	58.75	67.03	75.47
5	5 264.64 – 6 643.56	48.04	56.06	64.03
6	6 643.56 – 8 022.36	30.44	38.10	45.71
7	8 022.36 – 10 278.72	22.83	30.44	38.10
8	10 278.72 – 12 409.68	19.88	27.50	35.11

- The monthly amounts of child benefit for a child included in the secondary school (but only for the child younger than 18) in the income brackets 7 and 8 are different than those in the table above and are as follows:

Number of income bracket	Net family income per family member (above – to)	Monthly (EUR)	Monthly (EUR)	Monthly (EUR)
7	8 022.36 – 10 278.72	28.83	36.44	49.65
8	10 278.72 – 12 409.68	22.88	30.50	39.89

In 2019, the maximum annual benefit levels for children in a two-parent family till the end of primary school are set by:

- EUR 1 371.72 for the first child;
- EUR 1 508.76 for the second child;
- EUR 1 646.16 for the third or subsequent child.

The amounts decline as the level of income per family member increases. .

5. Main changes in tax/benefit system since 2005

- In 2006 the taxation of income of individuals changed from global tax to a kind of a dual income tax system. Active income (from employment, business, basic agriculture and forestry, rents, royalties and other income) is taxed aggregated at progressive rates and taking into account the allowances and deductions; capital income (interest, dividends and capital gains) is taxed at proportionate rates on a scheduler basis.
- In 2007 the number of income tax brackets was reduced from five to three. At the same time, some non-standard tax reliefs for certain expenses and for interest paid on loans for housing were abolished.
- In 2008 additional general allowances were introduced for people on low incomes.
- The payroll tax was phased out at the start of 2009.
- The Exercise of Rights to Public Funds Act entered into force on 1.1.2012 changes family income which is the basis for the income classes from gross family income to net family income, which also includes social benefits received.
- Regarding to the Public Finance Balance Act which entered into force on 1.6.2012, the amounts of transfers for children in fifth and sixth income classes are reduced for 10%. Transfers for children in the seventh and eighth income classes are abolished.
- In 2013 the second bracket in the PIT schedule was broadened according to the Public Finance Balance Act. For the years 2013 and 2014 also the threshold for the third bracket (with the rate

41%) was increased and a new, top bracket with a rate of 50% was introduced for incomes above EUR 70 907.20.

- For the year 2013 the special relief for students was reduced by 25 % compared to the tax relief in 2012 (the tax relief for 2014 amounts to EUR 2 477.03).
- Concerning rental income deriving renting of immovable and movable property a new scheduler principle of taxation was introduced in the year 2013 with proportional rate of 25%. The standardised costs were reduced from 40% to 10% of the rental income.
- The main and most important substantive change for the year 2014 and beyond eliminates the automatic adjustment of tax credits and net annual tax basis in the scale for assessing personal income tax with the growth in consumer prices.
- For the year 2014 another amendments were also introduced to the personal income tax, that is the abolishment of the tax benefits to certain groups of taxpayers (special relief for daily migrants, relief for the residents over 65 years of age).
- In 2014, the amendments to the Law on Parenthood and Family Incomes increased child benefit for each child who lives in a single-parent family. Namely, the uplift of child benefit was increased from 10 to 30%. In this year were also introduced the different amounts of transfers for children included in the secondary school in the sixth income bracket.
- The scale of assessment for income tax as a temporary measure that applies to 2013 and 2014, with the addition of a fourth class tax rate of 50% was extended for the year 2015.
- In 2015 the annual threshold between 2nd and 3rd tax bracket (above which the income tax is paid at the rate of 41%) was increased to EUR 20 400 (from EUR 18 960) for the years 2016 and 2017. The corresponding tax rate remained unchanged (i.e. 27%). The validity of the tax rate of 50% for the fourth tax bracket (for incomes above EUR 70 907) is extended also for tax years 2016 and 2017.
- In 2016 for the year 2017 the additional tax bracket between previous second and third tax brackets with the rate of 34% has been introduced, and the second highest tax rate has been lowered from 41% to 39%. The highest rate of 50 %, which used to be a temporary measure, has been maintained. The threshold for the additional basic allowance has been increased from EUR 10 866 to EUR 11 166.
- In 2016 and valid from 2017 the reduced taxation on performance bonuses (13th salary) was introduced meaning that salary paid on the basis of business performance is exempt from the income tax up to 70% of the average wage.
- From 2018 the additional general tax allowance for incomes between EUR 11 166.67 and EUR 13 316.83 is determined linearly.
- From 2018 the PIT exemption for the income paid as a reward for the business performance was increased from 70% to 100% of the latest known average monthly wage in the Republic of Slovenia.
- From 2018 the thresholds of the income brackets used for the calculation of child benefits are defined nominally; before that the thresholds were defined as percentage of the previous year average net wage. In addition, child benefits have been re-introduced also for income brackets 7 and 8.
- From 2019 the payment for holiday leave is tax and SSCs free up to 100% of the latest known average monthly wage in the Republic of Slovenia. Before 2019 it was burdened only by PIT while the SSCs exemption was only up to 70 % of the latest average monthly wage.

6. Memorandum items

6.1. Average gross annual wage earnings calculation

In Slovenia the gross earnings figures cover wages and salaries paid to individuals in formal employment including payment for overtime. They also include bonus payments and other payments such as pay for annual leave, paid leave up to seven days, public holidays, absences due to sickness for up to 30 days, job training, and slowdown through no fault of the person in formal employment.

The average gross wage earnings figures of all adult workers covering industry sectors B–N are provided by the Statistical Office of the Republic of Slovenia.

6.2. Employer contributions to private pension and health schemes

Some employer contributions are made to private health and pension schemes but there is no relevant information available on the amounts that are paid.

2019 Parameter values

Ave_earn	20 576	Secretariat estimate					
Ave_earn_1	19 569						
Ave_net_earnfam	12 732						
Ave_gross_earnSSC	20 178.6						
Basic_al1	3302.70						
Basic_al2	3217.12						
Income_lim	11166.37						
Add_al	19922.15						
Red_rate	1.49601						
Child_al1	2 436.92						
Child_al2	5 086.16						
Child_al3	9 504.70						
Child_al4	15 692.55						
Child_al5	23 649.69						
Depend_al	2 436.92						
Tax_sch	0.16	8 021.34					
	0.27	20 400.00					
	0.34	48 000.00					
	0.39	70 907.20					
	0.50						
SSC_rate1	0.221						
SSC_minbase	11300.02						
SSC_rate2	0.161						
		Ist child monthly	2nd child monthly	3rd child monthly	1 child-total annual	2 children-total annual	3 children-total annual
Fam_allow_mc	0	114.31	125.73	137.18	1 371.72	2 880.48	4 526.64
	2 256.24	97.73	108.04	118.28	1 172.76	2 469.24	3 888.60
	3 760.44	74.48	83.25	91.98	893.76	1 892.76	2 996.52
	4 512.6	58.75	67.03	75.47	705.00	1 509.36	2 415.00
	5 264.64	48.04	56.06	64.03	576.48	1 249.20	2 017.56
	6 643.56	30.44	38.10	45.71	365.28	822.48	1 371.00
	8 022.36	22.83	30.44	38.10	273.96	639.24	1 096.44
	10 278.72	19.88	27.50	35.11	238.56	568.56	989.88
	12 409.68	0.00	0.00	0.00	0.00	0.00	0.00
Fam_allow_spup	0.3						
		Ist child monthly	2nd child monthly	3rd child monthly	1 child-total annual	2 children-total annual	3 children-total annual
Fam_allow_sp	0	148.60	163.45	178.33	1 783.24	3 744.62	5 884.63
	2 256.24	127.05	140.45	153.76	1 524.59	3 210.01	5 055.18
	3 760.44	96.82	108.23	119.57	1 161.89	2 460.59	3 895.48
	4 512.6	76.38	87.14	98.11	916.50	1 962.17	3 139.50
	5 264.64	62.45	72.88	83.24	749.42	1 623.96	2 622.83
	6 643.56	39.57	49.53	59.42	474.86	1 069.22	1 782.30
	8 022.36	29.68	39.57	49.53	356.15	831.01	1 425.37
	10 278.72	25.84	35.75	45.64	310.13	739.13	1 286.84
	12 409.68	0.00	0.00	0.00	0.00	0.00	0.00
numdays	365						

2019 Tax equations

The functions which are used in the equations (Taper, MIN, Tax etc) are described in the technical note about tax equations. Variable names are defined in the table of parameters above, within the equations table, or are the standard variables "married" and "children". A reference to a variable with the affix "_total" indicates the sum of the relevant variable values for the principal and spouse. And the affixes "_princ" and "_sp" indicate the value for the principal and spouse, respectively. Equations for a single person are as shown for the principal, with "_sp" values taken as 0.

	Line in country table and intermediate steps	Variable name	Range	Equation
1.	Earnings			
	Current year	earn		
	Net earnings Year-1	net_earn_1		
2.	Allowances:			
	Principal	tax_al_princ	P	Basic_al1+IF(earn<Income_lim,Basic_al2,Positive(add_al-red_rate*earn))+SSC+IF(children=0,0,IF(children=1,child_al1,IF(children=2,child_al2,child_al3)+IF(Married=0,0,IF(S_earn=0,Depend_al,0))
	Spouse	Tax_al_ spouse	S	MINA(Basic_al1+IF(AD7<Income_lim,Basic_al2,Positive(add_al-red_rate*AD7))+SSC, earn)
3.	Credits in taxable income	taxbl_cr	B	0
4.	CG taxable income	tax_inc	B	Positive(earn-tax_al)
5.	CG tax before credits	CG_tax_excl	B	Tax(tax_inc, tax_sch)
6.	Tax credits (nonwastable)	Tax_cr	B	0
7.	CG tax	CG_tax	B	CG_tax_excl
8.	State and local taxes	local_tax	B	0
9.	Employees' soc security	SSC	B	earn* SSC_rate1
11.	Cash transfers	cash_trans	J	IF(Children='0,0;VLOOKUP((net_earn_1)'/(1+married+children),IF(Married=0;Fam_allow_sp,Fam_allow_mc),IF(Children=1,5,IF(Children=2,6,7))))
13.	Employer's wage dependent contributions and taxes			
	Employer's soc security	SSC_empr	B	earn*SSC_rate2++IF(earn<SSC_minbase,(SSC_rate2*(SSC_minbase-earn))+(SSC_rate1*(SSC_minbase-earn)),0)

Key to range of equation B calculated separately for both principal earner and spouse P calculated for principal only (value taken as 0 for spouse calculation) J calculated once only on a joint basis.

Spain

This chapter includes data on the income taxes paid by workers, their social security contributions, the family benefits they receive in t-he form of cash transfers as well as the social security contributions and payroll taxes paid by their employers. Results reported include the marginal and average tax burden for eight different family types.

Methodological information is available for personal income tax systems, compulsory social security contributions to schemes operated within the government sector, universal cash transfers as well as recent changes in the tax/benefit system. The methodology also includes the parameter values and tax equations underlying the data.

Spain 2019

The tax/benefit position of a single persons

		Wage level (per cent of average wage)	67	100	167	67
		Number of children	none	none	none	2
1.	**Gross wage earnings**		18 450	27 537	45 987	18 450
2.	**Standard tax allowances:**					
	Basic allowance					
	Married or head of family		0	0	0	2 150
	Dependent children					
	Deduction for social security contributions and income taxes		1 172	1 749	2 920	1 172
	Work-related expenses		2 000	2 000	2 000	2 000
	Other					
		Total	3 172	3 749	4 920	5 322
3.	**Tax credits or cash transfers included in taxable income**		0	0	0	0
4.	**Central and state government taxable income (1 - 2 + 3)**		15 278	23 789	41 067	13 128
5.	**Central and state government income tax liability (exclusive of tax credits)**		2 959	5 169	10 635	2 461
6.	**Central and state government tax credits**					
	Basic credit		1 027	1 027	1 027	3 170
	Married or head of family					
	Children					
	Other					
		Total	1 027	1 027	1 027	3 170
7.	**Central government income tax finally paid (5-6)**		995	2 124	4 921	- 948
8.	**State and local taxes**		938	2 019	4 687	238
9.	**Employees' compulsory social security contributions**					
	Gross earnings		1 172	1 749	2 920	1 172
	Taxable income					
		Total	1 172	1 749	2 920	1 172
10.	**Total payments to general government (7 + 8 + 9)**		3 104	5 891	12 529	462
11.	**Cash transfers from general government**					
	For head of family					
	For two children		0	0	0	0
		Total	0	0	0	0
12.	**Take-home pay (1-10+11)**		15 346	21 646	33 459	17 988
13.	**Employer's compulsory social security contributions**		5 517	8 234	13 750	5 517
14.	**Average rates**					
	Income tax		10.5%	15.0%	20.9%	-3.8%
	Employees' social security contributions		6.35%	6.35%	6.35%	6.35%
	Total payments less cash transfers		16.8%	21.4%	27.2%	2.5%
	Total tax wedge including employer's social security contributions		36.0%	39.5%	44.0%	24.9%
15.	**Marginal rates**					
	Total payments less cash transfers: Principal earner		28.1%	32.9%	40.4%	28.1%
	Total payments less cash transfers: Spouse		n.a.	n.a.	n.a.	n.a.
	Total tax wedge: Principal earner		44.6%	48.3%	54.1%	44.6%
	Total tax wedge: Spouse		n.a.	n.a.	n.a.	n.a.

Spain 2019

The tax/benefit position of married couples

		Wage level (per cent of average wage)	100-0	100-67	100-100	100-67
		Number of children	2	2	2	none
1.	**Gross wage earnings**		27 537	45 987	55 075	45 987
2.	**Standard tax allowances**					
	Basic allowance					
	Married or head of family		3 400	0	0	0
	Dependent children					
	Deduction for social security contributions and income taxes		1 749	2 920	3 497	2 920
	Work-related expenses		2 000	4 000	4 000	4 000
	Other					
		Total	7 149	6 920	7 497	6 920
3.	**Tax credits or cash transfers included in taxable income**		0	0	0	0
4.	**Central and state government taxable income (1 - 2 + 3)**		20 389	39 067	47 577	39 067
5.	**Central and state government income tax liability (exclusive of tax credits)**		4 207	8 129	10 338	8 129
6.	**Central and state government tax credits**					
	Basic credit		1 970	2 997	2 997	2 054
	Married or head of family					
	Children					
	Other					
		Total	1 970	2 997	2 997	2 054
7.	**Central government income tax finally paid (5-6)**		1 129	2 634	3 763	3 119
8.	**State and local taxes**		1 107	2 497	3 578	2 956
9.	**Employees' compulsory social security contributions**					
	Gross earnings		1 749	2 920	3 497	2 920
	Taxable income					
		Total	1 749	2 920	3 497	2 920
10.	**Total payments to general government (7 + 8 + 9)**		3 985	8 052	10 839	8 995
11.	**Cash transfers from general government**					
	For head of family					
	For two children		0	0	0	0
		Total	0	0	0	0
12.	**Take-home pay (1-10+11)**		23 552	37 935	44 236	36 992
13.	**Employer's compulsory social security contributions**		8 234	13 750	16 467	13 750
14.	**Average rates**					
	Income tax		8.1%	11.2%	13.3%	13.2%
	Employees' social security contributions		6.35%	6.35%	6.35%	6.35%
	Total payments less cash transfers		14.5%	17.5%	19.7%	19.6%
	Total tax wedge including employer's social security contributions		34.2%	36.5%	38.2%	38.1%
15.	**Marginal rates**					
	Total payments less cash transfers: Principal earner		32.9%	32.9%	32.9%	32.9%
	Total payments less cash transfers: Spouse		22.0%	28.1%	32.9%	28.1%
	Total tax wedge: Principal earner		48.3%	48.3%	48.3%	48.3%
	Total tax wedge: Spouse		40.0%	44.6%	48.3%	44.6%

The national currency is the Euro (EUR). In 2019, EUR 0.89 was equal to USD 1. In that year the average worker earned EUR 27 537 (Secretariat estimate).

1. Personal Income Tax System

1.1. Central government income tax

1.1.1. Tax unit

As a general rule, the tax unit is the individual. Nevertheless, families have the options of being taxed:

- As married couples filing jointly on the combined income of both spouses and dependents.
- As heads of households (only unmarried or separated individuals with dependents).

1.1.2. Tax allowances and tax credits

1.1.2.1. Standard reliefs

- Basic reliefs: Married couples filing jointly may claim an allowance of EUR 3 400. This figure amounts to EUR 2 150 for heads of single-parent households.
- Maternity tax credit: a non-wastable tax credit addressed to working females with children under 3 years of age up to EUR 1 200,which may be increased up to EUR 1 000 where the taxpayer has incurred qualifying expenses related to nursery schools/kindergartens
- Large families (3 or more children) or dependent family members with disabilities tax credits: this additional non-wastable tax credit (up to EUR 1 200, in general, or EUR 2 400 for special large families, with 5 or more children) has been raised by EUR 600 for each child exceeding the minimum number of children required for both large families types listed above. It also may be claimed (within the Taxing Wages framework) by single-parent households with two children.
- Relief for social security contributions: All social security payments are fully deductible.
- Other expenses allowance: up to EUR 2 000, which may be increased by the same amount in case of an unemployed accepting a job in a different location implying a change of residence.
- Employment related allowance: Net employment income (gross income - employee social security contributions) may be reduced according to the following rules:
  - Taxpayers with net employment income equal or less than EUR 13 115: EUR 5 565.
  - Taxpayers with a net employment income between EUR 13 115 and EUR 16 825: EUR 5 565 less the result of multiplying by 1.5 the difference between net employment income and EUR 13 115.
- Disabled workers allowance: an additional allowance of EUR 3 500 for disabled salary earners. Those with reduced mobility may claim an augmented allowance of EUR 7 750.

As a result of the application of the above rules, net income cannot become negative.

1.1.2.2. Main non-standard reliefs applicable to an average wage

- Contributions to Pension Plans. Contributions made by each member of the household may reduce taxable income up to the lower of the following amounts:
  - 30% of the sum of labour and economic activities net incomes;
  - EUR 8 000.

Moreover, those households whose second earner has net labour income below EUR 8 000 may reduce taxable income up to a maximum of EUR 2 500 on a yearly basis if the principal earner contributes to a Pension Fund for the spouse.

- Relief for subscriptions paid in respect of membership of a trade union and business or professional associations (last item is limited to mandatory membership) up to EUR 500.
- Relief for expenses made for the legal defence of the taxpayer for labour-related conflicts up to a maximum limit of EUR 300.

Other non-standard reliefs provided as deductions are:

- Investment in the acquisition and rehabilitation of own-housing: With effect from 1 January 2013, the tax credit has been abolished. Nevertheless, grandfathering rules apply for those taxpayers who before 1 January 2013 had acquired their main residence; had made some payments for it to be built; had made some payments for restoration/enlargement of their main residence or had made some payments to carry out the adaptation of the main residence of disabled people. However, in the latter two cases the works performed should be completed before 1 January 2017.

  Gifts: 75% of the amounts (below EUR 150) donated to non-profit entities, public administration, public universities and other qualifying institutions. For larger gifts, 30% on the excess, which may be increased to 35% when meeting certain conditions (for fidelity cases) and 10% of the amount donated non-qualifying foundations or associations.
- Investments and expenses in goods of cultural interest: 15% of the amounts granted to the importation, restoration, exhibition, etc., of certain goods listed in the General Register of Goods of Cultural Interest.

Each of these last two amounts cannot exceed 10% of taxable income.

1.1.2.3. Exempt Income

- The base amount is EUR 5 550 per taxpayer. The same amount is granted for family units filing jointly. Taxpayers aged over 65 years may add EUR 1 150 to the former amount. Those aged over 75 years may claim additionally EUR 1 400.
- Dependent children (under 25 years, in general; for each age, in case of disability): EUR 2 400 for the first dependent child; EUR 2 700 for the second one; EUR 4 000 for the third, and EUR 4 500 for any additional child.
- Child care allowance: an additional allowance of EUR 2 800 for each of the above dependent children under 3 years of age.
- In case of disabled workers and additional amount of EUR 3 000 also applies. In case of great disability prior amount reaches EUR 9 000.

Child allowances have to be shared equally between spouses when they file separately.

1.1.3. Tax schedule

General rates of tax – resident individuals:

Taxable income (EUR)	Tax at the lower limit (EUR)	Tax rate on taxable income in excess of the lower limit (%)
0–12 450	0	9.50
12 450–20 200	1 182.75	12.00
20 200–35 200	2 112.75	15.00
35 200–60 000	4 362.75	18.50
Over 60 000	8 950.75	22.50

1.2. State and local income taxes

The Autonomous Communities (Regional Governments) are liable to set up their own personal income tax schedule to tax the general income tax base. For 2019, those tax rate schedules vary from five to ten brackets and their marginal rates from 9.0 to 25.5%. Up to 2009, the tax autonomous share (regional share of the tax) on the general tax base was determined by applying a progressive tax ladder with default values laid down by the Law regulating this tax, and fixed by Government. However, the Autonomous Communities (Regional Governments) were competent to modify these values under certain limitations. The complementary tax scale, fixed by the Central Government and applied in default as explained, was removed in 2010, which leaves a State-level ladder and each Autonomous Community determining their own tax scale, subject only to the progressivity requirement. From that moment on, by exercising their legislative competences, the Autonomous Community have been approving their tax scales that, although identical to the State-level tax scale in the beginning, as time elapsed they became increasingly different. These differences have grown since 2015, coinciding with the entry into force of the reform of this tax, up to the point that in 2016 and 2017 each Autonomous Community applies a different tax scale, with currently only one matching the Central Government tax scale.

Therefore, instead of taking into account a tax rate determined by an Autonomous Community equal to that applied by the Central Government, as past years, the new criteria followed since 2017 is to consider that of the Autonomous Community of Madrid (Madrid Region), which is thought as the most representative tax scale on different grounds, among which it is worth mentioning that this Autonomous Community comprises the Spain capital city and its relative significance as regards this tax, both in terms of number of taxpayers, income level and income tax roughly amounting to one quarter of the total revenues. All these make of it a potential stable criteria over time.

Madrid Schedule for general tax base in 2019

Taxable income (EUR)	Tax at the lower limit (EUR)	Tax rate on taxable income in excess of the lower limit (%)
0–12 450	0	9.00
12 450–17 707.20	1 120.50	11.20
17 707.20–33 007.20	1 709.31	13.30
33 007.20-53 407.20	3 744.21	17.90
Over 53 407.20	7 395.81	21.00

Now, there is not any local tax rate or schedule in the Spanish PIT. However, some Local Governments (the bigger and province capital cities) receive a fixed percentage of the PIT revenues.

2. Compulsory Social Security Contributions to Schemes Operated within the Government Sector

Social Security contributions are assessed on the basis of employees' gross earnings taking into account certain ceilings of gross employment income. In 2019, these ceilings are:

- Lower ceiling: EUR 12 600.00
- Upper Ceiling: EUR 48 841.20

These ceilings are based on a full-time job. For part-time workers, ceilings are proportional to the real hours worked (the tax equations used for this Report do not take into account the lower ceiling).

2.1. Employees' contributions

- Old age pension/sickness and disability: 4.7%
- Unemployment: 1.55%
- Professional Training: 0.1%

2.2. Employers' contributions

- Old age pension/sickness and disability: 23.6%
- Unemployment/Work injuries: 5.50%
- Wages fund: 0.2%
- Professional Training: 0.6%

3. Universal Cash Transfers

3.1. Transfers related to marital status

None.

3.2. Transfers for dependent children

EUR 341 for 1-child families with annual gross earnings below EUR 12 313.00; the child transfer decreases with income between EUR 12 313.00 and EUR 12 654.00; the value is 0 for gross earnings exceeding EUR 12 654.00. EUR 682 for families with 2 children with annual gross earnings below EUR 14 159.95; the child transfer decreases with income between EUR 14 159.95 and EUR 14 841.95; the value is 0 for gross earnings exceeding EUR 14 841.95.

4. Main Changes in Tax/Benefit Systems in 2017

None.

5. Memorandum Items

5.1. Identification of an AW and calculation of earnings

Refer to the information provided in the Annex of this Report.

2019 Parameter values

Average earnings/yr	Ave_earn	27 537	Secretariat estimate	
Work related allowance	wr_rate	1.5		
	wr_lim_max	16 825		
	wr_lim_min	13 115		
	wr_allow_max	5 565		
Other deductible expenses	oth_ded_exp	2 000		
Personal & family exempt income	Per_fam_exempt_inc	5 550		
Joint taxation allowance	Joint_tax_allow_fam1	3 400		
	Joint_tax_allow_fam2	2 150		
Dependent children	dep_child	2 400		
	dep_child2	2 700		
	dep_child3	4 000		
	dep_child4	4 500		
Single parent tax credit (chld>=2)	SP_tax_credit	1 200		
Tax Schedule	tax_sch_sg	0	0	9.50%
		12 450	1 182.75	12.00%
		20 200	2 112.75	15.00%
		35 200	4 362.75	18.50%
		60 000	8 950.75	22.50%
	tax_sch_sa (Madrid)	0	0	9.00%
		12 450	1 120.50	11.20%
		17 707.20	1 709.31	13.30%
		33 007.20	3 744.21	17.90%
		53 407.20	7 395.81	21.00%
Social security contributions				
Employee:				
Pension	pension_rate	0.047		
Unemployment	unemp_rate	0.0155		
Other	oth_rate	0.001		
Employer				
Pension	pension_empr	0.236		
Unemployment	unemp_empr	0.055		
Other	oth_empr	0.008		
Ceiling and Floor	min_lim	0	12 600	
	top_lim	48 841.2		
Child benefit	SS_child_benefit	341		
	SS_child_table	1	12 313.00	12 654.00
		2	14 159.95	14 841.95
		3	18 532.00	19 555.00
		4	21 534.00	22 898.00
		5	24 536.00	26 241.00

2019 Tax equations

The functions which are used in the equations (Taper, MIN, Tax etc) are described in the technical note about tax equations. Variable names are defined in the table of parameters above, within the equations table, or are the standard variables "married" and "children". A reference to a variable with the affix "_total" indicates the sum of the relevant variable values for the principal and spouse. And the affixes "_princ" and "_sp" indicate the value for the principal and spouse, respectively. Equations for a single person are as shown for the principal, with "_sp" values taken as 0.

	Line in country table and intermediate steps	Variable name	Range	Equation
1.	Earnings	earn	B	for individual taxation: earn=earn_princ, or earn='earn_sp' for joint (family) taxation: earn=earn_princ+earn_sp
2.	Allowances:			
	Work related, individual	work_ind	B	IF(earn-SSC<=wr_lim_min,wr_allow_max+oth_ded_exp,IF(earn-SSC<=wr_lim_max,wr_allow_max-wr_rate*((earn-SSC)-(wr_lim_min))+oth_ded_exp,oth_ded_exp))
	Work related, family	work_fam	J	IF(AND(earn_sp=0,married=0,children=0),0,IF(earn_total-SSC_fam<=wr_lim_min,wr_allow_max+oth_ded_exp,IF(earn_total-SSC_fam=wr_lim_max,wr_allow_max-wr_rate*((earn_total-SSC_fam)-(wr_lim_min))+oth_ded_exp,oth_ded_exp)))
	Joint taxation allowance	joint_allow_fam	J	IF(AND(Married=0,Children=0),0,IF(AND(Married=0,Children>0),joint_tax_allow_fam2,joint_tax_allow_fam1))
	Personal and family exempt income, individual	ex_inc_ind	B	per_fam_exempt_inc
	Personal and family exempt income, family	ex_inc_fam	J	IF(AND(Married=0,Children=0),0,per_fam_exempt_inc)
	Children exempt income, individual	child_ex_inc_ind	P	IF(earn_sp='0,' (children>0)*(dep_child+(children>1)*dep_child2+(children>2)*dep_child3 +(children>3)*(children-3)*dep_child4), (children>0)*(dep_child+(children>1)*dep_child2+(children>2)*dep_child3 +(children>3)*(children-3)*dep_child4)/2)
			S	IF(earn_sp='0,' 0, (children>0)*(dep_child+(children>1)*dep_child2+(children>2)*dep_child3 +(children>3)*(children-3)*dep_child4)/2)
	Children exempt income, family	child_ex_inc_fam	J	(children>0)*(dep_child+(children>1)*dep_child2+(children>2)*dep_child3 +(children>3)*(children-3)*dep_child4)
3	Credits in taxable income	taxbl_cr	B, J	0
4.	CG taxable income	tax_inc	B, J	IF(AND(Married='0,' Children='0),' tax_inc_princ, MINA(tax_inc_princ+tax_inc_sp, tax_inc_fam))
		tax_inc_ind	B	Positive(earn-(work_ind+SSC))
		tax_inc_fam	J	IF(AND(Married='0,' Children), 0, Positive(earn-(work_fam+joint_allow_fam+SSC_princ+SSC_sp)))
5.	CG tax before credits	CG_tax_ind_excl	B	MAXA(0, VLOOKUP(tax_inc_ind, tax_sch_sg, 2)+(tax_inc_ind-VLOOKUP(tax_inc_ind, tax_sch_sg, 1))*VLOOKUP(tax_inc_ind, tax_sch_sg, 3))
		CG_tax_fam_excl	J	MAXA(0, VLOOKUP(tax_inc_fam, tax_sch_sg, 2)+(tax_inc_fam-VLOOKUP(tax_inc_fam, tax_sch_sg, 1))*VLOOKUP(tax_inc_fam, tax_sch_sg, 3))
6.	CG tax credits :	CG_tax_cr_ind	B	MAXA(0,VLOOKUP(ex_inc_ind+child_ex_inc_ind,tax_sch_sg,2)+((ex_inc_ind+child_ex_inc_ind)-VLOOKUP(ex_inc_ind+child_ex_inc_ind,tax_sch_sg,1))*VLOOKUP(ex_inc_ind+child_ex_inc_ind,tax_sch_sg,3)+IF(AND(earn>0,married=0,children>=2),MIN(SP_tax_credit,(SSC+SSC_empr)),0)
		CG_tax_cr_fam	J	MAXA(0,VLOOKUP(ex_inc_fam+child_ex_inc_fam,tax_sch_sg,2)+((ex_inc_fam+child_ex_inc_fam)-VLOOKUP(ex_inc_fam+child_ex_inc_fam,tax_sch_sg,1))*VLOOKUP(ex_inc_fam+child_ex_inc_fam,tax_sch_sg,3)+IF(AND(earn_to

	Line in country table and intermediate steps	Variable name	Range	Equation
				tal>0,married=0,children>=2),MIN(SP_tax_credit,(SSC_fam+SSC_empr_fam)),0)
7.	CG tax	CG_tax_ind	B	CG_tax_ind_excl-CG_tax_cr_ind
		CG_tax_fam	J	CG_tax_fam_excl-CG_tax_cr_fam
8.	State and local tax before credits	local_tax_ind_excl	B	MAXA(0, VLOOKUP(tax_inc_ind, tax_sch_sa, 2)+(tax_inc_ind-VLOOKUP(tax_inc_ind, tax_sch_sa, 1))*VLOOKUP(tax_inc_ind, tax_sch_sa, 3))
		local_tax_fam_excl	J	MAXA(0, VLOOKUP(tax_inc_fam, tax_sch_sa, 2)+(tax_inc_fam-VLOOKUP(tax_inc_fam, tax_sch_sa, 1))*VLOOKUP(tax_inc_fam, tax_sch_sa, 3))
	local tax credits	local_tax_cr_ind	B	MAXA(0,VLOOKUP(ex_inc_ind+child_ex_inc_ind,tax_sch_sa,2)+((ex_inc_ind+child_ex_inc_ind)-VLOOKUP(ex_inc_ind+child_ex_inc_ind,tax_sch_sa,1))* VLOOKUP(ex_inc_ind+child_ex_inc_ind,tax_sch_sa,3))
		local_tax_cr_fam	J	MAXA(0,VLOOKUP(ex_inc_fam+child_ex_inc_fam,tax_sch_sa,2)+((ex_inc_fam+child_ex_inc_fam)-VLOOKUP(ex_inc_fam+child_ex_inc_fam,tax_sch_sa,1))* VLOOKUP(ex_inc_fam+child_ex_inc_fam,tax_sch_sa,3))
	State and local tax	local_tax_ind	B	Positive(local_tax_ind_excl-local_tax_cr_ind)
		local_tax_fam	J	Positive(local_tax_fam_excl-local_tax_cr_fam)
9.	Employees' soc security	SSC	B	IF(AND(earn>0, earn<='min_lim),' min_lim*(pension_rate+unemp_rate+oth_rate), IF(earn>='top_lim,' top_lim*(pension_rate+unemp_rate+oth_rate), earn*(pension_rate+unemp_rate+oth_rate)))
		SSC_fam	J	SSC_princ+SSC_sp
11.	Cash transfers	Child_transf		IF(Children=0,0,IF(earn<='VLOOKUP(Children,' SS_child_table,2),SS_child_benefit*Children, IF(earn<='VLOOKUP(Children,' SS_child_table, 3), VLOOKUP(Children, SS_child_table, 3)-earn, 0)))
13.	Employer's SSC	SSC_empr		IF(AND(earn>0, earn<='min_lim),' min_lim*(pension_empr+unemp_empr+ oth_umpr), IF(earn>='top_lim,' top_lim*(pension_empr+unemp_empr+oth_empr), earn*(pension_empr+unemp_empr+oth_empr)))

Key to range of equation B calculated separately for both principal earner and spouse P calculated for principal only S calculated for spouse only J calculated once only on a joint basis.

Sweden

This chapter includes data on the income taxes paid by workers, their social security contributions, the family benefits they receive in the form of cash transfers as well as the social security contributions and payroll taxes paid by their employers. Results reported include the marginal and average tax burden for eight different family types.

Methodological information is available for personal income tax systems, compulsory social security contributions to schemes operated within the government sector, universal cash transfers as well as recent changes in the tax/benefit system. The methodology also includes the parameter values and tax equations underlying the data.

Sweden 2019

The tax/benefit position of single persons

	Wage level (per cent of average wage)	67	100	167	67
	Number of children	none	none	none	2
1.	**Gross wage earnings**	309 418	461 817	771 235	309 418
2.	**Standard tax allowances**				
	Basic allowance	19 400	13 700	13 700	19 400
	Married or head of family				
	Dependent children				
	Deduction for social security contributions and income taxes	0	0	0	0
	Work-related expenses				
	Other				
	Total	19 400	13 700	13 700	19 400
3.	**Tax credits or cash transfers included in taxable income**	0	0	0	0
4.	**Central government taxable income (1 - 2 + 3)**	290 000	448 100	757 500	290 000
5.	**Central government income tax liability (exclusive of tax credits)**	0	0	56 770	0
6.	**Tax credits**				
	Basic credit				
	Married or head of family				
	Children				
	Other	47 486	62 661	62 513	47 486
	Total	47 486	62 661	62 513	47 486
7.	**Central government income tax finally paid (5-6)**	- 47 486	- 62 661	- 5 743	- 47 486
8.	**State and local taxes**	93 351	144 243	243 839	93 351
9.	**Employees' compulsory social security contributions**				
	Gross earnings	21 700	32 300	36 400	21 700
	Taxable income				
	Total	21 700	32 300	36 400	21 700
10.	**Total payments to general government (7 + 8 + 9)**	67 565	113 882	274 496	67 565
11.	**Cash transfers from general government**				
	For head of family				
	For two children	0	0	0	31 800
	Total	0	0	0	31 800
12.	**Take-home pay (1-10+11)**	241 853	347 935	496 739	273 653
13.	**Employer's wage dependent contributions and taxes**				
	Employer's compulsory social security contributions	61 265	91 440	152 705	61 265
	payroll taxes	35 954	53 663	89 617	35 954
	Total	97 219	145 103	242 322	97 219
14.	**Average rates**				
	Income tax	14.8%	17.7%	30.9%	14.8%
	Employees' social security contributions	7.0%	7.0%	4.7%	7.0%
	Total payments less cash transfers	21.8%	24.7%	35.6%	11.6%
	Total tax wedge including employer's social security contributions	40.5%	42.7%	51.0%	32.7%
15.	**Marginal rates**				
	Total payments less cash transfers: Principal earner	28.1%	32.2%	60.2%	28.1%
	Total payments less cash transfers: Spouse	n.a.	n.a.	n.a.	n.a.
	Total tax wedge: Principal earner	45.3%	48.4%	69.7%	45.3%
	Total tax wedge: Spouse	n.a.	n.a.	n.a.	n.a.

Sweden 2019

The tax/benefit position of married couples

		Wage level (per cent of average wage)	100-0	100-67	100-100	100-67
		Number of children	2	2	2	none
1.	**Gross wage earnings**		461 817	771 235	923 635	771 235
2.	**Standard tax allowances:**					
	Basic allowance		13 700	33 100	27 400	33 100
	Married or head of family					
	Dependent children					
	Deduction for social security contributions and income taxes		0	0	0	0
	Work-related expenses					
	Other					
		Total	13 700	33 100	27 400	33 100
3.	**Tax credits or cash transfers included in taxable income**		0	0	0	0
4.	**Central government taxable income (1 - 2 + 3)**		448 100	738 100	896 200	738 100
5.	**Central government income tax liability (exclusive of tax credits)**		0	0	0	0
6.	**Tax credits**					
	Basic credit					
	Married or head of family					
	Children					
	Other		62 661	110 147	125 322	110 147
		Total	62 661	110 147	125 322	110 147
7.	**Central government income tax finally paid (5-6)**		- 62 661	- 110 147	- 125 322	- 110 147
8.	**State and local taxes**		144 243	237 594	288 486	237 594
9.	**Employees' compulsory social security contributions**					
	Gross earnings		32 300	54 000	64 600	54 000
	Taxable income					
		Total	32 300	54 000	64 600	54 000
10.	**Total payments to general government (7 + 8 + 9)**		113 882	181 447	227 764	181 447
11.	**Cash transfers from general government**					
	For head of family					
	For two children		31 800	31 800	31 800	0
		Total	31 800	31 800	31 800	0
12.	**Take-home pay (1-10+11)**		379 735	621 588	727 671	589 788
13.	**Employer's wage dependent contributions and taxes**					
	Employer's compulsory social security contributions		91 440	152 705	182 880	152 705
	payroll taxes		53 663	89 617	107 326	89 617
		Total	145 103	242 322	290 206	242 322
14.	**Average rates**					
	Income tax		17.7%	16.5%	17.7%	16.5%
	Employees' social security contributions		7.0%	7.0%	7.0%	7.0%
	Total payments less cash transfers		17.8%	19.4%	21.2%	23.5%
	Total tax wedge including employer's social security contributions		37.4%	38.7%	40.1%	41.8%
15.	**Marginal rates**					
	Total payments less cash transfers: Principal earner		32.2%	32.2%	32.2%	32.2%
	Total payments less cash transfers: Spouse		21.8%	28.1%	32.2%	28.1%
	Total tax wedge: Principal earner		48.4%	48.4%	48.4%	48.4%
	Total tax wedge: Spouse		40.5%	45.3%	48.4%	45.3%

The national currency is the Swedish Kronor (SEK). In 2019, SEK 9.46 were equal to USD 1. In that year, the average worker earned SEK 461 817 (Secretariat estimate).

1. Personal Income Tax Systems

1.1. Central government income taxes

1.1.1. Tax unit

Spouses are taxed separately.

1.1.2. Tax allowances and tax credits

1.1.2.1. Standard reliefs

- Basic reliefs: A basic allowance is given for assessed earned income and varies between SEK 13 700 and SEK 35 900, depending on income. When individuals pay central government income tax, the basic allowance is at its lowest level, which equals SEK 13 700. The basic allowance depends on the assessed earned income and the basic amount, which equals SEK 46 500 in 2019.

Assessed-Earned- Income (SEK) Relative to Basic Amount (BA)	Share of BA at lower bracket	For exceeding income
—0.99	0.423	
0.99—2.72	0.423	+0.2
2.72—3.11	0.77	
3.11—7.88	0.77	-0.1
7.88—	0.293	

For taxpayers older than 65, the basic relief is calculated differently:

Assessed-Earned- Income (SEK) Relative to Basic Amount (BA)	Share of BA at lower bracket	For exceeding income
—1.11	1.11	
1.11—2.72	1.11	+0.257
2.72—3.21	1.526	+0.34
3.21-4.45	1.699	+0.128
4.45—5.31	1.859	-0.139
5.31-8.08	1.738	-0.02
8.08-13.54	1.682	-0.125
13.54-34	0.999	-0.024
34—	0.508	

- Standard marital status reliefs: None.
- Relief(s) for children: None.
- Work-related expenses: None.
- Other: None.

1.1.2.2. Main non-standard tax reliefs applicable to an AW

- Interest on qualifying loans: Interest payments are offset against capital income. The resulting net capital income is the tax base. A tax credit is given in the case of negative capital income;
- Medical expenses: None. Other allowances are given for: the amount of commuting expenses exceeding SEK 11 000;

- other types of work-related expenses exceeding SEK 5 000; examples are the costs of tools, work-related phone calls using the taxpayer's private telephone;
- increased living expenses while on business trips, e.g. such as the use of a private car if these costs are not reimbursed by the employer;
- double housing expenses due to temporary work at other geographical locations (too far from home for commuting), or if the family for some reason can't move, even if the job is of a permanent nature;
- travelling expenses for travelling home if the taxpayer works in another place than his/her place of residence.

1.1.3. Tax schedule

Taxable Income (SEK)	Tax (SEK) at lower bracket	For exceeding income, %
0—490700	0	0
490700—689 300	0	20
over 689 300	39 720	25

1.1.4. Tax credits

A tax credit equal to 100% of the compulsory social security contributions paid by the employee is granted.

For a person aged 65 or less, an annual Earned Income Tax Credit (EITC) worth up to approximately SEK 30 400 at the average local tax rate is granted on labour income. For those older than 65, a credit worth up to SEK 30 000 is granted. For a person aged 65 or less the EITC is connected to the basic allowance (BAL), the basic amount (BA) and the local tax rate (LTR). For those older than 65 a simplified EITC was introduced in 2009 which is not connected to the local tax rate, the basic allowance or the basic amount. The Basic Allowance is determined in Section 1.121; the local tax rate is discussed in Section 1.2. The Basic Amount (BA) in 2019 is SEK 46 500. The Special Amount is based on the taxpayer's (gross) earned income. A phase-out of the EITC for those with incomes above around SEK 600 000 a year was introduced in 2016.

The tax credits are wastable in the sense that they cannot reduce the individual's tax payments to less than zero. The EITC is deducted from the local government income tax, whereas the tax credit for the social security contributions is deducted from other taxes as well. However, the central government covers the expenses for the tax credits.

For taxpayers younger than 65, the EITC is calculated as follows:

Earned Income (EI)	EITC
—0.91 BA	(EI—BAL)*LTR
0.91 BA—3.24 BA	(0.91 BA + 0.3405 * (EI—0.91 BA)—BAL)*LTR
3.24 BA—8.08 BA	(1.703 BA + 0.128 * (EI—3.24 BA)—BAL)*LTR
8.08 BA—13.54 BA	(2.323 BA—BAL)*LTR
13.54 BA-	(2.323BA—BAL)*LTR—0.03*(EI—13.54 BA)

For taxpayers older than 65, the EITC is calculated differently:

Earned Income (EI)	EITC
– 100 000 SEK	0.2*EI
100 001—300 000 SEK	15 000 SEK + 0.05*EI
300 001—600 000 SEK	30 000 SEK
600 001—1 600 000 SEK	30 000 –0,03*(EI-600 000)
1 600 001 SEK -	0

1.2. Local government income taxes

1.2.1. General description of the systems

Sweden has both a central government and a local government personal income tax. They are completely coordinated in the assessment process and refer to the same period, i.e. the income year coincides with the calendar year.

1.2.2. Tax base

The tax base is the same as for the central government income tax. The basic allowance for individuals paying local government tax varies between SEK 13 700 and SEK 35 900; it depends on the taxpayer's income. For a taxpayer earning the AW, this basic allowance amounts to SEK 13 700 (based on an AW equal to SEK 427 905 - subject to revision with the AW).

1.2.3. Tax rates

The local government personal income tax is proportional and differs between municipalities. The average rate amounts to 32.19% in 2019, with the maximum and minimum rates being 35.15% and 29.18%, respectively.

2. Compulsory Social Security Contributions to Schemes Operated within the Government Sector

2.1. Employees' contributions

A general pension contribution of 7% of personal income is paid by employees and the self-employed when income is equal to or greater than 42.3% of the basic amount underlying the basic allowance (see Section 1.121). The contribution cannot exceed SEK 36 400 since the general pension contributions are not paid for income over SEK 519 708 (=8.07*64 400). The employees' contribution is offset with a tax credit.

2.2. Employers' contributions

The employers' contributions are calculated as a percentage of the total sum of salaries and benefits in a year. For the self-employed, the base is net business income. The rates for 2019 are listed below.

Program	Employer (%)	Self-employed (%)
Retirement pension	10.21	10.21
Survivor's pension	0.60	0.60
Parental insurance	2.60	2.60
Health insurance	3.55	3.64
Labour market	2.64	0.10
Occupational health	0.20	0.20
General wage tax	11.62	11.62
Total	31.42	28.97

In certain regions, a reduction of 10% of the base, maximum SEK 7 100 per month, is granted (SEK 18 000 per year for self-employed) (it is not included in the calculations underlying this Report). For employees who are over 65 years old and born after 1937 only the retirement pension contribution (10.21%) and a special wage tax (6.15%) is applicable. For persons born in 1937 or earlier no employers' social security contributions, but a special wage tax (6.15%) is applied. The special wage tax was abolished as of 1st of July 2019.

As of 1st of August 2019 there is a reduction of the employers' contributions for employees between the ages of 15 and 17 (by the beginning of the year). For salaries and benefits less than SEK 25 000 per month the employers' contributions are reduced to the retirement pension fee.

On premiums for occupational pensions paid by the employer a special wage tax (24.26%) is applied.

For self-employed a general reduction of 7.5% on the SSC is applicable if the income exceeds SEK 40 000 per year. The maximal reduction is SEK 15 000 per year.

3. Universal Cash Transfers

3.1. Transfers related to marital status

None.

3.2. Transfers for dependent children

The transfers are tax exempt and independent of the parents' income. The transfers for each child are as follows:

	2019
First child	15 000
Second child	16 800
Third child	21 960
Fourth child	27 120
Fifth and subsequent child	30 000

4. Main Changes in Tax/Benefit Systems Since 1998

A tax credit of SEK 1 320 was introduced for low- and average income earners in 1999. The credit is reduced by 1.2% of taxable income above SEK 135 000. This reduction was abolished in 2003 and was replaced by an increase in the basic allowance.

A tax credit of 25% of the social security contribution paid by employees and the self-employed was introduced in 2000. The tax credit has been gradually increased to 100% in 2006.

In 2004, a special tax credit equal to SEK 200 was provided for the statutory minimum local income tax. The special tax credit was abolished in 2005 as was the statutory minimum state income tax (a lump sum tax) of SEK 200. The central government income tax bracket is indexed with the consumer price index plus 2%. However, in 2004, 2005 and 2006 the central government income tax bracket was restricted to be indexed with the consumer price index plus 1%. In order to reduce the number of people paying the central income tax, there was an additional increase of the tax bracket in 2009. In 2016 the central government income tax bracket was restricted to be at the same level as 2015. In 2017 both central government income tax brackets were restricted to be indexed with the consumer price index plus 1%. In 2019 there was an additional increase of the lower tax bracket.

The child allowance was raised by SEK 1 200 per year in 2000, 2001, 2006 and in 2010 the child allowance for multiple children was raised by SEK 50 for the second child, SEK 100 for the third, SEK 150 for fourth and SEK 200 for the fifth and subsequent children. In 2017 the child allowance for the third child was raised by SEK 1 512. In 2018 the child allowance was raised by SEK 2 400 per child per year.

The basic allowance has been increased in 2001, 2002, 2003, 2005 and 2006. For persons 65 years or older the basic allowance was increased in 2009, 2010, 2011, 2013, 2014, 2016, 2018 and 2019.

An earned income tax credit was introduced in 2007 with the purpose of making work economically more rewarding relative to unemployment or inactivity. The earned income tax credit was increased in 2008, 2009, 2010, 2014 and 2019. In 2016 a phase-out of the EITC was introduced for persons with incomes above around SEK 600 000.

In 2018 a tax credit for income from sickness and activity compensation (corresponding to disability pension) was introduced.

In 2007, the social security contributions for 18-24-year-old employees and self-employed were reduced. In 2009 the reduction was increased and expanded to include all aged under 26. From 1st August 2015 the reduction was reduced by half and the 1st of June 2016 the reduction was abolished. A reduction of the SSC was reintroduced for 15-17-year-old employees from 1st August 2019.

A special wage tax for persons older than 65 was abolished in 2007 for persons born after 1937 and in 2008 for persons born in 1937 or earlier. In 2016 the special wage tax for older persons was reintroduced at a rate of 6.15%. This was abolished as of 1st July 2019.

A general reduction on the SSC for self-employed was introduced in 2010 and increased in 2014.

The deduction for premiums paid to private pension arrangements was lowered in 2015 from SEK 12 000 to SEK 1 800 and abolished in 2016.

5. Memorandum Items

5.1. Identification of an AW and calculation of earnings

Basic data for gross earnings are taken from the series Official Statistics of Sweden, published by Statistics Sweden. The calculation is based upon total average monthly or hourly earnings, primarily in September of the calendar year. To arrive at the annual earnings, data have been multiplied by the normal amount of hours worked during the year or the stipulated monthly salary has been multiplied by a factor of 12.2. The figures are representative for the country as a whole. The branch classification is NACE Rev.2 B-N according to the OECD recommendation.

5.2. Employer contributions to private health, pension, etc. schemes

There are a handful of widespread private social security schemes. The employers' contributions to these systems for the blue-collar workers in the private sector equalled to 6.3% of wage earnings in 2007. For white-collar workers in the private sector the employers' contributions to private social security schemes were 14% in 2007. These figures are based on the statistics of labour costs in the private sector, published by Statistics Sweden.

2019 Parameter values

Average earnings/yr	Ave_earn	461 817	Secretariat estimate
Central income tax			
	tax_rate	0.2	
	tax_rate2	0.05	
	tax_thrsh	490700	
	tax_thrsh2	689300	
Basic Allowance			
	gr1	0.99	
	gr2	2.72	
	gr3	3.11	
	gr4	7.88	
	gp1	0.423	
	gp2	0.2	
	gp3	0.1	
	gp4	0.293	
	gp5	0.77	
Local income tax			
	local_rate	0.3219	
	min_taxl	0	
Soc. security amount			
	basic_amt	46 500	
	basic_ant	64 400	
Soc. security contributions			
employee	SSC_rate	0.07	
employer	SSC_empr	0.3142	
ceiling	SSCC	8.07	
Child benefit			
	Child 1	15 000	
	Child 2	16 800	
	CB	15 900	
Tax credits			
	TC1	0	
	TC1gr1	0	
	TC1gp1	0	
	TC2gp1	1	
EITC	er_1	0.91	
	er_2	3.24	
	er_3	8.08	
	er_4	13.54	
	ep_1	1.703	
	ep_2	0.3405	
	ep_3	0.128	
	ep_4	2.323	
	ep_5	0.03	
Employer payroll tax	PRT	0.1162	

2019 Tax equations

The equations for the Swedish system are mostly repeated for each individual of a married couple. But the cash transfer is calculated only once. This is shown by the Range indicator in the table below.

The functions which are used in the equations (Taper, MIN, Tax etc) are described in the technical note about tax equations. Variable names are defined in the table of parameters above, within the equations table, or are the standard variables "married" and "children". A reference to a variable with the affix "_total" indicates the sum of the relevant variable values for the principal and spouse. And the affixes "_princ" and "_spouse" indicate the value for the principal and spouse, respectively. Equations for a single person are as shown for the principal, with "_spouse" values taken as 0.

	Line in country table and intermediate steps	Variable name	Range	Equation
1.	Earnings	earn		
		truncearn	B	TRUNC(earn, -2)
2.	Allowances:	basic_al	B	IF(truncearn<=gr_2*basic_amt, MINA(ROUNDUP(MAXA(gp_1*basic_amt, (gp_1+gp_2*(gr_2-gr_1))*basic_amt-gp_2*MAXA(gr_2*basic_amt-truncearn, 0)), -2), truncearn), MINA(ROUNDUP(MAXA(gp_4*basic_amt, gp_5*basic_amt-gp_2*MAXA(gr_2*basic_amt-truncearn, 0)-gp_3*MAXA(truncearn-gr_3*basic_amt, 0)), -2), truncearn))
		ssc_al	B	0
	Total	tax_al	B	basic_al
3.	Credits in taxable income	taxbl_cr	B	0
4.	CG taxable income	tax_inc	B	Positive(earn-basic_al)
5.	CG tax before credits	CG_tax_excl	B	tax_rate*Positive(tax_inc-tax_thrsh)+ tax_rate2* Positive(tax_inc-tax_thrsh2)
6.	Tax credits :	ssc_credit	B	Trunc(SSC, -2)
		localtax_credit	B	0
		eitc	B	=TRUNC(MAX((((TRUNC(IF(earned_income>er_2* basic_amt; IF(earned_income>er_3*basic_amt;ep_4*basic_amt ;ep_1*basic_amt+ep_3*(earned_income-er_2*basic_amt));MIN(earned_income;er_1*basic_amt+ep_2*(earned_income-er_1*basic_amt)));0))-basic_allowance)*local_rate)-(IF(earned_income>er_4*basic_amt;ep_5*(earned_income-er_4*basic_amt);0));0);0)
		Final_eitc	B	MIN(eitc, CG_tax_excl+ local_tax- ssc_credit)
		tax_cr	B	ssc_credit+localtax_credit+final_eitc
7.	CG tax	CG_tax	B	CG_tax_excl-tax_cr
8.	State and local taxes	local_tax	B	IF(tax_inc>0, TRUNC(local_rate*tax_inc, 0)+min_taxl, 0)
9.	Employees' soc security	SSC	B	(truncearn>=gp_1*basic_amt)*MINA(ROUNDSSC(truncearn*SSC_rate), ROUNDSSC(SSCC*basic_ant*SSC_rate))
11.	Cash transfers	cash_trans	J	Children*CB
13.	Employer's contributions		B	
	Employer's SSC	SSC_empr	B	TRUNC(earn*SSC_empr)-Payroll_empr
	Employer's payroll tax	Payroll_empr	B	TRUNC(earn*PRT)
	Total	Cont_empr	B	SSC_empr+Payroll_empr

Key to range of equation B calculated separately for both principal earner and spouse P calculated for principal only (value taken as 0 for spouse calculation) J calculated once only on a joint basis.

Switzerland

This chapter includes data on the income taxes paid by workers, their social security contributions, the family benefits they receive in the form of cash transfers as well as the social security contributions and payroll taxes paid by their employers. Results reported include the marginal and average tax burden for eight different family types.

Methodological information is available for personal income tax systems, compulsory social security contributions to schemes operated within the government sector, universal cash transfers as well as recent changes in the tax/benefit system. The methodology also includes the parameter values and tax equations underlying the data.

Switzerland 2019

The tax/benefit position of single persons

		Wage level (per cent of average wage)	67	100	167	67
		Number of children	none	none	none	2
1.	**Gross wage earnings**		61 189	91 326	152 515	61 189
2.	**Standard tax allowances**					
	Basic allowance					
	Married or head of family		0	0	0	0
	Dependent children		0	0	0	13 000
	Deduction for social security contributions and income taxes		6 673	10 927	19 538	6 673
	Work-related expenses		2 000	2 569	4 000	2 000
	Other		1 700	1 700	1 700	3 100
		Total	10 373	15 196	25 238	24 773
3.	**Tax credits or cash transfers included in taxable income**		0	0	0	6 000
4.	**Central government taxable income (1 - 2 + 3)**		50 800	76 100	127 200	42 400
5.	**Central government income tax liability (exclusive of tax credits)**		466	1 310	5 188	141
6.	**Tax credits**					
	Basic credit					
	Married or head of family					
	Children		0	0	0	502
	Other					
		Total	0	0	0	502
7.	**Central government income tax finally paid (5-6)**		466	1 310	5 188	0
8.	**State and local taxes**		4 579	8 924	19 451	1 498
9.	**Employees' compulsory social security contributions**					
	Gross earnings		3 809	5 685	9 468	3 809
	Taxable income					
		Total	3 809	5 685	9 468	3 809
10.	**Total payments to general government (7 + 8 + 9)**		8 854	15 919	34 108	5 307
11.	**Cash transfers from general government**					
	For head of family					
	For two children		0	0	0	6 000
		Total	0	0	0	6 000
12.	**Take-home pay (1-10+11)**		52 334	75 407	118 407	61 882
13.	**Employer's compulsory social security contributions**		3 809	5 685	9 468	3 809
14.	**Average rates**					
	Income tax		8.2%	11.2%	16.2%	2.4%
	Employees' social security contributions		6.2%	6.2%	6.2%	6.2%
	Total payments less cash transfers		14.5%	17.4%	22.4%	-1.1%
	Total tax wedge including employer's social security contributions		19.5%	22.3%	26.9%	4.8%
15.	**Marginal rates**					
	Total payments less cash transfers: Principal earner		21.7%	27.5%	32.2%	13.7%
	Total payments less cash transfers: Spouse		n.a.	n.a.	n.a.	n.a.
	Total tax wedge: Principal earner		26.2%	31.8%	35.8%	18.8%
	Total tax wedge: Spouse		n.a.	n.a.	n.a.	n.a.

Switzerland 2019

The tax/benefit position of married couples

		Wage level (per cent of average wage)	100-0	100-67	100-100	100-67
		Number of children	2	2	2	none
1.	**Gross wage earnings**		91 326	152 515	182 652	152 515
2.	**Standard tax allowances**					
	Basic allowance					
	Married or head of family		2 600	16 000	16 000	16 000
	Dependent children		13 000	13 000	13 000	0
	Deduction for social security contributions and income taxes		10 927	19 601	24 424	19 601
	Work-related expenses		2 569	2 569	2 569	2 569
	Other		4 900	4 900	4 900	3 500
		Total	33 996	56 070	60 893	41 670
3.	**Tax credits or cash transfers included in taxable income**		6 000	6 000	6 000	0
4.	**Central government taxable income (1 - 2 + 3)**		63 300	102 400	127 700	110 800
5.	**Central government income tax liability (exclusive of tax credits)**		523	2 088	3 761	2 582
6.	**Tax credits**					
	Basic credit					
	Married or head of family					
	Children		502	502	502	0
	Other					
		Total	502	502	502	0
7.	**Central government income tax finally paid (5-6)**		21	1 586	3 259	2 582
8.	**State and local taxes**		4 209	11 554	16 140	14 112
9.	**Employees' compulsory social security contributions**					
	Gross earnings		5 685	9 494	11 370	9 494
	Taxable income					
		Total	5 685	9 494	11 370	9 494
10.	**Total payments to general government (7 + 8 + 9)**		9 915	22 634	30 769	26 188
11.	**Cash transfers from general government**					
	For head of family					
	For two children		6 000	6 000	6 000	0
		Total	6 000	6 000	6 000	0
12.	**Take-home pay (1-10+11)**		87 411	135 880	157 883	126 327
13.	**Employer's compulsory social security contributions**		5 685	9 494	11 370	9 494
14.	**Average rates**					
	Income tax		4.6%	8.6%	10.6%	10.9%
	Employees' social security contributions		6.2%	6.2%	6.2%	6.2%
	Total payments less cash transfers		4.3%	10.9%	13.6%	17.2%
	Total tax wedge including employer's social security contributions		9.9%	16.1%	18.6%	22.0%
15.	**Marginal rates**					
	Total payments less cash transfers: Principal earner		19.6%	24.9%	29.2%	25.8%
	Total payments less cash transfers: Spouse		20.8%	25.6%	29.2%	26.4%
	Total tax wedge: Principal earner		24.3%	29.3%	33.4%	30.1%
	Total tax wedge: Spouse		25.4%	29.9%	33.4%	30.7%

The national currency is the Swiss franc (CHF). In 2019, CHF 0.99 equalled USD 1. The Secretariat has estimated that in that same year the average worker earned CHF 91 326 (Secretariat estimate).

Cantonal and communal income taxes are very substantial in relation to direct federal tax. Here, the canton and commune of Zurich have been selected as an example of the tax system of the 26 cantons. Local income tax is not deductible when calculating federal income tax.

1. Personal income tax systems

1.1. Income tax collected by the federal government (Confederation)

1.1.1. Tax unit

The income of spouses living together is taxed jointly, regardless of the property regime under which they were married. Income of children living under parental authority is added to the income of their custodian. Children's labour income is taxed separately and in some cases, as in Zurich, is exempt from tax.

1.1.2. Tax reliefs and tax credits

1.1.2.1. Standard reliefs for "postnumerando" taxation [i.e. annual taxation on the basis of actual earned income, assessed at the end of the year].

- Basic deduction
- There is a basic deduction of CHF 2 600 for married couples for direct federal tax.
- Deduction for children

A CHF 6 500 deduction is allowed for each child under 18 years of age; the deduction is allowed for older children if they are apprentices or still in school.

- Tax credit for children

A CHF 251 deduction from the tax liability is allowed for each child under 18 years, the deduction is allowed for older children if they are apprentices or still in school.

- Deductions for social insurance contributions and other taxes

Premiums for old age and disability insurance (5.125% of gross earned income) and for unemployment insurance (1.1% for income up to CHF 148 200, 0.5% for income over CHF 148 200) are deductible in full. Compulsory contributions of approximately 7.75% to private pension funds are also fully deductible. Health and life insurance premiums are deductible from federal income tax up to CHF 3 500 for married persons and CHF 1 700 for taxpayers who are widow(er)s, divorced or single (such premiums are not considered social contributions). These amounts are increased by CHF 700 for each dependent child.

- Work-related expenses

Taxpayers are allowed a deduction corresponding to 3% of net income (i.e. gross income less contributions for old age and disability insurance, unemployment insurance and work-related provident funds). This deduction may be no less than CHF 2 000 and no more than CHF 4 000.

- Deduction for two-income couples

50% of the smaller income can be deducted, but no less than CHF 8 100 and no more than CHF 13 400.

1.1.2.2. Main non-standard reliefs available to the average worker

- Interest payments on qualifying loans

This is the main non-standard relief available to the average worker. It is allowed for all sorts of loans.

- Medical expenses

Expenses incurred as a result of illness, accidents or disability of the taxpayer or one of its dependants are deductible if the taxpayer bears the expenses personally and they exceed 5% of his or her net income.

1.1.3. Tax base

Allowable deductions from gross income	Single taxpayer (CHF)	Married taxpayer, 2 children (CHF)
Work-related expenses[1]	2 000-4 000	2 000–4 000
Personal deduction	--	2 600
Deduction for 2 dependent children	--	13 000 (6 500*2)
Social contributions		
Old age insurance	5.13%	5.13%
Unemployment insurance	1.1%[2]	1.1%[2]
Pension fund	7.89%	7.89%
Maximum deductions for health insurance premiums and loan interest[3]	1 700 plus 700 per child	3 500 plus 700 per child
Deduction for two-income couples[4]		8 100–13 400

1. 3% of net income, minimum CHF 2 000, maximum CHF 4 000.
2. 1.1% of income up to CHF 148 200; 0.5% of income beyond CHF 148 200.
3. For the purposes of this publication, taxpayers are assumed to always receive the relevant maximum deduction.
4. 50% of smaller income, minimum the lower of CHF 8 100 or adjusted smaller income, maximum CHF 13 400.

In addition, for the married taxpayer with 2 children, there is a (non-refundable) tax credit for 2 dependent children amounting to CHF 502, thus reducing the tax liability by CHF 502.

1.1.4. Tax schedules

1.1.4.1. Rates for persons living alone

Taxable income (CHF)1	Base amount (CHF)	Plus % of excess (CHF)	
Up to 14 500	--	--	--
14 500 to 31 600		0.77	14 500
31 600 to 41 400	131.65	0.88	31 600
41 400 to 55 200	217.90	2.64	41 400
55 200 to 72 500	582.20	2.97	55 200
72 500 to 78 100	1 096.00	5.94	72 500
778 100 to 103 600	1 428.60	6.60	78 100
103 600 to 134 600	3 111.60	8.80	103 600
134 600 to 176 000	5 839.60	11.00	134 600
176 000 to 755 200	10 393.60	13.20	176 000
Over 755 200[2]	--	11.5 of total income	

1. Fractions of less than CHF 100 are disregarded.
2. The calculation model disregards this part of the schedule.

1.1.4.2. Rates for spouses living together and for widowed, separated, divorced taxpayers or unmarried taxpayers living with their own children.

Taxable income (CHF)[1]	Base amount (CHF)	Plus % of the excess (CHF)	
Up to 28 300	--	--	--
28 300 to 50 900		1	28 300
50 900 to 58 400	223	2	50 900
58 400 to 75 300	373	3	58 400
75 300 to 90 300	877	4	75 300
90 300 to 103 400	1 477	5	90 300
103 400 to 114 700	2 127	6	103 400
114 700 to 124 200	2 799	7	114 700
124 200 to 131 700	3 457	8	124 200
131 700 to 137 300	4 057	9	131 700
137 300 to 141 200	4 552	10	137 300
141 200 to 143 100	4 942	11	141 200
143 100 to 145 000	5 151	12	143 100
145 000 to 895 800	5 379	13	145 000
For 895 900	103 028.50		
Over 895 900[2]	--	11.5 of total income	

1. Fractions of less than CHF 100 are disregarded.
2. The calculation model disregards this part of the schedule.

1.2. Taxes levied by decentralised authorities (Canton and commune of Zurich)

1.2.1. General description of the system

The system of cantonal and communal taxation has the same features as that of direct federal tax.

The tax base is comprised of income from all sources.

Once the basic amount of tax is set, cantons, communes and churches levy their taxes by applying a multiple, which may change from year to year. In 2012, for example, the canton applied a multiple of 1.0, the commune of Zurich 1.19 and the reformed church 0.10. The basic amount of tax is therefore multiplied by a total of 2.29. However, following the decision no longer to include church tax in Revenue Statistics, it is no longer included in the calculations for Taxing Wages. The basic amount of tax is therefore multiplied by a total of 2.19.

1.2.2. Tax base

Allowable deductions from gross income	Single taxpayer (CHF)	Married taxpayer, 2 children (CHF)
Work-related expenses[1]	2 000 – 4 000	2 000–4 000
Personal deduction	--	--
Deduction for 2 dependent children	--	18 000 (9 000*2)
Social contributions		
-- Old age insurance	5.125%	5.125%
-- Unemployment insurance	1.1%[2]	1.1%[2]
-- Pension fund	7.89%	7.89%
Maximum deductions for health insurance premiums and loan interest[3]	2 600 plus 1 300 per child	5 200 plus 1 300 per child
Deduction for two-income couples		5 900

1. 3% of net income, minimum CHF 2 000 CHF, maximum CHF 4 000.
2. 1.1% of income up to CHF 148 200; 0.5% of income beyond CHF 148 200.
3. For the purposes of this publication, taxpayers are assumed to always receive the relevant maximum deduction.

1.2.3. Postnumerando tax rates

Cantonal income tax (Zurich)

a) Basic income tax rates for married, divorced, widowed or single taxpayers living with children:

Taxable income (CHF)	Base amount (CHF)	Plus % of the excess (CHF)	
Up to 13 500	--	0	--
13 500 to 19 600	--	2	13 500
19 160 to 27 300	122	3	19 600
27 300 to 36 700	353	4	27 300
36 700 to 47 400	729	5	36 700
47 400 to 61 300	1 264	6	47 400
61 300 to 92 100	2 098	7	61 300
92 100 to 122 900	4 254	8	92 100
122 900 to 169 300	6 718	9	122 900
169 300 to 224 700	10 984	10	169 300
224 700 to 284 800	16 434	11	224 700
284 800 to 354 100	23 045	12	284 800
Over 354 100	31 361	13	354 100

b) Basic income tax rates for other taxpayers (single without children).

Taxable income (CHF)[1]	Base amount (CHF)	Plus % of the excess (CHF)	
Up to 6 700	--	0	--
6 700 to 11 400	--	2	6 700
11 400 to 16 100	94	3	11 400
16 100 to 23 700	235	4	16 100
23 700 to 33 000	539	5	23 700
33 000 to 43 700	1 004	6	33 000
43 700 to 56 100	1 646	7	43 700
56 100 to 73 000	2 514	8	56 100
73 000 to 105 500	3 866	9	73 000
105 500 to 137 700	6 791	10	105 500
137 700 to 188 700	10 011	11	137 700
188 700 to 254 900	15 621	12	188 700
Over 254 900	23 565	13	254 900

1. Fractions below CHF 100 are disregarded.

c) Annual multiple as a percentage of basic tax rates:

-- Canton of Zurich	100
-- Commune of Zurich	119
-- Roman Catholic church tax	10 (for info.)
-- Reformed Church tax	10 (for info.)

A personal tax of CHF 24 is added.

1.2.4. Tax rates used for this study

This study uses the rates of tax levied by the federal, cantonal and communal tax authorities.

2. Compulsory social security contributions to schemes operated within the government sector

2.1. Employee contributions

2.1.1. Retirement pensions

5.125% of gross income for old age insurance.

2.1.2. Health insurance

--

2.1.3. Unemployment

1.1% on the portion of income up to CHF 148 200; 0.5% for income over CHF 148 200.

2.1.4. Work-related accidents

--

2.1.5. Family allowances

--

2.1.6. Other

--

2.2. Employer contributions

2.2.1. Retirement pensions

5.125% of gross income for old age insurance.

2.2.2. Health insurance

--

2.2.3. Unemployment

1.1% on the portion of income up to CHF 148 200; 0.5% for income over CHF 148 200.

2.2.4. Work-related accidents

--

2.2.5. Family allowances

The employer pays a benefit for dependent children of an employee. The effective benefits paid depend on the Canton of residence and the respective employer. As of 1 January 2009, a new Swiss-wide minimum amount of CHF 2 400 (for children up to 16 years of age and CHF 3 000 for children in education between 16 and 25 years of age) has been established. In most cases, the benefit paid exceeds this minimum. The average family benefit is estimated to amount to CHF 3 000 per child per year.

This benefit is taxable along with other components of income.

The family allowance contributions are not included in the Taxing Wages results either as they are paid to a privately-managed fund. These contributions therefore qualify as non-tax compulsory payments (see also section 5.3).

2.2.6. Other

--

3. Universal cash benefits

3.1. Benefits linked to marital status

No such benefits are paid.

3.2. Benefits for dependent children

The employer pays a benefit of, on average, approximately CHF 3 000 per year for each dependent child of an employee. This benefit is taxable along with other components of income. See 2.25.

4. Main changes in the tax/benefit system since 1998

On 1 January 1999, the canton of Zurich switched from biennial praenumerando taxation to annual postnumerando taxation on individual income. As a result, the direct federal tax is based on annual postnumerando taxation as well.

As of 1 January 2008, the basic deduction for married couples and the deduction for two-income couples were introduced. These measures are intended to minimise the marriage penalty and to reduce the high taxation of secondary earners, thereby increasing labour force participation of skilled secondary earners.

As of 1 January 2012, the tax credit for children reduces the tax liability by CHF 251 per child.

5. Memorandum item

5.1. Identification of the average worker

The population includes men and women working in industry, arts and crafts. The stated income is for the average of workers in the same sector. The geographical scope is the entire country, whereas the amount of tax is computed in respect of the canton and commune of Zurich.

5.2. Method of calculation used

- Unemployment benefits: not included;
- Sick leave payments: not included;
- Paid leave allowances: included;
- Overtime: included;

- Periodic cash bonuses: included;
- Fringe benefits: not included;
- Basic method used for calculation: monthly wages are multiplied by 12;
- Close of the income tax year: 31 December;
- Reference period for computing wages: from 1 January to 31 December of the year in question.

5.3. Calculation of non-tax compulsory payments

Switzerland imposes some important non-tax compulsory payments (NTCPs). These NTPCs are not included in the Taxing Wages models except when they qualify as standard personal income tax reliefs. Compulsory payments indicators, which combine the effect of taxes and NTCPs, are calculated by the OECD Secretariat and presented in the OECD Tax Database (See: www.oecd.org/ctp/taxdatabase). Switzerland levies the following employee and/ or employer NTCPs:

- Contributions to the second pillar of the pension system (occupational pension funds): Occupational pension funds are mandatory for salaried persons earning at least CHF 21 330 annually. Old age insurance is based on individual savings. The savings assets accumulated by the insured person on his individual savings account over the years serve to finance the old age pension. The constituted capital is converted into an annual old age pension on the basis of a conversion factor. Contribution rates depend on the occupation and the pension fund. An estimated representative rate amounted to 7.89% for employees and 10.78% for employers in 2016.
- Health insurance is compulsory for all persons domiciled in Switzerland. Every family member is insured individually, regardless of age. Health insurance contributions are lump sum contributions per capita depending on age, sex, canton of residence and insurer. The national average rates for 2019 amount to CHF 5 734.80 for adults and CHF 1 364.40 for children per year. Health insurance premiums can be reduced depending on the contributor's income level and his family situation. Each canton has its own definition of the income thresholds and the reduction regime. The health insurance premium and reduction rates of the Canton of Zurich are used in the calculations.
- Family allowance: Employers have to make family allowance contributions. The contribution rates differ among cantons and family contribution funds. A representative rate has to be estimated, for 2019 it amounts to 1.2%.
- Accident insurance: Accident insurance is compulsory for every employee. Employees are automatically insured by their employer, whereas the employers are more or less automatically assigned to a particular insurance company depending on their branch of trade. The risk and associated costs of the respective business activity determines the insurance premiums. A representative rate would have to be estimated.

2019 Parameter values

Average earnings/yr	Ave_earn	91 326	Secretariat estimate
Tax allowances	fed_child_al	6 500	
Tax credit	fed_child_cred	251	
Partner Allowance	partner_rate_fed	0.5	
	partner_min_fed	8 100	
	partner_max_fed	13 400	
Basic deduction for married couples	Married_ded_fed	2 600	
Partner income local	partner_local	5 900	
Single parent	sing_par_al	0	
Workrelated	work_exp	0.03	
	work_exp_min	2 000	
	work_exp_max	4 000	
Allowances for local tax	local_basic	0	
	local_child	9 000	
Federal tax	IFD_min_s	-	
Single	IFD_sch_s	0	14 500
		0.0077	31 600
		0.0088	41 400
		0.0264	55 200
		0.0297	72 500
		0.0594	78 100
		0.066	103 600
		0.088	134 600
		0.11	176 000
		0.132	752 200
		0.115	
Married	IFD_min_m	-	
	IFD_sch_m	0	28 300
		0.01	50 900
		0.02	58 400
		0.03	75 300
		0.04	90 300
		0.05	103 400
		0.06	114 700
		0.07	124 200
		0.08	131 700
		0.09	137 300
		0.1	141 200
		0.11	143 100
		0.12	145 000
		0.13	895 900
		0.115	
Cantonal tax	Zurich_min	24	
Single	Zurich_sch_s	0	6 700
		0.02	11 400
		0.03	16 100
		0.04	23 700
		0.05	33 000
		0.06	43 700
		0.07	56 100
		0.08	73 000
		0.09	105 500

		0.1	137 700
		0.11	188 700
		0.12	254 900
		0.13	
Married	Zurich_sch_m	0	13 500
		0.02	19 600
		0.03	27 300
		0.04	36 700
		0.05	47 400
		0.06	61 300
		0.07	92 100
		0.08	122 900
		0.09	169 300
		0.1	224 700
		0.11	284 800
		0.12	354 100
		0.13	
Canton and Commune Tax Mutiple	statetax_mult	2.19	
Social security contributions	old_age	0.05125	
Pension	pension_rate	0	
Pillar 2 pension	NTCP_old_age_max	28 440	
	NTCP_pension_ee	0.0789	
Unemployment	unemp_rate	0.011	
	unemp_rate2	0.005	
income ceiling	unemp_ciel	148 200	
Cantonal deductible limit	local_dedn	2 600	
deductible extra for child	local_dedn_c	1 300	
Max other insurance deduction			
single	max_dedn_s	1 700	
married couples	max_dedn_m	3 500	
child	max_dedn_c	700	
Child cash transfer	child_ben	3 000	

2019 Tax equations

The equations for the Swiss system in 2019 are mostly calculated on a family basis.

Variable names are defined in the table of parameters above, within the equations table, or are the standard variables "married" and "children". A reference to a variable with the affix "_total" indicates the sum of the relevant variable values for the principal and spouse. And the affixes "_princ" and "_spouse" indicate the value for the principal and spouse, respectively. Equations for a single person are as shown for the principal, with "_spouse" values taken as 0.

	Line in country table and intermediate steps	Variable name	Range	Equation
1.	Earnings	earn		
2.	Allowances:	partner_al	J	IF(earn_spouse-work_al_spouse-SSC_spouse>partner_min_fed,(Married*MAX(partner_min_fed,MIN(partner_max_fed,partner_rate_fed*(earn_spouse-work_al_spouse-SSC_spouse)))),earn_spouse-work_al_spouse-SSC_spouse)+Married*Married_ded_fed
	Children	children_al	J	Children*fed_child_al+ (Children>0)*(Married=0)*sing_par_al
	Soc sec contributions	SSC_al	B	SSC + NTCP_pension_ee*IF(earn_princ>0.75*NTCP_old_age_max,MAX(0.125*NTCP_old_age_max,earn_princ-0.875*NTCP_old_age_max),0)+NTCP_pension_ee*IF(earn_spouse>0.75*NTCP_old_age_max,MAX(0.125*NTCP_old_age_max,earn_spouse-0.875*NTCP_old_age_max),0)
	Work related	work_al	B	IF(earn-SSC>work_exp_min,MAX(work_exp_min,MIN(work_exp_max,work_exp*(earn-SSC))),earn-SSC)
	Other	oth_al	J	IF(Married,IF(Children>0,max_dedn_m+Children*fed_dedn_c,max_dedn_m),IF(Children>0,max_dedn_s+Children*fed_dedn_c,max_dedn_s))
	Total	tax_al	J	partner_al+children_al+SSC_al+work_al+oth_al
3.	Credits in taxable income	taxbl_cr	J	Cash_tran
4.	CG taxable income	tax_inc	J	positive(earn_total-tax_al+taxbl_cr)
5.	CG tax before credits	CG_tax_excl	J	IF(Married+Children='0,' Tax(tax_inc, IFD_sch_s)+IFD_min_s*(Tax(tax_inc, IFD_sch_s)>0), Tax(tax_inc, IFD_sch_m)+IFD_min_m*(Tax(tax_inc, IFD_sch_m)>0))
6.	Tax credits :	Children_cred	J	Child_cred*Children
7.	CG tax	CG_tax	J	Positive(CG_tax_excl Children_cred)
8.	State and local taxes	local_tax_inc	J	MAX(earn_total+taxbl_cr-local_basic*(1+Married)-Children*local_child-work al total-SSC total-(local_dedn*(1+Married)+Children*local_dedn_c)-(earn_spouse>0)*partner_local,0)
		local_tax		IF((Married+Children)>0, Tax(local_tax_inc, Zurich_sch_m)*statetax_mult+(1+Married)*Zurich_min*(Tax(local_tax_inc, Zurich_sch_m)>0), Tax(local_tax_inc, Zurich_sch_s)*statetax_mult+(Tax(local_tax_inc, Zurich_sch_s)>0)*Zurich_min)
9.	Employees' soc security	SSC	B	(old_age)*earn+IF(earn<=unemp_ciel,earn*unemp_rate,unemp_ciel*unemp_rate+(earn-unemp_ciel)*unemp_rate2)
11.	Cash transfers	Cash_tran	J	Children*child_ben
13.	Employer's soc security	SSC_empr	B	SSC

Key to range of equation B calculated separately for both principal earner and spouse P calculated for principal only (value taken as 0 for spouse calculation) J calculated once only on a joint basis.

Turkey

This chapter includes data on the income taxes paid by workers, their social security contributions, the family benefits they receive in the form of cash transfers as well as the social security contributions and payroll taxes paid by their employers. Results reported include the marginal and average tax burden for eight different family types.
Methodological information is available for personal income tax systems, compulsory social security contributions to schemes operated within the government sector, universal cash transfers as well as recent changes in the tax/benefit system. The methodology also includes the parameter values and tax equations underlying the data.

Turkey 2019

The tax/benefit position of single persons

		Wage level (per cent of average wage)	67	100	167	67
		Number of children	none	none	none	2
1.	**Gross wage earnings**		39 277	58 622	97 899	39 277
2.	**Standard tax allowances**					
	Basic allowance		0	0	0	0
	Married or head of family					
	Dependent children					
	Deduction for social security contributions and income taxes		5 892	8 793	14 685	5 892
	Work-related expenses					
	Other					
		Total	5 892	8 793	14 685	5 892
3.	**Tax credits or cash transfers included in taxable income**		0	0	0	0
4.	**Central government taxable income (1 - 2 + 3)**		33 385	49 829	83 214	33 385
5.	**Central government income tax liability (exclusive of tax credits)**		5 777	9 754	18 768	5 777
	Stamp tax		298	445	743	298
		Total	6 075	10 199	19 511	6 075
6.	**Tax credits**					
	Basic credit		2 303	2 303	2 303	2 993
	Married or head of family					
	Children					
	Other					
		Total	2 303	2 303	2 303	2 993
7.	**Central government income tax finally paid (5-6)**		3 773	7 896	17 208	3 082
8.	**State and local taxes**		0	0	0	0
9.	**Employees' compulsory social security contributions**					
	Gross earnings		5 892	8 793	14 685	5 892
	Taxable income					
		Total	5 892	8 793	14 685	5 892
10.	**Total payments to general government (7 + 8 + 9)**		9 664	16 689	31 893	8 973
11.	**Cash transfers from general government**					
	For head of family					
	For two children		0	0	0	0
		Total	0	0	0	0
12.	**Take-home pay (1-10+11)**		29 613	41 933	66 006	30 303
13.	**Employer's compulsory social security contributions**		6 873	10 259	17 132	6 873
14.	**Average rates**					
	Income tax		9.6%	13.5%	17.6%	7.8%
	Employees' social security contributions		15.0%	15.0%	15.0%	15.0%
	Total payments less cash transfers		24.6%	28.5%	32.6%	22.8%
	Total tax wedge including employer's social security contributions		35.8%	39.1%	42.6%	34.3%
15.	**Marginal rates**					
	Total payments less cash transfers: Principal earner		32.8%	38.7%	38.7%	32.8%
	Total payments less cash transfers: Spouse		n.a.	n.a.	n.a.	n.a.
	Total tax wedge: Principal earner		42.8%	47.8%	47.8%	42.8%
	Total tax wedge: Spouse		n.a.	n.a.	n.a.	n.a.

Turkey 2019

The tax/benefit position of married couples

	Wage level (per cent of average wage)	100-0	100-67	100-100	100-67
	Number of children	2	2	2	none
1.	**Gross wage earnings**	58 622	97 899	117 244	97 899
2.	**Standard tax allowances**				
	Basic allowance	0	0	0	0
	Married or head of family				
	Dependent children				
	Deduction for social security contributions and income taxes	8 793	14 685	17 587	14 685
	Work-related expenses				
	Other				
	Total	8 793	14 685	17 587	14 685
3.	**Tax credits or cash transfers included in taxable income**	0	0	0	0
4.	**Central government taxable income (1 - 2 + 3)**	49 829	83 214	99 657	83 214
5.	**Central government income tax liability (exclusive of tax credits)**	9 754	15 531	19 507	15 531
	Stamp tax	445	445	445	445
	Total	10 199	15 976	19 952	15 976
6.	**Tax credits**				
	Basic credit	3 454	5 296	5 296	4 605
	Married or head of family				
	Children				
	Other				
	Total	3 454	5 296	5 296	4 605
7.	**Central government income tax finally paid (5-6)**	6 745	10 978	15 101	11 669
8.	**State and local taxes**	0	0	0	0
9.	**Employees' compulsory social security contributions**				
	Gross earnings	8 793	14 685	17 587	14 685
	Taxable income				
	Total	8 793	14 685	17 587	14 685
10.	**Total payments to general government (7 + 8 + 9)**	15 538	25 663	32 688	26 354
11.	**Cash transfers from general government**				
	For head of family				
	For two children	0	0	0	0
	Total	0	0	0	0
12.	**Take-home pay (1-10+11)**	43 084	72 236	84 556	71 545
13.	**Employer's compulsory social security contributions**	10 259	17 132	20 518	17 132
14.	**Average rates**				
	Income tax	11.5%	11.2%	12.9%	11.9%
	Employees' social security contributions	15.0%	15.0%	15.0%	15.0%
	Total payments less cash transfers	26.5%	26.2%	27.9%	26.9%
	Total tax wedge including employer's social security contributions	37.5%	37.2%	38.6%	37.8%
15.	**Marginal rates**				
	Total payments less cash transfers: Principal earner	38.7%	38.7%	38.7%	38.7%
	Total payments less cash transfers: Spouse	24.6%	32.8%	38.7%	32.8%
	Total tax wedge: Principal earner	47.8%	47.8%	47.8%	47.8%
	Total tax wedge: Spouse	35.8%	42.8%	47.8%	42.8%

The national currency unit is the "Türk Lirası" (TL). In 2019, TL 5.68 were equal to USD 1. In that year, the average worker earned TL 58 622 (Country estimate).

1. Personal Income Tax Systems

1.1. Central government income tax

1.1.1. Tax unit

Spouses are taxed separately on earned income. This rule has been applied since 1 January 1999.

1.1.2. Tax allowances and tax credits

1.1.2.1. Standard reliefs:

- Reliefs for social security contributions: Employee's social security contributions are deductible from gross earnings. These contributions are 15% of gross income as stated by the Social Insurance Act. The contribution to the unemployment fund is included in this amount and equals 1% of gross income.
- Contributions to public pension funds established by law are deductible.
- Work related expenses: None.
- Minimum Living Relief: The calculation of the minimum living allowance is based on the annual gross amount of the minimum wage for employees older than 16 at the beginning of the calendar year in which the income is obtained, multiplied by the following rates:
  - 50% for the taxpayer him or herself;
  - 10% for the spouse who neither works nor has an income;
  - 7.5% for each of the first two children;
  - 10% for third child;
  - 5% for each additional child.

This total amount is then multiplied by the rate (15%) which is applied to the first income bracket of PIT Schedule stated in Article 103 of PIT Law, and then minimum living relief is calculated by offsetting 1/12 of the allowance amount against monthly calculated tax due on employment income. Any excess is non-refundable.

According to Article 6 of Law No: 7103 (dated: 21.03.2018) when the net wages of minimum wage earners fall below the amount determined for the month of January of the current year because of moving into the second tax bracket (rate: 20%), minimum living relief will be increased by the same amount for the months when the net wage falls below net minimum wage determined for the month of January.

1.1.2.2. Main non-standard tax reliefs applicable to an AW

- Reliefs for disabled: Article 31 of PIT Law (implemented in 01.01.2004 by the law 4842) regulates tax relief for disabled persons. The employee who lost his/her working capacity with at least 80% is considered to be disabled in the 1st degree; employees are disabled in the 2nd respectively 3rd degree if they lost their working capacity with at least 60% respectively 40%. In these cases, the following amounts are deductible from monthly wages:
  - Disabled in the 1st degree: TL 1 200
  - Disabled in the 2nd degree: TL 650

- Disabled in the 3rd degree: TL 290

- Legal deductions for public institutions such as OYAK (Social Aid Institution for Military Officers).
- 50% of the premiums paid by the wage-earner for life insurance policies which belong to himself (or herself), the spouse and dependent children and all of the premiums paid by the wage- earner for personal insurance policies including death, accident, health, illness, disablement, unemployment, maturity, birth, education, etc. provided that the insurance is contracted with a company establishment in or with a main office in Turkey. (The total amount of deductible premiums cannot exceed 15% of the wage that is earned in the current month. The annual amount cannot exceed the annual minimum wage.
- Membership payments made to labour unions.

1.1.3. Tax schedule

The tax schedule in 2019 is as follows:

Taxable income (TL)	Tax on lower threshold (TL)	Tax on excess amount above lower threshold (%)
Up to 18 000		15
18 000 up to 40 000	2 700	20
40 000 up to 148 000	7 100	27
Over 148 000	36 260	35

1.2. State and local income taxes

Income tax is levied only by the central government.

1.3. Stamp tax

The stamp tax base is gross earnings. The tax rate is 0.759% in 2019

2. Compulsory Social Security Contributions to Schemes Operated within the Government Sector

2.1. Employees' contributions

2.1.1. Pensions (disability, old age and death insurance): 9%

2.1.2. Sickness: 5%

2.1.3. Unemployment: 1%

2.2. Employers' contributions

2.2.1. Pensions (disability, old age and death insurance): 11%

2.2.2. Sickness: 7.5%

2.2.3. Unemployment: 2%

2.2.4. Pensions (for short term insurance branches): 2%

In order to increase employment and reduce regional imbalances in Turkey; various incentives policies have been implemented by state, by laws 4447, 4857, 5084, 5225, 5510, 5746, 6111, 6486 by Council of Minister's Decree of 2012/3305 (Unemployment Law No: 4447, Labour Law No: 4857, Investment and Employment Promotion Law No: 5084, Investment Incentives and The Law of Cultural Initiatives Law No: 5225, Social Security General Health Insurance Law No: 5510, Promotion Research and Development Activities Law No: 5746, Law On The Restricting Of Certain Receivables and Amendment To The Law Of Social Insurance and General Health Insurance and Certain Other Laws And Decree Laws No: 6111, Amendment To The Law Of Social Insurance and General Health Insurance and Certain Other Laws No: 6486, Council of Minister's Decree No: 2012/3305 on Government Subsidies for Investments, Law On Amendments To Tax Laws And Certain Other Laws And Decrees: 7103).

One of the various incentives is reduction of premiums. If disability, old age and death insurance premiums paid regularly by employers as stated law 5510 article of 81 (Social Security and General Health Insurance Law), 5% of total 11% premiums are paid by state on behalf of employers. (5% discount applied in employers share). In addition to 5% discount, 6% discount is implemented from 2013 in the working places located in 51 provinces, Gökçeada and Bozcaada determined by taking into account the social-development index.

With law no:7103 (dated:21.03.2018) Provisional Article 75 has been added to Social Security and General Health Insurance Law (Law no.5510). According to this article, the incentive (SSC Government support) application period has been extended to 2018 (January – September).

According to Council of Ministers Decree 2018/11668 (dated 20.06.2018) TL 100 (TL 3.33 per day) of Employers SSC will be covered by Government for employees whose daily gross earnings are below TL 120 in 2018.

According to Council of Ministers Decree 2018/11668 (dated 20.06.2018) TL 100 (TL 3.33 per day) of Employers SSC will be covered by Government for employees whose daily gross earnings are below TL 180 in private sector workplaces with collective bargaining agreements. There is no distinction by marital status or sex and the contributions apply to gross earnings. Compulsory social security contributions of employees and their employers are calculated according to the schemes presented above.

The Provisional Article 78 is added to Law No 5510 by the Law No 7162/10 issued in the Official Gazette on 30 January 2019. In workplaces with lower than 500 employees, for employees whose daily gross earnings are below TL102 (TL 203 in workplaces with collective bargaining agreements) TL 150 (TL 5 per day) of Employers SSC will be covered by Government in 2019. In workplaces with higher than 500 employees support amount will be TL 101 (TL 3.36 per day).

With law no: 7103 (dated: 21.03.2018) Provisional Article 19 has been added to Unemployment Law (Law no: 4447). Additional employment incentive is being implemented in order to increase the employment rate. This incentive's objective group consists of unemployed persons who have no more than 10 insured days in last three months.

The incentive targets private sector and the amount of support will be calculated differently according to the sector in which the workplace operates. The incentive provides SSC support up to TL 2 558.40 (for employees with gross wages of TL 6 822.40) and income and stamp tax support of TL 153.74 for every additional employee in establishments operating in the manufacturing or information technologies sectors. For other sectors; the support is TL 959.40 for SSC premiums, and 153.74 TL for income and stamp tax (1 113.14 TL in total).

The support will be applied until December 2020 and benefiting period for each employee, consists of 12 months (if the insured is disabled, or if the insured is woman older than 18 years old or man between 18-25 years old, it is 18 months).

For employees whose gross earnings are below the base or above ceiling earnings, which are determined once in a year, these contribution rates are applied to the base or ceiling amounts respectively. In 2019, the base amount is approximately TL 30 701 and the ceiling amount is approximately TL 230 258. Under the Law No. 5510 (Social Security and General Health Insurance Law), the base wage for social security contributions is equal to the minimum wage. Because employees cannot be less than the minimum wage, the base wage is not considered in this publication. However, the ceiling earnings are considered for the purposes of this Report.

3. Universal Cash Transfers

Employees obtain universal cash transfers according to the collective labour agreements that are signed between their employer and the labour union(s). These agreements vary with the bargaining power of the different parties in the different sectors in the economy. This explains why there is no standard amount reflecting these general transfers.

4. Main Changes in Tax/Benefit System Since 2004

Personal Income Tax Law (No: 193) which is about income tax, Social Security and General Health Insurance Law (No: 5510) which is about social security contributions and Unemployment Insurance Law (No: 4447) which is about unemployment insurance fund are the main laws about tax/benefit system.

The main changes have been made to the following laws 5615, 6009, 6327 and 6645 which are as follows:

- According to Act No: 5615, the new application "Minimum Living Relief" began to be implemented. (See the section 1.1.2).
- According to Act No: 6009, the taxation of the wages are differentiated than the taxation of the other taxable revenue resources like trading income, income from immovable property or income from investments. By this way, it is ensured that wages (comparative to other income items) are later entered into the 3rd bracket on the income tax schedule.
- According to Act No: 6327, (published in the Official Gazette issue 28338 on 29 June 2012) there are important amendments in the Private Pension System Regulations. According to this law, any citizen of the Republic of Turkey will have the right for state subsidy for his/her paid contributions to the Private Pension Account. The contribution upper limit to favour this incentive is the annual amount of minimum wage 25% of this amount shall be transferred to the account of the insured party as a state subsidy. The state subsidy shall be earned in proportion to the amount of time within the system.
- According to Act No: 6645, "Minimum Living Relief" rate is changed from 5% to 10% which is used for third child's rate.

5. Memorandum Items

5.1. Identification of an AW

Weighted mean, by the number of employees, of the monthly average wage[1] information obtained from 'Structure of Earnings Survey, 2010', published by TURKSTAT, according to NACE Rev.2 classification for B-N sections is calculated[2] and B-N aggregated data is gained. (The annual average wage data is calculated by multiplying the monthly average wage values by 12).

The data from 2011-2017 is reached by using 2010=100 base year 'Hourly Earnings Index' and 2010 annual average wage data.

5.2. Contribution to private pension and health schemes

Business enterprises (employers) are permitted to make additional contributions for pension savings of their employees. However, these amounts of additional premiums are limited by main tax laws. Such additional pension arrangements, which are optional, are not widely used.

2019 Parameter values

Average earnings/yr.	Ave_earn	58 622	Country estimate
Income tax	Tax_sch	0 .15	18 000
		0 .20	40 000
		0 .27	148 000
		0 .35	
Stamp tax	Stamp_rate	0 .00759	
Employees SSC	SSC_rate	0 .15	
	SSC_ceil	230 258	
	SSC_support	1800	
	SSC_supp_lim	36 720	
Employers SSC	SSC_empr	0 .175	
Minimum living relief			
	credit_rate	0 .15	
	basic_allow	0 .5	
	spouse_allow	0 .1	
	child_allow	0 .075	
	third_child_allow	0 .1	
	add_child_allow	0 .05	
	min_wage	30 701	

2018 Tax equations

The equations for the Turkish system are on an individual basis.

The functions which are used in the equations (Taper, MIN, Tax etc) are described in the technical note about tax equations. Variable names are defined in the table of parameters above, within the equations table, or are the standard variables "married" and "children". A reference to a variable with the affix "_total" indicates the sum of the relevant variable values for the principal and spouse. And the affixes "_princ" and "_spouse" indicate the value for the principal and spouse, respectively. Equations for a single person are as shown for the principal, with "_spouse" values taken as 0.

	Line in country table and intermediate steps	Variable name	Range	Equation
1.	Earnings	earn		
2.	Allowances:	tax_al	B	SSC
3.	Credits in taxable income	taxbl_cr	B	0
4.	CG taxable income	tax_inc	B	Positive(earn-tax_al)
	Stamp tax	stamp_tax	B	earn*stamp_rate
5.	CG tax before credits	CG_tax_excl	B	Tax(tax_inc,tax_sch)
6.	Tax credits :	tax_cr	P	=credit_rate*min_wage*(basic_allow+spouse_allow*(IF(Wife=0;Married ;0))+ IF(OR(Children=1;Children=2); Children*child_allow;0)+IF(Children='3;(2*child_allow)' +(Children-2)*third_child_allow;0)+IF(Children>3;(2*child_allow) +(1*third_child_allow)+(1*add_child_allow);0))+IF(AND(earn<=min_wage;tax_inc>1st_inc_tax_thrsld);(tax_inc-1st_inc_tax_thrsld)*(2nd_inc_tax_rate-1st_inc_tax_rate);0)
			S*	IF(spouse_earn>0,credit_rate*min_wage*basic_allow,0)
7.	CG tax	CG_tax	B	positive(CG_tax_excl-tax_cr)+stamp_tax
8.	State and local taxes	local_tax	B	0
9.	Employees' soc security	SSC	B	Min(earn,SSC_ceil)*SSC_rate
11.	Cash transfers	cash_trans	B	0
13.	Employer's soc security	SSC_empr	B	Positive(Min(earn,SSC_ceil)*SSC_empr-IF(earn<SSC_supp_lim,SSC_support,0))

Key to range of equation B calculated separately for both principal earner and spouse P calculated for principal only (value taken as 0 for spouse calculation) J calculated once only on a joint basis.

*In the case where the spouse earns 33% of the average wage: Taxing Wages assumption on the working spouse earning 33% of the AW does not comply with the Turkish legislation. 33% of AW in Turkey is below the minimum wage and a person cannot be employed below minimum wage. According to the Turkish legislation, it is assumed that (because he/she doesn't obtain "wage") the spouse should not obtain income in the calculation for this case, and another minimum living allowance is not also calculated for the spouse. Minimum living allowance should be only calculated for the principle earner.

Notes

[1] Monthly wage: Include the sum of monthly basic wages, over time payments, payments for shift work/night work and other regular payments paid to employees in November 2010 by employers.

[2] The average wage amount from 2010 is calculated as a result of a joint working performed by authorities from TURKSTAT and Ministry of Finance.

United Kingdom (2019-20 Income tax year)

This chapter includes data on the income taxes paid by workers, their social security contributions, the family benefits they receive in the form of cash transfers as well as the social security contributions and payroll taxes paid by their employers. Results reported include the marginal and average tax burden for eight different family types.

Methodological information is available for personal income tax systems, compulsory social security contributions to schemes operated within the government sector, universal cash transfers as well as recent changes in the tax/benefit system. The methodology also includes the parameter values and tax equations underlying the data.

United Kingdom 2019

The tax/benefit position of single persons

		Wage level (per cent of average wage)	67	100	167	67
		Number of children	none	none	none	2
1.	**Gross wage earnings**		27 338	40 803	68 141	27 338
2.	**Standard tax allowances**					
	Basic allowance		12 500	12 500	12 500	12 500
	Married or head of family					
	Dependent children					
	Deduction for social security contributions and income taxes					
	Work-related expenses					
	Other					
		Total	12 500	12 500	12 500	12 500
3.	**Tax credits or cash transfers included in taxable income**		0	0	0	0
4.	**Central government taxable income (1 - 2 + 3)**		14 838	28 303	55 641	14 838
5.	**Central government income tax liability (exclusive of tax credits)**		2 968	5 661	14 756	2 968
6.	**Tax credits**					
	Basic credit					
	Married or head of family					
	Children		0	0	0	2 320
	Other					
		Total	0	0	0	2 320
7.	**Central government income tax finally paid (5-6)**		2 968	5 661	14 756	648
8.	**State and local taxes**		0	0	0	0
9.	**Employees' compulsory social security contributions**					
	Gross earnings		2 245	3 860	5 327	2 245
	Taxable income					
		Total	2 245	3 860	5 327	2 245
10.	**Total payments to general government (7 + 8 + 9)**		5 212	9 521	20 083	2 893
11.	**Cash transfers from general government**					
	For head of family					
	For two children		0	0	0	1 799
		Total	0	0	0	1 799
12.	**Take-home pay (1-10+11)**		22 126	31 282	48 057	26 244
13.	**Employer's compulsory social security contributions**		2 581	4 440	8 212	2 581
14.	**Average rates**					
	Income tax		10.9%	13.9%	21.7%	2.4%
	Employees' social security contributions		8.2%	9.5%	7.8%	8.2%
	Total payments less cash transfers		19.1%	23.3%	29.5%	4.0%
	Total tax wedge including employer's social security contributions		26.0%	30.9%	37.1%	12.3%
15.	**Marginal rates**					
	Total payments less cash transfers: Principal earner		32.0%	32.0%	42.0%	73.0%
	Total payments less cash transfers: Spouse		n.a.	n.a.	n.a.	n.a.
	Total tax wedge: Principal earner		40.2%	40.2%	49.0%	76.3%
	Total tax wedge: Spouse		n.a.	n.a.	n.a.	n.a.

United Kingdom 2019

The tax/benefit position of married couples

	Wage level (per cent of average wage)	100-0	100-67	100-100	100-67
	Number of children	2	2	2	none
1.	**Gross wage earnings**	40 803	68 141	81 605	68 141
2.	**Standard tax allowances**				
	Basic allowance	13 750	25 000	25 000	25 000
	Married or head of family				
	Dependent children				
	Deduction for social security contributions and income taxes				
	Work-related expenses				
	Other				
	Total	13 750	25 000	25 000	25 000
3.	**Tax credits or cash transfers included in taxable income**	0	0	0	0
4.	**Central government taxable income (1 - 2 + 3)**	27 053	43 141	56 605	43 141
5.	**Central government income tax liability (exclusive of tax credits)**	5 411	8 628	11 321	8 628
6.	**Tax credits**				
	Basic credit				
	Married or head of family				
	Children	0	0	0	0
	Other				
	Total	0	0	0	0
7.	**Central government income tax finally paid (5-6)**	5 411	8 628	11 321	8 628
8.	**State and local taxes**	0	0	0	0
9.	**Employees' compulsory social security contributions**				
	Gross earnings	3 860	6 105	7 721	6 105
	Taxable income				
	Total	3 860	6 105	7 721	6 105
10.	**Total payments to general government (7 + 8 + 9)**	9 271	14 733	19 042	14 733
11.	**Cash transfers from general government**				
	For head of family				
	For two children	1 799	1 799	1 799	0
	Total	1 799	1 799	1 799	0
12.	**Take-home pay (1-10+11)**	33 330	55 206	64 362	53 407
13.	**Employer's compulsory social security contributions**	4 440	7 021	8 879	7 021
14.	**Average rates**				
	Income tax	13.3%	12.7%	13.9%	12.7%
	Employees' social security contributions	9.5%	9.0%	9.5%	9.0%
	Total payments less cash transfers	18.3%	19.0%	21.1%	21.6%
	Total tax wedge including employer's social security contributions	26.3%	26.6%	28.9%	28.9%
15.	**Marginal rates**				
	Total payments less cash transfers: Principal earner	32.0%	32.0%	32.0%	32.0%
	Total payments less cash transfers: Spouse	20.0%	32.0%	32.0%	32.0%
	Total tax wedge: Principal earner	40.2%	40.2%	40.2%	40.2%
	Total tax wedge: Spouse	26.9%	40.2%	40.2%	40.2%

The national currency is the Pound Sterling (GBP). In 2019, GBP 0.78 was equal to USD 1. In 2019-2020, the Average Worker is estimated to earn GBP 40 803 (Secretariat estimate).

1. Personal Income Tax System

1.1. Central government income taxes

1.1.1. Tax unit

The tax unit is the individual, but certain reliefs depend on family circumstances (see Section 1.1.2.1.).

1.1.2. Tax allowances and tax credits

All figures shown are those applying at the start of the tax year in April.

1.1.2.1. Standard reliefs

- Basic reliefs: A personal allowance of GBP 12 500 is granted to each individual with income below GBP 100 000. The personal allowance is then tapered away by GBP 1 for every GBP 2 of income above GBP 100 000.
- Standard marital status reliefs: Marriage Allowance – Allows the transfer of 10% of an individual's personal allowance to their husband, wife or civil partner. The allowance is restricted to couples where the higher earner is a basic rate taxpayer and is only beneficial if the lower earner owes below the personal allowance. The allowance has to be claimed and is given only to those who meet the eligibility criteria.
- Working Tax Credit (WTC): A non-wastable tax credit available to low income families with or without children. It is available for families with children where one person works at least 16 hours a week (though hours must be at least 24 overall for a couple). It is also available for people with a disability who work at least 16 hours a week and for families without children where one person works at least 30 hours a week. The amount depends upon the hours worked, the ages of children, eligible childcare costs, and gross income. A family with a child 16 or under where the claimant (or, where applicable, their partner, or both claimants jointly) works at least 30 hours a week, would get a maximum credit of GBP 4 780 per year (assuming neither the adult(s) nor the child were disabled) before taking into account eligible childcare costs[1]. This credit is reduced by 41 pence for each GBP 1 of net income above a threshold of GBP 6 420 per year. WTC was introduced on 6th April 2003. Most people can no longer make a new claim for WTC as it has been replaced by the Universal Credit, a means-tested benefit paid to those out of work or in-work on a low income[2].
- Relief for social security contributions and other taxes: None.
- Child Tax Credit (CTC): A non-wastable tax credit available to low and middle income families with children. It provides support for children until 1st September following their 16th birthday, and beyond that date to the age of 19 for those who continue in full-time non-advanced education. The amount depends on gross income, the number and age of the children and whether a family is making a new claim for CTC or already claiming CTC. A family with two eligible children would get a maximum credit GBP 6 105 per year, which is reduced by 41 pence for each GBP 1 of gross income above a threshold of GBP 16 105 if the family is not working. A lower threshold applies if the family is working; their CTC is reduced at the same rate once their WTC has been tapered to zero. CTC was introduced on 6th April 2003. Most people can no longer make a new claim for CTC as it has been replaced by the Universal Credit, a means-tested benefit paid to those out of work or in-work on a low income[3].

1.1.2.2. Main non-standard tax reliefs applicable to an AW.

- Work-related expenses: Flat rate expenses for tools and special clothing are allowed to certain occupational categories. Since this provision is not applicable to all manufacturing occupations, and hence average workers, and because the rates vary slightly across categories, this relief is considered here as non-standard;
- Contributions to approved superannuation schemes or personal pension schemes are deducted when calculating taxable income. Premiums on approved life assurance policies payable to life assurance companies attract 12.5% tax relief for policies entered into force before 13 March 1984.

1.1.3. Tax schedule

In 2019-20 all taxpayers are liable on taxable income other than savings and dividend income at the basic rate of 20% on the first GBP 37 500, 40% over the basic rate limit of GBP 37 500 and 45% over the higher rate limit of GBP 150 000. (Taxable Income is defined as gross income for income tax purposes less allowances and reliefs available at the marginal rate.) Dividend income is charged at 7.5% up to the basic rate limit of GBP 37 500, 32.5% above GBP 37 500 and 38.1% above GBP 150 000. The Dividend Allowance is GBP 2 000 in 2019-20, meaning that dividend taxpayers will not have to pay tax on the first GBP 2 000 of their dividend income, no matter what non-dividend income they have. Savings income is charged at 0% up to the starting rate limit on the first GBP 5 000, at 20% up to GBP 37 500, 40% above GBP 37 500 and 45% above GBP 150 000. From 2016-17, a new Personal Savings Allowance was introduced giving GBP 1 000 of savings income tax free for taxpayers with total income below the basic rate limit or GBP 500 for those with total income below the higher rate limit.

Taxable income (GBP)	Rate %
0–37 500	20
37 500–150 000	40
Over 150 000	45

1.2. State and local income tax

From 2018-19 the Scottish Government has introduced a starter rate band for non-savings non-dividend income of Scottish taxpayers. In 2019-20, the starter rate band applied from GBP 12 500 to GBP 14 549. The basic rate band for non-savings non-dividend income is set from GBP 14 549 to GBP 24 944. The Scottish Government has an intermediate rate band for non-savings non-dividend income of Scottish taxpayers from GBP 24 944 to GBP 43 430. The higher rate band for non-savings non-dividend income of Scottish taxpayers in 2019-20 is from GBP 43 430 to GBP 150 000. In 2019-20 all Scottish taxpayers are liable on taxable income other than savings and dividend income at the starter rate of 19% on the first GBP 2 049, 20% over the starter rate limit of GBP 2 049, 21% over the basic rate limit of GBP 12 444, 41% over the intermediate rate limit of GBP 30 930 and 46% over the higher rate limit of GBP 150 000. (Taxable Income is defined as gross income for income tax purposes less allowances and reliefs available at the marginal rate.)

2. Compulsory Social Security Contributions to Schemes Operated Within the Government Sector

2.1. Employees' contributions

National Insurance contributions are payable by employees earning more than GBP 166 in any week. These are 12% of earnings between GBP 166 and GBP 962 and 2% of earnings above GBP 962. Depending on eligibility, members of the National Insurance scheme qualify for pensions, sickness, industrial injury, unemployment benefits, etc. All employees earning under GBP 166 per week have no National Insurance contribution liability but a notional contribution will be deemed to have been paid in respect of earnings between GBP 118 and GBP 166 to protect benefit entitlement.

2.2. Employers' contributions

Employer's contributions are not payable for employees earning less than GBP 166 per week. The rate of employers' contributions for employees is 13.8% of earnings above GBP 166 per week.

The apprenticeship levy was introduced in April 2017. The apprenticeship levy is charged at a rate of 0.5% on the gross pay bill of employers. Employers will receive an allowance of GBP 15 000 per year to offset against the levy meaning that only employers with a gross pay bill of over GBP 3m will end up paying the levy. Due to the fact that the apprenticeship levy does not apply to all employers, it is not included in the Taxing Wages calculations

3. Universal Cash Transfers

3.1. Transfers related to marital status

None (widows' benefit is covered by the government pensions scheme noted above).

3.2. Transfers for dependent children

A child benefit of GBP 20.70 per week is paid in respect of the first child in the family up to the age of 19 (if the child aged 16-19 is in education or training) with GBP 13.70 per week paid for each subsequent child.

From January 2013, a new tax charge has been introduced for a taxpayer who has income over GBP 50 000 and either they or their partner are in receipt of Child Benefit. For those with income between GBP 50 000 and GBP 60 000, the amount of the charge will be 1% of the Child Benefit for every GBP 100 of income over GBP 50 000. For those with income over GBP 60 000, the amount of the charge will equal the amount of Child Benefit. Where both adults are over the threshold, the liability falls on the adult with the highest adjusted net income (ANI).

4. Memorandum Items

4.1. Identification of AW and valuation of earnings

A new Annual Survey of Hours and Earnings (ASHE) has been developed to replace the New Earnings Survey (NES) (results of which are published in Labour Market Trends) and shows the average weekly earnings of full-time employees in April each year. It covers men and women at adult rates in the United Kingdom (excluding Northern Ireland). The annual figure used for the gross earnings of the AW in the United Kingdom is the annual equivalent of the arithmetic average of the weekly earnings figures for April at the beginning and end of the fiscal year, as published in Labour Market Trends.

The earnings figures exclude the earnings of those whose pay was affected by absence (due to sickness etc.). They include overtime, payment by results and shift payments. But they do not include benefits in kind (which could in some circumstances be included in the employee's taxable income in the United Kingdom).

4.2. Employers' contributions to private pension, health etc. schemes

In 2008, there were 9.0 million active members of occupational pension schemes with two or more members in the UK, of whom 3.6 million were in the private sector and 5.4 million in the public sector.

2019 Parameter values

Average earnings/yr	Ave_earn	40 803	Secretariat Estimate	
Allowances	Basic_al	12 500		
	PA taper start	100 000		
	Married_al	1 250		
	Married_rate	0		
Income tax	Tax_sch	0.2	37 500	
		0.4	150 000	
		0.45		
Employees SSC				
Primary threshold	SSC_sch	0	8 632	PT
Upper earnings limit		0.12	50 000	UEL
		0.02		
Employers SSC	SSC_rate2	0.138		
	ST	8 632		
Child benefit (first)	CB_first	20.70		
Child benefit (others)	CB_others	13.70		
	CB_1st_thres	50 000.00		
	CB_2nd_thres	60 000.00		
	CB_taper1	0.01		
	CB_taper2	100.00		
TAX CREDITS				
WTC				
Basic element	WTC_Basic	1 960		
Couple/Lone parent	WTC_couple_or_lone	2 010		
30 Hour element	WTC_30hr	810		
CTC				
Family element	CTC_family	545		
Child element	CTC_child	2 780		
Baby element	CTC_baby			
Threshold	NTC_1st_thres	6 420		
	NTC_1st_taper	0.41		
Days in tax year	Numdays	366		

2019 Tax equations

The equations for the UK system are mostly on an individual basis. But Child and Working tax credits are calculated on a family basis and child benefit is calculated only once. This is shown by the Range indicator in the table below.

The functions which are used in the equations (Taper, MIN, Tax etc) are described in the technical note about tax equations. Variable names are defined in the table of parameters above, within the equations table, or are the standard variables "married" and "children". A reference to a variable with the affix "_total" indicates the sum of the relevant variable values for the principal and spouse. And the affixes "_princ" and "_spouse" indicate the value for the principal and spouse, respectively. Equations for a single person are as shown for the principal, with "_spouse" values taken as 0.

	Line in country table and intermediate steps	Variable name	Range	Equation
1.	Earnings	Earn		
2.	Allowances:	tax_al	B	Tax_al IF(earn<PA_taper,IF(AND(earn<(BRL+Basic_al),earn_spouse<Basic_al,Married='1'),IF(earn>earn_spouse,Basic_al+Married_al,Basic_al-Married_al),Basic_al),IF(earn>(PA_taper+(Basic_al*2)),0,MAX(0,(Basic_al-((earn-PA_taper)'/2)))))
3.	Credits in taxable income	taxbl_cr	B	0
4.	CG taxable income	tax_inc	B	Positive(earn-tax_al)
5.	CG tax before credits	CG_tax_excl	B	Tax(tax_inc, tax_sch)
6.	Tax credits (nonwastable)	tax_cr	J	IF(Children>0, (Taper(ROUNDUP(CTC_family/numdays, 2)*numdays+Children*ROUNDUP(CTC_child/numdays, 2)*numdays+ROUNDUP(WTC_Basic/numdays, 2)*numdays+ROUNDUP(WTC_30hr/numdays, 2)*numdays+ROUNDUP(WTC_couple_or_lone/numdays, 2)*numdays, earn_total, NTC_1st_thres, NTC_1st_taper), Taper(ROUNDUP(WTC_Basic/numdays, 2)*numdays+ROUNDUP(WTC_30hr/numdays, 2)*numdays+IF(Married='1,' ROUNDUP(WTC_couple_or_lone/numdays, 2)*numdays, 0), earn_total, NTC_1st_thres, NTC_1st_taper))
7.	CG tax	CG_tax	B	CG_tax_excl-tax_cr
8.	State and local taxes	local_tax	B	0
9.	Employees' soc security	SSC	B	Tax(earn, SSC_sch)
11.	Cash transfers	cash_trans	J	='IF(princ_earn>CB_1st_thres,IF(princ_earn>CB_2nd_thres,0,((1-(AA7-CB_1st_thres)'/(CB_taper2/CB_taper1)))*(numdays/7*((Children>0)*CB_first+CB_others*Positive(Children-1)))),(numdays/7*((Children>0)*CB_first+CB_others*Positive(Children-1))))
13.	Employer's soc security	SSC_empr	B	(earn>ST)*(earn-ST)*SSC_rate2
	Memorandum item: Non-wastable tax credit			
	tax expenditure component	Taxexp	J	Tax_cr-transfer
	cash transfer component	Transfer	J	IF(CG_tax_excl<0, -CG_tax_excl, 0)

Key to range of equation B calculated separately for both principal earner and spouse P calculated for principal only (value taken as 0 for spouse calculation) J calculated once only on a joint basis

Notes

[1] The amount of credit received is calculated by dividing separately each element of the credit by the number of days in the tax year and rounding up to the nearest penny to give a daily rate. These daily rates are then multiplied by the number of days in the relevant period (for the purposes of this Report, the tax year) and added together.

[2] At April 2019, there were 670 000 individuals in employment receiving Universal Credit. In contrast, there were 2.6 million individuals in employment receiving tax credits. Therefore in 2020, WTC is more representative of the tax/benefit situation faced by the majority of people in the UK. The position will be reviewed for future editions of *Taxing Wages* as the use of tax credits continues to decline and use of Universal Credit increases.

[3] See previous note.

United States

This chapter includes data on the income taxes paid by workers, their social security contributions, the family benefits they receive in the form of cash transfers as well as the social security contributions and payroll taxes paid by their employers. Results reported include the marginal and average tax burden for eight different family types.
Methodological information is available for personal income tax systems, compulsory social security contributions to schemes operated within the government sector, universal cash transfers as well as recent changes in the tax/benefit system. The methodology also includes the parameter values and tax equations underlying the data.

United States 2019

The tax/benefit position of single persons

	Wage level (per cent of average wage)	67	100	167	67
	Number of children	none	none	none	2
1. Gross wage earnings		38 227	57 055	95 282	38 227
2. Standard tax allowances					
Basic allowance		12 200	12 200	12 200	18 350
Married or head of family					
Dependent children		0	0	0	0
Deduction for social security contributions and income taxes					
Work-related expenses					
Other					
	Total	12 200	12 200	12 200	18 350
3. Tax credits or cash transfers included in taxable income		0	0	0	0
4. Central government taxable income (1 - 2 + 3)		26 027	44 855	83 082	19 877
5. Central government income tax liability (exclusive of tax credits)		2 929	5 727	14 137	2 108
6. Tax credits					
Basic credit		0	0	0	1 785
Married or head of family					
Children		0	0	0	4 000
Other					
	Total	0	0	0	5 785
7. Central government income tax finally paid (5-6)		2 929	5 727	14 137	- 3 677
8. State and local taxes		2 356	3 608	6 150	1 875
9. Employees' compulsory social security contributions					
Gross earnings		2 924	4 365	7 289	2 924
Taxable income					
	Total	2 924	4 365	7 289	2 924
10. Total payments to general government (7 + 8 + 9)		8 209	13 699	27 575	1 123
11. Cash transfers from general government					
For head of family					
For two children		0	0	0	0
	Total	0	0	0	0
12. Take-home pay (1-10+11)		30 018	43 356	67 707	37 104
13. Employer's compulsory social security contributions		3 227	4 668	7 592	3 227
14. Average rates					
Income tax		13.8%	16.4%	21.3%	-4.7%
Employees' social security contributions		7.7%	7.7%	7.7%	7.7%
Total payments less cash transfers		21.5%	24.0%	28.9%	2.9%
Total tax wedge including employer's social security contributions		27.6%	29.8%	34.2%	10.5%
15. Marginal rates					
Total payments less cash transfers: Principal earner		26.3%	36.3%	36.3%	48.6%
Total payments less cash transfers: Spouse		n.a.	n.a.	n.a.	n.a.
Total tax wedge: Principal earner		31.5%	40.8%	40.8%	52.3%
Total tax wedge: Spouse		n.a.	n.a.	n.a.	n.a.

United States 2019

The tax/benefit position of married couples

	Wage level (per cent of average wage)	100-0	100-67	100-100	100-67
	Number of children	2	2	2	none
1.	**Gross wage earnings**	57 055	95 282	114 110	95 282
2.	**Standard tax allowances**				
	Basic allowance	24 400	24 400	24 400	24 400
	Married or head of family				
	Dependent children	0	0	0	0
	Deduction for social security contributions and income taxes				
	Work-related expenses				
	Other				
	Total	24 400	24 400	24 400	24 400
3.	**Tax credits or cash transfers included in taxable income**	0	0	0	0
4.	**Central government taxable income (1 - 2 + 3)**	32 655	70 882	89 710	70 882
5.	**Central government income tax liability (exclusive of tax credits)**	3 531	8 118	11 453	8 118
6.	**Tax credits**				
	Basic credit	0	0	0	0
	Married or head of family				
	Children	4 000	4 000	4 000	0
	Other				
	Total	4 000	4 000	4 000	0
7.	**Central government income tax finally paid (5-6)**	- 469	4 118	7 453	8 118
8.	**State and local taxes**	3 048	5 590	6 842	5 963
9.	**Employees' compulsory social security contributions**				
	Gross earnings	4 365	7 289	8 729	7 289
	Taxable income				
	Total	4 365	7 289	8 729	7 289
10.	**Total payments to general government (7 + 8 + 9)**	6 943	16 997	23 025	21 370
11.	**Cash transfers from general government**				
	For head of family				
	For two children	0	0	0	0
	Total	0	0	0	0
12.	**Take-home pay (1-10+11)**	50 112	78 285	91 085	73 912
13.	**Employer's compulsory social security contributions**	4 668	7 895	9 335	7 895
14.	**Average rates**				
	Income tax	4.5%	10.2%	12.5%	14.8%
	Employees' social security contributions	7.7%	7.7%	7.7%	7.7%
	Total payments less cash transfers	12.2%	17.8%	20.2%	22.4%
	Total tax wedge including employer's social security contributions	18.8%	24.1%	26.2%	28.4%
15.	**Marginal rates**				
	Total payments less cash transfers: Principal earner	26.3%	26.3%	36.3%	26.3%
	Total payments less cash transfers: Spouse	26.3%	26.3%	36.3%	26.3%
	Total tax wedge: Principal earner	31.5%	31.5%	40.8%	31.5%
	Total tax wedge: Spouse	32.0%	31.5%	40.8%	31.5%

The national currency is the dollar (USD). In 2019, the average worker earned USD 57 055 (Secretariat estimate).

1. Personal Income Tax System

1.1. Central/federal government income taxes

1.1.1. Tax unit

Families are generally taxed in one of three ways:

- As married couples filing jointly on the combined income of both spouses;
- As married individuals filing separately and reporting actual income of each spouse; or
- As heads of households (only unmarried or separated individuals with dependents).

All others, including dependent children with sufficient income, file as single individuals.

1.1.2. Tax allowances and tax credits

1.1.2.1. Standard reliefs

- Basic reliefs: In 2019 a married couple filing a joint tax return is entitled to a standard deduction of USD 24 400. The standard deduction is USD 18 350 for heads of households and USD 12 200 for single individuals. This relief is indexed for inflation. More liberal standard deductions are available for taxpayers who are age 65 or older and taxpayers who are blind. Special rules apply to children who have sufficient income to pay tax and are also claimed as dependents by their parents.
- Standard marital status reliefs: Married couples generally benefit from a more favourable schedule of tax rates for joint returns of spouses (see Section 1.1.3). There are no other general tax reliefs for marriage.
- Relief for children: Low income workers with dependents are allowed a refundable (non-wastable) earned income credit. For taxpayers with one child, the credit is 34% of up to USD 10 370 of earned income in 2019. The credit phases down when income exceeds USD 19 030 (24 820 for married taxpayers) and phases out when it reaches USD 41 094 (46 884 for married taxpayers). The earned income threshold and the phase-out threshold are indexed for inflation. For taxpayers with two children, the credit is 40% of up to USD 14 570 of earned income in 2019. The credit phases down when income exceeds USD 19 030 (24 820 for married taxpayers) and phases out when it reaches USD 46 703 (52 493 for married taxpayers). For taxpayers with three or more children the credit is 45% of up to USD 14 570 of earned income. The credit phases down when income exceeds USD 19 030 (24 820 for married taxpayers) and phases out when it reaches USD 50 162 (55 952 for married taxpayers).
- Since 1998, taxpayers are permitted a tax credit for each qualifying child under the age of 17. In 2019 the maximum credit is USD 2 000. The refundable (non-wastable) child credit is the lesser of 15% of earned income in excess of USD 2 500 and USD 1 400 per child. The refundable portion of the credit (USD 1 400) is indexed for inflation and rounds down to the next lowest multiple of USD 100 but is capped at USD 2 000.
- Other dependent tax credit: For qualifying dependents other than qualifying children for whom a child tax credit was claimed, there is a USD 500 non-refundable credit. The Taxing Wages calculations do not include the other dependent tax credit.
- Phase out of child tax credit and other dependent tax credit: The maximum credit is reduced for taxpayers with income in excess of certain thresholds. The total of the child tax credit and other

dependent tax credit is reduced by USD 50 for each USD 1 000 by which modified aggregate gross income exceeds USD 400 000 for married taxpayers filing jointly (USD 200 000 for single and head of household taxpayers). These threshold amounts are indexed for inflation.

- Relief for low income workers without children: In 1994 and thereafter, low income workers without children are eligible for the earned income credit. In 2019 low income workers without children are permitted a non-wastable earned income credit of 7.65% of up to USD 6 920 of earned income. The credit phases down when income exceeds USD 8 650 (14 450 for married taxpayers) and phases out when income reaches USD 15 570 (21 370 for married taxpayers). This credit is available for taxpayers at least 25 years old and under 65 years old.
- Relief for social security and other taxes. In 2019, the withholding rate for Social Security taxes and Medicare for employees is 7.25%. The earned income credits described above are sometimes considered an offset to Social Security and Medicare contributions made by eligible employees. Furthermore, only a portion of Social Security benefits are subject to tax.

1.1.2.2. Main non-standard reliefs applicable to an AW

The basic non-standard relief is the deduction of certain expenses to the extent that, when itemised, they exceed in aggregate the standard deduction. For the purposes of this Report, it is assumed that workers claim the standard deduction. The principal itemised deductions claimed by individuals where the standard deduction is not being claimed are:

- Medical and dental expenses that exceed 10% of income (in 7.5% in 2017 and 2018);
- State and local income taxes, real property taxes, and personal property taxes are capped at USD 10 000 per return;
- Home mortgage interest on USD 750 000 of qualified residence loans;
- Investment interest expense up to investment income with an indefinite carry forward of disallowed investment interest expense;
- Contributions to qualified charitable organisations (including religious and educational institutions);
- Casualty and theft losses to the extent that each loss exceeds USD 100 and that all such losses combined exceed 10% of income;
- Miscellaneous expenses such as gambling losses, casualty and theft losses of income-producing property, and impairment related work expenses of disabled persons to the extent that, in aggregate; they exceed 2% of income.
- In 2017 based on preliminary statistics[1], the most recent year for which such statistics are available, the 43% of taxpayers with income between USD 50 000 and USD 100 000 (the AW range) who itemised their deductions claimed average deductions as follows: taxes paid, USD 6 559; charitable contributions, USD 3 454; home mortgage interest expense, USD 6 906;
- Contributions to pension and life insurance plans. No relief is provided for employee contributions to employer sponsored pension plans or for life insurance premiums. However, tax relief is provided for certain retirement savings.

1.1.3. Tax schedule

Federal Income Tax rates

Taxable Income Bracket (USD)[1]			Marginal Tax Rate (%)
Single Individual	Joint Return of Married Couple	Head of Household	
0 to 9 700	0 to 19 400	0 to 13 850	10
9 701 to 39 475	19 401 to 78 950	13 851 to 52 850	12

39 476 to 84 200	78 951 to 168 400	52 851 to 84 200	22
84 201 to 160 725	168 401 to 321 450	84 201 to 160 700	24
160 726 to 204 100	321 451 to 408 200	160 701 to 204 100	32
204 101 to 510 300	408 201 to 612 350	204 101 to 510 300	35
510 301 and over	612 351 and over	510 301 and over	37

1. The taxable income brackets are indexed for inflation.

There is a 3.8% tax on the lesser of certain net investment income or income in excess of USD 200 000 (USD 250 000 for joint returns). Net investment income includes interest, dividends, capital gains, rental and royalty income, and income from businesses trading financial instruments.

Beginning in 2018, owners of sole proprietorships, partnerships, S corporations, and some trusts and estates are eligible to deduct 20 percent of qualified business income (QBI). QBI is subject to limitations, depending on the taxpayer's taxable income, that may include the type of trade or business, the amount of wages paid by the business and the unadjusted basis of qualified property held by the trade or business.

1.2. State and local income taxes

1.2.1. General description of the system

The District of Columbia and 41 of the 50 States impose some form of individual income tax.[2] In addition, some local governments (cities and counties) impose an individual income tax, although this is not generally the case. State individual income tax structures are usually related to the federal tax structure by the use of similar definitions of taxable income, with some appropriate adjustments. This linkage is not a legal requirement but a practical convention that functions for the convenience of the taxpayer who must fill out both federal and State income tax returns.

The AW calculations assume that the average worker lives in Detroit, Michigan. The state of Michigan permits a personal exemption of USD 4 050 for the taxpayer, the taxpayer's spouse and each child, and taxes income at the rate of 4.25%. Michigan allows taxpayers who are eligible to claim the federal earned income tax credit to claim a Michigan earned income tax credit. The Michigan earned income tax credit is a refundable (non-wastable) credit equal to 6% of the federal earned income tax credit.

The city of Detroit permits a personal exemption of USD 600 and taxes income at the rate of 2.4%.

2. Compulsory Social Security Contributions to Schemes Operated within the Government Sector

2.1. Employees' contributions

2.1.1. Pensions

In 2019, the rate for employee contributions is 7.65% (6.2% for old age, survivors, and disability insurance, and 1.45% for old age hospital insurance). The 6.2% rate applies to earnings up to USD 132 900. Beginning in 1994, there is no limit on the amount of earnings subject to the 1.45% rate. There is an additional 0.9% tax on employee wages and salaries that exceed USD 200 000 (USD 250 000 for joint returns) as the additional hospital insurance tax on high-income taxpayers. The additional tax on wages and salaries is subject to withholding (but without regard to the earnings of the spouse) when wages from a particular job exceed USD 200 000 per year. These thresholds are not indexed for inflation.

There is no distinction by marital status or sex.

2.1.2. Other

No compulsory employee contributions exist.

2.2. Employers' contributions

2.2.1. Pensions

The rate for employers' contributions is 6.2% on earnings up to USD 132 900 and 1.45% of all earnings (without limit).

2.2.2. Unemployment

Employers are required by the federal government to pay unemployment tax of 6% on earnings up to USD 7 000. Taxes are also paid to various state-sponsored unemployment plans which may generally be credited against the required federal percentage. In 2019 the estimated average unemployment insurance tax rate in Michigan was 2.9% of the first USD 9 000 of wages. The model considers that the Federal government allows employers to take a credit for state unemployment taxes of up to 5.4%, resulting in a net Federal tax of 0.6% on earnings up to USD 7 000.

3. Universal Cash Transfers

3.1. Transfers related to marital status

None.

3.2. Transfers for dependent children

No general cash transfers exist, although low-income mothers qualifying for categorical welfare grants may receive cash transfers.

4. Principal Changes since 2017

In December 2017, Congress passed and the President signed the Tax Cuts and Jobs Act – the most significant change in U.S. tax law in a generation, incorporating change to the taxation of individuals and businesses. For individuals, the Act temporarily lowers income tax rates, increases the standard deduction, increases the child tax credit, and adds a credit for other dependents. The Act also temporarily eliminates some deductions, credits and exemptions for individuals. In addition the individual alternative minimum tax (AMT) exemption and phase-out thresholds are temporarily increased so that fewer taxpayers are subject to the AMT. Pass-through entities that are generally taxed at the individual level only and may be eligible for a new temporary deduction. These temporary provisions expire at the end of 2025. In addition, inflation adjustments of amounts and thresholds are changed to be determined by the chained consumer price index. Finally, there are substantial changes in business taxation, many that are permanent, such as lowering the top corporate tax rate from 35 to 21 percent and moving the U.S. international tax system towards a territorial system.

5. Memorandum Items

5.1. Identification of an AW at the wage calculation

The AW is identified from monthly data compiled from establishment questionnaires covering more than 40 million non-agricultural full- and part-time workers. Beginning in March 2006, data on average weekly hours and average hourly earnings cover all employees rather than solely production or non-supervisory workers. To obtain average annual wages, the product of average weekly hours (including overtime) and average hourly earnings (including overtime) is multiplied by 52 and is adjusted to reflect a full-time equivalent worker. The AW is estimated to be USD 55 058 for 2018.

5.2. Employer contributions to private social security arrangements

Employers commonly contribute to private pension plans (both defined benefit and defined contribution), health insurance and life insurance. Data for these contributions are available only on a total workforce basis. It is not possible to state with accuracy the levels applicable to the AW. The following are estimates for 2018 for employees in private industry:

	Pension	Health	Life
% of workers covered	51	55	55
USD employer portion per covered employee	n.a.	8 339 (family) 3 991 (single)	n.a.

2019 Parameter values

Average earnings/yr	Ave_earn	57 055	Secretariat estimate			
Standard deductions	Married_al	24 400				
	hh_al	18 350				
	single_al	12 200				
Federal tax schedules	Fed_sch_s	0.1	9 700			
		0.12	39 475			
Single individuals		0.22	84 200			
		0.24	160 725			
		0.32	204 100			
		0.35	510 300			
		0.37				
Married filing jointly	Fed_sch_m	0.1	19 400			
		0.12	78 950			
		0.22	168 400			
		0.24	321 450			
		0.32	408 200			
		0.35	612 350			
		0.37				
Head of household	Fed_sch_h	0.1	13 850			
		0.12	52 850			
		0.22	84 200			
		0.24	160 700			
		0.32	204 100			
		0.35	510 300			
		0.37				
Earned income credit	EIC_sch	rate	income limit	threshold	thresh-married	phase-out
	no children	0.0765	6 920	8 650	14 450	0.0765
	1 child	0.34	10 370	19 030	24 820	0.1598
	2 children	0.4	14 570	19 030	24 820	0.2106
	3 or more children	0.45	14 570	19 030	24 820	0.2106
Child credit	chcrd_max	2 000				
	Chcrd_lim	1 400				
	chcrd_rdn	50				
	chcrd_thrsh_m	400 000				
	chcrd_thrsh_oth	200 000				
	chcrd_ref_perct	0.15				
	chcrd_ref_thresh	2 500				
Detroit	Detroit_ex	600				
	Detroit_rate	0.024				
Michigan	Mich_ex	4 050				
	Mich_ex_child	0				
	Mich_rate	0.0425				
Michigan's earned income tax credit	Mich_EIC_rate	0.06				
credit schedule on city tax	Mich_cr_sch	0				
		0				
		0				
maximum	Mich_cr_max	0				
Pension contributions	pens_rate_er	0.062				
	pens_rate_ee	0.062				
	hosp_rate	0.0145				

	add_hosp_rate	0.009
Ceiling for employers and employees	pens_ceil	132 900
	add_hosp_thresh_m	250 000
	add_hosp_thresh_oth	200 000
Unemployment insurance tax	Unemp_rate	0.006
	Unemp_dedn_rate	0.054
	Unemp_max	7 000
Michigan unemploy insur	Mich_unemp_rate	0.029
	Mich_unemp_max	9 000

2019 Tax equations

The equations for the US system in 2019 are mostly calculated on a family basis. There is a special function EIC which is used to calculate the earned income credit. Variable names are defined in the table of parameters above, within the equations table, or are the standard variables "married" and "children". A reference to a variable with the affix "_total" indicates the sum of the relevant variable values for the principal and spouse. And the affixes "_princ" and "_spouse" indicate the value for the principal and spouse, respectively. Equations for a single person are as shown for the principal, with "_spouse" values taken as 0.

	Line in country table and intermediate steps	Variable name	Range	Equation
1.	Earnings	earn		
2.	Allowances:	tax_al	J	IF(Married, Married_al, IF(Children=0, single_al, hh_al))
3.	Credits in taxable income	taxbl_cr	J	0
4.	CG taxable income	tax_inc	J	positive(earn-tax_al+taxbl_cr)
5.	CG tax before credits	CG_tax_excl	J	Tax(tax_inc, IF(Married, Fed_sch_m, IF(Children, Fed_sch_h, Fed_sch_s)))
6.	6. Tax credits :	EIC	J	EIC(Children, earn_total, EIC_sch)
		ch_crd_max	J	Children*Positive((chcrd_max-chcrd_rdn*Positive(TRUNC(earn, -3)-IF(Married>0, chcrd_thrsh_m, chcrd_thrsh_oth))/1000))
		ch_crd_tax	J	IF(ch_crd_tax>0, MIN(ch_crd_max, CG_tax_excl), 0)
		ch_crd_ref		IF(ch_crd_tax<ch_crd_max, MIN(MIN(ch_crd_max-ch_crd_tax,chcrd_lim*children), MAX(chcrd_ref_perct*(earn-chcrd_ref_thresh), 0)), 0)
		tax_cr	J	EIC+ch_crd_tax+ch_crd_ref
7.	CG tax	CG_tax	J	CG_tax_excl-tax_cr
8.	State and local taxes	local_tax	J	Detroit_rate* Positive(earn_total-Detroit_ex*(1+Married+Children))+ Mich_rate*Positive(earn_total - Mich_ex*(1+Married+Children) - Mich_ex_child*Children) - MIN(Mich_cr_max, Tax(AJ7, Mich_cr_sch)) - Mich_EIC_rate*EIC
9.	Employees' soc security	SSC	B	pens_rate_ee*MIN(earn, pens_ceil)+hosp_rate*earn+add_hosp_rate*Positive(earn-IF(Married,add_hosp_thresh_m,add_hosp_thresh_oth))
11.	Cash transfers	Cash_tran	J	
13.	Employer's soc security	SSC_empr	B	pens_rate_er*MIN(earn, pens_ceil) +hosp_rate*earn+MIN(earn,Unemp_max)*Unemp_rate +MIN(earn,Mich_unemp_max)*Mich_unemp_rate
	Memorandum item: non-wastable tax credits			
	tax expenditure component	taxexp		(rate_rd_crd+EIC)-transfer
	cash transfer component	transfer		IF(CG_tax<0, -CG_tax, 0)

Key to range of equation B calculated separately for both principal earner and spouse P calculated for principal only (value taken as 0 for spouse calculation) J calculated once only on a joint basis.

Notes

[1] These statistics do not reflect the effects of the Tax Cuts and Jobs Act where more individual taxpayers do not itemize deductions but instead use the standard deduction.

[2] New Hampshire and Tennessee tax only interest and dividend income received by individuals.

Annexe A. Méthodologie et limites

Méthodologie

Introduction

La situation personnelle des contribuables est très variable. Aussi le présent rapport fait-il appel à une méthodologie spécifique pour la production de statistiques comparatives englobant les impôts, les prestations sociales et les coûts de main-d'œuvre à l'échelle des pays membres de l'OCDE[1]. Cette méthodologie repose sur le cadre suivant:

- L'accent est mis sur huit catégories de foyer distinctes, qui se différencient par leur composition et le montant des revenus d'activité ;
- Chaque ménage comprend un adulte travaillant à temps plein dans l'un des divers secteurs d'activité de chaque économie de l'OCDE. Certains ménages comptent également un conjoint travaillant à temps partiel ;
- Par hypothèse, le revenu d'activité annuel est égal à une fraction donnée du salaire brut moyen de ces travailleurs ;
- Des hypothèses supplémentaires sont formulées concernant d'autres éléments significatifs de la situation personnelle de ces travailleurs salariés, afin de permettre la détermination de leur situation au regard de l'impôt et des prestations sociales.

Les principes exposés dans les paragraphes qui suivent forment la base de calcul des données figurant dans le Chapitre 1 et les parties I, II et III. Le Tableau d'annexe 1 indique la terminologie utilisée. Lorsqu'un pays a dû s'écarter de ces principes, cela est précisé dans le texte et/ou dans les chapitres par pays qui constituent la partie III du rapport. Le nombre de contribuables qui présentent les caractéristiques définies ci-dessous et le niveau de salaire du travailleur moyen diffèrent selon les économies de l'OCDE.

Caractéristiques des contribuables

Les huit catégories de ménage retenues dans le rapport sont décrites dans le Tableau d'annexe 2. On admet que tout enfant du ménage a entre 6 et 11 ans inclus.

On suppose que les seules sources de revenu du foyer sont ses salaires et les prestations en espèces dont il bénéficie.

Tableau d'annexe 1. Termes utilisés

Termes d'utilisation générale	
Salarié moyen	Salarié adulte employé à plein temps dans l'un des secteurs couverts et dont les gains sont égaux au salaire moyen dans ces secteurs.
Célibataire	Hommes et femmes non mariés
Couple avec deux enfants	Couple marié avec deux enfants à charge âgés de six ans à onze ans inclus.
Coûts bruts de main-d'oeuvre	La somme du salaire brut plus les cotisations patronales de sécurité sociale plus les taxes sur les salaires.
Rémunération nette	Rémunération brute après impôt et cotisations obligatoires de sécurité sociale des salariés et

	augmentée des prestations sociales reçues des administrations publiques.
Taux moyen de l'impôt (charges fiscales)	La somme de l'impôt sur le revenu plus les cotisations de sécurité sociale à la charge des salariés, en pourcentage du salaire brut.
Coin fiscal	La somme de l'impôt sur le revenu plus les cotisations de sécurité sociale à la charge des salariés et des employeurs plus les taxes sur les salaires moins le montant des prestations sociales, en pourcentage des coûts de main-d'œuvre.
Élasticité du revenu après impôt	Le pourcentage de variation d'un revenu donné après impôt à la suite d'une augmentation d'une unité monétaire du revenu avant impôt (selon une définition plus précise, ce terme correspond à un moins un taux marginal d'imposition divisé par un moins le taux moyen d'imposition correspondant).
	Termes utilisés en matière d'impôt sur le revenu
Allégements fiscaux	Terme générique qui couvre l'ensemble des moyens par lesquels est donné un traitement favorable du point de vue de l'impôt sur le revenu aux contribuables potentiels.
Abattements fiscaux	Montants déduits du salaire brut pour obtenir le revenu imposable.
Crédits d'impôt	Montant de la déduction que le contribuable peut opérer sur son imposition. Un crédit d'impôt est considéré comme payable s'il peut excéder l'impôt dû ; (les termes « remboursable » et « récupérable » sont parfois utilisés).
Allégements forfaitaires	Les allégements non liés à des dépenses effectivement supportées par les contribuables et accordés automatiquement à tous ceux qui remplissent les conditions requises en vertu de la loi sont également comptés comme allégements forfaitaires, y compris les déductions des cotisations obligatoires de sécurité sociale.
Abattement à la base	Tout abattement forfaitaire qui peut être accordé quelle que soit la situation de famille.
Abattement en raison du mariage	Abattement fiscal complémentaire attribué aux couples mariés (dans certains pays, il ne se distingue pas de l'abattement à la base qui peut être doublé en cas de mariage).
Allégements non forfaitaires	Allégements entièrement déterminés par référence à des dépenses réellement effectuées.
Taux moyen de l'impôt sur le revenu	Montant de l'impôt sur le revenu à verser, après avoir tenu compte de tout allègement, calculé sur la base des dispositions fiscales envisagées dans cette étude, divisé par le salaire brut.
Taux du barème	Taux qui figure dans les barèmes de l'impôt sur le revenu et des cotisations de sécurité sociale.
	Termes utilisés en matière de prestations en espèces
Prestations sociales	Versements en espèces effectués par les administrations publiques (agences) au profit des familles ayant en général des enfants à charge.

Tableau d'annexe 2. Caractéristiques des contribuables étudiés

Situation maritale	Enfants	Salaire principal	Second salaire
Célibataire	Pas d'enfant	67% du salaire moyen	
Célibataire	Pas d'enfant	100% du salaire moyen	
Célibataire	Pas d'enfant	167% du salaire moyen	
Célibataire	2 enfants	67% du salaire moyen	
Couple marié	2 enfants	100% du salaire moyen	
Couple marié	2 enfants	100% du salaire moyen	67% du salaire moyen
Couple marié	2 enfants	100% du salaire moyen	100% du salaire moyen
Couple marié	Pas d'enfant	100% du salaire moyen	67% du salaire moyen

Éventail des secteurs couverts

Le calcul des salaires moyens repose normalement sur l'hypothèse selon laquelle les travailleurs relèvent des secteurs B à N de la *Classification internationale type, par industrie, de toutes les branches d'activité économique* (CITI, Révision 4, ONU)[2] (voir le Tableau d'annexe 3). De nombreux pays (pour plus de détails sur les pays, voir le tableau 1.8) optent désormais pour cette méthode.

Cette méthode correspond d'une manière générale au précédent mode de calcul, fondé sur les secteurs C à K inclus de la Révision 3.1 de la CITI, qui a été adopté dans l'édition 2005 des *Impôts sur les salaires*. Les motifs de ce passage à une définition élargie du salaire moyen avaient été exposés dans l'étude spéciale de l'édition 2003-2004.

Définition du salaire brut

Dans cette section sont présentées les hypothèses sur lesquelles repose le calcul de la rémunération moyenne du « travailleur moyen ». Les niveaux de salaire brut ont été établis à partir de données statistiques, et les méthodes de calcul des données sur les rémunérations utilisées dans chaque pays sont indiquées dans le Tableau d'annexe 4. On trouvera des informations complémentaires sur le calcul de ces données dans les chapitres par pays de la partie III. Les sources des données statistiques pour chaque pays sont indiquées dans le Tableau d'annexe 5.

Les principales hypothèses sont les suivantes :

- Les données se rapportent à la rémunération moyenne dans le secteur d'activité pour l'ensemble du pays ;
- Les calculs se fondent sur la rémunération d'un adulte exerçant une activité (manuelle ou non) à temps plein. Ils renvoient à la rémunération moyenne de l'ensemble des travailleurs du secteur considéré. Il n'est pas tenu compte des écarts de rémunération entre hommes et femmes ou entre travailleurs d'âges différents ou de régions distinctes ;
- Le travailleur est considéré comme employé à temps plein pendant toute l'année sans interruption pour cause de maladie ou de chômage. Néanmoins, plusieurs pays ne sont pas en mesure d'isoler et d'exclure les travailleurs à temps partiel des données sur les rémunérations (voir le Tableau d'annexe 4). La plupart d'entre eux déclarent dans ce cas des montants en équivalent temps plein. Dans quatre pays (le Chili, l'Irlande, la République slovaque et la Turquie), les rémunérations des travailleurs à temps partiel ne peuvent être ni exclues ni converties en équivalent temps plein en raison de la manière dont les échantillons de rémunérations sont constitués. De ce fait, les salaires moyens déclarés pour ces pays seront inférieurs à la moyenne des salaires à temps plein (par exemple, l'analyse effectuée par le Secrétariat des données disponibles d'Eurostat concernant les rémunérations pour certains pays européens a montré que l'inclusion des travailleurs à temps partiel réduisait la rémunération moyenne d'environ 10 %). En outre, dans la plupart des pays de l'OCDE où les indemnités de maladie sont versées par l'employeur, soit pour le compte de l'État, soit pour le compte de régimes privés d'assurance maladie, ces montants sont pris en compte dans les calculs concernant les salaires. Il y a peu de chances que ces différences aient une incidence notable sur les résultats obtenus, dans la mesure où les employeurs effectuent généralement ces versements pendant une courte période et où les montants versés sont d'ordinaire très proches des salaires horaires normaux ;

Tableau d'annexe 3. Classification internationale type, par industrie, de toutes les branches d'activité économique

	Révision 3.1 (CITI Rév. 3.1)
A	Agriculture, chasse et sylviculture
B	Pêche
C	Activités extractives
D	Activités de fabrication
E	Production et distribution d'électricité, de gaz et d'eau
F	Construction
G	Commerce de gros et de détail ; réparation de véhicules automobiles, de biens personnels et domestiques
H	Hôtels et restaurants
I	Transports, entreposage et communications
J	Intermédiation financière
K	Immobilier, location et activités de services aux entreprises
L	Administration publique et défense ; sécurité sociale obligatoire
M	Éducation
N	Santé et action sociale
O	Autres activités de services collectifs, sociaux et personnels
P	Ménages privés employant du personnel domestique
Q	Organisations et organismes extraterritoriaux
	Révision 4 (CITI Rév. 4)
A	Agriculture, sylviculture et pêche
B	Activités extractives
C	Activités de fabrication
D	Production et distribution d'électricité, de gaz, de vapeur et climatisation
E	Distribution d'eau; réseau d'assainissement; gestion des décjets et remise en état
F	Construction
G	Commerce de gros et de détail, réparation de véhicules automobiles et de motocycles
H	Transport et entreposage
I	Activités d'hébergement et de restauration
J	Information et communication
K	Activités financières et d'assurances
L	Activités immobilières
M	Activités professionnelles, scientifiques et techniques
N	Activités de services administratifs et d'appui
O	Administation publique et défense; sécurité sociale et obligatoire
P	Éducation
Q	Santé et activités d'action sociale
R	Arts, spectacles et loisirs
S	Autres activités de services
T	Activités des ménages privés employant du personnel domestique; activités non différenciées de production de biens et de services des ménages privés pour usage ropre
U	Activités des organisations et organismes extra-territoriaux

Tableau d'annexe 4. Mode de calcul des salaires moyens

	Élements compris ou non compris dans la base de calcu					Types de travailleurs inclus ou exclus dans la base de calcul			Méthode de base utilisée pour le calcul	Fin de l'exercice budgétaire	Période à laquelle se réfère le calcul des salaires
	Maladie 1	Vacances	Heures supplémentaires	Paiements en espèces réguliers	Prime	Superviseur	Manager	Travailleurs à temps partiel			
Allemagne	NC	C	C	C	NC	C	C	NC	Gains annuels	31 décembre	Année civile
Australie	C	C	C	C	NC	C	C	NC	Gain hebdomadaire moyen x 52	30 juin	Année fiscale
Autriche	NC	C	C	C	C Valeur imposable	C	C	NC	Gain moyen annuel	31 décembre	Année civile
Belgique	NC	C	C	C	NC	C	C	NC	Gain moyen annuel	31 décembre	Année civile
Canada	NC	C	C	C	NC	C	C	C 6	Gain horaire hebdomadaire x gain horaire moyen x 52	31 décembre	Année civile
Chili	NC	C	C	C	NC	C	C	C	Gains horaires x nombre d'heures travaillées	31 décembre	Année civile
Corée	NC	C	C	C	NC	C	C	NC	Gain mensuel moyen x 12	31 décembre	Année civile
Danemark	NC	C	NC	C	NC	C	C	C 6	Gains horaires x nombre d'heures travaillées	31 décembre	Année civile
Espagne	NC	C	C	C	NC	C	C	NC	Gain mensuel pondéré x 12	31 décembre	Année civile
Estonie	C	C	C	C	NC	C	C	C	Gains moyens	31 décembre	Année civile
États-Unis	NC	C	C	C2	NC	C	C	C 6	Gain moyen hebdomadaire x 52	31 décembre	Année civile
Finlande	NC	C	C	C	NC	C	C5	NC	Salaire horaire x nombre d'heures usuelles travaillées (ou gains mensuels x mois)+ indemnités de congés payés + primes périodiques	31 décembre	Année civile
France	NC	C	C	C	NC	C	C	NC	Gains annuels	31 décembre	Année civile
Grèce	NC	C	C	C2	C	C	C	NC	Gain horaire x nombre d'heures travaillées	31 décembre	Année civile
Hongrie	NC	C	C	C	NC	C	C5	NC	Gain mensuel moyen x 12	31 décembre	Année civile
Irlande	NC	C	C	C	NC	C	C	NC	Gain moyen annuel	31 décembre	Année civile
Islande	NC	C	C	C	NC	C	C	NC	Gain horaire x nombre d'heures travaillées x 12	31 décembre	Année civile
Israël	NC	C	C	C	NC	C	C	NC	Gains moyens	31 décembre	Année civile
Italie	NC3	C	C	C	NC 4	C	C	C 6	Gain mensuel moyen x 12	31 décembre	Année civile
Japon	NC	C	C	C	NC	C	C	NC	Gain mensuel en juin x 12	31 décembre	Année civile
Lettonie	C	C	C	C	NC	C	C	NC	Gain mensuel moyen x 12	31 décembre	Année civile

Lituanie	C	C	C	C	NC	C	C	NC	Gain mensuel moyen x 12	31 décembre	Année civile
Luxembourg	NC	C	C	C	NC	C	C	NC	Gain annuel total divisé par le nombre moyen de salariés à plein temps. Une partie de gains qui excèdent la limite supérieure de cotisation sociale (7 fois le salaire minimum) n'est pas incluse dans le calcul.	31 décembre	Année civile
Mexique	NC	C	NC	C	NC	C	C	NC	Gain mensuel moyen x 12	31 décembre	Année civile
Norvège	NC	NC	C	C	NC	C	C	C[6]	Salaire annuel + les heures supplémentaires estimées	31 décembre	Année civile
Nouvelle-Zélande	NC	C	C	C	NC	C	C[5]	C[6]	Gain moyen hebdomadaire de chaque trimestre x 13	31 mars	Année fiscale
Pays-Bas	NC	C	NC	C	NC	C	C	NC	Salaire brut annuel	31 décembre	Année civile
Pologne	C	C	C	C	NC	C	C	C[6]	Gain mensuel moyen x 12	31 décembre	Année civile
Portugal	NC	C	C	C	C	C	C	NC	Gain mensuel pondéré x 12	31 décembre	Année civile
Rép. Slovaque	NC	C	C	C	C	C	C	C	Gain mensuel moyen x 12	31 décembre	Année civile
Rép. tchèque	NC	C	C	C	NC	C	C	C[6]	Gain mensuel moyen x 12	31 décembre	Année civile
Royaume-Uni	NC	C	C	C	NC	C	C	NC	Gain brut annuel moyen	5 avril	Année fiscale
Slovénie	C	C	C	C	NC	C	C	C	Gain mensuel moyen x 12	31 décembre	Année civile
Suède	NC	C	C	C	C Valeur actuelle	C	C	C[6]	Gain horaire moyen en septembre x heures travaillées; et gain mensuel en septembre x 12	31 décembre	Année civile
Suisse	NC	C	C	C	NC	C	C	C[6]	Gain mensuel x 12	31 décembre	Année civile
Turquie	NC	C	C	C	Actual value C	NC	NC	C	Gain annuel moyen	31 décembre	Année civile

Note : Exc = Exclus Inc = Inclus '-' = information non disponible.

1. Inclut généralement les indemnités versées par l'employeur pour le compte du régime général ou d'un régime privé d'assurance-maladie.
2. Exclut les primes de participation aux bénéfices en Grèce et aux États-Unis, et aussi les primes de fin d'année aux États-Unis.
3. Les paiements des indemnités de maladie sont inclus seulement dans la partie payée par les employeurs. Pour les travailleurs manuels, c'est seulement le cas pendant les 3 premiers jours de congés de maladie et à partir du 4e jour, les paiements sont faits par l'INPS.
4. Partiellement : la (petite) part imposable des avantages en nature est incluse.
5. Sauf pour les hauts dirigeants (Finlande) ; sauf si le revenu issu des bénéfices excède 50 % du total de revenu (Hongrie) ; sauf pour les propriétaires (Nouvelle-Zélande).
6. Les salaires des personnes travaillant à temps partiel sont convertis en équivalent temps plein avant de calculer le salaire moyen.

- Le calcul du revenu d'activité tient compte de tous les éléments de rémunération en espèces versés aux travailleurs des secteurs considérés, y compris les montants moyens généralement versés au titre des heures supplémentaires, des compléments de salaire (prime de fin d'année, treizième mois, par exemple) et des congés payés. Néanmoins, tous les pays ne sont pas en mesure de prendre en compte la rémunération des heures supplémentaires, les congés payés et les primes en espèces conformément à la définition qui est donnée ;
- Les travailleurs exerçant des fonctions d'encadrement et/ou de direction apparaissent dans les données sur les rémunérations, bien que certains pays ne soient pas en mesure de les y faire figurer. Dans ces pays, les moyennes communiquées sont inférieures à la normale (par exemple, l'analyse faite par le Secrétariat de l'OCDE des données disponibles d'Eurostat concernant certains pays européens a montré que l'exclusion de cette catégorie de travailleurs pouvait réduire la rémunération moyenne de 10 % à 18 %).
- Les avantages hors salaire, qui consistent, par exemple, dans la fourniture par l'employeur de produits alimentaires, d'un logement ou de vêtements gratuitement ou à des prix inférieurs à ceux du marché sont, lorsque cela est possible, exclus du calcul des rémunérations moyennes, ce qui pourrait affecter la comparabilité des coins fiscaux, dans la mesure où le recours aux avantages hors salaire peut varier selon les pays et selon les périodes. Toutefois, le manque de comparabilité est limité par le fait que ces avantages représentent rarement plus de 1 % à 2 % des coûts de main-d'œuvre et sont normalement plus fréquents pour les salaires élevés que pour les travailleurs qui se situent dans la fourchette de revenus couverte par *Les impôts sur les salaires* (50 % à 167 % des rémunérations moyennes). Le Tableau d'annexe 4 indique que certains pays membres ne sont pas en mesure d'isoler les avantages hors salaire des chiffres sur les rémunérations déclarés et utilisés dans *Les impôts sur les salaires*. La décision concernant cette exclusion a été prise pour les raisons suivantes :
  - les avantages de ce type sont difficiles à évaluer de manière cohérente (ils peuvent être évalués en fonction soit de leur coût réel pour l'employeur, soit de leur valeur imposable du point de vue du salarié, soit de leur juste valeur marchande) ;
  - dans la plupart des pays, ces avantages ont une importance minime pour les travailleurs qui perçoivent le salaire moyen ;
  - le calcul des impôts serait sensiblement plus compliqué s'il fallait prendre en compte le régime fiscal des avantages hors salaire ;
- Les cotisations versées par les employeurs pour le compte de leurs salariés à des caisses de retraite complémentaire ou à des systèmes privés d'allocations familiales, d'assurance maladie ou d'assurance vie ne sont pas intégrées dans les calculs, bien que les montants en jeu puissent être non négligeables. Aux États-Unis, par exemple, il n'est pas rare que ces cotisations représentent plus de 5 % de la rémunération des salariés. Les chapitres par pays de la partie II donnent des indications sur l'existence de systèmes susceptibles de s'appliquer au travailleur moyen.

Calcul du salaire brut moyen

Le Tableau d'annexe 4 indique la méthode de calcul de base utilisée dans chaque pays, méthode dont une description plus détaillée figure, le cas échéant, dans les chapitres par pays de la partie II. En principe, il est recommandé aux pays de calculer la rémunération annuelle en prenant la moyenne hebdomadaire, mensuelle ou trimestrielle de la rémunération horaire, pondérée par le nombre d'heures travaillées au cours de la période retenue, et en la multipliant par le nombre moyen d'heures travaillées au cours de l'année, y compris les périodes de congés payés, considérant que le travailleur n'a été ni malade ni au chômage. Le recours à une méthode analogue a été préconisé pour le calcul des heures supplémentaires. Pour les pays qui ne sont pas en mesure d'isoler les données concernant les travailleurs à temps partiel, il est recommandé de convertir ces données en équivalent temps plein, dans la mesure du possible.

Les données statistiques concernant les salaires bruts moyens en 2019 ne sont pas disponibles lors de la rédaction du présent rapport. C'est pourquoi, pour la majorité des pays, le Secrétariat a établi des estimations du salaire brut des travailleurs moyens en 2019 en adoptant une approche uniforme : l'ensemble des revenus d'activité enregistrés en 2018 sont multipliés par la variation nationale annuelle des salaires en pourcentage indiquée pour l'économie dans son ensemble dans l'édition la plus récente des *Perspectives économiques de l'OCDE (Perspectives économiques de l'OCDE no 2, Volume 2019)*. Cette procédure transparente vise à éviter tout résultat biaisé. Pour certains pays, diverses approches s'écartant de la précédente ont été adoptées :

- Les chiffres définitifs sur le salaire brut moyen en 2019 ont été utilisés dans le cas de l'Australie;
- On a eu recours à des estimations nationales en ce qui concerne le Chili, la Nouvelle-Zélande et la Turquie, étant donné qu'aucune variation des salaires en pourcentage n'est indiquée pour ces pays dans les *Perspectives économiques de l'OCDE no 2, Volume 2019*;
- Dans certains pays, les salaires moyens au titre d'années antérieures ont également été estimés pour la Finlande (2018), la France (2017 et 2018), l'Islande (2018), les Pays-Bas (2018), la Pologne (2017 et 2018), le Portugal (de 2013 à 2018) et la Suisse (2007, 2009, 2011, 2013, 2015, 2017 et 2018) dans la mesure où aucune donnée nationale sur les rémunérations moyennes n'était disponible pour les années mentionnées dans ces pays.

Six des pays de l'OCDE ont choisi de fournir des estimations nationales du niveau de salaire brut des travailleurs moyens en 2019. Ces estimations n'ont pas été utilisées dans les calculs des *Impôts sur les salaires* (sauf pour les pays énumérés ci-dessus) car elles risquaient d'être incohérentes avec les estimations établies par le Secrétariat pour d'autres pays. Elles figurent néanmoins dans le Tableau d'annexe 6 pour qu'il soit possible d'effectuer des comparaisons entre les estimations du Secrétariat et celles de sources nationales. Dans bien des cas, les premières et les secondes sont relativement proches. Concernant la Lituanie, l'estimation du salaire moyen de 2019 fut calculée sur la base d'un taux de croissance de 28.9%. Ce coefficient fut imposé en vertu de la loi et appliqué aux salaires bruts des employés au niveau national suite à la mise en place des réformes sur la fiscalité du revenu du travail en 2019. Des informations détaillées sont disponibles dans le chapitre de la Lituanie qui se trouve dans la seconde partie de cette publication.

Tableau d'annexe 5. Source des données concernant les gains, 2019

Pays	Type d'échantillon	Source
Allemagne	Enquête du Bureau fédéral de statistiques.	Bureau national des statistiques.
Australie	Échantillon représentatif des salariés dans chaque industrie. Enquête trimestrielle.	Australian Bureau of Statistics "Average Weekly Earnings, Australia" and "Labour Force, Australia".
Autriche	Statistiques annuelles sur l'imposition des salaires.	"Lohnsteuerstatistik".
Belgique	Données collectées ou estimées sur la base d'une enquête annuelle et des registres de sécurité sociale des salariés.	Division statistiques du Ministère de l'économie (service public fédéral, économie, PME, travailleurs indépendants et énergie). Même source que les données sur "gains bruts annuels" de l'Eurostat.
Canada	Enquête mensuelle auprès de toutes les entreprises	Statistiques Canada, "Enquête sur l'emploi, la rémunération et les heures de travail".
Chili	Échantillon d'entreprises de plus de 10 employés. Enquête mensuelle.	Institut National des Statistiques du Chili (INE)
Corée	Enquête sur le travail auprès des entreprises.	Ministère de l'emploi et du travail.
Danemark	Enquête sur les salaires effectués par la Confédération danoise du patronat.	Rapport annuel de la Confédération danoise du patronat (Dansk Arbejds Giverforening).
Espagne	Enquête trimestrielle auprès des entreprises.	Instituto Nacional de Estadistica "Encuesta Trimestral de Coste Laboral" (Enquête sur le coût du travail).

Estonie	-	Statistiques Estonie/Ministère des Finances.
États-Unis	Enquête mensuelle du Ministère du travail par voie de questionnaire couvrant plus de 40 millions de travailleurs et de salariés non agricoles.	Emploi, heures travaillées et salaires de l'étude sur les statistiques de l'emploi.
Finlande	(1) Enquête de la Fédération finlandaise du patronat sur les salaires horaires en mensuels; (2) Enquête 'non officielle' du patronat "Structure des statistiques sur les salaires" publiée par l'Office cental des statistiques.	"Statistiques sur les salaires" publiées par l'Office central des statistiques.
France	Registres d'assurance sociale des employeurs.	INSEE, "Déclarations Annuelles des Données Sociales" (DADS).
Grèce	Enquête effectuée par l'Institut de la Statistique et les établissements de la sécurité sociale.	Service national de statistiques: statistiques sur le travail. Même source que les données sur "gains bruts annuels" de l'Eurostat.
Hongrie	Enquêtes mensuelles auprès des entreprises ayant plus de cinq salariés.	Bureau central de statistiques.
Irlande	Enquête trimestrielle sur l'emploi, les gains et la durée du travail dans l'industrie.	Office central de statistiques.
Islande	Enquête mensuelle sur les salaires du secteur privé.	Statistiques, Islande.
Israël	-	Bureau Central des Statistiques.
Italie	Indicateurs trimestriels de salaires dans les secteurs industries et services (OROS).	Institut national de statistiques.
Japon	Enquête de base sur la structure des salaires de l'ensemble des établissements employant plus de 10 salariés.	Ministère de la santé, du travail et du bien-être, Rapport annuel.
Lettonie	Salaires mensuels moyens (DSG01).	Bureau Central des Statistiques de la Lettonie.
Lituanie	-	Statistiques, Lituanie.
Luxembourg	Fichiers mensuels agrégés des services de sécurité sociale.	Office national des statistiques et Services de sécurité sociale.
Mexique	Données administratives de l'Institut de sécurité sociale (Instituto Mexicano del Seguro Social (IMSS)).	Commision sur "le salaire national minimum" (Comisión Nacional de Salarios Mínimos (CONASAMI)).
Norvège	Échantillon d'entreprises (excluant l'agriculture,la pêche et les ménages privés). Les données sont basées sur les statistiques publiées du 3e trimestre.	Statistiques sur les salaires.
Nouvelle-Zélande	L'enquête trimestrielle sur l'emploi est un sondage auprès des entreprises.	Statistiques de Nouvelle-Zélande INFOS.
Pays-Bas	Enquête sur l'emploi et le salaire.	Bureau central de statistiques, Statline.
Pologne	Estimations des différents secteurs.	Bulletin mensuel des statistiques.
Portugal	Enquête du Ministère de l'emploi effectuée en avril et octobre.	Ministère de l'emploi.
République slovaque	Données trimestrielles et annuelles.	Bureau national des statistiques.
République tchèque	Données provenant d'enquête auprès des employeurs.	Bureau national des statistiques.
Royaume-Uni	1% de l'échantillon du système de retenue à la source de l'impôt sur les salaires.	Office national de statistiques, enquête annuelle sur les heures travaillées et le salaire (ASHE).
Slovénie	Enquête mensuelle auprès des employés.	Office Statistiques de la République de Slovénie.
Suède	Enquête effectuée au mois de septembre par le patronat.	Statistiques, Suède.
Suisse	Personnes actives occupées selon la branche économique.	La vie économique, SECO (Secrétariat d'État à l'économie) table B.8.1, http://www.bfs.admin.ch/bfs/portal/fr/index/themen/03/04.html.
Turquie	Enquête annuelle de l'industrie manufacturière.	Institut national de statistiques.

Tableau d'annexe 6. Salaire brut estimé, 2018-2019 (en monnaie nationale)

	Salaire moyen 2018	Salaire moyen 2019 (Estimation Secrétariat)	Salaire moyen 2019 (Estimation pays)	EO 2019 (issue 2), taux prévus pour 2019[1]
Allemagne	50 700	52 185		2.9
Australie[2]	85 778	87 690	87 827	2.2
Autriche	47 078	48 412	48 443	2.8
Belgique	48 645	49 565		1.9
Canada	53 857	55 092		2.3
Chili[2]	9 669 328		10 043 045	
Corée	48 394 860	49 754 252	50 289 096	2.8
Danemark	421 100	427 901		1.6
Espagne	26 922	27 537		2.3
Estonie	15 734	17 118		8.8
États-Unis	55 058	57 055		3.6
Finlande	44 481	45 271		1.8
France	36 319	36 547		0.6
Grèce	21 279	21 382		0.5
Hongrie	4 117 728	4 450 146		8.1
Irlande	47 227	48 806		3.3
Islande	9 372 544	9 626 994		2.7
Israël	154 200	158 975	157 284	3.1
Italie	31 050	31 602		1.8
Japon	5 206 931	5 228 474		0.4
Lettonie	11 892	13 001		9.3
Lituanie[3]	11 164	12 095	14 390	8.3
Luxembourg	59 733	60 770		1.7
Mexique	124 433	131 626	131 070	5.8
Norvège	596 066	614 712		3.1
Nouvelle-Zélande[2]	60 360		62 181	
Pays-Bas	51 792	53 198		2.7
Pologne	54 609	59 342		8.7
Portugal	18 429	18 787		1.9
République slovaque	12 314	13 199		7.2
République tchèque	384 314	408 760	407 373	6.4
Royaume-Uni	39 519	40 803		3.2
Slovénie	19 569	20 576	20 002	5.1
Suède	447 557	461 817		3.2
Suisse	90 592	91 326		0.8
Turquie[2]	49 007		58 622	

1. Accroissement de la rémunération par salarié dans tous les secteurs d'activité économiques (Perspectives économiques de l'OCDE, n° 102).
2. Dans les calculs des *Impôts sur les salaires*, l'estimation du salaire moyen faite par le pays est utilisée au lieu de l'estimation du Secrétariat de l'OCDE.
3. L'estimation du salaire moyen de 2019 fut calculée sur la base d'un taux de croissance fixé à 28.9% et imposé par la loi.

StatLink https://doi.org/10.1787/888934110182

Le Tableau d'annexe 7 indique les taux de change et parités de pouvoir d'achat des monnaies nationales en 2019 qui sont utilisés pour calculer les données comparatives sur les salaires entre pays dans le rapport.

Tableau d'annexe 7. Parités de pouvoir d'achat et taux de change pour 2019

	Unité monétaire	Taux de change[1]	Parités de pouvoir d'achat
Allemagne	EUR	0.89	0.74
Australie	AUD	1.44	1.47
Autriche	EUR	0.89	0.77
Belique	EUR	0.89	0.77
Canada	CAD	1.33	1.20
Chili	CLP	703.31	415.68
Corée	KRW	1165.29	850.30
Danemark	DKK	6.67	6.75
Espagne	EUR	0.89	0.63
Estonie	EUR	0.89	0.55
États-Unis	USD	1.00	1.00
Finlande	EUR	0.89	0.86
France	EUR	0.89	0.75
Grèce	EUR	0.89	0.56
Hongrie	HUF	290.60	141.70
Irlande	EUR	0.89	0.78
Islande	ISK	122.64	140.66
Israël	ILS	3.56	3.73
Italie	EUR	0.89	0.67
Japon	JPY	109.05	103.37
Lettonie	EUR	0.89	0.50
Lituanie	EUR	0.89	0.45
Luxembourg	EUR	0.89	0.85
Mexique	MXN	19.22	9.28
Norvège	NOK	8.80	9.60
Nouvelle-Zélande	NZD	1.52	1.45
Pays-Bas	EUR	0.89	0.79
Pologne	PLN	3.84	1.77
Portugal	EUR	0.89	0.57
République slovaque	EUR	0.89	0.51
République tchèque	CZK	22.93	12.56
Royaume-Uni	GBP	0.78	0.69
Slovénie	EUR	0.89	0.57
Suède	SEK	9.46	8.92
Suisse	CHF	0.99	1.16
Turquie	TRL	5.68	1.83

1. Moyenne sur 12 mois de taux journaliers.

StatLink https://doi.org/10.1787/888934110201

Impôts et prestations sociales pris en compte

Le rapport traite de l'impôt sur le revenu des personnes physiques et des cotisations sociales à la charge des salariés et des employeurs dues sur les salaires. De plus, les taxes sur les salaires (voir la section *Taxes sur les salaires*) sont prises en compte dans le calcul du coin fiscal total entre les coûts de main-d'œuvre pour l'employeur et le revenu net disponible du salarié.

Le calcul du revenu après impôt intègre les prestations familiales versées par l'État sous forme de prestations en espèces (voir la section *Prestations familiales en espèces versées par l'État*). L'impôt sur les revenus du capital et du travail non salarié, plusieurs impôts directs (impôt sur l'actif net, impôt sur les bénéfices des sociétés), ainsi que l'ensemble des impôts indirects ne sont pas pris en compte dans ce rapport. En revanche, les données tiennent compte de tous les impôts sur le revenu prélevés par les administrations centrales et locales.

Dans ce rapport, les cotisations sociales versées à l'État sont traitées comme des recettes fiscales. Dans la mesure où elles constituent des paiements obligatoires à l'administration publique, elles s'apparentent clairement à des impôts. Elles peuvent s'en distinguer, cependant, du fait que l'obtention de prestations sociales est subordonnée au versement préalable des cotisations applicables, même si le montant des prestations n'est pas nécessairement lié au montant des cotisations. Les pays financent à des degrés divers leurs programmes de sécurité sociale obligatoire à l'aide des recettes fiscales et non fiscales du budget général, d'une part, et de cotisations spécifiques, d'autre part. Si l'on obtient une meilleure comparabilité entre les pays en traitant comme des impôts les cotisations sociales, celles-ci sont néanmoins énumérées sous une rubrique distincte de sorte que leurs montants puissent être isolés dans le cadre d'une éventuelle analyse.

Calcul de l'impôt sur le revenu des personnes physiques

Les chapitres pays de la partie III décrivent la méthode utilisée pour le calcul de l'impôt sur le revenu. On détermine d'abord les déductions fiscales applicables au salaire brut annuel d'un contribuable présentant les caractéristiques et se situant au niveau de revenu du travailleur moyen. En second lieu, on applique le barème d'imposition au revenu imposable, et l'impôt exigible ainsi calculé est minoré des crédits d'impôt éventuels. Une difficulté importante que soulève le calcul de l'impôt sur le revenu des personnes physiques réside dans la détermination des allégements fiscaux à retenir. On peut distinguer deux grandes catégories d'allégements fiscaux :

- *Les allégements à caractère forfaitaire* : il s'agit de mesures d'allégement fiscal qui sont sans lien avec les dépenses réellement engagées par le contribuable et qui sont automatiquement consenties à tous les contribuables remplissant les conditions prévues par la législation. Ils prennent généralement la forme de montants forfaitaires ou de pourcentages fixes du revenu et constituent la principale catégorie d'allégements prise en compte pour déterminer l'impôt sur le revenu versé par les travailleurs. Les allégements forfaitaires sont pris en compte pour le calcul. Ils comprennent :
    - *L'abattement à la base* qui est fixe et dont bénéficient tous les contribuables ou tous les apporteurs de revenu quelle que soit leur situation matrimoniale ou de famille ;
    - *L'abattement forfaitaire* accordé aux contribuables en fonction de leur situation matrimoniale ;
    - *L'abattement forfaitaire pour enfants à charge* accordé aux foyers avec deux enfants d'un âge compris entre 6 et 11 ans inclus ;
    - *L'abattement forfaitaire pour frais professionnels* qui est généralement fixe ou déterminé en pourcentage du salaire (brut) ;
    - Les allégements fiscaux consentis au titre des cotisations sociales et des autres *impôts sur le revenu* (versés aux administrations infranationales) sont également considérés comme des allégements forfaitaires dès lors qu'ils s'appliquent à l'ensemble des apporteurs de revenu et qu'ils concernent des versements obligatoires à l'État;[3]
- *Les allégements non forfaitaires* : il s'agit d'allégements qui sont entièrement déterminés par référence à des charges effectivement supportées. Leur montant n'est ni forfaitaire ni calculé par application de pourcentages fixes du revenu. On peut en donner comme exemples les déductions au titre des intérêts des emprunts remplissant certaines conditions (emprunts destinés à l'acquisition d'un logement, par exemple), des primes d'assurance, des cotisations à des régimes

de retraite complémentaire et des dons à des organismes de bienfaisance. Ces déductions n'entrent pas en ligne de compte pour la détermination de la situation fiscale des salariés.

Les allégements forfaitaires sont appréhendés de manière distincte et leur incidence sur le taux moyen de l'impôt sur le revenu fait l'objet d'un calcul séparé dans les tableaux de résultats des chapitres par pays. Dans la plupart des cas, ces derniers offrent une brève description des principaux allégements non forfaitaires.

Impôts sur le revenu perçus par les administrations infranationales

Les impôts sur le revenu des personnes physiques prélevés par les administrations infranationales (États, provinces, cantons ou collectivités locales) entrent dans le champ de la présente étude. Des impôts sur le revenu sont perçus à l'échelon des États fédérés au Canada, aux États-Unis et en Suisse. En 1997, l'Espagne a introduit un impôt sur le revenu pour les régions autonomes. Des impôts sur le revenu sont perçus à l'échelon local en Belgique, en Corée, au Danemark, aux États-Unis, en Finlande, en France, en Islande, en Italie, au Japon, en Norvège, en Suède et en Suisse. En Belgique, au Canada (hors Québec), en Corée, au Danemark, en Espagne, en Islande, en Italie et en Norvège, ces impôts sont calculés en pourcentage du revenu imposable ou de l'impôt perçu par l'administration centrale. En Finlande, au Japon, en Suède et en Suisse, les administrations infranationales appliquent des allégements fiscaux différents de ceux qui sont applicables dans le cadre du système de l'impôt sur le revenu de l'administration centrale. Aux États-Unis, les administrations infranationales appliquent un système d'imposition du revenu distinct en vertu duquel elles disposent d'un pouvoir discrétionnaire à l'égard de l'assiette et du taux d'imposition. Sauf au Canada, aux États-Unis et en Suisse, ces impôts de niveau infranational sont perçus sur la base d'un taux unique.

En raison des différences pouvant exister à l'intérieur d'un même pays en matière de taux et/ou d'assiette de l'impôt sur le revenu collecté par les administrations infranationales, il est parfois fait l'hypothèse que le travailleur moyen assujetti à l'impôt a son domicile dans une zone type et que ce sont les impôts sur le revenu (et les prestations sociales) applicables dans cette zone qui sont indiqués. C'est la formule qui a été adoptée par le Canada, les États-Unis, l'Italie et la Suisse, où l'assiette et les taux d'imposition sont très variables sur l'étendue du territoire. La Belgique, le Danemark, la Finlande, l'Islande et la Suède ont préféré, pour leur part, retenir le taux moyen d'imposition du revenu appliqué par les administrations infranationales pour l'ensemble du pays. Concernant la France, les taux des impôts locaux qui varient grandement d'une municipalité à l'autre, ne sont ni estimés ni inclus dans les calculs figurant dans *Les impôts sur les salaires*. En Corée et en Norvège, ce problème ne se pose pas, les taux d'imposition locaux n'étant, dans les faits, pas différents les uns des autres. L'Espagne et le Japon ont retenu le barème général le plus largement appliqué.

Cotisations de sécurité sociale

Le présent rapport prend en compte les cotisations sociales obligatoires versées par les salariés et les employeurs à l'État ou à des caisses de sécurité sociale effectivement contrôlées par l'État. Dans la plupart des pays, ces cotisations sont prélevées sur les salaires bruts et affectées au financement de prestations sociales. En Finlande, en Islande et aux Pays-Bas, certaines de ces cotisations dépendent du revenu imposable (c'est-à-dire du salaire brut déduction faite de la plupart/l'ensemble des allégements fiscaux). L'Australie, le Danemark et la Nouvelle-Zélande ne prélèvent pas de cotisations sociales.

Les cotisations à des régimes de sécurité sociale ne relevant pas de l'administration publique ne sont pas prises en compte dans les calculs. Néanmoins, des informations sur les prélèvements obligatoires non fiscaux ainsi que des indicateurs de prélèvements obligatoires figurent dans la Base de données fiscales de l'OCDE, qui est accessible à l'adresse suivante : www.oecd.org/tax/tax-policy/tax-database.htm.

Taxes sur les salaires

Les taxes sur les salaires ont une base d'imposition qui est soit un pourcentage des salaires, soit un montant fixe par salarié. Les taxes sur les salaires sont indiquées à la rubrique 3000 des *Statistiques des recettes publiques* de l'OCDE. Seize pays de l'OCDE déclarent des recettes provenant de taxes sur les salaires : l'Australie, l'Autriche, le Canada, la Corée, le Danemark, la France, la Hongrie, l'Irlande, l'Islande, Israël, la Lettonie, le Mexique, la Pologne, la Slovénie et la Suède.

Les taxes sur les salaires sont comprises dans les coins fiscaux totaux indiqués dans cette publication, dans la mesure où elles ont pour effet d'accroître l'écart entre les coûts bruts de main-d'œuvre et la rémunération nette disponible de la même manière que l'impôt sur le revenu et les cotisations sociales. La principale différence avec ces dernières est le fait que le paiement des taxes sur les salaires ne donne pas droit à des prestations sociales. Par ailleurs, la base des taxes sur les salaires peut être différente de la base des cotisations sociales patronales. Par exemple, certains avantages hors salaire peuvent n'être assujettis qu'à la taxe sur les salaires. Comme ce rapport porte sur le cas général, la base de la taxe sur les salaires peut correspondre, selon la législation en vigueur, au salaire brut (à l'exclusion des avantages hors salaire et autres éléments de rémunération, qui varient d'un salarié à l'autre), au salaire brut majoré des cotisations sociales patronales, ou à un montant forfaitaire par salarié.

Sept des pays de l'OCDE tiennent compte des taxes sur les salaires dans les calculs figurant dans *Les impôts sur les salaires* : l'Australie, l'Autriche, la Hongrie, la Lettonie, la Lituanie, la Pologne et la Suède. Pour diverses raisons, les autres pays qui font état dans les *Statistiques des recettes publiques* de recettes tirées de taxes sur les salaires n'ont pas intégré ces taxes dans les calculs effectués en vue de la présente étude.

Prestations familiales en espèces versées par l'État

Les déductions fiscales et les prestations familiales en espèces de caractère général accordées au titre des enfants à charge de 6 à 11 ans inclus en cours de scolarité s'inscrivent dans le champ de l'étude. Si les déductions fiscales ou les transferts en espèces varient à l'intérieur de cette tranche d'âge, ce sont les dispositions les plus avantageuses qui sont retenues, le cas des jumeaux étant explicitement laissé de côté. Leurs implications sont illustrées ci-dessous - supposons que le programme d'allocations pour enfant à charge d'un pays présente la structure suivante :

Tranche d'âge	Prestation par enfant à charge
Enfants de 6 à 8 ans	100 unités
Enfants de 9 à 10 ans	120 unités
Enfants de 11 à 14 ans	150 unités

Le résultat le plus favorable est obtenu pour des jumeaux de 11 ans : 300 unités. Toutefois, comme on exclut le cas des jumeaux, le meilleur résultat (tenant compte que les enfants ont entre 6 et 11 ans) est ramené à 270 unités (un enfant de 11 ans et un enfant de 9 ou 10 ans). Ce montant serait inclus dans le tableau par pays. Souvent, le montant des prestations se trouve relevé lorsque l'âge des enfants augmente. En supposant que les enfants sont nés le 1er janvier, le montant annuel des allocations perçues pour enfant à charge peut être calculé à partir du barème de prestations en vigueur au début de l'année en question, toute révision de ce montant intervenue au cours de l'année étant prise en compte.

Les prestations sociales pertinentes sont celles qui émanent de l'État. Dans certains cas, les allocations en espèces englobent les montants payés indépendamment du nombre d'enfants.

Crédits d'impôt remboursables

Les crédits d'impôt remboursables (ou récupérables) sont des crédits d'impôt pouvant excéder le montant des impôts à verser, l'excédent éventuel étant reversé au contribuable sous forme de transfert d'espèces.

En principe, on peut traiter ces crédits d'impôt de différentes manières selon qu'on les considère comme des dispositions fiscales, des transferts en espèces, ou une combinaison des deux. L'étude spéciale figurant dans l'édition 2016 des *Statistiques des recettes publiques* aborde ces différentes options, ainsi que les problèmes d'ordre conceptuel et pratique qui se posent pour choisir la méthode la mieux adaptée à la présentation de statistiques des recettes fiscales internationalement comparables. Elle présente également des chiffres qui montrent l'impact des différentes façons d'interpréter les ratios de l'impôt sur le PIB.[4]

Sur la base de cette étude, le guide d'interprétation des *Statistiques des recettes publiques* impose :

- que seule la fraction du crédit d'impôt remboursable qui a pour effet de réduire ou d'effacer la dette fiscale du contribuable (composante « dépense fiscale »)[5] soit déduite dans la présentation des recettes ;
- que la fraction du crédit d'impôt qui est supérieure à la somme à payer par le contribuable et qui lui est remboursée (composante « transfert en espèces ») soit traitée comme une dépense et ne soit pas déduite des chiffres de recettes fiscales.

Toutefois, les *Statistiques des recettes publiques* donnent des informations complémentaires sur les montants totaux réclamés par le fisc et l'élément « transferts totaux » des crédits d'impôt remboursables pour montrer les résultats de différents traitements statistiques.[6]

Dans *Les impôts sur les salaires,* la situation est différente comme le montant total du crédit d'impôt remboursable est pris en compte dans le calcul de l'impôt sur le revenu.

Si l'on s'en tenait strictement au guide d'interprétation des *Statistiques des recettes publiques*, il faudrait que seule la composante « dépense fiscale » soit déduite de l'impôt sur le revenu, tout dépassement éventuel étant traité comme un transfert en espèces. Cependant, cette méthode aurait pour effet d'affaiblir et non de renforcer la valeur informative des résultats présentés dans *Les impôts sur les salaires*. En particulier, limiter les créances de crédit d'impôt à la dépense fiscale se traduirait par un impôt nul et un taux moyen d'imposition du revenu également nul lorsque des remboursements en espèces sont effectués. Si l'on ne limite pas de la sorte les créances de crédit d'impôt, on fera apparaître, en cas de transferts en espèces, un impôt sur le revenu négatif et des taux moyens d'imposition du revenu également négatifs. On peut soutenir que ces montants négatifs donnent une idée plus claire de la situation du contribuable (plutôt que de considérer une situation de non-imposition). En outre, le fait de ne pas inclure la fraction des crédits d'impôts remboursables correspondant à des transferts en espèces à la rubrique « Prestations en espèces versées par les administrations » des tableaux par pays permet une plus grande transparence de cette rubrique, consacrée aux seuls transferts en espèces « véritables ».

Néanmoins, pour étoffer les informations données dans les tableaux par pays sur les crédits d'impôt remboursables, la rubrique pour mémoire qui se trouve au bas des tableaux des pays concernés indique, sur une première ligne, les montants de dépenses fiscales et, sur une deuxième ligne, les montants des transferts en espèces. Là où il existe plusieurs dispositifs de crédits d'impôt remboursables, les données présentées correspondent à des montants totaux couvrant l'ensemble de ces dispositifs. Pour chaque catégorie de ménage considérée, on peut, en faisant la somme des dépenses fiscales et des transferts en espèces, obtenir le coût global des dispositifs.

Calcul des taux marginaux d'imposition

Dans tous les cas excepté un, les taux marginaux d'imposition sont calculés en prenant en compte l'incidence d'une faible augmentation des salaires bruts sur l'impôt sur le revenu des personnes physiques, les cotisations sociales et les prestations en espèces. L'exception est le cas d'un conjoint inactif, où le passage d'un revenu nul à un revenu faiblement positif n'est pas représentatif des variations de revenu et présente donc peu d'intérêt. C'est pourquoi les taux marginaux applicables au conjoint sont calculés dans ce cas en prenant en compte l'incidence d'une augmentation de revenu de 0 à 67 % du salaire moyen.

Limites de l'étude

Limites de caractère général

L'utilisation de la méthode simple consistant à comparer la situation au regard de l'impôt et des avantages sociaux des huit foyers modélisés permet d'échapper aux nombreux problèmes conceptuels et de définition que soulèvent des comparaisons internationales plus complexes des charges fiscales et des programmes de transferts sociaux. Toutefois, l'une des faiblesses de cette méthode est liée au fait que la place de la rémunération du salarié moyen sur l'éventail des salaires varie d'une économie à l'autre, bien que les salaires en question concernent des ouvriers accomplissant des tâches de même nature dans les différents pays membres de l'OCDE.

En raison des limites qui affectent les impôts et les prestations sociales couvertes par le rapport, les données réunies ne peuvent être considérées comme représentatives de l'impact global des administrations sur le niveau de vie des contribuables et de leurs familles. Il faudrait pour cela étudier l'incidence des impôts indirects, le régime applicable en matière d'imposition des revenus du travail non salariaux ainsi que des autres revenus et l'incidence des autres mesures d'allégement fiscal et prestations en espèces. Il faudrait aussi tenir compte de l'incidence sur le niveau de vie des services fournis par l'État soit gratuitement soit en dessous de leur coût et de l'incidence sur les salaires et les prix des impôts sur les sociétés et des autres impôts directs. Il est impossible de couvrir un champ d'étude aussi étendu dans le cadre d'une comparaison internationale concernant l'ensemble des pays de l'OCDE. L'importance des écarts entre les résultats présentés ici et ceux auxquels aboutirait une étude complète de l'impact global des interventions publiques sur la situation des salariés serait variable d'un pays à l'autre, notamment en fonction de la part relative des différents impôts dans les recettes publiques et de l'étendue et de la nature des dépenses sociales des administrations.

Le rapport indique l'incidence formelle de l'impôt sur les salariés et les employeurs. L'incidence économique finale de la charge fiscale peut être répercutée des employeurs aux salariés et vice versa à la suite d'ajustements des salaires bruts opérés sur le marché.

Le revenu restant à la disposition du contribuable peut correspondre à des niveaux de vie différents selon les pays, parce que l'éventail des biens et services auxquels le revenu est affecté ainsi que leurs prix relatifs diffèrent d'un pays à l'autre. Dans les pays où les administrations fournissent une gamme importante de biens et services (régimes de retraite de base généreux, services de santé gratuits, logements sociaux, éducation tertiaire, etc.) le contribuable peut disposer d'un revenu en espèces plus faible tout en ayant un niveau de vie identique à celui d'un contribuable percevant un revenu en espèces plus élevé mais vivant dans un pays où les biens et services publics sont plus limités.

Exemples de limites spécifiques affectant le calcul de l'impôt sur le revenu

Étant donné le nombre limité des allégements fiscaux considérés ainsi que l'exclusion des revenus non salariaux, les taux moyens d'impôt sur le revenu calculés dans les tableaux de cette publication ne rendent pas nécessairement compte des taux effectifs des impôts versés par les contribuables se situant aux niveaux de salaires indiqués. L'exclusion des abattements de caractère non forfaitaire liés à des frais réels peut conduire à surestimer les taux réels d'imposition dans le calcul. D'autre part, l'exclusion des revenus autres que ceux du travail peut tendre à les sous-estimer.

La décision de ne pas procéder à un calcul séparé de l'impôt sur le revenu après prise en compte de l'effet des allégements fiscaux non forfaitaires a été prise pour les raisons suivantes:

- dans de nombreux cas, les allégements liés à des dépenses effectives représentent des substituts d'aides financières directes. Prendre en considération ces allégements sans prendre en compte par ailleurs les éventuelles aides directes correspondantes conduirait à fausser les comparaisons des rémunérations nettes plus transferts en espèces;

- le régime fiscal particulier de certaines dépenses peut s'accompagner d'un régime spécial des revenus associés à ces dépenses (par exemple, le régime fiscal des cotisations de sécurité sociale et des pensions de retraite) qui se situe en dehors du champ de la présente étude;
- quelques pays n'ont pas été en mesure d'estimer la valeur de ces allégements et même les pays qui ont pu effectuer une telle estimation n'ont pas été en mesure de la limiter aux contribuables présentant les caractéristiques prises par hypothèse dans la partie qui précède sur la méthodologie ; et,
- tous les pays n'ont pas été en mesure de calculer séparément les allégements applicables aux différents types de foyer. Lorsqu'on calcule séparément les allégements applicables aux célibataires et aux familles avec enfants, on observe des écarts importants entre les montants des allégements dont bénéficient normalement ces deux catégories de foyer.

Limites relatives aux comparaisons de séries chronologiques

Les calculs de la charge fiscale des revenus du travail dans les pays de l'OCDE qui sont indiqués dans l'édition de 2004 et les précédentes des *impôts sur les salaires*, sont fondés sur un indicateur du salaire moyen pour les travailleurs manuels à temps complet du secteur manufacturier (« l'ouvrier moyen »).

Toute analyse longitudinale des résultats doit prendre en compte le fait que les données concernant les salaires ne portent pas nécessairement sur le même contribuable pendant toute la période. Les rémunérations moyennes sont calculées pour chaque année. En tant que tels, les résultats ne font pas apparaître les variations de salaire et la situation fiscale des différentes personnes concernées au fil du temps, mais plutôt la situation de salariés dont le salaire est égal au niveau moyen dans les secteurs industriels concernés pour chaque année considérée. Cela pourrait également signifier que les niveaux de salaires mentionnés pourraient se situer à des points différents de la distribution des revenus sur la période couverte et que les variations des taux d'imposition pourraient subir l'influence de cette évolution.

Il y a eu des changements de définition du salarié moyen dans le temps. À partir de l'édition de 2005, *Les impôts sur les salaires* ont déclaré des calculs des impôts effectués à partir d'une définition élargie du salarié moyen qui inclut tous les salariés à temps complet appartenant aux secteurs industriels C à K (référence à la CITI)8. Les conséquences de l'adoption de cette nouvelle définition pour les comparaisons de séries chronologiques sont examinées dans l'édition de 2005 des impôts sur les salaires.

Note sur les équations fiscales

Chaque chapitre par pays contient une section qui décrit les équations présentées sous une forme normalisée indiquant les calculs nécessaires pour obtenir le montant de l'impôt sur le revenu, des cotisations de sécurité sociale et des transferts en espèces. Ces algorithmes représentent sous une forme algébrique les dispositions légales décrites dans le chapitre et correspondent aux chiffres indiqués dans les tableaux par pays et les tableaux comparatifs. Cette section décrit les conventions utilisées dans la définition des équations et indique la manière dont elles pourraient être appliquées à d'autres recherches

Les sections précédentes des chapitres par pays décrivent le mode de fonctionnement des systèmes fiscaux et des autres systèmes ainsi que les valeurs des paramètres de ces systèmes, tels que le montant des abattements et des crédits d'impôt et les barèmes d'imposition.

La première partie de la section concernant les équations est un tableau qui décrit brièvement chaque paramètre (tel que le « Crédit d'impôt de base »), indique le nom du paramètre tel qu'il est utilisé dans l'équation algébrique (« Basic_cred ») et la valeur actuelle pour l'année considérée (telle que « 1098 »). Lorsqu'il existe un tableau de valeurs – par exemple un barème des taux d'imposition et des seuils de revenu imposable correspondants –, un nom est donné à l'ensemble du tableau (par exemple « tax_sch »). Ces noms de variables sont ceux qui sont utilisés dans les équations.

À la suite du tableau des paramètres se trouve le tableau d'équations. Les quatre colonnes contiennent les informations suivantes:

- Les deux premières colonnes contiennent une description et indiquent le nom de la variable correspondant au résultat de l'équation mentionnée sur la même ligne. Elles incluent toujours les treize principales rubriques financières des tableaux par pays. Des lignes supplémentaires définissent des valeurs intermédiaires qui sont calculées soit pour faire apparaître de manière plus détaillée les données figurant dans les tableaux (telles que la ventilation des abattements fiscaux totaux entre les différentes catégories) ou des montants qui facilitent les calculs
- La troisième colonne indique l'intervalle de calcul dans cette ligne. Cette indication est nécessaire pour tenir compte des différents modes de calcul possibles de l'impôt dû par les couples mariés. Les différentes options sont les suivantes:
  - **B** Le calcul est effectué séparément aussi bien en ce qui concerne le revenu principal que celui du conjoint et en utilisant les niveaux de rémunération de chacun d'entre eux. Cela vaut pour les cas où il y a imposition séparée et aussi en général pour les cotisations de sécurité sociale.
  - **P** Le calcul s'applique uniquement au revenu principal. On peut citer comme exemple le cas où le titulaire du revenu principal peut utiliser tous les abattements à la base de son conjoint qui ne peuvent être déduits des revenus de celui-ci.
  - **S** Le calcul s'applique seulement au conjoint (le second apporteur de revenu) dont le salaire est égal ou plus faible que celui du principal apporteur de revenu.
  - **J** Le calcul est effectué une seule fois sur la base du revenu cumulé. Cela vaut pour les systèmes d'imposition conjointe ou par foyer et cette méthode est également courante pour le calcul des prestations en espèces au titre des enfants à charge.
- La dernière colonne contient l'équation elle-même. Celle-ci peut se référer aux variables figurant dans le tableau des paramètres et aux variables qui résultent de l'une des lignes du tableau d'équations lui-même. On utilise également deux variables standards, « marié », qui prend la valeur 1 si le foyer est constitué par un couple marié et 0 dans le cas d'un célibataire, et « enfants », qui indique le nombre d'enfants. Parfois, il est fait référence à une variable à laquelle s'ajoute l'affixe « total » qui indique la somme des valeurs des variables à prendre en compte pour le titulaire du revenu principal et son conjoint. De même les affixes « _princ » et « _conjoint » indiquent respectivement les valeurs concernant le titulaire du revenu principal et son conjoint.

Dans les équations, un certain nombre de fonctions sont utilisées. Certaines d'entre elles sont utilisées de la même manière que dans un certain nombre de programmes informatiques d'utilisation courante. Par exemple, MAX(X, Y) et MIN(X, Y) permettent de trouver respectivement la valeur maximum et la valeur minimum. IF (condition, X, Y) choisit l'expression X si la condition est vérifiée et l'expression Y si elle ne l'est pas. Des expressions booléennes sont également utilisées et l'on admet qu'elles ont la valeur 1 si l'expression est vérifiée et 0 si elle ne l'est pas. Par exemple (enfants=2*CB_2 est équivalent à IF(enfant=2, CB_2,0).

Il y a aussi trois fonctions spéciales généralement utilisées qui font apparaître les calculs souvent nécessaires dans le cadre des systèmes d'impôt et de sécurité sociale. Ces fonctions sont les suivantes:

- Tax (taxinc, tax_sch) : cette fonction calcule le résultat obtenu en appliquant le barème d'imposition et les différents seuils dans « tax_sch » à la valeur du revenu imposable représenté par « taxinc ». Cette fonction peut être utilisée dans toutes les parties des équations et non pas seulement dans le calcul de l'impôt sur le revenu. Pour certains pays, elle est utilisée en ce qui concerne les cotisations de sécurité sociale ou même pour les niveaux de prestations qui pourraient dépendre des revenus.

- Positive (X) : cette fonction donne le résultat X lorsque cette valeur est positive et 0 dans les autres cas. Elle est donc équivalente à MAX(0,X).
- Taper (valeur, revenu, seuil, taux) : cette fonction indique le montant représenté par « valeur » si le « revenu » est inférieur au « seuil ». Sinon elle indique la « valeur » réduite par le « taux » multiplié par (revenu-seuil) à moins que cela ne donne un résultat négatif auquel cas on revient à zéro. Cette fonction indique le calcul qui est parfois nécessaire lorsque, par exemple, un crédit d'impôt peut être accordé en totalité sous réserve que le revenu total soit inférieur à un certain seuil mais se trouve ensuite retiré à un taux donné pour chaque unité monétaire à partir de ce seuil jusqu'à son retrait complet.

Dans certains cas, il existe des fonctions VBA spécifiques à chaque pays. Ces fonctions VBA font intervenir un programme conçu pour simplifier les calculs fiscaux. Ce programme repose sur la mesure fiscale décrite dans le chapitre par pays à la partie II. Par exemple, le crédit d'impôt pour les revenus du travail en vigueur aux États-Unis est calculé à l'aide de la fonction VBA appelé EIC.

Quiconque souhaite utiliser ces équations à d'autres fins devra établir des fonctions VBA correspondant à ces fonctions spéciales ou apporter les modifications appropriées aux équations qui les utilisent.

Notes

[1] Les données statistiques concernant Israël sont fournies par et sous la responsabilité des autorités israéliennes compétentes. L'utilisation de ces données par l'OCDE est sans préjudice du statut des hauteurs du Golan, de Jérusalem Est et des colonies de peuplement israéliennes en Cisjordanie aux termes du droit international.

[2] Les organismes nationaux de statistique n'utilisent pas tous la Révision 3.1 ou 4 de la CITI pour classer les secteurs d'activité. Néanmoins, la Nomenclature statistique des activités économiques dans la Communauté européenne (NACE), le Système de classification des industries de l'Amérique du Nord (SCIAN) et l'Australian and New Zealand Standard Industrial Classification (ANZSIC) coïncident à peu près avec les Révisions 3.1 et 4 de la CITI au niveau des secteurs C à K et B à N, respectivement.

[3] Dans ce cas, le montant de l'allégement fiscal est fonction des cotisations de sécurité sociale effectivement versées par le/la salarié(e) ou retenues sur son salaire ; cette forme d'allégement forfaitaire s'écarte donc à ce titre de la définition générale selon laquelle il n'existe pas de lien entre l'allégement forfaitaire et les dépenses réellement engagées.

[4] OCDE, *Statistiques des recettes publiques, 1965-2017*, p. 62.

[5] Cette caractérisation doit être considérée comme informelle car il faut, pour déterminer les dépenses fiscales, trouver un système fiscal de référence pour chaque pays ou, mieux encore, une référence internationale commune. Dans les faits, il n'a pas été possible de s'accorder sur le choix d'une référence internationale à cette fin.

[6] Voir le tableau 1.6 des *Statistiques des recettes publiques 2019* de l'OCDE.

www.ingramcontent.com/pod-product-compliance
Lightning Source LLC
LaVergne TN
LVHW080333021026
849160LV00028B/1074
9789264749146